D1664750

WIELAND-STUDIEN

3

TUDIEN

Herausgegeben
von Klaus Manger
und vom Wieland-Archiv Biberach

Jan Thorbecke Verlag Sigmaringen
1996

WIELAND-STUDIEN

3

Aufsätze
Texte und Dokumente
Diskussion
Berichte
Bibliographie

Jan Thorbecke Verlag Sigmaringen
1996

Redaktion: Klaus Manger, Viia Ottenbacher
Mitarbeit in der Redaktion: Bernd Auerochs, Heinrich Bock, Jutta Heinz

Die Deutsche Bibliothek - CIP-Einheitsaufnahme

Wieland-Studien: hrsg. von Klaus Manger und vom
Wieland-Archiv Biberach; Sigmaringen: Thorbecke
ISSN 0940-3043
erscheint unregelmäßig. Aufnahme nach 1 (1991)

GEDRUCKT MIT UNTERSTÜTZUNG VON:

GROSSE KREISSTADT BIBERACH AN DER RISS
LG STIFTUNG, STUTTGART
FIRMA KALTENBACH & VOIGT GMBH & CO., BIBERACH
GUSTAV GERSTER, BIBERACH

Dieses Buch ist aus säurefreiem Papier herstellt und entspricht den Frankfurter Forderungen zur
Verwendung alterungsbeständiger Papiere für die Buchherstellung.

Gesamtherstellung: Institut für Germanistische Literaturwissenschaft der Friedrich-Schiller-
Universität Jena und M. Liehners Hofbuchdruckerei GmbH & Co. Verlagsanstalt, Sigmaringen
Printed in Germany ISBN 3-7995-2253-0

INHALT

ABKÜRZUNGEN 8

AUFSÄTZE

Gottfried Willems
Von der ewigen Wahrheit zum ewigen Frieden. »Aufklärung«
in der Literatur des 18. Jahrhunderts, insbesondere in Lessings
›Nathan‹ und Wielands ›Musarion‹ 10

Dorothee Kimmich
Christoph Martin Wielands Epikureismus. *Ars vivendi*
und der Widerstand gegen eine Dialektik der Aufklärung 47

Katrin Oebel
»C'est le Voltaire des Allemands«. Zur Kritik Christoph
Martin Wielands im vorrevolutionären Frankreich. Eine
Untersuchung anhand der Übersetzungen seiner Werke 75

Laura Auteri
Die Chance der Zweisamkeit. Zur Erfahrung der Liebe
bei Wieland 107

Thomas Lautwein
Zur Funktion der Intertextualität in C. M. Wielands
Verserzählung ›Kombabus oder was ist Tugend‹ 123

Uwe Handke
Christoph Martin Wieland als politischer Journalist. Die
Amerikanische Revolution im Spiegel des ›Teutschen Merkur‹ 150

Bernd Auerochs
Platon um 1800. Zu seinem Bild bei Stolberg, Wieland,
Schlegel und Schleiermacher 161

Dieter Martin
Der »große Kenner der Deutschen Ottave Rime«.
Wielands Autorität bei Tasso-Übersetzern um 1800 194

Martin H. Schmidt
»Er war der erste deutsche Gelehrte für mich, der
etwas Dichterisches auch in seinem Aeussern hatte«.
Die Wieland-Büsten Johann Gottfried Schadows...................................216

TEXTE UND DOKUMENTE

Jürgen Kiefer
Christoph Martin Wieland als Mitglied des Lehrkörpers
der Erfurter Universität und sein Lehrprogramm 234

Renate Moering
Achim von Arnims Weimar-Stanzen. Mit einem Gedicht
auf Christoph Martin Wieland..244

DISKUSSION

Jürgen Jacobs
Fehlrezeption und Neuinterpretation von Wielands ›Agathon‹.
Anmerkungen zu einem neuen Deutungsvorschlag 273

BERICHTE

Annerose Schneider
Zur Datierung eines Briefs aus der Korrespondenz Wielands...................282

Uta Motschmann
Bericht über ›Wielands Briefwechsel‹, hg. von der Berlin-
Brandenburgischen Akademie der Wissenschaften,
Bd.9: Juli 1785-März 1788 284

Viia Ottenbacher
Wieland-Museum Biberach an der Riß.
Tätigkeitsbericht 1993-1994 291

BIBLIOGRAPHIE

Viia Ottenbacher/Heidi Zeilinger
Wieland-Bibliographie 1993-1995...299
Register der Autoren, Herausgeber,
Übersetzer und Illustratoren..347

Register

I.   Register der Personen 353
II.   Register der Werke Wielands 364

Redaktionelle Richtlinien für die Beiträger 367

Mitarbeiter 369

7

ABKÜRZUNGEN

Folgende Literatur wird in den ›Wieland-Studien‹ *durchgehend* abgekürzt zitiert:

AA   Christoph Martin Wieland: Gesammelte Schriften. Hg. von der Deutschen Kommission der Königlich Preußischen Akademie der Wissenschaften [seit 1945: Hg. von der Deutschen Akademie der Wissenschaften zu Berlin; seit 1969: Hg. von der Akademie der Wissenschaften der DDR durch Hans Werner Seiffert]. Abt. I: Werke, Bd. 1-4, 6, 7, 8. T. 2, 9-15, 18, 20-23. Abt. II: Übersetzungen. Bd. 1-4, 9, 10. Berlin: Weidmannsche Buchhandlung (seit 1954: Akademie-Verlag) 1909-1975.

         Angegeben sind mit römischen Ziffern die Abteilung und mit arabischen zunächst der Band und dann die Seite(n). Die Anmerkungsbände sind jeweils separat, mit einem der Seitenzahl vorangesetzten A, paginiert.

AM/NAM   Attisches Museum / [ab 1805:] Neues Attisches Museum. Hg. von C. M. Wieland, [1805 ff.] Johann Jakob Hottinger und Friedrich Jacobs. In 7 Bdn. Bd. 1-4 und Bd. 1-3. Zürich: H. Geßner; Leipzig: P. P. Wolf in Komm. 1796-1811.

C^{14} Christoph Martin Wieland: Sämmtliche Werke. In 39 Bdn. und 6 Suppl. Bdn. Leipzig: Göschen 1794-1811. In den Formaten kl. 8°, 8°, gr. 8°, 4°.

C^{1r} Reprint Ausgabe der 8°-Ausgabe (C^1) der ›Sämmtlichen Werke‹, Leipzig 1794-1811. Hg. von der »Hamburger Stiftung zur Förderung von Wissenschaft und Kultur« in Zusammenarbeit mit dem Wieland-Archiv, Biberach/Riß und Dr. Hans Radspieler. 45 Bde. in 14 Bdn. Hamburg 1984.

         Angegeben werden die Bände nach der Zählung der C^1 Ausgabe der ›Sämmtlichen Werke‹, Leipzig 1794-1811.

Prol   Bernhard Seuffert: Prolegomena zu einer Wieland-Ausgabe. [T.] I-IX. Berlin 1904-1940. (Abhandlungen der Königl. Preußischen Akademie der Wissenschaften. Phil.-hist. Klasse.) Berlin 1904-1940. - Auch als Einzeldrucke: Berlin 1904-1941.

         Die angegebene römische Zahl bezeichnet den Teil der Prolegomena, die arabische Zahl die Nummer des Prolegomenons. Wenn in Ausnahmefällen auf eine bestimmte Seitenzahl verwiesen wird, so erhält die arabische Zahl ein vorangestelltes S.

ProlErg	Hans Werner Seiffert: Ergänzungen und Berichtigungen zu den Prolegomena VIII und IX zu einer Wieland-Ausgabe. Berlin 1953. (Abhandlungen der Deutschen Akademie der Wissenschaften zu Berlin. Klasse für Sprache, Literatur und Kunst. Jg. 1953. Nr. 2). Angaben wie unter Prol.
STARNES	Thomas C. Starnes: Christoph Martin Wieland. Leben und Werk. Aus zeitgenössischen Quellen chronologisch dargestellt. Bd. I-III. Sigmaringen: Thorbecke 1987. Angegeben sind mit römischen Zahlen der Band und mit arabischen die Seite(n).
TM/NTM	Der Teutsche Merkur / [ab 1790:] Der Neue Teutsche Merkur. Hg. von C. M. Wieland. Weimar 1773-1810. Vom ›Merkur‹ erschienen zunächst jährlich 4 Bände, die 1773 und 1774 als Bd. 1 bis 8 durchgezählt, ab 1775 jeweils als 1. bis 4. Vierteljahr bezeichnet sind; von 1790 an erschienen jährlich 3 Bände. Jeder Band bzw. jedes Vierteljahr besteht aus monatlich ausgegebenen Heften.
TMRep	Thomas C. Starnes: Repertorium zum Teutschen Merkur. Sigmaringen 1994.
WBibl	Gottfried Günther / Heidi Zeilinger: Wieland-Bibliographie. Berlin und Weimar: Aufbau-Verlag 1983. XII, 649 S. (Redaktionsschluß: 31.12.80)
WBr	Wielands Briefwechsel. Hg. von der Deutschen Akademie der Wissenschaften zu Berlin, Institut für deutsche Sprache und Literatur [ab Bd. 2, 1968: durch Hans Werner Seiffert; ab Bd. 3, 1975: Hg. von der Akademie der Wissenschaften der DDR, Zentralinstitut für Literaturgeschichte durch Hans Werner Seiffert; ab Bd. 7, 1992: Hg. von der Akademie der Wissenschaften, Berlin, durch Siegfried Scheibe]. Bd. l: Briefe. 1. Juni 1750 - 2. Juni 1760; Bd. 2: Anmerkungen; Bd. 3: Briefe. 6. Juni 1760 - 20. Mai 1769; Bd. 4: Briefe. 25. Mai 1769 - 17. September 1772; Bd. 5: Briefe. 21. September 1772 - 31. Dezember 1777); Bd. 6.1-6.3: Nachträge zu Bd. 1-5, Anmerkungen und Register zu Bd. 3-5; Bd. 7.1: Briefe. Januar 1778 - Juni 1782. 1. Text; Bd. 8.1: Briefe. Juli 1782 - Juni 1785. Bd. 8.2: Anmerkungen; Bd. 10.1: Briefe. April 1788 - Dezember 1790. Bd. 10.2: Anmerkungen. Bd. 12.1: Briefe. Juli 1793- Juni 1795. Bd. 12.2: Anmerkungen. Berlin: Akademie-Verlag 1963 ff. Bearbeiter: Bd. 1 und 2: Hans Werner Seiffert; Bd. 3: Renate Petermann und Hans Werner Seiffert; Bd. 4: Annerose Schneider und Peter-Volker Springborn; Bd. 5: Hans Werner Seiffert; Bd. 6: Siegfried Scheibe; Bd. 7: Waltraud Hagen; Bd. 8: Annerose Schneider; Bd. 10: Uta Motschmann; Bd. 12: Klaus Gerlach.

Gottfried Willems

VON DER EWIGEN WAHRHEIT ZUM EWIGEN FRIEDEN

»Aufklärung« in der Literatur des 18. Jahrhunderts,
insbesondere in Lessings ›Nathan‹ und Wielands ›Musarion‹

> Denn eben jenen Stolz des Besserwissens, den man der Aufklä-
> rung zur Last gelegt hat, hat man ihr gegenüber immer wieder
> bewiesen.
>
> Ernst Cassirer

I

Die geschichtliche Bewegung der Aufklärung ist seit Jahren schon dem Schlimmsten ausgesetzt, was einem soziokulturellen Phänomen in unseren Breiten widerfahren kann: sie hat eine schlechte Presse. Von Berlin und Frankfurt über Paris bis New York und Los Angeles überbieten sich die Feuilletons, die literarischen Magazine und Kulturzeitschriften in einer Dämonologie der modernen Welt, deren katastrophische Perspektiven einhellig der Aufklärung angelastet werden. Wichtige Stichwortgeber dieser Kritik sind zur Zeit Autoren, die mit dem Schlagwort der Postmoderne zusammengebracht werden, Philosophen wie M. Foucault, G. Deleuze, J. Derrida, J. Baudrillard und P. Virilio. Daneben sind auch Horkheimer und Adorno mit ihrer »Dialektik der Aufklärung«, die zivilisations- und vernunftkritische Philosophie Nietzschescher und Heideggerscher Prägung sowie die Psychologie Freuds als Theorie des »Unbehagens in der Kultur« noch immer häufig berufene Autoritäten.

Die Aufklärung erscheint hier überall als Ausdruck und Medium dessen, was W. Welsch die »Totalitätsobsession« des modernen Menschen genannt hat.[1] Damit ist der Versuch der menschlichen Vernunft gemeint, der Welt als

---

1 Wolfgang WELSCH: Unsere postmoderne Moderne. Weinheim ²1988. Vgl. Rolf Günter RENNER: Die postmoderne Konstellation. Theorie, Text und Kunst im Ausgang der Moderne. Freiburg 1988.

ganzer habhaft zu werden, sie theoretisch und praktisch als ganze in den Griff zu bekommen, so wie er als ein entscheidendes Movens die geschichtlich-gesellschaftliche Entwicklung der Moderne geprägt und nach einem gewissen Vorlauf in der frühen Neuzeit in der »Sattelzeit« (R. Koselleck) des 18. Jahrhunderts vollends die Oberhand gewonnen habe. Aufklärung - das soll der Versuch gewesen sein, die Natur der *ratio* zu unterwerfen, und zwar die äußere Natur ebensowohl wie die innere Natur des Menschen; die äußere Natur unter eine *mathesis universalis* zu bringen, mit den daran sich anschließenden neuen Möglichkeiten von Technik;[2] die innere Natur einer rationalen Triebkontrolle zuzuführen, durch die der Mensch für die Gesellschaft, letztlich für den zivilisatorischen Fortschritt in die Pflicht genommen wird.[3] Denn dieses Programm einer systematischen Unterwerfung der Natur unter die *ratio* soll von einem globalen Geschichtsoptimismus, von dem Glauben an die uneingeschränkte Perfektibilität des Menschen und den kontinuierlichen Fortschritt seiner Zivilisation getragen gewesen sein; von dem Glauben daran, daß es der Vernunft gelingen könne, die gesamte geschichtlich-gesellschaftliche Welt auf das Ziel der Humanität auszurichten und die Utopie der »irdischen Glückseligkeit« Wirklichkeit werden zu lassen.[4]

Von der so gesehenen Aufklärung wird sodann gesagt, sie scheine heute wenn nicht vollends gescheitert, so doch »endgültig als Illusion der Frühphase der industriell-bürgerlichen Gesellschaft in Westeuropa durchschaut«.[5] Spätestens Faschismus und Stalinismus hätten an den Tag gebracht, daß der Griff nach der Totalität in den Totalitarismus habe führen müssen;[6] daß das Programm einer systematischen Unterwerfung der Natur unter die *ratio* nur gewaltsame Theorien und gewalttätige Praktiken habe begründen können. In diesem Sinne wird dann viel von der Zerstörung der Natur durch die Technik gehandelt,[7] von der rationalen Pflichtethik als institutionalisierter Form der Verdrängung von natürlichen Trieben, die zwangsläufig in Barbarei habe umschlagen müssen, von den verschiedenen Formen einer Fortschrittsdiktatur im Namen der Humanität.[8] Und es wird gefordert, die auf Totalität ausgehenden systematischen Anstrengungen durch eine Pluralität von Diskursen zu erset-

---

2 WELSCH (Anm. 1), S. 59 ff.
3 RENNER (Anm. 1), S. 154.
4 WELSCH (Anm. 1), S. 178 f. u. 183.
5 Willi OELMÜLLER: Aufklärung. In: Handbuch philosophischer Grundbegriffe. Hg. v. H. KRINGS u. a. 6 Bde. München 1973, Bd. 1, S. 141-154, hier S. 142.
6 Ebd.
7 Ebd.
8 RENNER (Anm. 1), S. 154 ff.

zen,[9] statt auf die Vernunft auf das Unbewußte zu setzen, wie es sich etwa im Mythos zeige, und die Idee des Fortschritts im Sinne eines posthistorischen Denkens zu verabschieden - Vorstellungen, die gerade einer Kunst und Literatur willkommen scheinen, die das Plurale, das Unbewußte, das Mythische und das Zeitlose als Wesenszüge der »ästhetischen Erfahrung« und damit als ihr Ureigenstes begreift.[10]

II

Totalitätsobsession, Unterwerfung der Natur unter die *ratio*, dogmatischer Rationalismus, rationale Pflichtethik, Glaube an die uneingeschränkte Perfektibilität des Menschen, dogmatisches Fortschrittsprogramm und Utopismus - wer sich mit diesem Begriff von Aufklärung der Literatur des 18. Jahrhunderts nähert, der steht vor einem Rätsel, jedenfalls dann, wenn er sich durch die Wissenschaft noch nicht hat um die Fähigkeit bringen lassen, die Texte, die er liest, ernst und beim Wort zu nehmen. Denn in kaum einem Werk, das er in die Hand nimmt, wird er etwas von jenen angeblichen Grundzügen der Aufklärung wiederfinden - im Gegenteil: er muß feststellen, daß das meiste von dem, was sich im 18. Jahrhundert als Aufklärung versucht, von der Kritik eben jener Vorstellungen lebt, ja sich in solcher Kritik geradezu konstituiert.

Denken wir nur an das bekannteste der literarischen Aufklärung zugeschriebene Werk in deutscher Sprache, an Lessings Schauspiel ›Nathan, der Weise‹ (1779)! Vergegenwärtigen wir uns die zentrale Szene des Dramas, in der Sultan Saladin dem Juden Nathan die Frage vorlegt, welche der drei Religionen Judentum, Christentum, Islam »die wahre Religion« sei; jene Frage, auf die Nathan dann mit der berühmten Ring-Parabel antwortet.[11] In dieser Frage bringt Lessing nicht einfach nur das Problem religiöser Toleranz auf die Bühne, worauf sein ›Nathan‹ immer wieder reduziert worden ist,[12] sondern allgemein die Problematik einer Vernunft, die aufs Ganze geht; die sich zutraut, die absolute Wahrheit zu benennen, zu erkennen, »was die Welt im Innersten zusammenhält«.

Bezeichnenderweise nähert sich Lessing dieser Problematik von einer Frage aus, die zwar keineswegs zum ersten Mal in der modernen Welt begegnet, die

---

9   WELSCH (Anm. 1), S. 79 ff.
10 RENNER (Anm. 1), S. 42 ff.
11 Gotthold Ephraim LESSING: Nathan, der Weise. In: LESSING: Werke. Hg. v. H. G. GÖPFERT. Bd. 2. München 1971, S. 205-347, hier S. 274, V. 327-329.
12 So jüngst noch Jürgen JACOBS: Lessing. Eine Einführung. München/Zürich 1986, S. 117.

hier jedoch unübersehbar wird: der Wahrheitssucher trifft immer schon auf eine Pluralität von Wahrheiten, von Religionen, Theologien, Konfessionen, Metaphysiken, Systemen; von Wahrheiten, die einerseits alle gleichermaßen absolut zu sein, das Ganze der Welt ergriffen zu haben beanspruchen, die andererseits aber eben nur als Wahrheiten neben anderen dastehen, denen sie widersprechen; als Systeme in einem Ensemble von Systementwürfen, die einander ausschließen. Nicht minder charakteristisch ist es, daß Lessing dies nicht nur als eine Frage der Theorie, sondern auch als ein Problem der Praxis präsentiert. Wie sich der Absolutheitsanspruch solcher Wahrheit in der Praxis als Anspruch manifestiert, das Leben und Handeln der Menschen zu durchdringen »bis auf die Kleidung, bis auf Speis und Trank«,[13] so werden sie, weil sie nur Wahrheiten neben anderen sind, zur Quelle eines fundamentalen Konflikts zwischen den jeweils von ihnen geprägten Menschen, zum Beispiel den Menschen verschiedener Religion. Die Frage nach der absoluten Wahrheit spitzt sich mithin zu dem Problem zu, gegenüber jener Pluralität von Totalitäten eine Entscheidung herbeizuführen; eine Entscheidung, die immer schon den praktischen Konflikt zwischen den von ihnen geprägten Menschen berührt - auch dem Votum des Juden Nathan drohen ja Konsequenzen von Seiten des islamischen Herrschers.

Entscheidend ist nun für uns zu sehen, daß der Sultan von Nathan eine Lösung mit den Mitteln der *ratio* verlangt: »Einsicht, Gründe, Wahl des Besseren«, »Laß mich die Gründe hören!«[14] - daß Nathan jedoch nicht mit einer rationalen Beweisführung, mit theologischen oder metaphysischen Argumenten antwortet, sondern mit einer Dichtung, nämlich indem er die Ring-Parabel erzählt. Die Form seiner Antwort nimmt ihren Inhalt vorweg: die Wahrheit der Religion ist »unerweislich«;[15] »von seiten ihrer Gründe« sind die Religionen »nicht zu unterscheiden«.[16] So wird mit der Ring-Parabel zunächst und vor allem die Absage an eine Vernunft formuliert, die aufs Ganze geht. Zugleich wird der Blick von der menschlichen *ratio* zur Empfindung, zur Triebnatur hinübergelenkt, werden dieser Seite der »Natur« des Menschen Aufgaben zugeordnet, vor denen die aufs Ganze gehende Vernunft versagt. »Es eifre jeder seiner unbestochnen / Von Vorurteilen freien Liebe nach«, lautet die »Moral« der Ring-Parabel.[17]

---

13 LESSING (Anm. 11), Nathan, S. 278, V. 457.
14 S. 274, V. 331 u. 333.
15 S. 278, V. 447.
16 V. 458.
17 S. 280, V. 525-526.

Was wir uns unter solcher »Liebe« vorzustellen haben, hat Lessing bereits vorab an der Tat des Tempelherren gezeigt, der Recha, die Tochter Nathans, aus dessen brennendem Haus gerettet hat. Von dieser Tat bekennt der Tempelherr, daß er sich »nichts [bei ihr] gedacht« habe; ja er sagt: »wenn ich drüber denke, [wird sie mir] zum Rätsel vor mir selbst«.[18] Die *ratio* war an ihr also nicht beteiligt; vielmehr war sie die impulsive Tat eines »warmen und stolzen«,[19] »brausenden«,[20] »im Sturm der Leidenschaft« agierenden,[21] also von starken Affekten bewegten und diesen Affekten spontan folgenden Menschen. »Wär er minder warm und stolz«, sagt Nathan rückblickend über ihn zu Recha, »er hätt es bleiben lassen dich zu retten«.[22] Der Tempelherr ist insofern ein Musterbeispiel für die aufklärerische Vorstellung, daß »die Natur die Lehre, recht zu leben, / Den Menschen in das Herz und nicht ins Hirn gegeben« habe, wie Albrecht von Haller in seinem Lehrgedicht ›Die Alpen‹ (1729) schreibt.[23]

Schon hier ist offensichtlich: bei einem Aufklärer wie Lessing ist keineswegs die vielberufene »Totalitätsobsession« des modernen Menschen am Werk, der dogmatische Rationalismus, der sich die Natur zu unterwerfen, insbesondere die Triebnatur des Menschen mit den Mitteln der *ratio* an die Kandare der Pflicht zu nehmen sucht. Vielmehr geht es Lessing gerade darum, jene Totalitätsobsessionen auszuhebeln, wie sie im ›Nathan‹ die positiven Religionen verkörpern. Es geht ihm um eine Selbstbescheidung der Vernunft, und zugleich darum, die Triebnatur des Menschen auf eine Weise zu erkunden, die ihre Aufwertung mit einbegreift; die Triebnatur, repräsentiert durch die Affekte des Stolzes, also der Eigenliebe, und der Liebe oder, um den für das aufklärerische Denken prägnanteren Begriff zu gebrauchen, der »Sympathie«.[24]

---

18 S. 233, V. 767-769.
19 S. 342, V. 576.
20 S. 307, V. 413.
21 S. 308, V. 429.
22 S. 342, V. 576-577.
23 Albrecht v. HALLER: Die Alpen. In: Vorboten der bürgerlichen Kultur. Hg. v. F. BRÜGGEMANN. Darmstadt '1964, S. 310-324, hier S.313, V. 7-8.
24 Zur aufklärerischen Entfaltung der Probleme von Moralität und Sozialität im Rekurs auf egoistische und altruistische Triebe und Empfindungen und zu der damit verbundenen Aufwertung der menschlichen Triebnatur vgl. Wilhelm WINDELBAND: Lehrbuch der Geschichte der Philosophie. Tübingen ¹⁷1980, S. 429 ff., insbesondere S. 434 ff. und S. 441 f.; Carl WINCKLER: Vorwort. In: David HUME: Untersuchung über die Prinzipien der Moral. Hamburg 1929, S. V-XXXI; Panajotis KONDYLIS: Die Aufklärung im Rahmen des neuzeitlichen Rationalismus. München 1986, S. 381 ff. u. 495 ff. - Zum Begriff der Sympathie bei Lessing s. LESSING: Bemerkungen über Burke's Philosophische Untersuchungen über den Ursprung unserer Begriffe vom Erhabenen und Schönen. In: LESSING: Werke. Hg. v. H. G. GÖPFERT. Bd. 8. München 1979, S. 511 ff., hier S. 513.

Solche Aufwertung der menschlichen Triebnatur bedeutet allerdings nicht, womit ein weiteres Aufklärungsklischee berührt wird, daß der Mensch hier nun überhaupt als »von Natur aus gut« gälte. Von der Tat des Tempelherrn, wie sie seinem Stolz und seiner Hitzigkeit entsprungen ist, heißt es, an ihr werde sichtbar, »aus welchen Fehlern unsere Tugend keim[e]«.[25] Der Aufklärer Lessing setzt auf Eigenliebe und sympathetische Empfindsamkeit in dem Bewußtsein, daß sie ebenso das Zeug zu Fehlern wie zur »Tugend« haben. Denn er weiß, daß sie sich unter dem Einfluß von »Vorurteilen« zu dem auszuwachsen vermögen, was er »Schwärmerei« nennt. Erst in diesem Zusammenhang weist er der Vernunft eine Bedeutsamkeit für die Tugend zu. Sie soll nämlich dafür sorgen, daß aus Eigenliebe und Sympathie nicht »Schwärmerei« wird, und zwar dadurch, daß sie diese immer wieder auf den Boden der »Natur« zurückbringt.

Das wird uns gleich in der zweiten Szene des ›Nathan‹ auf exemplarische Weise vorexerziert. Die »Schwärmerin« Recha[26] hat unter dem Einfluß der von »Vorurteilen« beherrschten Daja die Vorstellung entwickelt, sie sei von einem Engel aus den Flammen gerettet worden. Nathan erklärt diesen Wunderglauben zur Ausgeburt des »Stolzes«,[27] - der Glaube an das wunderbare Eingreifen Gottes selbst »schmeichelt der Eigenliebe«, - und klärt ihn mit Hinweisen auf »natürliche Ursachen« und Zusammenhänge auf.[28] Die Vernunft erscheint hier mithin weder als Quelle noch auch nur als leitende Instanz des »tugendhaften« Handelns, - »so was überlegt sich nicht«, sagt Al-Hafi[29] -, sondern nur als ein Faktor, der zu seinen eigentlichen Moventien Sympathie und Eigenliebe hinzutritt und darüber wacht, daß sie nicht durch Vorurteil und Schwärmerei zu Fehlern werden.

Dieser Auffassung begegnet man nun keineswegs allein bei Lessing; sie ist in der Literatur des 18. Jahrhunderts allenthalben anzutreffen. So heißt es zum Beispiel in Alexander Popes ›Essay on Man‹ (1733/34),[30] jenem durch

---

25 LESSING (Anm. 11), Nathan, S. 308, V. 434. - Das ist offensichtlich etwas anderes als ein bloßer »Kampf der guten gegen die schlechten Gefühle«: Rolf GRIMMINGER: Einleitung, in: Deutsche Literatur bis zur Französischen Revolution 1680-1789. Hg. v. R. GRIMMINGER. München 1980 (Hansers Sozialgeschichte der deutschen Literatur, Bd. 3), S. 15 ff., hier S. 25.
26 LESSING (Anm. 11), Nathan, S. 211, V. 140.
27 S. 216, V. 293.
28 S. 214, V. 214.
29 S. 260, V. 214.
30 Alexander POPE: Essay on Man. Hg. v. F. BRADY. New York/London 1965, S. 23, V. 161. - Vgl. POPE: Vom Menschen. Essay on Man. Übers. v. E. BREIDERT, hg. v. W. BREIDERT. Hamburg 1993. - Besonders nützlich jetzt der folgende Paralleldruck: Untersuchung des Menschen, übersetzt von Hrn. B. H. BROCKES, Essay on the Man, by Mr. Alexander Pope. Hg. v. F. WINKLER. Rüsselsheim 1995.

ganz Europa verbreiteten Brevier der englischen Aufklärung, mit dem sich Lessing in dem Aufsatz ›Pope ein Metaphysiker‹ auseinandersetzt:[31] »Nature's road must ever be preferred, / Reason is here no guide but still a guard«[32] - es gilt, immer den Weg der Natur zu wählen; Vernunft ist auf diesem Weg kein Führer, sondern nur ein wachsamer Wegbegleiter. Und Christoph Martin Wieland schreibt in seinem Aufsatz ›Was ist Wahrheit?‹ (1778): »Wehe [dem Menschen], wenn seine Vernunft die *einzige* Führerin seines Lebens ist!«[33] Nicht sie, sondern »die Natur [lehrt] alle Menschen *leben*«.[34] Nur wo die »Natur« »geschwächt oder verderbt« ist und »nicht mehr zum Leben hinreichend seyn will«, treten »Kunst und Wissenschaft«, tritt mithin die Vernunft sinnvollerweise ins Mittel, um zu »flicken und stützen, kleistern und quacksalben so gut sie kann. [...] Der Erfolg aber muß doch immer von der Natur allein erwartet werden«.[35]

Besonders energisch und mit prinzipieller Schärfe hat David Hume diesen Gedanken in seiner Schrift ›An Enquiry concerning the Principles of Morals‹ (1751) ausgearbeitet. »Reason, being cool and disengaged, is no motive to action, and directs only the impulse received from appetite or inclination, by showing us the means of attaining happiness or avoiding misery: Taste, as it gives pleasure or pain, and thereby constitutes happiness or misery, becomes a motive to action, and is the first spring or impulse to desire and volition«: »die Vernunft, weil kühl und uninteressiert, ist kein Motiv zum Handeln und lenkt nur den durch den Trieb oder die Neigung übermittelten Impuls, indem sie uns das Mittel aufweist, das Glück zu erlangen oder dem Unglück aus dem Wege zu gehen. Die Neigung, die Lust oder Unlust weckt und dadurch Glück oder Unglück wirkt, wird damit ein Motiv zum Handeln und ist der erste Antrieb oder Impuls zum Streben oder Wollen«.[36]

Die Vorstellungen von Natur und Vernunft, Eigenliebe, Sympathie und *ratio*, die uns in Lessings ›Nathan‹ entgegentreten, gewinnen für uns ein um so schärferes Profil, je deutlicher wir die literarhistorische Folie sehen, vor der sie entwickelt worden sind, je klarer wir insbesondere den polemischen Sinn verstehen, in dem sie auf Vorgängiges reagieren. Der sicherste Zugriff auf die

---

31 LESSING: Werke. Hg. v. H. G. GÖPFERT. Bd. 3. München 1972, S. 631-670.
32 POPE (Anm. 30), S. 23, V. 162.
33 Christoph Martin WIELAND: Was ist Wahrheit? In: C¹¹, Bd. 24, S. 39-54, hier S. 44.
34 Christoph Martin WIELAND: Filosofie als Kunst zu leben und Heilkunst der Seele betrachtet. Ebd., S. 55-70, hier S. 62.
35 Ebd., S. 65-66.
36 David HUME: An Enquiry concerning the Principles of Morals. In: HUME: The Philosophical Works. Hg. v. Th. H. GREEN u. Th. H. GROSE. Aalen ¹1992, Bd. 4, S. 169-287, hier S. 265. Dt. Übers. David HUME: Untersuchung über die Prinzipien der Moral. Hg. v. C. WINCKLER. Hamburg 1929, S. 146.

Intentionen und Motive, die in einem poetologischen Modell, einer Theorie, einem Vorstellungskomplex wirksam sind, liegt ja immer in der Erkundung ihrer historischen Genese - eine methodische Einsicht, die bei der gegenwärtigen Konjunktur des Rezeptionsgedankens nicht überall die gebührende Beachtung findet. Im Fall des Lessingschen Schauspiels ist das vorgängige poetologische Modell, auf das sich die neuen Vorstellungen in kritischer Gegenwendung beziehen, nicht so sehr in der klassischen Tragödie der Franzosen zu erblicken, wie immer wieder gesagt worden ist, als vielmehr im Drama des Barock überhaupt, letztlich in der christlich-humanistischen Literatur der frühen Neuzeit. Lessings Briefwechsel mit Mendelssohn und Nicolai sowie seine ›Hamburgische Dramaturgie‹ lassen das deutlich erkennen.

Das Drama des Barock, für dessen deutschsprachige Variante die Namen Gryphius und Lohenstein stehen und das mit Werken wie Gottscheds ›Sterbendem Cato‹ bis weit ins 18. Jahrhundert hinein wirksam geblieben ist,[37] stellt bekanntlich Tugend- und Lasterexempel in den Mittelpunkt, wobei es die Tugend entweder bei christlichen Märtyrergestalten wie Katharina von Georgien oder bei stoischen Tugendhelden wie Cato findet. Die Triebnatur des Menschen mit ihren natürlichen Affekten wird hier immer noch wesentlich im Licht der christlichen Lehre von der Erbsünde dargestellt. Sie ist die Quelle aller Laster, nämlich jener leidenschaftlichen Getriebenheit, jener Unbeständigkeit (*inconstantia*), die der Werdewelt erliegt. Tugend wird ausschließlich in Form einer *constantia* möglich, die Fortuna widersteht, sei es durch einen gottgläubigen Geist oder durch eine mit Wissen und Bildung stabilisierte Vernunft, wie sie die Affekte im Namen der Pflicht zu beherrschen weiß.[38]

Die neuere Barockforschung hat gezeigt, wie sehr diese Poetik dem humanistischen Neustoizismus verpflichtet ist, jener rationalistischen Ethik, die man seinerzeit vor allem von Cicero und Seneca bezog[39] und der zum Beispiel Spinoza eine systematische Form gab. Dessen Ethik demonstriert mit konsequent rationalistischer Systematik, nämlich »*ordine geometrico*«, daß und wie die Macht der Affekte (*vires affectuum)* den Menschen knechtet und zum Spielball des Glücks (*Fortuna*) macht[40] und daß allein die Macht des Verstan-

---

37 Vgl. z. B. Helmut ARNTZEN: Von Trauerspielen: Gottsched, Gryphius, Büchner. In: Rezeption und Produktion zwischen 1570 und 1730. Fs. G. Weydt. Bern 1972, S. 571-585, hier S. 574 f.

38 Robert J. ALEXANDER: Das deutsche Barockdrama. Stuttgart 1984, S. 92-93.

39 Hans-Jürgen SCHINGS: Die patristische und stoische Tradition bei Andreas Gryphius. Köln/Graz 1966; ders.: Consolatio Tragoediae. Zur Theorie des barocken Trauerspiels. In: Deutsche Dramentheorien I. Hg. v. R. GRIMM. Wiesbaden ³1980, S. 19-55.

40 Benedictus de SPINOZA: Die Ethik. Hg. v. B. LAKEBRINK. Stuttgart 1977, S. 434.

des (*potentia rationis*),[41] insbesondere die verständige Liebe Gottes (*amor Dei intellectualis*),[42] zur Freiheit (*libertas*) führt, indem sie Gewalt über die Affekte (*imperium in affectus*)[43] ausübt und die Lüste niederzwingt (*libidines coercere*).[44] Es ist hier, im Raum des Humanismus, wo wir jenen dogmatischen Rationalismus antreffen, jenes Programm der Unterwerfung der Natur unter die *ratio*, jenen Willen zum System und jenen dogmatischen Fortschrittsglauben, die die eingangs erwähnten Dämonologen der Moderne der Aufklärung des 18. Jahrhunderts anlasten.

Diese Aufklärung ist aber angetreten, um eben jenen dogmatischen Rationalismus mit seiner Theorielastigkeit, seiner Neigung zum »Systemwahn« und seiner rationalistischen Ethik in die Schranken zu weisen. »Die Vorstellung einer angeborenen ›Sündhaftigkeit‹« wird in Frage gestellt, »die alte moralisierende Auffassung vom Menschen als rationalem, von unzivilisierten Gelüsten bedrohtem Wesen« »verworfen«,[45] ja nach und nach geradezu auf den Kopf gestellt: nicht Unterwerfung der Natur unter die *ratio*, sondern Unterwerfung der *ratio* unter die Natur ist das Programm. »*For Wit's false mirror [held] up Nature's light*«, heißt es am Schluß von Popes ›Essay on Man‹:[46] der falsche Spiegel des menschlichen »Witzes«, also der *ratio*, soll durch das »Licht der Natur« ersetzt werden. »*The Learned are blind*«,[47] die Gelehrten sind blind; darum laß ihre verrückten Theorien fahren und folge dem Pfad - nicht etwa der Tugend, sondern der Natur: »*Take Nature's path, and mad Opinion's leave*«.[48] »Mein Vater«, weiß Lessings Recha von Nathan, »liebt / Die kalte Buchgelehrsamkeit, die sich / Mit toten Zeichen ins Gehirn nur drückt, / Zu wenig«.[49] So ist denn das Fazit der Ring-Parabel, auch wenn es die Form einer »Moral von der Geschicht« hat, nicht eigentlich eine Lehre, vielmehr eine »Antilehre«, eine Maxime, die den Widerruf der Sokrates zugeschriebenen Vorstellung von der Lehrbarkeit der Tugend mit einbegreift: »Es eifre jeder seiner unbestochnen / Von Vorurteilen freien Liebe nach«.[50]

»Sokrates und anderen Geistern seines Schlages«, - so Rousseau in seinem berühmten zweiten ›Discours‹ (1755), der bekanntlich die prinzipielle Zu-

---

41 Ebd., S. 618.
42 S. 678.
43 S. 618.
44 S. 698.
45 Roy PORTER: Kleine Geschichte der Aufklärung. Berlin 1991, S. 30.
46 POPE (Anm. 30), Essay on Man, S. 55, V. 393.
47 Ebd., S. 42, V. 19.
48 S. 42, V. 29.
49 LESSING (Anm. 11), Nathan, S. 334-335, V. 382-385.
50 Ebd., S. 280, V. 525-526.

stimmung Lessings fand,[51] - »mag es immer gelungen sein, durch die Vernunft tugendhaft zu werden; das menschliche Geschlecht würde dennoch schon längst nicht mehr anzutreffen sein, wenn seine Erhaltung nur auf den Vernunftschlüssen seiner Glieder beruhte« (*Quoi qu'il puisse appartenir à Socrate, et aux Esprits de sa trempe, d'acquérir de la vertu par raison, il y a longtems que le Genre humain ne seroit plus, si sa conservation n'eût dépendu que des raisonnemens de ceux qui le composent*).[52] »[...] die Menschen mit all ihrer Sittenlehre [wären] Ungeheuer geblieben [...], wenn ihnen die Natur nicht in dem Mitleid eine Stütze der Vernunft gegeben hätte. [...] aus dieser Eigenschaft allein [entspringen] alle gesellschaftlichen Tugenden« (*avec toute leur morale les hommes n'eussent jamais été que des monstres, si la Nature ne leur eût donné la pitié à l'appui de la raison: [...] de cette seule qualité découlent toutes les vertus sociales*).[53]

Schon Montesquieu setzt in seinen ›Lettres persanes‹ (1721) auf die Empfindungen der Tugend, die die Natur eingibt (*les sentiments de la vertu, que l'on tient de la Nature*),[54] und läßt seinen Usbek auf die Frage nach den Wahrheiten der Moral (*les vérités de morale*) - wie Lessing seinen Nathan auf die Frage nach der wahren Religion - nicht mit subtiler Philosophie (*philosophie subtile*) und abstrakten Überlegungen (*des raisonnements abstraits*), sondern mit einer Geschichte antworten, die diese Wahrheiten fühlen machen (*faire sentir*) soll:[55] »Es ist weit besser, den Menschen als fühlendes denn als vernünftiges Wesen zu behandeln« (*Il vaut bien mieux [...] traiter l'homme comme sensible, au lieu de le traiter comme raisonnable*).[56] Auf dieser Linie argumentiert letztlich noch Kant, auch wenn er wie manch anderer Denker des 18. Jahrhunderts angesichts der »selbstsüchtigen Neigungen« des Menschen[57] dem »Mitleid« nicht die gleiche Bedeutung wie Rousseau zuerkennen mag und in Sachen Moral den stoischen Pflichtbegriff wieder zu Ehren bringt. Dennoch gilt nach Ausweis seiner Friedensschrift (1795) auch für ihn: »[...] es ist nicht die moralische Besserung der Menschen, sondern nur der Mechanism der Natur«, in dem die Sozialität des

---

51 LESSING (Anm. 31), S. 251-252.

52 Jean-Jacques ROUSSEAU: Discours sur l'origine et les fondemens de l'inégalité parmi les hommes. In: ROUSSEAU: Œuvres complètes. Hg. v. B. GAGNEBIN u. M. RAYMOND. Bd. 3. Paris 1964, S. 109-237, hier S. 156-157. Dt. Übers. Jean-Jacques ROUSSEAU: Abhandlung über den Ursprung und die Grundlagen der Ungleichheit. In: ROUSSEAU: Schriften. Hg. v. H. RITTER. Bd. 1. Frankfurt 1988, S. 165-302, hier S. 221.

53 Ebd., S. 155 bzw. S. 220.

54 MONTESQUIEU: Lettres persanes. In: MONTESQUIEU: Œuvres complètes. Hg. v. R. CALLOIS. Paris 1949, Bd. 1, S. 129-373, hier S. 180.

55 Ebd., S. 145.

56 S. 179.

57 Immanuel KANT: Zum ewigen Frieden. Hg. v. R. MALTER. Stuttgart 1984, S. 30.

Menschen gründet,[58] nur »die Natur« vermag »durch den Mechanism der menschlichen Neigungen selbst« den »ewigen Frieden« zu »garantieren«.[59]

Wenn die Aufklärer des 18. Jahrhunderts immer noch in einem Maße von »Tugend« handeln, an dem sich ein heutiger Leser stoßen mag, so nicht, weil sie wie die Humanisten einem durch Glauben, Wissen und Bildung aufgerüsteten ethischen Rationalismus das Wort reden, sondern weil sich ihnen die Fragen der Tugend nach der Relativierung von *ratio*, Wissen und Bildung einerseits und der Aufwertung der menschlichen Triebnatur andererseits neu stellen, auf eine aufregend und beunruhigend neue Weise. Die Frage nach der Sozialität des Menschen wird mehr und mehr von der nach seiner Moralität abgetrennt und dem subtilen, vielfach prekären Zusammenspiel von Eigenliebe, Sympathie und *ratio* und hier wiederum von Interesse und Pflicht überantwortet. Wohlgemerkt: dieses Zusammenspiel stellt sich der Aufklärung als ein prekäres, durchaus gefährdetes dar - ein Moment, das wohl kaum für einen unbedingten Glauben an die Perfektibilität des Menschen zeugt.

Daß die Aufklärung des 18. Jahrhunderts auf solche Weise die menschliche Vernunft vom Podest stößt und in die Schule der »Natur« schickt, ist übrigens auch der wichtigste Grund für die zunehmende weltanschauliche Bedeutung der Literatur. Als *imitatio naturae*, Naturnachahmung verstanden und damit in das Medium einer Vernunft verwandelt, die sich auf den »Pfad der Natur« begibt, kann sie sich von den Prinzipien einer rhetorischen Poetik und der Anbindung an vorgegebene dogmatische Gehalte theologischer und metaphysischer Provenienz mehr und mehr emanzipieren und das werden, was man später autonom genannt hat.[60] Dieser Aufstieg bezeugt sich in Lessings ›Nathan‹, wie angedeutet, schon allein darin, daß Nathan, vom Sultan vor die Frage nach der absoluten Wahrheit gestellt, nicht mit einer systematischen theologisch-metaphysischen Argumentation antwortet, sondern mit einer Geschichte, der Ring-Parabel. Lessing demonstriert durch sie und an ihr, wie er sich Aufgabe, Eigenart und Wirkungsweise der Literatur vorstellt.

Der neue Rang wächst der Literatur zunächst nicht etwa dadurch zu, daß dem Dichter mit seiner genialischen Intuition nun die Möglichkeit zu eben jenem Griff nach dem Weltganzen zugesprochen würde, der zuvor den rationalen Systemen theologischer und metaphysischer Machart aberkannt worden ist, zum Beispiel als intuitives Erfassen und Offenbaren der *harmonia mundi*

---

58 Ebd., S. 31.
59 S. 33.
60 Vgl. Gottfried WILLEMS: Anschaulichkeit. Zu Theorie und Geschichte der Wort-Bild-Beziehungen und des literarischen Darstellungsstils. Tübingen 1989, S. 272 ff.

im Schönen. Was die Dichtung hier so bedeutsam werden läßt, ergibt sich vielmehr gerade aus der Position, die die Ring-Parabel plausibel machen soll: aus der Vorstellung, daß die »Tugend« nicht auf den Besitz der »ewigen Wahrheit« angewiesen sei; daß sie nicht nur dort möglich sei, wo sich das Handeln von einer absoluten Wahrheit her zu bestimmen vermag, und das heißt, daß Sozialität, Menschengemeinschaft nicht nur als »Wesensgemeinschaft«, aus einem gemeinschaftlichen »Wesenswissen« (Heidegger) heraus möglich sei, zum Beispiel von einem Wesenswissen religiöser Prägung her, sondern auch, ja im Grunde einzig und allein auf einer anderen Basis: auf der der »Natur«, insbesondere der »allgemeinen Menschennatur«, und hier wiederum vor allem auf der Basis des »Mechanism der menschlichen Neigungen«, zum Beispiel der natürlichen sympathetischen Affekte in ihrem Zusammenspiel mit Eigenliebe und Verstand. Denn Dichtung ist als *imitatio naturae* das ideale Medium dafür, daß Menschen sich hierüber verständigen, macht sie es als anschauliche, »malende« Rede, die die »Sinnlichkeit«, die »Einbildungskraft«, das »Herz«, also die Triebnatur des Menschen mit ins Spiel bringt, doch möglich, sich nicht nur intellektuell über sie auszutauschen, sondern sie zugleich lebendig in Aktion treten zu lassen.[61]

Das zeigt Lessing an den Reaktionen des Sultans auf die Erzählung der Ring-Parabel. Sind diese Reaktionen, solange sich Nathan kritisch mit den »Vorurteilen« auseinandersetzt, noch von Äußerungen rationaler Einsicht geprägt - »Der Mann hat Recht«[62] -, so tritt am Ende das stumme Spiel und mit ihm die Spontaneität der Empfindung, also die Triebnatur, in den Vordergrund: »Saladin (der auf ihn zutritt, und seine Hand ergreift, die er bis zu Ende nicht wieder fahren läßt) [...] Nathan, lieber Nathan [...], sei mein Freund«.[63] Die Dichtung vermag, insofern sie die natürlichen sympathetischen Affekte, das »Mitleid« zu mobilisieren weiß, die Gräben zu schließen, die eine aufs Ganze gehende Vernunft aufgerissen hat, indem sie eine Pluralität von Totalitäten in die Welt setzte. Und dieser pazifizierende Brückenschlag ist dem Aufklärer letztlich wichtiger als eine absolute Wahrheit. Die Suche nach der »ewigen Wahrheit« muß hinter dem zurückstehen, was Kant den »ewigen Frieden« nennt, - ein Gedanke, der nur in unendlich verwässerter Form und ohne das Wissen um seine aufklärerischen Quellen in unserem Jahrhundert angekommen ist, in Gestalt der Unterscheidung von Gesinnungs- und Verantwortungsethik bei Max Weber.

---

61 Ebd., S. 274 ff.
62 LESSING (Anm. 11), Nathan, S. 278, V. 475.
63 Ebd., S. 280, V. 540-541 u. 544.

Versuchen wir in eine Formel zu fassen, was wir an Lessings ›Nathan‹ über Aufklärung in der Literatur gelernt haben! Das aufklärerische Denken des 18. Jahrhunderts erwächst aus der kritischen Wendung gegen den dogmatischen Rationalismus der humanistischen Periode als Neuorientierung im Geist eines skeptischen Pragmatismus. Das bedeutet, daß sich der Akzent nun allmählich von der Vernunft auf die »Natur« verschiebt; von der menschlichen *ratio* auf die menschlichen Affekte, von der »Buchgelehrsamkeit« auf die Erfahrung, von der idealen Tugendnorm auf die Realitäten der psychischen Prozesse und des sozialen Verhaltens, von der Theorie auf die Praxis, von der systematischen Theologie und Metaphysik auf die kasuistischen literarisch-publizistischen Diskursformen. Und auch die Literatur verändert sich dabei, wird aus einer Schule der »ewigen Wahrheit« zu einer Schule des »ewigen Friedens«, und das heißt, daß nach und nach die explizite Lehrhaftigkeit durch implizite ethische Wirkungen ersetzt wird.

III

Hier mag mancher nun immer noch fragen, ob das Bild, das sich bei Lessing zeigt, wirklich die Aufklärungsbewegung als ganze kennzeichnen kann. Es gehörte ja lange Zeit zu den unbezweifelbaren Lehrstücken der deutschen Literarhistorie, daß Lessing »durch sein Wahrheitssuchen« zu einem »Überwinder der Aufklärung« mit ihrer vermeintlichen »Überschätzung von Vernunft und Nützlichkeit« geworden,[64] also zu seiner Zeit eine untypische Erscheinung gewesen sei -, eine Vorstellung, die sich seit Friedrich Schlegels zweifelhafter Ehrenrettung für Lessing als mannhaft-deutschem Widersacher französischer Vernünftelei[65] so fest eingeprägt hat, daß die hier gegebenen Hinweise auf die geistige Nachbarschaft von Montesquieu, Pope, Hume, Rousseau, Wieland und Kant zu ihrer Widerlegung womöglich noch nicht ausreichen. Aber je weiter man sich im 18. Jahrhundert umsieht, desto deutlicher wird, daß die zentralen Motive des ›Nathan‹ in der Tat entscheidende Vorstellungen der Aufklärungsbewegung insgesamt bezeichnen.

Ein genaues Gegenstück zum ›Nathan‹ finden wir zum Beispiel bei eben dem Autor, der nach dem Urteil Friedrich Schlegels jener französischen Vernünftelei, der Lessing widerstand, heillos verfallen gewesen sein soll und der

---

64 Gero v. WILPERT: Sachwörterbuch der Literatur. Stuttgart ⁴1964, S. 43.

65 LESSINGS Gedanken und Meinungen zusammengestellt und erläutert von Friedrich SCHLEGEL (1804). In: Lessing - ein unpoetischer Dichter. Hg. v. H. STEINMETZ. Frankfurt 1969 (Wirkung der Literatur, Bd. 1), S. 195 ff., hier S. 208 ff.

seither von der Literarhistorie mit wechselnden Gründen in mehr oder weniger großer Distanz zu Lessing angesiedelt worden ist: bei Wieland, in seiner Verserzählung ›Musarion‹ (1768).[66] Wieland erzählt hier bekanntlich die Geschichte des Phanias, der, nachdem er als junger Lebemann sein Vermögen und seine Liebe verspielt hat, der Welt und der Liebe entsagt, um sich als Adept der Philosophie zum »Weltbezwinger« und »Tugendhelden« auszubilden,[67] jedoch von der ebenso schönen wie klugen Musarion für Liebe und Welt zurückgewonnen wird. Im Mittelpunkt steht bei Wieland wie bei Lessing die Problematisierung der aufs Ganze gehenden Vernunft, jenes Griffs nach der Totalität, der zu nichts anderem als einer Pluralität von einander widerstreitenden Systemen führen kann, die, weil sie als absolute Wahrheit anerkannt werden wollen, die Menschen in unauflösliche Konflikte stürzen. Als Paradigma für eine solche Pluralität von einander widerstreitenden Totalitäten fungieren bei Wieland allerdings nicht die drei positiven Religionen Judentum, Christentum und Islam, sondern die verschiedenen Schulen der antiken Philosophie, vertreten vor allem durch Stoa und Pythagoräismus; daneben werden auch *kyne* und *kepos* berührt.

Die Überlegungen, mit denen Phanias als ein anderer »Herkules am Scheideweg«[68] seine Entscheidung für Philosophie und Tugend begründet, beschwören noch einmal den humanistischen Rationalismus mit seinem Programm einer Unterwerfung der Natur unter die *ratio* in Theorie und Praxis herauf: Phanias will »die Wahrheit, die sich sonst nie ohne Schleyer weißt, / [...] entkleidet überraschen; / Der Schöpfung Grundriß übersehn«,[69] und er will aus solchem Besitz der Wahrheit heraus »ein Held« werden, »der tugendhaft zu seyn / Sich kühn entschließt; dem Lust kein Gut, und Pein / Kein Übel ist; [...] der jede Leidenschaft / Als Sieger an der Tugend Wagen / Gefesselt hat und im Triumphe führt«[70] - der Triumph der Tugend, wie Herkules am Scheideweg ein oft beschworener Topos der humanistischen Kunst und Literatur.[71]

Das Vorhaben des Phanias scheitert aber bereits daran, daß die beiden Philosophen, die er sich zu Mentoren wählt, der Stoiker Cleanth und der Pythagoräer Theophron, als Vertreter verschiedener philosophischer Schulen über

---

66 Christoph Martin WIELAND: Musarion, oder die Philosophie der Grazien. Ein Gedicht in drey Büchern. Leipzig ²1769.
67 Ebd., S. 12.
68 S. 7.
69 S. 10.
70 S. 12-13.
71 Vgl. z. B. Erwin PANOFSKY: Hercules am Scheidewege und andere antike Bildstoffe in der neueren Kunst. Leipzig/Berlin 1930.

das Wesen der Welt und den wahren Weg zur Tugend nicht einig werden können; daß sie gerade mit den Mitteln der *ratio*, mit ihren angeblich »sonnenklaren« und »scharfen« »Beweisen«[72] nicht zu einer Übereinstimmung gelangen. Und nun zeigt sich, wohin es mit einer Vernunft kommt, die aufs Ganze geht: die beiden Philosophen werden von der »Wuth für [ihre] System[e]«[73] immer wieder an den Punkt gebracht, wo sie sich nur noch mit Handgreiflichkeiten weiterzuhelfen wissen. Die Affekte, die doch beherrscht werden sollen,[74] gewinnen die Oberhand; der Wille zur ewigen Wahrheit erweist sich in der Tat als »Totalitäts-Obsession« und wird zur Quelle permanenten Unfriedens, eines *bellum omnium contra omnes*. »The most ingenious way of becoming foolish, is by a System«, sagt schon Shaftesbury in seinen ›Characteristicks‹ (1711):[75] der geistreichste Weg, sich zum Narren zu machen, ist ein System. Und in Popes ›Essay on Man‹ lesen wir: »The pride of aiming at more knowledge, and pretending to more perfection, [is] the cause of man's error and misery«;[76] frei übersetzt: gerade das Ausgehen auf ein immer größeres Wissen und der Gedanke der Perfektibilität sind die Ursachen für Irrtum und Unglück des Menschen. »The disputes [...] have less sharpened the wits than the hearts of men against each other, and have diminished the practice, more than advanced the theory of morality«:[77] die gelehrten Dispute haben weniger den Verstand geschärft als die Herzen der Menschen gegeneinander verhärtet, sie haben weniger die Theorie der Moral vorangebracht als ihrer Praxis geschadet. »Was ist es«, so Wieland, »als gerade die kaltblütige, spitzfindige, immer zurückhaltende, immer argwöhnische, immer voraus sehende, immer räsonierende Vernunft, was von je her am geschäftigsten gewesen ist, *Glauben* und *Liebe*, die einzigen Stützen unsers armen Erdenlebens, zu untergraben und umzustürzen?«[78] Nichts anderes zeigt Wieland in seiner ›Musarion‹.

Solche Kritik an einer aufs Ganze gehenden Vernunft, in Worten Voltaires bzw. Rochesters, an der »vorwitzigen, unruhigen«, hochmütigen »Vernunft« (*raison frivole, inquiète, orgueilleuse*), »deren trübes und fehlerhaftes Auge das Ganze durchdringen will« (*dont l'œuil trouble et faux croix percer l'Univers*), ver-

---

72 WIELAND (Anm. 66), Musarion, S. 65.
73 Ebd., S. 72.
74 Ebd.
75 Anthony Ashley Cooper Earl of SHAFTESBURY: Characteristicks of Men, Manners, Opinions, Times. London ⁵1732, Bd. 1, S. 290.
76 POPE (Anm. 30), S. 5 (Argument).
77 Ebd., S. 3 (Argument).
78 WIELAND (Anm. 33), Was ist Wahrheit?, S. 43.

bunden mit dem Hinweis, der Mensch sei geboren um zu handeln - »Erwache doch, sei ein Mensch und werde nüchtern, der Mensch ist zur Arbeit geboren; und du schützt das Denken vor« (*Réveille-toi, sois homme, et sors de ton ivresse. / L'homme est né pour agir, et tu prétends penser*)[79] - solcher skeptische Pragmatismus ist im 18. Jahrhundert recht eigentlich das Zentrum des aufklärerischen Denkens. Die wichtigste historische und geistige Erfahrung, die dieses Denken auf den Weg gebracht hat, ist der Streit der Konfessionen, wie er in der frühen Neuzeit die politische Geschichte und das gesamte gesellschaftliche und kulturelle Leben geprägt hat. Die Aufklärung erblickt in den Konfessionskriegen, die Europa im 16. und 17. Jahrhundert heimsuchten, das Scheitern des abendländischen Christentums als Grundlage der Gesellschaft - der wichtigste Grund für ihren Weg in die Säkularisation; aber nicht nur dies: sie sieht hierin den Bankrott des Konzepts von Gesellschaft als »Wesensgemeinschaft« überhaupt, als einer sich in gemeinsamem »Wesenswissen« konstituierenden Menschengemeinschaft.

Von diesem entscheidenden Movens der Aufklärung ist in dem eingangs erwähnten Schrifttum, das uns über Aufstieg und Fall der Moderne im weltgeschichtlichen Rahmen belehren will, erstaunlich selten die Rede. Der Blick ist hier auf die Entwicklung der modernen Naturwissenschaft und Technik fixiert, als sei dies die erste und einzige Ursache für den Weg in die Moderne.[80] Aber dem Versuch, sich aus den Verstrickungen des Konfessionsstreits zu lösen, verdankt sich nicht nur die Suche nach einer natürlichen Religion jenseits der positiven Religionen, nach einem natürlichen Recht jenseits des positiven Rechts, nach einer »naturnachahmenden« Literatur jenseits einer dogmatisch gebundenen rhetorisch-didaktischen Poesie - auch die Frage nach einer natürlichen Wissenschaft, einer Naturwissenschaft jenseits einer von der Autorität der Überlieferung vorprogrammierten Gelehrsamkeit bezieht von ihr wesentliche Impulse. Denn der Ruf nach der Natur, wie er zum Schlachtruf der Aufklärung wird - *Nature's road must ever be preferred* -, bezeichnet eben die Suche nach einer neuen Plattform für die Vergesellschaftung des Menschen, nachdem die alte Basis zerbrochen ist. »Natürlich« heißt all das jenseits von Überlieferung, Konvention und Dogma, was jedem Menschen prinzipiell auf

---

79 In den 21. Brief seiner ›Lettres philosophiques‹ fügt Voltaire die Übersetzung einer Passage von John WILMOTS EARLS OF ROCHESTER ›Satyr against Mankind‹ ein: VOLTAIRE: Lettres philosophiques ou lettres anglaises. Hg. v. R. NAVES. Paris 1988, S. 120; dt. Übers. Sammlung verschiedener Briefe des Herrn von Voltaire die Engelländer und andere Sachen betreffend. Jena 1747. Berlin '1987, S. 101-102.

80 Vgl. Gottfried WILLEMS: »Daß ich Ideen habe ohne es zu wissen, und sie sogar mit Augen sehe«, Goethes Jenaer Begegnung mit Schiller im Juli 1794 und sein aufklärerischer Naturbegriff. Erlangen/Jena 1994, S. 21 ff.

die gleiche Weise offen- und zusteht und was als ein immer schon Gemeinsames das Zusammenleben der Menschen neu zu begründen vermag.

Dieser umfassende geschichtliche Zusammenhang, in dem die aufklärerische Kritik an den »Totalitätsobsessionen« zu sehen ist, wie sie sowohl den Blick auf die drei Weltreligionen in Lessings ›Nathan‹ als auch die Darstellung der antiken philosophischen Systeme in Wielands ›Musarion‹ prägt, ist in der Auseinandersetzung der Aufklärer mit der »Systemwut«, den »beaux raisonnements« der »faiseurs de Système«,[81] überall mit Händen zu greifen.[82] Montesquieus reisender Perser stellt fest, daß es in Europa »eine Unzahl von Gelehrten« (*un nombre indefini de docteurs*) gibt, »die tausenderlei neue Religionsfragen aufwerfen. Man läßt sie lange Zeit disputieren, und der Streit (*guerre*) dauert so lange, bis ihn ein Machtspruch beendet. Daher kann ich versichern, daß es noch nie ein Reich gegeben hat, das von so vielen Bürgerkriegen (*guerres civiles*) heimgesucht worden ist wie das Reich Christi«.[83]

Voltaire stellt in seiner wohl wirkungsreichsten Schrift, den ›Lettres philosophiques‹ oder ›Lettres anglaises‹ (1734), die englische Gesellschaft als Modell einer modernen Gesellschaft dar, die eben deshalb eine moderne ist, weil es ihr gelungen ist, den Streit um die wahre Religion, um die »ewige Wahrheit«, hinter sich zu lassen und mit ihren neuen Institutionen das Nebeneinander der Religionen, Konfessionen und Sekten im Sinne der Idee des »ewigen Friedens« zu organisieren. Wie die alten Römer »niemals [...] die entsetzliche Narrheit begangen [haben], der Religion wegen Krieg zu führen« (*la folie horrible des guerres de Religion*), etwa »um zu entscheiden, [...] ob jene Hühner, welche als Opfer vorgesehen wurden, sowohl essen und trinken oder nur essen sollten«, - eine Anspielung auf ein zentrales Motiv des Konfessionsstreits, den Kampf um den Laienkelch -, so zeigen nun auch die Engländer nicht mehr »die geringste Lust«, »sich [...] wegen der Bündigkeit ihrer Schlüsse [!] an die Kehle zu gehen« (*de s'égorger dorénavant pour les Syllogismes*).[84] Hinter dem Konfessionsstreit steht ja der gelehrte Disput der Theologen, der mit den Mitteln der *ratio* zu keinem Ergebnis kommt und deshalb »die Fackel der Uneinigkeit« in das »Vaterland« trägt.[85]

Als Gegenmodell zu einer vom Religions- und Konfessionsstreit geprägten Welt, als Modell dessen, was wir heute pluralistische Gesellschaft nennen,

---

81 MONTESQUIEU (Anm. 54), S. 335.
82 Zur »allgemeinen Ablehnung des ›systematischen Geistes‹« s. KONDYLIS (Anm. 24), S. 298 ff.
83 MONTESQUIEU (Anm. 54), S. 174; Übersetzung aus: Charles de MONTESQUIEU: Perserbriefe. Dt. Übers. v. J. v. STACKELBERG. Frankfurt 1988, S. 57.
84 VOLTAIRE (Anm. 79), Lettres, S. 33-34; vgl. VOLTAIRE (Anm. 79), Sammlung, S. 31-32.
85 Ebd., S. 69 bzw. S. 61.

stellt Voltaire provokanterweise die Börse von London heraus. »Hier treten der Jude, der Türke, der Christ« - wir erinnern uns an Lessings ›Nathan‹ - »miteinander in Unterhaltung, als wären sie Glaubensgenossen (*comme s'ils étaient de la même Religion*), und nennen nur denjenigen einen Ungläubigen, welcher bankrott ist. Hier vertraut der Presbyterianer dem Wiedertäufer, und der Anglikaner nimmt von dem Quäker Versprechungen entgegen. Beim Verlassen dieser friedfertigen und freien Versammlung (*ces pacifiques et libres assemblées*) gehen einige in ihre Synagoge, andere zum Trinken; jener läßt sich [...] taufen; dieser läßt seinem Sohn die Vorhaut wegschneiden [...]; wieder andere gehen in die Kirche und erwarten mit bedecktem Haupt eine göttliche Eingebung.«[86]

Die Kritik des Aufklärers an der Systemwut gilt aber nicht nur der alten Theologie und der »elenden scholastischen Philosophie« (*la misérable Philosophie de l'Ecole*).[87] Sie trifft zweitens und nicht minder streng die antiken Philosophenschulen und drittens die großen rationalistischen Systeme der frühen Neuzeit, vor allem die von Descartes und Leibniz. »Viele führende Intellektuelle jenes Jahrhunderts lehnten die rationalistischen Systeme der Philosophen des siebzehnten Jahrhunderts ab, ganz besonders Descartes [...] und Leibniz. Sie verwarfen sie mit gleicher Heftigkeit wie alles, was ihnen sprachliche Spitzfindigkeiten einer rationalistischen, scholastischen Theologie zu sein schienen [...].«[88] Schließlich macht die Kritik an der Systemwut auch vor dem aufklärerischen Denken selbst und vor den neuen Naturwissenschaften vom Schlage der Newtonschen Physik nicht halt.

Anders als für die Humanisten ist das antike Griechenland für einen Voltaire nicht mehr nur die Wiege der Wissenschaften, sondern auch die der Irrtümer: »le berceau des arts et des erreurs, où l'on poussa si loin la grandeur et la sottise de l'esprit humain«,[89] - ein Ort, wo man es in der Größe und der Torheit des menschlichen Geistes gleich weit brachte. Von Descartes heißt es sodann, er sei »né pour découvrir les erreurs de l'antiquité, mais pour y substituer les siennes, et entraîné par cet esprit systématique qui aveugle les plus grands hommes«,[90] er sei zwar geboren, um die Irrtümer des Altertums aufzudecken, aber nur, um sie durch seine eigenen zu ersetzen, angetrieben von jenem systematischen Geist, der selbst die größten Männer blind mache.

---

86 S. 29 bzw. S. 27.
87 S. 72 bzw. S. 64.
88 PORTER (Anm. 45), S. 10-11.
89 VOLTAIRE (Anm. 79), Lettres, S. 61.
90 Ebd., S. 63.

Solcher Kritik an den Systematikern Descartes und Leibniz, die die Anerkennung und Benutzung einzelner Elemente ihrer Philosophie keineswegs ausschließt, begegnet man allenthalben in der Literatur des 18. Jahrhunderts. So kennzeichnet zum Beispiel Friedrich II. von Preußen in seinem ›Anti-Machiavell‹ (1740) »den Planetenhimmel der Alten«, »die Wirbel des Descartes« und »Leibniz' prästabilierte Harmonie« gleichermaßen als »Verirrungen des Willens zum System«.[91]

Die Argumentation gegen die Systemwut vollendet sich in Warnungen, die das aufklärerische Denken an sich selbst und an die neuen Naturwissenschaften richtet. Es ist keineswegs so, daß die überkommenen theologischen und metaphysischen Systeme nur kritisiert würden, um Platz für neue, aufgeklärte Systeme oder für die neue naturwissenschaftliche Welterklärung zu machen. Die Philosophie Lockes wird von Voltaire vor allem deswegen gepriesen, weil sie eine »bescheidene Philosophie« ist,[92] die »um die Stärke und die Schwäche des menschlichen Verstandes (*la force et la faiblesse de l'esprit humain*) weiß«.[93] Wenn Pope von den Grenzen des Menschen (*the limits of his capacity*) handelt[94] und ihn als Herrn aller Dinge beschreibt, der zur Beute aller Dinge wird, als einzigen Richter der Wahrheit, der in endlosem Irrtum versinkt (*Great lord of all things, yet a prey to all; / Sole judge of the Truth, in endless error hurled*),[95] so bezieht er dabei die Errungenschaften der Newtonschen Physik ausdrücklich mit ein, Leistungen wie die Vermessung der Erde, die Berechnung des Gewichts der Luft, der Gezeiten und der Planetenbahnen: »*Go, wondrous creature! mount where Science guides, / Go measure earth, weigh air, and state the tides; / Instruct the planets in what orbs to run, / [...] Go, teach Eternal Wisdom how to rule - / Then drop into thyself, and be a fool!*«[96] Geh und lehre die Ewige Weisheit das Regieren, und dann gehe in dich und erkenne dich als Narren. Und Wieland konturiert die Position seines Phanias, der »der Schöpfung Grundriß übersehn« und so ein »Weltbezwinger« werden will, nicht nur mit stoischen und pythagoräischen Vorstellungen, sondern auch mit Begriffen, die einem von Lukrez inspirierten Aufklärer lieb und wert sind: Befreiung von »Furcht« und »Aberglauben«, Erkenntnis der »Natur« als »stets sich gleich, stets regelmäßig«.[97]

---

91   Friedrich der Große und die Philosophie. Hg. v. B. TAURECK. Stuttgart 1986, S. 65.
92   VOLTAIRE (Anm. 79), Sammlung, S. 60.
93   Ebd., S. 58; vgl. VOLTAIRE (Anm. 79), Lettres, S. 64.
94   POPE (Anm. 30), S. 17 (Argument).
95   Ebd., S. 18, V. 16-17.
96   Ebd., V. 19-21 u. V. 29-30.
97   WIELAND (Anm. 66), Musarion, S. 11-12.

Auch der Aufklärer ist von der Systemwut bedroht. In dem Maße, in dem er ihr erliegt, hört er freilich auf, aufgeklärt zu sein. Denn das aufklärerische Denken ist nicht der Versuch, falsche durch richtige Systeme zu ersetzen, sondern ein Denken im Bewußtsein der Unfähigkeit zum richtigen System, der unüberwindlichen Grenzen der menschlichen Vernunft; und das aufklärerische Handeln geht nicht auf »Weltverbesserung«[98] im Sinne eines richtigen »Systems« aus, sondern darauf, Formen eines friedlichen Zusammenlebens zu entwickeln, die ohne die Basis eines richtigen »Systems«, einer allgemeinverbindlichen Metaphysik, eines gemeinschaftlichen »Wesenswissens« auskommen -, auf das, was wir heute eine pluralistische Gesellschaft nennen. »Unermeßlichkeit und Unbegreiflichkeit« kennzeichnen nach Wieland »die ganze Natur«,[99] »keinem offenbart [die Wahrheit] sich ganz, jeder sieht sie nur stückweise«,[100] »erblickt« »in der unermeßlichen Nacht der Natur« »nur eine lichte Stelle«.[101] So scheint dem Menschen mit seinen begrenzten Erkenntnismöglichkeiten die Gabe der Vernunft, wie Pope schreibt, nur gegeben um zu irren (*reas'ning but to err*);[102] er, der einzige Richter der Wahrheit, ist endlosem Irrtum verfallen (*Sole judge of the Truth, in endless error hurled*).[103] »Um die Irrtümer der Welt auszurotten«, so Friedrich II. von Preußen, »müßte man das ganze Menschgeschlecht vertilgen. Für das Glück der Menschheit macht es (freilich) wenig aus, wie wir über spekulative Fragen denken«.[104] Entscheidend ist vielmehr, »daß philosophische und religiöse Meinungsverschiedenheiten«, wie sie die Philosophen in Wielands ›Musarion‹ und Juden, Christen und Muslime in Lessings ›Nathan‹ austragen, »niemals die Bande der Freundschaft und Menschlichkeit bei den Menschen lokern«.[105] »In metafysischen [...] Dingen [...] wäre das billigste«, so Wieland, »einen jeden im Besitz und Genuß dessen, was er für die Wahrheit hält, ruhig und ungekränkt zu lassen, so lange er andre in Ruhe läßt«.[106] Deshalb kritisiert Wieland auch den dogmatischen Verfechter des Fortschritts, den bornierten Utopisten, den »Weltverbesserer«, der »seine Idee gern realisiert haben möchte«; der meint, »alle Köpfe [...] sollten sich [...] nach dem seinigen drehen, und alle Arme nach seinem Winke

---

98 WIELAND (Anm. 33), Filosofie als Kunst zu leben, S. 61.
99 WIELAND (Anm. 33), Was ist Wahrheit?, S. 52.
100 Ebd., S. 50.
101 S. 51.
102 POPE (Anm. 30), Essay on Man, S. 18, V. 10.
103 Ebd., S. 18, V. 17.
104 FRIEDRICH II. VON PREUSSEN: Über die Unschädlichkeit des Irrtums des Geistes (1738). In: Friedrich der Große und die Philosophie (Anm. 91), S. 61 ff., hier S. 64.
105 Friedrich II. VON PREUSSEN am 30. September 1738 an Voltaire, ebd.
106 WIELAND (Anm. 33), Was ist Wahrheit?, S. 48.

rudern«,[107] und der schließlich »alle [...] mit eingelegter Lanze zwingen will, zu bekennen, daß seine Prinzessin schöner ist als die ihrige«.[108] »Hüten wir uns vor der Thorheit, unsre *Meinungen* für *Axiome* und *unumstößliche Wahrheiten* anzusehen«.[109] »Anstatt mit einander zu hadern, wo die *Wahrheit* sey? *wer* sie besitze? [...] lasset uns in Frieden zusammen gehen«.[110]

Es ist offensichtlich: das aufklärerische Plädoyer für Toleranz gründet in dem Gedanken, daß der theoretischen und praktischen Vernunft des Menschen unüberwindliche Grenzen gesetzt seien, und das heißt: in der Überzeugung, daß der Mensch nicht perfektibel sei. »Die Toleranz«, so beginnt Romillis Toleranz-Artikel in der ›Enzyklopädie‹, »ist [...] die Tugend jenes schwachen Wesens, das dazu bestimmt ist, mit Wesen zusammenzuleben, die ihm gleichen« (*La tolérance est en général la vertu de tout être foible, destiné à vivre avec des êtres qui lui ressemblent*).[111] »Virtuous and Vicious every Man must be«, heißt es bei Pope: ein Mensch ist nicht entweder tugend- oder lasterhaft, sondern notwendigerweise beides zugleich.[112] Auch aus diesem Grund greift die Dramentheorie des 18. Jahrhunderts auf die aristotelische Vorstellung vom »mittleren Helden« zurück,[113] der - in Worten Lessings - »nicht allzu lasterhaft und auch nicht allzu tugendhaft sein [müsse]«.[114] Die humanistische Poetik hat dieses poetologische Lehrstück trotz der Autorität des Aristoteles mit Blick auf die für sie unentbehrlichen Tugend- und Lasterexempel gelegentlich ausdrücklich suspendiert.[115] Für den Aufklärer hingegen, wie er sich auf die »Straße der Natur« begibt, gilt der Satz: »Die Natur weiß nichts von Idealen.«[116] Der Mensch ist nicht uneingeschränkt perfektibel; er ist, wie Lessings Sultan Saladin von sich bekennt, »ein Ding von vielen Seiten, die / Oft nicht so recht zu passen scheinen mögen«.[117]

---

107 WIELAND (Anm. 33), Filosofie als Kunst zu leben, S. 61, Anm. 1.
108 WIELAND (Anm. 33), Was ist Wahrheit?, S. 48.
109 Ebd., S. 51.
110 S. 50.
111 Encyclopédie [...]. Hg. v. DIDEROT u. D'ALEMBERT. Bd. 33, Genf/Neufchatel ³1779, S. 591-600, hier S. 591.
112 POPE (Anm. 30), Essay on Man, S. 25, V. 231.
113 ARISTOTELES: Poetik, 1453a.
114 LESSING: Briefwechsel über das Trauerspiel. In: LESSING: Werke. Hg. v. H. G. GÖPFERT. Bd. 4. München 1973, S. 153-227, hier S. 192.
115 Vgl. z. B. Gerhard Johannes VOSSIUS: Poeticarum institutionum libri tres. Amsterdam 1647, 2. Buch, S. 62: »non putandum, peccare tragœdias, in quibus aliter fit, quàm Aristoteles praecipit«.
116 WIELAND (Anm. 33), Filosofie als Kunst zu leben, S. 69.
117 LESSING (Anm. 11), Nathan, S. 305, V. 334-335. - Hier wird sichtbar, daß beim Gebrauch des Begriffs Perfektibilität Vorsicht geboten ist. Im 18. Jahrhundert wird man nicht leicht Zeugnisse für das Verständnis finden, das moderne Aufklärungskritiker mit ihm verbinden und das auf die Vorstellung einer uneingeschränkten Fortschrittsfähigkeit des Menschen zielt. Perfektibilität meint im 18.

Und so handelt denn die Literatur der Aufklärung ständig und überall davon, daß der Mensch sich mit seinem Denken und Handeln als unvollkommen erkennen, daß er sich als irrenden und fehlbaren Menschen akzeptieren müsse; daß er deshalb aber keineswegs an sich und der Welt verzweifeln müsse, ja daß gerade ebensolche Einsicht, indem sie sich und die anderen verstehen, sich und den anderen verzeihen lehre, das schiedlich-friedliche Zusammenleben der Menschen begründen könne. »Wir wissen daß wir fehlen«, sagt Musarion zu Phanias; »Hat die Erfahrung [...] Von dieser Wahrheit dich belehrt; / So ist mein Irrthum auch vielleicht verzeihenswerth«.[118] Und Phanias' eigene Wahrheits- und Tugendschwärmerei mit ihren unguten Folgen vermag Musarion zu verzeihen, weil sie versteht: »Nichts war / Natürlicher in deiner schlimmen Lage.«[119] So gelangt Phanias, nicht mit der Philosophie, sondern der »Liebe« als seinem »Mentor«, endlich dahin, daß er nicht mehr um jeden Preis »wissen« muß, »was alles das bedeute, / Was Zeus aus Huld in räthselhafte Nacht / Vor uns verbarg«, und daß er »die Welt / Für kein Elysium, für keine Hölle hält, / Nie so verderbt, als sie der Sittenrichter / Von seinem Thron - im sechsten Stockwerk sieht, / So lustig nie als jugendliche Dichter / Sie malen«.[120] Und dennoch, ja gerade von solchen Einsichten aus findet der Aufklärer zu jenem spezifischen Selbstbewußtsein, das James Boswell, der Biograph des Doktor Johnson, in einem Brief an Rousseau in die Worte faßt: »*Imperfect as I am, I consider myself an excellent man in the world as it exists*« (Unvollkommen, wie ich bin, betrachte ich mich doch als einen trefflichen Menschen in der Welt, wie sie ist).[121]

Jahrhundert im allgemeinen lediglich in einem anthropologisch-ethischen Sinne, daß der Mensch in ganz anderem Maße als das Tier ein bildbares Wesen ist, das durch Sozialisation, Erziehung und Studium jene Kenntnisse und Fähigkeiten zu erwerben vermag, die eine Kultur bzw. Gesellschaft bereitstellt. Als typisch mag hier die Position Mendelssohns gelten, der erklärt: »Nicht die Vervollkommnung des Menschengeschlechts ist die Absicht der Natur, nein! die Vervollkommnung des Menschen, des Individuums« (zitiert nach: Werner KRAUSS: Die französische Aufklärung im Spiegel der deutschen Literatur des 18. Jahrhunderts. Berlin 1963, S. CLXV). Erst spät, im Grunde erst in Condorcets ›Esquisse d'un tableau historique du progrès de l'esprit humain‹ (1795), wird der Begriff Perfektibilität konsequent an den des Fortschritts gekoppelt, wird aus dem anthropologischen ein kulturgeschichtlicher Begriff, wobei sich der Akzent »von der bloßen Eigenschaft einer Vervollkommnungsfähigkeit auf den geschichtlichen Prozeß faktischer Vervollkommnung verlagert«: G. HORNIG zus. mit R. BAUM u. S. NEUMEISTER: Perfektibilität. In: Historisches Wörterbuch der Philosophie. Hg. v. J. RITTER u. K. GRÜNDER. Bd. 7. Basel 1989, S. 238-243, hier S. 243.

118 WIELAND (Anm. 66), Musarion, S. 24-25.
119 Ebd., S. 118.
120 S. 126-127.
121 Boswell on the Grand Tour: Germany and Switzerland 1764. In: The Yale Edition of the Private Papers of James BOSWELL. Hg. v. F. A. POTTLE. Bd. 4. New York u.a. 1953, S. 228. Das französische Original wird in dieser Ausgabe mit kritischem Anspruch leider nur in englischer Übersetzung wie-

Dieses Selbstwertgefühl, diese aufgeklärte »Eigenliebe«, wie sie von Selbstüberschätzung und Selbstüberforderung im Sinne des Prinzips der uneingeschränkten Perfektibilität ebenso weit entfernt ist wie von Selbstverachtung
und lähmender Versagensangst, ist die unabdingbare psychische Voraussetzung für den »ewigen Frieden« unter den Menschen. Darum ist die psychologische Entwicklung der Figuren in Werken wie Lessings ›Nathan‹ und
Wielands ›Musarion‹ wesentlich von der Frage bestimmt, wie der Mensch aus
dem Teufelskreis von »Stolz« und »Scham«, von übersteigertem und deshalb
scheiterndem Selbstbewußtsein einerseits und einer Verzweiflung an den
eignen Möglichkeiten andererseits, die ihr Heil nur in neuerlicher Selbstüberforderung zu erblicken vermag, herausgeführt werden kann. Erst wo diese
Dimension der Darstellung wahrgenommen wird, erschließt sich die künstlerische Finesse solcher Texte der literarischen Aufklärung ganz. Nathan erweist
sich weniger darin als Aufklärer, daß er die *ratio* seiner Gesprächspartner
argumentativ bearbeitet, als vielmehr darin, daß er als subtiler Kenner der
»Natur« des Menschen auf deren innere Konflikte, auf die Krisen ihres
Selbstwertgefühls eingeht, »als ob in [ihrer] Seel' er lese«.[122] Was er ihrer *ratio*
an Argumenten vorträgt und an Einsichten nahelegt, hat nur darum eine
Chance, weil er zugleich ihre innere Befindlichkeit intuitiv erfaßt und ihr
Rechnung trägt.

So vermag Nathan seine Recha nur deshalb von dem »schwärmerischen
Wahn« zu heilen, sie sei von einem Engel aus den Flammen gerettet worden,
weil er ahnt, wie sich bei ihr das Gefühl, von dem Tempelherren »verschmäht« und »weggestoßen« zu sein,[123] durch den Wunderglauben in »Stolz«
verwandeln will;[124] weil er ihr verletztes Selbstwertgefühl mit »Schmeicheln«[125]
und Worten, die sie »gern hört«,[126] wiederherstellt und so für die ernüchternde
Wahrheit empfänglich macht. Besonders aufschlußreich ist die Szene II, 5, in
der am Anfang ein »verlegener« Nathan[127] auf einen »stolzen« Tempelherren
trifft[128] und am Ende Nathan der »Stolze« ist,[129] während der Tempelherr kurz

---

dergegeben. Dt. Übers.: James BOSWELL: Besuch bei Rousseau und Voltaire. Bearb. v. Fritz GÜTTIN-
GER. Frankfurt 1990, S. 67.
122 LESSING (Anm. 11), Nathan, S. 256, V. 601-602.
123 Ebd., S. 211, V. 129 u. V. 131.
124 S. 216, V. 293.
125 S. 213, V. 200.
126 S. 214, V. 213.
127 S. 250, V. 406.
128 S. 250, V. 415.
129 S. 254, V. 529.

davor ist, in »Scham« zu versinken,[130] zwei gegenläufige Pendelschwünge des Selbstbewußtseins, in denen sich der Teufelskreis von Selbstüberhebung und Selbstverachtung, Verachtung und Überschätzung des anderen besonders deutlich dokumentiert.[131] Zugleich zeigt die Szene, was allein aus diesem Teufelskreis herauszuführen vermag: die sympathetische Empfindung, wie sie sowohl den Wert des anderen als auch den eigenen Wert fühlbar, Gleichheit lebendige Wirklichkeit werden läßt - »wir müssen, müssen Freunde sein!«[132]

Ähnlich wie der Tempelherr steht auch Sultan Saladin gegen Ende der Ring-Parabel-Szenen, die er als ein stolz-verächtlicher Fallensteller beginnt, angesichts eines »stolz bescheidenen« Nathan[133] am Abgrund der Selbstverachtung: »Ich Staub? Ich Nichts?«[134] Nur das sympathetische »Sei mein Freund«[135] vermag ihn vor dem Absturz zu bewahren. Daß es Nathan immer wieder gelingt, in seinen Gesprächspartnern sympathetische Empfindungen zu wecken und die Oberhand gewinnen zu lassen, liegt übrigens keineswegs daran, daß er als überlegener Psychologe in ihnen auf rational-manipulative Weise psychische »Triebfedern« zu betätigen wüßte wie die Schillerschen Intriganten. Seine Erfolge im Namen der »Menschlichkeit« verdanken sich vor allem dem Mut, mit dem er - ähnlich wie Goethes Iphigenie - spontan seine Gefühle zeigt und sich selbst im Setzen auf die sympathetischen Möglichkeiten des anderen riskiert, sich mithin der »Natur« anvertraut. So ist es in dem Gespräch mit dem Tempelherrn eine »Träne«, die er beim Anblick von dessen verbranntem Mantel weint, was den stolzen Tempelherrn ein erstes Mal »betreten« innehalten läßt.[136]

Auch die psychologische Entwicklung des Phanias in Wielands ›Musarion‹ ist durch jenes gestörte Selbstbewußtsein, jenen Teufelskreis von Stolz und Scham geprägt, aus dem allein die Sympathie herausführt. Auch bei Phanias steht eine Selbstüberschätzung am Anfang, die als Selbstüberforderung in die Selbstverachtung führt. Der aus »gekränktem Stolz«[137] zum Heldentum im Namen von Wahrheit und Tugend Entschlossene wird zunächst mit seinen Ideen zum »stolzen Gast des Aethers«, der nur mit Verachtung auf die wenig prinzipienfeste Musarion herabschauen kann, wobei freilich das Wechselspiel

---

130 S. 254, V. 527.
131 Vgl. besonders S. 253, V. 505: »wegen seines Stolzes zu verachten«.
132 S. 253, V. 519, u. S. 254, V. 532.
133 S. 276, V. 394.
134 S. 280, V. 540.
135 S. 280, V. 544.
136 S. 251-252, V. 460-474.
137 WIELAND (Anm. 66), Musarion, S. 119.

der »Blicke«,[138] versteckte Tränen und andere Zeichen der »geheimen Sympathie«[139] das präsumptive Heldentum von Anfang an als nicht sonderlich resistent erscheinen lassen. Nachdem das Symposion mit Phanias' »von selbstbewußtem Werth« »geschwollenen« philosophischen Mentoren[140] gezeigt hat, was von solchem Heldentum zu halten ist, versinkt der blamierte Phanias, der »sich selbst nicht vergeben kann«,[141] »schaamroth«[142] in Selbstmitleid und Selbstanklagen, denen er gerne zu neuerlicher Hebung des Selbstwertgefühls ein »tragisches« Ansehen geben würde.[143] Letztlich ist er aber mehr als froh, durch Musarions sympathetische Künste von seinem »Eigensinn« und damit von seinem Wahrheits- und Tugendrigorismus befreit zu werden.

IV

Aufklärung als dogmatischer Rationalismus, als Versuch einer vollständigen Unterwerfung der Natur unter die *ratio*, insbesondere der menschlichen Natur unter eine rationale Pflichtethik, als Glaube an die uneingeschränkte Perfektibilität des Menschen und den universellen Fortschritt seiner Zivilisation, als dogmatischer Utopismus, als Totalitätsobsession - es dürfte deutlich geworden sein, daß dieser Begriff von Aufklärung nicht etwa nur eine einseitige Perspektive auf die Literatur des 18. Jahrhunderts bezeichnet, sondern im Kern verfehlt, was in ihr an aufklärerischen Impulsen am Werk ist, ja es geradezu in sein Gegenteil verkehrt.

Und dennoch ist es bis heute vielfach eben dieser Aufklärungsbegriff, von dem aus die Literaturgeschichte des 18. Jahrhunderts geschrieben wird und mit dessen Hilfe literarhistorische Einzelanalysen konzeptionell konturiert werden. Hier wäre nun zu fragen, auf welche Weise er an der Literatur des 18. Jahrhunderts vollstreckt wird, und warum das geschieht; von welcher Grundlage her er sich rechtfertigt, und was ihn zur Herrschaft gebracht hat -, denn daß er sich einer Lektüre von Texten des 18. Jahrhunderts verdanken könnte, die diese ernst und beim Wort genommen hätte, scheint nach allem ausgeschlossen -; schließlich ob er sich gegenüber den hier präsentierten Befunden und Überlegungen behaupten kann - ein weites Feld von Problemen, zu deren Bearbeitung im folgenden einige thesenhafte Hinweise gegeben werden sollen.

---

138 Ebd., S. 47.
139 S. 55.
140 S. 67.
141 S. 104.
142 S. 118.
143 S. 102.

Natürlich sind alle jene Momente, wie sie hier bewußt ausschließlich an Texten entwickelt worden sind, die zu den bekanntesten des 18. Jahrhunderts zählen, und deren Autoren den wichtigsten Vertretern der deutschen und europäischen Literatur zugerechnet werden, der Literaturgeschichte seit langem als entscheidende Motive der Aufklärung des 18. Jahrhunderts bekannt. Daß diese Aufklärung ältere theologisch-metaphysische Weltentwürfe hinter sich zu lassen und einen säkular-innerweltlichen, von Mensch und »Natur« her sich definierenden Standort zu gewinnen sucht; daß sie die menschliche Erfahrung im Erfahrungsraum der »Natur« in den Mittelpunkt stellt; daß ihr die »natürliche« Sinnlichkeit und das Affektleben des Menschen immer bedeutsamer werden; und daß sie, indem sie den Halt an theologisch-metaphysischen Weltentwürfen aufgibt, eine neue Orientierung im Sinne eines auf das innerweltliche Leben gerichteten Pragmatismus anstrebt - dies alles gehört zum Grundbestand der Literaturgeschichtsschreibung.

Insbesondere hat die deutsche Literaturgeschichte seit den Arbeiten von P. Kluckhohn, W. Rasch und G. Sauder[144] auch zur Kenntnis genommen, daß die Entwicklung der menschlichen Natur mit ihrem sinnlich-affektiven Leben in Sentimentalismus und Geniekult mit zum Kernbereich der literarischen Aufklärung gehört. Dazu war sie - anders als die angloamerikanische und die französische Literarhistorie - lange Zeit nicht bereit, stand sie doch ganz im Bann eines Entwicklungsmodells, das die deutsche Literatur sich im Laufe des 18. Jahrhunderts von der Aufklärung der Gottsched-Zeit wegbewegen und über die Stufen des Rokoko, der Empfindsamkeit und des Sturm und Drang hin zu Klassik und Romantik aufsteigen sah und das diesen Prozeß als fortschreitende Überwindung der Aufklärung in Deutschland begriff. Zwar kann man auch in neuesten Arbeiten noch immer lesen: »Im Namen der Vernunft, die in der traditionellen Aufklärung zu Verallgemeinerungen und abstrakten Lehrsätzen tendiert, wird das Besondere des einzelnen Menschen und, indem der Akzent ausschließlich auf die Verstandeskräfte gelegt wird, auch seine Sinnlichkeit unterdrückt. Gerade die Ganzheit des Menschen, die Zusammengehörigkeit von Kopf und Herz, von Vernunft und Gefühl betont dagegen der Sturm und Drang.«[145] Im allgemeinen aber ist man davon abgekommen, die deutschen Dichter von Bodmer und Breitinger über Lessing, Wieland und

---

144 Paul KLUCKHOHN: Die Auffassung der Liebe in der Literatur des 18. Jahrhunderts und in der Romantik. Halle 1922; Wolfdietrich RASCH: Freundschaft und Freundschaftsdichtung im Schrifttum des 18. Jahrhunderts vom Anfang des Barock bis zu Klopstock. Halle 1936; Gerhard SAUDER: Empfindsamkeit. Bd. 1: Voraussetzungen und Elemente. Stuttgart 1974.

145 Thomas SIEPMANN: Johann Wolfgang von Goethe, Die Leiden des jungen Werther. Text und Materialien. Stuttgart/Dresden ³1993, S. 107.

die Stürmer und Dränger bis zu Goethe an nichts anderem als der Überwindung des als Rationalisten dingfest gemachten und zum deutschen Aufklärer schlechthin erklärten Gottsched arbeiten zu sehen.

Und dennoch - auch dort, wo man in der »pauschalen Identifikation« der »Vernunft der Aufklärung mit dem Rationalismus« einen »folgenschweren Irrtum der älteren Forschung« erkennt[146] und unter »Aufklärung« gleichermaßen die »Literatur mehr rationaler« und »mehr irrationaler Herkunft« subsumieren will;[147] wo man die große Bedeutung von »Sinnlichkeit« und »Empfindung« für die Literatur des 18. Jahrhunderts durchaus konzediert, die »Mitleids- und Liebesethik des Herzens« zu würdigen versucht und sieht, wie hier eine »Aufklärung über die Gefühle mit den Mitteln des Gefühls selbst« betrieben wird[148] -, auch dort kann man am Ende durchaus wieder bei den kritisierten Topoi der älteren Forschung ankommen. Von der »Vernunft« der »Aufklärung« heißt es dann trotz allem, sie sei letztlich doch »stets in einem mehr oder minder asketisch verzwungenen Pflichtbewußtsein zu Hause«; ein »normatives Bewußtsein von der Tugend«[149] wirke gegenüber den »kreatürlichen ›Neigungen‹ ihrer Affekte«, »der Spontaneität affektiver Bedürfnisse und Begierden weitgehend repressiv«, mit dem Ergebnis der »Unterdrückung oder mindestens Domestizierung der menschlichen Triebnatur«.[150] Es bleibt dabei: Musarion soll in einem »asketisch verzwungenen Pflichtbewußtsein« zu Hause sein, Nathan an der »Unterdrückung der menschlichen Triebnatur« arbeiten.[151]

Wie ist es möglich, trotz der Bekanntschaft mit dem säkularisatorischen Impetus der Aufklärung und seiner Entfaltung in der Orientierung an Natur, Erfahrung, Sinnlichkeit und Affektleben und trotz der deutlichen Sprache, die die aufklärerischen Texte reden, immer noch zu solchen Ergebnissen zu

---

146 Rolf GRIMMINGER (Anm. 25), S. 15 ff., hier S. 24.
147 Ebd., S. 16.
148 S. 23-24.
149 S. 18-19.
150 S. 22.
151 Ein anderes, willkürlich herausgegriffenes Beispiel für das beschriebene germanistische Verwandlungsritual: Inge STEPHAN: Aufklärung. In: Deutsche Literaturgeschichte. Von den Anfängen bis zur Gegenwart. Hg. v. W. BEUTIN u. a. Stuttgart ³1989, S. 121-153. Auch hier heißt es zunächst: »Während die Forschung früher stärker das Selbstverständnis der Stürmer und Dränger als Antipoden der Aufklärung betont hat, wird gegenwärtig mehr die Kontinuität gesehen. Auch die Empfindsamkeit [...] wird nicht so sehr als Protestbewegung gegen eine sich verhärtende und absolut setzende Aufklärung verstanden, sondern mehr als eine Ergänzung im Sinne einer Verbindung von Verstand und Gefühl gedeutet« (S. 152). Wenige Sätze weiter steht dann aber doch wieder fest: bei der Aufklärung handelt es sich um »die Verkümmerung und Verstümmelung der emotionalen und sinnlichen Kräfte im Menschen zugunsten der Durchsetzung der bürgerlich-kapitalistischen Gesellschafts- und Wirtschaftsordnung« (S. 153).

gelangen? Was diese Verwandlung neuer Beobachtungen in alte Anschauungen leistet, ist das Ins-Mittel-Treten vor allem der folgenden Deutungsmuster, die gerade in den letzten Jahrzehnten besonders intensiv von der Germanistik beansprucht worden sind: die Aufteilung der Aufklärungsbewegung in eine rationalistische und eine empiristisch-sensualistische Strömung;[152] die Auffassung des aufklärerischen Naturbegriffs im Sinne der modernen Naturwissenschaften;[153] die Deutung des Pragmatismus, des »Primats der praktischen Vernunft«, als »Diktat des Nutzens«[154] im Sinne einer dem »Bürgertum« zuzuordnenden, »auf instrumentelles Wirtschaften zugerichteten Lebensplanung«;[155] die Verknüpfung des Tugendbegriffs mit dem so verstandenen Nützlichkeitsbegriff und seine Deutung im Sinne eines gegen die »Lebensgepflogenheiten des Adels«[156] gerichteten bürgerlichen Kampfbegriffs; schließlich das Verständnis der Rede von der »irdischen Glückseligkeit« als auf »konfliktfreie Totalität« zielende »Utopie«,[157] die ein neues »Heilsbewußtsein«[158] begründe.

Nachdem die zentrale Bedeutung von Sinnlichkeit, Gefühl und Phantasie für die Literatur des 18. Jahrhunderts und insbesondere die Verwurzelung von Sentimentalismus und Geniekult im aufklärerischen Denken unübersehbar geworden ist, hat man die Rede vom Rationalismus der Aufklärung vielfach dadurch zu retten gesucht, daß man eine empiristisch-sensualistische Strömung von einer rationalistischen unterschieden hat. Für die rationalistische Strömung können so die Bestimmungen des alten, auf der Identifikation von Aufklärung und Rationalismus beruhenden Konzepts uneingeschränkt weiter gelten, und vor diesem Hintergrund kann dann auch die empiristisch-sensualistische Strömung jenem Konzept gefügig gemacht werden, selbst wenn es dazu einiger Anstrengung bedarf. Sie fällt freilich all denen nicht schwer, deren Begriff von Sensualismus sich der Lebensphilosophie des ausgehenden 19. und 20. Jahrhunderts verdankt. Wer der Sinnlichkeit nur dort ihr Recht verschafft, weiß, wo die *ratio* zum bloßen Affen im Fell eines Tigers geworden ist, der mag in einem Sensualismus, der der *ratio* immerhin noch ein Wächteramt an der Straße der Natur beläßt, einen verkappten Rationalismus erblicken können. Er muß sich freilich den Vorwurf einer doppelten historischen Ungerechtigkeit gefallen lassen: wie er die Eigenbedeutung des aufklärerischen

---

152 GRIMMINGER (Anm. 25), S. 24.
153 Ebd., S. 17.
154 S. 18.
155 S. 20.
156 S. 19.
157 S. 25.
158 S. 26.

Sensualismus im Vergleich mit dem lebensphilosophischen Sensualismus nicht gelten läßt, so trägt er ihr auch im Vergleich mit dem frühneuzeitlichen Rationalismus keine Rechnung. Zwischen der Position eines Spinoza und der eines Pope liegen aber Welten: der *ratio* ein *imperium in affectus* zuzusprechen, das allein Sozialität als Moralität zu garantieren vermag, ist etwas durchaus anderes, als sie einen Wächter zu nennen, der das Herz als natürlichen Sitz der Sozialität vor schwärmerischen Übertreibungen bewahren soll.

Die These von den beiden parallel sich entfaltenden Strömungen des Rationalismus und des Empirismus bzw. Sensualismus ist freilich darüber hinaus grundsätzlich in Zweifel zu ziehen. Daß sie durchaus problematisch ist, zeigt sich bereits darin, daß meist eine rationalistische Frühphase von einer sensualistischen Spätphase der deutschen Aufklärung unterschieden wird[159] -, mit der Parallelität ist es offenbar nicht so weit her. In der Tat wird man spätestens seit den Forschungen von Kondylis kaum noch bestreiten können, daß das eigentümlich Neue, das überall in den so verschiedenartigen Bestrebungen der Aufklärung des 18. Jahrhunderts am Werk ist, nicht etwa der inkriminierte Rationalismus ist. Den haben die Aufklärer bereits vorgefunden, als Erbe der frühen Neuzeit, letztlich noch der Scholastik; und sie haben ihn gerade um dessentwillen zu begrenzen gesucht, was ihr eigentliches Anliegen ist und was sie unter dem Titel Natur verhandeln: die »Rehabilitation der Sinnlichkeit«[160] als sinnliche Wahrnehmung, Instinkt, Gefühl, Intuition und Phantasie. Um das sehen zu können, bedarf es allerdings einer hinreichenden Kenntnis des frühneuzeitlichen Rationalismus und seiner Literatur, woran es freilich bei manchen Darstellungen der Literatur des 18. Jahrhunderts mangeln mag.

Daß sich in den Schriften der Aufklärer des 18. Jahrhunderts nach wie vor eine Reihe von rationalistischen Motiven finden, ist kein Einwand gegen die These, das eigentümlich Neue sei das Bemühen um die »Rehabilitation der Sinnlichkeit«. Natürlich konnte sich dieses Neue nur in einem Diskussionsprozeß entfalten, in dem die überkommenen, vom Rationalismus geprägten Theoriebestände nach und nach im Sinne des Gedankens der »natürlichen« Sinnlichkeit überprüft und zur Disposition gestellt wurden; und natürlich sind die einzelnen Beiträger dabei jeweils nur bis zu einem bestimmten Punkt gelangt, und das heißt, daß sie in jeweils unterschiedlichem Maße dem rationalistischen Erbe verhaftet geblieben sind.

---

159 S. 24.
160 Panajotis KONDYLIS (Anm. 24), S. 19 ff., S. 48 ff., S. 170 ff. u. ö.

Ein weiteres Moment, das zwischen der Wahrnehmung von Texten, die Natur, Erfahrung, Sinnlichkeit, Gefühl und Phantasie zur Geltung zu bringen suchen, und dem Konstatieren von Rationalismus vermittelt, ist, daß, wo immer sich die Aufklärer auf die Natur berufen, sogleich mit aller Selbstverständlichkeit der Naturbegriff der modernen Naturwissenschaften unterstellt wird, Natur also als Substrat einer Wissenschaft *more geometrico* verstanden wird, wie sie mit Hilfe der mathematischen *ratio* messend und rechnend zu gesetzmäßigen Zusammenhängen vordringt: »die nichtmenschlich-physikalische Natur« soll deshalb als »vorbildlich für die menschliche Welt« gelten und von den Aufklärern beschworen werden, weil sie »durch naturwissenschaftliche Gesetze ›klar‹, ›deutlich‹ und mechanisch widerspruchsfrei geregelt wird«.[161] Hierbei wird freilich die »Krise der Geometrisierung« und »Herabsetzung der Mathematik« im 18. Jahrhundert[162] übersehen, die in der angloamerikanischen und französischen Forschung schon vielfach beschrieben, aber noch kaum in das Bewußtsein der Germanistik eingedrungen ist. Schon bei Bayle und Locke zeigt sich eine Distanzierung vom methodischen Ideal der mathematischen *ratio*, wie es Descartes postuliert hatte,[163] und sie wird durch das ganze 18. Jahrhundert bis hin zu Goethe immer wieder neu formuliert.[164] »*For Wit's false mirror [held] up Nature's light*«: nicht als Substrat der Mathematisierung, als Inbegriff mathematisch faßbarer Gesetze, sondern als Raum, in dem sich die menschliche Sinnlichkeit entfalten und in dem Verstand, Herz und Einbildungskraft sich fassen und Halt finden können, wird die Natur von den Aufklärern beschworen.

Ein besonders oft bemühtes Zauberwort bei der Verwandlung aufklärerischer Texte in Zeugnisse eines zu kritisierenden Rationalismus ist in den letzten Jahrzehnten der Begriff »bürgerlich« gewesen. Mancherorts wird die Aufklärung ja überhaupt als eine Veranstaltung des »aufstrebenden Bürgertums« gehandelt, das mit Hilfe einer aufgeklärten Vernunftkultur seine Position im Ringen mit dem Adel verbessern will, etwa indem es durch das Kultivieren seiner Nützlichkeit und Tugendhaftigkeit den Adel als nutzlos und lasterhaft beiseitezudrängen sucht.[165] Hierbei muß man sich freilich darüber hinwegsetzen, daß man es einem aufklärerischen Text nicht ansieht, ob er aus der Feder eines altadligen Autors wie Shaftesbury, Boswell oder Friedrich II.

---

161 GRIMMINGER (Anm. 25), S. 17.
162 KONDYLIS (Anm. 24), S. 170 ff. u. S. 291 ff.
163 Ebd., S. 435 ff.
164 Gottfried WILLEMS (Anm. 80), S. 22 ff.
165 Peter PÜTZ: Die deutsche Aufklärung. Darmstadt ⁴1991, S. 135 ff.

von Preußen oder aus der eines bürgerlichen »philosophe« stammt, und daß die mit aufklärerischen Anschauungen ausgestatteten, zur Identifikation einladenden Protagonisten - sei es des empfindsamen Romans, des bürgerlichen Trauerspiels oder des Sturm und Drang-Dramas - vielfach Adlige sind, also für eine Selbstvergewisserung bürgerlicher Identität nicht zur Verfügung stehen.

Natürlich ist im aufklärerischen Schrifttum bis hin zu Goethe ständig von »Nützlichkeit« die Rede, und natürlich erstreckt sich solche Rede auch auf den ökonomischen Nutzen, wie die Aufklärung ökonomischer Zusammenhänge im 18. Jahrhundert bis hin zu Adam Smith überhaupt zu einem wichtigen Thema wird. Man muß sich allerdings davor hüten, der Rede von der »Nützlichkeit« unbesehen die uns heute geläufige Bedeutung zu unterschieben. Vielfach dient die Frage nach dem »gemeinen Nutzen« der Entfaltung jenes skeptischen Pragmatismus, der im Nachdenken über innerweltliches Handeln eine Orientierung zu gewinnen sucht, die er dem denkerischen Zugriff auf das Ganze der Welt nicht mehr zutraut. »L'homme est né pour agir, et tu prétends penser« - das zielt nicht auf ein gedankenloses Streben nach ökonomischem Erfolg, wie ihn rationales Wirtschaften garantiert, sondern auf den »Primat der praktischen Vernunft«, die, weil sie mit rationalen Mitteln mit der Frage nach der »ewigen Wahrheit« niemals an ein Ende kommen, niemals praktikable Orientierung gewinnen kann, nach dem »ewigen Frieden« und seiner möglichen Verankerung in der »menschlichen Natur« fragt. Dabei entdeckt sie freilich auch - wie Voltaire an der Londoner Börse - die pazifizierende Kraft des Handels, und sie sieht ihn sich vorteilhaft von allem Streit der Religionen, Konfessionen und philosophischen Schulen abheben.

Auch die These, die Literatur des 18. Jahrhunderts diene der Entwicklung einer dezidiert rationalistischen und in solchem Rationalismus neuartigen, nämlich spezifisch bürgerlichen Tugendkultur mit antifeudalistischer Pointe, die Vorstellung, das Bürgertum habe sich, indem es an sich selbst mit rationalistischer Anstrengung ideale Tugendnormen exekutierte, gegenüber dem Adel mit seinem libertinistischen Lotterleben Profil verschaffen wollen, ist in solcher Allgemeinheit durchaus problematisch. Sie lebt von der Unkenntnis der Literatur der frühen Neuzeit und dem unscharfen Blick auf die Texte des 18. Jahrhunderts. Wer um die fundamentale Bedeutung der Tugend- und Lasterexempel und der in ihnen sich abspiegelnden Tugendnormen für die ältere Literatur weiß, wer sieht, wie sich mit ihrer Hilfe hier jedwede Menschendarstellung konstituiert, unbeschadet der unterschiedlichen, auf den Stand bezogenen Füllung der Tugendnormen, der kann bei der Beschäftigung mit der Literatur des 18. Jahrhunderts nur zu anderen Ergebnissen kommen.

Selbstverständlich geht es der älteren Literatur auch bei der Darstellung adliger Figuren um ideale Tugendnormen, von der Höfischen Epik des Mittelalters mit ihrem Ritterideal bis hin zum Drama des Barock mit seinem idealen Herrscherbild und zum panegyrischen Gedicht des Barock, wie es den gefeierten Fürsten im Lobpreis auf ein ideales Fürstenbild verpflichtet. Und dieses Fürstenbild enthält spätestens seit Machiavelli auch rationalistische Komponenten. Man denke nur an Lohensteins ›Cleopatra‹ (1661), wo Augustus eben darum als idealer Herrscher erscheint, weil er eine »Tugend« vom »rasen« der Affekte zu »unterscheiden« weiß, die durch »Klugheit und Vernunfft« geprägt ist,[166] und in deren Namen er »sich selber überwinden«,[167] jedwede »blinde Brunst« bezwingen kann.[168]

Anders die Literatur der Aufklärung des 18. Jahrhunderts; sie sucht die erdrückende Last als unerfüllbar erkannter Tugendnormen von den Menschen zu nehmen, indem sie die fatalen Folgen eines rational-zwanghaften Tugendrigorismus vorführt, natürlich-affektive Quellen der Sozialität erschließt und den Menschen mit seiner Fehlbarkeit aussöhnt: »Unvollkommen wie ich bin, betrachte ich mich doch als einen trefflichen Menschen in der Welt, wie sie ist«. Und das zielt auf den Menschen überhaupt, also auf einen Ort jenseits der Standesgrenzen. So können es durchaus auch Adlige wie Sara Sampson, der Major von Tellheim und Odoardo Galotti sein, an denen gezeigt wird, wohin ein - angeblich bürgerlicher - Tugendrigorismus führt und wie er allenfalls kuriert werden kann.

Was schließlich die Annahme anbelangt, wo in der Literatur des 18. Jahrhunderts von »irdischer Glückseligkeit« die Rede sei, da gehe es um »Utopie« und »konfliktfreie Totalität«, und diese werde mit einem spezifischen »Heilsbewußtsein« propagiert, so geht auch sie an der Stoßrichtung des säkularisatorischen Impulses durchaus vorbei. Mag man auch mancherorts im 18. Jahrhundert schon und zumal gegen Ende des Jahrhunderts an Fortschrittsszenarios arbeiten, die auf das positivistische Fortschrittspathos des 19. Jahrhunderts vorausweisen, so ist die Aufklärung hier doch im allgemeinen bei allem Zutrauen zu ihren eigenen Möglichkeiten weit von einem »Heilsbewußtsein« entfernt. Die Frage nach der »irdischen Glückseligkeit« wird ja gerade im Bewußtsein der Heilsunfähigkeit des Menschen gestellt, im Bewußtsein dessen, daß nichts sicherer zu Konflikten führt als das Ausgehen auf »konfliktfreie Totalität«. »Die Welt für kein Elysium, für keine Hölle zu

---

166 Daniel Casper von LOHENSTEIN: Cleopatra. Hg. v. W. FLEMMING. Stuttgart 1965, S. 18.
167 Ebd., S. 40.
168 S. 62.

halten«, ist die entscheidende Voraussetzung für »irdische Glückseligkeit«; deshalb warnt Wieland vor dem schwärmerischen »Weltverbesserer«. Nicht den Menschen im Diesseits von allen Übeln zu erlösen, ist das Ziel der Aufklärung, sondern seine Erlösung vom Erlöstwerdenwollen.

V

Bleibt die Frage, warum sich die Literaturwissenschaft auf die geschilderte Weise bemüht hat und vielfach noch immer bemüht, die Vorstellung von der Aufklärung als einem Raum rationalistischer Totalitätsobsessionen an der Literatur des 18. Jahrhunderts zu vollstrecken. Hierauf scheint es nach allem nur eine Antwort zu geben: wo sie so verfährt, sucht sie Anschluß an einen bestimmten Diskurs zu halten, in dem sie den kulturhistorischen Meisterdiskurs der Moderne erkennt, und sie sucht diesen Anschluß um jeden Preis, und sei es um den des Verrats an ihren Gegenständen, weil er ihr allein belangvolle Erkenntnis zu garantieren scheint.

Die eigentliche Heimstatt jenes Aufklärungsbegriffs ist nämlich ein Diskurs, der sich in wachsender Distanz zum Schrifttum des 18. Jahrhunderts entfaltet hat und für den doch, so wenig ihm auch an den Zeugnissen der Epoche gelegen sein mag, ein bestimmtes Bild des 18. Jahrhunderts unentbehrlich ist. Es ist die bald mehr geschichtsphilosophisch, bald mehr sozialgeschichtlich konturierte postaufklärerische Theorie der Moderne, wie sie die Eigenart, die geschichtliche Dynamik und die innere Problematik der europäischen Kultur, des »Prozesses der Zivilisation« (N. Elias), im weltgeschichtlichen Rahmen gedanklich zu durchdringen sucht, und wie sie vor allem zwei Phänomenen nachgeht: dem »planetarischen Siegeszug« (Heidegger) der europäischen Zivilisation, ihrer Lebens- und Denkformen, ihrer Institutionen, insbesondere ihrer wissenschaftlich-technischen Kultur; und der inneren Befindlichkeit des modernen Europäers, die sich in seiner Kultur in Zeugnissen eines Gefühls der »Entfremdung«, eines »unglücklichen Bewußtseins« (Hegel), eines »Unbehagens in der Kultur« (Freud) artikuliert.

Der eigentümliche Charakter und der weltweite Erfolg der europäischen Zivilisation werden hier im allgemeinen auf die Vereinigung zweier Momente zurückgeführt: des altgriechischen Konzepts der Wissenschaft, insbesondere der Naturforschung, also einer Annäherung an den *kosmos* als *physis* im Zeichen des *nomos*, und der christlichen Vorstellung von der Geschichte als Heilsgeschichte, als eines linear-finalen Prozesses. Die moderne Zivilisation soll sich dem Versuch verdanken, Heilsgeschichte auf Wissenschaft zu gründen. Für diese Umwandlung der Heilsgeschichte in das Programm eines säkularen Fortschritts wird nun eben der Name der Aufklärung in Anspruch genommen, jener Begriff, der gegen Ende des 18. Jahrhunderts im Rückblick auf die Neuerungen der Epoche geprägt worden ist; dies freilich weniger, weil den Vorstellungen nachgegangen würde, die im 18. Jahrhundert wirksam sind - dies hätte, wie gezeigt, zu einem ganz anderen Ergebnis führen müssen -, sondern zunächst und vor allem des historischen Faktums wegen, daß hier die mittelalterlichen Traditionen in allen Bereichen des geschichtlich-gesellschaftlichen Lebens an ihr Ende gelangen und das, was die Moderne ausmacht, die Oberhand gewinnt.

Solche Theorie der Moderne umfaßt eine systematische und eine historische Aufgabe. Systematisch hat sie die Wesenszüge des abendländischen Rationalismus zu ergründen, der jenes Konzept von Wissenschaft und Technik trägt, historisch sein Wirksamwerden in der Geschichte darzustellen. Diese doppelte Aufgabenstellung zeigt sich auch am Gebrauch des Begriffs Aufklärung. So ist es weitverbreitete Übung, überall da von Aufklärung zu reden, wo man jenen abendländischen Rationalismus am Werk sieht, ob es sich um Sokrates, Thomas, Descartes, Kant oder Hitler und Stalin handelt. Auf der anderen Seite wird aber stets daran festgehalten, daß das 18. Jahrhundert für die Geschichte dieses abendländischen Rationalismus von entscheidender Bedeutung sei, als die Phase, in der »Aufklärung« wahrhaft zur Wirkung gelangt, zur alles bestimmenden Macht geworden sei und die moderne Wissenschaft und Technik ihren »planetarischen Siegeszug« angetreten habe. Diese Konstruktion erzwingt, daß, was immer man über das Wesen des abendländischen Rationalismus zu sagen weiß, in besonderem Maße dem Schrifttum des 18. Jahrhunderts zugeschrieben, um nicht zu sagen: ihm mit aller Gewalt eingeschrieben wird.

Der äußere Sieg der »Aufklärung« - so lehrt jener Meisterdiskurs der Moderne weiter - ist mit einer inneren Niederlage erkauft: der aufgeklärte Europäer erfährt sich selbst inmitten seiner von wissenschaftlich-technischen Erfolgen geprägten Welt als »entfremdet«, er hat ein »unglückliches Bewußtsein«. Im Anschluß an die religiös gebundene Gegenaufklärung, wie sie die Säkularisation als Verlust an menschlicher Substanz und substanzieller Menschengemeinschaft geißelte, und an bestimmte Motive der romantischen Dichtung und der idealistischen Philosophie wird ein Bild der Moderne entworfen, das wesentlich durch Momente wie einen »Verlust der Mitte« oder »Verlust der Einheit«, eine »Subjekt-Objekt-Spaltung«, einen Sinnverlust oder eine permanente Identitätskrise gekennzeichnet sein soll. Das vor allem in der Nachfolge der Romantik immer wieder formulierte Gefühl, aus dem Paradies vertrieben zu sein, das freilich älter ist als die Moderne, nämlich, wie der Mythos bezeugt, so alt wie die Welt, zu dem sich hier aber alle negativen Erfahrungen des Menschen als Erfahrungen verdichten, die ihm auch in der modernen Welt nicht erspart bleiben, läßt nach der Schlange fragen, die den Menschen vom Baum der Erkenntnis essen hieß; sie wird auf den Namen Aufklärung getauft.

Näherhin wird die Verabschiedung des Konzepts von Gesellschaft als Wesensgemeinschaft, die pazifizierende Domestizierung des Wesenswissens, der Ewigen Wahrheit als Privatangelegenheit und die Neubegründung von Gesellschaft in der Idee des Ewigen Friedens, wie sie das *fundamentum in re* der Rede vom »Verlust der Einheit« ist, auf den seit Locke entfalteten Begriff der Reflexion zurückgeführt, der als Gipfel des dogmatischen Rationalismus verstanden wird. Daß der moderne Mensch ein reflektierter Mensch geworden sei, soll dazu geführt haben, daß ihm die Welt auseinanderbrach - ein Gedanke, der von Nietzsche bis Heidegger immer mehr zugespitzt und theoretisch ausgewalzt worden ist. Hierbei wird nicht nur verkannt, daß die Lockesche Philosophie der Reflexion im Kontext einer Selbstbescheidung der Vernunft steht, sondern auch, daß es gerade der Wille zum Wesen, zum System, zur Tiefe war, der im Konfessionsstreit Gesellschaft als Wesensgemeinschaft sprengte; daß solche Einheit also keineswegs durch eine zunehmende Nachlässigkeit in Wesensfragen verloren gegangen, sondern bewußt aufgegeben worden ist.

Was diese Theorie der Moderne zu leisten beansprucht, geht nun allerdings weit über alles hinaus, was die aufklärerische Philosophie und Literatur des 18. Jahrhunderts an totalitärem Rationalismus und rationalistischem Totalitarismus zu veranstalten weiß. Alle negativen Erfahrungen des Menschen in der modernen Welt, alle Sinnkrisen und Selbstzweifel, alles Leid, aller Schmerz und alles Unglück werden so, als habe es in vormodernen Zeiten keine Zweifel und kein Leid gegeben, monokausal als spezifisch moderne Entfremdungserfahrungen auf fundamentale Fehlentwicklungen der modernen Zivilisation zurückgeführt, und diese wiederum werden monokausal auf jenen »Verlust der Einheit« durch Hypostasierung der Reflexion bezogen, für den die Aufklärung verantwortlich sein soll. Es ist unübersehbar, daß ein solches Denken auf seine Weise allererst erschafft, was es kritisiert. Indem sämtliche negativen Erfahrungen des Menschen in der modernen Welt auf den einen Begriff der Entfremdung gebracht werden, werden auch Zweifel, Leid und Unglück noch säkularisatorisch mediatisiert und rationalisiert, und erst damit wird der Mensch ganz jenem totalen Fortschrittskonzept ausgeliefert, jener Vorstellung von der uneingeschränkten Machbarkeit der Verhältnisse, die doch kritisiert werden soll. Die Philosophie der modernen Welt ist als Entfremdungstheorie, als Theorie vom »Verlust der Einheit« selbst Ausdruck einer Totalitätsobsession; sie selbst ist - frei nach Karl Kraus - die Krankheit, für deren Therapie sie sich hält.

Es versteht sich von selbst, daß die Schriften des 18. Jahrhunderts, wo die skizzierte Philosophie der Moderne mit ihrer ambivalenten Einstellung zur Aufklärung den Ton angibt, jenes echte Interesse nicht mehr finden können, ohne das es kein ernsthaftes Studium und kein Verstehen gibt. Untersuchungen zum abendländischen Rationalismus überhaupt scheinen stets tiefer zu greifen und weiter zu führen; im Anschluß an sie, die die theoretische Hauptlast tragen, scheint eine summarische Musterung der Schriften des 18. Jahrhunderts zu genügen, bei der es nurmehr noch um Belege für den vorab festgestellten dogmatischen Rationalismus geht. Typisch ist hier das Vorgehen einer Philosophie, die sich mit Descartes, Spinoza und Leibniz und sodann mit Kant und Hegel beschäftigt, um auf dieser Grundlage Aussagen über die Philosophie der Aufklärung überhaupt zu formulieren, deren auch von ihr selbst als entscheidend eingestufte Entwicklungsphase sie damit freilich bloß übersprungen hat. Begründet wird dies damit, daß es zwischen Leibniz und Kant keine »großen Philosophen« und damit offenbar überhaupt keine Philosophie gegeben habe, allenfalls eine »Popularphilosophie« literarisch-publizistischen Zuschnitts, jedenfalls keine originellen Systementwürfe von Kraft und Tiefe. Hier wird also dem Schrifttum des 18. Jahrhunderts ein Mangel an eben jener Systematizität vorgehalten, die ihr andererseits, wo es als Ort des Durchbruchs der Aufklärung behandelt wird, als Totalitätsobsession kritisch zugerechnet wird.

Ein ganz ähnlicher Befund zeigt sich auf Seiten der Literaturwissenschaft, wo immer wieder die Auffassung vertreten worden ist, zwischen Barock und Klassik habe es keine wahrhaft große Dichtung gegeben; dafür seien die philosophisch-publizistischen, rationalen und rhetorischen Elemente in der Literatur zu dominierend gewesen. Es ist offensichtlich, daß in solchen Urteilen Begriffe von Philosophie und Dichtung an das Schrifttum des 18. Jahrhunderts herangetragen werden, die nicht die seinen sind. Um seine eigenen Begriffe erkunden zu können, zum Beispiel den jenes eigentümlichen literarisch-philosophisch-publizistischen Diskurses, den Voltaire pflegt und der sich weithin in den Moralischen Wochenschriften darbietet - eine Untersuchung, die letztlich auch zu dem hier skizzierten skeptischen Pragmatismus führen würde -, um solche Rede nicht bloß als »Mischform« klassifizieren zu können, müßte man sie freilich erst einmal ernstnehmen, und dazu ist man vielfach weder bereit noch in der Lage. So ist es zu der eigentümlichen Situation gekommen, daß die Aufklärung des 18. Jahrhunderts zwar in aller Munde, im Grunde aber unbekannt und unverstanden ist.

Eben hier ist die Literaturwissenschaft gefordert, kann sie mit ihren ureigensten Mitteln entscheidende Beiträge zum Selbstverständnis der Moderne erbringen. Warum weiß sie sich vielerorts noch immer kein höheres Ziel zu stecken, als bei dem beschriebenen Meisterdiskurs der Moderne mitreden zu können, als ihn mit literarhistorischen Fußnoten auszustaffieren, die Literatur als Belegmaterial zur Illustration seiner für sie vorab feststehenden Thesen zuzurichten? Traut sie sich selbst, ihren eigenen Möglichkeiten als Wissenschaft, zu wenig zu?

Dorothee Kimmich

CHRISTOPH MARTIN WIELANDS EPIKUREISMUS.
ARS VIVENDI UND DER WIDERSTAND GEGEN EINE DIALEKTIK DER AUFKLÄRUNG

1. Schwärmerei und *ars vivendi*:
›Die Natur der Dinge‹, ›Musarion‹ und ›Agathon‹.

»Wielands philosophische Romane trugen dazu bey, unter einem sokratischen Gewande, besonders unter den höheren Ständen eine Moral zu verbreiten, welche im Grund epikurisch war. Nicht ohne nachteilige Folgen für die allgemeine Denkart; wenigstens war diese etwas allzunachgiebige und unmännliche Sittenlehre eben keine passende Vorbereitung für die schweren und erschütternden Kämpfe, welche dem Zeitalter und der Nation bevorstanden.«[1] Ähnlich wie Friedrich Schlegel hatte schon H. W. Gerstenberg in seiner ›Agathon‹-Rezension die Wielandsche Philosophie mit Epikureismus assoziiert: »Vielen wird die in ein System gebrachte epicurische Philosophie, der ziemlich herrschende Skepticismus und die schwelgerische Schlüpfrigkeit einiger der reizendsten Gemälde anstößig seyn: alles das ist wirklich anstößig.«[2] Will man nun in Wielands Werk auf die Suche nach Spuren epikureischen Denkens gehen, ist es zunächst notwendig zu klären, was eigentlich als epikureisch identifiziert werden soll. Ganz der eigentlichen Lehre Epikurs widersprechend,[3] der einen durchaus asketischen Hedonismus lehrte, gilt doch »epikureisch« seit der antiken Auseinandersetzung zwischen Anhängern der Stoa und dem Kepos als ein Synonym für Ausschweifungen und Sinnenlust, Gottlosigkeit und kruden Materialismus, kurz für alle erdenklichen »Schweinereien«.[4] Insbesondere der christlichen Polemik gelang es, neben den

---

1   Friedrich SCHLEGEL: Geschichte der alten und neuen Literatur. In: Kritische Schriften und Fragmente. Hg. von E. BEHLER und H. EICHNER. 6 Bde. Paderborn 1988. Bd. 4, S. 219 f.
2   Heinrich Wilhelm GERSTENBERG: Geschichte des Agathon. In: Ders.: Rezensionen in der Hamburgischen Neuen Zeitung 1767-1771. Hg. von O. FISCHER. Berlin 1904, S. 46-49, S. 48.
3   Vgl. dazu z. B. Malte HOSSENFELDER: Epikur. München 1991.
4   Seit Horaz (ep. 1, 4, 16), der sich durchaus positiv gemeint als Schweinchen aus der Herde Epikurs bezeichnete, figuriert das Schwein als Markenzeichen Epikurs.

moralischen Verfehlungen auch noch den Glauben an die Seelensterblichkeit und die Unerschaffenheit der Welt zu einem Ensemble ideeller und materieller Lasterhaftigkeit zu stilisieren, das die Berufung auf Epikur gefährlich, ja lebensgefährlich machte. Erst in der Renaissance mit Rabelais, Montaigne und Erasmus, Ficino, Bracciolini, Landino, Valla und anderen ergaben sich Perspektiven, Philosopheme der epikureischen Tradition erneut und in anderem Kontext zu thematisieren;[5] neben naturwissenschaftlichen Anregungen wurden nun insbesondere auch die epikureischen Strategien autonomer Moralkonzeption, die Polemik gegen dumpfe Religiosität, der Umgang mit Sinnlichkeit und Lust, die Todesphilosophie und die Betonung innerweltlichen Glücks rezipiert.[6] Das französische 17. Jahrhundert erlebt dann eine stürmische Wiederaufnahme epikureischen Denkens;[7] hier - im Milieu der Pariser Salons - weniger im Kontext antik-hellenistischer Psychagogik als vielmehr im Sinne einer genußfreudigen, geselligen Eudaimonielehre wird Epikur zum Modephilosophen - trotz oder gerade wegen der Einsicht in die vom *amour-propre* bestimmte Natur des Menschen.

Selbstliebe, *amour-propre*, wird nun als letztlich auch mit christlicher Askese nicht bezwingbarer Grundtrieb menschlicher Existenz allmählich akzeptiert. Diese Einstellung erfordert neue Konzepte eines aufgeklärten Umgangs mit sich selbst. Stilisierung statt Kasteiung, Selbstaufklärung statt Geständnis, Erfahrung statt Verbot und Glück statt Erlösung sind Motive, an denen sich die Überlegungen zu einer modernen »autonomen« Moral festmachen. In entscheidender Weise werden dafür dann auch in Deutschland im 18. Jahrhundert Philosopheme aus der epikureischen Tradition aufgeboten, nicht selten eklektizistisch in Kombination mit stoischen Motiven. Dies läßt sich finden bei Christian Thomasius und seinen Schülern, in den Moralischen Wochenschriften, im Rokoko und auch im Werk C. M. Wielands.

Es soll hier nun die Rede davon sein, welche besondere Bedeutung die epikureischen Vorstellungen vom gelingenden Leben, vom Glückskalkül, vom Umgang mit Leidenschaften, von Selbstaufklärung und Selbstsorge, von

---

5   Hans KRÄMER: Epikur und die hedonistische Tradition. In: Gymnasium 87 (1980), S. 294-326.
6   Vgl. D. C. ALLEN: The Rehabilitation of Epicurus and his Theory of Pleasure in the Early Renaissance. In: Studies in Philology 41 (1944), S. 1-15; Eugenio GARIN: Ricerche sull'epicureismo del Quattrocento. In: Ders.: La cultura filosofica del Rinascimento italiano. Firenze 1961, S. 74-92; M. R. PAGNONI: Prime note sulla tradizione medievale ed umanistica di Epicuro. In: Annali della Scuola Normale Superiore di Pisa classe di lettere e filosofia, ser. III, vol. IV, 4, 1974, S. 1443-1477.
7   Vgl. Howard JONES: The Epicurean Tradition. London/New York 1989; Richard H. POPKIN: Epicureanism and Scepticism in the 17th century. In: Philomathes. Hg. von Robert PALMER, Robert HAMERTON-KELLY. The Hague 1971, S. 346-357; Jean WIRTH: »Libertins« et »Epicuriens«: Aspects de l'irreligion au XVIe siècle. In: Bibliotheque d'Humanisme et Renaissance 39 (1977), S. 601-627.

Selbstbemächtigung, Stilisierung des Lebens und Umgang mit dem Tod gerade für das Werk Wielands hatten. Darüber hinaus können insbesondere die ethischen Modelle der Selbstsorge und Selbststilisierung, wie sie im Hellenismus propagiert und in einer bestimmten - in der Rezeption vernachlässigten - Tradition der Aufklärung aktualisiert wurden, heute wieder besonderes Interesse beanspruchen.[8] Daß die moderne Geschichte der Idee des »guten Lebens« gerade auf einen spezifisch aufklärerischen Impetus zurückweist, ist in der immer noch aktuellen Debatte um Aufklärung und Gegenaufklärung[9] nicht unwichtig.

Spuren der Wielandschen Epikur-Rezeption finden sich bereits in dem 1751 erschienenen Lehrgedicht ›Die Natur der Dinge oder die vollkommenste Welt‹. Freilich handelt es sich dabei keineswegs, wie man annehmen könnte, um ein *remake* des lukrezischen ›De rerum natura‹, sondern vielmehr um den Versuch einer ausführlichen Widerlegung des antiken Dichters mit Hilfe von christlich-religiösen und platonisch-idealistischen Gegenthesen.

Später kommentiert er dieses enthusiastische lehrhafte Jugendwerk als »Visionen eines poetisierenden Platonikers« und kritisiert daran den »dogmatischen Ton«.[10] Er möchte es nun eher als Dokument einer, d. h. *seiner* Entwicklung gelesen sehen, um zu demonstrieren, von welchem Punkt er ausging »und welch einen Zwischenraum er zurückzulegen hatte, um 15 Jahre später nur zu *Musarion* zu gelangen«.[11]

Der Hetäre Musarion gelingt es in diesem »comischen Lehrgedicht« nicht nur, ihren Geliebten wieder aus einer phantastischen Ideenwelt auf die Erde zurückzuholen, sondern auch, einen Pythagoreer von seinen blutleeren

---

8   Vgl. Michel FOUCAULT: Die Sorge um sich (Sexualität und Wahrheit III). Frankfurt 1984.
9   Jochen SCHMIDT (Hg.): Aufklärung und Gegenaufklärung in der europäischen Literatur, Philosophie und Politik von der Antike bis zur Gegenwart. Darmstadt 1989.
10 Christoph Martin WIELAND: Die Natur der Dinge oder die vollkommene Welt. Vorbericht zur dritten Ausgabe. In: C¹ʳ, Supplemente, Bd. 1, S. 7; vgl. dazu Margit HACKER: Anthropologische und kosmologische Ordnungsutopien: Christoph Martin Wielands ›Natur der Dinge‹. Würzburg 1989. Der biographische Bruch im Leben Wielands wurde von der Forschung verschieden bewertet. Die unterschiedlichen Positionen und deren Konsequenzen für die Interpretation von Wielands Werken referiert Horst THOMÉ: Probleme und Tendenzen der Wielandforschung 1974-1978. In: Jahrbuch der Deutschen Schillergesellschaft 23 (1979), S. 492-513, S. 494 ff.
11 WIELAND (Anm. 10), S. 10; die Ablösung von seiner schwärmerischen Phase als Zürcher Bodmerschüler beschreibt Wieland selbst als dringende (soziale) Notwendigkeit: »J'ai été obligé de reformer mon platonisme, ou d'aller vivre dans quelque désert du Tyrol«. Daß es aber nicht nur um eine Auswechslung von Büchern und Namen geht, sondern ein anderes Lebensgefühl und -konzept damit ausgedrückt werden soll, wird deutlich, wenn Wieland auf die reale Erfahrung verweist, die ihn nötigte, von seinen Illusionen abzulassen: »L'expérience m'a desabusé d'une illusion après l'autre, enfin je me suis trouvé au niveau« (Ausgewählte Briefe von Christoph Martin WIELAND an verschiedene Freunde. 4 Bde. Zürich 1815 ff., Bd. 2, S. 194 f.).

Schwärmereien zu kurieren und zugleich einen stoischen Schwätzer so zu desavouieren, daß er schleunigst von der Bildfläche verschwindet.[12] Die monologische Struktur des konventionellen Lehrgedichts wird hier in mehrfacher Weise aufgebrochen: nicht nur durch die Gespräche im Gedicht selbst, sondern auch durch den ironischen Diskurs, der die eigentliche »Lehre« schon wieder in Frage zu stellen bereit ist.[13] Dem »platonisierenden« Lehrgedicht setzt Wieland damit ein »comisches« gegenüber, das geradezu als Antwort auf seinen vorhergehenden Welterklärungsversuch gelesen werden kann. Entscheidend dabei ist, daß es sich nicht nur um eine andere »Lehre«, einen anderen Inhalt handelt, sondern, daß mit der Konzeption des Lehrgedichts als »comisch«, mit der ironischen Aufspaltung des lehrhaften Monologs in eine »graziöse« Polyphonie der Anspruch und die Funktion des Lehrgedichts sich völlig gewandelt haben. Statt universaler Kosmogonien, Kosmologien und Ethiken setzt Musarion programmatisch auf die Reduktion von Ansprüchen.[14] Ebenso lebensuntüchtig wie sozial inkompetent und unglücklich sind in ihren Augen diejenigen, die Philosophie nicht als Anleitung zur Selbsterkenntnis und zur Verwirklichung eines gelingenden Lebens verstehen, sondern stattdessen in »platonisierende«, idealistische oder stoisch-unrealistische Konstruktionen flüchten. Die Priorität der eudaimonistischen Moral vor allen anderen Problemen der Metaphysik und Naturphilosophie ist ein Anliegen, das Musarion mit Epikur teilt.

Die Figuren in ›Musarion‹, so verschiedene Positionen sie (anfänglich) vertreten, sind doch, wenn einmal überzeugt, für immer gewonnen, wenn einmal geheilt, für immer gesund. Die Gestalten dieses »comischen« Lehrgedichts verweigern sich noch der Psychologie. Sie wechseln die Lebensphilosophie wie Schauspieler ihre Rollen. Es handelt sich nicht um eine empfindsame Bürgerwelt, die in eine antike Szene versetzt wäre, vielmehr ist die Szenerie, die Inszenierung selbst zum Thema gemacht. Erziehung, Wandlung und Bekeh-

---

12 ›Musarion‹ stellt gattungstypologisch eine Mischung aus Erzählung, Komödie und Gedicht dar; vgl. Herbert ROWLAND: Musarion and Wieland's Concept of Genre. Göppingen 1975; zum Lehrgedicht im 18. Jahrhundert vgl. allgemein: Christoph SIEGRIST: Das Lehrgedicht der Aufklärung. Stuttgart 1974.

13 Wieland hatte selbst das Gefühl, daß er mit diesem ironischen Gedicht etwas geschaffen habe, was dem zeitgenössischen deutschen Leser nicht ganz angemessen war: »Ich gestehe Ihnen, - aber nur Ihnen! [...] - daß ich es meinen Zeitgenossen nicht völlig gönne. Die Deutschen scheinen noch nicht zu fühlen, was attisches Salz, sokratische Ironie, und ächte Grazie ist« (WBr 3, S. 519).

14 »Niemals haben Epikuräer Unglück über die Welt gebracht, unermeßliches aber Heilige und Propheten [...]«, so kommentiert Emil Staiger die Toleranzphilosophie der Musarion (Emil STAIGER: Wieland: Musarion. In: Christoph Martin Wieland. Hg. von Hansjörg SCHELLE. Darmstadt 1981, S. 93-108, S. 95).

rung kann es in dieser Gegenwelt bürgerlicher Innerlichkeit nicht geben. Introspektion und Stilisierung, Psychologie und Theater kommentieren sich gegenseitig.[15]

Agathon dagegen, der weniger glückliche Bruder des Phanias, muß gleich zu Beginn seiner Laufbahn erfahren, daß das Delphi des apollinischen *gnothi seauton* für *ihn* kein irdisch-arkadischer Garten Eden der unschuldigen Liebe sein kann; nach seiner Vertreibung aus dem Paradies wird er auch nie mehr dorthin zurückkehren können, denn die Wiederherstellung zweifelsfreier Selbstidentität und unschuldiger Liebe ist nach einer Reise durch die »wirkliche« Welt eines bürgerlichen Romans nicht mehr vorstellbar.[16]

Hippias, der Sophist, ist der Herr und Besitzer Agathons, er ist aber auch der Mentor und Verführer von Kallias - wie Agathon in seinem Haus genannt wird -, vielleicht ist er sein Retter, jedenfalls aber Agathons größter Antagonist und wichtigster Gesprächspartner im ganzen Roman. Daß die philosophischen Gespräche zwischen Agathon und Hippias als einer »der Angelpunkte des Romans«[17] oder sogar als »Kernstück«[18] gelten können, ist eine Tendenz, die erst in der jüngeren Forschung erkannt wurde.[19]

Der Sophist, Vertreter einer materialistisch-hedonistischen Philosophie epikureischer Provenienz, versucht vergeblich, den Idealisten und platonischen Träumer Agathon zu bekehren. Im Roman wird die Geschichte dieser mehrfach scheiternden »Schwärmer-Therapie« erzählt, und je nachdem, welche

---

15 Man ist geradezu erinnert an den epikureischen Rabelais, den Wieland sehr schätzte, wenn am Ende des dritten Buches die Selbsterkenntnis, das *gnothi seauton* - zwar weniger deftig beschrieben, aber auch mit Augenzwinkern - wie in ›Gargantua et Pantagruel‹ auf ausgiebigen Weingenuß und dann eine einzige Nacht »in Cloens Arm« zurückgeführt wird. (Vgl. Albert FUCHS: Les apports francais dans l'œuvre de Wieland 1772-1789. Paris 1934, S. 297.)

16 Inwieweit die tarentinische Gemeinschaft in der Schlußversion der 3. Fassung des ›Agathon‹-Romans Züge einer allseitigen Versöhnung und einer Wiederannäherung an Agathons Jugendphilosophie und damit auch ein »Zurück« zum delphischen *gnothi seauton* enthält, ist umstritten. Daß es sich dabei trotz der harmonistischen Züge, die die Philosophie des Archytas trägt, nicht um eine restlose »Aufhebung« aller Widersprüche handelt, scheint wahrscheinlich zu sein, ein Rokoko-Idyll wie der Garten der Musarion ist Tarent gewiß nicht. (Grundlage der folgenden ›Agathon‹-Interpretation ist die Ausgabe letzter Hand, C¹ʳ, Bd. 1-3); vgl. dazu besonders Walter ERHART: Entzweiung und Selbstaufklärung. Christoph Martin Wielands ›Agathon‹-Projekt. Tübingen 1991, bes. S. 158 ff. Hier wird die »Aporie und Demontage der Versöhnung« im Kontext der Gattungsgeschichte des Romans im 18. Jahrhundert und im weiteren literaturgeschichtlichen Umfeld diskutiert, und es gelingt Erhart dabei überzeugend, die grundsätzliche Bedeutung dieses Romans als eines unvollendeten Projekts der Moderne zu würdigen.

17 Horst THOMÉ: Roman und Naturwissenschaft. Eine Studie zur Vorgeschichte der deutschen Klassik. Bern/Frankfurt 1978, S. 146.

18 Gerd HEMMERICH: Christoph Martin Wielands ›Geschichte des Agathon‹. Eine kritische Werkinterpretation. Nürnberg 1979, S. 57.

19 THOMÉ (Anm. 17), S. 146 f.

der drei Fassungen man zugrunde legt bzw. wie die abschließende Tarent-Episode interpretiert wird, erweist sich das Projekt als überhaupt aporetisch. In drei verschieden komponierten Szenen scheitert der als Protagonist instrumenteller Rationalität und einer gefährlichen Machtphilosophie gezeichnete Hippias an der egozentrisch-irrationalen Naivität des Agathon. Diesem gelingt es allerdings auch nicht, sich den Anfechtungen folgenlos zu entziehen, und es bleibt ihm eine Bildungsgeschichte, eine gelungene Biographie versagt. Eine Vermittlung zwischen dem materialistischen Epikureer und dem platonischen Schwärmer scheint es nicht zu geben, nicht einmal ein echtes Gespräch, wirkliche Kommunikation ist möglich. Perspektiven ergeben sich nur außerhalb dieser »Dialektik« von instrumenteller Vernunft und poetischer Verblasenheit.

Hippias wird eingeführt als einer derjenigen »Pseudophilosophen«, d. h. Sophisten, die aus der Weisheit eine Profession machen und damit Geld verdienen. Sie sind keine wahren Aufklärer, sondern geschickte Taktiker.[20] Dies erlaubt es Hippias, ein angenehmes und üppiges Leben zu führen, allerdings nie in geschmackloser Übertreibung.[21] Was ihm noch gefehlt hatte, war die Abrundung seiner philosophischen Biographie durch einen echten - nicht zahlenden - Jünger und Epigonen. Diese Rolle auszufüllen, hat er Agathon ausersehen. Es handelt sich also hier keineswegs um die selbstlose Sorge eines reichen Gutsbesitzers und Mäzens für das geistige Wohl seines Luxussklaven, sondern vielmehr um ein Projekt, das ausschließlich der Bestätigung von Hippias' Selbstliebe dienen soll. Hippias, der Anhänger moderner naturwissenschaftlicher Theorien, des Sensualismus, Empirismus und Atomismus,[22] wendet entsprechend auch moderne »naturwissenschaftliche« Methoden an, um seine Thesen bestätigt zu sehen: Er führt mit Agathon ein psychologisches Experiment durch. Ohne dessen Wissen soll dieser mit Hilfe der Hetäre Danae aus seinem platonisch-schwärmerischen Ideenhimmel herabgeholt wer-

---

20 WIELAND (Anm. 16), 1. Teil, S. 65.
21 Ebd., S. 66.
22 Grundlage von Hippias' Ausführungen ist die Atomistik, wie er sie noch vor seinem langen Vortrag darstellt. Das Gespräch beginnt mit der Frage nach der menschlichen Natur, geht über zu den Erkenntnismöglichkeiten des Menschen - wobei Hippias streng sensualistisch argumentiert - und kommt dann zu der grundsätzlichen Frage des Verhältnisses von Materie und Geist: eine umfassende Exposition für die anschließende Durchführung, wo Hippias alle Themen noch einmal aufnimmt und innerhalb seines Theoriegebäudes erläutert. Die Anmerkung Wielands zur Atomistik ist erst in der zweiten Auflage eingefügt. Dort heißt es, Hippias' Meinungen führten »geraden Weges zum Atheismus« (Ebd., S. 87). Agathon hat dagegen nur einzuwenden, daß Gott nötig sei, um tugendhaft leben zu können. Dieser »moralische« Gottesbeweis ist, und das weiß Wieland auch, im Grunde nur eine Bestätigung aller »Projektionstheorien« von Lukrez bis Feuerbach und weder ein Gottesbeweis noch eine Widerlegung autonomer Moral. Die apologetische Anmerkung ließe sich also bei genauer Lektüre in zweifacher und durchaus doppelbödiger Weise verstehen.

den. Hippias hat Pech: die »Elemente« seines »Wahlverwandtschaften-Experiments« reagieren anders als geplant. Es bleibt Hippias nichts anderes übrig, als das Experiment abzubrechen. Agathon geht daraus aber eben keineswegs als Anhänger von Hippias' materialistisch-hedonistischen Thesen hervor, er ist zwar in seinem ursprünglichen philosophischen Glauben erschüttert, ohne aber zu einer neuen Philosophie gefunden zu haben. Prinzipiell hat er sich nicht verändert.

Wo die Sympathien des Autors liegen, scheint auf den ersten Blick klar, soll doch der gesamte Roman einer »Widerlegung«[23] des Hippias dienen. Und doch sind dessen Argumente so überzeugend, seine Reden so ausführlich und konsistent, und auch sein persönliches Auftreten ist keineswegs ausschließlich negativ gezeichnet. Die vom Autor provozierte Identifikation des Lesers mit Agathon scheint statt zu einer beruhigenden Eindeutigkeit des Standpunktes vielmehr dazu zu führen, daß auch die plausiblen Gegenargumente des Hippias, das Versagen und das Unglück des Agathon umso ernster genommen werden müssen, so daß dieser genausowenig wie Hippias ein »Held« sein kann, das heißt eine gelingende Identifikation erlauben würde. Es ist darum auch müßig, nach dem eigentlichen Standpunkt Wielands zu fragen, oder auch, hier eine Auseinandersetzung zwischen progressiver Aufklärung und überkommenen platonisch-christlichen Positionen erkennen zu wollen.[24] Beide Figuren sind Statthalter der Aufklärung: panvitalistisch-schwärmerisches Naturgefühl und weltverbesserische Volksaufklärung ebenso wie eine von naturwissenschaftlichem Fortschrittsdenken geprägte materialistisch-sensualistische Weltkonzeption und individual-ethisch-utilitaristische Eudaimoniemoral.

Die Philosophie des Hippias trägt deutliche Züge epikureischen Einflusses. Ganz auf innerweltliche Eudaimonie ausgerichtet, behauptet er, glücklicher zu sein als Agathon, weil er seine Bedürfnisse mit den Möglichkeiten der Befriedigung kompatibel zu machen wisse: »Ich genieße alles was ich wünsche, und wünsche nichts, dessen Genuß nicht in meiner Gewalt ist.«[25] Genuß ist immer im Gegenwärtigen, er ist mäßig und hilft, unvermeidliche Schmerzen geduldig zu ertragen.[26] Und so lautet sein epikureisches Glaubensbekenntnis: »*Befriedige deine Bedürfnisse; vergnüge alle deine Sinnen; erspare dir so viel du kannst alle*

---

23 Ebd., S. XX (Vorbericht zur ersten Auflage).
24 Vgl. HEMMERICH (Anm. 18), S. 51. Wäre der Antagonismus der beiden Protagonisten so zu charakterisieren, wäre es keine Frage, daß sich Autor und Leser für die Position der Aufklärung zu entscheiden hätten.
25 WIELAND (Anm. 16), 1. Teil, S. 93.
26 Ebd., S. 93.

schmerzhafte Empfindungen.«[27] Vergnügen ist immer sinnlich oder doch zumindest von den Sinnen an die Einbildungskraft vermittelt, die wiederum nichts anderes leistet als die zeitliche Einschränkung der sinnlichen Eindrücke auf den gegenwärtigen Moment durch Erinnerung und Phantasie auf Vergangenes und Zukünftiges auszudehnen.[28] Da nur sinnlich Wahrnehmbares relevant ist für menschliche Praxis, wäre es einfach »thöricht«,[29] den Lebensplan nach Schimären - wie es z. B. Götter sind - auszurichten. Dabei ist nicht gesagt, daß es nicht Götter geben *könne*, nur eben daß der Mensch nichts von ihnen weiß. »Wissen wir aber nichts, weder von ihrem Zustande noch von ihrer Natur, so ist es für uns eben so viel als ob sie gar nicht wären.«[30] Orientierung für Verhalten geben also nicht metaphysische Pseudogewißheiten, sondern die Natur. Das allgemeine Gesetz ist, »was könnt' es anders seyn als die *Stimme der Natur*, die zu einem jeden spricht: *Suche dein eigenes Bestes;* oder mit andern Worten: Befriedige deine natürlichen Begierden, und genieße so viel Vergnügen als du kannst.«[31] Dies gilt allerdings uneingeschränkt nur für den Naturzustand.[32] Hippias hat erkannt, daß Macht im Zustand der Gesellschaft nicht auf Stärke, sondern auf Manipulation beruht. Dies ist für ihn »die Weisheit der Sophisten«.[33] Es ist der Standpunkt einer »schlechten« Rhetorik. An diesem Punkt entfernt er sich weit vom epikureischen Zufriedenheitsideal. Selbstkenntnis und Weltkenntnis werden von Hippias instrumentalisiert und sowohl für gutes Geld verkauft als auch zum Zweck der Machtausübung über andere eingesetzt. Selbstbemächtigung im Sinne eines epikureisch kalkulierten Glücks steht bei Hippias im Dienste einer unaufgeklärten Eigenliebe und dient damit der Macht über andere. Agathon kann sich dieser Macht nur mit Mühe und nicht ohne Blessuren entziehen, und zwar nicht dadurch, daß er Hippias' Strategien durchschauen würde, sondern gerade durch den so oft vom Autor

---

27 Ebd., S. 114.
28 Ebd., S. 116 f.
29 Ebd., S. 133.
30 Ebd., S. 132.
31 Ebd., S. 154.
32 Hobbes, einen »Epicurus redivivus« »vorweg«-nehmend, unterscheidet der antike Hippias nämlich auch zwischen Natur*gesetz* und Natur*recht*. Das Recht, das Naturgesetz der Selbsterhaltung auch durchzusetzen, wird im Stande der Natur nur von der Stärke des je einzelnen bestimmt. Im Stande der Gesellschaft muß dieses Recht eingeschränkt werden. Für Hippias ist die Lösung nicht die Übertragung auf einen Souverän wie bei Hobbes, sondern die unverletzbare Integrität und Freiheit des Anderen: »Allein der Stand der Gesellschaft, welcher eine Anzahl von Menschen zu ihrem *gemeinschaftlichen* Besten vereiniget, setzt zu jenem einzigen Gesetze der Natur, *suche dein eignes Bestes*, die Einschränkung, *ohne einem andern zu schaden*.« (Ebd., S. 154.)
33 Ebd., S. 142; vgl. dazu auch die Charakterisierung moderner Macht bei Michel FOUCAULT: Für eine Kritik der politischen Macht. In: Lettre International 3 (1988), S. 58-67.

kritisierten unreflektierten Trotz naiver Schwärmerei und idealistischer Selbst-
gewißheit! Konsterniert muß der Leser feststellen, daß es die unglückselige
Schwärmerei ist, die Agathon vor der instrumentellen Rationalität des Machtmenschen Hippias rettet. Ebenso zwiespältig bleibt das Gefühl des Lesers aber
auch gegenüber dem machtgierigen Hippias, der immerhin der einzige ist, der
eine konsistente Theorie gelingenden Lebens zu formulieren weiß und diese
dann auch erfolgreich in die Praxis umsetzt. Während der eine Wolken-
kuckucksheime baut, ist der andere in die schlechte Realität verstrickt.
Agathon schadet den Menschen durch mangelnde Kenntnis der Wirklichkeit,
Hippias durch eine egoistische Ausnutzung seiner detaillierten Kenntnisse.
Der eine fasziniert durch seinen Idealismus und seine Begeisterungsfähigkeit,
der andere durch seinen Scharfblick und seine Rhetorik. Sie sprechen verschiedene Sprachen, und obwohl sie zueinander sprechen, ist Kommunikation
nicht möglich.

Die Begegnung zwischen Agathon und Hippias im Gefängnis von Syrakus,
wo Hippias zum dritten Mal an der hartnäckigen Schwärmernatur des Agathon scheitert, fügte Wieland erst in die dritte Fassung des Romans ein. Frühere Entwürfe des Gesprächs waren wohl in einem sehr viel moderateren Ton
konzipiert gewesen.[34] Die besondere Aggressivität des Agathon in der vorliegenden Form zeigt nur noch einmal deutlicher, daß es sich hier um eine stark
emotional aufgeladene Szene handelt und keineswegs um eine kühle Entscheidung Agathons gegen die Philosophie des Hippias;[35] und damit ist Hippias' letzter Versuch, sein »Experiment« noch gut zu Ende zu bringen, im
Grunde bereits gescheitert, noch bevor er alle Register seiner sophistischen
Menschenkenntnis und seiner raffinierten Machtstrategien ziehen kann.[36] Die
Analysen des Hippias sind klar, überzeugend, schmerzlich für Agathon, aber
keineswegs absichtlich verletzend formuliert, sondern durchaus spürbar in der
besten Absicht einer freundschaftlich-väterlichen Aufklärung vorgetragen. Was

---

34 Vgl. ERHART (Anm. 16), S. 333 ff.
35 Vgl. z. B. Gerhart MAYER: Die Begründung des Bildungsromans durch Wieland. Die Wandlung der
    ›Geschichte des Agathon‹. In: Jahrbuch der Raabe-Gesellschaft 1970, S. 7-36, S. 17.
36 Agathon bleibt trotz gewisser Einsichten der typische Schwärmer; vgl. dazu allgemein Hans-Jürgen
    SCHINGS: Melancholie und Aufklärung. Melancholiker und ihre Kritiker in der Erfahrungsseelen-
    kunde und Literatur des 18. Jahrhunderts. Stuttgart 1977, bes. S. 197-203. Wieland selbst charakteri-
    siert Schwärmerei als »Impotenz der Seele«, die sich nicht theoretisch, sondern nur von »ihrem
    geborenen Feind« bekämpfen ließe, »und wer dieß ist, wird sich freylich, wenn ihm die Wahl frey
    steht, lieber zu Demokrit und Epikur [...] halten, als zu Pythagoras und Plato [...]« (LUCIANS VON
    SAMOSATA: Sämtliche Werke. Aus dem Griechischen übers. und mit Anm. und Erl. vers. von Chri-
    stoph Martin WIELAND. 1. Teil. Leipzig 1788, S. XXXI und S. XLI); vgl. für die Radikalisierung des
    Programms bei Wezel: Isabel KNAUTZ: Epische Schwärmerkuren. Johann Karl Wezels Romane gegen
    die Melancholie. Würzburg 1990.

an Hippias fasziniert, ist sein scharfer Blick auf die Fehler der Menschen, der ihn aber trotzdem nicht zum Misanthropen oder gar Melancholiker werden läßt: der ideale Beichtvater - wäre er kein Atheist.

Und doch begeht der kluge Menschenkenner einen Fehler. Sein Eigeninteresse an der ganzen Veranstaltung wird mit einem Schlage dann klar, wenn er Agathon die Befreiung aus dem Gefängnis anbietet und ihn als Schüler und Erben nach Smyrna einlädt.[37] Die Sprache des Verführers, der die Gefängnistüre zu öffnen verspricht: von Sokrates bis Fausts Gretchen haben - wie Agathon - alle »Helden« einem solchen Angebot widerstanden.

Wieder also, wie bereits in Smyrna, bekommt der Leser des ›Agathon‹ ein philosophisches Gespräch geboten, in dem Argumente eine marginale Rolle spielen bzw. keine Wirkung haben. Überzeugung und Konsens ist außerhalb der Reichweite eines solchen Dialogs. Die Konfrontation dieser beiden grundsätzlich verschiedenen Welt- und Lebensentwürfe, Moralvorstellungen und Identitätskonzepte scheint auf Dissens und nicht auf Konsens hinkomponiert zu sein. Beide Parteien gehen scheinbar gestärkt aus dem Duell hervor, und nur der Leser ist, statt sicherer zu sein - wie nach einer philosophischen Erörterung zu wünschen und zu erwarten wäre -, vollkommen verwirrt.

Hippias' Experiment mit Agathon ist gescheitert. Seine Fähigkeit, andere Menschen für seine Zwecke einzusetzen, Macht über andere auszuüben, ohne Stärke demonstrieren zu müssen, hat in diesem Fall versagt. Er trägt diese Niederlage mit dem seiner Philosophie entsprechenden Gleichmut. Die Rhetorik des Hippias ist überzeugend, seine Argumente treffend, sein Wissen und seine Theorien sind aktuell, und seine Menschenkenntnis ist ebenso beeindruckend, wie sein guter Geschmack und die Liebe zur Kunst ihn sympathisch machen. So erschreckend seine Thesen zur Religion auf manchen bigotten Leser des 18. Jahrhunderts noch gewirkt haben mögen, waren sie doch bereits damals von recht mäßiger Radikalität und es nicht wert, sich darüber besonders zu empören. Wirklich empörend für den Leser muß es allerdings sein, wie er als Inkarnation der instrumentellen Vernunft einer »Dialektik der Aufklärung« im Sinne Horkheimer/Adornos[38] seinen epikureischen Materialismus zu Markte trägt, wie er versucht, aus seiner Philosophie Profit zu ziehen, und nicht nur finanziellen Gewinn macht, sondern auch Machtgewinn damit verbindet. Die Macht, die er über sich selbst auszuüben gelernt hat, setzt er jetzt ein, um auch über andere zu gebieten. Rhetorik,

---

37 WIELAND (Anm. 16), 2. Teil, S. 153.
38 Max HORKHEIMER, Theodor W. ADORNO: Dialektik der Aufklärung. Philosophische Fragmente. Frankfurt 1969 (1. Aufl. New York 1944).

Rationalität und Machtgier aus Eigenliebe gehen eine Verbindung ein, die beunruhigt.

Auch für Agathon scheint die Eigenliebe, trotz aller Reden über Tugend, eine verborgene, aber umso wichtigere Triebfeder vieler seiner Handlungen zu sein. Allerdings fehlt ihm völlig die Rhetorik und die Form von Selbstbemächtigung, die Hippias erreicht hat. Schwärmertum kennzeichnet ihn als den Statthalter eines Idealismus, der der Dialektik anheimfällt. Seine naive Eigenliebe, die mit keinerlei Techniken der Regulation ausgestattet ist, also in keinem Sinne ein »amour propre éclairé« zu sein beanspruchen könnte, hat weder für die Konstitution einer stabilen Identität, noch im Bereich sozialer Beziehungen irgendeine sinnvolle Funktion. Die Auseinandersetzungen zwischen Agathon und Hippias lassen sich lesen wie eine Szene zu Horkheimer/Adornos »Dialektik der Aufklärung«. Weder die Entscheidung für eine der beiden Seiten noch eine Kompromißlösung ist denkbar, und es bleibt zu fragen, ob hier tatsächlich die Aporie der kritischen Theorie, wie sie von den Nachfolgern - insbesondere von J. Habermas und A. Wellmer - kritisiert wurde, bereits literarisch inszeniert ist.

Darum gilt es nun zu prüfen, ob sich im ›Agathon‹-Roman nicht Figuren finden ließen, die mit den angesprochenen Problemen anders - und womöglich besser - umzugehen wissen, die eine aufgeklärte Eigenliebe im Rahmen einer geglückten Subjektkonstitution und eines gelingenden Lebens zu instrumentalisieren gewußt haben, ohne dabei diese Fähigkeiten im sozialen Bereich in negativer Form, als Macht über andere auszunützen; und es wäre dann zu untersuchen, ob diese Figuren zur epikureischen, zur idealistischen oder vielleicht zu keiner der beiden »Fraktionen« gehören.

»Dieser Filosof hatte sich, bey jener großen Auswanderung der schönen Geister Griechenlands nach Syrakus, auch dahin begeben, mehr um einen *beobachtenden Zuschauer* zu spielen, als in der Absicht, durch parasitische Künste die Eitelkeit des Dionysius seinen eigenen Bedürfnissen zinsbar zu machen.«[39] Dieser Philosoph ist der vielfach als Wollüstling verleumdete Aristipp. Aristipp ist ein in jeder Hinsicht angenehmer Mensch, und der Autor verteidigt seine Philosophie und Lebensweise gegenüber ungerechtfertigten Vorwürfen.[40] Dann wird mehrmals betont, daß Aristipp seine Philosophie

---

39 WIELAND (Anm. 16), 3. Teil, S. 4.
40 Vgl. auch Christoph Martin WIELAND: Übersetzung des Horaz. Hg. von Manfred FUHRMANN. Frankfurt 1986, S. 108 ff. Zur spezifischen Antike-Rezeption Wielands, die in Opposition zu den Vorstellungen eines klassischen Griechenlandbildes nach Winckelmann und Lessing eher an vorklassische und römische Vorbilder anknüpft, vgl. Otto BANTEL: Christoph Martin Wieland und die griechische Antike. Diss. Tübingen 1953; Manfred FUHRMANN: Wielands Antikebild. In: WIELAND: Übersetzung

nicht um des finanziellen Profits willen betreibe.[41] Auf diese Weise erhält er sich seine »Freyheit«[42] als »Zuschauer«,[43] die ihn zu einem »scharfen und sichern Beurtheiler aller Gegenstände des menschlichen Lebens«[44] macht. Als »Meister über seine Leidenschaften [...] konnt' er sich in dieser Heiterkeit des Geistes, und in dieser Ruhe des Gemüths erhalten [...]«.[45] Aristipp ist zwar kein Wollüstling, aber doch Anhänger einer Genußphilosophie. Sein Epikureismus erlaubt keine Assoziation mit den »Schweinchen« aus der Herde Epikurs, sondern entspricht dem Stil der gebildeten Weltbürger, dem Ideal eines »honnête homme«. Mit außerordentlichem Geschmack, dank bester Bildung und angenehmen Umgangsformen, richtet er sich sein Leben im Schönen und im Vergnügen ein.[46] Das Gute und das Schöne entsprechen sich in Aristipps ästhetischem Lebensentwurf, aber es handelt sich dabei nicht um die *Idee* einer Kalokagathia, denn: »er mußte das Vergnügen in *seinem Wege* finden.«[47] Die Rückbindung des Schönen und Guten an die subjektive Empfindung des eigenen Vergnügens zeigt den radikalen Individualismus dieser Lebensphilosophie, der nur deshalb nicht unangenehm auffällt, weil Klugheit, Bildung und Menschenkenntnis und seine guten Anlagen ihn so ausnehmend »sozial verträglich« machen. Er ist, wie Hippias es ähnlich formuliert, der Meinung, »*daß es in unserer Gewalt sey, in allen Umständen glücklich zu seyn*«.[48]

Zu Aristipp fühlt sich Agathon trotz ihrer beider Verschiedenheit hingezogen. Es verbindet sie ein Freundschafts-, nicht ein Abhängigkeitsverhältnis, wie es zwischen Hippias und Agathon bestanden hatte. Aber auch Aristipp - wie Hippias - scheint mit Agathon am Hof von Syrakus ein »Experiment« machen zu wollen: Er bringt Agathon mit Dionysius in Kontakt, weil »er begierig war zu sehen, was aus einer solchen Verbindung werden, und wie sich Agathon in einer so schlüpfrigen Stellung verhalten würde«.[49] Allerdings verbindet er damit - ganz anders als Hippias mit seinem Vorhaben, Agathon von

---

des Horaz (s. o.), S. 1073-1082; Friedrich SENGLE: Wieland. Stuttgart 1949, S. 191. Arno Schmidt sagt von Wielands Griechenbild, es sei weder apollinisch noch dionysisch, sondern »aristippisch« (Arno SCHMIDT: Das essayistische Werk zur deutschen Literatur. 4 Bde. Zürich 1988. Bd. 1, S. 121-149, S. 136). Zu Aristipp im literarhistorischen Kontext vgl. Christoph Martin WIELAND: Aristipp und einige seiner Zeitgenossen. Hg. von Klaus MANGER. Frankfurt 1988; Kommentar bes. S. 1050 ff.

41 WIELAND (Anm. 16), 3. Teil, S. 17 und 18.
42 Ebd., S. 4 und S. 17.
43 Ebd., S. 18.
44 Ebd., S. 18.
45 Ebd., S. 18.
46 Ebd., S. 19.
47 Ebd., S. 19.
48 Ebd., S. 19.
49 Ebd., S. 21.

Danae verführen zu lassen - keine persönlichen Interessen.[50] Darum rät er Agathon auch, als die Sache zu eskalieren droht, sich zurückzuziehen.[51] Nicht daß der welterfahrene Aristipp den Ausgang nicht hätte voraussehen können: »Alles dieß hätte ich dir ungefähr vorher sagen können [...] aber es war besser, durch deine eigne Erfahrung davon überzeugt zu werden.«[52] Damit erweist sich Aristipp als ein weitblickender, uneigennütziger Lehrer und Freund in der Tradition sokratischer Maieutik und Pädagogik. Hier scheint sich also - im Vergleich zur alten Beziehung zwischen Agathon und Hippias - eine Alternative des Freundschaftsverhältnisses anzukündigen: nicht zufällig geformt aus den Motiven der epikureischen Tradition.

Echo ouk echomai[53] - *habeo non habeor* -, das ist die Devise des Aristipp: eine Philosophie, wie sie auch in Wielands Horaz-Kommentar und in seinem ›Aristipp‹-Roman ausführlich dargestellt wird. Es ist die Freiheit und Autonomie des Philosophen in allen Bereichen, die am meisten fasziniert. Bedingung für diese Freiheit ist zunächst die materielle Unabhängigkeit: Aristipp ist vermögend, muß deshalb niemandem zu Diensten sein und kann doch - anders als die Kyniker - alles genießen, haben und nicht haben, was *er* will, und muß nicht notgedrungen auf alle Habe verzichten. Die Aristippische Lebensform hat also Voraussetzungen, die nicht verallgemeinerbar sind, und ist darin vergleichbar der des Archytas, dessen Lebensphilosophie zwar nicht auf seinem Vermögen beruht, die aber dafür aufs engste mit seinem Naturell verbunden ist.

Auch die anderen Arten gesellschaftlicher »Entlohnung«, der Ruhm und das Ansehen, interessieren Aristipp nicht. Er benötigt keine Bestätigung seiner Eitelkeit durch öffentliche Anerkennung. Darum wird er auch die Macht, die er über andere ausüben könnte, dank seiner Erfahrung, Menschenkenntnis und seines Urteilsvermögens nicht mißbrauchen. Er verfällt nie den Versuchungen rhetorischer Manipulationskünste. Er ist Meister seiner Leidenschaften und nicht Herrscher über andere;[54] seine Position im gesellschaftlichen Leben ist die eines unbeteiligten Zuschauers, der seine Fähigkeiten nie um der Machtausübung an sich, sondern höchstens zur Erreichung bestimmter Ziele im Rahmen *seiner* Lebensphilosophie einsetzt.[55] Frei ist er auch insofern, als

---

50 Ebd., S. 21.
51 Ebd., S. 114.
52 Ebd., S. 114.
53 WIELAND: Übersetzung des Horaz (Anm. 40), S. 62.
54 Ebd., S. 60.
55 Es ist nicht so, daß Aristipp allem Geschehen gleichgültig gegenüberstünde. So wie er Agathon seinen Rat erteilt, hält er sich auch gegenüber Mächtigeren nicht zurück. »Er besaß das Geheimniß, den

sein Naturrecht der Selbsterhaltung und Selbstentfaltung nicht durch äußere Bedingungen - sei es durch den souveränen Staatslenker wie bei Hobbes, sei es durch die Integrität des anderen wie in Hippias' Philosophie - eingeschränkt wird, sondern er sich die Modellierung seines Lebens nach den Gesetzen der Ästhetik konzipiert, die wiederum eng mit seinen individuellen Empfindungen von Vergnügen und Schönheit verknüpft sind.

Aristipp ist genauso wie Hippias radikaler Antiidealist. Auch er hält offensichtlich wenig sowohl von Platons Philosophie als auch von dessen politischen Ambitionen. Seine Ethik ist hedonistisch und eudaimonistisch. Er handelt nicht im Dienst irgendwelcher Pflichtvorstellungen oder abstrakter ethischer Regeln, sondern nur in dem seiner eigenen Existenzästhetik. Auch er wird dadurch, ähnlich wie Hippias, zum Apologeten des Bestehenden. Es taucht mit ihm ein »heimlicher zweiter Protagonist«[56] im Roman auf, der nicht eine Mittlerposition zwischen Hippias und Agathon einnimmt, sondern vielmehr seinen Antwortcharakter daher bezieht, daß er auf Strategien jenseits dieser Dialektik verweist.[57]

Der ›Agathon‹-Roman bezieht nicht nur seine Ausgangsposition aus dem epikureischen Potential der Hippias-Philosophie; auch auf sein immer deutlicher werdendes Dilemma antworten epikureische Strategien. Zwischen dem Materialismus eines Hippias und der »Lebenskunst« eines Aristipp bewegt sich jedoch nicht allein der Romanheld Agathon, sondern auch Wielands Werk, das die im eigentlichen Sinn epikureischen Reaktionsmöglichkeiten auf die in dem - über dreißig Jahre unabgeschlossenen - Roman dokumentierten Krisen ausmißt. Zu Recht wird ständig darauf hingewiesen, daß sich in Wielands Werken die zentralen Problemstellungen der europäischen Aufklärung im 18. Jahrhundert - durchaus ambivalent und widersprüchlich - versammeln. Nicht minder bedeutsam ist jedoch, daß er auch die gesamte antike Tradition des

---

Großen selbst die unangenehmsten Wahrheiten mit Hülfe eines Einfalls oder einer Wendung erträglich zu machen [...]« (WIELAND [Anm. 16], 3. Teil, S. 18 f.). Aristipp besitzt also die bei den Epikureern gepflegte Fähigkeit der *Parrhesia*, des Foucaultschen »Wahrsprechens«. Von Foucault wird die *Parrhesia* als *die* intellektuelle Tugend und Pflicht am Beispiel Platons entwickelt. Auch und gerade weil dieser sein Leben dafür riskiert, bekommt sie besondere Dignität. Wielands radikaler Antiheroismus zeigt sich auch hier, wo er die strategisch kluge *Parrhesia* einer dramatischen Geste der offenen - und damit im Spiel der Mächte meist nutzlosen - Konfrontation vorzieht. Die Konsequenzen der Foucaultschen Machtanalyse sind in der Aristippischen und Wielandschen Variante der *Parrhesia* womöglich besser umgesetzt als in dem von Foucault gewählten platonischen Modell.

56 HEMMERICH (Anm. 18), S. 80.
57 Aus diesen Gründen ist es problematisch, ihm eine Zwischenposition zwischen Agathon und Hippias zuzuweisen; vgl. Werner FRICK: Providenz und Kontingenz. Untersuchungen zur Schicksalssemantik im deutschen und europäischen Roman des 17. und 18. Jahrhunderts. 2 Bde. Tübingen 1988. Bd. 2, S. 416.

Epikureismus aufbietet, nicht nur um sie in seinem Jahrhundert zur Sprache zu bringen, sondern um ihre gerade im Zeitalter der »Aufklärung« evidenten Funktionen darzustellen und zu propagieren. Die Bedeutung Wielands für das deutsche 18. Jahrhundert besteht nicht zuletzt darin, dieser Tradition literarischen Ausdruck verliehen zu haben - wenn auch ihre Dimension in der bekanntlich negativen Wirkungsgeschichte Wielands verdeckt blieb.

2. »Maîtrise de soi« und Selbstgenuß: Wieland, Epikur und die französischen Materialisten.

»Viele andere große Vortheile«, welche die epikureische Philosophie »über das irdische Leben verbreitet«,[58] waren Wieland schon 1789 in Jacob Heinrich Meisters kleiner Schrift ›De la morale naturelle‹ begegnet. Er hatte die deutsche Übersetzung korrigiert und das Büchlein mit einigen Anmerkungen und einem Vorwort versehen. Für Meister ist »ein sich selbst gleichbleibender Zustand [...] des Glücks«[59] das Ziel einer gelungenen moralischen Lebensführung.[60] Seine Leser will er zu »Meistern in der Kunst zu genießen [...]«[61] machen. Glückseligkeit definiert Meister als Selbstgenuß: »Was wir *Glückseligkeit* nennen, was ist es anders als ein reineres, lebhafteres, und ausgedehnteres Gefühl unsers Daseyns?«[62] In diesem Zustand handelt der Mensch auch moralisch richtig, denn »ein Mensch ist nur so fern gut, als er *Eins* ist, d. i. als er mit sich selbst übereinstimmt«.[63] Die Übereinstimmung und Harmonie ist Vollkommenheit und sowohl in der Natur als auch in der Kunst zu finden.[64] Ästhetik in Kunst- und Selbstgenuß und Ethik als Lehre vom richtigen Handeln im Einklang mit der Natur basieren auf der Wahrheit von Vollkommenheit und Harmonie. Dem Menschen ist sie weder ursprünglich gegeben, noch geht sie ihm notwendigerweise in der Gesellschaft verloren, vielmehr scheint sie eine Art Aufgabe zu sein, die durch lebenslange Übung in Empfindsamkeit und Mut,[65] Geschmack und Einbildungskraft,[66] Gelassenheit,[67] Selbstbemeiste-

---

58   Christoph Martin WIELAND : Peregrinus Proteus. C¹ᐟ, Bd. 27-28, 2. Teil, S. 221.
59   Jacob Heinrich MEISTER: Von der natürlichen Moral. Aus dem Französischen des Herrn M. von Hrn. Sch. übersetzt. Leipzig 1789, S. 14. - Die Übersetzung stammt von Johann Georg Schultheß (vgl. Starnes II, S. 149, 151, 156-158, 161).
60   Ebd., S. 15.
61   Ebd., S. 18.
62   Ebd., S. 31.
63   Ebd., S. 51.
64   Ebd., S. 50 f.
65   Ebd., S. 59.
66   Ebd., S. 58.

rung[68] und Mäßigung zu erfüllen ist: »Sich enthalten um desto reiner zu genießen [...] ist *der Epikuräismus der Vernunft*; es ist das Geheimniß einer Tugend, welche wohl gar die erste aller Tugenden seyn dürfte: oder ist es nicht die *Mäßigkeit*, die uns jene Herrschaft über uns selbst giebt, ohne welche wir aller uneigennützigsten, edeln, und mit Aufopferung verbundener Tugenden nie fähig werden?«[69] Dem ästhetischen Selbstgenuß des Individuums wird das vernünftige Kalkül, die Ökonomie des Genusses an die Seite gestellt, die auch den sozialen Aspekt notwendiger Einschränkung plausibel machen soll. Uneigennützigkeit soll dem vernünftig gemäßigten Epikureer einen um so reineren Selbstgenuß bereiten.[70]

Während Meister auf dem gemeinsamen Prinzip der Vollkommenheit von Natur, Kunst und Moral insistiert und damit einen Antagonismus von Natur und Zivilisation nur als - behebbaren - Irrtum qualifizieren kann, betont Wieland in seinem Vorwort gerade die grundsätzliche gegenseitige Bedingtheit von gesellschaftlich-historischen Umständen und dem notwendigen Korrektiv durch eine »natürliche Moral«: »Die Moral der Natur, oder die Theorie der Kunst uns selbst so glücklich zu machen, als der Mensch unter gegebenen Umständen durch sich selbst werden kann, ist, eben so wie die Diätetik und Heilkunst, eine Tochter der Nothwendigkeit, der unter den Folgen der Polizierung und Unterdrükung, der Cultur und übermäßigen Verfeinerung leidenden Humanität zu Hülfe zu kommen.«[71] Die »morale naturelle« ist für Wieland gerade *nicht* natürlich, der »rohe Sohn der Natur«[72] weiß von ihr nichts, sondern erst derjenige braucht eine natürliche Moral, der »auch die unzähligen Übel aus Erfahrung kennen lernt [...], welche gröstentheils unvermeidliche Folgen eben dieser Ausbildung und Verfeinerung sind, die so viel Schönes und Angenehmes, Gutes und Großes in das menschliche Leben brachte«.[73] Der Mensch, der sein Leben *bewußt* nach den Regeln der Natur gestaltet - aus »Nothwendigkeit« - bemächtigt sich seiner selbst, um sich vor

---

67 Ebd., S. 212.
68 Ebd., S. 75; vgl. zu einer Aktualisierung der »maîtrise de soi« Michel FOUCAULT: L'herméneutique de soi. Résumé des cours et travaux. In: Annuaire du Collège de France 1981-1982. Paris 1982, S. 395-406.
69 Ebd., S. 17f.
70 Eine ähnliche Verbindung von moralischem und ästhetischem Vollkommenheitsparadigma läßt sich in der deutschen Popularphilosophie - mit der gleichen Intention auf praktische Lebensgestaltung - finden; vgl. Doris BACHMANN-MEDICK: Die ästhetische Ordnung des Handelns. Moralphilosophie und Ästhetik in der Popularphilosophie des 18. Jahrhunderts. Stuttgart 1989, und auch Roman GLEISSNER: Die Entstehung der ästhetischen Humanitätsidee in Deutschland. Stuttgart 1988, bes. S. 26 ff.
71 Christoph Martin WIELAND: Vorwort. In: Jacob Heinrich MEISTER (Anm. 59), S. X f.
72 Ebd., S. X.
73 Ebd., S. X.

den Folgen einer extrem verfeinerten Kultur zu schützen bzw. diese für sich selbst so angemessen wie möglich zu nützen: »Dieses Buch ist das Gesezbuch des rechtschafenen Mannes mitten unter dem Luxus und den Künsten, des Mannes der von allem Gebrauch zu machen weiß, ohne die Quellen von Glückseligkeit zu trüben.«[74] Hier findet sich wieder das aristippische *echo ouk echomai*. Weder in der kynischen Verweigerung aller Annehmlichkeiten noch in ungehemmtem Kulturkonsum, sondern im bewußten Umgang mit dem Vorfindlichen konstituiert sich die Freiheit dieses Philosophen.

Die kritische Stimme der späten Aufklärung setzt die Selbstbemächtigung und das Festhalten am individuellen Glücksanspruch - wenn auch skeptisch relativiert[75] - einer »Dialektik der Aufklärung« entgegen, die weder durch einen naiven Rückgang zur Natur geleugnet noch durch ungebrochenen Fortschrittsglauben aufgehoben werden kann. Wieland vertritt ebenso wie Meister und wie auch die deutschen Popularphilosophen eine »ästhetische Ordnung des Handelns«,[76] allerdings mit dem Unterschied, daß es das Vollkommenheitsideal als eine statische Größe, als *telos* und allgemeingültiges Prinzip bei Wieland nicht (mehr) zu geben scheint. Vervollkommnung und Harmonisierung heißt für Wieland zugleich auch immer Gefahr der Entfremdung. Darum braucht man die Theorien der distanzierenden Selbstbesinnung und die »Selbsttechniken« wie Diätetik, Heilkunst und die »Theorie der Kunst uns selbst so glüklich zu machen«,[77] um dem Elend der totalen Vervollkommnung zu entgehen.[78] In der Heilkunst, der Diätetik und der Kunst glücklich zu leben wird der Mensch gerade nicht »eins« mit sich, wie es der »rohe Sohn der Natur« gewesen war; »dem verdorbenen, aber für das Schöne empfindlichen«[79] Menschen ist ein naives Wiederfinden der Natur in der Kunst nicht möglich, ästhetische Erfahrung bietet höchstens eine andauernde, sich selbst bewußte und sich selbst distanzierende Konstruktion des eigenen Ich.

Aus moderner Sicht sind die Vorstellungen von Vollkommenheit und Harmonie sowohl im Kontext der Ethik als auch der Ästhetik in vielem unangemessen. Wieland scheint dies bereits gesehen zu haben, wenn er ironisch-skeptisch, spielerisch »Vollendung« so oft verweigert, nicht statthaben läßt. Die grundsätzliche Unmöglichkeit gelingender Identität - als Einheit - angesichts einer Vollendungsbewegung, die selbst das Elend provoziert und produ-

---

74 Ebd., S. XIV f.
75 Ebd., S. VIII.
76 Vgl. BACHMANN-MEDICK (Anm. 70).
77 WIELAND (Anm. 71), S. X.
78 Ebd., S. XI.
79 Ebd., S. XII.

ziert, scheint erkannt. Diätetik und Heilkunst und die »Kunst uns selbst so glücklich zu machen, als der Mensch unter gegebenen Umständen durch sich selbst glücklich werden kann« sind Angebote, ein selbstreflexives Verhältnis nicht in die Einheit aufzulösen, sondern in der Spannung der Entzweiung aufrecht zu erhalten.

Wielands Vorwort zu der Übersetzung der kleinen Schrift Meisters ist interessant und erwähnenswert, und das nicht nur bezüglich der Frage der Epikur-Rezeption Wielands. Freilich erschöpft sich darin nicht Wielands Kontakt zur französischen Literatur und Philosophie, vielmehr ist es gar nicht möglich und sinnvoll, von Wielands Epikureismus zu sprechen, ohne dabei den französischen Materialismus zu erwähnen. Auf die Bedeutung, die Diderot, La Mettrie, d'Holbach und Helvétius für sein Denken hatten, hat Wieland selbst immer wieder hingewiesen.[80] Im einzelnen soll nun hier auf diese bereits gut dokumentierte und untersuchte Verbindung nicht eingegangen werden.[81] In diesem speziellen Zusammenhang ist es jedoch wichtig, auf die Epikur-Rezeption durch die Franzosen hinzuweisen und damit den Einfluß und die Bedeutung epikureischer Philosopheme im 18. Jahrhundert noch einmal zu verdeutlichen. Diderot zeigt in seinen Encyclopédie-Artikeln »Epicure« und »jouissance«[82] Sympathie für den antiken Hedonisten. La Mettrie widmet der »volupté« ein ganzes Werk[83] und setzt sich ausführlich mit dem »système d'Epicure«[84] auseinander. Helvétius hat eine ähnliche Konzeption von innerweltlichem Glück wie La Mettrie, tritt auch als Apologet von Gefühlen und Leidenschaften auf und propagiert eine hedonistische Ethik. Für beide gilt, daß das Prinzip dieser Ethik in einer »explication physiologique de la psychologie«[85] zu suchen sei. Die radikalen Konsequenzen eines philosophischen Nihilismus, die La Mettrie aus diesen Vorstellungen zieht,

---

80 Vgl. z. B. WBr 3, S. 457.
81 Vgl. FUCHS (Anm. 15); Erich GROSS: Christoph Martin Wieland ›Geschichte des Agathon‹. Entstehungsgeschichte. Berlin 1930, S. 76 ff.; THOMÉ (Anm. 17), S. 127 ff.; besonders der Einfluß auf die Philosophie des Hippias im ›Agathon‹-Roman wird immer wieder betont. Wielands jahrelange Beschäftigung mit Helvétius, dem Theoretiker des *amour-propre*, betraf besonders auch den moralistischen Aspekt von dessen Werk (vgl. ERHART [Anm. 16], S. 140 ff.).
82 Denis DIDEROT: Artikel »Epicure«. In: Ders.: Œuvres complètes. 25 vols. Édition critique et annotée. Presentée par A. W. WILSON u. a. Bd. VII, S. 267-287, und Artikel »jouissance«, ebd., Bd. VII, S. 575-577.
83 Julien OFFRAY DE LA METTRIE: La Volupté. In: Ders.: Œuvres philosophiques I/II. Hildesheim 1970 (Nachdruck der Ausgabe 1774). Vol. II, S. 199-267.
84 Ders.: Système d'Epicure. In: Ebd., Vol. I, S. 227-268.
85 S. GOYARD-FABRE: La philosophie des Lumières. Paris 1972, S. 222.

finden sich allerdings bei Helvétius nicht.[86] Er glaubt an die »Allmacht der Erziehung«[87] und knüpft mit seinen Ausführungen zum *amour-propre* mehr an die Moralistik des 17. als das Freidenkertum des 18. Jahrhunderts an. Der *amour-propre* ist das grundlegende und bestimmende Prinzip menschlichen Denkens und Handeln. Diese »cause« einmal gefunden, läßt sich auch über Moral methodisch korrekt verhandeln: »J'ai cru qu'on devoit traiter la Morale comme toutes les autres Sciences et faire une Morale comme une physique expérimentale.«[88]

Ein »moralisches Experiment« mit Agathon hatte auch Hippias und Aristipp vorgeschwebt, und im Grunde sind alle Wielandschen Romane diskursive »Versuchsanordnungen«, wo mit der Frage nach dem richtigen und guten Leben dialogisch experimentiert wird. Immer wird dabei die Frage verhandelt, welche Philosophie bzw. welche Lebenshaltung einem Stil der lustvollen Lebenskunst und asketischen Eigenliebe am nächsten kommt. Hippias weiß den *amour-propre* der anderen zwar zu erkennen und auszunützen, unterliegt aber einem Irrtum, wenn er dies zur Erweiterung persönlicher Macht einsetzt. Eine ausführliche Charakterisierung des hedonistischen Machtmenschen, wie ihn Hippias verkörpert, findet sich wiederum interessanterweise bei Helvétius:[89] Es gebe den Machtgierigen, der, ausschließlich um andere zu demütigen, Macht erwerbe und dabei Genuß empfinde; zahlreicher als dieser seltene Typ seien allerdings diejenigen, die nach Macht strebten, um deren Vorteile zu genießen.[90] Dabei verselbständigt sich aber zwangsläufig der Machttrieb, und man ist nie mehr in der Lage, das nicht sofort genossene Glück nachzuholen.[91] Der Machtgierige hat eine Seele, die von Befürchtungen und Hoffnungen umgetrieben ist und nie das ersehnte epikureische »vie tranquille« erreicht.[92] Machtstreben entsteht ursprünglich aus hedonistischem Lustkalkül, verfehlt aber das Ziel, da es die Tendenz zur Verselbständigung hat. Hippias ist ein solcher »ambitieux«, der durchaus etwas vom »plaisir«

---

86 La Mettrie behauptet in seinem ›Discours sur le bonheur‹, daß das Glück des Menschen keineswegs mit Moral verbunden sein müsse. Man könne sehr wohl als Verbrecher auch glücklich sein. Damit widersprach er der aufklärerischen Idee eines notwendigen Zusammenhangs von individuellem Glücksstreben und Moral (vgl. Panajotis KONDYLIS: Die Aufklärung im Zeitalter des Rationalismus. München 1985, S. 503 ff.).

87 KONDYLIS (Anm. 86), S. 519.

88 Claude-Adrien HELVÉTIUS: De l'Esprit. Paris 1988, S. 9. Vgl. allg. Günther MENSCHING: Totalität und Autonomie. Untersuchungen zur politischen Gesellschaftstheorie des französischen Materialismus. Frankfurt 1971, bes. S. 203 ff.

89 HELVÉTIUS (Anm. 88), S. 303 ff.

90 Ebd., S. 304 ff.

91 Ebd., S. 307.

92 Ebd., S. 307 f.

versteht, aber sein Bedürfnis, Macht über Menschen auszuüben, hat sich von dem Ziel der Befriedigung, d. h. im Grunde von ihm selbst gelöst.

Aristipp dagegen verliert das »plaisir« nicht aus den Augen, er hat seinen *amour-propre* radikal und ausschließlich auf die eigene Lust konzentriert im Prinzip seines ästhetischen Lebensentwurfs. Weder vom Geld noch von der Ehre verführt, weiß er um seine individuellen Bedürfnisse. Sein Genuß ist nie fremdbestimmt. Durch radikale Selbstkenntnis hat er sich vom Blick der anderen befreit. Diese Freiheit ermöglicht es ihm, sowohl politisch erfolgreich zu intervenieren - wenn es um *seine* Interessen geht, nicht in weltverbessernder Absicht - als auch pädagogisch-maieutisch mit Agathon umzugehen.[93] Nicht umsonst aber ist Aristipp kein spekulierender Philosoph, sondern ein Liebhaber der Kunst und Lebenskünstler. Er ist nicht der »porte-parole« einer systematischen Ethik, sondern ein »exemplum«, von dem nicht abstrahiert werden kann. Es gibt keinen theoretisch hochprozentigen Extrakt epikureischer Philosophie aus den Romanen Wielands zu destillieren, vielmehr gilt es, an den »exempla«, den Romanfiguren, die *ästhetische* Erfahrung zu machen, wie autonome Moral als Stilisierung des Lebens den unabschließbaren Prozeß eines Dialogs zwischen radikal-individualistischer Selbststilisierung und sinnlich erfahrener Lebenswirklichkeit ausmißt.

3. *Habeo non habeor*: Todesphilosophie und Lebenskunst. Epikureische Selbststilisierung im ›Aristipp‹, den Horaz-Kommentaren und ›Peregrinus Proteus‹.

»Daß durch einen weisen Genuß alle unsrer Natur gemässe Vergnügungen, sinnliche und geistige, sich nicht nur im *Begriff* sondern im *Leben* selbst sehr schön und harmonisch vereinigen lassen, hat Aristipp noch mehr an seinem Beyspiel als durch seine Lehre dargethan«,[94] so schreibt Antipater im ›Aristipp‹-Roman an Diogenes. In Wielands letztem großen Philosophenroman ›Aristipp und einige seiner Zeitgenossen‹ wird das gesamte Panorama, »das unnachahmliche Großmosaik«[95] der spätgriechischen Welt entfaltet. Der Gang seiner Handlung läßt sich ebensowenig eindeutig ausmachen, wie sich ein räumliches Zentrum finden läßt. Weniger Mittelpunkt als Vermittlungsraum

---

93   Hier allerdings geht es einmal nicht nur um *sein* »plaisir«, um *seine* Interessen: Freundschaft ist zwar nicht *nutzlos,* aber sie ist eben auch nicht *interessiert.* Freundschaft ist machtlos, und ein epikureischer Weiser würde für den Freund sein Leben lassen.

94   Christoph Martin WIELAND: Aristipp und einige seiner Zeitgenossen. C^{1,}, Bd. 33-36, 4. Buch, S. 355.

95   Arno SCHMIDT (Anm. 40), S. 148.

ist das Mittelmeer, um das sich die verschiedenen Orte der Handlung gruppieren: Athen und Kyrene, Ägina und Thessalien, Syrakus und Milet, die Personen reisen von Ort zu Ort, begegnen sich, kreuzen sich und verlassen sich wieder. Der Leser erfährt all dies durch ihre Briefe, die auch, gleichsam ein zweites Netzwerk von Reiserouten bildend, über das Meer hinweg ausgetauscht werden. Die Briefe stehen immer in zeitlicher Verschiebung zu den Ereignissen: nicht ein direkter Austausch von Meinungen wie im Gespräch, sondern eine über lange Zeiträume sich erstreckende Nachträglichkeit zeichnet diese Kommunikationsform aus.[96] Die »Polyphonie« der früheren Werke Wielands ist im Aristipp in einem Maße gesteigert, daß Form und Struktur des Romans außerordentlich schwer zugänglich sind, gleichzeitig aber auch dadurch der Reiz einer vielfältigen, vieldimensionalen und verkreuzten Romanwelt entsteht.[97] Die Form des Briefromans dient hier nicht dazu, wie etwa in Goethes ›Werther‹, Ereignisse und Gefühle mit einer gesteigerten Präsenz, einer intensiveren Authentizität auszustatten, sondern im Gegenteil werden die Welt und die beschriebenen Ereignisse durch die Polyperspektivität in eine fast nicht mehr einholbare Ferne gerückt.

Epikureisches wird in diesem Roman verhandelt im Zusammenhang mit den Fragen eines angemessenen Umgangs mit dem Tod, sowohl im Bereich der Philosophie als auch in dem des Ästhetischen. Die epikureische Selbststilisierung und Lebenskunst des Aristipp kann als vorbildlich gelten, wird aber skeptisch relativiert, und letztlich ist es gerade die Idee einer notwendigen »Lösung« des Problems, die in Frage gestellt wird.

Verurteilung und Tod des Sokrates haben im Roman eine wichtige Funktion. Hieran knüpfen sich Diskussionen über Gerechtigkeit und Bürgerpflicht, Schülertreue und Toleranz, über die Beschaffenheit der Seele und das Leben nach dem Tod. Je nach Adressaten des Briefes entwirft Aristipp ein anderes Bild vom Tod seines Lehrers. Immer ist es ein Teil seiner eigenen Philosophie, die ganz darauf gerichtet ist, dem Tod seine Bedrohung zu nehmen, dabei aber nicht in Selbstüberschätzung die *conditio humana* aus dem Auge zu verlieren. Er schließt sich nicht den radikalen Theorien des Hippias an, der auch hier - wenn auch im Ton moderater als im ›Agathon‹-Roman - die Vorstellung einer sterblichen materiellen Seele vertritt, sondern hält es für

---

96 Vgl. zum Unterschied von Brief und Gespräch im Roman ebd., S. 148. Goethes ›Werther‹ sei ein Tagebuch und kein Briefroman: »Der Aristipp ist, wie der einzige einfache ›historische‹, so auch der einzige ›Briefroman‹, den wir Deutschen besitzen, und mit Ehren vorzeigen können.« Im Gegensatz zu den Briefen Werthers, die ohne Antwort bleiben, handelt es sich im ›Aristipp‹ um einen Brief*wechsel*.
97 Hildegard EMMEL: Zur Gestalt von Wielands spätem Roman ›Aristipp‹. In: SCHELLE (Anm. 14), S. 109-116.

richtiger und sinnvoller, »den Tod, den der Pöbel sich als das schrecklichste aller schrecklichen Dinge vorstellt, für den Übergang zu einer höhern Art von Daseyn zu halten, und, ohne ihn zu wünschen oder zu beschleunigen, ihm, wenn er von selbst kommt, eben so ruhig ins Gesicht zu sehen, als Sokrates [...]«.[98]

Damit hat Aristipp einen der entscheidenden Gedanken epikureisch-materialistischer Philosophie verabschiedet. Es deutet manches darauf hin, daß Wieland damit einen Punkt »korrigierte«, der ihm in der eudaimonistischen Ethik epikureischer Prägung mißfiel. Der eher negative und radikale Repräsentant des Epikureismus, Hippias, behauptet ein vollständiges Ende aller Existenz nach dem Tode. Die positive Figur, Aristipp, äußert sich immer vorsichtig, aber nie radikal materialistisch zu diesem Problem. Trotz aller immer wieder deutlich werdenden Sympathie des Autors für die pragmatischen, skeptischen und epikureischen Thesen und trotz der Ablehnung von Wunderglauben und den Spekulationen über das Leben nach dem Tod findet sich in keinem Werk Wielands eine ernstzunehmende Apologie für die Theorie einer materiellen und somit sterblichen Seele.[99]

Neben den philosophisch-theoretischen Erörterungen der Todesproblematik wird die Funktion der *Kunst* im ›Aristipp‹ im Umgang mit Religion, Sterben und Tod diskutiert. Dem Maler und Freund Aristipps, Kleonidas, gelingt es, den Freitod eines verzweifelten Jüngers des Sokrates als glückliche Wiederbegegnung der beiden im Jenseits darzustellen.[100] Was hier gezeigt wird, ist eine Versöhnung der Wirklichkeit in der Kunst. Nicht umsonst erinnern auch die Begleiter des Sokrates an die alte Zeit Griechenlands, an »heile« Welten. Weder Hades noch Auflösung ins Nichts, sondern das arkadische Paradies des wiedergewonnenen goldenen Zeitalters: und damit tröstet die Kunst des Kleonidas die an der dissonanten Wirklichkeit verzweifelnden Menschen.

Kunst ist aber nicht nur Versöhnung, sondern auch Satire; es gibt nicht nur geflügelte Genien, sondern auch groteske Karikaturen der Götterwelt: Diese besichtigt Aristipp beim atheistischen Einsiedler Diagoras im Tempetal.[101] Diagoras sieht die Aufgabe *seiner* Kunst im Kampf gegen Aberglauben, Götterfurcht und Priesterbetrug.[102] Ohne der Religion einen gewissen historischen Stellenwert streitig machen zu wollen, sprachen auch Epikur und sein

---

98 WIELAND (Anm. 94), 2. Buch, S. 116.
99 Vgl. auch Christoph Martin WIELAND: Euthanasia. C¹¹, Bd. 37.
100 WIELAND: Aristipp (Anm. 94), 2. Buch, S. 70 f.
101 Ebd., S. 319 ff.
102 Ebd., S. 327 und S. 340.

Vorbild Demokrit, den Diagoras als seinen Gewährsmann ausführlich zitiert, ihr jegliche moralische und gesellschaftlich regulative Relevanz ab.[103] Die Thesen, die Diagoras in Sachen einer autonomen Moral vertritt, scheint Aristipp noch akzeptieren zu können, was ihm aber, als Schüler des Sokrates, nicht genügt, ist die erkenntnistheoretische Absicherung dieser Philosophie. Die sinnliche Gewißheit des Selbst[104] und die strikt sensualistische Wahrnehmungstheorie nach epikureischem Muster befriedigen ihn ebensowenig wie Diagoras' begrifflich unklarer Rekurs auf »Natur«.[105] Auch der etwas eifernde und messianische Ton, in den Diagoras manchmal verfällt, entspricht nicht der aristippischen Lebensauffassung. Seine radikale Haltung hatte Diagoras zur Flucht ins Exil gezwungen. Der Volksaufklärer wird zum Einsiedler. Auch er hat - genau wie Agathon und Peregrinus - mangels politischer Klugheit sein Ziel nicht erreicht. Nicht nur Schwärmer also versagen angesichts der sozialen Wirklichkeit, sondern auch Materialisten und Atheisten. Diagoras ist ein integrer Mensch, aber es fehlen ihm Urbanität, Geschmack und Klugheit. Diagoras' ganzes Denken ist kritisch, seine Kunst nur entlarvend und negativ.

Weder die Auflehnung gegen die Götter und die Ablehnung aller Religiosität noch die Erhebung des Menschen zu den Göttern und der Verweis auf jenseitige Harmonie scheinen in ihrer künstlerischen Umsetzung eine ästhetische Erfahrung bieten zu können, die es ermöglichen würde, mit dem Leben und mit dem Tod im Leben besser umgehen zu können. Diagoras' destruktive, unernste und auch philosophisch ungenügende Ästhetik bietet keinen Trost, und Kleonidas' schwärmerische Überhöhung der Wirklichkeit in ein künstlerisches Ideal läuft Gefahr, sich von der Realität so weit zu entfernen, daß ein Bezug zum Leben kaum mehr erkennbar ist. Die für ein gelingendes Leben entscheidende Frage nach dem Umgang mit dem Tod können die beiden bildenden Künstler nicht beantworten.

Die epikureisch-materialistische Philosophie wird im ›Aristipp‹ also nicht nur am Beispiel der theoretischen Äußerungen des Hippias geprüft und mit platonisch-idealistischen Positionen kontrastiert, sondern auch als Vertreterin der »nicht mehr schönen Künste« auf ihre kritischen Funktionen im Bereich der Ästhetik hin befragt und mit den Vertretern der Versöhnungskunst konfrontiert. Für einen Wielandschen Roman versteht es sich von selbst, daß hier keine klaren Mehrheiten zu erwarten sind: Aristipp ist keine Person, die dogmatische Lösungen zu bieten hat.

---

103 Ebd., S. 353.
104 Ebd., S. 360 f.
105 Ebd., S. 367.

Antipater charakterisiert den Unterschied zwischen platonischem Idealismus und aristippischer Philosophie folgendermaßen: »Die *seinige* [Aristipps, D. K.] begnügt sich *menschliche Thiere* zu *Menschen* zu bilden - was Jenen *zu wenig* ist; die *ihrige* [Platoniker, D. K.] vermißt sich *Menschen* zu *Göttern* umzuschaffen, was Ihm *zu viel* scheint.«[106] Die Philosophie des Hedonikers ist die eigentlich bescheidene; und wenn Aristipp sich zum Ziel setzt, in jedem Moment glücklich zu sein, so hat er dieses Lebensziel beispielhaft erreicht; es scheitert letztendlich nur an einem einzigen Moment: nur am Tod. Die Kontingenz holt auch einen Aristipp ein - durch den nahenden Tod seiner Frau -, und seine Philosophie, die eine größtmögliche Versicherung gegen den Zufall darstellt, ist dagegen ebenso machtlos wie alles andere Menschenwerk auch. Diogenes hatte richtig bemerkt, daß die Philosophie des Aristipp nicht nur auf Glück zielt, sondern auch Glück braucht: »[...] nur ein besonders begünstigter Liebling der Natur, der Musen und des Glücks [...] [kann] es darin zu einiger Vollkommenheit«[107] bringen. Die Phantastereien der idealistischen Volksaufklärer und schwärmenden Weltverbesserer gleich welcher philosophischer Couleur sind längst verabschiedet. Aber auch der Selbstbemeisterung und Selbstaufklärung nach dem Vorbild des Aristipp sind Grenzen gesetzt.

Bemerkenswert ist, daß diese bescheidene Haltung und die Skepsis gegenüber den Möglichkeiten der Selbstaufklärung, wie sie im vierten Buch des ›Aristipp‹ anklingen, in den Horazkommentaren so noch nicht zu spüren sind. Dort ist besonders Wielands Faszination von der Freiheit und Unabhängigkeit des Aristipp zu erkennen. Die aus Horazens Episteln (I, 1, 19) stammende Zeile »Et mihi res, non me rebus submittere conor« bezieht Wieland in seinem Kommentar auf Aristipp.[108] Mit dem »me rebus submittere« sei die stoische Weltsicht gemeint, die verlange, daß der einzelne sich den ewigen und notwendigen Gesetzen der Natur unterwerfe. Das »mihi res submittere« dagegen zeigt, daß die freiheitlich selbstbestimmte Haltung der Moralproblematik für Wieland mit erkenntnistheoretischen Fragen verbunden ist.[109]

---

106 Ebd., 4. Buch, S. 350.
107 Ebd., S. 371.
108 WIELAND: Übersetzung des Horaz (Anm. 40), S. 58 ff.
109 Ebd. Wenn in der Forschungsliteratur behauptet wird, beim späten Wieland sei eine Wendung zum Irrationalismus zu konstatieren (vgl. z. B. John MCCARTHY: Fantasy and Reality. An Epistemological Approach to Wieland. Bern/Frankfurt 1974; und Hermann MÜLLER-SOLGER: Der Dichtertraum. Studien zur Entdeckung der dichterischen Phantasie im Werk Christoph Martin Wielands. Göppingen 1977), so scheint dies auf einem Mißverständnis zu beruhen. Die zu kurz greifende Gegenüberstellung von Rationalität und Emotionalität muß notwendigerweise eine solche Rede vom »Gefühl«, von »Lust« und »Unlust« irrationalistischen, womöglich romantisch-idealistischen Positionen zurechnen,

Direkt aus dem Sensualismus und seinem fundamentalen Subjektivismus nämlich leitet Wieland in dem Horazkommentar dann die Konsequenzen für menschliches Handeln ab: »[...] seine *Einbildungen* und *Leidenschaften* sind *in ihm selbst*, und er kann also, wenn er will und es recht angreift, sehr wohl Meister über sie werden.«[110] Die »maîtrise de soi« hängt also unmittelbar mit der Einsicht zusammen, wie sich menschliche Erkenntnis zu den Dingen außerhalb und den Reaktionen innerhalb seiner Person verhält. Der Zusammenhang von Erkenntnistheorie, Psychologie und Moral ist hergestellt. »Und da die meisten Dinge uns nicht durch das, was sie *sind*, sondern durch das, *was wir ihnen geben*, d. i. durch unsre *Vorstellungsart*, glücklich oder unglücklich machen: so gewöhnt sich ein weiser Mann, die Dinge außer ihm von der angenehmsten oder doch leidlichsten Seite anzusehen. Durch diese Art zu denken erhält er sich *frei* und *unabhängig*, während die ganze Welt *sein* ist.«[111] Dies gilt nicht nur für das öffentliche Leben, für Politik und Wirtschaft, sondern auch im Privaten. Aristipps Worte *echo ouk echomai*[112] beziehen sich auf seine Freundin Lais, der er als einziger nicht mit Haut und Haaren verfallen ist. »Kurz, er kann alles genießen, alles entbehren, sich in alles schicken; und die Dinge außer ihm werden nie Herr über ihn, sondern er ist und bleibt Herr über sie. - - Das ist's, denke ich, worin Horaz dem Aristipp ähnlich zu werden suchte, worin er ihm wirklich sehr ähnlich war, und was er durch sein *mihi res, non me rebus*, sagen wollte.«[113]

In der Einleitung zur Übersetzung der Satiren betont Wieland, daß auch der Kernsatz der Philosophie des Kyrenaikers mit dem Grundsatz horazischer Philosophie übereinstimme: »Kurz, es ist der große Grundsatz der Philosophie des Sokratischen *Aristipps: das was wir suchen ist immer in unsrer Gewalt, es ist hier oder nirgends*. Horaz war so überzeugt von dieser Wahrheit, und von der ganzen praktischen Lebenstheorie, wovon sie das Prinzipium ist, daß er weder philosophieren noch satirisieren konnte, ohne davon auszugehen, oder dahin zurückzukommen.«[114] Wieland zieht es hier vor, auf Aristipp zu rekurrieren und nicht auf Epikur, für dessen Philosophie ja der gleiche Grundsatz gilt. Von der epikureischen Philosophie meinte Wieland, sie würde sich empfehlen »durch die größte Freiheit im Denken, durch den offnen Krieg, den sie dem

---

während es sich dabei doch im Gegenteil um die sensualistisch-materialistischen Termini des stark naturwissenschaftlich geprägten Empirismus des 18. Jahrhunderts handelt.
110 Ebd.
111 Ebd., S. 60 f.
112 Ebd., S. 62.
113 Ebd., S. 61.
114 Ebd., S. 587 f.

Aberglauben, dem Fanatismus und allen Vorurteilen ankündigte, und durch eine Sittenlehre, die den meisten einleuchten mußte, weil sie, mit dem wenigsten Aufwand von Anstrengung ein heitres und schmerzenfreies Leben versprach«.[115] Epikurs Philosophie ist also polemischer und weniger subjektivistisch als die des Aristipp, sie habe »den Egoismus des Aristipp zu läutern« versucht: Hierher gehört das Argument des Epikureers Hippias, der betont, daß das Naturrecht der Selbsterhaltung und -entfaltung seine Grenze an der Freiheit des anderen finde. Bei Aristipp dagegen wird der radikale ethische Individualismus nicht *systematisch* eingegrenzt, sondern durch dessen singuläre Begabung für maßvolles, schickliches und wohlanständiges Handeln. Diese Ästhetik des Lebens allerdings ist eben nicht lehrbar, sondern allenfalls durch ständiges Einüben annähernd einzuholen.[116] Trotz dieses Mangels an Verallgemeinerungsfähigkeit scheint die Sympathie des Künstlers Wieland dem (Lebens-)Künstler Aristipp und nicht dem systematisch besser abgesicherten Epikureer zu gehören.

Die Vertreter der epikureisch-aristippischen Schule wie Hippias und Aristipp sind bei Wieland immer Lebenskünstler und Kunst*liebhaber* mit einem feinen Geschmack - Aristipp ist sogar der Ästhet *par excellence*. Das einzige Kunstwerk allerdings, das er jemals selbst hervorbringen wird, ist seine eigene Existenz: Er führt zum Schluß ein behagliches Leben im Idyll bürgerlicher Zurückgezogenheit und familiären Glücks. Die Geschäfte der Stadt Kyrene überläßt er bis auf einige kulturelle Aktivitäten seinem Bruder. Und doch ist, was für einen Entwicklungsroman ein angemessenes und befriedigendes Ende wäre, hier nicht recht plausibel. Es ist genau diese Vollkommenheit und idealische Abrundung, dieser klassische Abschluß eines gelungenen Lebens, mit allen inneren und äußeren Zerrissenheiten versöhnt, den ein Wielandscher Roman nicht aushalten zu können scheint.[117] Hinter den Kulissen des kyrenaischen Idylls wartet der Tod. Und allein für den Tod gilt das horazische Motto »Sibi res non se rebus submittere« nicht. »Der Roman ist, so wenig es dem ermüdeten Leser auffallen mag, unvollendet«,[118] bemerkt F. Sengle abschätzig. Tatsächlich war ein fünfter Teil geplant, und tatsächlich fällt es dem Leser - wenn auch nicht aus Ermüdung - kaum auf. Mit den letzten Briefen ist der Leser darauf vorbereitet, daß es einen Abschluß - wie bereits das ganze

---

115 Ebd., S. 53.
116 Vgl. ebd., S. 588, wo die Kunst philosophischen Dichtens definiert wird als die immer wieder neue künstlerische Aufbereitung von Weisheiten, die als Seelenarznei dienen können.
117 Vgl. zum antiklassischen Kunstbegriff Wielands Wolfram MAUSER: Wielands ›Geschichte der Abderiten‹. In: Germanistische Studien 16 (1969), S. 164-177, bes. S. 175 f.
118 SENGLE (Anm. 40), S. 508.

Werk es vermuten ließ - für diesen Roman nicht geben wird, weil der Tod mit aller Weltweisheit nicht einzuholen ist.

Um Tod und Nachleben geht es auch in Wielands ›Peregrinus Proteus‹, allerdings viel witziger und ironischer: Auf die Frage, ob er sich über seine Existenz nach dem Tode gewundert habe, antwortet Peregrinus der Schwärmer: »O gewiß! und doch für mich, der sich dessen versah, nicht so überraschend als für dich, den der kaltblütige *Epikur* überzeugt hatte, daß mit dem letzten Athem alles aufhöre.«[119] Obwohl sich Peregrinus Proteus und Lucian nach ihrem langen Gespräch durchaus nicht einig sind, herrscht doch ein Ton gegenseitiger Toleranz. Immerhin hören sich die beiden ehemaligen Antagonisten zu! »Wir waren beide *zu ganz* das was wir waren, *ich* zu kalt, *du* zu warm, *du* zu sehr *Enthusiast, ich* ein zu überzeugter *Anhänger Epikurs,* um einander in dem vortheilhaftesten Lichte zu sehen«,[120] meint der früher so scharfzüngig-kompromißlose Lucian.

Voraussetzung für eine Verständigung dieser beiden Gegenspieler ist das Paradies, in dem jeder etwas weniger von dem ist, was er war, jeder an Radikalität seiner Überzeugungen und an Selbstliebe eingebüßt hat.[121] Schließlich ist ja durch die reine Tatsache des *nach* dem Tode stattfindenden Gesprächs dem Epikureer sein bestes Argument genommen. Es zerfällt eben ganz offensichtlich nicht alles in Atome! Auch Peregrinus hat dazugelernt. Er bleibt zwar im Kern ein Schwärmer, so wie Lucian ein Spötter, aber durch die Erzählung seiner Biographie, durch die Beichte und kritische Distanz geläutert ist er »ein *ehrlicher*«[122] geworden.

Eine solche »ideale Kommunikationsgemeinschaft«, wie sie die beiden repräsentieren, kann allerdings nur im Elysium stattfinden, wo man davor gefeit ist, ebenso sich »*selbst als andere* mit Parteylichkeit anzusehen«.[123] Ebenso wie Lucian seine eigene (vormalige) Parteilichkeit eingesteht und Peregrinus nicht nur Vorwürfe macht, so kann auch Peregrinus mit einem Augenzwinkern und dem Trumpf eines Lebens nach dem Tode der epikureischen Lebensphilosophie des Lucian noch gute Seiten abgewinnen: »In der That, das Vergnügen dieser Überraschung [im Elysium zu landen nach seiner Selbstverbrennung, D. K.] war so groß, daß ich seine [Epikurs] Filosofie - auch ohne

---

119 WIELAND: Peregrinus Proteus (Anm. 58), 2. Teil, S. 220.
120 Ebd., 1. Teil, S. 48.
121 Agathon erfährt das Glück gegenseitigen Verstehens und einer »idealen Kommunikationsgemein-schaft« mit seinem Mentor Archytas: Daß solche Begegnungen eher im Paradies stattfinden als in Tarent, ahnt auch der Leser der dritten Fassung des ›Agathon‹-Romans!
122 Ebd., 2. Teil, S. 219.
123 Ebd., S. 220.

Rücksicht auf so viele andere große Vortheile, welche sie über das irdische Leben verbreitet - um dieses einzigen willen für kein geringes Verdienst halte, das der gute Mann sich um die Menschheit gemacht hat. Doch hiervon ein andermahl!«[124]

---

124 Ebd., S.221.

Katrin Oebel

»C'EST LE VOLTAIRE DES ALLEMANDS«

Zur Kritik Christoph Martin Wielands im vorrevolutionären Frankreich. Eine Untersuchung anhand der Übersetzungen seiner Werke

Christoph Martin Wieland gehört zu den gar nicht wenigen Schriftstellern, die im Ausland, und das meint in diesem Falle Frankreich, uneingeschränkter Anerkennung fanden - und wohl auch noch finden - als im deutschsprachigen Raum. Der Kosmopolit und Grenzgänger Wieland mag zwar für ein deutsches Publikum geschrieben haben, doch aus einer gewissen Wahlverwandtschaft mit dem französischen Geist des 18. Jahrhunderts heraus. Das hat ihm in Deutschland die Kritik nahezu aller zeitgenössischen Dichterkollegen zugezogen. Der junge Goethe, Schiller, der Göttinger Hain, August Wilhelm und Friedrich Schlegel bezeugten Wieland über längere Zeit hinweg wenig Anerkennung. Ihre Kritik an Autor und Werk zielte immer wieder auf das französische Element. Sie äußerte sich im Vorwurf der mangelnden Originalität und der Unmoral und steigerte sich bis zum blindwütigen Haß gegen alles Französische. Der Göttinger Hain sprach in seiner Verehrung für Klopstock vom »Sittenverderber« Wieland und forderte den Tod Voltaires.[1] Man verbrannte Wielands Schriften und Bildnisse, und in Oden und Epigrammen wurde immer wieder der Vorwurf des Undeutschen laut, das man gleichsetzte mit einer vermeintlichen französischen Unmoral. Wieland erscheint darin als »Schwächling«, »Salontrottel«, »Franzennachäffer« oder gar als »infamer, französischer Hundsfott«.[2] Auch Herder befaßte sich mit Wieland als dem »Franzosennachahmer«,[3] und selbst Lessing nahm Anstoß an Wielands »patriotischer Verachtung seiner Nation und der Eingenommenheit für die

---

1 Bericht von J. H. Voß an E. T. J. Brückner am 26. Oktober 1772. Zit. nach Hans-Jürgen SCHRADER: Mit Feuer, Schwert und schlechtem Gewissen. Zum Kreuzzug der Hainbündler gegen Wieland. In: Euphorion 78 (1984), S. 325-367, hier: S. 337.
2 So Johann Friedrich Hahn, ebd., S. 343.
3 Vgl. Johann Gottfried HERDER: Sämmtliche Werke. Hg. von Bernhard SUPHAN. Berlin 1878, Bd. 1, 1: Sammlung von Fragmenten, S. 216.

Franzosen«.[4] Schiller störte sich an Wielands »französischem Geschmack« und »dem Streben nach der Leichtigkeit der Franzosen« und vermißte zuweilen den »Ernst der Empfindung«.[5] A. W. Schlegel warf Wieland vor, von den Franzosen den »verderblichen Geist der Unphilosophie, Irreligiosität, Unhistorie und Unsittlichkeit«[6] übernommen zu haben. Des Autors Philosophie eines aufgeklärten Skeptizismus, seine dem Klassizismus nahestehende Ästhetik, die gleichwohl Shakespeares Genie zu verteidigen wußte, und seine Leichtigkeit, die gerade deswegen des Ernstes nicht entbehrte, hatte wenig gemein mit dem sich genialisch gebärdenden Sturm und Drang, dem antirationalistischen Affekt der Vor- und Frühromantik in Deutschland. Wieland war für diese Dichter ein Sinnbild überkommener literarischer Vorstellungen, mit dessen Sturz man den Aufbruch in eine neue Epoche verband.

Wo der Dichter in Deutschland zu einem wesentlichen Teil aufgrund seiner Affinität zum französischen Geist eine verhaltene bis feindselige Aufnahme fand, lag im zeitgenössischen Frankreich, nicht zuletzt aus einer notwendig anderen Sicht der Aufklärung heraus, eine andere Bewertung nahe. Lessing bemerkt über den ›Agathon‹, daß das Werk für das deutsche Publikum noch viel zu früh geschrieben zu sein scheine. Er notiert 1767:

In Frankreich und England würde es das äußerste Aufsehen gemacht haben; der Name seines Verfassers würde auf aller Zungen seyn.[7]

Tatsächlich erregte Wieland in Frankreich Aufsehen. Hier wird der Dichter übersetzt, gelesen, geschätzt, und zwar lange bevor Germaine de Staël, die mit ihrem Urteil dem Dichter eher geschadet als gedient hat, das Land mit der deutschen Literatur vertraut machte. Nicht weniger als 90 Übersetzungen unterschiedlichsten Umfangs wurden allein zu Wielands Lebzeiten publiziert. Dies ist beachtlich, bedenkt man, daß in einem vergleichbaren Zeitraum kaum mehr als 50 Übersetzungen in die englische Sprache besorgt wurden, und ist beachtlich im Vergleich zu den etwa 70 Übersetzungen der Werke Salomon Geßners, der gemeinhin nach Goethe als der in Frankreich bekann-

---

4   Vgl. Gotthold Ephraim LESSING: Sämtliche Schriften. Hg. von Karl LACHMANN. Stuttgart [3]1886-1907, Bd. VIII, 13. Literaturbrief, S. 27.
5   Vgl. den Brief an Körner vom 12. Februar 1788 in: Friedrich SCHILLER: Briefwechsel mit Körner, von 1784 bis zum Tode Schillers. Hg. von Karl GOEDECKE. Leipzig [2]1874.
6   Vgl. August Wilhelm SCHLEGEL: Vorlesungen über schöne Literatur und Kunst (Berlin 1801-1804). Heilbronn 1884 (Dt. Literaturdenkmäler des 18. und 19. Jahrhunderts in Neudrucken. Hg. von B. SEUFFERT, 17-19), Teil III, S. 80.
7   Vgl. LESSING (Anm. 4), Bd. 10: Hamburgische Dramaturgie, 69. Stück, S. 80.

teste deutschsprachige Autor der Zeit gilt.[8] Die Übersetzungen sind im 18. Jahrhundert neben einer ganzen Reihe von Rezensionen die einzigen Quellen zu einer Wirkungsgeschichte Wielands, ehe im 19. Jahrhundert literaturgeschichtliche Urteile hinzukommen. Dem Großteil dieser Übersetzungen sind Kommentare zu Verfasser, Werk und Übersetzungspraxis vorangestellt. Aussagekräftig sind aber vor allem die Übersetzungen selbst. Ihre Betrachtung im Vergleich mit dem Original sowie untereinander und in bezug auf ein oftmals vorhandenes Vorwort läßt ideelle und ideologische Abweichungen des Textes in der Zielsprache erkennen. Die zeitgenössische Kritik erhellt, inwieweit die jeweilige Fassung des Textes der Rezeptionsbereitschaft des französischen Lesers entgegenkommt.

Um die Mitte des 18. Jahrhunderts wandelte sich in Frankreich die Einstellung zur deutschen Literatur. Eléazar de Mauvillon konnte noch 1740 in den ›Lettres françoises et germaniques‹ behaupten, daß es den Deutschen zu sehr an Geist fehle, um große Dichter hervorzubringen. Als Beweis führte er an, daß keine Übersetzungen aus dem Deutschen vorhanden seien.[9] Diese Meinung läßt sich ein Jahrzehnt später in Paris nicht mehr vertreten. In zunächst noch vorsichtigen Essays wird versucht, der deutschen Literatur einen Weg zu bahnen. Elie-Cathérine Fréron schreibt 1752, daß die Franzosen die Deutschen zu lange in das triste Studium der Rechte und Naturwissenschaften versunken geglaubt hätten. Denn zu allen Zeiten, vor allem aber in den letzten zwanzig Jahren, hätten diese auch in der schönen Literatur Genies hervorgebracht.[10] Der Übersetzer Boulanger de Rivery verfaßt 1754 einen ›Discours sur la Littérature Allemande‹, in dem er eine Wiedergeburt der deutschen Poesie feststellt, seitdem die Nation die eigene Sprache, die sie immer den alten Sprachen nachgestellt habe, nicht länger mißachte.[11] Erstmals gibt hier ein Franzose einen Überblick über die deutsche Literatur. Von Beausobre werden im ›Mercure de France‹ ab 1752 sieben ›Lettres d'un Prussien sur la Littérature Allemande‹ veröffentlicht. Dort heißt es: »Le sage doit être Cos-

---

8   Vgl. dazu z. B. Roger BAUER: Das Bild der Deutschen in der französischen und das Bild der Franzosen in der deutschen Literatur. Düsseldorf 1969, S. 4; Charles JORET: Les rapports intellectuels et littéraires de la France avec l'Allemagne avant 1789. Paris 1884, S. 35; Jürgen von STACKELBERG: Übersetzungen aus zweiter Hand. Rezeptionsvorgänge in der europäischen Literatur vom 14. bis zum 18. Jahrhundert. Berlin/New York 1984, S. 209.

9   Vgl. Eléazar de MAUVILLON: Lettres françoises et germaniques ou Réflexions militaires, littéraires et critiques sur les François et les Allemans. London 1740, S. 345.

10 Elie-Cathérine FRÉRON u. Abbé de la PORTE: Lettres sur quelques écrits de ce temps. Genève/ Paris 1749-1754. Bd. V, S. 194.

11 Vgl. ›Discours sur la Littérature Allemande‹. In: Fables et contes, traduits de GELLERT, Paris 1754, discours préliminaire, S. XVI; XIX.

mopolite, Monsieur; il ne doit avoir de patrie que là où regnent le bon sens et la raison.«[12] Diese Forderung nach Kosmopolitismus, nach einem neutralen Standpunkt für die Betrachtung von Literatur und Welt, ist eben das Argument, mit dem nun deutsche Literaten in Paris für die Literatur ihres Landes werben. Ihren Bemühungen ist es zu allererst zu danken, daß deutsche Dichtung zu Ansehen gelangt. Friedrich Melchior Grimm, einer der beiden Herausgeber der ›Correspondance Littéraire‹, begründet noch recht bescheiden in seiner ›Lettre sur la Littérature allemande‹ von 1750 ihren Wert mit den Einflüssen der französischen Vorbilder.[13] Baron de Bielfeld führt dann 1752 im ›Progrès des Allemands, Dans les Sciences, les Belles-Lettres & les Arts particulièrement dans la Poésie, l'Eloquence & le Théâtre‹ das bisherige Desinteresse für die deutsche Literatur vor allem auf sprachliche Probleme und das Fehlen eines Wörterbuches zurück.[14]

Übersetzt wird nun dennoch und in zunehmendem Maße. Die ersten Übersetzungen des 18. Jahrhunderts ins Französische werden von Deutschen und Schweizern besorgt. Hier sind vor allem zu nennen: Michael Huber (bei diesem ist Anne-Robert-Jacques Turgot als Mitübersetzer bekannt), Vincent Bernhard von Tscharner und Georg Adam Junker. Ort der Veröffentlichung sind zunächst Journale. Der größte Anteil kommt hierbei dem ›Journal Etranger‹ zu, einer Gründung deutscher Literaten, zu Beginn geleitet von Grimm, fortgeführt aber von Franzosen wie Prévost, Fréron und Arnaud. Korrespondenten in Deutschland waren u. a. Gellert, Schlegel, Rabener, Cronegk; die Redakteure waren zumeist Franzosen.

In den sechziger Jahren entwickelt sich die deutsche Literatur in Paris laut Grimm geradezu zu einer Modeerscheinung.[15] Und Claude-Joseph Dorat äußert sich in der 1769 verfassten ›Idee de la poësie allemande‹ enthusiastisch: »O Germanie, nos beaux jours sont évanouis, les tiens commencent.«[16] Diese Begeisterung für die deutsche Literatur steht im Kontext allgemeiner kosmopolitischer Strömungen, die nicht nur vorübergehend das Pariser literarische Leben bestimmten, sondern natürlich Ausdruck der Geisteshaltung im ganzen *Siècle des Lumières* sind. Alles aus dem Ausland Kommende war von Interesse

---

12 Dort Sept. bis Dez. 1752 u. Feb. bis Apr. 1753; vgl. Brief I, S. 74.
13 Vgl. Mercure de France, Okt. 1750, S. 16.
14 Vgl. ebd., S. 11.
15 Correspondance littéraire, philosophique et critique par GRIMM, DIDEROT, RAYNAL, MEISTER etc. Hg. von M. TOURNEUX. Paris 1877-1880 (Nendeln/Liechtenstein ²1968), Bd. V, S. 11.
16 Vgl. Christoph Martin WIELAND: Einleitung zu ›Sélim und Sélima‹, poème imité de l'Allemand, suivi du Rêve d'un Musulman, traduit d'un poète arabe et précédé de quelques réflexions sur la poésie allemande. Leipsic/Paris ²1769, Einleitung, S. 26.

und wurde erst mit der Napoleonherrschaft zum Teil wieder verdrängt. Außer Geßner habe, so lautet die bisherige Forschungsmeinung, diese Mode der deutschen Literatur, die etwa zwanzig Jahre andauerte, kein deutscher Dichter überlebt.[17] Die Beschäftigung mit Wieland ist womöglich nur ein Beispiel für den Beweis des Gegenteils. Seine Beliebtheit gelangte erst Ende der sechziger Jahre an ihren Höhepunkt. Als Indikator hierfür muß die Tatsache gelten, daß seitdem die Übersetzungen seiner Schriften nicht mehr hauptsächlich in Journalen publiziert wurden, sondern als selbständige Veröffentlichungen im Buchhandel erhältlich waren, und hiermit einer wirklichen Nachfrage entsprochen wurde.

Wieland selbst zeigte einiges Interesse daran, seine Werke den Parisern durch Übersetzung zugänglich zu machen. Am 26.11.1756 bittet er Lochmann in Paris um Auskünfte, nachdem er sich vorher bei Zimmermann nach dem Urheber zweier seiner ersten Übersetzungen erkundigt hat.[18] Für seine Verserzählung ›Cyrus‹ sucht er 1758 selbst nach einem Übersetzer. Er fragt (am 12.3.) bei Zimmermann nochmals nach:

Je cherche quelqu'un qui se veuille bien charger de la peine de traduire en françois un Poëme Allemand de XVIII Chants [...] Si Mr. Tsharner l'imagineroit lui même, je lui donnerois mon Manuscrit, et il traduiroit pendant que je composerois. (328)

Eine Übersetzung des ›Cyrus‹ in gedruckter Form ist nicht überliefert,[19] der Gegenstand des Übersetzens beschäftigt Wieland aber weiterhin in der Absicht: »Wir wollen sehen was die Franzosen von uns denken! Tentare licet«.[20]

Die ersten französischen Zeugnisse Wielands finden sich 1756 in vier Ausgaben des ›Journal Etranger‹, übersetzt nach den ›Erzählungen, Imprimés à Heilbronn‹, die Wieland 1752 verfaßte. Es handelt sich dabei um Werke der Periode, die Wieland später als seine »seraphische« bezeichnete, und in denen, wie er sagte, als Folge seiner damaligen Gemütsstimmung der Platonismus herrschte. Sie rufen das Bild unschuldiger Menschen in von der Kunst unbe-

---

17 Vgl. dazu Hans HEISS: Der Übersetzer und Vermittler Michael Huber (1727-1804). Erlangen 1907, S. 67 ff.; sogar Jakob Heinrich MEISTER war 1777 (vgl. Correspondance Littéraire [Anm. 15], Bd. 10, S. 423) dieser Meinung.

18 Diese (S. 288) und die folgende Briefstelle in WBr 1. Im folgenden bezeichnen Zahlen in Klammern im Text die jeweilige Seite der Quelle.

19 Laut Julius STEINBERGER: Bibliographie der Übersetzungen von Wielands Werken. Göttingen 1930, S. 22, Nr. 97, existiert eine Übersetzung von G. A. Junker als Manuskript.

20 An Zimmermann am 8.11.1758 (WBr 1, S. 378).

rührter Natur vor Augen. Die Verfasserschaft der Übersetzungen ist umstritten. Wahrscheinlich handelt es sich um Tscharner,[21] auch verschiedene Übersetzer sind möglich. Zu den beiden frühesten Übersetzungen (›Journal Etranger‹ Juli und August 1756), ›Zemin et Gulhindy‹ und ›Le Mécontent‹, bemerkt der Verfasser: »L'auteur nous est point connu; mais son ouvrage a été très-bien accueilli en Allemagne.« Bei Erscheinen von ›Balsore‹ und ›La vertue malheureuse‹ (Oktober und November) wird Wieland erstmals als Autor identifiziert. Die Übersetzungen, im Original Verse, sind sämtlich in Prosa verfaßt. Insgesamt sind sie wenig eigenwillig und entfernen sich selten wesentlich vom Ausgangstext. Wo sie dies dennoch tun, lassen sich deutlich Einflüsse zeitgenössischer Dichtungstheorie erkennen. Der literarische Geschmack des französischen Publikums gehorchte noch weitgehend der *doctrine classique*, die Boileau 1674 in seiner ›Art poétique‹ formuliert hatte. Darin stand neben der Forderung nach dem »plaire et instruire« diejenige nach »clarté« und »vraisemblance«. Daß der Übersetzer deutlich in diesem Sinne »korrigiert«, erhellen folgende Beispiele. Da wird:

[...] als plözlich
Ein ungewohnter Schimmer um ihn zittert

zu:

[...] lorsque tout-à-coup ses yeux furent éblouis de l'éclat d'une lumière extraordinaire.[22]

Aus »Daubenaugen« werden an anderer Stelle die »yeux languissans«.[23] Explizierende Adjektive oder ganze Bilder werden hinzugefügt. So wird z. B.

Wie wyrde Damon
Sein Leben, ohne Doris Kuß, verseufzen?

zu:

Sans les doux baisers de Doris les jours du tendre Damon seroient tissus des fils les plus sombres.[24]

---

21 Laut Irmgard JASPERT: Wieland en habit à la française. Essai de bibliographie commentée des traductions françaises parues entre 1756 et 1825. Paris 1977, ist die gleiche Übersetzung im ›Choix littéraire de Genève‹ VI - Genf galt als das Zentrum der Distribution aufklärerischer Literatur - von Tscharner. Wieland selbst bemerkt 1770, daß »[...] vor mehr als zehn Jahren, zwoo oder drey [Erzählungen] von Herrn Huber ins Französische übersezt, und in der Folge in unterschiedliche Sammlungen eingerükt« wurden; AA I, 1, S. 425.

22 Der Unzufriedne, V. 66, AA I, 1, S. 382; frz.: Journal Etranger, August 1756, S. 178.

23 Vgl. GRIMM: Wörterbuch der dt. Sprache: »taubenaugen oder kleine augen haben.«

Im allgemeinen aber sind die Übersetzer um wortgetreues Übertragen bemüht, wenngleich in der Syntax oftmals Abweichungen bestehen, die zu falscher Zuordnung oder Begründung führen. Je schwieriger die Satzstruktur ist, desto weniger erlaubt sich der Übersetzer inhaltliche Abweichungen. Hin und wieder läßt sich jedoch die Absicht erkennen, die erotische Kraft der Sprache Wielands zurückzunehmen und scheinbar ordnend einzugreifen. Die *doctrine classique* sah hier das Gebot der »bienséance« vor. Dafür sprechen Euphemismen, das Entfernen von Zweideutigkeiten und Veränderungen in der Anordnung der Satzelemente. Spricht Wieland z. B. von »Trieben«, nennt der Übersetzer »doux penchans« oder »défits«. Wenn Wieland auf die Wichtigkeit der Liebe zur Besänftigung der Triebe hinweist, läßt der Übersetzer nur die Liebe als solche gelten. Schreibt Wieland:

> [...] Und tausend Freuden flogen, leichtbeschwingt
> Wie Zephyrs, um die oftgekyßte Lippen,

so nimmt der Übersetzer dem die Ambiguität, indem er nicht mehr offen läßt, wer jene Lippen oft küßt:

> [...] & et les ris voltigeoit comme les Zéphirs légers autour de ses lèvres, qu'ils baisoient sans cesse avec un nouveau plaisir.[25]

Aspekte, die die Natur betreffen, werden besonders betont.[26] Oder der Übersetzer macht übersteigernd die Natur zur »nature avare«. Bei aller Bemühung um Übersetzungstreue sind hin und wieder Stilhöhungen zu finden. So wird:

> Der Fyrst, den er auf diesem Berg einst heilte,
> Gab ihm die ganze Flur zum Eigenthum.

zu:

> Le sage ayant autrefois, sur cette montagne, tiré le Caliphe des bras de la mort, ce prince lui avait fait présent de toute la contrée.[27]

Das Streben nach »clarté« spricht besonders aus der Übersetzung ›La vertue malheureuse‹. Hier verweist der Verfasser kritisierend alles, was seiner Ansicht nach der Franzose als »figures trop chargées« empfinden könnte, in Fußnoten:

---

24 Zemin und Gulhindy, V. 20 f., AA I, 1, S. 353; frz.: Journal Etranger, Juli 1756, S. 52.
25 Ebd., V. 73, S. 355; frz.: Journal Etranger Juli 1756, S. 55.
26 Beispielsweise wird »nirgendwo« übersetzt mit »dans toute la nature rien«.
27 Balsora, V. 330, AA I, 1, S. 350; frz.: Journal Etranger, Oktober 1756, S. 224.

Voici ce qu'ajoute l'Auteur, & qui peut etre supprimé; comme un de ces traits pesants qui retardent la marche de la narration (51).

Die Erzählungen fanden Eingang in die ›Traductions qui peuvent servir de suite aux Poësies de M. Haller‹, Bern 1760, die durch die Übersetzung ›Hymne sur Dieu‹ ergänzt wurden. Nur letzteres Opus erfuhr kurz darauf in zwei französischen Journalen Besprechungen mit ausführlichen Textpassagen. Die ›Année Littéraire‹ V (1760) berichtet:

> M.Vieland [sic] s'est surpassé lui-même dans l'Hymne sur Dieu [...] La Religion, Monsieur, n'est-elle pas admirable quand elle s'annonce avec cette magnificience, avec cette richesse d'idées & d'expressions? Je ne connais pas dans notre langue de poésies qui atteignent au sublime de ces morceaux [...] c'est franchir les bornes de l'esprit humain (17).

Kaum weniger enthusiastisch, aber mit einer Kritik an Wielands kühnem Sprachgebrauch, gibt sich ›Le censeur hebdomadaire‹ V (1760):

> Il y a de grandes & de sublimes idées dans le fragment d'une Hymne sur Dieu [...] On pourroit observer, en rendant justice à l'imagination forte et brillante qui règne dans ce morceau, que les figures hardies y sont un peut trop accumulées. C'est absolument à la manière des Orientaux, dont le goût ne dirige quelquefois pas assez les magnifiques tableaux (156).

Beide Journale äußern sich zur Qualität der Übersetzung und befinden sie bis auf wenige Unreinheiten für gut. Sie ist indes sehr uneinheitlich; der poetische Duktus wirkt jedoch besser erhalten, als in den obigen Erzählungen. So ist die Übersetzung

> Fujéz soleils, & vous mondes éthériens: que votre attrait ne ralentisse point mon vol sublime.

bemüht, die poetische Qualität des Originaltextes

> Flieht vor mir hin, ihr Sonnen, entflieht, aetherische Welten,
> Reizet mich nicht, vom hoeheren flug, auf euch zu verweilen.[28]

wiederzugeben, ohne vom Stilniveau abzuweichen.

Etwas anders verfährt Michael Huber. Fünf Jahre später berichtet die ›Gazette littéraire‹ V, daß bei Humblot in Paris Wielands sämtliche Werke in deutscher Sprache erhältlich seien. Gleichzeitig bringt sie in der Übersetzung

---

28   Hymne auf Gott, V. 41, AA I, 2, S. 167, frz.: Haller II, S. 335.

von Huber unter dem Titel ›Idylle orientale: trois esclaves de Panthée‹ einen
Auszug aus ›Araspes und Panthea‹, übersetzt nach der ›Sammlung prosaischer
Schriften‹, Zürich 1764. Huber nimmt diesen 1766 mit weiteren Schriften
Wielands in den ›Choix des poésies allemandes‹ auf. Der ›Choix‹ erhält in
mehreren französischen Journalen gute Besprechungen,[29] die französische Literatur soll, so ein Rezensent, durch diese Quelle um »unendliche Schätze«
bereichert worden sein. Der Essay über die deutsche Literatur, der der Auswahl voraus geht, wird ob seiner Unparteilichkeit gelobt. Der ›Mercure de
France‹ Oktober 1766 spricht von den »sublimen Zügen« der Wielandschen
Erzählungen (II, 65). Die ›Année littéraire‹ VI druckt als Beispiel für ein
didaktisches Gedicht die Übersetzung von Wielands ›Der gepryfte Abraham‹
nach (73). Michael Hubers Übersetzungspraxis ist weitgehend, wie die oben
beschriebene, dem Prinzip des originalgetreuen Übersetzens verpflichtet. Es
geht ihm in der Hauptsache um einfühlendes Nachbilden des Ausgangstextes.
Das Beispiel aus ›Araspes und Panthea‹:

> [...] j'entre, triste & consterné, dans le cercle joyeux de la danse; & lorsque la
> nuit a étendu ses aîles humides sur la nature, vainement j'invoque le som-
> meil; je me roule sans cesse sur mon lit solitaire. & j'étends mes bras vers
> des ombres fugitives.

als Übersetzung von:

> [...] träge schleich' ich zum geselligen Tanz; und wenn die schlummer-
> thauende Nacht kömmt, ach! dann wälz' ich mich schlaflos auf dem einsa-
> men Lager und streke meinen Arm nach fliehenden Schatten aus.

läßt nur in der pleonastischen Übersetzung von »träge« und in der Wiedergabe des »schlummer-thauende« Stilhöhungen erkennen. Übersteigerungen,
wie wenn »Ich bedarf seiner nicht« zu »fuis loin de moi« wird, kommen mitunter vor. Verschiedentlich nimmt Huber Rücksicht auf die *bienséance*. Er
verpflichtet sich, gewisse »Kühnheiten« der deutschen Sprache zu mildern.[30]
So entfallen in der Übersetzung von:

> [...] ja oft giebt sie, von der mächtigen Natur bezwungen, Tugend und Ehre
> um verbotne Freuden hin.

---

29 So im ›Mercure de France‹ Oktober 1766, II, S. 65 und April 1767, II, S. 80; in der ›Année littéraire‹ VI
    1766, S. 73; im ›Journal encyclopédique‹ April 1767 und März; hier wird Wielands Pastorale ›Les trois
    esclaves de Panthée‹ besonders herausgehoben.
30 Vgl. dazu das Vorwort der Übersetzung von Salomon GESSNER: La mort d'Abel. Paris 1760.

einfach die »verbotenen Freuden«:

> Trop souvent meme, hèlas! domptée par la puissante nature, elle abandonne les sentiers de l'honneur & de la vertue.[31]

Oder aus der »keusche[n] Umarmung der Liebenden« werden die »chastes embrassemens des èpoux«. Huber weist denn auch im Vorwort des ›Choix‹ darauf hin, daß eben der Respekt vor Religion und Sitten sowie die Tatsache, daß die Musen nie im Dienste des Lasters und der Schmeichelei stünden, die deutsche Literatur schätzbar mache. Zugleich verteidigt er seine Übersetzungspraxis, die dennoch die Eigenart der deutschen Sprache berücksichtigen will, und ist überzeugt, daß der kundige Leser Gefallen an dieser finden wird. Das ›Journal encyclopédique‹ April 1767 bestätigt Huber in seiner Ansicht: Sein Stil sei »rein«, »exakt«, »elegant«. Huber habe gut daran getan, »gedankliche« Germanismen, und nur solche weise seine Übersetzung auf, zu erhalten.

Die Auffassung des Übersetzers der Erzählungen vom Übersetzen widerspricht nicht wesentlich derjenigen Hubers, doch spiegeln beide in ihren Ansätzen eine Diskussion innerhalb der deutschen Übersetzungstheorie des 18. Jahrhunderts wider. Neben dem freien Übersetzen, für das Opitz, Gottsched und andere Theorien formuliert hatten, setzt sich in Deutschland seit der Mitte des Jahrhunderts das Konzept des originalgetreuen Übersetzens durch.[32] Das literarische Werk wird nunmehr als das Werk eines Autors gelesen. Dem Übersetzer muß es darum gehen, das Original zu verstehen und individuellen Stil wiederzugeben. Daß ihn dies der Kritik aussetzt, erklärt, warum kaum ein Urheber seine Übersetzung zeichnet. Johann Jakob Breitinger formuliert, diese Bestrebungen zusammenfassend, später in der ›Fortsetzung der kritischen Dichtkunst‹ streng, daß der Übersetzer von dem Ausgangstext weder gedanklich noch formal abzuweichen habe. Dies ist durchaus nicht selbstverständlich. Noch Gottsched hatte anderes gefordert. Ihm ging es weniger um den Ausgangstext als vielmehr um die Bereicherung der Zielsprache, also die deutsche Hochsprache, und hierbei um die Formierung des »klassischen Geschmackes«. Diese Ansicht war der von Joachim du Bellay ausgehenden, 1549 in der ›Deffence, et illustration de la langue françoise‹ formulierten, französischen Auffassung vom Übersetzen entlehnt, die im Sinne dieser Dichtungstheorie das Werk glättet und verändert. Auf ihr basierte die

---

31 Araspes und Panthea, AA I, 3, S. 74 f.; frz.: Huber: Choix I, S. 72.
32 Vgl. dazu Andreas POLTERMANN: Die Erfindung des Originals. Zur Geschichte der Übersetzungskonzeptionen in Deutschland im 18. Jahrhundert. In: B. SCHULZE (Hg.): Die literarische Übersetzung. Fallstudien zu ihrer Kulturgeschichte. Berlin 1987, S. 15 ff.

seitdem gängige Übersetzungspraxis der *belles infidèles*, der »Schönen Ungetreuen«. Einer ihrer Anhänger, der oben erwähnte Fréron, führte 1755 an, daß
dabei nichts schwieriger sei als die hohe Kunst des Verschönerns und Perfek-
tionierens. Daneben gab es auch in Frankreich bereits gegenteilige Auffassungen. Diese teilte nicht nur der Mitübersetzer von Huber, Turgot, sondern
auch, wie das vorausgegangene zeigt, Huber selbst. Er ist, wenngleich auch er
Konzessionen an den französischen Geschmack macht, also nicht, wie Heiss
am Beispiel späterer Übersetzungen nachzuweisen sucht,[33] den »Schönen Ungetreuen« verpflichtet. Turgot zufolge sollte der Übersetzer einen Autor so
wiedergeben, »wie er erscheint«, und nicht so, »wie er erscheinen soll«. Er sollte sich an die Form des Originals halten, ohne etwas wegzulassen oder hinzuzufügen.[34] Die Verfasser der ersten Wielandschen Übersetzungen befanden
sich im Widerstreit zwischen diesen Theorien. Einerseits hingen sie den
Schweizer Ansichten an, fühlten sich aber zugleich dem französischen Adressaten verpflichtet, den sie mit den am »klassischen Geschmack« orientierten
Theorien identifizierten. Dabei ging es ihnen gleichwohl darum, die Eigenheit
des deutschen Autors möglichst zu respektieren. Die Umsetzung zeigt mehr
oder minder geringe Abweichungen vom Original; der Erfolg gab ihnen
Recht, besonders Michael Huber. Daß die Erzählungen noch nicht die Anerkennung seines ›Choix‹ fanden, mag zum einen seinen Grund in den zehn
Jahren zeitlicher Differenz haben, zum anderen aber in Hubers Bemühen um
einfühlendes Nachahmen des Originals, denn Diderot hatte zu diesem Zeitpunkt bereits die Berücksichtigung des sinnlichen Elementes in der Sprache
gefordert.

Die deutschsprachigen Verfasser der frühesten Übersetzungen Wielandscher Werke zeichnen für den französischen Leser das Bild eines tugendhaften, religiösen Wieland. Wo er ihnen zu frivol scheint, mäßigen sie seine
Worte oder lassen Anstößiges aus. Als Deutscher soll er den unschuldigen,
dem Naturzustande nahen Dichter verkörpern, kurz den Dichter, den Wieland in einer späteren Phase seines Schaffens als den »seraphischen« bezeichnen sollte, der seine Erzählungen zunächst als »moralische« veröffentlichte. So
trägt die erste Veröffentlichung im ›Journal Etranger‹ die Überschrift »Essay
de morale«; die zweite wird »plus morale encore« genannt. Huber formuliert
dies explizit im Vorwort zu seinem ›Choix‹. Er nennt hier als höchstes Lob

---

33 Vgl. HEISS (Anm. 17), S. 67 ff.
34 TURGOT, Œuvres complètes I. Hg. von D. de NEMOURS, 1808. Zit. nach Constance B. WEST: La
théorie de la traduction au XVIIIème siècle. In: Revue de littérature comparée 12 (1932), S. 330-355;
hier S. 345.

für einen Dichter das des »peintre de la nature«, der Religion und Anstand verpflichtet ist und dessen Dichtungen moralische sind. Junker spricht in seinem Essay über die deutsche Literatur von der edlen und tugendhaften Vorstellung von Moral der deutschen Dichter. Wenn Heiss behauptet, daß im allgemeinen ethische und erst in zweiter Linie ästhetische Eigenschaften den Erfolg der deutschen Literatur in Frankreich ausmachten, so kann sich dies zunächst nur auf die deutschen Werbenden beziehen. Die Urteile »moins poète que moraliste und moins poètique que philosophique« aus französischer Feder zeugen für eine besondere Gewichtung der Franzosen: Dieser Behauptung Dorats aus dem Jahre 1769 liegt ein neues Verständnis von Moral zugrunde: der Moralbegriff der französischen Aufklärung, so wie er in der ›Encyclopédie‹ festgehalten ist. Moral beschreibt hier nicht mehr, wie noch bei dem Übersetzer der Erzählungen, eine Charaktereigenschaft, sondern eine Wissenschaft, die *science des mœurs*, die bis zu einem gewissen Grade von jedermann mittels der Vernunft zu erreichen ist. Der Moralist wird damit zum Autor über die *science des mœurs*. Dies widerspricht nicht der Idee vom *homme de la nature*, den die ›Gazette littéraire‹ V 1765 hervorhebt, wenn sie die Erzählungen »sentimentale« nennt und Wieland Platon und Shaftesbury verpflichtet sieht (331). Wieland hat später genau diese unterschiedlichen Moralbegriffe dargestellt. Die Erzählungen in der Göschenausgabe erhalten 1797 folgenden Zusatz:

> Diese Erzählungen erschienen Anfangs unter dem Titel: *Moralische Erzählungen*, wiewohl sie [...] nichts weniger als Nachahmungen der *Contes moraux* des berühmten *Marmontel* sind [...]. Man hat aber dieses Beywort schon in der Ausgabe von 1770 weggelassen, weil es den eigenen Karakter derselben nicht bezeichnet [...] denn in gewissem Sinne kann man sogar die Erzählungen des *Boccacio* und die Mährchen der Dame *D'Aulnoy* moralisch nennen. Eher möchte sich das Beywort *empfindsam* (*sentimental Tales*) für sie geschickt haben [...].[35]

Wenn das ›Journal encyclopédique‹ im April 1767 schreibt, daß Wielands Arbeit weniger einen »enthousiasme poetique, que philosophique« zeige, liegt letzterem Begriff gleichfalls das Verständnis der Enzyklopädisten, nämlich der Sinn von »vernünftig-aufklärend«, zugrunde. Wieland wird also bereits Ende der sechziger Jahre den Maßstäben der Aufklärung entsprechend beurteilt und in die Reihe ihrer Vertreter gestellt. Dabei ist man sich bei der Beurteilung der

---

35   C^{lr}, Supplemente Bd. 2, S. 52 f.

dichterischen Fähigkeiten Wielands der Tatsache bewußt, daß es sich um Übersetzungen handelt, und berücksichtigt sie.

Wenngleich das Bild, das von Wieland und seinen Schriften durch die ersten Übersetzungen entstand, ein von deutscher Hand zugeschnittenes war, so greift es zunächst dem französischen Umgang mit den Texten in gewisser Weise vor. Allerdings wendet sich das Interesse nun verstärkt Stoff und philosophischem Gehalt der Dichtungen zu. 1768 erscheint in Lausanne und Paris keine zwei Jahre nach Herausgabe des deutschen Werkes die ›Histoire d'Agathon, ou tableau philosophique des mœurs de la Grèce. Imité de l'Allemand de M. Wieland‹ mit der Ankündigung: »Voici le premier Roman en langue Allemande qui paroît dans la nôtre« (V).[36] Der Übersetzer lobt das Buch als die »unvergleichliche und einzige Nachfolge von Rousseaus ›Nouvelle Héloïse‹« und bewundert seinen »außergewöhnlichen neuen Stil«, der aus allen Wielandschen Werken spreche. Deren bisherige Übersetzungspraxis bemängelt er jedoch. Zwar berichtet er von den Verdiensten des ›Journal Etranger‹ und Michael Hubers um die deutsche Literatur, übt aber zugleich Kritik an dessen genauer Wiedergabe der deutschen Dichtungen:

M. Huber [...] rend souvent pénible la lecture de sa compilation des Poëtes Allemandes. Leur traduction y est sans cesse, & leur génie ne s'y trouve presque jamais. (XIII)

Als Übersetzer setzt er darum Wielands Verständnis für einige Veränderungen voraus, die das unterschiedliche Sprachempfinden beider Nationen seiner Ansicht nach notwendig machen. Was sich hier bescheiden als *imitation* ankündigt, ist bei genauerer Ansicht eine recht getreue Übersetzung, wobei der Übersetzer allerdings bemüht ist, dem Leser das Verständnis zu erleichtern. So fügt er in Fußnoten Angaben zu den im Text genannten Figuren hinzu, läßt allerdings oft Referenzen auf andere Werke oder Philosophen im Text aus. Der Leser soll jedoch nicht bevormundet werden. Schreibt Wieland: »[...] so glaubt der Verfasser mit Recht erwarten zu können, daß man ihm auf sein Wort glaube«,[37] fügt der Übersetzer hinzu: »mais il ne forcera personne à cette complaisance« (4/XXI). Berührt der Text philosophische Gegenstände,

---

36 Die Übersetzung ist laut Henri van HOOF: Histoire de la Traduction en Occident. Paris/ Louvain-la-Neuve 1991, S. 60, von Frenais (= J. P. Frénais bzw. Dominique de Blackford ?).

37 AA I, 6, S. 4. Im folgenden bei Übersetzungsvergleichen die Seitenzahl des deutschen Textes links vom Querstrich, die des französischen rechts.

neigt der Übersetzer zu explizierenden Formulierungen. Wielandsche »Kühnheiten« wie in den Zeilen:

Agathon hatte in einem Alter von siebzehn Jahren für die *Priesterin von Delfi* etwas zu empfinden angefangen, das derjenigen Art von Liebe gleich, die (nach dem Ausdruck des *Fieldings*) ein wohlzubereiteter Rostbeef einem Menschen einflößt, der guten Appetit hat. Diese *animalische* Liebe hatte, eh' er selbst noch wußte was daraus werden könnte, der *Zärtlichkeit* weichen müssen, welche ihm *Psyche* einflößte.

umgeht der Übersetzer. Was hier der *bienséance* geopfert wird, hat, und dies ist bei dem Großteil der Übersetzungen der Fall, unweigerlich den Verlust der Ironie zur Folge:

Agathon, dès l'âge de dix-sept ans, avoit senti quelque émotion pour la Prêtresse de Delphes; & c'étoit de l'amour: mais ce n'étoit que de cet amour qui affecte les sens; & cette impression, qu'il ne sçavoit pas trop bien définir lui-même, céda nécessairement à la tendresse que lui inspira Psyché. (115/II,7)

Der Übersetzer ist mitunter bemüht, die Vorzüge des Helden zu unterstreichen und vor allem zu vermeiden, daß dessen Handeln moralisch verwerflich erscheint. Dies wird besonders aus der Übersetzung einer Anmerkung deutlich, die Wieland schon in der ersten Ausgabe des Werkes in einer Anmerkung widerrief. Dort hieß es:

[...] was Hippias [...] zur Behauptung des Epicureismus vormahlet, im folgenden Theile, worinn eine der wahren Religion und christlichen Tugend vollkommen günstige Philosophie die Oberhand behält, gründlich wird widerlegt werden; so daß dieses Blendwerk [...] vor der Wahrheit verschwinden soll, wie der Nebel vor der Sonne. (I, 57)

Der Übersetzer schließt hier an:

[Les choses contraires aux saines maximes] sont refutées avec tant d'avantage, que l'on peut, d'avance, prédire á l'auteur qu'il recevra ici des personnes les plus scrupuleuses, les mêmes aplaudissemens qu'il a obtenus dans toute l'Allemagne, sur la pureté de la morale & des principes de la Religion. (101 f.)

Dies unterstreicht den Eindruck, der, trotz weitgehender Übersetzungstreue, entsteht: Der Übersetzer, der deutlich den Rousseau-Anhänger erkennen läßt, betont den tugendhaften Aspekt des Werkes - darauf weist schon der Zusatz im Titel hin -, berücksichtigt aber zugleich die stilistischen Vorgaben des klassizistischen Geschmacks. Den Text den Regeln gerecht zu beschneiden, erwägt er jedoch nicht. Anders die Besprechung des Romans in französischer Übersetzung in der ›Année littéraire‹ V (1768), die vor allem Anstoß an den häufigen Einwürfen Wielands nimmt. Stark selektiv gibt sie eine Inhaltsangabe des Buches. Auch hier findet sich wieder die Betonung auf dem sittlichen Aspekt: »il [Agathon] est trop honnête pour adopter la Philosophie de son maître« [Hippias] (185). Wenn beispielsweise Agathon der Dienerin widersteht, wird dies ausführlich zitiert, über die Verführung durch Danae wird jedoch hinweggegangen. Die Wiedergabe ist, wenngleich die Zitate originalgetreu sind, recht oberflächlich und fehlerhaft. Das Kriterium für die Bewertung sind offenbar die Maßstäbe der *doctrine classique*. Damit verfolgt der Rezensent die generelle Linie des Journals, das gegen die Enzyklopädisten zu Felde zog und das Voltaire gerne als »l'âne littéraire« verspottete.

Weit mehr noch entfernt sich die zehn Jahre später in der ›Bibliothèque universelle des Romans‹ erscheinende Besprechung von der Vorlage. Der Verfasser lobt darin den Roman als »le meilleur, le plus ingénieux, le plus philosophique, & le plus agréable de tous ceux qui ont paru (...) en Allemagne«. Die anschließenden Worte sind dann nicht eben vorurteilsfrei. Weiter führt der Rezensent nämlich aus, daß das Werk durchaus nicht der »üblichen Fehler« der deutschen Literatur ermangele. Als solche nennt er: Weitschweifigkeit des Stils, Überfluß an Bildern, eine etwas plumpe Moral, eine hölzerne und düstere Philosophie, Galanterien und vor allem Scherze von schlechtem Geschmack. Das Zwiespältige der beiden Aussagen zeigt sich auch in der anschließenden Zusammenfassung des Romans. Wohl greift der Verfasser reduzierend und konkretisierend ein, etwa wenn er in didaktischen Formeln wie: »il s'étoit amusé, au lieu de s'instruire« (78) zusammenfaßt,[38] ergeht sich aber zugleich in galanten Beschreibungen der Toiletten der Frauen, Ausdehnungen der Tanzszenen oder dem Auftreten Danaes als übertrieben preziöser Salondame. Die angeblich nach dem Buch zitierten Dialoge sind frei erfunden und entfernen sich in ihren hyperbolischen Wendungen weit von der Übersetzung des Originals. So erhält das Buch, das sich trotz mancher Abweichung als getreue Übersetzung bezeichnen läßt, durch diese Besprechung den Charakter eines galant-frivolen Salonromans des 17. Jahrhunderts, nicht ohne philosophische Einwürfe, einer »Schönen Ungetreuen«, wie sie deutlicher nicht dar-

---

38 Vgl. AA, I, 6, S. 31: »Über Narcissus, den Sohn der Priesterin zu Syrakus«.

zustellen ist. Hingegen wird die wirkliche *belle infidèle* der ›Geschichte des Agathon‹, die in der gleichen Ausgabe der ›Bibliothèque universelle des Romans‹ (August 1778) unter dem Titel ›Histoire d'un jeune Grec, Conte moral, traduit de l'Allemand de M. Wieland, par l'Auteur de la traduction des Instructions d'un père à ses filles‹,[39] Leyde 1777, 1778 angezeigt ist und die mit dem ersten Teil der ursprünglichen Fassung des Buches endet, wesentlich schlechter besprochen und dient lediglich dazu, das vorausgegangene inhaltlich zu vervollständigen. Ironisch endigt hier der Rezensent mit den Worten:

> Nos lecteurs se représenteront aisément le tableau de cette dernière scène [...] Ils furent unis, & passèrent le reste de leurs jours à Tarente [...] C'est là, disoit Agathon, tout ce que les mortels peuvent espérer. Il se félicitoit d'avoir suivi, du moins pendant un temps, les maximes de Platon & de Zénon. Les principes Stoïciens lui avoient fait supporter avec courage quelques malheurs, & l'amour Platonique lui avoit épargné l'horreur d'un inceste. (146)

Gemeinhin gilt die Annahme, daß in Frankreich das Übersetzungskonzept der *belles infidèles* - der Begriff wurde 1654 von dem Philosophen Ménage in Bezug auf die Lukian-Übersetzung von Pierrot d'Ablancourt als Bonmot geprägt - vom 16. bis zum späten 18. Jahrhundert durchgängig die Regel war. Daß auch die treue Übersetzung ihre Anhänger hatte, wurde bereits ersichtlich. In der Tat handelt es sich um ein ständiges Neben- und Gegeneinander, das sich deutlich in den Übersetzungen der Wielandschen Werke spiegelt. Joachim du Bellay faßte 1549 in dem oben erwähnten Werk die Bestrebungen der Renaissance zusammen, die sich gegen die bisher ausgeübte Übersetzungsmethode einer »primitiven Wörtlichkeit«, einer Art Interlinearversion, der ersten Versuche der literarischen Übersetzung wandten. Ihm war daran gelegen, die eigene Sprache zu einer Literatursprache zu machen, die den alten Sprachen gleichkommen oder sie möglichst sogar überholen sollte, doch gelangt er dabei zu der Ansicht, daß dies, wenn man die Grenzen der Vorlage respektieren wolle, letztlich nur in freien Nachbildungen, nicht aber in Übersetzungen möglich sei.[40]

Wenige Jahre später gab es unter den Humanisten - gleichfalls im Kampf um die Emanzipation der französischen Sprache - bereits Forderungen, weder

---

39 Der Übersetzer ist nach QUÉRARD: La France littéraire ou dictionnaire bibliographique X. Paris 1839, S. 509, ein gewisser Bernard.
40 Vgl. dazu Jürgen von STACKELBERG: Blüte und Niedergang der *Belles Infidèles*. In: H. KITTEL (Hg.): Die literarische Übersetzung. Stand und Perspektiven ihrer Erforschung. Berlin 1988, S. 21.

freie Übersetzung, noch strenge Wörtlichkeit, sondern eine mit Mitteln der eigenen Sprache und mit sparsam gebrauchten Neologismen erstellte höchstmögliche Annäherung an das Original durchzusetzen.[41] Der Unmöglichkeit der vollkommenen Übereinstimmung von Original und Übersetzung waren sich diese Autoren bewußt. Mehr als hundert Jahre später verfaßte Pierre Daniel Huet mit seiner Schrift ›De optimo genere interpretandi‹ (Paris 1661) eine Apologie der getreuen Übersetzung gegen die zu seiner Zeit allgegenwärtige freie Übersetzung. Denn Richelieu hatte das Übersetzen als eine der Aufgaben der Académie Française erklärt, und mit der Übersetzung der ›Acht Reden Ciceros‹, die von vier Akademiemitgliedern besorgt wurde, war das Ideal der *belles infidèles* nahezu obligatorisch geworden. Es galt nun, die geschaffene französische Literatursprache zu etablieren.

Über das 18. Jahrhundert hinaus sollte es dauern, bis sich schließlich das Konzept des getreuen Übersetzens durchsetzte. Dureau de la Malle forderte noch 1776 für den Übersetzer höchste Freiheit bei der Wiedergabe der Schönheit des Stils. Er solle sich von dem »abergläubischen Respekt« vor dem Original lösen und dieses bedenkenlos korrigieren. Als Maßstab sei allein die Perfektion des Werkes in der Zielsprache zu nehmen. Es könne nicht schlecht sein, etwas besser zu machen.[42] Deutlicher läßt sich das Konzept der »Schönen Ungetreuen« kaum formulieren. Ihre Geschichte ist die der Behauptung der französischen Sprache. Beginnend im 16. Jahrhundert, wurde auf dem Feld der Übersetzungstheorie ein Disput ausgetragen, der sich ab 1687 in der Dichtungstheorie mit der *querelle des anciens et des modernes* manifestierte. Hatte der Übersetzer vordem nur zu beweisen, daß er die alten Sprachen beherrschte, erfüllte ihn nun ein neues nationales Selbstverständnis. Er soll nicht länger Kopist sein, sondern Repräsentant der »Alten« »in einer anderen Sprache, in einem anderen Jahrhundert, für eine andere Nation«.[43]

Was man in der Geschichte der *belles infidèles* anstrebte, war die Befreiung von einem in der Anlehnung an die Antike vorgegebenen absoluten Geschmack. Dessen Verteidiger, die Vertreter der getreuen Übersetzung, bis dahin ausschließlich gelehrte Übersetzer der alten Sprachen, verloren in der französischen Gesellschaft zunehmend an Geltung. Als aber mit der Festlegung der Académie Française auf die *belles infidèles* diese mehr und mehr zu

---

41 So Estienne DOLET in ›La Maniere de Bien Traduire d'Une Lange en Autre‹, Estienne PASQUIER und Peletier du MANS in seiner ›Art Poétique‹ von 1555.

42 Vgl. Jean-Baptiste-Joseph-René DUREAU DE LA MALLE: Traité des bienfaits de Sénèque, prédéde d'un Discours sur la traduction. Paris 1776, S. XX; XLVIII.

43 Ebd., S. XXXI.

einer Modeerscheinung im Zeichen eines französischen Kulturimperialismus geraten - denn die Vorlagen sind nun nicht mehr altsprachliche Texte, sondern englische, deutsche -, wird im 18. Jahrhundert wiederum der Ruf nach einer Ablösung dieser neuerlichen Festlegung auf einen Geschmack, den *gout classique*, laut. Dies geschieht als eine Äußerung des Paradigmenwechsels um die Wende vom 17. zum 18. Jahrhundert: der Unterhöhlung des cartesianischen Rationalismus durch empirisch-sensualistisches Denken.[44] Die Vernunftästhetik der Klassik gilt nicht mehr uneingeschränkt; mit dem Fortschreiten der Aufklärung relativiert die Bedeutung der Empfindsamkeit allen Geschmack.[45] Besteht das frühaufklärerische Interesse in aktualisierenden Übersetzungen, die sich auch für politische Lösungen entscheiden - in der Praxis bedeutet das nahezu eine Übersteigerung der im siebzehnten Jahrhundert entwickelten klassizistischen Ideale -, gelangt in der zweiten Hälfte des Jahrhunderts die Wiedergabe eines Individualstils in den Vordergrund. Nicht mehr philologische Bedenken sprechen gegen die freie Übersetzung, sondern die Achtung vor dem Werk eines Individuums. Hierzu führt vor allem die Übernahme der Aufgabe des Übersetzens durch Literaten wie Turgot, Dorat und vor allem Diderot, mit dem sich die Wende zur modernen Übersetzungstheorie vollzieht. Dabei relativiert sich die der Theorie nach noch mehr oder minder klare Trennung in ein Für und Wider die »Schönen Ungetreuen« durch die Praxis. Die Umsetzung der theoretischen Forderungen in Vorwort oder Besprechung steht oftmals im Gegensatz zur Ausführung.

Die Übersetzung der ›Geschichte des Agathon‹, des in der Tat ersten modernen deutschen Romans in französischer Sprache, ist ein deutliches Beispiel dafür, daß die Übersetzungspraxis ebensowenig von der französischen Übersetzungs- und Dichtungstheorie - der des Klassizismus - zu trennen ist wie der Maßstab für Lob und Kritik. Entscheidend ist, daß man sich für die als »imitation« gekennzeichnete, aber getreuere Version ausspricht. Deutlich ist aber auch, daß der Stoff ebenso als Produkt einer fortgeschrittenen Phase der Aufklärung (im Vergleich mit Rousseaus ›Nouvelle Héloïse‹) wie auch als recht oberflächliche Dichtung der Salonkultur gelesen wird.

Es kommt noch zu einer weiteren Verarbeitung des Agathon-Stoffes: Im Juni 1776 berichtet die ›Correspondance littéraire‹ über das Erscheinen des Romans ›Jezennemours‹ von Louis-Sébastian Mercier:

---

44 Vgl. dazu Peter-Eckhard KNABE: Literatur. In: Ders. (Hg.): Frankreich im Zeitalter der Aufklärung. Köln 1985 (=Kölner Schriften zur romanischen Kultur, 1), S. 141.

45 Vgl. dazu STACKELBERG (Anm. 40), S. 25 und John W. DRAPER: The Theory of Translation in the 18th Century. In: Neophilologus 6 (1921), S. 241-254, hier S. 244.

L'idée [...] semble avoir été prise de l'Agathon de M. Wieland, c'est au moins le fond, plus grossièrement ébauché et rhabillé à la moderne. (275)

Das Buch trägt den Untertitel »Roman dramatique«, ist also nicht als Imitation gekennzeichnet. Der Rezensent weist aber ausführlich die jeweiligen Entsprechungen zum Agathon-Stoff nach. Sie betreffen die Personen und die epische Struktur bis auf den Schluß. Auch Fabel- und Erzählzeit sind im entsprechenden Maß gegeneinander verschoben: Jezennemours wird von seiner Jugendliebe Suzanne getrennt, wird Sekretär eines Libertins, der eine frühere Mätresse veranlaßt, den Helden zu verführen und ihm sodann ihre Identität entdeckt. Er flieht in die Schweiz, trifft dort auf Suzanne, die mittlerweile verheiratet ist, von ihrem Mann, der nach Amerika auswandert und dort später stirbt, aber freigegeben wird, und heiratet sie. Auch dem Vater begegnet der Held auf seiner Reise. Kennzeichnend für Merciers Auslegung des Stoffes ist weniger die Gestalt des Philosophen als Staatsmann, vielmehr sind es die pädagogischen Fragestellungen, das Konfessionsproblem und der Schweiz- und Amerika-Mythos.[46] Der Rezensent der ›Correspondance littéraire‹ beanstandet indessen nicht die Übernahme des Stoffes:

> Quoique l'ouvrage de M. Wieland nous ait surtout intéressé par l'idée ingénieuse qu'il nous donne de la philosophie, des arts et des moeurs de l'ancienne Grèce, nous croyons qu'on en aurait pu faire une imitation très-utile et très-heureuse en substituant à ce costume antique celui de notre siècle. (276)

Wenn er sich über die mangelnde Ausführlichkeit der »copie« beklagt, die die Konfrontation des Helden mit Priestern, Philosophen oder Frauen vermissen läßt, so wird hier vor allem Wert auf die ideologischen Diskurse gelegt, die episch zu integrieren Wieland gelingt.

Einem ähnlichen Wechsel von getreuer und freier Nachbildung unterliegt der Verlauf der Übersetzungsgeschichte des Romans ›Der Sieg der Natur über die Schwärmerey oder die Abentheuer des Don Sylvio von Rosalva. Eine Geschichte worinn alles Wunderbare natürlich zugeht‹. 1764 erschienen, wird er fünf Jahre später, im Anschluß an den Erfolg der ›Agathon‹-Übersetzung, unter dem Titel ›Les Avantures merveilleuses de Don Sylvio de Rosalva, par l'Auteur de l'Histoire d'Agathon. Traduit de l'Alleman‹ in Paris veröffentlicht.

---

46 Vgl. dazu Winfried ENGLER: Merciers Abhängigkeit von J. G. B. Pfeil und Wieland. In: Arcadia 14 (1979), S. 251-261; hier S. 258 f.

Auch dieses Werk entsteht zunächst in Form einer getreuen Übersetzung, von der Wieland schreibt:

> Übrigens ist er einem guten Übersetzer in die Hände gefallen, wenigstens einem Übersetzer, der sein Original studieret und verstanden hat [...] Hingegen verrathen einige Fehler wieder den Genius der französischen Sprache [...] den gebornen Deutschen.[47]

Bereits ein Jahr später erscheint als Replik ›Le Nouveau Don Quijote imité de l'allemand de M. Wieland par Mme d'Ussieux‹, d. i. Louis d'Ussieux. Im Sinne eines Dureau de la Malle äußert der Übersetzer:

> Quand un traducteur a saisi & rendu l'idée de son Original, il a rempli sa tache: c'est tout ce qu'on peut exiger de lui. Une traduction littérale est souvent très infidéle. (2)

So urteilt er, daß die wenige Monate vorher erschienene Übersetzung das Original entstellt, verschandelt und aufgebläht habe. Er selbst habe hingegen versucht, ein französisches Werk aus dem Buch zu machen, denn nur so könne man die »kühne und fruchtbare« Vorstellungskraft Wielands zur Kenntnis bringen. Von dem Wielandschen Werk bleibt indessen bei dieser Übersetzung nicht viel übrig. Die Fabel in Anlehnung an Don Quichotte - ein jugendlicher Schwärmer, durch ein Übermaß an Märchenlektüre verbildet und die Feen- und Geisterwelt als Wirklichkeit begreifend, begibt sich mit seinem Diener auf die Suche nach einer vermeintlichen Märchenprinzessin, deren Portrait er zufällig gefunden hat, und wird durch eine Gesellschaft, deren Mittelpunkt ebendiese Dame ist, von seinem Wahn befreit - ist in der Übersetzung erhalten. Ihre Ausrichtung ist jedoch eine gänzlich andere. Die Übersetzung verkürzt und vereindeutigt. Beispielsweise wird aus dem nämlichen Barbier,

> dessen wir bereits mehrmals Erwähnung getan, und der in der ganzen Gegend für einen desto besseren Wundarzt gehalten wurde, weil er auf viele Meilen umher der einzige war

im Französischen der

> Maître Blas, dont nous avons déja parlé comme du plus habile Chirurgien des environs (239/II, 123),

---

47 Deutsche Bibliothek der schönen Wissenschaften 1769, IV/14, S. 319. Zit. nach JASPERT (Anm. 21), S. 82. Vgl. WBibl Nr.1599.

oder aus der »schlaflose[n] Nacht« die »soirée agréable« (361/III, 52). Andererseits fürchtet der Übersetzer keine Längen, wenn es darum geht, etwas
umständlich logisch zu verdeutlichen. Die Wielandschen Ironien und Bos-
heiten gehen großenteils verloren, derbe Reden werden unterschlagen, es wird
verharmlost. Allgemein herrscht die Tendenz zur Galantisierung.[48] Wohlmei-
nende Spötteleien gegen die *Académie française* oder das französische Denken,
wie im folgenden Zitat, entfallen:

> Vielleicht möchte man denken, wenn er [Pedrillo] ein Cartesianer gewesen
> wäre, so hätte er sich durch das berühmte *cogito, ergo sum*, gar leicht aus sei-
> nem Zweifel heraus helfen können. Allein in den Umständen, worinn der
> arme Knabe war, hätte vielleicht Cartesius selbst sein Latein dabey verlohr-
> ren; denn er dachte würklich gar nichts, und wenn er in einem solchen
> Zustande ja noch fähig gewesen wäre, einen Syllogismus zu machen, so
> würde doch der Cartesianische Grundsatz zu nichts anderm gedient haben,
> als ihn aus den Zweifeln an seinem Daseyn in die Gewißheit, daß er nicht
> sey, zu stürzen, welches in der That nicht viel besser gewesen wäre als *ex
> Scyllâ in Charybdin* oder aus dem Regen unter die Trauffe zu kommen.

In der Übersetzung heißt dies knapp:

> S'il eût été Cartésien, il auroit pu résoudre ses doutes en se faisant cet argu-
> ment: je pense, donc j'existe. Quoiqu'il en soit, le fameux Descartes lui-
> même auroit peut-être été aussi embarassé que le pauvre Pedrillo, s'il se fût
> trouvé dans les mêmes circonstances. (232f./II, 74)

Dies ist zugleich ein Beispiel dafür, wie der Übersetzer einen wichtigen
Aspekt des Werkes unterschlägt: Wielands Kritik an jedweder mißbräuchli-
chen Form der Philosophie und Theologie im Rahmen eines vermeintlichen
Vernunftdenkens, das den empirisch-sensualistischen Aspekt ignoriert. Die gesamte Übersetzung ist mit der Auslassung des Titels ›Der Sieg der Natur über
die Schwärmerei‹ bzw. ›Eine Geschichte worin alles Wunderbare natürlich zugeht‹ so angelegt. Es entfallen der Nachbericht des fiktiven Herausgebers, der
den Text als Übersetzung ausweist, sowie nahezu alle Kommentare und Einwürfe des Autors, die zuvor den Eindruck eines Dialogs mit dem Leser hervorriefen. Dadurch findet die in der Vorlage ständig wiederkehrende Desillusi-
onierung des Adressaten nicht statt. Der Roman wird auf den Stoff reduziert.
Das Wunderbare bleibt wunderbar, ohne dabei von der Natur überwunden zu

---

48 STACKELBERG (Anm. 8) verwendet den Begriff.

werden, und so dient die Geschichte als Vehikel einer vordergründigen Moral, die im Zeichen der Vernunft als bloße Satire auf Feenmärchen einer Madame D'Aulnoy erkannt wird. In der Wielandschen Fassung hingegen wird die Schlichtheit der Fabel durch die ironische Erzählform relativiert und die Kritik am Schwärmertum - in der Tradition Shaftesburys - auf jegliche Form des Aberglaubens und alles den Boden der skeptischen Wirklichkeitserfahrung verlassende Denken ausgeweitet.[49]

Im gleichen Jahr (1770) wird in der ›Bibliothèque des sciences et des Beaux Arts‹ die soeben erschienene deutsche Fassung des ›Sokrates mainomenos oder die Dialogen des Diogenes‹ besprochen. Wieland wird hier mit Laurence Sterne verglichen. Es folgen Auszüge in getreuer Übersetzung. Als das gesamte Werk zwei Jahre später auf Französisch erscheint - wiederum in getreuer Übersetzung -, führt der Übersetzer[50] zur Unterstreichung seines Bemühens an, daß Wieland selbst die Übersetzung durchgesehen und verbessert habe. Ein Brief Wielands bestätigt dies:

> Vous ai-je dit, qu'il va paroître bientôt à Paris une traduction de mon *Diogène, revue et corrigée par moi-même*? Ce sera un phénomène dans son espèce.[51]

Auszüge davon befinden sich in mehreren Ausgaben des ›Journal de Lecture ou choix périodique de littérature et de morale‹ 1775. Wieland steht dort im Verein mit Montesquieu und Helvétius. Das Werk erfuhr bis 1780 mindestens fünf und ab 1791 weitere drei Nachdrucke. Laut H.-W. Seiffert[52] wurde es in Frankreich zu den vorrevolutionären Werken gerechnet und war Pflichtlektüre des Illuminatenordens.

Im September 1778 erscheint, ein Zeichen der Popularität Wielands, im Anschluß an diejenige Ausgabe der ›Bibliothèque universelle des Romans‹, in der sich die ›Agathon‹-Besprechungen befinden, eine Nummer, die sich nahezu als ein »Wieland-Sonderheft« bezeichnen läßt. Ein Rezensent beurteilt dort die getreue Übersetzung des ›Don Sylvio de Rosalva‹ wesentlich schlechter als die *belle infidèle*. Anhand dieser meint er den »ton philosophique & badin«

---

49 Zum Vergleich mit Shaftesbury vgl. Wolfgang JAHN: Zu Wielands ›Don Sylvio‹. In: Hansjörg SCHELLE (Hg.): Christoph Martin Wieland. Darmstadt 1981, S. 318 f.

50 Der Widmungsbrief ist mit B. de M. unterzeichnet, nach QUÉRARD: (Anm. 39), die Initialen für F. de Barbé-Marbois.

51 Auswahl denkwürdiger Briefe I. Hg. von L.WIELAND. Wien 1815, S. 288.

52 In: Zu einigen Fragen der Wielandrezeption und Wielandforschung (Modern Language Notes 99, No. 3 (1984), S. 425-436).

Wielands wiedererkennen zu können und stellt fest, daß der Autor jetzt freier und weniger zurückhaltend mit »Liebenswürdigkeiten« umgehe. Wiederholt geht der Kritiker auf die Schwierigkeiten bei der Wiedergabe des Komischen in der jeweils anderen Sprache ein. Die Herkunft der Werke sei letztlich nicht zu leugnen: »C'est surtout dans le genre un peu libre que les François excellent. Ils ont plus que toute autre Nation, l'art de gazer certains tableaux« (176). Damit hat er die Übersetzung treffend beschrieben. Unter dem Titel der ersten Fassung findet die gleiche Übersetzung 1786 Eingang in die Sammlung ›Le cabinet des fées et autres contes merveilleuses‹. Zwar führt der Herausgeber dort an, daß es sich um eine Kritik der Feenmärchen handele, indem er jedoch vor allem auf die Ähnlichkeit mit dem ›Don Quijote‹ eingeht, reduziert er wiederum den Roman auf seinen Stoff, und es bleibt als Absicht einzig

> qu'il apprend aux jeunes personnes qui lisent ces sortes d'ouvrages, dans quel esprit elles doivent les lire, & comment elles peuvent s'en amuser, sans égarer leur imagination.(2 f.)

Weiter bringt das Heft eine Zusammenfassung des 1772 erschienenen Romans ›Der goldne Spiegel‹ unter der Bezeichnung »politique et moral« sowie einige Daten der Wielandschen Vita und ein recht ausführliches Verzeichnis seiner Werke. Wieder erscheint Wieland als »Autor des Agathon«. Zu jenem Werk bemerkt der Rezensent, daß eine Fabel fehle: »il ne contient que deux suites, ou plutôt deux galéries de portraits« (69); das gleiche gelte für die ›Geschichte der Abderiten‹, »un roman satyrique et critique«, deren Besprechung mit Auszügen in französischer Sprache sich anschließt. Der Übersetzer betrachtet dies als eigentümlichen Mangel, nicht aber als ein Charakteristikum des Romans, wie es sich aus deutscher Sicht darstellt. Daß dem Autor bei der Darstellung der Konfrontation abderitischer Ansichten über Philosophie, Wissenschaft und Kunst mit denjenigen Demokrits und Euripides' oder des Rechtswesens am Fall des Prozesses um des Esels Schatten oder der Religion am Beispiel ungezügelter und daher verderblicher Frömmigkeit nicht an einem schlüssigen Handlungsgerüst gelegen ist, sondern an Belegen für die Idee des Narrentums, d. h. an Beispielen für das »Davonlaufen der Einbildung vor der Vernunft«, wird aus der Übersetzung nicht mehr deutlich. Man habe aber versucht, so der Übersetzer, sowohl den Fortgang als auch den Geist des Werkes zu bewahren. Im Stil des Journales sieht dies wiederum so aus, daß der Übersetzer sich gezwungen sieht, Konzessionen an den französischen Geschmack zu machen. Falsche Details, erfundene Dialoge und hyperbolische

Wendungen zeugen davon. Wie in der Besprechung des ›Agathon‹ herrscht die Tendenz zur Erotisierung. Der ironisch-satirische Aspekt bleibt weitgehend unberücksichtigt und weicht der Konzentration auf die Erstellung eines steten Erzählgangs. Die Übersetzung hat das ›Journal littéraire‹, das vier Jahre zuvor in drei Folgen die Übersetzung der ersten fünfzehn im ›Teutschen Merkur‹ (V-VII 1774) erschienenen Kapitel der ›Geschichte der Abderiten‹ veröffentlichte, zur Vorlage. Aus dieser spricht ein gänzlich anderes Verständnis vom Umgang mit dem Text. Zusammenfassende Wiedergabe wechselt hier ab mit getreuer Übersetzung solcher Passagen, denen der Übersetzer aufklärerisches Gedankengut entnehmen kann. So gibt er den Dialog über die Schönheit anderer Hautfarbe, der die Idee der Relativität europäischer Maßstäbe und Moralbegriffe aufgreift (Diderot hatte zwei Jahre zuvor im ›Supplément au voyage de Bougainville‹ dieses Thema aufgeworfen), oder die Ausführung über die schlummernde Gefahr, die in den Gesetzen ruhe, genau wieder. Auch die Beschreibung des Schlaraffenlandes oder das Gespräch über den Zugang des Kindes zur Sprache der Natur, das sich Rousseauschem Denken nähert, werden genau angeführt. Das Bild Wielands als Aufklärer vom Rang eines Diderot, Voltaire oder Rousseau wird hier über die Textauswahl vermittelt. Die Vorlage wird respektiert. Die Forderung nach der Grundmaxime der *doctrine classique*, der von formulierten Dichtungstheorie der französischen Klassik bzw. des französischen Klassizismus, dem *plaire* und *instruire*, liegt der Bewertung gleichfalls weiterhin zugrunde.[53]

In der schon erwähnten ›Idée de la poësie allemande‹, die 1768 das Vorwort zu der Übersetzung ›Sélim et Sélima‹ darstellt, schreibt Claude-Joseph Dorat: »On a nommé les Poëtes Allemands les Peintres de la Nature, & l'on a eu raison à bien des égards«. Weiter führt er aus: [...] »la base de tout Ouvrage en vers est la raison« (15). Der Autor operiert hier mit zwei Idealbegriffen - »Natur« und »Vernunft« - der *doctrine classique*. Die von ihr geforderte Nachahmung der Natur steht für diejenige der antiken Autoren und wird gleichgesetzt mit der Vernunft und dem *bon sens*. Die antiken Vorbilder implizieren eine idealische Vorstellung von Natur und Nachahmung, die den Regeln der aristotelischen Poetik verpflichtet ist. Am Beispiel von Dorats Umgang mit

---

53 Vgl dazu Martin BRUNKHORST: Vermittlungsebenen im philosophischen Roman: ›Candide‹ [Voltaire], ›Rasselas‹ [S. Johnson] und ›Don Sylvio‹ [Wieland]. In: Arcadia 14 (1979), S. 133-147; hier S. 134. Seiner Ansicht nach ist sie, dies gilt bis ins 18. Jahrhundert, eine der wenigen Möglichkeiten, auch die Romantheorie an die antike Poetik zu binden, da die formale Offenheit des Romans kaum eine andere verpflichtende Maßgabe zuläßt

Wielands Text zeigt sich, daß im Wandel der Dichtungstheorie vom 17. zum 18. Jahrhundert bzw. im Verlauf des 18. Jahrhunderts weniger diese Begriffe selbst einer Veränderung unterlagen als vielmehr ihre inhaltliche Füllung. Die Widersprüchlichkeiten bei der Zuordnung inhaltlicher und formaler Eingriffe der Übersetzer zu einer Übersetzungstheorie in der Besprechung der Romane lassen sich weitgehend hierauf zurückführen. Obgleich über weniger Spielraum verfügend als der Roman, läßt auch eine Gattung wie das Versepos, welches formal an die Nachahmung der Antike gebunden ist, Rückschlüsse auf einen Wandel der dichtungstheoretischen Begriffe zu.

Dorat klassifiziert seine Übersetzung im Titel als »Imitation«. Um eine freie Nachdichtung handelt es sich augenscheinlich. Als Beispiel genügen folgende Verse, die die Heilung des blinden Selims durch seine Geliebte Selima beschreiben:

Sie raft sich auf, umarmt ihn frölich bebend
Und drükt die Blätter auf sein Auge; Gleich
Entweicht das Häutchen, und sie tritt zurück.

Im Französischen wird daraus:

Le cœur entre la crainte & l'espoir palpitant,
La tendre Sélima, qui compte chaque instant,
Ose enfin de la plante éprouver la puissance.
Sur les yeux de Sélim par des soins bienfaiteurs
Elle exprime en tremblant le philtre salutaire;
C'est l'amour qui conduit la main de la Bergère;
Les zéphirs pesent plus en courant sur les fleurs,
L'épreuve réussit, la membrane se brise.[54]

Die Übertragung reicht vom Wortreichtum bis zur Emphatisierung. Dies liegt nicht zuletzt daran, daß Dorat zuweilen in Wieland weniger den Poeten als den Moralisten sieht, in dessen Oden zuviel Vernunft liege, als daß sie nicht von einer gewissen Kühle zeugten. Doch geht es Dorat wesentlich um Nachbildung des Charakters, der Anmut, der »zarten und lebendigen Farbe« des Originals. Er bezeichnet den Autor als erfüllt von einer »Tiefgründigen Sensibilität«, die er in der deutschen »Schule des Genies« mit Tugend und Vernunft gepaart findet (32). Dorats Vorstellung vom »Maler der Natur« liegt nicht mehr der Naturbegriff der Regelklassik zugrunde. Er wird ersetzt durch den-

---

54 S. 294/50, dt. zit nach: Poetische Schriften des Herrn Wieland. Zürich 1762.

jenigen Rousseaus (der Autor wird zum Vergleich herangezogen), der wohl ebenfalls idealisch ist, aber insofern als er die Natur als zwanglos und ursprünglich begreift. Die Übertragung Dorats fand in einem Brief an Sophie von La Roche Wielands Beifall als »die einzige gute Übersetzung [...], die jemals von etwas, das aus meiner Feder kam, gemacht worden«. Anläßlich der Übersetzung von ›Musarion‹, einem Werk, welches Wieland besonders am Herzen lag, äußert er im gleichen Brief:

> Hätte Dorat mich im Original lesen und völlig verstehen können, so wäre er, und er allein, der Mann gewesen, der *Musarion* und andre Werke dieses Schlags von mir hätte übersetzen können.[55]

Wieland begründet dies mit Dorats Fähigkeit zur Wiedergabe der »Anmut des Ausdrucks, des Stils und der Metrik«, die drei Viertel des Wertes des Originals ausmache.[56] Hierin liegt eine Forderung an den Übersetzer, die mit dessen herkömmlicher Aufgabe, entweder gänzlich hinter das Werk zurückzutreten, oder das Werk im Sinne einer Dichtungstheorie korrigierend wiederzugeben, nichts mehr gemein hat: Nachdichten meint hier mittels des eigenen Genies neu zu schöpfen. Dies führt geradewegs zu Diderot, der daraus die Konsequenz ziehen wird, daß Übersetzung nicht möglich ist, und der in der Folge die Übersetzung eines Wielandschen Werkes ablehnen muß. Dorats Übertragung erhält kurz nach ihrem Erscheinen eine Besprechung in der ›Année littéraire‹ VIII (1768). Der Verfasser spricht sich lobend über die Erzählung aus, führt dies aber vor allem auf das Talent Dorats zurück. Wiederum in der ›Année littéraire‹ wird 1771 ›Les Graces & Psyché entre les Graces‹ in der Übersetzung von Junker sehr schlecht besprochen: »Cet ouvrage, Monsieur, ne sera pas mis à coté de celles des productions de M.Wieland, qui lui ont acquis une si haute réputation.« Der Rezensent bemerkt, daß die Dichtung nicht pikant und nicht geistreich genug sei, vor allem störten aber die häufigen Anreden des Autors an Danae. Immerhin läßt der Rezensent gelten, daß diese stilistischen Fehler in der Übersetzung begründet sein könnten. Dann aber hätte der Übersetzer verbessernd eingreifen müssen. Die im gleichen Jahr erschienene Nachdichtung des Werkes von D'Ussieux tut dies: Das Eingangs-

---

55 Der Forschung liegen bisher keine weiteren Übersetzungen von ›Selim und Selima‹ vor. Folgt man Wielands Aussage, daß Dorat ihn nicht im Original lesen konnte, müßte es sich bei seiner Übersetzung um eine solche »aus zweiter Hand« gehandelt haben. Dies würde natürlich ebenfalls Abweichungen erklären.

56 Vgl. den Brief vom 16. Februar 1785, zit. nach Alan MENHENNET: Wieland and Dorat. A Footnote to the History of Franco-German literary relations in the 18th Century. In: Modern Language Review 78 (1983), S. 862-868; hier S. 862 f.

kapitel an Danae sowie weitere Kommentare des Autors entfallen, überall wird gekürzt und gestrafft. Wiederholt entscheidet sich der Übersetzer für moralisierende Lösungen. So wird beispielsweise aus:

> Sie irrten, [...] das Weib mit ihren Kleinen / Nach Affenweise behangen; und sank die Sonne, so blieb / Ein jedes liegen, wohin der Zufall es trieb. / Der Baum, der ihnen Schatten gab, Warf ihre Mahlzeit auch in ihren Schoos herab; / Und war er hohl, so wurde bei Nacht / Aus seinem Laub ihr Bett in seine Höhe gemacht.

im Französischen:

> Il protégeoit ses enfans / Suspendus au sein de leur mere; / Il assuroit leur repos, / Soutenoit leur faiblesse, / Et les préservoit des maux / Que depuis ce bel âge enfanta la molesse. // Au coucher du soleil, sur un lit de feuillage, / Chacun goûtoit les douceurs du sommeil, / Ils avoient tout en partage / Ils avoient la liberté / Et le nom d'esclavage / N'étoit pas encore inventé.

Dennoch behauptet der Übersetzer in dem an Wieland adressierten Vorwort, bescheiden hinter diesen zurücktreten zu wollen: »Si l'imitation très-libre que j'en ai faite est inférieure à l'Original, c'est que les Graces et les Muses n'inspirent pas tous ceux qui les invoquent.« Die Diderotsche Kritik richtet sich im gleichen Jahr gegen die ganz in Prosa gestaltete Fassung Junkers: »Cela n'est pas mal traduit du tout; mais je deviens vieux, très-vieux apparemment puisque je ne saurais plus me repaître de ces bagatelles.« Später heißt es gar: »Et puis, en général, il y a dans tous ces ouvrages trop de roses, de jasmin, de bouquets, et pas assez d'idées et de finesse.« Dieses harte Urteil läßt sich relativieren. Diderot räumt zugleich ein: »Si je me propose d'écrire en latin, en français, en italien, en anglais, je sens en moi-même que le choix de la langue influe sur le choix de mes idées.«[57] Dazu schrieb er in den ›Lettres des sourds et des muets‹ 1751: »Je croyais, avec tout le monde, qu'un poëte pouvait être traduit par un autre: c'est un erreur et me voilà désabusé.« Selbst wenn es möglich ist, einen Gedanken wiederzugeben oder das Äquivalent eines Ausdrucks zu finden, so muß doch das, was Dichtung ausmacht, nämlich

---

57 Denis DIDEROT: Œuvres complètes. Hg. von ASSÉZAT-TOURNEUX. Paris 1875-1877, Bd.VI, S. 426-427.

L'emblème délié, l'hiéroglyphe subtil [...] qui dépend de la distribution des longues et des brèves dans les langues [...] de la distribution des voyelles entre les consonnes dans les mots de toute langue [...][58]

in einer Übersetzung notwendigerweise verloren gehen. Denn derjenige, dem die Einsicht in dieses »hieroglyphische Sprechen« nicht gegeben ist, wird die Sprache als bloßes Material begreifen. Diese Einsicht aber verlangt »génie«. Da jedoch das »génie« etwas Naturgegebenes, Individuelles und nicht Wiederholbares ist, ist die Transformation von Dichtung als Einheit von »génie« und »matériel« in eine andere Sprache nicht möglich.[59] Mit dieser Ansicht, die den Rahmen jeglicher Dichtungstheorie sprengt und die in der Praxis zu größerem Respekt vor der Schöpfung eines Individuums und damit zu genauerem Übersetzen führt, ließe sich ein Teil des Vorbehaltes gegenüber der Dichtung Wielands erklären. Außerdem gesteht Diderot zu:

Il y a de la naïveté, de la finesse, de la volupté, de la vérité et de la grace dans son ouvrage [...] Peut-être cela est-il délicieux en vers; mais en prose ce n'est pas tout à fait la même chose. La prose est un habit qui va mal aux êtres poétiques.

Friedrich Heinrich Jacobi berichtet Wieland zwei Jahre später anläßlich des Besuches von Diderot:

Sie, mein liebster Wieland, sind ihm [...] ein ausgemachter Atheist und folglich ein ächter Philosoph. Er betheuert, ganz Paris urtheile ebenso.[60]

Christoph Martin Wieland in Frankreich - ein »Fall«, der die rezeptionsästhetische Theorie widerlegt, wofern diese behauptet, daß ein Autor für einen bestimmten, und das meint in der Regel »kon-nationalen«, Erwartungshorizont schreibt. Wieland ist als Ausnahme von der Regel des Schemas Jaußscher Prägung ein aufschlußreicher Gegenstand der rezeptionsästhetischen und -geschichtlichen Betrachtung. Deren Ergebnisse gehen über die Untersuchung eines einzelnen Rezeptionsfalls, der für sie nurmehr Paradigma ist, hinaus. So vermögen wohl auch die Vorwürfe, die Etikettierungen, die Wieland von seinen Zeitgenossen in Deutschland gemacht werden, vom Epigonalen bis zum verderblichen Geist der Unphilosophie, Irreligiösität, Unhistorie und Unsitt-

---

58 Beide Zitate ebd. Bd. I, S. 376.
59 Vgl. ebd. Bd. I, S. 383 und Bd. XV (Génie), S. 37.
60 In dem Brief vom 5. Oktober 1773, WBr 5, S. 171. Vgl. Roland MORTIER: Diderot in Deutschland. Stuttgart 1967, S. 54.

lichkeit viel über die Situation des ausgehenden 18. Jahrhunderts in Deutschland und ihre Differenz zu Frankreich auszusagen. Im Verlauf der Rezeption Wielands in Frankreich läßt sich der unterschiedliche philosophische, moralische und - für die Zeit vor der Französischen Revolution vor allem ästhetische - »Erwartungshorizont« des ausgehenden 18. Jahrhunderts in Frankreich und Deutschland skizzieren. Dabei erweist sich, daß Wielands Werk zunächst da auf den fruchtbaren Boden des Interesses fällt, wo in ihm seine »Wahlverwandschaft« mit dem französischen Geist des 18. Jahrhunderts zum Ausdruck kommt.

Man liest Wielands philosophische und moralische Ideen aus seinen poetischen Werken; seine theoretischen Schriften kennt man nicht. Vor der Französischen Revolution ist als vorrangige Maßgabe der Dichtungstheorie immer noch das *plaire et instruire* mit seiner Forderung nach der *imitatio naturae* gültig. Daß sich dabei die inhaltliche Füllung des Begriffs »Natur« verändert, der Begriff im Jaußschen Sinne »umbesetzt« wird, geht aus den Übersetzungen und ihrer Kritik deutlich hervor. Diese Zeit vor dem Ausgang des 18. Jahrhunderts ist vor allem diejenige der didaktischen Dichtungsformen.[61] Auch Wieland zufolge sollte die Dichtung nicht nur »lebhaftes und mannigfaltiges Ergötzen« hervorbringen, sondern zugleich den Leser »mit allem dem, was in der That schön und vollkommen ist, bekannt machen« und seinen Geschmack verbessern. Dies fand Ausdruck in seiner Vorliebe für den philosophischen Roman. In Frankreich wurde der heroisch-galante Roman des 16. und 17. Jahrhunderts im 18. Jahrhundert heftig befehdet. Nicht nur sein Fiktionalismus, d.h. sein Streben nach Wahrscheinlichkeit, die sich mit »dem, was sein soll«, nicht mit »dem, was ist«, begnügt, und die galante Gesinnung wollten nicht mehr im Einklang mit der Aufklärung stehen, sondern auch seine Länge. Der Roman des 18. Jahrhunderts sollte alle Weitschweifigkeit vermeiden, nicht zuletzt um neuen Ansprüchen einer veränderten Leserschaft zu genügen.[62] Der Marquis d'Argens formuliert 1736 zwei Aspekte: »On a réduit depuis quelque temps les romans et les histoires galantes au point de devenir utiles pour l'instruction du coeur et de l'esprit.« Und: »on a fait, disje, succéder à ces idées gigantesques le Naturel, et le Vraisemblable.«[63] Hier meint Wahrscheinlichkeit Naturwahrheit, im Sinne von »dem, was ist«, nicht »dem, was sein soll«. Crébillon fils will gar aus dem Roman die nützlichste

61 Vgl. dazu BRUNKHORST (Anm. 53), S. 133.
62 Vgl. dazu Werner KRAUSS: Zur französischen Romantheorie des 18. Jahrhunderts. In: H. R. JAUSS (Hg.): Nachahmung und Illusion. München 1964 (= Poetik und Hermeneutik 1), S. 60-71, hier S. 60.
63 Le menteur cavalier, Avertissement, zit. nach KRAUSS (Anm. 62), S. 61.

aller Gattungen machen, indem man ihn zum *tableau de la vie humaine* umgestaltet. Wie Werner Krauss darstellt, wird diese theoretische Hinwendung zur realistischen Darstellung durch die Praxis nicht bestätigt. Das Bedürfnis nach Aktualität kann nur in der Verschleierung einer exotischen Handlung oder eines orientalischen Apologs befriedigt werden; Kritik an der herrschenden Gesellschaft ist nur in Distanz zur Gegenwart möglich. Nach der Frühaufklärung entsteht so der philosophische Roman. Der Wielandsche Roman bedient sich dieses Schemas. In der französischen Übersetzung läßt sich unter dem Mantel des zumeist antiken Stoffes das aufklärerische Potential des Werkes ohne große Gefahr tradieren und verschiedenen Ansätzen der Aufklärung gemäß interpretieren. Darüber hinaus ermöglicht eben diese Stoffwahl die Nutzbarmachung im Sinne einer klassizistischen Ästhetik, deren Vertreter sich den jeweiligen Roman aus der Haltung eines französischen Kulturimperialismus heraus anverwandeln. Dies erhellt die Rezeptionsfreudigkeit seiner französischen Übersetzer und Leser. Schon die ersten Zeugnisse der Wahrnehmung Christoph Martin Wielands in Frankreich lassen auf ein Verständnis des Dichters als Aufklärer schließen. Fürchtete er noch 1767 um seine Anerkennung - er schrieb an Zimmermann: »Wenigstens wäre mir's tausendmal lieber, den Parisern durch den Agathon bekannt zu werden, als durch meine Jugend-Gedichte«[64] -, war ihm doch kurz nach Erscheinen des Buches der Name »Auteur de l'histoire d'Agathon« gewiß. Während Wieland nach seiner Abwendung vom Seraphischen in Deutschland als Opportunist und Epigone bezeichnet wurde, galt er in Frankreich fortan als *philosophe*. Wohl war noch lange Zeit die Aneignung seines Werkes undenkbar ohne veränderndes Eingreifen der Übersetzer und Kritiker. Zu sehr waren diese Gefangene der Tabus der *bienséance*. Es fehlt den Übersetzungen in der Regel an Ironie, Humor, vieles wird simplifiziert. Vorurteile und die französische Kulturüberlegenheit sprechen immer wieder durch die Übersetzungen und Kritiken. Gleichwohl bemühte man sich aber von Anbeginn um originalgetreue Darstellungen, und bald bedurfte die Auseinandersetzung mit dem Dichter keiner dichtungstheoretischen Rechtfertigung mehr.

Wenngleich die Worte vom »Voltaire des Allemands«, die die Wieland-Rezeption leitmotivisch durchziehen, eher als sprichwörtlich gewordene Bezeichnung denn als das Ergebnis ernsthafter vergleichender Forschungen zu verstehen sind[65] - in einer Zeit, in der die Literaturkritik noch in ihren Anfän-

---

64 Am 19. März, WBr 3, S. 436. Vgl. JASPERT (Anm. 21), S. 34.
65 Wer diesen Beinamen, von dem sich Wieland stets bescheiden distanzierte, prägte, und wann dies geschah, läßt sich schwerlich zurückverfolgen. Herder schrieb 1796, daß man Wieland sehr frühzeitig

gen steckt, gehen Rezensionen selten über enthusiastische Beifallsbekun-
dungen und »Schubladencharakterisierungen« hinaus -, mußten sich bereits
den zeitgenössischen französischen Rezipienten Paralelen offenbaren.
Hermann August Korff nennt als solche die Tatsache, daß beide aus Geschmack Klassizisten gewesen seien, die Form, in der sie bei der breiten Masse
der Gebildeten für die Aufklärung Propaganda gemacht hätten, und den
heiteren Skeptizismus.[66] Die Bekämpfung des religiösen Fanatismus und der
Intoleranz ist hier sicher nicht zuletzt hinzuzufügen. Und Wieland teilte
neben der Strategie, philosophische Wahrheiten in klassizistischem Gewande
zu verbergen, wie René Wellek von Voltaire behauptet, »some views of the
party of the Moderns against the Ancients«.[67] Wie die Anhänger der
Modernen in der berühmten Literaturdebatte des 17. Jahrhunderts lehnte er
in gewisser Weise den Vorbildcharakter der antiken Autoren zugunsten der
zeitgenössischen ab. Dies äußerte sich in einem Antike-Bild, das von dem der
deutschen Klassik stark abweicht. Wieland konnte dem von Winckelmann
geprägten Bild der Antike als etwas Herausragendem, Unvergleichlichem
wenig abgewinnen. Er mißtraute jedweder Art theoretischer Überhöhung und
verharrte auf dem von der Aufklärung bestätigten Standpunkt, daß sich die
Menschheit im wesentlichen gleichbleibe und daß sich alles wiederhole. Seine
Antike war die des Sokrates oder die des spätrepublikanischen und kaiserzeit-
lichen Roms, die aufgeklärte, zivilisierte, elegante, kurz, die moderne Welt des
Hellenismus und des römischen Kaiserreiches, die mancherlei Ähnlichkeit
mit seinem eigenen Zeitalter aufwies.[68] Dieses Bild gefiel in Frankreich, bis in
der ersten Hälfte des 19. Jahrhunderts mit Madame de Staël die deutsche
Kritik an Wieland dorthin gelangte. Beeinflußt von den Schlegels, war sie
entscheidend »geschmacksbildend«. Wieland findet in ihrem Buch ›De l'Allemagne‹ nicht ihre ungeteilte Zustimmung, und die Folge ist, daß dieser fortan
in der Gunst der französischen Kritiker sinkt. Die rechte Einschätzung
Wielands setzt sodann erneut nach dem Krieg von 1870/71 ein, in einer Zeit,
in der man Madame de Staëls ›De l'Allemagne‹-Idolatrie und deren Wertung-
en und Verwerfungen wiederum skeptischer beurteilte.

---

diesen Namen gegeben habe. In Frankreich hatte man bereits 1768, in der ersten Übersetzung des
›Agathon‹, die beiden Dichter nebeneinander gestellt. 1796 erwähnte der ›Magazin encyclopédique‹ in
der Notiz über Wieland, daß man ihm oft diesen Beinamen gegeben habe.

66 Vgl. Hermann August KORFF: Voltaire im literarischen Deutschland des 18. Jahrhunderts. Heidelberg
1917, S. 74; S. 485 ff.

67 René WELLEK: A History of Modern Criticism 1750-1959. London 1955-1966, Bd. 4, S. 31.

68 Vgl. dazu Manfred FUHRMANN: Nichts Neues unter der Sonne: Das Verdikt über Wieland und sein
Bild der Antike - von der Goethezeit bis heute. In: Frankfurter Allgemeine Zeitung vom 3.9.1986,
S. 34.

Man rückte Wieland in Frankreich ebenso wie in Deutschland in die Nähe zu Horaz, Ariost und Lukian, Cervantes und Sterne, Montesquieu und Voltaire, Helvétius und Shaftesbury, Rousseau und Diderot. Gleichwohl hat dies eine andere Ausrichtung als der in Deutschland damit verbundene Vorwurf des Plagiats und auch eine andere als die des Prinzips der »Mitte und Vermittlung«, der Versöhnung der Extreme oder der Zusammenfassung des europäischen literarischen Erbes als »gesellschaftlicher und geistiger Einheit«.[69] Sie läßt sich am besten mit den Worten Benjamin Constants: »froid comme un philosophe et léger comme un poète«[70] zusammenfassen. Wieland vereinte die Sensibilität, die die Franzosen vor allem in der deutschen Literatur zu finden glaubten, und den Vernunftglauben, für den das eigene Weltbild weiterhin stand. So verkörpert er wie kein anderer Dichter in ihren Augen die Versöhnung von Empirismus und Rationalität, von Sinnlichkeit und Vernunft.

---

69 Peter PÜTZ: Christoph Martin Wieland. In: Benno VON WIESE (Hg.): Deutsche Dichter des 18. Jahrhunderts. Ihr Leben und Werk. Berlin 1977, S. 354 f.; Fritz MARTINI: Christoph Martin Wieland und das 18. Jahrhundert. In: Festschrift Paul Kluckhohn und Hermann Schneider gewidmet zu ihrem 60. Geburtstag. Tübingen 1948, S. 243-265; hier S. 250.

70 Vgl. Benjamin CONSTANT: Journaux intimes [...]. Hg. von A. ROULIN u. C. ROTH. Paris 1952, S. 53.

Laura Auteri

DIE CHANCE DER ZWEISAMKEIT

Zur Erfahrung der Liebe bei Wieland

Über die Liebe wird im Deutschland des 18. Jahrhunderts häufig diskutiert,[1] gleichsam im Anschluß an die aus dem vorherigen Jahrhundert stammende Debatte über die Affektenlehre. Dabei durchkreuzen sich gegensätzliche Auffassungen, denen verschiedenartige Weltanschauungen zugrunde liegen.

So darf man, wenn auch pauschal, sagen, daß der aufklärerische Rationalismus - Ausdruck einer auf sich selbst vertrauenden Bourgeoisie - den der Liebeserfahrung innewohnenden Irrationalismus auf einen flüchtigen Moment zu beschränken versucht, der den geregelten Ablauf des täglichen Lebens keinesfalls stören darf. Sturm und Drang und Romantik hingegen betonen sehr stark gerade die irrationale Komponente der Erfahrung der Liebe, die auch der Auflehnung gegen die Sozialordnung dient.

Die Debatte über die Liebe geht aber - ob als Gefühl oder als Leidenschaft verstanden, ob zu beherrschen oder nicht - über die Antithese Rationalismus-Irrationalismus hinaus. Sie führt eine Vielfalt von Themen mit (die Rolle der Frau, die Auflösbarkeit der Ehe u.s.w.), über die man genauso heftig debattiert, und ist auch hinsichtlich der das ganze Jahrhundert kennzeichnenden Dichotomie zwischen Bewegung und Stille zu betrachten. Das Argument ist so weitläufig, daß man hier darauf nicht eingehen kann.[2] Soviel aber steht fest: Das Jahrhundert ist zwischen der pietistischen, Später Winckelmannischen Lobpreisung der Stille und dem faustischen Streben hin- und hergerissen. Mal kostet man die »Bewegung« aus, preist man sie, denn sie heißt Werden, Spannung der Lebenskraft. Mal wird sie als qualvoll erlebt, in ständiger Suche nach dem Ziel, der Rechtfertigung, der ersehnten Ruhe.

---

1   Ich verweise nur auf Paul KLUCKHOHN: Die Auffassung der Liebe in der Literatur des 18. Jahrhunderts und in der deutschen Romantik (1922). Tübingen 1966, und auf Denis DE ROUGEMONT: L'amour et l'occident. Paris 1939.
2   Vgl. dazu etwa Walther REHM: Götterstille und Göttertrauer. München 1951.

Auch Wieland kennt diesen Gegensatz. Schon in der ›Natur der Dinge‹ sucht er Ziel und Sinn der »Bewegung«, die er damals in Gott findet.[3] Doch die Suche nach Ziel und Stille bleibt ein Stützpfeiler der Wielandschen Persönlichkeit. Von diesen Überlegungen ausgehend wird hier u. a. das Thema der Liebe in Wieland angegangen, im Versuch, den Weg des Autors nachzuvollziehen.

Die Erfahrung der Liebe gehört zur Wielandschen Welt, von Werk zu Werk erfährt sie eine zwar häufig veränderte Darstellung, doch gewisse Merkmale kehren immer wieder. Zwischen den Deutungen der Kritiker gibt es größere Abweichungen als zwischen den Standpunktveränderungen, die der Dichter - trotz einer m. E. wesentlichen Kontinuität[4] - im Laufe seines Lebens vollzogen hat.

---

3 Vgl. Margit HACKER: Anthropologische und kosmologische Ordnungsutopien: Ch. M. Wielands ›Natur der Dinge‹. Würzburg 1989 (= Würzburger Beiträge zur deutschen Philologie, Bd. 3).

4 Im Anschluß an die Kritik der Romantiker wird Wieland im 19. Jahrhundert des Hedonismus und der Oberflächlichkeit beschuldigt; so etwa F. C. SCHLOSSER: Geschichte des 18. Jahrhunderts. Heidelberg 1823, S. 350 (zit. nach: Matthew G. BACH: Wieland's attitude toward woman and her cultural and social relations. New York 1922, S. XIV). Ähnlich auch Heinrich PRÖHLE: Lessing, Wieland, Heinse. Berlin 1877: Auf S. 79 behauptet er, Wieland hätte Stellung gegen die Mutterschaft bezogen. Noch Alfred SCHIER: Die Liebe in der Frühromantik. Marburg 1913, spricht von Wielands »laxer Moral« (S. 15). Bach »verteidigt« den Dichter (S. 49 f.) allerdings mit dem Argument, daß die griechischen Frauen entweder Hetären oder ruhmlose und unkultivierte Matronen waren, daher habe Wieland keine andere Wahl als die Hetäre gehabt, wenn er eine auf den Helden Einfluß ausübende Frau darstellen wollte. Zu Beginn unseres Jahrhunderts wird in ihm dann der Verteidiger der Familienwerte gefeiert - so eben Bach. Von dieser Position ausgehend wird in jüngerer Zeit vor allem in feministischen Kreisen der Hüter der familiären Welt kritisiert (vgl. Ruth DAWSON: Der Weihrauch, den uns die Männer streuen: Wieland and the Women Writers in the ›Teutscher Merkur‹. In: Christoph Martin Wieland. Hg. v. Hansjörg SCHELLE. Tübingen 1984, S. 225-250), während andere ihn wiederum als einfühlsamen und frühzeitigen Vertreter der »Frauenfrage« ansehen - so beispielsweise Wolfgang PAULSEN: Christoph Martin Wieland. Mensch und Werk in psychologischen Perspektiven. Bern/München 1975; ders.: Die emanzipierte Frau in Wielands Weltbild. In: Ders., Die Frau als Heldin und Autorin: Neue kritische Ansätze zur deutschen Literatur. Bern/München 1979, S. 153-174. Zum Thema vgl. auch Thomas C. STARNES: Wieland und die Frauenfrage - Frauen und die Wielandfrage. In: Wieland-Studien 2 (1994), S. 221-248. Tatsächlich blieb sich Wieland im Grunde m. E. immer treu, wenn auch manche Wandlungen unleugbar sind. Ich verzichte hier auf bibliographische Hinweise zum allgemeinen Problem der Wieland-»Metamorphosen«. Zur grundsätzlichen Kontinuität bezüglich des Themas »Liebe« sei nur an Paul KLUCKHOHN (Anm. 1) erinnert. Kluckhohns Urteil über Wieland ist allerdings noch zu sehr vom »Bann des Hedonismus« beeinflußt, doch zu Recht bemerkt er, daß Wieland zu allen Zeiten seines Lebens, bloß auf unterschiedlichen Wegen, »dem Vervollkommnungs- und Glückseligkeitsideale nachging« (S. 165). Mir scheinen auch diese Wege nicht so verschieden gewesen zu sein. Denn der »schwärmerische« Platonismus der ersten Jugend ist zwar durch eine »sinnliche« Periode abgelöst, doch durch die Anerkennung der menschlichen Schwächen sowie der sinnlichen Genüsse findet eine Art Säkularisierung und Verklärung statt, welche die Gültigkeit des Begriffs des menschlichen Glücks, der von der »Tugend« untrennbar ist, weiter bestätigt - allerdings ohne jegliche Strenge und moralische Pflicht. Dabei sind die Fragen von Liebe, Familie und Ehe von Anfang an bei Wieland vorhanden, nur ändern sich die Akzente im Laufe der Zeit, wie wohl bei jedem Menschen mit zunehmendem Alter. Anders Cäcilia FRIEDRICH: Zur Idee von Liebe und Ehe in Wielands ›Oberon‹. In: Wieland-Kolloquium. Halberstadt 1983. Hg. v. Thomas HÖHLE. Halle 1985, S. 85-

Die »sympathetisch« wirkende Anziehungskraft, die Liebe[5] heißt, ist nach Wieland für das menschliche Wesen sowohl körperlich[6] wie geistig eine naturgebundene Notwendigkeit.[7] So stark ist dieser menschliche »Zwang zur Liebe«, daß die Phantasie, wenn die Wirklichkeit enttäuscht, sie zu ersetzen weiß. Die jugendlichen Wielandschen Helden (meistens junge Männer, aber auch junge Frauen und schließlich Wieland selbst in seinen Jugendjahren) »lieben« oftmals, da sie die eigene Einsamkeit[8] als unerträglich empfinden, noch bevor sie überhaupt das Objekt ihrer Liebe gefunden haben.[9] Es ist eine Liebe, wie Paulsen bemerkt, nicht »auf den, sondern vor dem ersten Blick«.[10]

Doch ist dieses Gefühl »wahre« Liebe? Das ist sicher keine Frage für die Jugend, die an den sie bewegenden Leidenschaften nicht zweifeln kann. Wieland aber fragt sich recht früh, ob es nicht vielmehr eine Verliebtheit in die Liebe sei, die die Herzen so bewegt, denn die Liebe kann vom realen Gegenstand, auf den sie sich bezieht, nicht absehen: »Was mich betrog, war nicht mein Herz; unser Herz kann uns, glaube ich, nie betrügen; sondern die über-

---

100. Die Autorin behauptet, daß sinnliche Liebe »als erster und ursprünglicher Trieb der menschlichen Natur und das Problem der Ehe, der Familie, einen wichtigen Platz« nur in den späten Werken, allerdings »auch schon in ›Oberon‹« einnehmen (S. 87).

5 Liebe ist zwar kein einheitlicher Begriff (vgl. ›Aristipp und seine Zeitgenossen‹, C[Ir], Bd. 35, I. Buch, 12. Brief) - und Zweck dieser Arbeit ist, ihre mitunter verschiedenen Aspekte zu differenzieren -, in ihrem »höchsten Grad« ist sie jedoch für Wieland ein Gefühl, das über das bloße Verhältnis zwischen Mann und Frau hinausgeht und sich als leibnizsches Bindeglied des Universums darstellt. Dazu auch KLUCKHOHN (Anm. 1), S. 167, der in Wielands Auffassung der Liebe den allbelebenden Trieb, die Kraft der Natur erkennt. Vgl. auch SCHIER (Anm. 4), S. 13.

6 So ist etwa in ›Gandalin‹, C[Ir], Bd. 21, S. 18-19, wie noch in verschiedenen anderen Werken, der wiederkehrende Frühling daran schuld, daß man Liebe braucht und lieben will.

7 Vgl. etwa den Prolog zu ›Gandalin‹, ebd., S. 3-8.

8 In ›Koxkox und Kikequetzel‹ (1769), C[Ir], Bd. 14, S. 11, wird der Begriff der Einsamkeit dadurch gesteigert, daß Koxkox anscheinend der einzige überlebende Mann ist. Und sogar Prometheus (Pandora. Ein Lustspiel mit Gesang [1779], C[Ir], Supplemente Bd. 5, S. 10) beklagt sich gerade über die eigene Einsamkeit, kurz bevor er Pandora trifft.

9 »Sein Glück ist zwar nur Fantasie, / Allein es füllt den Platz der Wahrheit die ihm mangelt,/ [...] So nährt die Fantasie den süßen Liebesbrand« (Clelia und Sinibald [1783-1784], C[Ir], Bd. 21, S. 195). Beispiele für solche Liebe lassen sich häufen. Man denke an Don Sylvio, der sich in das Mädchen des Bildes verliebt; an Osmandyas, der für die Statue entflammt, die er im geheimen Arbeitszimmer des Vaters entdeckt; an Idris, der sich in die Statue verliebt, die Zenide darstellt; an Hüon, der sein Herz dem ihm im Traum erschienenen Mädchen schenkt, der Rezia, der Sultanstochter, die sich ihrerseits auch im Traum verliebt. Oder an Amadis, den Helden, der »[...] lange die Welt Berg auf Berg ab / Durchzog, das Gegenbild von einem Schönen zu finden, / Die aus dem Reich der Ideen herab / Gestiegen war, sein junges Herz zu entzünden, [...]« (Der neue Amadis, I, 1, C[Ir], Bd. 4, S. 3). Auch Glycerion liebt schon Menander, als sie nach Athen kommt, ohne ihn zu kennen, denn sie hat seine Gedichte gelesen und geschätzt.

10 PAULSEN: Die emanzipierte Frau (Anm. 4), S. 154.

eilte Wahl des Gegenstandes, die eine Folge meiner Unerfahrenheit und Dumpfheit war [...]«,[11] urteilt zu Recht Glycerion.

Jenes starke, doch verblendende Gefühl ist »Schwärmerei« des Geistes, welches eben »der natürliche Zustand der unbefriedigten Liebe in der Einsamkeit«[12] ist. Denn eine gewisse Art der Einsamkeit[13] ist zwar die beste Voraussetzung, um mit sich selbst ins reine zu kommen und die ersehnte Ruhe des Gemüts zu erlangen, doch die Einsamkeit schlechthin steigert die Gefahr, Melancholiker zu werden und somit zur Schwärmerei zu neigen - was für junge Leute eben in erster Linie bedeutet, sich zu verlieben und dabei alles andere zu vergessen.[14]

Wieland trennt im Grunde im Laufe der Zeit, ohne deswegen auf begriffliche Unterscheidungen zurückzugreifen, sehr klar die beiden Momente, die die moderne Psychologie als verschiedene Stadien der Liebeserfahrung zu scheiden lehrt, nämlich die Verliebtheit und die Liebe. Eigentlich braucht man nicht so lange zu warten, behauptet doch 1774 Theodor Gottlieb von Hippel: »Man kann lieben, ohne verliebt zu seyn, und ist gleich diese Liebe kaltblütig, so ist sie doch dauerhaft.«[15] Wieland aber ist Kaltblütigkeit etwas völlig Fremdes, Herzlichkeit und Stärke der Gefühle müssen mit Standhaftigkeit gepaart sein. Falkenberg behauptet zwar (›Die Liebe ohne Leidenschaft‹), »daß wahre Liebe keine Leidenschaft, sondern bloß das reine und ruhige Verhältniß zweyer von der Natur zusammengestimmter Gemüther sey«, seine »Kaltblütigkeit« wird aber schnell und sicher von der Frau besiegt, die sich bemüht, »ihm die *Liebe ohne Leidenschaft*, wozu er sich gegen sich selbst und gegen sie verbindlich gemacht hatte, zu erschweren«.[16]

Denn schließlich gebührt dem Verliebtsein, wie jeder Art von Schwärmerei,[17] sein positiver Anteil. Jener Zustand - nach Wielands Worten »welch ein

---

11 Menander und Glycerion (1804), 39. Brief, C^{lr}, Bd. 39, S. 134. Vgl. auch Wolfgang JAHN: Zu Wielands späten Romanen ›Menander‹ und ›Krates‹. In: Christoph Martin Wieland. Hg. v. Hansjörg SCHELLE. Darmstadt 1981, S. 322-327, hier: S. 327. Allerdings sieht Jahn in diesen Romanen Belege für Wielands angebliches Lob der Liebe ohne Leidenschaft, womit ich nicht einverstanden bin (s. unten).

12 Krates und Hipparchia (1805), 35. Brief, C^{lr}, Bd. 39, S. 305.

13 Hier im Sinne eines zurückgezogenen Lebens inmitten der Natur, es ist das Ideal des ›Tusculanum‹ bzw. ›Sabinum‹ im Gegensatz zum mondänen Leben.

14 Zur negativen Prägung der Einsamkeit, die zur Melancholie und Schwärmerei führt, und zur diesbezüglichen Kritik seitens der Aufklärer vgl. Hans-Jürgen SCHINGS: Melancholie und Aufklärung. Melancholiker und ihre Kritiker in Erfahrungsseelenkunde und Literatur des 18. Jahrhunderts. Stuttgart 1977.

15 Theodor Gottlieb VON HIPPEL: Über die Ehe. Zit. nach der Ausgabe Berlin 1828, S. 186-187.

16 Die Liebe ohne Leidenschaft. In: Das Hexameron von Rosenhain (1805), C^{lr}, Bd. 38, S. 309 f.

17 Bekanntlich unterscheidet Wieland in Anlehnung an Shaftesburys ›Letter concerning Enthusiasm‹ (1708) zwischen Schwärmerei und Enthusiasmus und erkennt letzterem die Fähigkeit zu, dem Men-

Zustand, wenn er dauern könnte!«[18] - ist nämlich fähig, jene beneidenswerte, trunkene Vereinigung der Seelen zu bewirken, von der Petronius spricht und die zum Wachstum und zur Bereicherung des Menschen beiträgt.[19] Doch das ist ein Zustand, der eben nicht lange währt. Verliebtsein ist eine alles bestimmende Gefühlslage, die gerade ihres Charakters wegen in sich ihre Auflösung trägt. Für diese »brennende Liebe« gibt es keine Gewißheit auf ewig; es heißt also vorsorgen, um nicht in eine zerstörerische Zwiespältigkeit des Gefühls zu verfallen - und auch um Raum für andere Gefühle und Gedanken zu schaffen.

Allerdings gehört für Wieland zum Wesen der Verliebtheit unzertrennlich auch die »sinnliche Liebe«,[20] die in seinem Werk eine wichtige Rolle spielt, wofür er, vor allem in der Vergangenheit, scharf angegriffen wurde. Schon der Göttinger Hain sah in ihm den »Priester der Geilheit«,[21] der Sturm und Drang und die Romantiker, in Verkennung der Wielandschen Nuancierungen, warfen dem »undeutschen« Dichter Leichtfertigkeit und Oberflächlichkeit als Ausdruck einer aristokratischen Dekadenz vor. Wielands Verteidigung der sinnlichen Liebe ist aber zuerst einmal als Stellungnahme gegen die heuchlerische Prüderie des bürgerlichen Mittelstandes zu verstehen. Der Dichter wertet sie als völlig »normale« menschliche Haltung. Es sei vielmehr das »Hirngespinst der platonischen Seelenliebe«, das Verhaltensweisen fordert, die widernatürlich seien.[22] So prahlt Peregrinus vor Faustinen mit seiner angeblich erworbenen Fähigkeit, der Fleischeslust widerstehen zu können, aber er muß eine beschämende Niederlage einstecken, wenn Faustina zu ihren bewährten Künsten greift, um ihn zu verführen; das gleiche widerfährt Agathon mit

---

schen aus den eigenen Grenzen herauszuhelfen (vgl. WIELANDS Zusatz des Hgs. zu [L. Meister]: Auszüge aus einer Vorlesung über die Schwärmerey. In: Teutscher Merkur 1775, IV, S. 151-155).

18 Geschichte des Agathon, V. Buch, 8. Kap., C[r], Bd. 1, S. 265. Daß dieser Zustand nicht dauern kann, wird öfter auch anderswo betont, vgl. etwa ›Koxkox und Kikequetzel‹ oder ›Der neue Amadis‹.

19 Ähnliche Gedanken finden sich auch in Platons ›Symposium‹, von dem weiter unten noch die Rede sein wird.

20 Darin ist er zwar mit dem Sturm und Drang und den ersten Romantikern einer Meinung, doch wird ihm von diesen vorgeworfen, daß die Protagonisten seiner Werke nicht aus innerer Bewegtheit handelten, sondern nur spielten. Vgl. auch KLUCKHOHN (Anm. 1), S. 172, der mit den Romantikern meint, Liebe sei für Wieland nur Sexualität, wobei der Naturtrieb kein Produkt starker Leidenschaft, sondern »lüsterner Phantasie« sei. Damit verkennt aber Kluckhohn, wie viele andere, die Spannungen, die psychologischen Hintergründe, die etwa einen Don Sylvio zum Verliebtsein führen. Wieland selbst, meint Kluckhohn weiter, habe »eine starke Liebe kaum je empfunden« (S. 169).

21 So Johann Heinrich Voss; vgl. Ernst METELMANN: E. Th. J. Brückner und der Göttinger Dichterbund. Ungedruckte Briefe und Handschriften (= Neue Quellen zur deutschen Geistesgeschichte des 18. und 19. Jahrhunderts VII). In: Euphorion 33 (1932), S. 341-420, hier S. 394. (Nendeln ¹1967).

22 Eine andere Einstellung ist nur in einigen jugendlichen Dichtungen zu verzeichnen, etwa im ›Lobgesang auf die Liebe‹ (1751), der aber von Wieland nicht in die Ausgabe letzter Hand aufgenommen wurde, oder etwa in ›Araspes und Panthea‹ (1758-1760), wo allerdings die körperliche Liebe dem moralisch zu verurteilenden Ehebruch gleichkäme (C[r], Bd. 16, S. 353).

Danae. Der weise Agathodämon gar, der sich zeitlebens Keuschheit gelobt hatte, fragt sich als nunmehr Neunzigjähriger, ob dies alles einen Sinn gehabt habe, und kann sein Bedauern darüber nicht verbergen, daß er sich einem Gesetz unterworfen hat, das er jetzt als unnatürlich empfindet.[23] Lediglich die platonische Liebe zwischen Agathon und Psyche hat eine Existenzberechtigung, wohl aber erst im nachhinein, wenn sie entdecken, daß sie Bruder und Schwester sind; ebenso die von Danae erzwungene platonische Liebe, indem sie sich weigert, Agathon zu heiraten: Denn sie ist Ausdruck eines Konflikts zwischen Liebe und Tugend in einer Gesellschaft wie der deutschen jener Zeit, in der es dem bürgerlichen Helden nicht gelingt, sich einzugliedern und zu handeln. Daher isoliert er sich in seiner Privatsphäre, die er aber gleichzeitig als Zwang und Beschränkung eines Teils seiner Persönlichkeit erfährt.[24] Doch bleibt dieser Kontrast, den die Gesellschaft nicht zu lösen vermag und der sich im zeitgenössischen deutschen Drama widerspiegelt,[25] eine Randerscheinung bei Wieland, der ihn in anderen Werken zu überwinden versucht. Denn die Liebe führt natürlicherweise dazu, daß man sich einander hingibt. Es liegt keinerlei Schuld in dem, was zwischen Hüon und Rezia geschieht, es ist vielmehr ein Zeichen von Menschlichkeit.[26] Die Auflage Oberons, daß Hüon und Rezia ihr Verlangen solange zügeln sollen, bis sie, nach Rom gelangt, vom Papst den Segen erhalten, erscheint als übertrieben. Eine so harte Bedingung beruht nicht auf den moralischen Gesetzen der Menschen, sondern auf dem Wutanfall eines Gottes, Oberons eben. Zornig auf den wiederholten Ehebruch der jungen Rosette, gibt er dem alten, blinden Ehemann, Gandolf, die Sehkraft wieder, damit er die ständige Untreue seiner Frau gewahr werde; doch Titania, Oberons Frau, ihrerseits auf den geizigen Gandolf böse, deckt mit einem magischen Nebel den jungen Nebenbuhler, so daß der Alte ihn nicht sieht. Oberon fühlt sich verraten und schwört, Titania nicht eher wiederzusehen, bis sich ein Paar ausfindig machen läßt, das sich im Herzen treu bleibt, auch wenn das Schicksal es auf lange Zeit trennt. Daher mischt sich dann der Halbgott, der selbst - die eigenen Worte bereuend - die Ereignisse steuern möchte, in das Leben Hüons und Amandas ein.[27] Dabei ist Wieland sicher

---

23 Agathodämon (1799), C^{lr}, Bd. 32, S. 77.

24 Vgl. Bianca Cetti MARINONI: Le due realtà. Milano 1983, S. 36 f. Der Gegensatz wird in der zweiten, skeptischeren Fassung des ›Agathon‹ deutlicher.

25 Vgl. Heinz BIRK: Bürgerliche und empfindsame Moral im Familiendrama im 18. Jh. Bonn 1964.

26 Vgl. Oberon (1780), VII, 25 f., C^{lr}, Bd. 23, S. 20: »[...] das allgemeine Loos / Der Menschheit, schwach zu seyn - ist mein Verbrechen bloß!« - »Ist *Lieben* Schuld, so mag der Himmel mir verzeihen!«

27 Vgl. den Gesang VI. C. FRIEDRICH (Anm. 4) behauptet aber: »Wielands Mißtrauen in die Tugend und Vernunft der Menschen äußert sich in dem Schwur Oberons« (S. 89). Doch auch sie erkennt, daß Oberon seine Strenge sogleich bereut. Wielands Mißtrauen ist zwar eine Tatsache, führt aber nicht

kein Vorreiter eines ungezügelten Erotismus, sondern vielmehr der Dichter, der von der Emotion, die sich aus einer unerwarteten Nähe ergibt, zu erzählen weiß.[28] Und daß dies das Vorspiel zu einer körperlichen Vereinigung sein kann, ist zwar »das *schwerste Abenteu'r der Tugend*«,[29] doch ist es vor allem ganz natürlich und unter moralischen Gesichtspunkten völlig unerheblich.[30]

Dies gilt allerdings nur unter Berücksichtigung einer schwerwiegenden, das ganze Werk durchziehenden Unterscheidung,[31] nämlich der zwischen Eros und Sex, *Eros* und *Pothos*, der reinen Liebe und der Begierde, worauf Wieland im ›Aristipp‹ näher eingeht. Bei Lais[32] wird eine Art »Gegen-Symposium« veranstaltet. Die Thesen des platonischen Dialogs werden untersucht. Antipater erklärt sich für den bei Platon von Pausanias getroffenen Unterschied zwischen Aphrodite Urania und Aphrodite Pandemos, was auf die Existenz zweier verschiedener Eros schließen läßt. Aristipp nennt die zweite Art *Pothos* und setzt gleich darauf den für ihn grundlegenden Unterschied auseinander: *Eros* ist die Liebe zum Schönen um seinetwillen, *Pothos* die Liebe zum Schönen, um es zu genießen und zu besitzen.[33] Er setzt dann zwar *Eros* über *Pothos*, bekennt allerdings gleich, keine Liebe ohne Begierde je gesehen zu haben, außer unter Verwandten und Freunden. Daß zur Liebe zwischen Mann und Frau auch die Begierde gehört, ist ihm daher »der Natur sehr gemäß«. Es scheint also, daß es nicht darauf ankommt, ob man sich auch körperlich liebt, sondern lediglich darauf, daß man, von dem durch Aphrodite Urania inspirierten Trieb bewegt, letztendlich doch nach dem Schönen und Guten strebe.

Daher muß die Intimität der Körper von der Übereinstimmung der Gefühle untrennbar sein. Und tatsächlich nehmen beide Momente eine herausragende Stellung in der ganzen erzählerischen Welt Wielands ein. »Es ist

---

    zum Moralismus. Die Schwachheit ist Teil des menschlichen Wesens, und sie beeinträchtigt schließlich nicht seinen Fortschritt.

28   Oberon, VI, 16, C¹ʳ, Bd. 22, S. 253.

29   Oberon, VI, 22, ebd., S. 256.

30   Es tut nichts zur Sache, daß Hüon und Rezia nach ihrem Beischlaf Keuschheit üben, bis sie nach Rom gelangen. Das heißt lediglich, daß sie zu einer »höheren« Art der Liebe übergegangen sind; die erste bewährt aber durchaus ihre Rechte. Man vgl. zum Thema auch etwa ›Koxkox und Kikequetzel‹.

31   Auf diesen Unterschied stößt man häufig. In ›Die Grazien‹ (1770), II. Buch (C¹ʳ, Bd. 10, S. 34) ist von zwei Amorn die Rede. Im ›Oberon‹ findet der Wutanfall des Gottes über die untreue Rosette wohl die Billigung des Dichters: Rosettes körperliche Liebe ist eben nur Sex. Im ›Nachlaß des Diogenes‹ wird die junge Freundin des Diogenes, Glycerion, als »schöne Seele« vorgestellt, weil sie gegenüber den ihr aufgezwungenen Liebhabern immer kühl blieb, doch als sie den Philosophen kennenlernt und sich in ihn verliebt, lebt sie mit ihm zusammen bis zu ihrem Tod, ohne daß dies verwerflich wäre.

32   Aristipp und einige seiner Zeitgenossen, C¹ʳ, Bd. 35, III. Buch, S. 149-193.

33   Vgl. auch Musarion (1768), II, 259 ff., C¹ʳ, Bd. 9, S. 59: »Und Amor, nicht der kleine Bösewicht / Den Koypel mahlt, ein andrer von Ideen, / Wie der zu Gnid, von Grazien umschwebt, / Ein Amor, der vom Haupt bis zu den Zehen / Voll Augen ist und nur vom Anschaun lebt, [...]«.

darum zu thun daß wir uns glücklich machen, / Und nur vereinigt kann dieß Weisheit und Natur«,[34] stellt Musarion fest - und der Dichter mit ihr.

Nur dann beginnt die »wahre« Liebe, die vom Wahn der Verliebtheit heilen und den Träumer dazu führen soll, die Geister der Phantasie zu vertreiben, um dem Einzelgänger zur Integration zu verhelfen.[35] Und das geschieht, wenn die Liebe sich »nach und nach aus den Sinnen in das Herz«[36] zurückzieht. Dann hört zwar auch der positive, enthusiastische Rausch des Verliebtseins auf, doch wahre Liebe hat nichts mit der Trunkenheit zu tun: »Gieb Dich gefangen! *Lieb' um Liebe*! / Und Freuden ohne Maß!«,[37] ist nicht ihr Wahlspruch, vielmehr stellt sie sich selbst und den anderen präzise Bedingungen. Oder sollte es zumindest tun, denn Wieland weiß wohl, daß man nicht immer Herr der eigenen Reaktionen ist, so oft man es sich auch vornehmen mag. Davon ist er schon in seiner Jugend überzeugt, so etwa in ›Araspes und Panthea‹.[38] Wieland schildert also - das sollte man nicht vergessen -, was seiner Meinung nach sinnvoll ist, aber im Bewußtsein dessen, daß es bei den meisten Menschen anders zugeht.

Auch in Werken der sogenannten »sinnlichen« Zeit ist deutlich, daß »wahre« Liebe als das Ergebnis der harmonischen Vereinigung von übereinstimmenden Gefühlen und sympathetischer Nähe zu betrachten ist. In ›Idris und Zenide‹ spricht ein Herz das andere an.[39] Im ›Neuen Amadis‹ verliebt sich der Held, er weiß selbst nicht wie, in die häßliche Olinde, die jedoch klug und weise ist. Es ist die »Sympathie«, die ihre Seelen aneinander fesselt. Im ›Agathon‹ heißt es, Buffon und alle diejenigen, die behaupten, daß »*das Fysikalische der Liebe das Beste davon sey*«,[40] irrten sich, vielmehr treffe Rousseau die wahre Essenz der Liebe, wenn er in der ›Nouvelle Héloïse‹ auf die Empfindungen der Seele Saint Preux' hinweist.

---

34 Musarion, III, 126 f., C^lr, Bd. 9, S. 88.
35 Vgl. dazu Ivar SAGMO: Über die ästhetische Erziehung des Eros. Zu Wielands Roman ›Don Sylvio de Rosalva‹. In: Text und Kontext 9 (1981), 2, S. 185-197.
36 Vgl. Koxkox und Kikequetzel, C^lr, Bd. 14, S. 69. Was nicht heißt, dies sei nochmals betont, daß die Sinnenliebe keinen Wert habe.
37 Gandalin, VIII, 137 f., C^lr, Bd. 21, S. 141.
38 Hier bezweifelt Cyrus die Vorsätze des »schwärmerischen« Araspes, der auch in der Strenge zu sich selbst zu Übertreibungen neigt: »Du glaubtest also, Araspes, die Liebe hange gänzlich von unserm *Willen* ab, und sey so gelehrig, jedem Winke der gebietenden Vernunft zu folgen [...]« (Araspes und Panthea, C^lr, Bd. 16, S. 192 f.). Das Thema wird ausführlich auch in anderen Werken, etwa im ›Aristipp‹, und zwar im oben zitierten ›Anti-Symposium‹, besprochen.
39 Idris. Ein heroisch-comisches Gedicht (1768); ab 1785 unter dem Titel ›Idris und Zenide. Ein romantisches Gedicht‹; vgl. z. B. III, 49, C^lr, Bd. 17, S. 151. Das Wort »Herz« kommt im Gedicht ohnehin sehr häufig vor.
40 Geschichte des Agathon, V. Buch, 8. Kap., C^lr, Bd. 1, S. 26 f.

114

Die geistige Übereinstimmung ist weiterhin die unabdingbare Voraussetzung für die Beständigkeit der Liebe, und darum geht es schließlich.[41] Wahre
Liebe ist von Dauer, oder sie ist keine. Zwar ist gerade der »*höchste Grad* der
Liebe«[42] dadurch gefährdet, daß die Sinne weniger Anteil als das Herz daran
haben, so daß man »über einem *neuen* Gegenstand den *alten*« vergessen kann.
Doch gilt es eben zu versuchen, beständig zu sein, denn nur so vergrößert sich
die Chance auf ein heiteres und emotionell reiches Leben.[43] Wem es nicht
gelingt, sein Liebesbedürfnis auf die gewählte Person zu fixieren, hat entweder
falsch gewählt und sich von der Phantasie leiten bzw. von einer blinden Verliebtheit in die Irre führen lassen, oder hat noch keine Selbstbeherrschung,
keine Ausgeglichenheit der Gefühlsregungen erworben.

Betrachtet man unter dem Gesichtspunkt der Rolle der Beständigkeit in
der Liebe erneut den ›Neuen Amadis‹, und vergleicht man ihn etwa mit ›Idris
und Zenide‹ - zwei zwar zeitlich nahe Werke, die jedoch anderen »Epochen«
zugeschrieben werden -, so stellt man fest, daß sich sowohl die *aventiure* von
Amadis als auch die von Idris durch eine absolute Treue gegenüber der idealen Frau, nach der die Helden suchen, auszeichnen. Und das, obgleich die
Abenteuer, die den Gang der beiden Helden begleiten - und die im ›Neuen
Amadis‹ recht zahlreich und freizügiger sind -, aus wiederholten erotischen
Abenteuern bestehen, die teils mit genüßlicher Pikanterie beschrieben werden.
Die Treue erscheint als einer der wesentlichen Züge der »wahren« Liebeserfah-
rung, und wenn auch die blinde Treue der beiden genannten Hauptfiguren
einer verstockten Beharrlichkeit und einem donquijotesken Verhalten nahe

---

41   Auch dafür gibt es bei Wieland zahlreiche Belege; vgl. etwa Pandora, C^{1r}, Supplemente Bd. 5, S. 1-76.
     Anderer Meinung sind etwa KLUCKHOHN (Anm. 1), S. 173, und SCHIER (Anm. 4), S. 14. Letzterer
     schreibt, daß bei Wieland »die Liebe [...] nicht dauern [kann], weil sie Illusion der Phantasie und der
     Sinne ist«. Die Liebe dauert, was nicht dauert, ist eben der schwärmerische Zustand der ersten Zeit, das
     Verliebtsein. Walter ERHART: Entzweiung und Selbstaufklärung. Christoph Martin Wielands ›Aga-
     thon‹-Projekt. Tübingen 1991, schreibt: »Noch der späte Briefroman ›Menander und Glycerion‹ (1803)
     verwandelt die erotische Leidenschaft der zwei Liebenden in eine distanzierte Kommunikation über
     die fehlgeschlagenen Illusionen einer völligen Transparenz und Gleichheit der Herzen« (S. 408). Ur-
     sache des Auseinandergehens der Protagonisten ist m. E. nicht, daß es überhaupt keine Liebe gibt, son-
     dern daß die Beziehung falsch begonnen hat. Tatsächlich beweist etwa der ein Jahr später geschriebene
     Roman ›Krates und Hipparchia‹, daß man sehr wohl zur Gleichheit der Herzen, zur Liebe gelangen
     kann.
42   Koxkox und Kikequetzel, C^{1r}, Bd. 14, S. 70. Hier auch das nächste Zitat.
43   In ›Über die von J. J. Rousseau vorgeschlagenen Versuche den wahren Stand der Natur des Menschen
     zu entdecken‹ (1770; C^{1r}, Bd. 14, S. 219) läßt Wieland Prometheus sagen, er habe den Mann so
     gemacht, daß er fähig sei, »seine Zuneigung an eine einzige Schöne zu heften«. Er setzt aber hinzu:
     »Nicht als ob ich mir eingebildet hätte, Geschöpfe aus Lehm und Wasser durch ein paar ätherische
     Funken, wodurch ich diesen schlechten Stoff veredelt hatte, einer ewigen Liebe fähig gemacht zu
     haben [...].« Doch der »Rausch« sollte wenigstens solange anhalten, bis beständigere Verbindungen ent-
     stehen. Was nicht dauert, ist im Grunde auch hier das Verliebtsein.

kommt, so ist dies lediglich dem märchenhaften und ironischen Charakter der Erzählung zuzuschreiben.

Von der Bedeutung der Beständigkeit ausgehend, wird man in Wielands Werk auch eine interessante Wendung des dem Märchen und dem Mythos entnommenen Motivs der »Prüfungszeit«, welches die der Liebeserfahrung innewohnende Spannung treffend wiedergibt, feststellen. Zunächst ist die »Prüfungszeit«, etwa in ›Idris und Zenide‹, im ›Neuen Amadis‹ oder noch in ›Gandalin‹, die Vorbereitung auf das spätere Zusammenleben, während der ein Partner oder gar beide oft jahrelang ein Zeugnis absoluter Treue trotz der unvermeidlichen Trennung ablegen müssen.[44] Die Macht des jugendlichen Drangs, der sich ganz der ersten und einzigen Liebe widmet, wird aber im Laufe der Jahre in Frage gestellt,[45] so sind dann Treue und Beständigkeit nicht mehr Bestandteile einer Vorbereitungsphase auf das Zusammensein, sondern vielmehr Stützpfeiler seiner Dauerhaftigkeit. Die Anstrengungen der Probezeit konzentrieren sich nicht mehr auf die Eroberung, sondern darauf, die Beziehung lebendig zu erhalten. Das heißt im Grunde nichts anderes, als den anderen auf Dauer glücklich zu machen - allerdings ist das keine allzu einfache Aufgabe. Dies gelingt jedoch Danischmend und seiner Frau oder - geradezu vorbildlich - Aristipp und Kleone. Ihr Geheimnis mag darin bestehen, daß sie ihren Mittelpunkt in sich selbst gefunden haben; daher, selbstlos geworden, sind sie stets bereit, die Bedürfnisse und Wünsche des anderen wahrzunehmen und auf sie einzugehen.[46]

Auch die Eifersucht trägt mitunter zur Beständigkeit bei. Als natürliche Empfindung ist sie legitim und darf als Leidenschaft nicht verneint, sondern muß nur in Grenzen gehalten werden. Es sind schließlich die Eifersucht und die beleidigte Eigenliebe, die Agathon dazu treiben, sich aus dem Zustand der

---

44 Musarion spricht deutlich von »Prüfungszeit«, als Phanias sie zum ersten Mal umwirbt (III, 154, C^{1r}, Bd. 9, S. 89), und auch im ›Oberon‹ ist das Unglück, das die Verliebten nach ihrem Beischlaf trifft, nach den Worten von Rezia-Amanda nicht als eine Strafe zu verstehen, sondern als eine Probezeit, der Oberon sie unterstellt (VII, 72, C^{1r}, Bd. 23, S. 46).

45 Die Satire wird in ›Clelia und Sinibald‹ am deutlichsten. Sinibald richtet zuerst seine Liebesbeteuerung an die falsche Frau, die Amme, die allerdings auch eine »Probe« verlangt, und dabei bloß »den Werth des Kleinods zu erheben« versucht (III, 306, C^{1r}, Bd. 21, S. 231). Später jedoch, als Sinibald sich endlich Rosette erklärt hat, verlangt diese von ihm eine »Probe«, die den Mann ins Heilige Land für lange Zeit versetzt, was sie selbst bald bereuen wird. Und so reagiert Sinibald auf Rosettes Verlangen: »Der Jüngling, aus den Wolken / Herab gefallen, stumm und bleich /Als hätt' ein Vampyr ihm die Adern ausgemolken, / Steht ganz vernichtet von dem Streich, / Den ihm die heilige Kathrine / Durch Röschens fromme Einfalt spielt. / Doch, was zu thun? [...] / Gut! ruft er endlich aus, du bist Gebieterin / Und ich dein Sklav: ich habe keinen Willen / Als, deinen Wunsch und selbst (verzeihe!) deine Grillen / Mit schweigendem Gehorsam zu erfüllen« (V, 240-257, C^{1r}, Bd. 21, S. 333 f.).

46 Zum Thema vgl. etwa im ›Aristipp‹ Lais' Brief an Musarion (›Aristipp und einige seiner Zeitgenossen‹, III. Buch, 26. Brief, C^{1r}, Bd. 35, S. 245-248).

Ermattung zu befreien und handelnd in die Welt zu treten.[47] Die unberech-
tigte Eifersucht ist gewiß »der ärgste Feind, der je sich aus der Hölle schlich«,[48]
doch solange sie nicht ausartet, kann sie sich der Beziehung als dienlich
erweisen. Beispielhaft dafür ist das Verhältnis zwischen Menander und Glycerion. Einer dauerhaften Zuneigung scheinbar unfähig, hintergeht Menander
Glycerion von Anbeginn und bleibt doch angesichts der Besonnenheit ver-
stört, mit der sie reagiert.[49] Sie ist spontan zur Vergebung bereit, was ihr später
selbst als unnatürlich und als ein Zeichen mangelnder wahrer Liebe
erscheint.[50]

An die Frage nach der Beständigkeit der Liebe knüpft eine andere damals
häufig debattierte Frage an, die nach dem unterschiedlichen Wert von Freundschaft und Liebe. In erster Linie Aufklärung und Empfindsamkeit über-
nahmen die Ansicht, die Freundschaft sei der Liebe überlegen - da von
Dauer -, während die Liebe selbst auf Täuschung beruhe. Anderer Meinung ist
Wieland, der, wie gesagt, an der Möglichkeit einer beständigen Liebe nicht
zweifelt. Die wahre Liebe, gepaart mit Geduld, Beharrlichkeit und Sanftmut,
ist bei ihm von Dauer.[51] Allerdings liegt solch einer ruhigen, treuen Liebe, die
»nicht wie Liebe aussieht und doch so sehr Liebe ist«,[52] ein Gefühl zugrunde,
das dem der Freundschaft nicht unähnlich ist. Und tatsächlich stünden Liebe
und Freundschaft bei Wieland eng beieinander, wenn der zweiten nicht kon-
ventionell »eine gewisse Kälte« anhaften würde,[53] während Liebe in sich immer
Leidenschaft und Wärme birgt. So scheinen Liebe und Freundschaft bei Wieland fürwahr zwei verschiedene, doch gleichwertige Abstufungen eines einzigen Gefühls zu sein, und beide beruhen auf Beständigkeit. Nochmals möchte
ich aber darauf hinweisen, daß Wieland Beständigkeit nicht wegen ihrer
Rechtmäßigkeit verlangt, sondern weil sie seiner Meinung nach beiden Ge-

---

47 Geschichte des Agathon, IX. Buch, 5. Kap., C^{Ir}, Bd. 2, S. 198.
48 Oberon, VI, 50, C^{Ir}, Bd. 22, S. 271.
49 Menander und Glycerion, 14. Brief, C^{Ir}, Bd. 39, S. 53 f.
50 Ebd., 39. Brief, S. 134: »Aber daß es nicht die Liebe war, der dieser Name in der eigentlichsten Bedeu-
    tung zukommt, hätte ich, wenn man einen Begriff von ihr haben könnte, bevor man sie wirklich
    erfährt, schon aus der Gleichgültigkeit erkennen müssen, worin mich seine erste Untreue ließ.«
    Glycerion irrt weiter, wenn sie Menander lediglich als Gefährten akzeptiert, dem jede Freiheit gestattet
    ist. Denn damit fügt sie sich einem emanzipierten Lebensstil - eben etwa im Sinn von Friedrich Schle-
    gels Lucinde - und erlegt sich eine Gelassenheit auf, von der sie alles andere als überzeugt ist. Vgl. den
    15. Brief, den sie Menander schreibt, nachdem er sie mit Bacchis hintergangen hat.
51 Krates und Hipparchia, 10. Brief, C^{Ir}, Bd. 39, S. 189.
52 Aristipp und einige seiner Zeitgenossen, III. Buch, 26. Brief, C^{Ir}, Bd. 35, S. 246.
53 Krates und Hipparchia, 29. Brief, C^{Ir}, Bd. 39, S. 281 f.

schlechtern zum Glück verhilft. Es sei gerade ein ruhiges Leben zu zweit, das in der Lage ist, die Leidenschaft zu zähmen und zu lenken.[54]

Fremd ist Wieland jegliche Strenge, er kennt die menschliche Natur und ist - fest überzeugt von ihrer grundlegenden Fähigkeit, sich doch zum Besten hin zu entwickeln - allezeit bereit, sie zu entschuldigen.[55] Er beruft sich nicht auf die sittliche Norm und ändert diesbezüglich auch später seine Meinung nicht wesentlich. Ich zitiere nur ein Beispiel. In ›Liebe und Freundschaft auf der Probe‹ (›Das Hexameron von Rosenhain‹, 1805) präsentiert Wieland das damals oft debattierte Thema der Scheidung. Im Text ist von zwei Ehepaaren die Rede, die die jeweiligen Partner tauschen wollen. Es handelt sich hierbei um nichts anderes als um eine Anekdote, die als allzu kühl geratener Versuch mit *Happy End* betrachtet werden muß. Als die Männer der befreundeten Ehepaare ihrer Frauen müde werden und sich in die Frau des Freundes verlieben, kommt der eine, Raymund, auf den Gedanken, dem Freund einen Tausch vorzuschlagen, der alles lösen würde. Der Tausch wird genehmigt, wobei die das »Kinderspiel« mißbilligende Clarisse nachgibt, wohlwissend, was geschehen wird. Die verliebten Männer ermüden wieder und schlagen den Rücktausch vor. Clarisse, »ein zu gesunder Kopf, um eine Empfindlerin, und zu reines Herzens, um weder eine wahre noch geheuchelte Spröde zu sein«, gibt wiederum nach. Nunmehr klüger geworden leben sie alle glücklich und zufrieden. Wie gesagt: Die literarische Bedeutung des Textes ist gering, doch er ist insofern interessant, als er aufzeigt, daß Wieland eine Dauerhaftigkeit der Verbindung vertritt, sich dabei aber - anders allerdings als in manchen Jugendwerken wie ›Araspes und Panthea‹ - weder von religiösen noch moralischen Gedanken noch vom Prinzip der sozialen Zweckmäßigkeit leiten läßt. Das eigene Glück bzw. das derjenigen, die man liebt - man denke an Clarisse -, ist der alleinige Maßstab für jedwede Handlung.

---

54 So auch Christian Fürchtegott GELLERT: Moralische Vorlesungen. Moralische Charaktere. 25. Vorlesung: Von der Ehe und ihren Verpflichtungen. In: Ders.: Gesammelte Schriften. Kritische Ausgabe. Hg. von Bernd WITTE, Bd. 6. Berlin/New York 1992.

55 In ›Koxkox und Kikequetzel‹ (C^{II}, Bd. 14, S. 117 f.) wird die menschliche Schwäche so entschuldigt: »und wenn es nun einmal in ihrer Natur ist, daß sie nicht anders als durch einen langen Mittelstand von Irrthum, Selbsttäuschung, Leidenschaften und daher entspringenden Elend zur Entwicklung und Anwendung ihrer *höhern Fähigkeiten* gelangen können, - wer will mit der Natur darüber hadern?« Allerdings bleibt diese Entwicklung zum Besten hin eine Hypothese und keine nachvollziehbare Tatsache. Anderswo wird Wielands ohnehin mäßiger Optimismus weiter beschränkt.

Denn Wieland lehnt vor allem die unglückliche Liebe ab, die, wie Denis de Rougemont schreibt,[56] in der zweiten Hälfte des 18. Jahrhunderts zur Mode wird. Jene die Welt verneinende »autodestruction voluptueuse du moi«,[57] die den schwärmerischen Melancholiker der Zeit kennzeichnet,[58] interessiert ihn nicht. Genauso wenig scheint ihm, im Gegensatz zu den Romantikern, ein Wechsel von Sehnsucht und Erfüllung das Glück zu garantieren; es ist nicht der Tod, der die Liebe auf ewig besiegelt.

So prangert Wieland sowohl die »empfindliche« Liebe an, »die sich von stillschweigendem Anschauen, von Seufzern und Thränen nährt, immer unglücklich und, selbst ohne einen Schimmer von Hoffnung immer gleich standhaft ist«, als auch »jene *tragische* Art zu lieben, die vielmehr von der Fackel der Furien als des Liebesgottes entzündet, eher die Wirkung der Rache einer erzürnten Gottheit [...] zu seyn schien«.[59] In beiden Fällen entsteht diese schmerzliche Art zu lieben aus einem Unbehagen der eigenen Person gegenüber. Diese unglücklichen Liebschaften können auch als Ausdruck einer problematischen sozialen Eingliederung betrachtet werden, durch deren Fehlen die frei gewordene Energie nun destruktiv auf die Privatsphäre gelenkt wird. Für Wieland jedoch steht solchen unglücklich verliebten Menschen vor allem ihr unausgeglichenes, unzufriedenes Naturell im Wege, wie das Beispiel der Lais zeigt, die unfähig ist, in sich selbst glücklich zu sein.[60] Der größte Fehler Lais' scheint gerade darin zu bestehen, daß sie zuerst die Liebe verneint und dann die falsche Art der Liebe wählt. Zuerst glaubt sie, frei von jeglicher Leidenschaft leben zu können. Um ihre Freiheit zu bewahren, versperrt sie sich jeder wirklichen Liebe. Stattdessen gibt sie sich einem Spiel hin, das nur Zeitvertreib ist. Es ist aber unnatürlich, ohne Liebe leben zu wollen. Leidenschaften muß man beherrschen, will man sie jedoch unterdrücken, brechen sie

56 DE ROUGEMONT (Anm. 1), S. 209-213, schreibt, daß mit Rousseaus ›Nouvelle Héloïse‹ der Prozeß der Verweltlichung der Liebe, der im 18. Jh. in Don Juan und Casanova seinen Höhepunkt erreicht hatte, einen rückwärtsgerichteten Lauf einschlägt. Liebe wird dann wieder zum Mythos.
57 Ebd., S. 217.
58 Vgl. H. J. SCHINGS (Anm. 14), S. 145.
59 Geschichte des Agathon, IX. Buch, 8. Kap, C¹ᵗ, Bd. 2, 238 f. In ›Menander und Glycerion‹ (1. Brief, C¹ᵗ, Bd. 39, S. 8) liest man: »Daß ich der Art von Liebe, die vom ersten Anblick zu einer unbändigen Leidenschaft aufbrennt, einem Menschen alle Gewalt über sich selbst raubt, und das Glück oder Unglück seines ganzen Lebens unwiderruflich entscheidet, daß ich dieser *tragischen* Art zu lieben unfähig bin, habe ich glücklicher Weise der Natur zu danken.«
60 Lais selbst schreibt, daß die Götter sie »unfähig machten in mir selbst glücklich zu seyn [...]« (Aristipp und einige seiner Zeitgenossen, III. Buch, 26. Brief, C¹ᵗ, Bd. 35, S. 245).

früher oder später unvermittelt hervor.[61] Eines Tages fordert das Herz jene Gefühle ein, die allen Menschen eigen sind, und in diesem Drängen entflammt Lais für den erstbesten Mann, der ihr seine Zuneigung bekundet, deren Unaufrichtigkeit und Kurzlebigkeit sich aber leicht voraussehen läßt. Ihn liebt sie in dieser allumfassenden, »romantischen« Art, zu der sie sich während des bei ihr stattfindenden Gesprächs über Platons ›Symposium‹ schon bekannt hatte.[62]. Sie hatte behauptet: »Denn ich kann mich nicht erwehren, diesem Amor [...] wegen [...] seiner beständigen Unbeständigkeit, und hauptsächlich seines unersättlichen Hungers wegen, gut zu seyn, den, nachdem er alles was auf und zwischen und in und über Erde und Himmel ist, verschlungen hat, nichts als das *Unendliche* selbst ersättigen kann.«[63] Woraufhin Aristipp, nachdem er die Bedeutung der Vorstellung, die den Menschen zum vollkommenen Guten und Schönen heraufzuheben versucht, zu würdigen weiß, ein grundsätzlich negatives Urteil abgibt: »Was uns *Diotima* von der *Unersättlichkeit* dieses Amor sagt, ist ein täuschendes Spiel mit den abgezogenen und daher unbestimmten formlosen Begriffen des Unendlichen [...].« Diese leidenschaftliche Art zu lieben täusche bloß den Schein der Freiheit vor. Die Sehnsucht danach, vom Gefühl durchdrungen zu sein, verberge nur den Wunsch, sich selbst zu entfliehen. Die »Bewegung«, nach der Lais immer strebt und zu der sie sich bekennt,[64] verbirgt eine innere Unruhe, die gleiche, die in dem von Lais erzählten Märchen Psyche ungeduldig und unvorsichtig werden läßt, so daß sie sich nicht mehr mit ihrem Glück begnügt.[65] Dagegen gilt es, sich selbst zu erkennen, und dabei die existentiellen und gesellschaftlichen Grenzen, die nun einmal gegeben sind, zu akzeptieren. Die Liebe soll fähig sein, hinsichtlich des Alltäglichen nüchtern zu werden.

---

61 Vgl. S. 167-168. Das ist aber ein bei Wieland immer wiederkehrender Grundsatz. Doch das heißt nicht, daß es keine Menschen gebe, die nicht im Stande sind, ohne Liebe zu leben. Ich erinnere nur an das Beispiel zweier Frauen: Danae am Ende des ›Agathon‹ und Aspasia im ›Theages‹.

62 Über das Gespräch vgl. Klaus MANGER: Klassizismus und Aufklärung. Das Beispiel des späten Wieland. Frankfurt/M. 1991, S. 46 f. Siehe auch Wielands Stellungnahme in: ›Theages. Über Schönheit und Liebe‹ (1760), C¹ʳ, Supplemente Bd. 4, S. 141-192. Hier ist wieder vom platonischen ›Symposium‹ die Rede (S. 185 f.), und es wird zuerst Diotimas Position gelobt. Doch Aspasia rät später dem bewundern den Nicias, »nicht allzu leichtgläubig zu seyn« (S. 190). Auch bei diesem »neuen System« sind die menschlichen Reaktionen unberechenbar. - Wie sehr die Debatte über die Liebe Ende des Jahrhunderts entflammt war, beweist eine Reihe von Aufsätzen. Vgl. insbesondere Friedrich SCHLEGEL: Diotima (1795), KA I, S. 71-115, in dem die »romantische« Liebe theoretisch behandelt wird.

63 Aristipp und einige seiner Zeitgenossen, III. Buch, 12. Brief, C¹ʳ, Bd. 35, S. 170; das folgende Zitat S. 173-174.

64 »Veränderung ist die Seele des Lebens, lieber Aristipp. Ich habe mich entschlossen, nach deinem Bey spiel ein wenig in der Welt herum zu schwärmen [...]« (ebd., 14. Brief, S. 200).

65 Ebd., 12. Brief, S. 187 f.

Tatsächlich hat für Wieland eine immerwährende Gültigkeit nur das, was die Griechen Liebe nannten, und die »kannten nur die Liebe welche glücklich macht; oder (richtiger zu reden) diese allein schien ihnen, unter gewissen Einschränkungen, der Natur gemäß, anständig und unschuldig«.[66] Es ist das Lob einer sanften Liebe. Aristipp behauptet: »der *ruhige* Liebhaber ist der einzige *zuverläßige* Liebhaber«;[67] ähnlich auch Musarion:

> Ich liebe dich mit diesem sanften Triebe,
> Der, Zefyrn gleich, das Herz in leichte Wellen setzt,
> Nie Stürm' erregt, nie peinigt, stets ergetzt [...].[68]

Wielands Amor ängstigt nicht, er richtet keinen Schaden an, mit Blumenketten kann man ihn binden.[69]

Wielands »sanfte Liebe« hat aber nichts mit jener Art von Liebe zu tun, die Stendhal einige Jahre später als »amour-goût« bezeichnet und der Kritik unterzieht, indem er sie mit einer hübschen, aber kalten Miniatur, mit einem geschwächten Rekonvaleszenten vergleicht.[70] Zwar ruft eine der Grazien im gleichnamigen Poem, als sie den schlafenden Amor entdecken, aus: »Kurzweil, liebe Schwester, soll's uns machen, / Mit uns spielen, scherzen, singen, lachen, / Schwestern, meint ihr nicht? / O so seht ihm nur recht ins Gesicht! / Unschuld lacht aus jedem Zug und Freude; / O! gewiß, es thut uns nichts zu Leide! / Oder meinet ihr nicht?«[71] Der Eindruck könnte entstehen, diese Art der Liebe ginge doch in die von Stendhal oder den Romantikern kritisierte Richtung. Das letzte Ziel jener Spiele ist aber kein leerer und sinnloser Zeitvertreib. Amor bringt die Grazien zu seiner Mutter, und jene macht sie zu ihren ständigen Begleiterinnen - woraus eine allgemeine Verbesserung der Sitten folgt, sogar auf dem Olymp. Die Götter »brachen nicht mehr in ein unauslöschliches Gelächter aus, wenn der ehrliche hinkende Vulkan, um einem Hader zwischen seinem Vater und seiner Mutter ein Ende zu machen, mit wohl gemeinter, wiewohl possierlicher Geschäftigkeit die Stelle des Mundschenken vertrat; und Jupiter drohte seiner Gemahlin nicht mehr, daß er ihr Schläge geben, oder sie, mit einem Amboß an jedem Fuße, zwischen den Wol-

---

66 Geschichte des Agathon, IX. Buch, 8. Kap., C'', Bd. 2, S. 238.
67 Aristipp und einige seiner Zeitgenossen, I. Buch, 24. Brief, C'', Bd. 33, S. 236.
68 Musarion, III, 65, C'', Bd. 9, S. 84.
69 Die Grazien, III. Buch, C'', Bd .10, S. 51: »Nicht der böse, ungestüme, wilde, / Der die Mädchen frißt! / Mütterchen, es ist / Ganz ein andrer, lachend, sanft und milde.«
70 STENDHAL: De l'amour (1826), Vorwort. Zur Position Stendhals vgl. auch J. ORTEGA Y GASSET: Über die Liebe (erste Fassung, auf Deutsch, 1938). München 1981.
71 Die Grazien, III. Buch, C'', Bd. 10, S. 30.

ken aufhängen wollte. Juno wurde die angenehmste Frau, Jupiter der gefälligste Ehemann, und die Götter überhaupt die beste Gesellschaft von der Welt«.[72] Das alles bewirken die Grazien, die ihrerseits jedoch von Amor und Venus in die Welt eingeführt wurden.

Nun wird klar, worauf Wieland abzielt. Die Wielandsche Liebe ist weder ein Zeitvertreib, noch ist sie von strengen moralischen Werten bestimmt. Liebe soll bei Wieland erstens dazu helfen, das Shaftesburysche Ideal der Harmonie *in interiore homine* zu verwirklichen, und zweitens, den Grundsätzen einer Menschlichkeit mit »urbanem« Anlitz, deren Vertreter der Weltbürger ist, Gegenständlichkeit zu verleihen. Wieland entwirft ein Modell bürgerlichen Lebens, das Freiheit des Einzelnen, sein Glück und seine gesellschaftliche Funktion zu verwirklichen und miteinander in Einklang zu bringen versucht, und in dessen Mittelpunkt die Liebe, als die wichtigste menschliche Leidenschaft, steht. Ihr schwärmerischer Bestandteil wird »gezähmt«, denn nur dadurch wird sie sowohl auf individueller wie auch auf sozialer Ebene zur zivilisierenden, gestaltenden Kraft. Und das geschieht in erster Linie durch die Fähigkeit der Liebe, den menschlichen Bewegungen in ihrer Verworrenheit und Ziellosigkeit endlich Halt und Zweck zu geben. Sie ersetzt die zu metaphysische, von pietistischen Gedanken durchdrungene religiöse Spannung. Das ist zwar auch eine Art von Liebe, die Liebe zu Gott, die der Bewegung Halt und Zweck zu geben weiß - man denke an das pietistische Streben nach Gott als die einzige positive Art der Bewegung[73] -, sich aber in ein unfaßbares Unendliches verläuft, das Wieland nun fremd geworden ist.

Den Wirren und dem Trubel des Lebens zum Trotz gestattet die Liebe in Wielands Werken dem Einzelnen die Stunde der Besinnung, der Verborgenheit.[74] Sie wird zur zielbewußteren Art der Bewegung, die nach der Stille, nach der Ruhe in sich selbst im Einklang mit dem anderen strebt.

---

72 Ebd., V. Buch, S. 92 f.
73 Vgl. August LANGEN: Der Wortschatz des deutschen Pietismus. Tübingen 1954.
74 Seitdem sie sich zur »sanften« Liebe bekennen, finden Wielands Helden Schutz gegen die Härte des Lebens. Ich zitiere ein Beispiel für alle. Phanias, der platonische Schwärmer, wird durch Musarion zur sanften Liebe bekehrt, und seitdem bringt er »in neidenswerther Ruh / Ein unbeneidet Leben zu; / [...] Der bürgerliche Sturm, der stets *Athen* bewegt, / Trifft seine Hütte nicht [...]«. (Musarion, III, 303 ff., C[lr], Bd. 9, S. 97 f.)

Thomas Lautwein

ZUR FUNKTION DER INTERTEXTUALITÄT IN C. M. WIELANDS VERSERZÄHLUNG ›KOMBABUS ODER WAS IST TUGEND‹

1.1. Intertextualität und ihre Funktion

Das Problem der sogenannten Intertextualität, d. h. die Tatsache, daß jedes literarische Werk sich immer auf andere Werke bezieht, findet seit einigen Jahren verstärktes Interesse. Unter den Oberbegriff Inter- oder Transtextualität fallen so verschiedene Phänomene wie das direkte Zitat, die indirekte Anspielung, die Übersetzung, Transposition, Adaption, Parodie und die Travestie. Gemeinsam ist ihnen allen, daß sie einen *Hypertext* (z. B. Joyces ›Ulysses‹) mit einem *Hypotext* (z. B. Homers ›Odyssee‹) in Beziehung setzen. Der französische Literaturwissenschaftler Gérard Genette behauptet nun, daß jeder Hypertext entweder eine Transformation oder eine Imitation des Hypotextes sei. Diese beiden Modi können jeweils spielerisch, satirisch oder ernst benutzt werden, so daß es insgesamt sechs Grundformen von Intertextualität gebe.[1] Genette gelingt es auf diese Weise, den geschlossenen Textbegriff des Strukturalismus aufzubrechen und den von ihm so genannten »Architext« zu beschreiben, nämlich die Gesamtheit allgemeiner Kategorien wie Gattung, Diskurstypik oder Erzählweise. Das hat den Vorteil, daß sich nun jeder Text als Imitation bzw. Transformation gegebener Hypotexte beschreiben läßt, bis hin zu der postmodernen Konsequenz, daß letztlich alle Texte nur noch Partikel des in sich kreisenden Text-Alls zu sein scheinen. »Eine solche Entgrenzung des Textbegriffs und Texts und die damit zusammenhängende Aufhebung oder ›Dezentrierung‹ des schreibenden oder lesenden Subjekts läßt das Bild eines ›Universums‹ der Texte entstehen, in dem die einzelnen subjektlosen Texte in einem *regressus ad infinitum* nur immer wieder auf andere und prinzipiell auf alle anderen verweisen, da sie ja alle nur Teile des *texte générale*

---

1   Gérard GENETTE: Palimpsestes. La littérature au second degré. Paris 1982. Vgl. auch Reiner LACH-
MANN: Intertextualität als Sinnkonstitution. In: Poetica 15 (1983), S. 66-107.

sind, der mit der Wirklichkeit und Geschichte, die immer schon ›vertextete‹ sind, zusammenfällt.«[2] Der Nachteil dieser Betrachtungsweise liegt darin, daß unklar bleibt, wie Hyper- und Hypotext vermittelt sind, weil das Subjekt (in Gestalt von Produzent und Rezipient), das diese Vermittlung leistet, ausgeklammert bleibt. Es wäre daher zu überlegen, wie sich Genettes offener Strukturalismus mit der Tradition der Hermeneutik verbinden ließe.

Wolfgang Preisendanz betont zu Recht, daß die Intertextualität einen »grundsätzlichen Aspekt von Wielands Trachten und Dichten«[3] bildet und der Leser seine Schriften erst dann goutieren könne, wenn er sich ihren Bezug zur literarischen Tradition bewußt mache. Gerade an Wielands Forderung, der Leser habe eine ausgedehnte »Kenntniss der Mythologie und Geschichte, und einige Belesenheit in Romanen, Schauspielen und andern Werken der Einbildungskraft und des Witzes«[4] mitzubringen, schieden sich in der Vergangenheit die Geister - sei es, daß die Brüder Schlegel ihm in der bekannten »Ediktalzitation« mangelnde Originalität vorwarfen, oder Herder ihm nachrühmte, durch die Nachahmung fremder Vorbilder die deutsche Literatur entprovinzialisiert zu haben.[5]

Preisendanz deutet den Anspielungsreichtum des ›Neuen Amadis‹ in Anlehnung an Bachtin und Genette als »totalen Synkretismus und Anachronismus«[6] und »Plädoyer für die Erhaltung eines Sprachpluralismus«.[7] Er liest den ›Neuen Amadis‹ als geradezu postmodernen Text, der sich quasi subjektlos aus der Überlagerung zahlreicher Hypotexte konstituiert. Die Unterscheidung verschiedener Kommunikationsebenen wie Figurenrede, Erzählerrede, textimmanentes Autorbewußtsein und realer Autor/realer Leser erübrigt sich damit.[8] Konsequenterweise lehnt Preisendanz es ab, eine »funktionsgeschichtliche Interpretation der beschriebenen Sachverhalte«[9] zu liefern. Im Gegensatz

---

2   Manfred PFISTER: Intertextualität. In: D. BORCHMEYER, V. ŽMEGAČ (Hg.): Moderne Literatur in Grundbegriffen. Tübingen ²1994, S. 216.
3   Wolfgang PREISENDANZ: Die Muse Belesenheit. Transtextualität in Wielands ›Neuem Amadis‹. In: MLN 99 (1984), S. 551.
4   Christoph Martin WIELAND: Der neue Amadis. C¹¹, Bd. 4, S. 19.
5   »Die Ananas, die tausend feine Gewürze in ihrem Geschmack vereint, trägt nicht umsonst eine Krone.« (J. G. HERDER: Briefe zu Beförderung der Humanität, Brief 101. In: Sämmtliche Werke. Hg. von Bernhard SUPHAN. Berlin 1877 ff., Bd. XVIII, S. 115).
6   PREISENDANZ (Anm. 3), S. 545.
7   Ebd., S. 552. Über Bachtin vgl. Hans ESSELBORN: Die Vielfalt der Redeweisen und Stimmen. In: Jahrbuch der Jean-Paul-Gesellschaft 1992, S. 32-60.
8   Ich verweise auf das Kommunikationsmodell fiktionaler Texte von KAHRMANN, REISS und SCHLUCHTER, das insgesamt fünf verschiedene Ebenen beschreibt (Erzähltextanalyse. Königstein ²1981, S. 13-58).
9   PREISENDANZ (Anm. 3), S. 551.

dazu möchte ich die Frage nicht ausklammern, *wer* die intertextuellen Bezüge herstellt, ob diese vom Autor intendiert oder das Werk des (zeitgenössischen oder heutigen) Rezipienten sind, und gerade nach der *Funktion*, dem Zweck, fragen, den die Intertextualität bei Wieland hat. Diese Fragestellung ist allein schon deswegen sinnvoll, weil sie aufs engste mit der Problematik des Lehrhaften zusammenhängt, die für Wielands Werk von zentraler Bedeutung ist. Vor allem in den Texten der Biberacher und Erfurter Jahre ist ja die Dialektik von Lehrhaftigkeit und kritischer Reflexion virulent: Soll der Text eine feststehende Weltsicht vermitteln, oder soll er einen Freiraum lassen, der den Leser zu eigenem Nachdenken anregt? Im einen Fall werden Zitate, Verweise und Anspielungen als autoritative Bestätigung und Verallgemeinerung fungieren (wie das Bibelzitat im religiösen Text), im anderen werden sie das Gesagte vielleicht eher einschränken und relativieren.

Bei der Untersuchung der Intertextualität bei Wieland unterscheide ich zunächst provisorisch drei Kategorien, mit denen sich das Verhältnis eines Textes zu seinem literarischen Umfeld beschreiben läßt:

a) die Abhängigkeit des Textes von seinen »Quellen«, sein Verhältnis zu vorgegebenen Stoffen (inhaltlicher Aspekt);

b) seine Relation zu bereits existierenden Gattungen, Textsorten und Stilmerkmalen (formaler Aspekt, deckt sich weitgehend mit Genettes »Architext«);

c) der vom Erzähler und vom textimmanenten Autorbewußtsein über Kommentare, Anspielungen, Perspektiven usw. vermittelte geistige Bezugsrahmen (der sich mit Goethe am ehesten als »Gehalt« bezeichnen läßt).

Ein gutes Beispiel für die komplexe Funktion von Intertextualität bei Wieland liefert die Verserzählung ›Kombabus‹, in der die Behandlung eines ungewöhnlichen Stoffs aus der Antike (Selbstverstümmelung aus Freundschaft), die verschiedene literarische Formen und Gattungen mischt (u. a. Lehrgedicht, Idylle, Märchen), dazu dient, eine philosophisch-psychologische Problematik dialektisch in Szene zu setzen.

1.2 Die Rezeptionsgeschichte von Wielands ›Kombabus‹

Wielands 1770 anonym erschienene Verserzählung ›Kombabus‹, die er später als »Frucht einiger genialischen Stunden«[10] bezeichnet, gehört trotz ihrer formalen Vollendung und Vielschichtigkeit zu den unbekannteren Teilen seines

---

10 Christoph Martin WIELAND: Kombabus oder was ist Tugend?, C¹ʳ, Bd. 10, S. 243.

Werks. Die Rezeptionsgeschichte des Textes ist gekennzeichnet von Unverständnis und Ablehnung, was zur Folge hatte, daß ihm die Aufnahme in die meisten Werkausgaben versagt blieb. Wo liegen die Gründe für die fast einhellige Ablehnung, die dem ›Kombabus‹ in den letzten zweihundert Jahren widerfuhr? Sie scheint in der angeblichen Dissonanz von Form und Inhalt begründet zu sein, die in der Mehrzahl der kritischen Urteile behauptet wird. Wielands Intention wäre es demnach gewesen, ein frivoles »Sophastück«[11], d. h. eine galante Rokoko-Erzählung zur Unterhaltung der gehobenen Stände zu schreiben,[12] die aber von gelehrten und moralisierenden »Digreßionen« (Eschenburg), der »Zucht und Delikatesse der Behandlung, ihrer Ironie, der philosophischen Einleitung«[13] unnötig überwuchert wird. Noch Jürgen Jacobs spricht 1982 vom »monströsen Charakter der Fabel«,[14] Sven-Aage Jørgensen befindet 1990, das »heikle Thema« passe »nicht ganz zu dieser Periode der Dichtung Wielands«.[15] Eine Ausnahme stellt Karl Polheims textkritischer Auf-

---

11 »Er [Wieland] dringt mit allem Ernst eines Sittenlehrers auf die praktische Tugend, *worinn sich Combabus hervorthat*; und gleichwohl hat sein Genie Mittel gefunden, auch hier die nämliche Art von Laune anzubringen, die in seinen Comischen Erzählungen, seinem Don Silvio, seinem Agathon, seinem Diogenes ec. herrscht. Zwar sagt er ausdrücklich, daß er kein Sophastück mahlen wolle, [...] allein darum ist die ganze Erzählung nicht weniger ein Sophastück geworden, als alle seine übrigen Sophastücke. Einerley Zweck, einerley Geist.« (H. W. v. GERSTENBERGS Rezensionen in der ›Hamburgischen Neuen Zeitung‹ 1767-1771. Hg. von O. FISCHER. Berlin 1904, S. 376). C. F. WEISSE sieht im ›Kombabus‹ analog dazu eine Mischung aus »Zweifelsucht und Wollust« (an Uz, 25. Mai 1770; STARNES I, S. 373).

12 J. J. ESCHENBURG stellt den ›Kombabus‹ in eine Reihe mit den ›Comischen Erzählungen‹ und dem ›Idris‹ und ordnet ihn verharmlosend als bloße Unterhaltung ein, obgleich er das Thema als heikel empfindet: »An kleinen Digreßionen, die einige in seinen komischen Erzählungen Weitschweifigkeit genannt haben, fehlt es auch hier nicht; aber wir lieben den Führer, der uns auf einem Spatziergange - so sehen wir diese Art der Lektüre an - zuweilen seitwärts führt, um uns einige Schönheiten zu zeigen, die wir bey Fortsetzung des geraden Weges unbemerkt gelassen hätten. Aber das bedauren wir, daß dieser so lachende Spaziergang ein wenig zu schlüpfrig ist, um auch Personen des anderen Geschlechts auf denselben führen zu können.« (ADB, Bd. 15/2 [1771], S. 560 f.). Auch Reinhart J. LÜTHJE stuft die Erzählung schließlich »trotz des Exemplum-Charakters« als gehobene Unterhaltungslektüre ein (Die verschmähte Stratonike. In: GRM 64 (1983), S. 263).

13 »Dennoch will mir scheinen, daß die ›Zucht und Delikatesse‹ der Behandlung, ihre Ironie, die philosophische Einleitung, die Einfügung eines edlen Beweggrundes für die Tat, die gepflegte Sprache und was man sonst noch rühmen könnte, den ursprünglichen naturalistischen Charakter des Stoffs und seine Widerlichkeit nicht aufzuheben vermag!« (Friedrich SENGLE: Wieland. Stuttgart 1949, S. 176 f.). Sengle steht noch im Bann der Germanistik des 19. Jahrhunderts, die »dem wahrhaft abscheulichen *Kombabus*« (A. F. C. VILMAR: Geschichte der deutschen National-Literatur. Marburg ⁹1862, S. 421) Unsittlichkeit und mangelnde Klassizität vorwirft: »Hier ist das griechische Gewand, in dem er es nie hoch brachte, noch ganz roh, das antike Nackte ist noch von der feisten Hand eines derben Niederländers gezeichnet« (G. G. GERVINUS: Geschichte der deutschen Dichtung, Bd. IV. Leipzig ⁴1853, S. 252).

14 Jürgen JACOBS: Zur literaturgeschichtlichen Einordnung von Wielands ›Comischen Erzählungen‹. In: Joachim KRAUSE (Hg.): Sammeln und Sichten. Festschrift für O. Fambach. Bonn 1982, S. 49.

15 S. A. JØRGENSEN, K. BOHNEN, P. ØHRGAARD: Aufklärung, Sturm und Drang, Frühe Klassik. 1740-1789. München 1990, S. 301.

satz von 1923 dar, der dem Dichter »bewunderndes Lob unablässiger, nie ermüdender Selbstkritik«[16] zollt. Erst in den letzten Jahren zeichnet sich eine Aufwertung des Werks ab. Reinhart J. Lüthje vergleicht es 1983 mit den vorangegangenen Gestaltungen des Stoffs durch Lukian und Dorat, wobei er erstmals darauf hinweist, daß der Text in der Tradition der französischen Verserzählung steht.[17] Jan Philipp Reemtsma deutet das »Meisterwerk deutschsprachiger Literatur«[18] als Reflexion über den historischen Prozeß, der im 18. Jahrhundert zur Verinnerlichung sozialer Normen führt.

Festzuhalten bleibt, daß die Irritation der meisten Leser aus der Schwierigkeit entspringt, den Text einer gängigen Gattung zuzuordnen: Für eine moralische Erzählung im Stil Gellerts oder der ›Erzählungen‹ des jungen Wieland ist er nicht lehrhaft genug. Für eine erotische Verserzählung nach dem Vorbild La Fontaines ist er hingegen zu empfindsam, zu sehr mit philosophischem Ballast befrachtet. Daß der ›Kombabus‹ sich gegen jede eindeutige Klassifizierung als »moralisch« oder »frivol« sperrt, scheint unter den Zeitgenossen einzig Boie gespürt zu haben. Am 16. Juli 1770 schreibt er an Knebel: »Combabus scheint mir ein Meisterstück der Erzählung. Gellert würde dieses nicht keuscher erzählt, aber vielleicht gar nicht erzählt haben.«[19]

Die irritierende gattungsmäßige Unbestimmtheit der Erzählung ist jedoch nicht Ausdruck künstlerischen Unvermögens, sondern entspricht Wielands ästhetischem Programm. Spätestens seit ›Musarion‹ strebt er eine Form des Erzählens an, in der das Ästhetische nicht mehr unter dem Diktat des Ethischen steht (wie im Lehrgedicht), sich aber auch nicht zum reinen Selbstzweck (z. B. als anakreontische Tändelei) emanzipiert. So wie der ›Agathon‹ eine neue Form des Romans erschafft, die weder heroisch-galant noch pikaresk ist, entwickelt Wieland parallel dazu einen neuen Typus von Verserzählung, der den Dualismus von scherzhafter und rührender Erzählung aufhebt: »[Musarion] ist gewissermaßen eine neue Art von Gedichten, welche zwischen dem Lehrgedichte, der Komödie und der Erzählung das Mittel hält.«[20]

Diese Ästhetik der Mischung und des mittleren Weges, deren Ideal die »Grazie« ist, erfordert eine neue Art des Erzählens, die weder auktorial-

---

16   Karl POLHEIM: Die Überlieferung des Wieland'schen ›Kombabus‹. In: Euphorion. Sonderheft (1923), S. 84.
17   LÜTHJE (wie Anm. 12).
18   J. P. REEMTSMA: u. a. Falun. Reden und Aufsätze. Berlin 1992, S. 398.
19   STARNES I, S. 370.
20   WBr 3, S. 408 (29. August 1766). Um die innovative Sprengkraft dieser Äußerung zu ermessen, muß man sich vergegenwärtigen, daß das Gattungssystem des französischen Klassizismus bis 1770 als allgemein akzeptierter Orientierungsrahmen gilt (vgl. Klaus R. SCHERPE: Gattungspoetik im 18. Jahrhundert. Stuttgart 1968).

wertend über dem Erzählten schwebt, noch sich distanzlos mit ihm identifiziert. Dem Erzähler fällt eine ganz neue Funktion zu: Nach wie vor ist er Vermittler zwischen dem Dargestellten und dem Leser, soll diesen aber nicht mehr indoktrinieren, sondern zur Reflexion anregen. Mittel hierzu sind u. a. die Anspielungen, Zitate und Bezüge, die auf andere Texte verweisen. Die intertextuellen Elemente verweisen nun nicht mehr auf ein festes Weltbild, sondern zitieren ganz unterschiedliche literarische Traditionen, aus denen der Leser, von Erzähler und Autor gelenkt, sich seine Deutung des Textes zusammensetzen muß. Die verschiedenen Funktionen der Intertextualität müssen daher unbedingt in die Interpretation einbezogen werden.

2. Haupt- und Nebenquellen
2.1. Der Mythos (Lukian)

Die unter dem Namen Lukians überlieferte Schrift ›Von der syrischen Göttin‹, deren Echtheit Wieland aus stilistischen Gründen verteidigt, bezweckt eine Beschreibung der Kultstätten von Hierapolis: »Von dieser Stadt habe ich mir vorgenommen jetzt zu handeln, und ihre vornehmsten Merkwürdigkeiten, besonders die ihr eigenen religiosen Ceremonien, Feste und Opfer zu beschreiben.«[21] Der Text gliedert sich in drei Hauptteile. Er beweist zunächst die Identität der zu Hierapolis verehrten Göttin mit den Muttergottheiten Astarte, Aphrodite Byblia und Isis - wobei er auf den Adonis- und Osiris-Mythos Bezug nimmt. Darauf folgen die Entstehungssagen des Heiligtums: Ursprünglich von Dionysos der Hera geweiht, wurde der jüngste Tempel von Stratonike erbaut, in die sich ihr Stiefsohn verliebte. Im Traum erteilte ihr Hera den Befehl zum Bau. Die Entmannung des Kombabus brachte jene »Gallen« genannten Eunuchen hervor, die noch heute »sich verschneiden und in Weiber umgestalten, es sey nun daß sie es den Combabus zu trösten oder der Juno zu Ehren thun.«[22] Abschließend folgt die Beschreibung des Tempels, seiner Feste und Riten, sowie der Mysterien der Gallen und der Verhaltensvorschriften für die Pilger.

Hauptthema von ›De dea syriaca‹ ist der Kult jener orientalischen Muttergottheit, die als Kybele, Astarte oder Magna mater verehrt und von den Griechen und Römern meist mit Venus gleichgesetzt wurde. Der Charakter der

---

21 LUCIANS von Samosata Sämtliche Werke. Aus dem Griechischen übersetzt [...] von C. M. WIELAND. Fünfter Theil, Leipzig 1789, S. 290. Vgl. auch Carl CLEMEN: Lukians Schrift über die syrische Göttin. Leipzig 1938 (= Der alte Orient Bd. 37, H. 3/4).
22 LUCIAN (Anm. 21), S. 320.

Göttin ist ambivalent, sie kann grausam und gütig sein; folglich verbindet auch ihr Kultus extreme Askese mit orgiastischer Ausschweifung:

> Es war aber der Dienst der Astarte allezeit mit dem Dienste des Baals verbunden, welcher die Sonne vorstellen sollte, und wenn man ihm blutige Opfer und zuweilen Menschenopfer brachte, so wurden ihr Brodte oder Kuchen, allerley köstliche Getränke und wohlriechendes Räucherwerk gebracht. [...] man trug ihr den ersten Tag eines jeden Monate ein Abendessen auf, welches die Griechen das Abendmahl der Hekate nannten. [...] Dabey wurde sie mit der abscheulichsten Unzucht in den Haynen verehret, welche sich nahe bey den Tempeln des Baals befanden.[23]

Der Mythos legt der Göttin einen jugendlichen Liebhaber bei, der auf der Jagd Opfer eines wilden Tiers wird (Adonis) oder sich im Wahn selbst verstümmelt, weil er ihr untreu geworden ist (Attis). Bei Catull (carmen 63, *Super alta vectus Attis*) tritt Attis als Anführer der Gallen auf, die er in ekstatischem Zug zum Tempel der Kybele führt. Vor diesem Hintergrund müssen die beiden Geschichten gesehen werden, die Lukian von Stratonike erzählt. Stratonike ist eine historische Gestalt, die Tochter des Demetrios Poliorketes, die um 300 v. Chr. Seleukos Nikator (358-280) heiratet, der sie 293 seinem Sohn Antiochos I. Soter (323-261) abtritt.[24] Ob die Kombabus-Erzählung der historischen Wahrheit entspricht, ist hingegen fraglich. Es handelt sich wohl eher um eine »typische Kultlegende«,[25] die den Ursprung der heiligen Eunuchen erklärt.

Lukians Stratonike, deren Schicksal auch formal im Zentrum des Textes steht, läßt die ambivalenten Züge der Gottheit noch erkennen: Im Fall des liebeskranken Stiefsohns erscheint sie gütig-gewährend, versagend-fordernd hingegen bei Kombabus, dessen Tat zum Sakralopfer überhöht wird. Der androgynen Doppelnatur der Fruchtbarkeitsgöttin entspricht in dem antiken Text die Dichotomie von männlicher Potenz und Kastration. Die heiligen Tiere von Hierapolis sind gängige Fruchtbarkeitssymbole (Fisch, Taube, Hahn), vor dem Tempel stehen zwei riesige Phallen, die Dionysos angeblich

---

23 Benjamin HEDERICH: Gründliches mythologisches Lexicon. Leipzig 1770 (Darmstadt ¹1986), Sp. 439 f.

24 Vgl. PAULY-WISSOWA: Real-Encyclopädie der classischen Alterthumswissenschaft. Zweite Reihe, siebter Halbband. Stuttgart 1931, Sp. 319 f. (Artikel ›Stratonike‹): »Nach *Wilcken* ist auf die Ausbildung der Sage der Name S., in dem nach semitischer Auffassung der der Astarte stecke, nicht ohne Einfluß gewesen.« (Sp. 319).

25 PAULY-WISSOWA (Anm. 24) I, 21, Sp. 1135 (Art. ›Kombabos‹) erklärt »Kombabos« als »Kybebos«, d. h. als männliche Namensform von Kybele: »kein Individual-, sondern ein Gattungsname, welcher den Stand der Gallen bezeichnet.« Kybebos-Kombabos wäre somit »Kybele in ihrer Manifestation in den Besessenen: insofern hatte sie androgynen Charakter« (Sp. 1135).

seiner Stiefmutter Hera geweiht haben soll,[26] im Tempel »sind auch gewisse Figuren von Zwergen mit übermäßig großen Geschlechtsgliedern«.[27] Andererseits durchzieht eine Reihe von Kastrations- und Verstümmelungsmythen den Text; gleich zu Beginn finden der abgeschlagene Kopf des Osiris, der auf dem Wasser nach Byblos treibt, die Adonis-Sage und die Entmannung des Attis Erwähnung. Die Selbstkastration der »Gallen« und die den Pilgern auferlegte Askese (Haar abschneiden, Tätowierungen) sind als die rituelle Wiederholung des im Mythos gestalteten Urtraumas zu lesen. Die Geschichte des Kombabus versinnbildlicht also die Wechselbeziehung von Mythos und Ritus, archaischer Vergangenheit und Gegenwart: »Ein Doppeltes ist hier zu unterscheiden, der Mythos und der sich in ihm spiegelnde Ritus, da der Autor ja auch zugleich die Stiftung des Kultes erzählt.«[28] Kombabus ist der eigentliche Gründer des Heiligtums und Ahnherr der gegenwärtigen Eunuchen: »er vollendete den Bau und machte nun Hierapel für sein ganzes übrige Leben zu seinem gewöhnlichen Aufenthalt.«[29] Sein Verhältnis zu Stratonike liefert das Paradigma für die Beziehungen der Eunuchen zu den dortigen Frauen: »Die Frauen lieben die Gallen mit der größten Leidenschaft, die Gallen lieben hinwieder die Frauen bis zum rasend werden; und die Männer sind so wenig eifersüchtig darüber, daß diese Art von Verhältniß vielmehr für eine sehr heilige Sache bei ihnen angesehen wird.«[30]

Gleichwohl ist in Lukians Text eine starke Tendenz bemerkbar, den Mythos zu rationalisieren, ihn auf Naturerscheinungen oder historische Ereignisse zurückzuführen. So wird etwa die Adonis-Sage aus der jährlichen rötlichen Verfärbung eines Flusses erklärt. Stratonike ist bereits stark vermenschlicht und erscheint in einem eher ungünstigen Licht; die ehrfurchtgebietende Majestät der großen Göttin fehlt ihr gänzlich. Ihre Leidenschaft wird als »Raserey«[31] bezeichnet; vor dem Verführungsversuch muß sie sich erst Mut antrinken. Lukian erwähnt zudem eine andere Version der Sage, in der die Zurückgewiesene Kombabus beim König verleumdet. Kombabus selbst zeigt keinerlei Sympathie für sie. Sein Entschluß-Monolog läßt als Hauptmotiv die Furcht vor der Eifersucht des Königs erkennen; ihre Liebeserklärung weist er schroff zurück: »Er hört ihre Reden mit allen Zeichen des Verdrusses und

26 Vgl. LUCIAN (Anm. 21), S. 306.
27 Ebd., S. 307. Wieland macht zu dieser Stelle eine ausführliche Anmerkung, in der er »die religiöse Verehrung des Phallos« (S. 307) auf den kosmologischen Mythos von Uranos und Gaia zurückführt.
28 PAULY-WISSOWA (Anm. 24) I, 21, Sp. 1133.
29 LUCIAN (Anm. 21), S. 319.
30 Ebd., S. 315 f.
31 Ebd., S. 314.

Unwillens an, weigert sich dessen, was sie ihm zumuthet, und wirft ihr sogar vor daß sie betrunken sey.«[32] Nach seiner Rehabilitierung ist von Stratonike nicht mehr die Rede. Kombabus erhält das Privileg ungehinderten Zugangs zum König, »und kämest du wenn ich eben bey meiner Gemahlin liege«.[33]

Kombabus' Beziehung zu seinem König steht bei Lukian eindeutig im Vordergrund, wobei niemals Zweifel darüber besteht, daß ihr Verhältnis ein Herrschaftsverhältnis ist. Der Auftrag, die Königin zu begleiten, ist kein Freundschaftsdienst, sondern Ausdruck der königlichen Gnade und Gelegenheit, seine Ergebenheit zu beweisen. Erst als Kombabus seine Unschuld erwiesen hat, bedenkt Antiochos ihn mit der Anrede »unglücklicher Freund«.[34] Bei Wieland ist er hingegen von Anfang an Höfling *und* Freund, dem als Belohnung die märchenhafte »Hälfte meiner Krone« winkt.[35]

2.2. Pierre Bayle: historische Kritik und psychologische Wahrscheinlichkeit

Die Antiochus-Stratonike-Sage ist im 17. Jahrhundert ein ausgesprochen beliebter Stoff des höfischen Theaters und der Malerei. Für den Zeitraum von 1636 bis 1700 lassen sich allein zehn Dramen nachweisen, von denen Quinaults ›Stratonice‹ (1660) und Thomas Corneilles ›Antiochus‹ (1666) die bekanntesten sind. Eine Mischung von Pastorale und Intrigenstück ist Johann Christian Hallmanns ›Trauer-Freuden-Spiel [...] Die merkwürdige Vater-Liebe Oder der vor Liebe sterbende ANTIOCHUS und die vom Tode errettende STRATONICA‹ von 1684.[36] Kaum zu zählen sind die bildlichen Darstellungen, für deren Breitenwirkung beispielhaft auf die bekannte Stelle in Goethes ›Wilhelm Meister‹ verwiesen sei.[37]

Eine eigenständige künstlerische Gestaltung des Kombabus-Stoffes läßt sich für denselben Zeitraum hingegen nicht nachweisen. Er bleibt bis zum 18. Jahrhundert eine gelehrte Anekdote, die Pierre Bayle in seinem historisch-

---

32 Ebd., S. 315.
33 Ebd., S. 319.
34 Ebd., S. 318.
35 Für Zitate aus dem ›Kombabus‹ erfolgt der Nachweis im folgenden durch einfache Seitenangabe in Klammern; hier: C^{lr}, Bd. 10, S. 256.
36 J. Chr. HALLMANN: Sämtliche Werke. IIg. von Gerhard SPELLERBERG. Bd. III/1. Berlin 1987, S. 151-277. Nachweis der Gemälde bei Andor PIGLER: Barockthemen. Eine Auswahl von Verzeichnissen zur Ikonographie des 17. u. 18. Jahrhunderts, Budapest ²1974.
37 Vgl. GOETHE: Sämtliche Werke I, 9: Wilhelm Meister. Frankfurt a. M. 1992, S. 422 u. S. 1395-1398; sowie Erika NOLAN: Wilhelm Meisters Lieblingsbild: Der kranke Königssohn: Quelle und Funktion. In: Jahrbuch des Freien Deutschen Hochstifts 1979, S. 132-152.

kritischen Wörterbuch unter dem Stichwort »Combabus« referiert. Bayle liefert eine getreue Nacherzählung des Lukian-Textes, die alle Dialoge und Monologe in indirekter Rede zusammenfaßt, den Bericht stilistisch jedoch durch Anleihen beim galanten Vokabular des Schäfer- und höfischen Liebesromans (d'Urfé, Mlle de Scudéry) aufputzt, die erkennbar in ironischer Absicht verwendet werden. So bittet die betrunkene Stratonike »sehr demüthig, nicht grausam gegen sie zu seyn« (»S'étant enivrée, elle s'en alla à la chambre de Combabus; lui découvrit son amour, & le supplia très humblement de ne faire point le cruel«)[38] und bedauert das Unglück, »daß sie ihr Liebesverständnis nicht weiter treiben könnte«.[39] Aus den Worten des Königs »und kämst du, wenn ich eben bei meiner Gemahlin liege«,[40] wird die galantere »Schäferstunde«, was Gottsched aber wieder zu »sogar, wenn er bey seiner Gemahlinn im Bette wäre«[41] macht.

In den ausführlichen Fußnoten erörtert Bayle die seelischen Auswirkungen der Kastration und das Verhalten der Stratonike, dessen Wahrscheinlichkeit psychologisch erklärt wird (Noten A und G). Die pedantische Erörterung kleinster Details ist jedoch kein Selbstzweck, sondern verwirklicht die Idee der historischen Kritik, die mithilfe vernünftiger Überlegung aus dem Wust der historischen Überlieferung die historische Wahrheit herausschält. »Meine Critik, ich bekenne es, ist hier allzuscharf über Kleinigkeiten, und ich gebe sie auch für keine wichtige Sache an sich selbst aus: ich habe nur darauf gedrungen, um, wenn es möglich ist, eine Krankheit zu heilen, die bey den Schriftstellern nur allzusehr eingerissen ist. Sie erzählen dasjenige mit tausend Veränderungen und Zusätzen, was uns die Alten berichten.«[42] Auf diese Weise führt Bayle das Mythische auf das Historische und allgemein Menschliche zurück. Die Sage wird bei ihm zur unerhörten Begebenheit, die Anlaß zur Reflexion bietet, warum bestimmte Individuen in einer besonderen Situation sich so und nicht anders verhalten haben. Die Psychologisierung des Stoffes bleibt jedoch insofern unvollständig, als Bayle die Motivation des Kombabus unerörtert läßt, während diese Frage bei Wieland dann in den Mittelpunkt rückt.

---

38 Pierre BAYLE: Historisches und Critisches Wörterbuch. Nach der neuesten Auflage von 1740 ins Deutsche übersetzt [...] von Johann Christoph GOTTSCHED. Bd. II, Leipzig 1742 (Hildesheim ¹1975), S. 213. Franz.: Dictionnaire historique et critique, 3e édition, Bd. 1. Rotterdam 1720, S. 909.

39 BAYLE/GOTTSCHED (Anm. 38), S. 213; »elle cherchoit en le voiant & en lui parlant à se consoler du malheur de ne pouvoir pousser pas plus loin l'intrigue« (BAYLE, S. 910).

40 LUCIAN (Anm. 21), S. 359.

41 »Le roi [...] lui accorda le privilège de venir parler à lui à toutes heures, jusqu'à celle du berger inclusivement« (BAYLE [Anm. 38], S. 910; BAYLE/GOTTSCHED, S. 213).

42 Ebd., S. 215 b.

2.3. Dorats Verserzählung ›Combabus‹:
höfisches Leben und aristokratische Moral

In der Ausgabe letzter Hand verteidigt sich Wieland entschieden gegen den Verdacht, sein ›Kombabus‹ sei ein Plagiat:

Ein ungenannter Französischer Poet [...] Ohne alles Gefühl für die Schönheit dieses in seiner Art einzigen Sujets, machte [...] eine Erzählung *im Geschmack Grecours* daraus, - und reinigte dadurch wenigstens sich selbst und den Deutschen Dichter von allem Verdacht, dass einer von ihnen den andern *nachgeahmt* habe. (245 f.)[43]

Der Schriftsteller, von dem Wieland sich hier so entschieden distanziert, ist Claude-Joseph Dorat (1734-1780), ein zweitrangiger französischer Autor des 18. Jahrhunderts, der 1765 seine Verserzählung ›Combabus‹ publiziert und 1768 eine gelungene Nachdichtung von ›Selim und Selima‹ liefert.[44] Wieland äußert sich zwar anerkennend über Dorats formale Fähigkeiten, bemängelt aber, daß dem gefälligen Äußeren kein adäquater Inhalt entspreche.[45] Daher mokiert sich der Ich-Erzähler in den ›Unterredungen mit dem Pfarrer von ***‹ (1775) über das Mißverhältnis, das bei Dorat zwischen der aufwendigen bibliophilen Ausstattung und der inhaltlichen Dürftigkeit herrsche:

Sehen Sie hier - dieß sind die *Baisers* von *Dorat*, [...] in einem schönen Englischen Bande, auf das feinste Papier gedruckt, mit einer Menge niedlicher Vignetten, - ein Buch kann nicht besser gekleidet und heraus geputzt werden, - und doch ist dieß Buch seinem Innern nach vielleicht - nicht einmahl - einen *Kuß* werth. Und sehen Sie hier den *Katechismus fürs Landvolk* [von Schlosser], ein kleines unscheinbares Büchlein, auf schlechtes Papier gedruckt, und in Pappe gebunden, das nach seinem wahren Gehalt mehr Gold

---

43 Wesentlich drastischer äußert sich Wieland am 24. Juni 1805 gegenüber Heinrich Meyer und Goethe: »Vor allem sei ihm nahe gegangen, daß einer gesagt habe: Wieland habe *nichts Eigenes*; wenn die Schriftsteller eine Tagsatzung halten und jeder das Seine wieder fodern [sic] würde, so bliebe an ihm, Wielanden, nichts übrig. [...] Er glaube ferner auch den *Combabus* als ihm angehörig betrachten zu dörfen, weil ein französisch Gedicht ähnlichen Inhalts von dem seinigen so sehr weit übertroffen sei, daß - hier ward er gleichsam ungedultig - niemand mehr den A- daran wischen möchte.« (STARNES III, S. 208).

44 Claude-Joseph DORAT: Œuvres mêlées en vers et en prose, recueillies par lui-même. Tome second, Paris: Delalaine 1792, S. 131-142 (›Combabus‹). ›Sélim et Sélima, poème imité de l'allemand‹, in: Poésies, Bd. 3, Genf 1777, S. 256-272.

45 »Sie wollen keine *Französischen* Grazien; sonst würd' ich Ihnen den angenehmsten Dichter vorschlagen, der *Zelis im Bade* so reitzend gesungen, und die *Deutsche Selima* durch seine Nachahmung verschönert hat.« (Die Grazien, C¹ʳ, Bd. 10, S. 5 f.).

werth ist, als der Verfasser und sein Buch zusammen genommen schwer sind.[46]

Wieland stellt Dorat in eine Reihe mit Klassikern der erotischen Literatur, die zur bevorzugten Lektüre der Reichen und Vornehmen gehören.[47] Die Ablehnung Dorats soll also zum einen den Leser davor warnen, Texte Wielands einer bestimmten Gattung zuzuordnen und sie mit dem entsprechenden Vorurteil zu rezipieren, soll heißen: Die ›Comischen Erzählungen‹ und ›Kombabus‹ sind keine frivol-obszönen Verserzählungen (*contes en vers*) zur Unterhaltung vornehmer Tischrunden, wie die Werke La Fontaines und Grécourts.[48] Indem er seine Verserzählungen von der Gattung »conte« abgrenzt, wendet er sich an einen anderen Adressaten: nicht mehr an den einzelnen, hochgestellten Gönner (wie etwa Graf Friedrich von Stadion), sondern an das anonyme, bürgerliche Publikum, dem der Dichter selbst angehört und dessen Werte er teilt.

Dorat hingegen wendet sich ausdrücklich an ein adliges Publikum, dessen Geschmack er als vorbildlich anerkennt. In seiner ›Réflexion sur le conte‹ leitet er die Idealform der Gattung Verserzählung soziologisch aus dem Umgangston der »guten Gesellschaft« her. Der Verfasser von Verserzählungen soll sich den eleganten Gesprächsstil des Mannes von Welt zum Vorbild nehmen, da dieser im höchsten Grade gefällig und kultiviert sei.[49] Es empfehle sich darüber hinaus nicht nur, sich an den Umgangsformen (»bon ton«) der guten Gesellschaft zu orientieren, sondern auch die Handlung der Verserzählung in besseren Kreisen anzusiedeln, zumal La Fontaine die niederen Stände in seinen Erzählungen bereits hinreichend porträtiert habe.[50] Dorats Ausführungen stehen unverkennbar in der Tradition der Libertinage, deren ästhetisches Ideal

---

46 C^{lr}, Bd. 30, S. 433.
47 »Und gleichwohl schimmert dieß Buch dermahlen in den Bücherschränken einer Menge von Damen vom ersten Rang und von unbescholtenem Rufe. [...] wie viele Personen unter denen, die man zur grossen und feinen Welt rechnet [...] sind wohl, die Bokazens *Decameron*, den *Ariost*, die *Contes des la Fontaine*, den *Sofa* und *Ecumoire*, den *Angola*, und eine Menge andrer Werke dieses Gelichters nicht gelesen haben?« (C^{lr}, Bd. 30, S. 454).
48 Zur Poetik und Geschichte der französischen Verserzählung vgl. Reinhart J. LÜTHJE, Die französische Verserzählung nach La Fontaine. Hamburg 1979.
49 »La familiarité des grands, quelques dépravés qu'ils puissent être, est très utile à ceux qui écrivent. On y trouve cet aisance, cette politesse, cette aménité, ce je ne sais quoi, qu'on peut appeler le vernis de l'esprit et la fleur de l'imagination.« (DORAT [Anm. 44], Bd. 2, S. 111 f.).
50 »Pourquoi nos marquis, nos barons et tous nos élégants titrés ne remplaceroient-ils pas les paysans, les valets et les muletiers, personnages si distingués dans La Fontaine?« (Ebd., S. 118 f.).

der geistreichen Unverschämtheit Crébillon in ›Les égarements du cœur et de l'esprit‹ (1735) in der Gestalt des Grafen Versac karikiert.[51]

In diesem Sinn gestaltet Dorat den Kombabus-Stoff um. Er erzählt ihn als höfisches Intrigenstück, das die Tugend der geschmeidigen Anpassung an die gegebenen Verhältnisse predigt und moralische Skrupel als Taktlosigkeit denunziert. Die Klugheit gebietet Kombabus keine Selbstaufopferung, sondern im Gegenteil den Mut zum Risiko. Er scheitert daran, daß er sich als Aufsteiger in eine Gesellschaft verirrt hat, in der er sich nicht zu benehmen weiß. Dorat charakterisiert seine Figur daher als »dumm, einfältig, anmaßend, töricht«.[52] Ihre Königstreue ist kein moralisches Verdienst, sondern Unfähigkeit, von der sich bietenden günstigen Gelegenheit zu profitieren. Stratonike ist zu einem Abenteuer mehr als geneigt, sie ist »auf Liebeshändel und galante Abenteuer erpicht«,[53] und der indolente König wäre leicht zu hintergehen.

Stratonike wartet nur darauf, erobert zu werden, weshalb Dorat das Schwergewicht seiner Erzählung auch auf die Verführungsszenen legt. Vor der nächtlichen Liebeserklärung fügt er eine nach dem Muster der ›Aeneis‹ hinzuerfundene Szene ein: Stratonike und Kombabus verirren sich im Wald, kommen an eine Grotte, wo sie in Ohnmacht fällt. Die Naturschilderung dieser Szene erinnert an die Beschreibung der Gegend von Hierapolis in der Erstfassung von Wielands Erzählung.[54] Daß Stratonike nur an ihrem Vergnügen interessiert ist und ihn nie wirklich geliebt hat, muß Kombabus nach der Offenbarung seiner Kastration erfahren, als sich ihre vorherige Leidenschaft in Abscheu verkehrt:

La reine à Combabe n'adressoit plus le mot,
Et dès le lendemain ce n'étoit plus qu'un sot;
Un homme à faire peur, que nul ne devoit plaindre,
Un horrible fléau, dont il falloit tout craindre;

---

51 »Une négligence dans le maintien, qui, chez les femmes, ailles jusques à l'indécence, et passe chez nous, ce qu'on appelle aisance et liberté; tons et manières affectés, soit dans la vivacité, soit dans la langueur; l'esprit frivole et si méchant, un discours entortillé: voilà ce qui [...] compose aujourd'hui le ton de la bonne compagnie.« (C.-P. Jolyot de CRÉBILLON: Les égarements du cœur et de l'esprit. Paris 1985, S. 218).

52 »Sot, benêt, présomptueux, imbécile« (DORAT [Anm. 44], Bd. 2, S. 132, 133, 141).

53 »Friande de l'intrigue et de la bagatelle« (Ebd., S. 133). LITTRÉ nennt als Synonyme für »Bagatelle« »amourette, galanterie« (Dictionnaire de la langue française. Paris 1956, Bd. 1, S. 820).

54 Christoph Martin WIELAND: Comische Erzählungen, Kombabus, Der verklagte Amor. Hamburg 1984, S. 149. »Mancherlei solcher Schoßen, die sich in HE noch finden, fehlen in B. So die Beschreibung der Gegend, wo der Tempel gebaut wird« (POLHEIM [Anm. 16], S. 83).

Un phantome échappé du séjour des esprits,
Une espèce de mort chez les vivants admis.[55]

Der König ist ebenfalls peinlich berührt, und so wird der Unglückliche ohne
weiteres vom Hof entfernt - nicht eigentlich zur Strafe für seinen Ehrgeiz,
sondern »weil er die Spielregeln seiner Umgebung nicht einhält«.[56] Der neue
Günstling, der an seine Stelle tritt, besitzt hingegen die Tugenden der Gewandtheit, Verstellungskunst und des selbstbewußten Auftretens, die ihm erlauben, das höfische Spiel in seinem Sinn zu lenken. Er erreicht die Position
des Günstlings, ohne ein letztlich sinnloses Opfer zu bringen:

La reine eut un amant plein d'esprit et d'adresse,
Amant tendre la nuit et courtisan le jour;
Qui se fit respecter par une noble audace,
Amusoit le monarque et régnoit à sa place,
Qui se vit, jeune encore, près du trône affermi,
Qui fit cour à son maître, et qui fut son ami.[57]

Dorat gestaltet den Stoff als zynisches Exempel, dessen Moral dem illusi-
onslosen Menschenbild der französischen Verserzählung entspricht. Jeder ist
sich selbst der Nächste, Liebe ist nichts weiter als körperliche Lust, und wer
sich hinter's Licht führen läßt, ist selber schuld und braucht für den Spott
nicht zu sorgen. Die »moralische Erzählung« bezieht ihren Reiz aus der
Umkehrung der christlichen Moral und dem hämischen Einverständnis zwischen Erzähler und Leser, die das Verhalten der Figuren belachen und sich
aufgrund ihres Standes und ihrer Menschenkenntnis überlegen fühlen können.[58]
Wenn wir uns die Stoffgeschichte noch einmal vergegenwärtigen, so zeichnet sich in ihr eine zunehmende Individualisierung und Psychologisierung
der Darstellung ab. Die Entmythologisierung der Figuren Stratonike und
Kombabus bahnt sich bereits bei Lukian an. Bayles historische Kritik löst die
Geschichte schließlich ganz aus ihrem mythischen Kontext und nimmt sie
zum Anlaß, das Problem der historischen und psychologischen Wahrscheinlichkeit zu erörtern. Die Sage wird so zum ungewöhnlichen *Fall* aus der

---

55 DORAT (Anm. 44), Bd. 2, S. 140.
56 LÜTHJE (Anm. 12), S. 254.
57 DORAT (Anm. 44), Bd. 2, S. 142.
58 Eine weitergehende Interpretation hätte danach zu fragen, ob Dorat in der Gestalt des Kombabus
    nicht den bürgerlichen Aufsteiger verhöhnt, der sich Zugang zum Hof verschafft hat, und ob die
    Frivolität des Textes nicht als Spott über bürgerliche Moralvorstellungen (Selbstbescheidung, »Lohn
    der Tugend«) gedacht ist.

Erfahrungsseelenkunde, der zur Reflexion über die Motive menschlichen Handelns anregt. Dorat macht aus Kombabus ein Fallbeispiel für soziales Fehlverhalten.

3. Architexte: die Gattungsmuster von Mythos, Idylle und Feenmärchen

Die Tendenz zur Individualisierung der Figuren, die wir bereits beim Überblick über die Stoffgeschichte feststellten, führt Wieland konsequent weiter. Gegenüber Lukian weitet er die Gefühlsschilderung stark aus. So nimmt der Entschlußmonolog des Kombabus bei Lukian 14 Zeilen in Anspruch, aus denen bei Wieland 140 Verse werden. Der zentrale Konflikt der Erzählung verlagert sich gänzlich in das Innere des Kombabus, der sich nicht so sehr zwischen König und Königin, sondern zwischen den eigenen konträren Gefühlen von Liebe und Freundschaft zu entscheiden hat. Damit schafft Wieland eine Problematik, die den Konventionen der Gattung Verserzählung zuwiderläuft. Bereits die ›Comischen Erzählungen‹ entfernten sich stellenweise weit von dem, was ein zeitgenössischer Leser von einer Verserzählung erwartete, nämlich *entweder* Frivolität *oder* Empfindsamkeit. Diese Trennung ist im ›Kombabus‹ völlig aufgehoben, womit sich der Text von der Gattungstradition emanzipiert. Daher legt Wieland auch so großen Wert darauf, sich von Dorat zu distanzieren.

›Kombabus‹ bezieht sich auf mehrere literarische Gattungen und Erzählweisen, nimmt ihnen gegenüber aber eine freie, spielerische Haltung ein. Ein dichtes Netz von Anspielungen und Verweisen durchzieht den Text und setzt ihn in Beziehung zu dem, was Genette »Architext« nennt, d. h. Formen und Diskurstypen der literarischen Tradition. Das erzählte Geschehen tritt so in Relation zu den Formen des Mythos, der Idylle und des Feenmärchens. Wie wir sehen werden, haben sie alle mit der Deutung des Verhältnisses zwischen Kombabus und Astarte zu tun.

3.1 Das mythische Muster: der Geliebte der Göttin

Eine der auffälligsten Veränderungen, die Wieland vornimmt, ist die Umbenennung der Stratonike. Wieland verleiht ihr den Namen der phönikisch-syrischen Mond- und Liebesgöttin Astarte (Ischtar), der großen Mutter, die nach Lukian »soviel als bei den Griechen Selene oder der Mond«[59] ist. Wieland rechtfertigt diesen Kunstgriff als »eine poetische Licenz, die in einer Geschichte, die einem Mährchen so ähnlich sieht, nicht viel zu bedeuten hat« (C[1r], Bd. 10, S. 294). Doch dies ist nicht der einzige Bezug Astarte-Stratonikes zur Götterwelt.

> Und wenn er liebt, wen kann er lieben
> Als eine Göttin, oder - *Sie?* (268)

fragt sich Astarte, die sich ferner mit Semiramis, Aurora und Galatea vergleicht:

> Sie wusste übrigens, dass die *Semiramissen*
> (Gleich den Göttinnen) sich, wenn sie ein Schäfer rührt,
> Zum ersten Schritt entschliessen müssen; (269)

> Dass eine Göttin, wenn auf dieser Unterwelt,
> Ein *Cefalus*, ein *Acis* ihr gefällt,
> Sich kein Bedenken macht den süssen Trieb zu stillen; (270 f.)

> *Aurora* spielt' einst völlig
> *Astartens* Rolle, nur mit etwas besserm Glück. (272)

Als sie Kombabus schließlich ihre Liebe gesteht und »ihr Herz in seines überfliesst« (275), versichert sie ihm, ihn so zu lieben,

> Wie noch kein Sterblicher, wie kein *Endymion*,
> Kein *Cefalus*, kein *Attys*, kein *Adon*
> Geliebt sich sah! (276)

Der Erzähler vergleicht die Liebenden ebenfalls mit »*Adon* und *Venus*« (278). Der *Mond*, mit dem die Göttin Astarte identisch ist, wacht schließlich als schützendes Gestirn über den Seelenbund der Liebenden (279).

So auffällig diese Häufung mythischer Anspielungen ist, so deutlich ist auch das ihnen gemeinsame Muster: Eine Göttin liebt einen Sterblichen, raubt oder verführt ihn, was Unheil heraufbeschwört und zu einer Katastrophe führt.[60] In allen Fällen ergreift die Göttin oder halbgöttliche Herrscherin die Initiative und ver- bzw. entführt den Mann, der weitgehend passiv bleibt.

---

59 LUCIAN (Anm. 21), S. 292.
60 Daher fürchtet Kalypso um Odysseus, als Hermes vor ihr erscheint, weil sie das mythische Muster kennt: »Zäh seid ihr Götter und Eifersucht quält euch mehr als die andern;/Tut so verwundert, wenn offen und frei eine Göttin zum Manne/Schlafen sich legt, wenn eine einen sich zum liebenden Freund macht.« (HOMER: Odyssee, V, 61 f. Dt. von Anton WEIHER. München und Zürich ⁹1990, S. 131).

Semiramis tötet ihren Gatten Ninus, liebt ihren Sohn Ninyas, bis dieser sie absetzt; Aurora raubt Cephalus, der seine eifersüchtige Frau Prokris erschießt; Galatea liebt Acis, der vom eifersüchtigen Polyphem erschlagen wird,[61] Diana bricht ihr Keuschheitsgelübde, Attis entmannt sich, weil er gegen den Willen Kybeles geheiratet hat, Adonis fällt der Eifersucht des Mars zum Opfer.[62] Zwei Anspielungen sind überdies Selbstzitate des Autors Wieland, der auf seine Verserzählungen ›Diana und Endymion‹ und ›Aurora und Cephalus‹ zuückblickt. In ihnen wird wie in den anderen ›Comischen Erzählungen‹ die Überwindung der »Prüderie« als lustvolle Befreiung der Sinnlichkeit gefeiert.[63]

Reiht sich der ›Kombabus‹ also doch in die Reihe der ›Comischen Erzählungen‹ und damit in die Tradition der erotischen Verserzählung ein? Das wäre der Fall, wenn die mythologischen Anspielungen aus der Perspektive des Erzählers kämen. Sie sind aber eindeutig der Perspektive der Figur Astarte zugeordnet. In ihnen spiegelt sich die Sichtweise der Verliebten wider, die sich selbst überreden will, sie habe das Recht, Kombabus zu verführen - die Anspielungen erweisen sich damit als Selbsttäuschung. Der Mythos dient Astarte als Symbol, mit dessen Hilfe sie ihren Wunsch nach Überwindung des Standesunterschiedes zwischen Königin und Höfling (Göttin und Mensch) ausdrücken kann:

> In diesem Stück muß eine Göttin schon
> Den Fehler ihres Standes büssen. (269)

Es ist bezeichnend, daß Astarte sich zunächst mit Semiramis identifiziert, die als Tochter der Derketo zwar von göttlicher Abkunft, aber doch ein Mensch ist. Die schrankenlose Macht der Semiramis, von der Astarte nur träumen kann, legt dann die Identifikation mit den eigentlichen Göttinnen nahe, die ebenfalls das Privileg haben, sich ungehindert über die Schranken der herrschenden, menschlichen Sexualmoral hinwegsetzen zu können. Die Diskrepanz zu Astartes realer Situation ist offensichtlich. Sie ist keine Göttin und kann nicht machen, was sie will. Sie ist der absoluten Gewalt des Königs unterworfen, der sie nach ihrer Rückkehr wie Kombabus ohne weiteres einkerkern läßt (282). Die mythische Identifikation entspringt also einer Illusion, einem Wunschbild, mit dem sich Astarte über ihre reale Situation hinweg-

---

61 Vgl. OVID: Verwandlungen. Dt. von R. SUCHIER. Berlin u. Weimar ³1982, S. 337-342 (Buch XIII).
62 Vgl. CATULL: carmen 63 (super alta vectus Attis). In: Sämtliche Gedichte, übertragen von W. TILGNER. Wiesbaden 1985, S. 120-127; OVID (Anm. 61), S. 256-264 (X, v. 503 ff.).
63 Vgl. Wolfram MAUSER: Diana und Aktäon. Zur Angst-Lust des verbotenen Blicks. In: Irmgard ROEBLING (Hg.): Sehnsucht und Sirene. Pfaffenweiler 1992, S. 310-312.

täuscht. Das Modell der heiter-erotischen Verserzählung in mythologischem Gewand erweist sich damit gleichfalls als Illusion einer Figur, wird also perspektivisch gebrochen.

3.2. Anspielungen auf die barocke Schäferdichtung

Eine weitere Schicht von Anspielungen setzt das Paar Astarte und Kombabus anachronistisch in Beziehung zu der europäischen Schäferdichtung des 16. und 17. Jahrhunderts.

> Astarte [...] glaubt, sie lese
> Ganz klar in seinem Gesicht, dass nichts als falsche Scham
> Die Ursach' sey, warum er sich so link benahm.
> Ein *Pastor fido* ist das blödste aller Wesen. (272)
> Zum zweyten, dritten oft, wofern der *Seladon* (269)
> So albern ist als wie *Marin's Adon*. (291)

Wieder ist es Astarte, die Kombabus mit einem literarischen Typus identifiziert, nämlich dem des treuen Liebhabers aus der barocken Schäferdichtung. In ihr wird die Utopie eines zwanglosen Urzustands der Menschheit zum Abbild der reglementierten höfischen Gesellschaft umfunktioniert. In dieser idyllischen Welt herrscht ein starrer Liebeskodex, der die Rollenverteilung zwischen den Liebenden festlegt.[64] Dem Schäfer fällt es zu, sich in aussichtsloser Liebe zu verzehren, alle Entbehrungen und von der Geliebten zugefügten Demütigungen geduldig auf sich zu nehmen, um ihrer würdig zu werden. Nach dem Kodex der tugendhaften, ehrenvollen Liebe, den d'Urfé in der ›Astrée‹ (Buch II, 5) aufstellt, muß der Schäfer mit voller Hingabe, Opferbereitschaft, Ehrgefühl, Anspruchslosigkeit und Treue dienen, ohne eine Gegenleistung zu erwarten.[65]

So überzeugt Aminta in Tassos gleichnamigem Schäferspiel Sylvia von seiner Treue, indem er einen Selbstmordversuch unternimmt. Auch Céladon stürzt sich in den Fluß, als ihn Astrée verbannt. Mirtillo, der »treue Schäfer« Guarinis, ist bereit, sich anstelle der Geliebten zu opfern, und sühnt durch seine treue Liebe zu Amarilli den auf Arkadien lastenden Fluch, den Diana

---

64 Vgl. Erich KÖHLER: Vorklassik. Stuttgart, Berlin 1983, S. 19-36 und Klaus GARBER: Arkadien und Gesellschaft. In: Wilhelm VOSSKAMP (Hg.): Utopieforschung, Bd. 3. Frankfurt a. M. 1982, S. 37-81.

65 »Sans attendre de son service/Que le seul honneur de l'aimer.« (Honoré d'URFÉ: L'Astrée. Textes choisies par Jean LAFOND. Paris 1984, S. 139).

zur Strafe für die Treulosigkeit einer Schäferin verhängt hat.[66] Das Schicksal hat die Liebenden füreinander bestimmt, ihre Liebe macht sie würdig, am Ende die Herrschaft über die idyllische Gesellschaft anzutreten: Das ist das Grundmuster der barocken Schäferromane und -spiele. Es liegt auch Marinos ›Adone‹ zugrunde, in dem das Inselreich der Venus auf Zypern als Idylle gestaltet wird (*canto* I, Stanze 133-170). Die Bukolik ist bei Marino jedoch nur noch die Staffage einer völlig künstlichen, allegorischen Welt, die sich nach Art eines höfischen Festes selbst inszeniert. An die Stelle des entbehrungsreichen Schmachtens tritt bei Marino die Galanterie. Adonis braucht nicht lange zu flehen, um die Liebe der Venus zu erringen, schon bei der ersten Begegnung (*canto* III) ist alles entschieden, und Venus kann ihn zielstrebig durch ihre höfische Welt führen, die zugleich eine Allegorie der fünf Sinne darstellt. Im achten Canto, dem Höhepunkt der Dichtung, nehmen beide gemeinsam ein Bad. Dort schlägt der ungeduldige Adonis seinen Bademantel zurück und zeigt der Göttin seine Erektion. Auf diese Szene (und ihr Vorbild bei Apuleius) spielt Wieland an, wenn er das »dem *goldenen Esel* abgelernte Kompliment« (292) erwähnt.[67] Die Königswürde erringt Adonis schließlich nicht im Kampf, sondern im Schönheitswettbewerb (*canto* XVI).

Auch dieses Muster paßt nicht auf die reale Situation von Astarte und Kombabus. Zwar entsprechen die Symptome, die Astarte bei Kombabus beobachtet - der Zwang, sie nur verstohlen anzusehen,

> Das Seufzen, das ihm statt des Athmens ist,
> Die Schwermuth seines Blicks, die Blässe seiner Wangen.
> Und diese Wolken, die, sobald er sich vergisst,
> Um seine schöne Stirne hangen! (268 f.)

- durchaus dem literarischen Muster des melancholischen, weil unglücklichen Liebhabers, bei Kombabus entspringen sie aber der Trauer über die völlige

---

66 Deutsch von HOFFMAN von HOFFMANSWALDAU (Deutsche Übersetzungen und Getichte. Breßlau 1679, Hildesheim ⁽1984, Teil 1: Der getreue Schäfer, S. [49]-[267]).

67 »Sobald zu süßem Kriege hochmütige Liebe heute kam, mich mit so vielen Reizen herauszufordern, spannte auch ich den Bogen, und fürchte nun schon, der Nerv breche mir durch übermäßige Anspannung in Stücke. Ich kann nicht mehr, wehrt doch eueres demütigen Dieners allzugroßes Brennen nicht einfach so ab oder verachtet den, der nur, wie Ihr sehen könnt, des Ruhmes höchstes Ziel berühren möchte.« (L'Adone, VIII, 67; meine Übersetzung nach G. B. MARINO: Tutte le opere, a cura di Giovanni Pozzi. Bd. II/1, Mailand 1976, S. 441). Die Metapher vom überspannten Bogen stammt von APULEIUS (Der goldene Esel, II,16).

Unmöglichkeit einer Liebesbeziehung.[68] Astarte ist für Kombabus auf jeden Fall unerreichbar, während dem treuen Schäfer trotz aller Hindernisse die letztendliche Erfüllung seiner Wünsche doch sicher ist. Wenn Astarte ihm die Rolle eines »blöden« (scheuen) Schäfers zuschreibt, verwechselt sie die Literatur mit dem Leben. Dem Leser, der ihr gegenüber einen Wissensvorsprung besitzt, muß dies als tragische Ironie und Negation des literarischen Klischees erscheinen.

3.3. Anspielungen auf die erotisch-satirischen Feenmärchen

Die Erstfassung des Textes enthält eine Passage, die Astartes Charakter zu ihrem Vorteil mit dem der Königin der Kristallinseln vergleicht, die in Crébillons ›Ah! quel conte‹ auftritt:

> Wie fänd in ihrem Fall
> Die Königinn der Inseln von Cristall
> Den schönsten Mann abscheulich, unerträglich!
> Ihm eine Tugend zu verzeyhn,
> Die, da sie sich mit ihm zu unterhalten dachte,
> Ihr gegenüber ihn zu einem *Brustbild* machte,
> Sie sollte dies verzeyhn?
> Nein! Nimmermehr! Und hätt’ er mehr Verdienste
> Als *Facardin*! - Stets würden ihr die Künste
> Des kleinen *Grigri* lieber seyn.[69]

Im Gegensatz zu Astarte sündigt die Königin der Kristallinseln im dritten Teil von Crébillons satirischem Märchen ›Ah! quel conte‹[70] dadurch, daß sie von einem Extrem ins andere fällt. Zuerst eine unerbittliche Prüde, straft eine Fee sie für ihre Arroganz mit unersättlichem Liebeshunger, den sie jedoch nicht stillen kann, da jeder Liebhaber beim Beisammensein mit ihr von Impotenz befallen wird, wofür sie sich an den Unschuldigen jedes Mal unerbittlich rächt. Sie ist so verlogen und schamlos wie Dorats Stratonike, die es gleichfalls unverzeihlich findet, daß man ihr die sexuelle Befriedigung vorenthält.

---

68 Vgl. die Symptome von Céladons Liebeskummer bei d'URFÉ: Bleichheit, lange Haare, Magerkeit, spitze Nase, trübe Augen (Anm. 65, S. 118 f.).

69 WIELAND (Anm. 54), S. 158. Laut POLHEIM (Anm. 16, S. 83) befindet sich in der Handschrift die Anmerkung: »Anspielungen, welche voraussetzen, daß man (leider!) Crebillons *Ah quel Conte!* - Hamiltons *Quatre Facardins*, und den Prinzen Biribinker gelesen habe.«

70 C. P. Jolyot de CRÉBILLON: Das Gesamtwerk. Bd. 5, Berlin 1968.

Crébillon entnimmt die Figur der Königin der Kristallinseln aus Antoine Hamiltons Märchen ›Les quatre facardins‹.[71] Der Titelheld Facardin befreit sie dort aus der Gewalt eines Wassermanns, an dem sie sich für ihre Entführung mit hundertfacher Untreue gerächt hat. Ihre Nymphomanie ist der Protest gegen ihre Gefangenschaft und den ungeliebten Wassermann.

Eine ähnliche Konstellation begegnet uns auch in der ›Geschichte des Prinzen Biribinker‹. Hier betrügt die Fee Kristalline, die Biribinker aus ihrer Verzauberung befreit, den eifersüchtigen Zauberer Padmanaba mit dem Zwerg Grigri, der sich durch die riesige Größe seines Glieds auszeichnet.[72]

Die Anspielungen auf die frivole Welt der Feenmärchen[73] dienen als Kontrastfolie, vor der sich der tugendhafte Charakter Astartes um so deutlicher abhebt. Astarte ist im Gegensatz zu den sinnlichen Märchenfeen weder prüde noch lüstern und daher fähig, Kombabus auch nach dem Verlust seiner Männlichkeit aufrichtig (»zärtlich«) zu lieben. Sie ist keine Verführerin, und der König ist auch nicht der eifersüchtige Tyrann oder Wassermann, der sie im goldenen Käfig gefangen hält und vom jugendlichen Helden besiegt werden muß.

Der Vergleich mit den im Text zitierten Gattungen bestätigt die Tendenz zur Individualisierung der Figuren, die sich in der Stoffgeschichte bereits andeutet. Das Verhalten von Kombabus und Astarte richtet sich nicht mehr an einem verbindlichen »Architext« aus. Die Figuren agieren als Einzelfälle, deren Handeln nur unter diesen besonderen Bedingungen möglich ist. Eine direkte Vorbild- oder Abschreckungsfunktion kommt ihnen deshalb nicht zu, sie sind vielmehr »moralische Individual-Gemählde«,[74] wie Wieland sie 1775 in den ›Unterredungen mit dem Pfarrer von ***‹ fordert.

4. Die philosophiegeschichtlichen Anspielungen des Tugend-Prologs

Mit der Individualisierung der Figuren ändert sich auch die Erzählweise. Das Interesse verschiebt sich vom Was auf das Wie, auf die Motivation der Handlungen, wie Wieland 1775 ausführt:

damit solche moralische Individual-Gemählde wirklich *nützlich* werden, muss man sich nicht begnügen, uns zu erzählen, *was* diese merkwürdigen

---

71 Antoine HAMILTON: Les quatre facardins, conte. Paris 1730, S. 155-257.
72 Christoph Martin WIELAND: Don Sylvio, VI, 1 (C¹ʳ, Bd. 12, S. 176 f.).
73 Zu dieser Gattung vgl. Raymonde ROBERT: Contes parodiques et licencieuses du 18e siècle. Nancy 1987; Friedmar APEL (Hg.): Das Kabinett der Feen. München 1984, S. 5-40.
74 C¹ʳ, Bd. 30, S. 512.

Menschen gethan haben, oder *was* sie gewesen: man muss uns begreiflich
machen, *wie* sie das, was sie waren, *geworden sind*; unter welchen Umständen,
in welcher innern und äussern Verfassung, durch welche verborgenen Triebfedern, bey welchen Hindernissen und Hülfsmitteln, sie gerade so, und
nicht anders handelten.[75]

Der »Vorbericht« zum ›Kombabus‹, den Wieland 1795 hinzufügt, betont
daher, daß der an sich reizvolle Stoff erst durch die hinlängliche Motivierung
der »ausserordentlichen That« (C¹ʳ, Bd. 10, S. 245) das »höchste Interesse«
(244) erregen könne.[76] Das Problem der moralischen Beurteilung von Handlungen und Charakteren rückt damit in den Mittelpunkt der Dichtung. Die
Frage lautet nun: Woran läßt sich erkennen, daß eine Handlung, ein Mensch
»tugendhaft« ist?

Diese Fragestellung behandelt der Prolog, mit dem der Text beginnt. Wer
Wielands moralisierend-empfindsame ›Erzaehlungen‹ von 1752 oder andere
Verserzählungen der Zeit kennt (Gellert, Hagedorn), wird nun vielleicht eine
theoretische Einleitung erwarten, die schon im voraus die moralischen Maßstäbe setzt, an denen die nachfolgende Erzählung zu messen ist. Tatsächlich
beginnt der Prolog ganz affirmativ mit der Aussage: »Die *Tugend* ist«.[77] Das
läßt eine Definition erwarten, d. h. eine Wesensbestimmung, die das zu
Bestimmende durch Zuordnung zu einem Gattungsbegriff (*genus proximum*)
und Bezeichnung des artbildenden Unterschieds (*differentia specifica*) eindeutig
bestimmt.[78] Doch es folgt kein Prädikat, das diese beiden Bestandteile ent-
hielte, sondern ein Konditionalsatz und eine Negation, also eine Einschränkung und das Eingeständnis von Nichtwissen:

> Die *Tugend* ist, wenn wir die alten Weisen fragen,
> *Ich weiß nicht was* - Lasst's euch von ihnen selber sagen!
> Dem einen Kunst, dem andern Wissenschaft,
> *Dem* ein Naturgeschenk, *dem* eine Wunderkraft;
> Der Weg zu Gott, nach *Zoroasters* Lehren;
> Der Weg ins Nichts, nach *Xekia's* Schimären (247)

---

75 Ebd.
76 »Es giebt vielleicht unter allen Mährchen in der Welt keines, das alles, was eine poetische Erzählung
   interessant machen kann, in einem höhern Grade in sich vereinigte als dieses alte Syrische Mährchen
   von Kombab.« (C¹ʳ, Bd. 10, S. 244).
77 »Nach dem zitierten Anfang wird man etwas wie ein Lehrgedicht erwarten,« bemerkt J. Ph. REEMTSMA
   zu Recht (Anm. 18, S. 399).
78 Beispiel: Ein Schimmel ist ein weißes Pferd, ein Quadrat ist ein Rechteck mit vier gleichlangen Seiten.

Doch auch die Berufung auf die Autorität der »alten Weisen« führt nicht zum Wissen. Der Erzähler weigert sich, eine bestimmte Position zu beziehen, sich zu einer festen Tradition zu bekennen. Der verdutzte Leser, der eine positive Aussage über das Wesen der Tugend erwartet, sieht sich plötzlich aufgefordert, sich selbst mit der Überlieferung auseinanderzusetzen. Statt mit einer bestimmten Lehre wird er nun mit allen *möglichen*, sich auch noch gegenseitig widersprechenden Theorien konfrontiert, die als Prädikat der Aussage »Tugend ist x« dienen könnten. Tugend könnte also sein: ein pragmatisches *know-how* (»Kunst« im Sinne von *techne*) oder theoretische Erkenntnis (»Wissenschaft«), eine Naturanlage oder eine übernatürliche Fähigkeit (»Wunderkraft«), die Vereinigung mit dem persönlich (Zoroaster) oder unpersönlich (Xekia) gedachten Absoluten. Unversehens gerät die Suche nach der richtigen Definition zur kritischen Musterung ideengeschichtlicher Positionen, die stellvertretend für Paradigmen des Denkens stehen.

So repräsentiert die Religion Zarathustras[79] jede Art von metaphysischem Dualismus, während die Lehre des Buddha das Beispiel eines mystischen Monismus abgibt.[80] Es folgen die Lehren der antiken Skeptiker und Stoiker, die sich wie Schwarz und Weiß gegenüberstehen:

Sie ist, spricht *Pyrrho*, was ihr wollt;
Und mir, schwört *Seneka*, noch theurer - als mein Gold; (247).

Da der Skeptiker davon ausgeht, daß die Dinge in ihrem Wesen ohnehin nicht erkennbar sind (*akatalepsia*), sind sie für Pyrrhon auch gleichgültig (*adiapheron*) und folglich für den Weisen nicht begehrenswert: »Pyrrho, qui virtute constituta nihil omnino, quod appetendum sit, relinquat.«[81] Über das

---

79 »Zwey Wesen ehrt und scheut, mit ganz verschiednem Triebe, / Das heiße Persien. Das eine macht sich Liebe, / Es pflanzt in unsre Brust der Tugend Saamen ein, / Und pflegt die zarte Frucht mit warmem Sonnenschein. / Das andre gleicht der Nacht; mit kalten Finsternissen / Hemmt es der Stralen Kraft, die vom Hormasdes fließen.« (Christoph Martin WIELAND: Die Natur der Dinge, V. 696 ff. AA I, 1, S. 33).

80 Vgl. ZEDLER: Universal-Lexicon, Bd. 60. Leipzig u. Halle 1749: »*Xacca*, von einigen auch Xaka, Xacam, Xe, Xekia, Sacka [...] genannt, der Stiffter einer abgöttischen Secte, welche sich vornemlich in China und Japan ungemein ausgebreitet.« (Sp. 584 f.) »Die Esoterische oder geheime Lehre [...] bestehet im folgenden: Das *Vacuum* und *inane*, worunter er doch, allem Ansehen nach, nichts anders als die *materiam primam* verstanden, sey der Anfang und das Ende aller Dinge, woraus alles hergekommen, wohin alles wiederkehre, und woraus alles bestehe [...] Wer also glückselig zu werden verlange, müsste sich bemühen, durch stetes Nachdencken diesem Principio ähnlich zu werden, und seine Begierden gantz auszurotten, da er denn zu einer vollkommenen göttlichen Ruhe gelangen, und die gemeine Art zu leben andern überlassen würde.« (Sp. 587). Anspielungen auf den Buddhismus finden sich auch in den ›Moralischen Briefen‹ (AA I, 1, S. 298) und im ›Neuen Amadis‹ (C^{1r}, Bd. 4, S. 211).

81 CICERO: de finibus IV, 16, zit. nach UEBERWEG-HEINZE: Grundriss der Geschichte der Philosophie. Berlin ^{9}1903, S. 324.

Mißverhältnis von persönlichem Reichtum und dem stoischen Ideal der Bedürfnislosigkeit bei Seneca macht sich Wieland auch an anderer Stelle lustig.[82] Der anschließende Lobpreis der Tugend als des »wahren *Steins* der *Weisen*« (247), der den Bettler Iros[83] aus der Odyssee reich, den bucklichen Krates schön und Diogenes in der Tonne zum König mache, spielt an auf die kynisch-stoische Lehre, daß allein der Tugendhafte wahrhaft schön sei[84] - worauf Lukian als erklärter Gegner der Kyniker mit einem Verweis auf seinen »Traum« (248) antwortet, in dem ihm die Gestalt der Gelehrsamkeit alle möglichen Tugenden verspricht, wenn er ihr vor der Bildhauerei den Vorzug gebe.

Die nächsten Verse parodieren unverkennbar die Definition der Tugend, die Aristoteles in Buch II, 4-5 der ›Nikomachischen Ethik‹ gibt:

Der Weise von Stagyr setzt seinen Zirkel an:
»Zieht (spricht er) mitten durch *zu viel* und durch *zu wenig*
Die Linie AB, so scharf und so gerad
Ihr immer könnt! - sie ist der nächste Pfad
Zu ihrem Zauberschloss! Nur hütet euch vorm Fallen!« (248)

Als durch Übung gefestigte Grundhaltung (*hexis*) ist die Tugend für Aristoteles zudem weder Natur, noch bloße Anlage (›Nik. Eth.‹ II,1). Gegen diese Ansicht richtet sich der Kyniker Diogenes von Sinope, der stattdessen das »Zurück zur Natur« predigt:

Ich danke meines Orts! Wir schlendern, wo *Natur*
Voran geht, mit: es geht gewöhnlich nur
Der Nase nach; und glitscht ihr auch zuweilen,
Was thut's? ihr fallt doch nicht so tief wie *Ikarus*. (248 f.)

In der Person Aristipps und des Prodikos von Kos stoßen Hedonismus und Rigorismus aufeinander:

Sie macht uns Vergnügen und Freude zur Pflicht, [...]
Im Gegenteil, es ist ein schmaler, rauher Steg,
Voll starrer Hecken ohne Rosen; (249).

---

82 »Seneca, der mit einem Vermögen von mehr als zehn Millionen, und als der reichste Privatmann, der vielleicht damals in der Welt war, es gar zu gern dahin gebracht hätte, sich selbst zu bereden [,] daß alle seine Glücksgüter eben so gleichgültig besitze als ein Demetrius *sie entbehrte*.« (LUCIAN [Anm. 21], Dritter Theil, Leipzig 1788, S. 274, Beilage zum Demonax).
83 »ein auf Ithaka weithin berüchtigter Bettler,/der in der Stadt sich schmarotzend herumtrieb, bekannt als ein Vielfraß« (Odyssee XVIII. HOMER: Werke, Bd. 2. Berlin u. Weimar 1983, S. 279).
84 »*Der Weise* nur, wenn wir *der Stoa* glauben,/Ist schön und voller Reiz, nur er ist groß und frey« (WIELAND [Anm. 54], S. 121).

Das Bild Aristipps als eines genußsüchtigen Lebemanns entspricht hier dem von der Philosophiegeschichte tradierten Bild des Philosophen.[85] Die Worte des Prodikos entstammen der bekannten Allegorie von der Wahl des Herakles in Xenophons ›Memorabilien‹ (II, 1, 21), die Wieland oft zitiert (z. B. ›Neuer Amadis‹ III, 11-16).

Alle Versuche, das Wesen der Tugend theoretisch zu definieren, führen in die Aporie, den unauflösbaren Widerstreit der Meinungen. Zu Recht weist J. G. Gruber auf die Ähnlichkeit des Prologs mit Platons ›Menon‹ hin, in dem die Frage nach der Lehrbarkeit der Tugend ähnlich unaufgelöst bleibt.[86] An dieser Stelle greift nun der Erzähler ein:

> Genug, genug, ihr *Virtuosen!*
> Ihr habt vielleicht auf einmahl alle Recht:
> Nur, darf ich bitten, kein Gezänke!
> Der grosse Punkt, worin wir alle, wie ich denke,
> Zusammen treffen, ist: *Ein ächter Biedermann*
> *Zeigt seine Theorie im Leben.* (249 f.)

Er erteilt den Philosophen eine Absage und rekurriert auf die praktische Erfahrung (allerdings in Gestalt der Literatur!), die bei allen theoretischen Streitigkeiten doch für alle Menschen gleich ist und Beispiele konkreter Tugendhaftigkeit liefert, die intuitiv überzeugen: z. B. Onkel Toby und Korporal Trim, die von Sterne im ›Tristram Shandy‹ als »durch und durch edel, großmütig und menschenfreundlich«[87] dargestellt werden und buchstäblich nicht einmal einer Fliege etwas zuleide tun können. Damit wird nicht nur der Primat der praktischen Vernunft postuliert, sondern auch der Literatur der Vorrang vor der Philosophie eingeräumt, da sie fähig ist, »Gemählde der *wirklichen Natur*, des *wirklichen Lebens*«[88] zu zeichnen. Die zu erzählende Geschichte wird vom Erzähler nicht mehr als Exempel für einen moralischen Satz, sondern als Kasus, als »Fall« aus dem Leben präsentiert:

> Für itzt / Sey mir [...]
> erlaubt, euch aus der praktischen Sfär'

---

85 Vgl. Christoph Martin WIELAND: Aristipp und einige seiner Zeitgenossen. Hg. von Klaus MANGER. Frankfurt a. M. 1988, S. 893-1018.

86 J. G. GRUBER: Wielands Leben. Erster Theil. Leipzig 1827, S. 626.

87 L. STERNE: Tristram Shandy. Neu übersetzt von Michael WALTER. Band IX, Zürich 1991, S. 79 f. (Kap. 21).

88 C[lr], Bd. 30, S. 515 f..

Ein klein *Problemchen* vorzutragen!
Der Fall, gelehrte Herr'n, ist *der*! (250)

Die philosophischen Anspielungen, welche die dritte Schicht von Intertextualität bilden, sind kein überflüssiger Bildungsballast. Sie üben Kritik an abstrakter Theoriebildung über ethische Fragen, indem sie ihre Aporien aufzeigen. Die dialektische Gegenüberstellung widersprüchlicher Positionen übt Erkenntniskritik, problematisiert, was wir überhaupt über »Tugend« wissen und aussagen können. Für die Ästhetik des Textes hat der spielerische Umgang mit den Dogmen zur Folge, daß ihm alles Lehrhafte gründlich abhanden kommt.[89] An die Stelle einer eindeutigen Botschaft tritt die Darstellung einer Problematik, über die der Leser sich seine eigenen Gedanken machen muß. Kombabus' Handeln entzieht sich jedem Vergleich, jedem eindeutigen moralischen Urteil. Er taugt weder zum Vorbild noch zum mahnenden Exempel, sondern bietet dem Leser vielmehr die Möglichkeit, sich mit der Figur zu identifizieren und in ihr eigene Widersprüche und Charakterzüge zu reflektieren.

Und nun, ihr göttlichen *Sokraten*,
Und wie ihr alle heißt! - was ist *Combaben* zu rathen?
Was thätet ihr? Setzt euch an seine Stell'
Und sprecht! (145)
Und solltet ihr euch selbst gestehn,
Dies sey der nächste Weg dem Satan auszuweichen,
So gehet hin, und thut desgleichen! (148)

Es scheint, daß den untersuchten Erscheinungsformen von Intertextualität in Wielands ›Kombabus‹ die Tendenz zur Negation vorgegebener Muster, Normen und Begriffe gemeinsam ist. Der Vergleich mit der Stofftradition läßt die zunehmende Individualisierung und Psychologisierung der Geschichte erkennen: Aus dem *Mythos* wird der *Fall*. Die Kontrastierung der Protagonisten mit verschiedenen literarischen Gattungen und Figuren hebt die Besonderheit des Erzählten, der Gestalten und der Erzählweise hervor. Da der Text sich so gegen die Zuordnung zu einer bestimmten Gattung sperrt, entfällt der Zwang, dem Stoff eine bestimmte Färbung wie Tragik, Komik oder Empfindsamkeit zu geben. Offenheit des Sinns wird möglich, die Erzählung kann mehrere Stile mischen und mehrere Perspektiven entfalten. In ethischer Hinsicht ent-

---

89 »Der Kombabus propagiert ja nichts, er spielt.« (J. P. REEMTSMA [Anm. 18], S. 412). Falls der Text, wie sich nachweisen ließe, doch Wertvorstellungen vermittelt, tut er dies indirekt.

spricht dem die Aufwertung der freien Entscheidung des Einzelnen, deren Eigenständigkeit sich aller moralistischen Festlegung entzieht. Als *Funktion* der Intertextualität in Wielands Text läßt sich daher am ehesten die Entwicklung von *Autonomie* bestimmen, und zwar sowohl die ethische Autonomie des Individuums wie die ästhetische Autonomie des Kunstwerks.[90] In der Terminologie Genettes ausgedrückt: der Hypertext imitiert den Hypotext nicht, sondern *transformiert* ihn, wobei er ausgesprochen *spielerisch* verfährt.

---

90 Vgl. folgende Äußerung WIELANDS von 1795: »Ein Gedicht, in welchem die Tugend in Beyspielen sichtbar wird, kann auf zweyerley Art gute Wirkungen [...] thun: entweder durch die blosse Kraft der Beyspiele selbst, und in diesem Falle kommt nichts auf die Rechnung des Dichters als die Wahl seines Stoffes [...] oder durch den Reitz der Dichtkunst, d.i. die Schönheit des Gedichtes an sich selbst, und diese ist von der Wahl des Stoffes und der sittlichen Güte oder Nützlichkeit desselben unabhängig. Ein Kunstwerk hat, als solches seinen Zweck in sich selbst;« (Theages. C^{r}, Supplemente Bd. 4, S. 159 f.).

Uwe Handke

CHRISTOPH MARTIN WIELAND ALS POLITISCHER JOURNALIST

Die Amerikanische Revolution im Spiegel des ›Teutschen Merkur‹

Bereits während seines mehrjährigen Aufenthaltes in der Schweiz von 1752 bis 1760 dachte Wieland an die Gründung einer Zeitschrift »mit ausgewählten Aufsätzen und Dichtungen von den besten Geistern Deutschlands«.[1] Die Berufung zum Senator in Biberach 1760 verhinderte jedoch erst einmal die Konkretisierung seines ein Jahr zuvor gefaßten Planes, eine eigene Zeitschrift herauszugeben. Das sollte sich ändern, nachdem Wieland eine Professur an der Erfurter Universität erhalten hatte. Das auf Eis gelegte Projekt wollte er nun dank der mit einem regelmäßigen Einkommen dotierten Stelle mit neuem Elan und Tatendrang forcieren:

> Ich bin entschlossen eine Art Journal zu entepreniren, welches quo ad formam einige Ähnlichkeit mit dem Mercure de france haben soll. Prosaische Original=Aufsätze, Litterarische Nachrichten, Recensionen und Revisionen unrichtiger Urtheile über interessante Schriften, sollen die Haupt=Artikel davon ausmachen [...]. Ich werde einige ordentliche Mitarbeiter haben, und es sehr gerne sehen, wenn mir von Zeit zu Zeit auch von bloßen Dilettanten was Gutes zugeschickt würde. Das Ding soll, um das, was es ist, gleich an der Stirne zu führen, der *deutsche Merkur* heißen. Ein Hauptgesetz soll seyn, alles was irgend einer in Deutschland recipirten Religion anstößig seyn könnte, zu vermeiden; denn mein Merkur soll in den katholischen Staaten eben so gangbar werden, als in den Protestantischen. Da ich der eigentliche Entrepreneur und Direktor des Werkes seyn, und dasselbe zu Weimar unter meinen eigenen Augen besorgen werde, so stehe ich auch sowohl für die *Güte* als für die *Unanstößigkeit* aller Artikel.[2]

---

1   Friedrich SENGLE: Wieland. Stuttgart 1949, S. 117.
2   An Riedel in Wien vom 17. September 1772; WBr 4, S. 633 f.

Wieland machte in dem zitierten Brief an Riedel recht detaillierte Angaben über Auflage, Umfang und Preis des Periodikums.[3] Diese Angaben lassen darauf schließen, daß die Zeitschrift eine zusätzliche Einnahmequelle für den Erfurter Dozenten sein sollte.[4] Wieland wollte seine Zeitschrift ›Deutscher Merkur‹ nennen. Ähnlich wie das französische Vorbild, der ›Mercure de France‹, sollte sein deutsches Pendant dem Lesepublikum eine möglichst große Vielfalt an Themen bieten. Dazu gehörten Prosa, Lyrik, Artikel zu philosophischen und populärwissenschaftlichen Themen, aber auch Reiseberichte, Biographien sowie Rezensionen und politische Informationen.[5] Diese Themenpalette kündigte Wieland im ersten Vierteljahresband des ›Merkur‹ im April 1773 an.[6]

Im 18. Jahrhundert schossen Zeitschriften, Journale und Tageszeitungen wie Pilze aus dem Boden der deutschen Verlagslandschaft. Jedes neue derartige Projekt war mit einem erheblichen Risiko behaftet, da dem unkontrollierten Nachdruck nach wie vor Tür und Tor offen stand, und die Zahl der zum Überleben notwendigen Subskribenten dadurch häufig klein blieb. Daß der Merkur relativ schnell vom Publikum angenommen wurde, verdankte Wieland sicherlich seinem guten Ruf als Schriftsteller.[7] Wielands anfängliche Zweifel - »Die ersten Stücke werden nicht schlecht, aber doch auch so vollkommen nicht seyn, als ich wünsche. Aber lassen Sie uns erst einmal im Schwung seyn!«[8] - verflogen schon bald angesichts der großen Abonnentenzahl von 2.000 Lesern im zweiten Jahr des ›Merkur‹.[9] Mitverantwortlich für den enormen Erfolg waren ohne Zweifel auch seine Bemühungen, die besten Autoren als Mitarbeiter zu gewinnen:

3   Ebd., S. 634.
4   Vgl. hierzu: SENGLE (Anm. 1), S. 408.
5   Vgl. hierzu: Paul HOCKS/Peter SCHMIDT: Literarische und politische Zeitschriften 1789-1805. Stuttgart 1975, S. 13.
6   Christoph Martin WIELAND: Vorrede des Herausgebers. In: Wielands Werke in vier Bänden. Ausgewählt und eingeleitet von Hans BÖHM (Bibliothek deutscher Klassiker. Hg. von den Nationalen Forschungs- und Gedenkstätten der klassischen deutschen Literatur in Weimar). Berlin/Weimar 1984, Bd. 4, S. 16 f.; vgl. auch S. 287.
7   Darauf verweist Karin STOLL: Christoph Martin Wieland - Journalistik und Kritik. Bedingungen und Maßstab politischen und ästhetischen Räsonnements im ›Teutschen Merkur‹ vor der Französischen Revolution (Abhandlungen zur Kunst-, Musik- und Literaturwissenschaft, Bd. 269). Bonn 1978, S. 53.
8   An Ring in Karlruhe vom 22. Januar 1773; WBr 5, S. 61.
9   Die Zahl der Abonnenten ging allmählich zurück. Waren es 1783 noch 1.500, so reduzierte sich diese Zahl bis 1798 auf 800; vgl. zu diesen Angaben: HOCKS/SCHMIDT (Anm. 5), S. 13 sowie Hans WAHL: Geschichte des Teutschen Merkur. Ein Beitrag zur Geschichte des Journalismus im 18. Jahrhundert. Berlin 1914, S. 24; ferner: SENGLE (Anm. 1), S. 408.

Meine Idee ist, es nach und nach dahin zu bringen, daß die besten Köpfe und die Schriftsteller von der ersten Classe es ihrer nicht unwürdig achten mögen, in den Merkur zu arbeiten.[10]

Von der Mitarbeit bekannter Autoren versprach er sich eine größere Resonanz beim Lesepublikum, denn »ohne die Beyhülfe unsrer besten Schriftsteller kann ich nichts«.[11] Der ›Merkur‹ sollte dazu beitragen, »eine einheitliche gehobene Sprach- und Bildungsgemeinschaft im deutschen Raume zu schaffen und gegen das Übergewicht des Auslandes durchzusetzen«.[12] Wielands Bestreben in dieser Hinsicht zielte darauf ab, »die politischen Ziele Unterrichtung und Unterhaltung mit dem pädagogischen Ziel der Belehrung sinnreich zu verbinden«.[13]

Der Erfurter Professor, der 1772 an den Weimarer Hof der Anna Amalia als Prinzenerzieher für den noch minderjährigen Carl August berufen wurde, zog sich, wie mit der regierenden Herzogin vereinbart, nach Ablauf von drei Jahren aus dem aktiven Hofdienst zurück. Mit großem Eifer widmete er sich nunmehr der Herausgabe des ›Teutschen Merkur‹. Gemäß der 1773 im ›Merkur‹ veröffentlichten Themenpalette sollte aktuellen politischen Nachrichten ein gebührender Platz in diesem Journal eingeräumt werden:[14]

Der deutsche Merkur hat sich anheischig gemacht am Ende eines jeden Theils die neuesten politischen Nachrichten mitzutheilen [...]. Der wenige Raum welcher dem Verfasser dieser Nachrichten dazu übrig bleibt, wird einen jeden zuvor vermuthen lassen, daß blos die wichtigsten, der Menschheit am meisten intereßirenden Neuigkeiten angemerket werden können = Beyspiele von Großmuth, von Gerechtigkeit, von Wohlthätigkeit, von Menschenliebe der Großen dieser Erden, ihrer Rathgeber, aber auch eines jeden tugendhaften Weltbürgers wird der Verfasser am liebsten bemerken.[15]

---

10 WBr 5, S. 61.
11 An Zimmermann in Hannover vom 22. Januar 1773; ebd., S. 63. Ein Verzeichnis sämtlicher Mitarbeiter des ›Teutschen Merkur‹ haben HOCKS/SCHMIDT (Anm. 5, S. 15) zusammengestellt.
12 Fritz MARTINI: C. M. Wieland und das 18. Jahrhundert. In: Festschrift Paul Kluckhohn und Hermann Schneider. Tübingen 1948, S. 247. Vgl. dazu jetzt TMRep.
13 Volker SCHULZE: Der Teutsche Merkur (1773-1810). In: Heinz-Dietrich FISCHER (Hg.): Deutsche Zeitschriften des 17. bis 20. Jahrhunderts (Publizistik-Historische Beiträge, Bd. 3). Pullach bei München 1973, S. 90.
14 Walter H. BRUFORD: Kultur und Gesellschaft im klassischen Weimar 1775-1806. Göttingen 1966, S. 48.
15 Einleitung und Schlußbemerkung zu: »Politische Nachrichten«. In: AA, I, 21, S. 421.

Beifall erntete Wieland für seine angekündigten Themen auch von Friedrich Heinrich Jacobi (1743-1819). Der Düsseldorfer Handelsherr und Zollbeamte schreibt in einem Brief vom 12. März 1775 an Wieland:

> Mit der neuen Einrichtung des Merkurs bin ich höchlich zufrieden, und Sie können sich darauf verlaßen daß ich Ihnen einen tüchtigen Mann für den politischen Artikel schaffen werde, aber keinen Deutschen, welches Ihnen auch wenig verschlagen wird.[16]

Jacobis Pläne, »einen tüchtigen Mann für den politischen Artikel« zu besorgen, scheiterten an Wielands Skrupeln. Der pensionierte Hofrat stand zwar nur kurz, aber doch lange genug im aktiven Hofdienst, um zu wissen, wie weit ein freier Autor gehen konnte, ohne die Zensur fürchten zu müssen. Befürchtungen dieser Art entbehrten allerdings in bezug auf das Weimarer Herzogtum jeglicher Grundlage, denn »eine nennenswerte Zensur [...] gibt es zu dieser Zeit in Weimar nicht«.[17]

Wieland, Kind seines Jahrhunderts, geschult und politisch sensibilisiert unter verschiedenen Obrigkeiten, schreckte davor zurück, seinen angekündigten Worten Taten folgen zu lassen. Nachdem er von Jacobi die versprochenen Beiträge bekommen und übersetzt hatte, schickte er diese an den Brieffreund zurück. In einem Begleitschreiben äußerte er seine Befürchtungen:

> Ich schicke Ihnen, liebster Bruder, die Uebersetzung des politischen Artikels und beschwöre Sie bei unserer Freundschaft und bei meiner ohnehin so häufig unterbrochenen Ruhe, nicht ungehalten auf mich zu werden, wenn ich Ihnen sage, daß, so vortrefflich die Artikel Deutschland, England, und besonders Polen, geschrieben sind, ich es doch unmöglich wagen kann, sie im Merkur auf meine augenscheinliche Gefahr zu publiciren. Mir graut und schaudert vor dem Lärmen, den eine so große Freiheit, über die Könige unserer Zeit zu philosophiren, in Berlin, Wien, Regensburg etc. erregen, und vor den bösen Händeln, die ich mir dadurch zuziehen würde [...] bei näherer Ueberlegung finde ich, daß Ihr vortrefflicher Freund entweder einen minder freimüthigen Ton anstimmen muß, oder, daß es besser ist, er gebe sich gar nicht damit ab. Möchte der Verfasser des politischen Artikels Macchiavell selbst seyn; sobald er in Deutschland und in einem deutschen Merkur schreibt, muß er die Hörner einziehen und bloßer Annalist seyn.[18]

---

16 WBr 5, S. 336.
17 HOCKS/SCHMIDT (Anm. 5), S. 9.
18 Brief vom 23. Juni 1775; WBr 5, S. 391 f.

Wilson vermutet, daß in dem von Jacobi zugeschickten politischen Artikel die erste Teilung Polens von 1772 zwischen Preußen, Rußland und Österreich behandelt wird.[19] Da sich Wieland auch um Abonnenten seines ›Merkur‹ außerhalb Weimars bemühte, hielt er sich als Herausgeber seines Journals in politisch-kommentierender Hinsicht zurück. Er sah sich selbst als »bloßen Annalisten«. Dies war das Fundament, auf dem er seine Ansichten über Politik errichtete. Bloßer Kommentator zu sein, war seine Maxime, der er sich schon früh verschrieben hatte. So sah er sich zeitlebens stets als distanzierter Beobachter der Tagesgeschehnisse, verfolgte diese allerdings mit einer »gleichsam seismographischen Wachheit«.[20] Seine politische Selbsteinschätzung legte er in einem Bekenntnis aus dem Jahre 1800 nieder:

> Meine natürliche Geneigtheit, Alles (Personen und Sachen) von allen Seiten und aus allen möglichen Gesichtspunkten anzusehen, und ein herzlicher Widerwille gegen das nur allzu gewöhnliche *einseitige Urtheilen* und *Parteynehmen*, ist ein wesentliches Stück meiner Individualität. Es ist mir geradezu *unmöglich*, eine Partey gleichsam zu heyrathen.[21]

Das Bemühen um Unparteilichkeit, um bloße Beschreibung der politischen Ereignisse, durchzieht sein gesamtes schriftstellerisches Schaffen, die stetige Suche nach einem goldenen Mittelweg, das Abwägen des Für und Wider. Diesen Hintergrund muß man sich vor Augen halten, um seine Ablehnung der von Jacobi angebotenen politischen Artikel zu verstehen. Die eingereichten Texte kommentierten politische Ereignisse, beschränkten sich somit nicht auf die bloße Beschreibung. In diesem Zusammenhang ist Wielands Bemühen, ein königliches oder kaiserliches Privileg für den ›Merkur‹ zu bekommen, von großer Bedeutung. Einerseits wollte er ein in Aussicht gestelltes Privileg nicht aufs Spiel setzen, andererseits hatte Wieland auch immer seine Abonnenten im Sinn, denn von ihnen hing ja schließlich das Fortleben des ›Merkur‹ und nicht zuletzt sein Ruf als Verleger und Herausgeber dieses Journals ab. Sein Hang zur »Mäßigung und Vorsicht«[22] bei politischen Äußerungen hatte handfeste Gründe. Denn »die Freiheit zu veröffentlichen, was man denkt und glaubt, war im späten 18. Jahrhundert noch keine konstitutionell garantierte

---

19 W. Daniel WILSON: Wielands Bild von Friedrich II. und die »Selbstzensur« des ›Teutschen Merkur‹. In: JDSG 29 (1985), S. 34.
20 Hans WÜRZNER: Christoph Martin Wieland - Versuch einer politischen Deutung. Diss. Heidelberg 1957, S. 10.
21 NTM 1800, Bd. 1, 4. Stück, S. 256.
22 John A. MCCARTHY: Die gefesselte Muse? Wieland und die Pressefreiheit. In: MLN 99 (1984), S. 458.

Freiheit«.[23] Sie hing ganz und gar noch von der Willkür der Obrigkeitsinstanzen ab.

Wieland, der »sowohl für die Güte als für die Unanstößigkeit aller Artikel«[24] eintrat, hatte bei seinen Mitarbeitern und Lesern große Erwartungen im Hinblick auf eine sachliche politische Berichterstattung geweckt. Hatte er bereits 1773 in der 20seitigen »Vorrede des Herausgebers« im ersten Band des ›Merkur‹ darauf hingewiesen, daß »von den Politischen Begebenheiten in Europa [...] das Neueste und Wichtigste in einer zusammenhängenden Erzählung jederzeit einen besonderen Artikel des letzten Stücks [...] einnehmen«[25] wird, so erschienen erst ab dem letzten Vierteljahr 1775 endlich die angekündigten politischen Beiträge. Anlaß waren die sich abzeichnenden Ereignisse in den nordamerikanischen Neuengland-Kolonien. Bereits nach dem Ende des Siebenjährigen Krieges durch den Pariser Friedensschluß 1763 rumorte es in den britischen Kolonien an der Ostküste. Siedlungsverbote westlich der Appalachen, die Unterbindung kolonialen Eigenhandels und die Erhebung direkter Steuern zur Tilgung britischer Kriegsschulden führten zu ersten Spannungen zwischen dem Mutterland und den Kolonien. Die restriktive Steuerpolitik der Krone hatte 1770 zu ersten vereinzelten und unorganisierten Erhebungen und zum Boykott britischer Waren (»Boston Tea Party« von 1773) geführt. Der schwelende Konflikt eskalierte zur militärischen Auseinandersetzung. Am 18. April 1775 kam es unweit von Lexington zum ersten Zusammenstoß zwischen amerikanischer Miliz und britischen Truppen.

Wieland publizierte seine Nachrichten über den Verlauf der britisch-amerikanischen Auseinandersetzungen unter dem Titel »England« oder »Engelland«. Es handelt sich bei diesen redaktionellen Beiträgen um teilweise recht detaillierte Beschreibungen der Geschehnisse in Nordamerika und England.[26] In der Dezemberausgabe 1776 erscheint bereits die letzte Berichterstattung über den amerikanischen Unabhängigkeitskrieg und über die entsprechenden Beschlüsse des englischen Parlaments unter der Rubrik »politische Nachrichten«. Harold von Hofe macht in seiner Studie über Jacobi, Wieland und die neue Welt[27] Wielands kosmopolitische Grundeinstellung für

---

23 Ebd.
24 WBr 5, S. 633 ff.
25 TM, 1. Jg., 1773, Bd. 1, S. VIII.
26 Vgl. TM 1775, 4. Vj.: Oktober, S. 88 ff.; November, S. 189 ff.; Dezember, S. 294; TM 1776, 1. Vj.: Januar, S. 98; Februar, S. 200 ff.; März, S. 288; 2. Vj.: April, S. 118 ff.; Mai, S. 214 ff.; Juni, S. 309 ff.; 3. Vj.: Juli, S. 95 ff.; August, S. 191 ff.; 4. Vj.: Oktober, S. 94 ff.; November, S. 188 ff.; Dezember, S. 285 ff.
27 Harold VON HOFE: Jacobi, Wieland and the New World. In: Monatshefte - A Journal Devoted to the Study of German Language and Literature Vol. XLIX (April/May 1957), No. 4, S. 187-192.

das abrupte Ende der Berichterstattung verantwortlich. Denn im Gefolge der Unabhängigkeitserklärung vom 4. Juli 1776 spitzte sich die Situation in Nordamerika zunehmend politisch zu, so daß Wieland eine weitere Berichterstattung nicht mehr verantworten konnte oder wollte:

> The subject was becoming more and more political and the cosmopolitan person (Wieland, U. H.) should keep aloof from politics, as Wieland later declared in ›Das Geheimnis des Kosmopolitenordens‹.[28]

Schon während im ›Merkur‹ zwischen Oktober 1775 und Dezember 1776 regelmäßig über die Ereignisse in den Neuengland-Kolonien und Kanada berichtet wurde, bemühte sich der Weimarer Hofrat um Distanz zu den politischen Nachrichten. So finden sich in Wielands Artikeln zu diesem Thema immer wieder Hinweise auf Informationen Dritter oder auf kursierende Gerüchte: »Es ist wahr, schreibt man aus London...«[29] und »Uebrigens sagt man, daß der Hof...«.[30] Durch die Distanzierung verschaffte sich Wieland als Herausgeber des ›Merkur‹ Glaubwürdigkeit beim lesenden und politisch interessierten Publikum. Indem er gewissermaßen aus der journalistischen Vogelperspektive berichtete, beide Konfliktparteien gebührend behandelte, kollidierte er nicht mit seinem Selbstverständnis als distanzierter Beobachter. Trotz seiner Kommentierung und Analyse mancher Nachrichten aus der Neuen Welt blieb dem räsonnierenden Leser Freiraum für eigene Schlußfolgerungen. Wielands Stellungnahmen sollten lediglich dazu beitragen, »die Bedeutung gewisser Vorgänge deutlich zu machen«.[31]

Für Wieland und viele seiner aufgeklärten Zeitgenossen erschien trotz der Fülle von Informationen aus englischen Zeitungen über Subsidienverträge, Art und Anzahl der gestellten Truppenkontingente und Parlamentsdebatten das Geschehen bei Ausbruch des Unabhängigkeitskrieges »höchst verworren«.[32] Das hatte zur Folge, daß diese Kreise »sich noch um die Mitte des Jahres 1775 sowohl über den mutmaßlichen Ausgang der Streitigkeiten nicht klar als auch unschlüßig waren, welche Seite den Beifall der Unbeteiligten verdiente«.[33] Selbst Wieland, dem ein großes Interesse an den Ereignissen in den Neueng-

---

28 Ebd., S. 191. In der Schrift ›Das Geheimnis des Kosmopolitenordens‹ (1788) heißt es: »Gewöhnlich liegt die gute Sache zwischen den Parteien, deren keine weder ganz Recht noch ganz Unrecht hat, mehr oder weniger in der Mitte.«
29 TM 1776, 1. Vj., Januar, S. 98.
30 TM 1776, 1. Vj., Februar, S. 201.
31 Horst DIPPEL: Deutschland und die amerikanische Revolution - Sozialgeschichtliche Untersuchung zum politischen Bewußtsein im ausgehenden 18. Jahrhundert. Diss. Köln 1972, S. 24.
32 Ebd., S. 64.
33 Ebd.

land-Kolonien nachgesagt wurde,[34] blieben die tieferen Gründe für die amerikanisch-englischen Auseinandersetzungen verborgen. Es erging ihm wie vielen seiner Zeitgenossen, die zwar das politische Geschehen in Europa mit Interesse verfolgten, aber die vor 1775 »aus Amerika einströmenden Nachrichten kaum oder nur unzureichend verarbeitet und der breiteren Öffentlichkeit weder in Zeitschriftenaufsätzen noch in Büchern verständlich gemacht hatten«.[35] Horst Dippel vertritt die Ansicht, daß das gebildete deutsche Bürgertum zu Beginn des Unabhängigkeitskrieges nicht imstande war, »sich ein zutreffendes Bild von den Gründen und Anläßen«[36] dieser Auseinandersetzung zu machen.

Zu denjenigen unter den politisch Interessierten des deutschen Bürgertums, die sich auch schon vor dem englisch-amerikanischen Krieg ausreichend über Nordamerika und Geschichte, Politik, Wirtschaft und Kultur der englischen Kolonien informiert hatten, gehörte zweifelsohne Wielands Briefpartner in Düsseldorf, Friedrich Heinrich Jacobi:

Like many other literary Germans of the eighteenth century Friedrich Heinrich Jacobi was mindful of the New World in numerous ways. While his essays, novels, and letters reflect abundantly his varied interests in the Western Hemisphere, the nature of his references suggests that he was even better informed about the Americas than documentary evidence shows. The general allusions that Jacobi makes to early American history, geography, and accounts of travel were extensive. In his works and letters he commented, sometimes briefly and sometimes in detail, on the diverse conditions of New World life, the socio-political structure of Indian society and the mores of its people, the relationship between Europeans and aborigines, and, finally, the United States and, specifically, Benjamin Franklin.[37]

Jacobi galt demnach als profunder Kenner der Neuen Welt. Warum sein Interesse zu Beginn des Unabhängigkeitskrieges nachließ, während Wielands Interesse für einige Jahre angestiegen war, läßt sich nicht schlüssig ermitteln.

While Jacobi knew much about early America, and Wieland very little, the roles were changed for a brief period with the outbreak of the War of Inde-

---

34 VON HOFE (Anm. 27), S. 191.
35 DIPPEL (Anm. 31), S. 65.
36 Ebd.
37 VON HOFE (Anm. 27), S. 187.

pendence. It was Wieland who manifested a measure of interest, while Jacobi was apparently uninterested.[38]

Wieland begleitete das Geschehen in der Neuen Welt für etwas mehr als ein Jahr. In diesen Monaten erschienen in regelmäßiger Folge seine »politischen Nachrichten«. Selbst für Wieland, der über ein weitgestreutes Netz an Informanten und Mitarbeitern verfügte, das ihm einen recht genauen Überblick über politische Entwicklungen hätte geben können, waren die innen- und außenpolitischen Verhältnisse und Angelegenheiten Englands nur schwer zu durchschauen. Das schlägt sich besonders in den ersten Berichten über die nordamerikanischen Ereignisse nieder: »Die politischen Angelegenheiten dieses Königreiches sind allzuverworren, als daß wir uns itzt weitläufig damit einlaßen könnten«,[39] heißt es, und »der Streit zwischen diesem Koenigreiche und denen Colonien wird immer verworrner«.[40] Mitverantwortlich für diese Verwirrung waren auch die sehr langen Kommunikationswege. Nachrichten vom amerikanischen Kriegsschauplatz erreichten oft erst vier bis sechs Wochen später die großen europäischen Nachrichtenbörsen in London, Paris oder Den Haag. Wiederum Wochen später trafen die »neuesten« Nachrichten im deutschsprachigen Raum ein. Diese zum Teil mehrwöchigen, mitunter sogar mehrmonatigen Informationswege trugen somit zur allgemeinen Verwirrung bei und verhinderten, daß man sich ein klares Bild von den tatsächlichen Ereignissen machen konnte.[41]

Obwohl sich der Weimarer Hofrat um Unparteilichkeit bemühte, um bloße Beschreibung der Ereignisse, läßt sich aus den Berichten über die englisch-amerikanischen Auseinandersetzungen herauslesen, wem seine Sympathie gehörte. Bereits im Oktober 1775 verweist Wieland auf »eine Deklaration oder Manifest an alle Nationen«, das die Amerikaner verkündet hätten. Wieland schreibt in einer Weise darüber, die darauf schließen läßt, daß er diese Schrift sehr wohl persönlich kannte. Eindeutig positiv fällt sein Urteil über die aufständischen Amerikaner aus, wenn er behauptet, daß »in jeder Zeile dieser Schrift [...] Patriotismus und Liebe zur Freyheit [spricht]« und daß sie »ein Beweiß [ist], daß die schoenen Kuenste und die Beredsamkeit in den Englischen Colonien von Amerika nicht weniger als bey uns bluehen, und daß die Amerikaner die Feder eben so gut zu fuehren wissen, als den Degen«.[42]

---

38 Ebd., S. 191.
39 TM 1775, 4. Vj., Oktober, S. 88.
40 TM 1775, 4. Vj., November, S. 189.
41 Vgl. hierzu die entsprechenden Ausführungen bei DIPPEL (Anm. 31), S. 11 ff.
42 TM 1775, 4. Vj., Oktober, S. 89.

Wieland bezieht sich hierbei aller Wahrscheinlichkeit nach auf die soge-
nannte »Palmzweig-Petition« des Kontinentalkongresses an König Georg III.
Diese Petition wurde in der Folge der amerikanischen Niederlage in der
Schlacht bei Bunker Hill (12. Juni 1775) verfaßt und sollte weiteres Blutver-
gießen verhindern. Gleichzeitig wurde »die Weltöffentlichkeit über die
Gründe unterrichtet [...], welche die Kolonisten zum Ergreifen der Waffen
veranlaßt hatten«.[43] In der »Declaration of the Causes and Necessity of Taking
Up Arms« vom 6. Juli 1775 unterstrich der Kongreß seine unerschütterliche
Haltung gegenüber der angestrebten Freiheit vom Mutterland:

Ehre, Gerechtigkeit und Menschlichkeit verbieten uns, jene Freiheit gefügig
herzugeben, die wir von unseren tapferen Vorfahren erhalten haben und die
unsere unschuldige Nachkommenschaft ein Recht hat, von uns zu erhalten
[...]. Unsere Sache ist gerecht. Unsere Verbindung ist vollkommen. Unsere
eigenen Hilfsquellen sind groß, und falls erforderlich wird auswärtige
Unterstützung ohne Zweifel zu erhalten sein.[44]

Sein positives Urteil über die aufständischen Neuengland-Kolonisten nahm
Wieland jedoch schon einen Monat später wieder zurück:

Wenn man die Amerikaner nicht entschuldigen kann, daß sie sich wider
ihren Mutter-Staat aufgelehnet haben: so muß man doch auch gestehen, daß
sie ihren Widerstand mit den scheinbarsten Bewegungsgründen und mit
solchen Ausflüchten zu beschönigen wissen, die gar leicht Alles auf ihre
Seite bringen könnten.[45]

Wieland hatte durch dieses Urteil sehr deutlich zum Ausdruck gebracht, daß
er sich im Oktober-Beitrag offensichtlich für die Aufständischen zu weit aus
dem Fenster gelehnt hatte. Dies mag der allgemeinen Euphorie entsprungen
sein. Denn im Grunde seines Herzens lehnte der Weimarer Hofrat den Auf-
stand gegen die Obrigkeit als Mittel zur Durchsetzung eigener politischer
Ziele ab - zumal dann, wenn der Zorn sich gegen England richtete, von dem
er eine hohe Meinung hatte. Das größte Problem bestand für Wieland darin,
daß er zuwenig Vorkenntnisse über die amerikanischen Kolonien besaß. In
dieser Hinsicht erging es ihm wie vielen seiner Zeitgenossen.

---

43 Horst DIPPEL: Die Amerikanische Revolution 1763-1787 (Neue Historische Bibliothek, hg. von Hans-
    Ulrich WEHLER). Frankfurt/Main 1985, S. 71.
44 Zitiert nach DIPPEL (Anm. 43), S. 71; vgl. auch: Die Amerikanische Revolution in Augenzeugenberich-
    ten. Hg., eingeleitet und übersetzt von Willi Paul ADAMS und Angela MEURER ADAMS. München
    1976, S. 158.
45 TM 1775, 4. Vj., November, S. 189.

Trotz der wenigen Vorkenntnisse Wielands überraschen immer wieder die detaillierten Beschreibungen der einzelnen Phasen des Krieges den Leser der »politischen Nachrichten«. Hielt sich Wieland meistens an die bloße Beschreibung der Ereignisse, so finden sich doch ab und zu Kommentare in seinen Nachrichten. Das geschieht beispielsweise im November-Heft von 1775. Wieland beschreibt dort u. a. die Thronrede Georgs III. anläßlich der Parlamentssitzung vom 26. Oktober 1775. Danach verfolgen die aufständischen Kolonisten »eines von Großbrittannien unabhängigen Reiches«.[46] Zu den Maßnahmen, die der englische König dagegen anzuwenden gedenkt, bemerkt Wieland, daß der englische Hof »von den Bemühungen, die Americaner unter der Hand mit sich selbst uneinig zu machen, sich wohl noch immer den meisten Erfolg versprechen mag«.[47]

Ganz im Stil der Zeit berichtete Wieland in erster Linie über die militärischen Aspekte der englisch-amerikanischen Auseinandersetzungen. Minutiös fielen die Schilderungen der Truppenbewegungen aus, wer was wann eroberte und was der englische Hof dazu meinte. Die wirtschaftlichen Gesichtspunkte des Konflikts traten vor dieser politisch-militärischen Sichtweise sehr in den Hintergrund, obwohl diese doch den Ausschlag für die offene Auseinandersetzung der Kolonisten mit dem englischen Mutterland gegeben hatten. Festzustellen bleibt, daß Wieland die Informationen aus England entweder direkt übersetzt und veröffentlicht hatte, diese zuweilen mit eigenen Kommentaren durchsetzte oder Informationen in eigenen Worten zusammenfaßte und veröffentlichte. Mit seinen politischen Nachrichten begab er sich auf ein neues Terrain und wurde gewissermaßen zum Mitbegründer des politischen Journalismus. Das alles geschah in einer selbst noch für den heutigen Leser modernen Sprache, die den journalistischen Formen von Nachricht, Bericht und Kommentar bereits sehr nahe gekommen ist.

---

46 Ebd.
47 Ebd., S. 190.

Bernd Auerochs

PLATON UM 1800

Zu seinem Bild bei Stolberg, Wieland, Schlegel und Schleiermacher

Michael Krejci zum 60. Geburtstag

Alle, welche nach dem Göttlichen streben, scheinen denen, die
an der Erde kleben, rasend oder einfältig; beide Gattungen
leben in einer eignen Welt, und wissen sich nicht zu benehmen,
sobald sie diese verlassen.

Friedrich Schlegel: Rezension der Horen. Sechstes Stück

In Wielands Roman ›Aristipp und einige seiner Zeitgenossen‹ spielt die Auseinandersetzung mit Platon eine große Rolle. Ohne daß Platon selbst Briefpartner im Roman wäre, werden seine Dialoge doch kontinuierlich im Kreis Aristipps besprochen, und im Anspielungskosmos des Romans ist Platon jederzeit präsent. Höhepunkte der Auseinandersetzung mit Platon sind die brieflichen Debatten über den ›Phaidon‹ im zweiten, das Gegen-Symposion, das Lais veranstaltet und über das Aristipp berichtet, im dritten sowie der fortlaufende Kommentar Aristipps zur ›Politeia‹ im vierten Buch des Romans. Die Generallinie der Auseinandersetzung ist klar. Wenngleich Aristipp und mit ihm Wieland spürbar - und manchmal etwas zu forciert - um Fairness gegenüber dem »dichterischen Philosophen« bemüht sind, so schließt sich Wielands Platonbild doch eng an die Topoi der Schwärmerkritik des 18. Jahrhunderts an: Platons Philosophie führt »*geraden Weges* zu einer Art von *Schwärmerei* [...], deren natürliche Folgen, außer seiner *Wolkenkuckuksheimischen* Republik, allenthalben verderblich sein würden«.[1] Es mag an dieser unkontro-

---

1   Christoph Martin WIELAND: Aristipp und einige seiner Zeitgenossen. Hg. v. Klaus MANGER. Frankfurt am Main 1988, III. Buch, 27. Brief, S. 602. Wielands Roman wird im folgenden nach dieser Ausgabe mit Angabe des Buchs in römischen, der Briefnummer und der Seitenzahl in arabischen Ziffern im fortlaufenden Text zitiert.

versen Einordnung in eine inzwischen immer besser erforschte Tradition liegen, daß sich die Wieland-Forschung bislang um den aristippischen Platon nicht näher gekümmert hat.[2] So ist es ihr auch entgangen, daß sich Wielands späte Beschäftigung mit Platon in einem Kontext besonders intensiver Platonrezeption in Deutschland abspielt.[3] Auf dieses Phänomen in seiner ganzen Breite kann ich hier nicht eingehen und muß insbesondere auf die Darstellung der vielfältigen Neuaufnahmen platonischer Philosopheme um 1800 Verzicht leisten. Da es im ›Aristipp‹ aber auch nicht um solche einzelnen Philosopheme, sondern um eine Gesamteinschätzung des Philosophen geht, scheint es mir sinnvoll, Wielands Roman mit Zeugnissen zu konfrontieren, aus denen sich ebenfalls solche Gesamteinschätzungen ablesen lassen: Einleitungen zu Übersetzungen, philosophiegeschichtliche Darstellungen und literarische Gestaltungen. Daß dabei immer auch von Sokrates und dem Sokratesbild der einzelnen Autoren die Rede sein wird, dürfte nicht weiter verwundern. Wie weit die Differenz zwischen Sokrates und Platon reicht und wo sie zu suchen ist, bildet ja gerade einen wichtigen, wenn nicht den wichtigsten Bestandteil des jeweiligen Platonbildes.

Der von mir gewählte Aufbau meiner Darstellung ist der folgende: Ich skizziere zunächst kurz die empfindsame Platonverehrung des 18. Jahrhunderts, die auch in den neunziger Jahren noch Blüten treibt, und die auf sie antwortende popularphilosophische Platonkritik aus dem Geist des gemäßigten Empirismus. Vor diesem Hintergrund gehe ich dann auf Wielands Platonbild im ›Aristipp‹ und die Funktion seiner Platonkritik für das Romanganze ein. Ich schließe mit Bemerkungen zu Friedrich Schlegel und Schleiermacher, bei denen eine neue Konzeption von Poesie und Philosophie auch zu einer mit derjenigen Wielands unvereinbaren Auffassung Platons führt.

---

2   Die ergiebigsten Ausführungen zum Thema enthalten Jan-Dirk MÜLLER: Wielands späte Romane. München 1971, S. 72 ff. (Kapitel: »Der Philosophenroman: ›Alles Denkbare denken‹«), und Klaus MANGER: Klassizismus und Aufklärung. Das Beispiel des späten Wieland. Frankfurt am Main 1991, S. 177 ff.

3   Die Platonrezeption um 1800 bedürfte einer eingehenden monographischen Untersuchung, die interdisziplinär verfahren und insbesondere auch die Rezeption Platons in politischer Theorie und Theologie berücksichtigen müßte. Die romantische Bewegung hat Ernst BEHLER zwar schon in den fünfziger Jahren als eine der »großen abendländischen Plato-Renaissancen« (Friedrich Schlegel: KA, XI, 307) bezeichnet; doch fehlt auch für sie eine umfassende Darstellung. Einzelforschungen werden im folgenden in den Anmerkungen nachgewiesen. Zur Vorgeschichte weiterhin unentbehrlich: Benno BÖHM: Sokrates im 18. Jahrhundert. Studien zum Werdegange des modernen Persönlichkeitsbewußtseins. Leipzig 1929.

I

In einer Besprechung einer Übersetzung von Platons ›Republik‹ aus dem Eutiner Kreis um Boie[4] schreibt Karl August Böttiger: »Gewöhnlich geht das Studium dieses dichterischen Filosophen nicht weit über den Fädon und das Symposium.«[5] Diese These wird durch den Buchmarkt der zweiten Hälfte des 18. Jahrhunderts bestätigt - ›Phaidon‹ und ›Symposion‹ waren mit Abstand die am meisten herausgegebenen, übersetzten und nachgebildeten platonischen Dialoge.[6] Ein Grund dafür dürfte in der kulturellen Dominanz der Empfindsamkeitskultur liegen. ›Symposion‹ und ›Phaidon‹ handeln von Liebe und Unsterblichkeit der Seele; eben diese beiden Themen gehören in der deutschen Empfindsamkeit eng zusammen und stehen im Zentrum der empfindsamen Gefühlskultur. Die Liebe avanciert im empfindsamen Code nicht nur zur zentralen Tugend aller Lebensverhältnisse und dringt damit - öfters mit verheerenden Folgen - in Bereiche sozialer Interaktion ein, in denen sie wenig zu suchen hat. Sie steht auch unter einem ganz besonderen Rechtfertigungsdruck und Pathosbedürfnis. Wenn die Empfindsamkeit ihr oberstes Prinzip auf die Echtheit der liebenden Empfindung gründet, so muß sie sich gegen den Einwurf verwahren können, diese sei flüchtig. Sie tut das dadurch, daß sie die Liebe als das über den Tod hinaus und also schlechthin Beständige imaginiert; die Empfindung muß dauernd davon reden, daß sie dauert. Der Tod wird so zur äußersten Pathosgrenze, deren Überschreiten sicherstellt, daß die Liebe, obwohl sie immer nur im Augenblick intensiv gefühlt wird, sich dennoch keiner vorübergehenden Empfindung verdankt. Zugleich hat der empfindsame Tod eminent gemeinschaftsbildende Funktion; er vermehrt die Liebe unter den Verbliebenen, die sich im Andenken an den geliebten Toten einig wissen.

Gewiß könnte man sich die wechselseitige Intensivierung von Liebe und Unsterblichkeit gut an den Phantasien des eigenen Todes in Klopstocks Oden oder auch an Hölderlins ›Hyperion‹ klarmachen. Um deutlich zu sehen, welcher Stellenwert Platon in diesem Zusammenhang zukommen kann, ist es jedoch angebrachter, sich einige Stockwerke tiefer umzusehen und Bekannt-

---

4   Platons Republik, oder Unterredung vom Gerechten in 10 Büchern. Uebersetzt von P. C. WOLF. 2 Bde. Altona 1799. Wolf hatte Vorarbeiten Boies aus dessen Nachlaß benutzt und ergänzt.

5   NTM, März 1800, S. 228.

6   Als bekanntere Namen unter den Übersetzern und/oder Nachbildnern wären neben Stolberg und Schleiermacher noch zu nennen: Moses Mendelssohn, Karl Philipp Conz, Immanuel Niethammer und Johann Georg Schlosser.

schaft mit einem jungen Mann zu schließen, der in den neunziger Jahren Wieland um seine Protektion anging: J. F. von Meyer, später durch Frömmigkeit, gewisse Hebräischkenntnisse, abenteuerliche Thesen über die Kabbala und eine neue Bibelübersetzung etwas bekannter geworden und wegen dieser Verdienste mit dem Übernamen »Bibel-Meyer« geehrt.[7] Im ›Neuen Teutschen Merkur‹ des Jahres 1795 veröffentlichte er eine Folge von Szenen in Prosa, die Platons Tod zum Ausgangspunkt der Darstellung der Verhältnisse unter seinen »Freunden« nehmen.[8] Der äußerst konventionelle Text buchstabiert hölzern empfindsame Motive und Grundregeln empfindsamer Kommunikation aus. Platon wird im Kontrast zu Aristoteles als »warm und lieblich« charakterisiert,[9] und die vom Mond beleuchtete, mit dürftigen Nachtgedanken gespickte Szene an Platons Grab, mit der Meyers Text anhebt, dient dazu, über die Rührung angesichts des toten Philosophen universelle Sympathie zu produzieren, der selbst der »Kaltsinnige« letztlich erliegen muß: »Alle Gegenwärtigen, selbst Aristoteles, wurden zu Thränen gerührt.«[10] Wir finden bei Meyer auch die bündige These: »Kurz, Platon war mehr Gefühl, und Aristoteles mehr Verstand«[11] und können den jungen Mann, nachdem er uns zu dieser profunden philosophiegeschichtlichen Einsicht verholfen hat, wieder entlassen.

Trotz seiner Niveaulosigkeit ist Meyers Text vor allem deshalb interessant, weil sich in ihm Antikes, Christliches und modern Empfindsames repräsentativ überblenden. Die Szene an Platons Grab speist sich offensichtlich aus der Tradition, die Youngs ›Night Thoughts‹ und Grays ›Elegy Written on a Country Churchyard‹ inaugurierten. Zugleich aber ist sie ohne eine empfindsame Lesart des ›Phaidon‹ nicht denkbar, die Sokrates' bis zum Tod durchgehaltene Ironie beiseiteschiebt und sich ganz auf die Untröstlichkeit der Schüler des Weisen konzentriert.[12] Den ›Phaidon‹ empfindsam zu lesen, hat seinerseits empfindsame

---

7 Wielands Kontakte mit Meyer beschreibt Hansjörg SCHELLE: Der junge Johann Friedrich Meyer im Briefwechsel mit Wieland (1792-1797). In: Jahrbuch der Deutschen Schillergesellschaft 15 (1971), S. 36-107.

8 NTM, Julius 1795: Platons Tod. Ein Fragment, S. 237-250; NTM, Sept. 1795: Die Freunde Platons. Zweytes Kapitel, S. 84-92; NTM, Dez. 1795: Die Platonische Liebe. Drittes Fragment aus den Freunden Platons, S. 350-379.

9 »Bey ihm [Aristoteles, B. A.] hatte die kalte Vernunft in den Gegenständen der Spekulazion völlig die Herrschaft über die Sinnlichkeit. Alle seine Verstandeskräfte waren dem Abstrakzionsvermögen und Scharfsinne, alle Operationen seines Geistes dem systematischen Denken und der Analyse untergeordnet.« (NTM, Sept. 1795, S. 89) »Wenn Platon lächelte, so war sein Lächeln warm und lieblich; des Aristoteles Witz war dagegen kalt, fein ausgesonnen und hoch.« (ebd., S. 91)

10 NTM, Julius 1795, S. 250.

11 NTM, Sept. 1795, S. 91.

12 Textsignale für diese Lesart finden sich bei Platon am Ende des Dialogs: Phaidon 116a, 117cd.

Darstellungen des Verhältnisses Jesu zu seinen Jüngern, etwa in Klopstocks ›Messias‹, zur Voraussetzung. Im Mittelpunkt steht jeweils der erhabene Morallehrer, der in der von ihm gestifteten Gemeinschaft der Jünger große Gefühle erweckt.

Ein solches Traditionsgemisch ist auch kennzeichnend für das Übersetzungsprojekt des Grafen Friedrich Leopold von Stolberg, das in seinen ›Auserlesenen Gesprächen des Platon‹ Gestalt annahm. Nicht so sehr in der Übersetzung selbst, die an die spätere Schleiermachersche nicht heranreicht, als vielmehr in seinen drei Vorreden und der Auswahl und Anordnung der übersetzten Texte zeigt sich Stolbergs christlich und empfindsam inspirierte Auffassung Platons. Platon und Xenophon werden, wie die Jünger Jesu, in erster Linie dadurch wichtig, daß sie Leben, Lehre und Tod des Sokrates rein und klar der Nachwelt überliefern, wobei Xenophon eher die lukanische, Platon eher die johanneische Rolle zukommt: »Die Schriften beyder Jünger bewähren sich gegenseitig, eben durch ihre Verschiedenheit, indem der eine, ohne Rücksicht auf den andern zu nehmen, diejenigen Züge vollendet, welche der andre nicht ausmahlte, noch ausmahlen konnte, weil keiner von beyden den ganzen Geist des Sokrates so rein erfasset hatte, daß Platon ihn in seiner kindlichen Einfalt hätte ganz darstellen, oder Xenophon seinem Schwung ganz hätte folgen können.«[13] Zwar schreibt Stolberg: »Zarter ist und reiner der xenophontische Geist als der platonische;«[14] aber diese im 18. Jahrhundert durchaus übliche Hochschätzung des Xenophon entspringt bei Stolberg nicht der üblichen Quelle. Xenophon wird von ihm verehrt, weil er einfältig fromm gewesen sei und Sokrates einfältig fromm gezeichnet habe, nicht, weil er, eher als Platon, das Bild eines Weisen überliefert, dem es hauptsächlich um irdisch-praktische Moral zu tun ist und der, nach dem Wort des Cicero,[15] die Philosophie vom Himmel auf die Erde herabgeholt hat. Befangenheit im Irdischen ist, wie sich aus seinem Kurzporträt des Aristoteles abnehmen läßt,[16] Stolberg eher suspekt. Das sokrati-

---

13   Auserlesene Gespräche des Platon. Übersetzt von Friedrich Leopold Graf ZU STOLBERG. Erster Theil. Königsberg 1796, S. X. Der Vergleich von Xenophon und Platon mit den Evangelisten begegnet im 18. Jahrhundert öfters. Herder nennt 1767 in den Literatur-Fragmenten Johannes denjenigen, der Jesus »bis an seinen Tod begleitete, und sein *Plato* ward« (Johann Gottfried HERDER: Frühe Schriften 1764-1772. Hg. v. Ulrich GAIER. Frankfurt am Main 1985, S. 297); und 1775 heißt es im Christus-Kapitel der Schrift ›An Prediger‹ von Jesus: »Schrieb keine Bücher, und selbst seine *Xenophons* und *Platons* loben ihn nicht: geschweige daß sie ihn je mit Einem Zuge zu Posaunen seines Ruhms gestutzet!« (Johann Gottfried HERDER: Theologische Schriften. Hg. v. Christoph BULTMANN und Thomas ZIPPERT. Frankfurt am Main 1994, S. 135)
14   STOLBERG (Anm. 13), S. VIII.
15   Tusculanae Disputationes, 5, 4, 10.
16   STOLBERG (Anm. 13), S. V f.

sche *Daimonion* wird ihm zum Einfallstor der göttlichen Inspiration;[17] und die Übereinstimmung zwischen Sokrates und dem Christentum in säuberlich aufgelisteten Einzellehren[18] läßt dem Grafen keinen Zweifel daran, woher Sokrates seine Weisheit hatte. »Alle gute Gabe«, zitiert er den Jakobusbrief, »und alle vollkommene Gabe kommt herab von dem Vater des Lichts; bey welchem ist keine Veränderung noch Wechsel des Lichts und der Finsterniß.«[19] So wird Sokrates von Stolberg von der Erde in den Himmel zurückgeschickt; und die »hohen Ahndungen der uranischen (!) Weisheit seines Lehrers, Ahndungen, auf deren Fittichen, in die Sonne der Urschöne schauend, Platon trunkner sich emporschwingt«,[20] sind auch vor dem Forum des Christentums gerechtfertigt. »Ich rede mit Christen! was gehen mich die draussen an?«[21]

Die Orientierung hin auf die Hagiographie eines erhabenen Morallehrers zeigt sich bei Stolberg auch in Auswahl und Anordnung der von ihm übersetzten platonischen Dialoge sowie in der Art der geforderten Lektüre. Den einzelnen Dialog behandelt er als einzelnes, auf ein Thema konzentriertes Lehrstück (›Phädros oder vom Schönen‹, ›Das Gastmahl oder von der Liebe‹, usw.), das um des Aussprechens der Lehre willen da ist und sie auch hinreichend klar artikuliert. Die Anordnung der Dialoge ist, wie sich insbesondere im »Dritten Theil« mit seiner Reihenfolge ›Apologie‹ des Platon, ›Apologie‹ des Xenophon, ›Kriton‹, ›Phädon‹ zeigt, im Grunde an der Biographie des Sokrates orientiert. Der ›Phädon‹ mit dem Tod des Sokrates steht, abgesehen von einer Beilage aus dem siebenten Buch der ›Politeia‹, am Schluß der Stolbergschen Übersetzung. Damit krönt er sie, wie auch die Vorrede sagt: »So wie die herrliche Kuppel von Roms Pantheon durch ihre hemisphärische Ründung Festigkeit erhält, und Licht empfängt durch die runde Oefnung ihrer obersten Wölbung; so bewährte das harmonische Leben des Sokrates seine Lehre, so setzte sie sein schöner Tod in ihr volles Licht.«[22] Lesen schließlich soll man die platonischen Dialoge zur Erbauung.[23]

Einerseits tritt damit Platon natürlich gegenüber Sokrates zurück; wie ein Evangelist soll er nicht mehr sein als ein lichtes Medium, das den Durchblick auf Leben, Lehre und Tod des großen Meisters ermöglicht. Der Gedanke, daß es

---

17 Ebd., S.VII f.
18 Ebd., S. XII.
19 Ebd., S. XIII (Jak. 1,17).
20 Ebd., S. IX.
21 Ebd., S. XI.
22 Ebd., S. X.
23 Stolberg führt seine eigenen Erfahrungen mit dieser Erbauungslektüre an: »[...] wenn ich die xeno-phontischen und platonischen Schriften las, und lesend sie beherzigte, und sie beherzigend mich gestärket und erhoben fühlte [...]« (ebd., S. XIV).

sich bei Platon und Sokrates um zwei verschiedene Philosophen mit partiell divergierenden Ansichten handeln könnte, tritt überhaupt nicht in den Gesichtskreis Stolbergs. Insbesondere macht er von der im 18. Jahrhundert gern tradierten Differenz zwischen Sokrates als nützlichem Lehrer der Moral und Platon als metaphysischem Schwärmer keinen Gebrauch. Auch die sokratische Ironie tritt zurück.[24] Die Frage: Kann ein erhabener Lehrer der Moral zugleich Ironiker sein? mußte Stolberg von seinem Standpunkt empfindsamer Jüngerschaft aus wohl mit »Nein« beantworten.

Auf diesen wunden Punkt in Stolbergs Übersetzung legte Goethe den Finger in seiner 1796 geschriebenen, aber erst nach Stolbergs Tod anläßlich der Herausgabe seiner gesammelten Werke veröffentlichten Rezension der ›Auserlesenen Gespräche des Platon‹.[25] Wenn Stolberg verkennt, daß im ›Ion‹ der Rhapsode dieses Namens der Unbesonnenheit und des mangelnden Selbstbewußtseins in seinem Tun überführt werden soll, und stattdessen diesen Dialog im Ernst für Platons Lehre von der göttlichen Eingebung der Dichtkunst hält, so ist er damit einer »Persiflage« aufgesessen: »Leider spricht aber *Sokrates* hier, wie an mehreren Orten, nur ironisch.«[26] Schlimmer noch ist für Goethe, daß Stolberg die Antike am Christentum mißt und Sokrates nur deshalb Wert zuzuerkennen bereit ist, weil seine Lehre mit zentralen Sätzen des Christentums harmoniert; eine Haltung, die sich schärfer als in der Platon-Übersetzung ja bereits in Stolbergs ›Gedanken über Herrn Schiller's Gedicht: Die Götter Griechenlands‹ (1788) artikuliert hatte.[27] Die verschiedenen menschlichen Versuche, »ihre moralische Natur auf das vollkommenste auszubilden«,[28] sind nicht mehr gleichwertig, sondern entweder dem Christentum unterlegen oder mit ihm von der Substanz der Lehren her identisch. Das war ein klarer Verstoß gegen die Humanitätsreligion und konnte nur Goethes bittere Ironie hervorrufen. »Niemand glaubt

---

24 Zweimal weist Stolberg die Vorstellung, Sokrates könne etwas ironisch gemeint haben, ausdrücklich zurück. Vgl. ebd., S. IV, S. VI.
25 Johann Wolfgang von GOETHE: Plato als Mitgenosse einer christlichen Offenbarung. WA, I, 41.2, S. 169-176.
26 Ebd., S. 171.
27 Der Hauptvorwurf Stolbergs an Schiller lautete ja bekanntlich, daß Schiller, indem er den Sieg des Christentums über die antike Kultur als geschichtliche Katastrophe darstellt, die »Wahrheit anfeindet«. Als Poet darf er das aber nicht. »Auch die Poesie kommt von Gott! dürfen wir kühn sagen; aber nur ihr wahrer Gebrauch heiliget sie. Ihre Bestimmung ist Wahrheit zu zeigen.« (F. L. Graf ZU STOLBERG: Gedanken über Herrn Schiller's Gedicht: Die Götter Griechenlands. In: Gesammelte Werke der Brüder Christian und Friedrich Leopold Grafen zu Stolberg. Bd. 10. Hamburg 1822, S. 424-434, hier: S. 426). Zur Kontroverse mit Schiller vgl. Wolfgang FRÜHWALD: Die Auseinandersetzung um Schillers Gedicht ›Die Götter Griechenlandes‹. In: Jahrbuch der Deutschen Schillergesellschaft 13 (1969), S. 251-271.
28 GOETHE (Anm. 25), S. 169.

genug von dem ewigen Urheber erhalten zu haben, wenn er gestehen müßte, daß für alle seine Brüder eben so wie für ihn gesorgt wäre; ein besonderes Buch, ein besonderer Prophet hat ihm vorzüglich den Lebensweg vorgezeichnet und auf diesem allein sollen alle zum Heil gelangen.«[29]

Es ist nicht ganz unwahrscheinlich, daß Stolberg in seinem Holsteiner Kreis auch selbst mit einer Kritik vom Typus der Goetheschen konfrontiert wurde. 1794 war F. H. Jacobi vor den Franzosen aus Pempelfort nach Holstein zu Stolberg geflohen, ab 1796 weilte auch Goethes Schwager, Johann Georg Schlosser, in Eutin. Schlosser hatte selbst das ›Symposion‹ übersetzt und eine Fortsetzung dieses platonischen Dialogs geschrieben. Sowohl Schlosser als auch Jacobi waren an Platon und Sokrates interessiert, und im Winter des Jahres 1794 hatten Stolberg und Jacobi anläßlich von Stolbergs ›Numa‹ noch brieflich über Sokrates und das Christentum diskutiert. Jacobi vertrug es nicht, daß Stolberg »dem Buchstaben wider den Geist das Wort rede. Wenn der hölzerne Philosoph Bonnet (verzeihe mir die Lästerung! ich weiß übrigens die großen Verdienste dieses Mannes wohl zu schätzen) - wenn dieser sagt, der geringste Tagelöhner unter den Christen wisse mehr von göttlichen Dingen, als Sokrates und alle heidnische Philosophen davon gewußt hätten, so kann ich es hingehen lassen; wenn ich es aber von dir höre, so macht es mich ungeduldig,«[30] Speziell für Sokrates, aber nicht für die anderen Heiden, gab Stolberg in seiner Antwort Jacobi nach: »Sagst Du, daß Gott im Verborgenen die Seele des Sokrates erzogen, sie hohen Ahndungen geöffnet habe usw. Gut, lieber Bruder, ich glaub es gern.« Dennoch meinte Stolberg, daß die Art der Offenbarung, die den Heiden zuteil wurde, »nicht nur dem Maße und dem Grade nach, sondern der Natur und der Gnade nach unterschieden von der biblischen wie - der Himmel über der Erde ist«,[31] Insbesondere fehlt der sokratischen Theorie die Kraft, zur entsprechenden Praxis anzutreiben. »Die erhabenste Mystik der sokratischen Philosophie ist nur spekulativisch; die christliche verheißt Kraft zu jedem guten Entschluß und zur Ausführung.«[32] Demnach können die platonischen Dialoge auch nicht mit der

---

29 Ebd. Ein ähnliches Fazit zieht auch der junge Friedrich Schlegel in seiner noch härtere Töne als Goethe anschlagenden Rezension von Stolbergs Übersetzung im fünften Band von Niethammers Philosophischem Journal (1797): „Denn *illiberal* ist doch wohl der gelindeste Ausdruck dafür, wenn man jeden Andersdenkenden in Sachen, die kein Sterblicher weiß und wissen kann, der Gotteslästerung und Ruchlosigkeit beschuldigt.“ (Friedrich SCHLEGEL, KA, VIII, 40)
30 Jacobi an Stolberg, 29. Januar 1794. F. H. JACOBI's auserlesener Briefwechsel. Hg. v. Friedrich ROTH. Bd. 2. Leipzig 1827, S. 142.
31 Stolberg an Jacobi, 19. Februar 1794. Ebd., S. 152 f.
32 Ebd., S. 155.

Bibel wetteifern. »Die heiligen Schriften allein erregen einen Durst nach der Quelle, die sie anzeigen, und diesen Durst löscht Gott allein.«[33]

1794 brach die in diesem Briefwechsel angelegte Kontroverse noch nicht auf. Jacobi konnte und wollte seinem frommen Freund wohl nicht sagen, was er gegenüber anderen Adressaten freimütig ausplauderte: daß für ihn die Schriften Platons so hoch standen wie für Hamann die heiligen Bücher der Bibel.[34] Aber im Jahr 1800, als Stolberg zur katholischen Kirche konvertierte, konnte Jacobi sich nicht länger zurückhalten. Er brach den Verkehr mit Stolberg ab und machte in Briefen seiner Empörung Luft. Als drei von diesen Briefen ohne Jacobis Einwilligung in den ›Neuen Theologischen Annalen‹ publiziert wurden, sah er sich genötigt, im ›Neuen Teutschen Merkur‹ zu diesem Vertrauensbruch Stellung zu nehmen. Der kurze Artikel, in dem sich diese Stellungnahme findet, zeugt von einem ersten Nachlassen von Jacobis Aufgeregtheit, artikuliert jedoch auch noch einmal klar den entscheidenden Gegensatz. Jacobi läßt Stolbergs Position in Grenzen Gerechtigkeit widerfahren. »Und wie oft hatte ich nicht selbst die bündigen Schlußfolgen dieser Kirche [der katholischen, B. A.] vor kirchlichen Gegnern derselben als unwiderleglich geltend gemacht; unter der allen kirchlichen Systemen, als solchen, gemeinschaftlichen Voraussetzung: die Religion, *die allein den Menschen erleuchte und selig mache,* sey an einen besondern individuellen Körper äußerlicher Geschichte und Lehre gebunden, von welchem sie ausgehe als von ihrem Anfange, auf welchem sie beruhe als auf ihrem Grunde; ihre Wahrheit sey eine von außen her gegebene, zuvörderst *materielle Wahrheit*; sie wohne mit allen ihren Kräften des Heils nothwendig in einem sichtbaren, und auch physisch, d. h. durch äußerliche Verrichtungen, Handlungen und Gebräuche wirkenden, jene Kräfte zubereitenden und bedingenden Leibe, ohne welchen Leib und diese und keine anderen organischen und festen und flüßigen Theile desselben, sie nur ein leerer Gedanke, und wie eine Null ohne Ziffer seyn würde; der wahre *Körper* der Religion bewähre deswegen allein und bedinge ihren wahren *Geist*; dieser entwickle sich erst aus jenem: und so dulde der *Buchstabe* der Wahrheit zwar allerdings auch einen *Geist* der Wahrheit,

---

33 Ebd., S. 153. Zur Metaphorik der Stelle vgl. Ps. 36,10; 42,2-3.
34 Vgl. etwa einen Brief Jacobis an Johann Georg Schlosser vom 25. April 1796: »So ohngefähr, lieber Bruder, [nämlich wie Hamann mit den heiligen Schriften, B. A.] geht es mir mit den Schriften der alten Philosophen, vornämlich mit Plato; am mehrsten aber mit der *Liebe selbst,* dem Platonischen *Eros,* dem ich alles was Gutes an mir ist, zu danken habe. Du mußt es mir daher verzeihen, wenn ich mich in Absicht seiner und seines Propheten (!) oder Apostels (!) etwas allzu abergläubisch beweisen sollte; [...]« (In: Orpheus. Eine Zeitschrift in zwanglosen Heften. Hg. v. Carl WEICHSELBAUMER. Erstes Heft. Nürnberg 1824, S. 105 f.).

aber ausdrücklich nur *unter* und schlechterdings nicht *über* ihm.«[35] Bündig sind diese Schlußfolgerungen allerdings nur auf dem Boden der von Jacobi selbst nicht anerkannten Prämissen. Wie wohl jeder, der sich in seinem Denken mit dieser semantischen Opposition behilft, kann auch Jacobi den Primat des Buchstabens über den Geist nicht zugeben. »Von jeher widerstand *religiöser* Materialismus mir noch mehr als irreligiöser, der theologische mehr als der filosofische. Ich nenne aber Materialismus jede Denkart, die darauf ausgeht, den Geist dem Buchstaben zu unterwerfen.«[36] Ob geistig und moralisch-praktisch der offene Bildungskosmos der Humanitätsreligion oder die eine Wahrheit der Kirche leitend sein soll, das war der Gegensatz zwischen Jacobi und Stolberg. Für Jacobi mußte es - bereits 1794 und erst recht 1800 - so aussehen, als wäre Stolberg in eine im 18. Jahrhundert zwar noch einmal aufgeflackerte,[37] aber im gebildeten Allgemeinbewußtsein doch längst abgetane Position zurückgefallen, die die antiken Philosophen als blinde Heiden brandmarkte und Sokrates (und mit ihm Platon) nur gleichsam gnadenweise von diesem Verdammungsurteil ausnahm.

II

So wie es um die Jahrhundertwende vom 19. zum 20. Jahrhundert kaum je Ästhetizismus ohne Ästhetizismuskritik gab, so war auch im 18. Jahrhundert Empfindsamkeit ohne Empfindsamkeitskritik selten. Selbst beim jungen Wieland finden sich Äußerungen über die Übertriebenheit der platonischen Philosophie,[38] und auch der bereits erwähnte J. F. Meyer kommt in seiner

---

35 F. H. JACOBI: Ueber drei von ihm bei Gelegenheit des Stolbergischen Uebertritts zur Römisch-Katholischen Kirche geschriebenen Briefe, und die unverantwortliche Gemeinmachung derselben in den Neuen Theologischen Annalen. In: NTM, November 1802, S. 161-171, hier: S. 165 f.

36 Ebd., S. 167.

37 Johann August EBERHARD, der spätere Lehrer Schleiermachers in Halle, nahm Sokrates in seiner ›Neuen Apologie des Sokrates, oder Untersuchung der Lehre von der Seligkeit der Heiden‹ (Berlin, Stettin 1772) gegen orthodoxe Angriffe insbesondere holländischer Theologen in Schutz. Das Argument von der moralischen Verderbtheit des Sokrates (Knabenliebe!) war von Eberhards Gegnern noch einmal gebraucht worden.

38 WBr 1, 75: »Plato ist ohnstreitig ein übertriebner Philosoph den es zuweilen zu verdriessen scheint, daß wir Menschen sind. Seine Betrachtungen werden sehr oft zu Phantomen u: Hirngespinstern. Es ist daher sehr gut daß mann, wenn mann zu tief in das Reich der Ideen hinein gekommen ist, wieder in die Körperwelt zurück kehre und Sich erinnere daß unser Körper etwas mehr ist als ein pneumatikon okema.« (An Schinz, um den 25. Mai 1752) Ein Jahr später herrschte allerdings mehr Enthusiasmus: »Wie weit entfernt ist Plato von einem Schimärenjäger, von einem Phantasten, von einem Sophisten? Wie richtig sind seine Grundsätze, wie gemäß der menschl. Natur nach ihrer wahren Bestimmung? [...] Was ist gemeiner, als daß man Platons Republik mit den Hexenmährchen u: andern Schimären in eine Classe sezt? Und wer hat Platons Republik gelesen? Unter sechs tausend Gelehrten kaum einer.« (An Volz, 18. Mai 1753, WBr 1, 162)

empfindsamen Darstellung der Andacht an Platons Grab nicht umhin, den profanen Gedanken zu äußern, die »Stärke seiner Phantasie« habe nicht wenig zu Platons Tod beigetragen.[39] Vehementer muß sich solche Kritik natürlich dann artikulieren, wenn das Schwelgen in Gefühlen von vornherein als verantwortungslos und überspannt angesehen wird und allenfalls anthropologisch aus leiblichen und geistigen Dispositionen heraus erklärt werden kann. Da die Kritik des späten Wieland an Platon in eine ganz ähnliche Richtung zielt und doch nicht schlechterdings mit der empiristischen Vulgata der Spätaufklärung identifiziert werden sollte, will ich kurz das Platonbild der empfindsamkeitskritischen Popularphilosophie in Deutschland skizzieren. Ich wähle als Beispiele die antike Doxographie in den philosophiegeschichtlichen Darstellungen des Göttingers Christoph Meiners und des Marburgers Dietrich Tiedemann.

Die Differenz zwischen Platon und Sokrates spielt hier natürlich eine größere Rolle als in der empfindsamen Verehrung des »heiligen Plato«. Geradezu topisch ist die Charakterisierung Platons in Abhebung von seinem Lehrer. »Plato besaß mehr Tiefsinn als hellen gesunden Verstand«, schreibt Meiners, »und war weniger scharfsinnig als spizfindig; eine Eigenschafft, die schon unzählige male mit einer lebhaften Phantasie verbunden war, so unvereinbar sie auch damit zu seyn scheint. Unterdessen war Plato doch immer dem Sokrates in Ansehung seiner Geisteskräfte viel ähnlicher, als in Ansehung seiner Gemüthsart und seines Charakters. Zwar sind von leztern nur einige dunkle Züge zu uns gekommen, allein auch diese reichen schon hin, uns zu überzeugen, daß Plato, als Mensch betrachtet, noch sehr weit von der Sokratischen Vollendung entfernt war. Er war nicht heiter, offen und einladend, wie sein Lehrer, sondern eher verschlossen, mürrisch und abschreckend, und daher entstand unstreitig die Sage, daß er den Gott des Lachens und der Frölichkeit aus seiner Akademie gänzlich verbannt hätte. Vielleicht war es eben diese bittere, unfreundliche Gemüthsart, die ihm den Schein des Stolzes und der Verachtung anderer gab, und ihn zur Mißgunst, zum Neide und allen damit verbundenen Schwachheiten desto geneigter machte. Wenigstens fiel es dem ganzen Alterthume auf, daß er mit keinem der großen Freunde und Schüler des Sokrates in einer genauen Verbindung lebte, daß er vielmehr die meisten mit Verschweigung des Namens angrif, so wie er von allen heimlich oder offenbar getadelt wurde.«[40] Bei Tiedemann findet sich im Kern das gleiche Urteil; allerdings spricht er deutlicher als

39 NTM, Julius 1795, S. 246.
40 Christoph MEINERS: Geschichte des Ursprungs, Fortgangs und Verfalls der Wissenschaften in Griechenland und Rom. Lemgo 1781-82. Bd. 2, S. 687 f. Das Werk befand sich in Wielands Bibliothek.

Meiners den latenten Gegenwartsbezug seines Urteils aus: bei ihm wird Platon gleichsam zum Ahnherrn der Empfindsamkeit. »Ein gewisses Feyerliches und Priesterartiges, was in Verhältnis gegen griechische Denkart man pietistisch (!) nennen könnte, und das an den Glauben besonderer Inspiration nahe gränzte, brachte Plato aus Aegypten entweder zurück; oder nährte und erhöhte es durch Priester-Umgang.«[41]

Der Abwertung Platons entspricht die übliche Hochschätzung Xenophons. »So wie Xenophon in dem kurzen Abschnitt seines geschäfftigen Lebens mehr Menschen durch wirkliche Thaten beglückte, als man mit einiger Wahrscheinlichkeit von allen übrigen Freunden des Sokrates vermuthen kann, eben so nuzte er auch durch seine Schriften seinen Zeitgenossen mehr, als irgend einer der übrigen Sokratiker.«[42] Wer allerdings nicht als positives Gegenbild zu Platon in Frage kommt, ist Aristipp. »Ein noch unwürdigerer Zuhörer des Sokrates, als Euklides, war Aristipp von Kyrene. Der Megarische Weltweise verdunkelte oder verwirrte doch nur den Verstand seiner Zeitgenossen; Aristipp hingegen verdarb ihre Herzen. Jener verließ zwar seine Lehren; allein dieser suchte ihn sogar lächerlich zu machen. Ein jeder Freund, den Aristipp für seine Philosophie gewann, mußte nothwendig aufhören, ein Freund seines Vaterlandes zu seyn, und es war nicht möglich, seinen Grundsätzen anzuhängen, ohne ein Abtrünniger von der Tugend zu werden.«[43] Die Verdammung Aristipps ist somit deutlich schärfer als diejenige Platons. Während Platon als eine Art schwärmerischer Dunkelmann erscheint, ist Aristipp der Feind der Moral und damit ein Außenseiter jeder möglichen Gesellschaft.

Dieses hauptsächlich aus Xenophon und der antiken Doxographie übernommene negative Bild Aristipps steht in klarem Kontrast zu der weitgehenden Identifikation Wielands mit dem Kyrenaiker. Es ist Wieland, der hier die Minderheitenposition vertritt. Eine engagiert positive, ja geradezu kämpferische Stellungnahme zu Aristipp, wie sie etwa in Diderots Encyclopédie-Artikel ›Cirénaïque‹ vorliegt, findet sich in Deutschland außerhalb der persönlichen

---

41 Dietrich TIEDEMANN: Geist der speculativen Philosophie von Thales bis Socrates. Marburg 1790-1797. Bd. 2, S. 65.

42 MEINERS (Anm. 40), S. 630. Vgl. auch S. 631 über die Schreibart des Xenophon: »Sie ist rein, und schön, ruhig und edel, wie die Seele ihres Urhebers.« Ganz anders als Platon also: »Plato suchte eine größere Ehre darinn, schön zu schreiben, als richtig zu denken; und er verhehlte es auch gar nicht, daß er weit mehr Sorgfalt auf schöne Wörter und Sprache, als auf wahre Gedanken wendete. Er schien sogar den Vorwurf nicht ungerne zu verdienen, daß er nicht die Sprache der Menschen, sondern der Götter rede, und daß er nicht auf der ebenen Bahn schlechter Prose ruhig fortwandle, sondern mit lyrischer Begeisterung einem Pindar, oder gar den glühenden Bakchussängern nachfliege.« (ebd., S. 693 f.)

43 Ebd., S. 646.

Umgebung Wielands meines Wissens gar nicht.[44] Diderot hatte Aristipp wegen
seiner Virtuosität im gesellschaftlichen Umgang, seiner ausgeglichenen Ethik der
Mitte und seiner von jeglichem Haß freien Gelassenheit geschätzt und negativ
nur vermerkt, daß er sich zu liebedienerisch gegenüber dem Hof in Syrakus
verhalten habe. »Ce philosophe ne fut ennemi ni de la richesse, ni de la volupté,
ni de la réputation, ni des femmes, ni des hommes, ni des dignités. Il ne se
piqua ni de la pauvreté d'Antisthène, ni de la frugalité de Socrate, ni de
l'insensibilité de Diogène.«[45] Paradoxerweise gab gerade solcher Mangel an Haß
Anlaß zur »intolérance philosophique«, die Aristipp zwang, Athen zu verlassen
und sein unstetes Reiseleben zu führen. Der Sympathie für den gelassenen
Habitus des Philosophen entspricht bei Diderot eine deutliche Wertschätzung
der Aristipp zugeschriebenen radikalempiristischen Erkenntnistheorie sowie ein
gewisses süffisantes Behagen am Atheismus seiner Schule.[46] So weit war in
Deutschland auch in der zweiten Hälfte des 18. Jahrhunderts kaum jemand,
auch nicht Wieland, bereit zu gehen. Aber selbst dort, wo es am Beispiel der
Antike nur um die Wertschätzung von Qualitäten wie Urbanität, Ironie, Witz
und Laune ging, wird mit Ausnahme Wielands üblicherweise eben nicht Aristipp genannt, sondern der omnipräsente und unangefochtene Horaz oder z. B.
- Platon.[47]

---

44 Wissenschaftliche und poetische Texte des 18. Jahrhunderts über Aristipp stellt Klaus MANGER in
    seiner ›Aristipp‹-Edition zusammen (1051 ff.). Aus Wielands Umgebung wäre in erster Linie Wilhelm
    Heinses Roman ›Laidion oder die Eleusinischen Geheimnisse‹ (Lemgo 1774) zu nennen.

45 L'Esprit de l'Encyclopédie ou Choix des Articles les plus curieux, les plus agréables, les plus piquans,
    les plus philosophiques de ce grand Dictionnaire. Genève 1768. Bd. 2, S. 226 f. Ein Exemplar dieses
    fünfbändigen Auszugs aus der ›Encyclopédie‹ befand sich in Wielands Bibliothek.

46 Das Résumée von Diderots Artikel zeichnet dann das Bild eines wegen seiner Tugenden von staat-
    lichen und kirchlichen Instanzen verfolgten Weisen, in dem sich die »philosophes« des 18. Jahrhun-
    derts gut wiedererkennen konnten: »Cette secte [die Kyrenaiker, B. A.] ne dura pas long-tems. Et
    comment auroit-elle duré? Elle n'avoit point fait d'école en Grèce; elle étoit divisée en Lybie, soup-
    connée d'athéisme, accusée de corruption par les autres philosophes, & persécutée par les magistrats.
    Elle exigeoit un concours de qualités, qui se rencontrent si rarement dans la même personne, qu'il n'y
    a jamais eu que son fondateur qui les ait bien réunies; & elle ne se soutenoit que par quelques transfu-
    ges du Stoiciens, que la douleur desabusoit de l'apathie.« (ebd., S. 238 f.)

47 Charakteristisch etwa folgende Äußerung in: Entwurf von Platon's Leben, nebst Bemerkungen über
    dessen schriftstellerischen und philosophischen Charakter. Aus dem Englischen übersetzt, mit Anmer-
    kungen, und mit Zusätzen über Platon, Aristoteles und Bacon, versehen von Karl MORGENSTERN.
    Leipzig 1797, S. 214: »Die Platonische und die Horazische Laune, wie die letztere insonderheit in den
    kleinen Dialogen erscheint, welche der Römische Dichter seinen Satiren und Episteln eingewebt hat,
    ist, wie von einer Seite der Geist ihrer Urheber, nahe verwandt; jede von beyden freylich durch Ver-
    schiedenheit ihres Jahrhunderts etwas anders modificirt. So trägt z. B. die Horazische, wenn ich nicht
    irre, durch die im Augustischen Zeitalter schon verwickelter gewordene Verhältnisse des Lebens das
    schärfere Gepräge des noch vielseitiger geübten Weltmanns, die Sokratisch-Platonische das erhobnere
    des einfacher edelbeschäftigten Attischen Weisen.« Vgl. auch Schlegels 438. Athenaeums-Fragment:
    »Urbanität ist der Witz der harmonischen Universalität, und diese ist das Eins und Alles der histori-

Diese isolierte Stellung Wielands in der Wertschätzung Aristipps sollte auch vorsichtig machen, wenn es um den Vergleich der popularphilosophischen Platonkritik mit derjenigen Wielands geht. Zwar nehmen Motive dieser Kritik (die Ungeselligkeit und Unverständlichkeit Platons etwa) auch bei Wieland eine prominente Stelle ein. In Einschätzungen wie der von Meiners wird aber ganz offenkundig *ein* bestimmtes Moralkonzept zugrundegelegt, das dann als Meßlatte an die verschiedenen antiken Philosophen angelegt werden kann. Dem späten Wieland geht es hingegen um die Möglichkeit, ein Geselligkeitsideal zu entwerfen, in dem *verschiedene* Moral- und Lebensführungskonzepte koexistieren können.

III

Sieht man, wie vereinzelt Wieland mit seiner Hochschätzung Aristipps dasteht, so reiht sich der ›Aristipp‹-Roman in die Reihe der Rettungen ein, die der späte Wieland, indem er die antike Doxographie umschreibt, unternimmt. Weder im ›Peregrinus Proteus‹ noch im ›Agathodämon‹ noch im ›Aristipp‹ ereignet sich jedoch die Umschrift der Doxographie selbst in doxographischer Form. Die literarische Einkleidung ist jeweils eine andere - Gespräch im Elysium, autobiographische »Beichte«, Briefwechsel - und will mitbedacht sein, wenn man die Position Wielands darstellen will.

Auffällig am ›Aristipp‹ erscheint zunächst, daß er als Briefroman gerade diejenigen Leistungen der Form verschmäht, um derentwillen diese im 18. Jahrhundert so häufig gewählt wird. Die einzelnen Briefpartner pflegen keinen individualisierten Stil und benutzen den Brief auch nicht als Medium der intimen Selbstaussprache. Da alles meist schon geschehen ist, bevor es besprochen wird, ist die jeweilige konkrete Schreibsituation höchst selten relevant; Reflexivität ist statt Spontaneität angesagt. Auch von den Möglichkeiten, die der polyperspektivische Briefroman bietet, macht Wieland nur einen eingeschränkten Gebrauch. So arbeitet er etwa nicht mit verschiedenen Wissenshorizonten der einzelnen Briefpartner und benutzt solche Wissensdifferenzen auch nicht zum Aufbau einer raffiniert verschachtelten Intrigenhandlung, wie es meisterhaft Choderlos de Laclos tat.[48]

---

schen Philosophie und Platos höchste Musik. Die Humaniora sind die Gymnastik dieser Kunst und Wissenschaft.« (Friedrich SCHLEGEL: KA, II, 253)

48 Ein Echo der ›Liaisons dangereuses‹ kann man wohl allenfalls in gewissen überlegen-ironischen Kommentaren zu empfindsamen Liebesbeziehungen (etwa zwischen Kleombrot und Musarion oder zwischen Speusipp und Lasthenia), die zwischen Lais und Aristipp hin und her gehen, erkennen. Doch sind diese Kommentare - das ist der entscheidende Unterschied - immer wohlwollend.

Während so Wielands Briefroman anscheinend allen Effekt verschmäht und gegenüber eventuellen Spannungs- und Emotionsbedürfnissen seiner Leser kühle Distanz wahrt, ist seine Form dennoch alles andere als funktionslos. Es geht im ›Aristipp‹ um eine exemplarische Lebensform - die aber nicht die exemplarische Lebensform eines einzelnen ist. Vielmehr werden verschiedene Modelle von Weltverhalten vorgestellt (dasjenige von Aristipp, von Antisthenes, von Diagoras dem Melier, von Diogenes, von Lais usw.) und gegeneinandergehalten. Wielands Einstellung zu diesen verschiedenen Modellen ist nicht radikal relativistisch; sie scheinen zwar ganz auf die jeweiligen Individuen zugeschnitten und für diese geradezu notwendig zu sein,[49] entziehen sich aber nicht einer subtilen Prüfung daraufhin, wie sie sich in schöner, gebildeter Gesellschaft miteinander vertragen, wie weit sie die Ethik des Geltenlassens befolgen. Diese Prüfung nun vollzieht sich in der Abfolge der Briefe und scheint die eigentliche Legitimation für die von Wieland gewählte Romanform zu sein. Nicht umsonst relativiert so häufig, ohne daß man sich zerstreitet, in aufeinanderfolgenden Briefen eine Position die andere, und ebenfalls nicht umsonst ist der Briefverkehr eine Fortsetzung der Geselligkeit aus der Ferne. Darum erscheint auch die Rede von einem »Gespräch in Briefen«[50] gerechtfertigt, die durch die Form des Briefromans allein ja noch nicht zureichend gedeckt wäre.[51] Trotzdem ist der Roman weit entfernt davon, die in ihm realisierte tolerante Geselligkeit für eine Art Panazee zu halten. Immer wieder gibt es Ereignisse im ›Aristipp‹ (den Tod des Sokrates, das Verschwinden der Lais, im letzten Band den sich ankündigenden Tod Kleonens), die den Geist der *aurea mediocritas* offensichtlich überfordern und angesichts derer sich Briefverkehr und Geselligkeit darauf beschränken müssen, den Betroffenen einen gewissen geistigen Halt zu geben. Wir haben eben nichts Besseres, scheint Wieland hier zu verstehen zu geben.

Vor diesem Hintergrund muß auch das Platonbild im ›Aristipp‹ gesehen werden. Die platonische Philosophie ist eines der Modelle des Weltverhaltens, die im ›Aristipp‹ vorgeführt werden, und wird, wie die anderen auch, der gleichen subtilen Verträglichkeitsprüfung durch den geselligen Briefverkehr unterworfen. Hier nun kann es der Aufmerksamkeit nicht entgehen, daß Platon, anders als etwa Diogenes, nicht selbst ein Briefpartner im Roman ist. Man mag versucht sein, diesem Faktum eine harmlose Deutung zu geben, etwa dergestalt,

---

49 »Auch die Filosofie ist in gewissem Sinn etwas individuelles, und für jeden ist nur diejenige die wahre, die ihn glücklicher und zufriedner macht als er ohne sie wäre.« (IV, 11, 821)
50 Klaus MANGER (Anm. 2), S. 67 u. ö.
51 Man halte sich etwa vor Augen, wie absurd es wäre, die ›Liaisons dangereuses‹ ein »Gespräch in Briefen« zu nennen.

daß Platon eben dem Kreis um Aristipp nicht angehöre und allein deshalb ein Briefwechsel Aristipps mit ihm für Wieland nicht zur Debatte stand. Dagegen spricht jedoch z. B., daß die einzige Stelle des Romans, an der so etwas wie ein Dialog zwischen Platon und dem Kreis um Aristipp zustandekommen könnte, klar als Abbruch der Kommunikation durch Platon (und damit eben als Sünde wider die Geselligkeit) gekennzeichnet ist.[52] So meine ich denn auch, daß hinter Platons Abwesenheit als Briefpartner doch noch mehr steckt. Und zwar möchte ich die These vertreten, daß in der platonischen Philosophie, wie sie im ›Aristipp‹ erscheint, ein Gegenentwurf zu demjenigen Geselligkeitsideal vorliegt, das der Kreis um Aristipp und die Romanform Wielands favorisieren. Darum kulminiert ja auch die Auseinandersetzung mit Platon, die in der Abfolge der Briefe die Entwicklung des Philosophen sehr geschickt als seine wachsende Entfremdung von Sokrates und seine Verhärtung in den eigenen dogmatischen Positionen darzustellen weiß, im Kommentar desjenigen Dialogs, der Platons ausgearbeitetste Theorie des menschlichen Zusammenlebens enthält: der ›Politeia‹. Doch bedarf eine genaue Begründung meiner These des ausführlichen Durchgangs durch die einzelnen Kritikpunkte an Platon im ›Aristipp‹.

IV

Die Lebensgeschichte Platons, die im ›Aristipp‹ anhand der Auseinandersetzung mit dreien seiner wichtigsten Dialoge nachvollziehbar wird, stellt eine im Werk Wielands eher seltene Variante einer Schwärmergeschichte dar. Platon ist weder der an der Welt scheiternde noch der am Ende glücklich kurierte Schwärmer; an ihm demonstriert Wieland vielmehr die etwas sinistre Entwicklung vom hochbegabten, psychisch durchaus gefestigten jungen Schwärmer zum priesterlichen Machtmenschen, zum »göttlichen *Hierofanten der Akademie*« (IV, 9, 807), wie Eurybates sagt.

Die Mehrfachbegabung Platons erscheint von Anfang an im Zwielicht. So sehr immer wieder von den verschiedensten Briefeschreibern des Romans Bewunderung für die Wohlredenheit, die Darstellungskunst und das attische

---

52 »Plato hatte so viel von deiner [Aristipps, B. A.] Beurteilung des Werks, worauf er seine Unsterblichkeit vornehmlich zu gründen scheint, reden oder vielmehr flüstern gehört, daß er (wie mir Speusippus sagt) endlich neugierig ward, sie selbst zu sehen. Er durchblätterte das Buch, und sagte, indem er es zurück gab: »es ist wie ich mirs gedacht hatte.« - Wie so? fragte einer von den Anwesenden. - Er lobt, (versetzte Plato) wovon er meint er könn' es allenfalls selbst gemacht haben, und tadelt was er nicht versteht. Eine kurze und vornehme Abfertigung, flüsterte Jemand seinem Nachbar zu; aber eine laute Gegenrede erlaubte der ehrfurchtgebietende Blick des Göttlichen nicht, und so ließ man den unbeliebigen Gegenstand fallen [...]« (IV, 9, 809). Platon wird auch bereits als jemand, der ein schneidendes Urteil (über Hippias) fällt, in den Roman eingeführt (I, 30, 171).

Salz Platons geäußert wird (Platon ist Lais' »Lieblingsschriftsteller«, III, 12, 548), ist es doch auch bedenklich, daß es nur auf Platon ankommt, »ob er unter den *Rednern* oder *Dichtern*, *Sofisten* oder *Sehern* seiner Zeit der Erste sein wolle« (III, 12, 536). Die Verquickung des Dichterischen mit dem Philosophischen führt nämlich dazu, daß Platon einerseits »bald diesen, bald jenen luftigen und schimmernden Zauberpalast« (II, 13, 275) zusammensetzt, mit diesen schönen Unfaßbarkeiten aber dennoch einen strengen Wahrheitsanspruch erhebt, der wegen der dichterischen Einkleidung nicht eingelöst werden kann. Nicht nur der ›Phaidon‹, auch die anderen im ›Aristipp‹ besprochenen Dialoge sind demnach »hermafroditische Mittelding[e] von Dialektik und Poesie« (II, 18, 291); und es ist nicht Platon, sondern es sind die Teilnehmer des Symposions bei Lais, denen es bei ihrer Wiederaufnahme der platonischen Tischreden »lediglich um schlichte nackte Wahrheit zu tun war« (III, 12, 536).

Der Kunstdiskurs des Romans zeigt, daß in solchen Äußerungen Platons »Dichtergenie« nicht direkt und um seiner selbst willen angegriffen wird. Kunstwerke haben nämlich ihren wichtigen Platz in dem geselligen Umgang, den die Briefeschreiber des Romans miteinander pflegen. Sie dienen dazu, das wirkliche Leben mit einer höheren Bedeutung zu versehen, indem sie es auf die Mythologie hin durchsichtig machen, das Sinnlose und Häßliche vergessen lassen und generell auf die Möglichkeit einer harmonisch geordneten höheren Welt verweisen, in die die wirkliche Welt eingebettet ist. Gelegentlich korrigieren sie geradezu die Wirklichkeit durch nachträgliche Versöhnung, wie es beispielhaft das Gemälde des Kleonidas vom Tod Kleombrots (II, 12, 271f.) zu leisten versucht. Doch hat solcher Einzug von höherer, wohlmeinender Bedeutung in die Wirklichkeit darin seine Grenze, daß das Spiel als Spiel bewußt bleiben muß, man sich der gelinden Täuschung zwar gern hingibt, aber niemals vergißt, daß alles, was die Kunst verspricht, vielleicht doch nur Täuschung ist. Gegen dieses Prinzip verstößt Platon. Nicht daß er seine Imagination betätigt, wirft Wieland ihm vor, sondern daß er für die Erzeugnisse seiner Phantasie Glauben wie für Offenbarungen verlangt. Er mißbraucht sein dichterisches Genie, um zu blenden.

In diesem Licht muß man auch den häufigen Spott auf die Ideenlehre, auf das »Wirklichwirkliche«, das »Urschöne«, das »Auto-Agathon« usw. im ›Aristipp‹ sehen. Es geht nicht allein darum, daß die Ideen formlos und unsinnlich sind und keiner Erfahrung entsprechen (und darum auch nicht als Richtmaß zur Beurteilung von Erfahrungswirklichkeit Verwendung finden sollten). In der Betrachtung Aristipps (und Wielands) kommt die platonische Ideenlehre gar nicht als Versuch einer Problemlösung, als Produkt philosophischen Nachdenkens in den Blick; Platon erscheint als jemand, der offenbart und damit notwendig den Enthusiasmus des Adepten oder das Unverständnis des Außenstehenden erntet. Wieland legt besonderen Wert darauf, die Konsequenzen eines solchen Verhaltens für die freie Geselligkeit zu betonen. Während Sokrates, Aristipp und Diogenes im Roman diejenigen Philosophen sind, die ihre innere Gelassenheit und Freiheit weitergeben wollen und darum entweder von vornherein keine Schule bilden oder (wie Sokrates) zur Bildung verschiedener Schulen den Anstoß geben,[53] schart Platon eine Gemeinde um sich, die er auf seine Philosophie verpflichtet. Die Folgen können im ›Aristipp‹ vor allem an der Figur des Speusippus studiert werden. Der Nachfolger Platons in der Leitung der Akademie ist eigentlich nicht für Platons Philosophie prädestiniert, muß seine Sinnennatur gezwungenermaßen verleugnen und wird so zum »kleinen Heuchler«.[54]

Die von der empfindsamen Platonrezeption so sehr in den Mittelpunkt gerückte Gemeinschaftsbildung unter Jüngern wird also als eine Zwang und Heuchelei erzeugende philosophische Sektenstiftung kritisiert.[55] Doch Wieland geht noch weiter. In Aristipps fortlaufendem Kommentar zur ›Politeia‹ buchstabiert er die politischen Konsequenzen des philosophischen Herrschaftswillens aus. Diese Auseinandersetzung, die den größten Teil des vierten Buches

---

53   Besonders instruktiv ist in dieser Hinsicht der Brief Antipaters an Diogenes im vierten Buch des
      ›Aristipp‹ (IV, 16, 850-858), in dem die drei genannten Philosophen gegen Plato und Antisthenes, die
      »Sektenstifter« (856), abgesetzt werden. Zu Sokrates selbst vgl. auch schon Wielands Horaz-Übersetzung
      von 1782: »Sokrates machte zwar selbst keine Sekte - eben weil er Sokrates war: aber alle nach ihm ent-
      standene philosophische Schulen und Sekten wurden von irgend einem der Seinigen gestiftet oder ver-
      anlaßt.« (Christoph Martin WIELAND: Übersetzung des Horaz. Hg. v. Manfred FUHRMANN. Frankfurt
      am Main 1986, 52)
54   Aristipp an Lais: »Daß dieser Speusipp ein kleiner Heuchler ist, brauche ich dir nicht zu sagen [...]«
      (III, 2, 465). Vgl. auch das spätere apologetisch gewendete Eingeständnis Speusipps in einem Brief an
      Aristipp: »Wenn du ihn [Platon, B. A.] aus einem so langen und nahen Umgang kenntest wie ich,
      würdest du ihn, denke ich, in mehr als Einer Rücksicht, des Opfers würdig halten, welches ich ihm
      durch diese kleine Heuchelei bringen muß.« (IV, 10, 811)
55   Ähnlich übrigens Kant. In seinem speziell gegen eine Schrift J. G. SCHLOSSERS (Platos Briefe über die
      syrakusanische Staatsrevolution, nebst einer historischen Einleitung und Anmerkungen. Königsberg
      1795), aber indirekt auch gegen Stolberg und Jacobi und überhaupt jeden Versuch, »durchs Gefühl zu
      philosophiren«, gerichteten Aufsatz »Von einem neuerdings erhobenen vornehmen Ton in der Philo-
      sophie« (1796) wird Platon als der »Vater aller Schwärmerei mit der Philosophie« bezeichnet (Immanuel
      KANT: AA, VIII, 398). Statt »Sektenstifter« heißt Platon bei Kant in Anspielung auf die Französische
      Revolution »Klubbist«. Kant nennt ihn »den Mystagogen, der nicht bloß für sich schwärmt, sondern
      zugleich Klubbist ist und, indem er zu seinen Adepten, im Gegensatz von dem Volke (worunter alle
      Uneingeweihte verstanden werden) spricht, mit seiner vorgeblichen Philosophie vornehm tut!« (ebd.).
      Kant will allerdings mit diesen Worten weniger Platon selbst als das Platon-Bild Schlossers kritisieren.
      Vgl. hierzu auch: Rüdiger BUBNER: Platon - der Vater aller Schwärmerei. Zu Kants Aufsatz »Von
      einem neuerdings erhobenen vornehmen Ton in der Philosophie«. In: R. B.: Antike Themen und ihre
      moderne Verwandlung. Frankfurt am Main 1992, S. 80-93.

beansprucht und episch nur äußerst schwach integriert ist, hat Kritik vor allem wegen der engen Bindung an den »mäandrischen Gang« (IV, 7, 774) von Platons Text und wegen des damit verbundenen Übergewichts des Gelehrten Wieland über den Romanschreiber gefunden.[56] Ich denke nicht, daß diese Kritik letztlich überzeugend abzuweisen ist. Doch enthält neben verschiedenem Beiwerk der ›Politeia‹-Kommentar auch die Krönung der Wielandschen Auseinandersetzung mit Platon: die Argumentation gegen Platons Gerechtigkeitsbegriff und seine aus diesem Begriff fließende Staatslehre.

Für Wieland hat bekanntlich die Differenz zwischen Antike und Moderne nie eine so entscheidende Rolle gespielt wie für viele seiner Zeitgenossen. Alle seine antiken Romane und Versdichtungen beruhen auf der unausgesprochenen Voraussetzung, daß das Sortiment an exemplarischen Lebenshaltungen, das die antiken Philosophenschulen boten, auch unter den Bedingungen des 18. Jahrhunderts noch das Spektrum des Menschlichen abdeckt; dem Horazischen Diktum: »An Stoff wirds die Sokrat'sche Schule euch nicht fehlen lassen«[57] hat Wieland konsequent nachgearbeitet. Wenn die Moderne aber gegenüber der Antike letztlich nichts Neues bringt, dann haben einerseits antike Diskussionen per se auch Aktualität und können andererseits moderne und antike Kategorien und Begriffe im Austausch und sogar in schwer klärbarer Vermischung verwendet werden, ohne damit anachronistisch zu werden: es geht ja doch nur um die gleiche Natur des Menschen.

Vor diesem Hintergrund ist es zu sehen, wenn Aristipp in der Diskussion um Platons Gerechtigkeits- und Staatsbegriff ungeniert Gebrauch von Argumentationsfiguren des neuzeitlichen Naturrechts macht.[58] Als Quintessenz des platonischen Gerechtigkeitsbegriffs arbeitet Aristipp ein Ideal vollkommener Ordnung heraus: daß in Platons Republik »jeder Mensch und jedes Ding gerade das ist, was es seiner Natur und Bestimmung nach sein *soll*; oder um die Sache noch kürzer zu geben: daß Jedes *das, was* es ist, *immer* ist.« (IV, 6, 734)[59] Aristipps erstem Einwand, daß der Sprachgebrauch nur einen distributiven Gerechtigkeitsbegriff kenne und daher mit Gerechtigkeit eher die Relation eines Ausgleichs als die Substanz einer Ordnung meine, folgt bald ein prinzipiellerer

---

56 Vgl. Friedrich SENGLE: Wieland. Stuttgart 1949, S. 504.
57 HORAZ: Ars poetica, V. 310 (Wielands Übersetzung).
58 Das ist - neben der im folgenden ausführlicher behandelten Stelle - vor allem bei der Argumentation um das Recht des Stärkeren der Fall (IV, 4, 689), in der Aristipp beim Übergang vom »allgemeinen Kriegsstand« zur bürgerlichen Gesellschaft unverkennbar Hobbes folgt. Vgl. insbesondere das Argument über die Insuffizienz von »Stärke« bei Wieland und bei HOBBES (Leviathan, I, 13).
59 Vgl. auch IV, 5, 704, wo Aristipp Platon vorwirft, »den gewöhnlichen Begriff der Gerechtigkeit [...] mit seiner Idee von der *höchsten* geistigen und sittlichen *Vollkommenheit* zu vermengen und zu verwechseln.«

zweiter. Dem »Grundgesetz« der platonischen Republik, daß »die *höchste Wohl-fahrt des Ganzen* [...] der *einzige Zweck* des bürgerlichen Vereins oder des Staats« (IV, 7, 756) sein solle, hält Aristipp nämlich das moderne Naturzustandstheorem entgegen: jeder Mensch ist mit natürlichen Rechten versehen; der Übergang in die Ordnung der bürgerlichen Gesellschaft ist gerade dadurch motiviert, daß in ihr die weitestgehende Bewahrung dieser Rechte möglich ist.[60] Die Ordnung ist also kein Selbstzweck; ja ihre werthafte Beurteilung ist an das Wohlergehen der Individuen geknüpft: »[...] nur, wenn es *allen Bürgern,* in so fern Jeder nach Verhältnis und Vermögen zum allgemeinen Wohlstand mitwirkt, verhältnismäßig auch wohl ergeht, kann man sagen, *daß der Staat sich wohl befinde* [...]« (IV, 7, 757). Dagegen sündigt die Dreiklassengesellschaft Platons.

Dieses Argument entzieht vor allem der Entsprechung von Mikrokosmos Mensch und Makrokosmos Gesellschaft, auf der das Argument der ganzen ›Politeia‹ fußt, den Boden, indem es die Prämisse bestreitet, daß Menschen Teile des Staatsganzen sind wie Seelenteile Teile der Seele. Alle platonischen Argumente, die auf dieser Entsprechung beruhen, insbesondere das Postulat der Philosophenkönige, sind damit natürlich ebenfalls hinfällig.[61] Aber Wieland geht noch weiter. Platons Konstruktion einer vollkommenen Ordnung scheint ihm nicht nur darum verfehlt, weil sie die unhintergehbaren subjektiven Rechte der Menschen, sondern auch, weil sie generell das Gegebene nicht berücksichtigt. Platon geht von der im Bilde des vernunftgeleiteten Menschen konstruierten vollkommenen Sozialordnung aus und leitet aus ihr, nicht aber aus den Gegebenheiten der menschlichen Natur und der existierenden Gesellschaftsordnungen, die einzelnen Erfordernisse seiner Republik ab. So wird Platon zum Modell eines revolutionären Argumentationstypus, der von außerempirischen Prinzipien aus das radikal Neue schaffen will. Darum läßt er sein Sprachrohr Sokrates einen »sokratischen Monolog« (IV, 4, 679) halten, der die Gesprächspartner nicht ernstnimmt und zu jasagenden Automaten erniedrigt;[62] darum

---

60 Ob Rechte mit dem Gesellschaftsvertrag allererst konstituiert werden (wie bei Hobbes) oder ob die Menschen bereits im Naturzustand Rechtssubjekte sind (wie bei Locke und Shaftesbury), ist in unserem Zusammenhang irrelevant.

61 Vgl. den Spott über Platon als »Universalmonarchen des Erdkreises« (IV, 7, 770).

62 Der »Sitz im Leben« der Form Dialog ist dagegen die »bürgerlich freie Gesellschaft«; eine These, die Shaftesbury in ›Soliloquy, or Advice to an Author‹ breit entwickelt hatte und die Wieland in seinem ›Versuch über das Xenofontische Gastmahl als Muster einer dialogisierten dramatischen Erzählung betrachtet‹ wiederaufnimmt: »Freie Mitteilung und wechselseitiger Umtausch unsrer Gedanken und Gesinnungen, zwanglose Darstellung unsrer eigentümlichen Art zu sein, zu sehen, zu urteilen, besonders unsrer momentanen Stimmung und Laune, verbunden mit der schuldigen Achtung für unsre gleiches recht besitzende Gesellschafter und mit feinem Gefühl des Anständigen und Gehörigen, findet nur in einer *bürgerlich freien* Gesellschaft Statt, und der *Dialog,* der alles dies in sich vereiniget, konnte also nur unter den Griechen erfunden werden; dem einzigen Volke der alten Welt, welches,

sucht er Zuflucht bei Maßnahmen, die vom Gedanken der idealen vollkommenen Ordnung her logisch zwingend, von den real existierenden Gegebenheiten her aber monströs erscheinen;[63] und darum will er letztlich sich selbst an die Stelle der Tradition setzen, statt sich in sie einzugliedern.

Es scheint, als würde sich mit dieser Einschätzung Wielands eine Neubewertung der ›Politeia‹ zeigen, die sich den Erfahrungen mit der Französischen Revolution verdankt. Vor dem Hintergrund einer immer noch ständisch organisierten Gesellschaft ist die ›Politeia‹ in den neunziger Jahren in Deutschland hauptsächlich als Warnung vor ochlokratischen Greueln verstanden worden.[64] Auch Wieland liest den Dialog zum Teil so; nicht umsonst hält Aristipp die Stelle der ›Politeia‹, in der die athenische Demokratie zum Gespött gemacht wird, für »eine der schönsten in diesem ganzen Werke« (IV, 7, 766). Doch begreift Wieland die ›Politeia‹ auch im Lichte jenes mit der Französischen Revolution erst entstandenen konservativen Denkens, das alle abstrakten Neuerungen, die mit Terror der jeweils bestehenden Gesellschaft aufgeprägt werden müssen, ablehnte, und seien sie noch so gut gemeint. »Ihr vergeßt, daß das, was *itzt* ist, aus dem, was *zuvor war*, hervorgehen muß [...]« (IV, 12, 826), schreibt Aristipp Platon ins Stammbuch. So kulminiert Wielands Auseinandersetzung mit Platon also in mehr als Schwärmerkritik. In der ›Politeia‹ ist Platon in erster Linie derjenige, der mit seinem brennenden Wunsch nach der absoluten Vernünftigkeit der Gesellschaft doch nur die Unfreiheit organisiert; ein Motiv, das deutlich auf totalitarismuskritische Platoninterpretationen des 20. Jahrhunderts vorausweist.[65]

Es zählt zu den sympathischen Zügen des ›Aristipp‹-Romans, daß trotz der Gefährdung der freien Geselligkeit, mit der die platonische Philosophie droht, Platon aus dem Kreis um Aristipp nicht exorziert wird wie Aristipp aus dem

---

schon von der Natur selbst vorzüglich begünstigt, bei einem hohen Grade von Bildung, Geschmack und Humanität im Besitz der größten bürgerlichen Freiheit war.« (WIELAND [Anm. 1] , S. 1005 f.) Zu diesem Aufsatz und zu Xenophon als Vorbild Wielands vgl. Klaus MANGER (Anm. 2), S. 58 ff.

63 Vgl. etwa die Darstellung der Weibergemeinschaft und ihre abschließende Diskussion durch Aristipp: »Er [Platon, B. A.] trug also um so weniger Bedenken, die Hauptzüge des Spartanischen Instituts in seiner Republik *noch weiter* und bis zu einer *Konsequenz* zu treiben, die, wie ein eiserner Streitwagen, alles was ihr entgegen steht zu Boden tritt, und über alle Bedenklichkeiten und Rücksichten, d.i. über die Köpfe und Eingeweide der Menschen weg, in gerader Linie auf das Ziel losrennt, das sie sich vorgesteckt hat.« (IV, 7, 763)

64 Vgl. etwa den interessanten Text von Karl MORGENSTERN: Plato und Rousseau. NTM, März 1795, S. 271-278, der den Gedanken äußert, daß, so wie Rousseau durch die Auswüchse des *ancien régime* zum Postulat einer »absoluten Demokratie« gebracht worden sein soll, Platon aufgrund der Zustände der athenischen Demokratie eine »absolute Aristokratie« gefordert habe.

65 Vgl. etwa: Karl R. POPPER: The Open Society and its Enemies. London 1945. Vol. 1: The Spell of Plato.

Kreis um Platon. Aristipp beansprucht sogar, daß seine antiplatonischen Briefe »mit gleichem Rechte *proplatonisch* heißen könnten, da sie wenigstens eben so viel Lob als Tadel enthalten« (IV, 11, 816). Zwar wird der Platon zugeschriebene Anspruch, sich mit seiner philosophischen Dichtung an die Stelle Homers zu setzen, abgewiesen (IV, 8, 804). Doch unternimmt Aristipp keinen Versuch, Platon nun seinerseits einen Platz in der Tradition zu verweigern. Die höhere Ironie des Romans besteht darin, daß die Werke Platons, die mit Absolutheitsanspruch in die Welt getreten sind, im geselligen Kreis diskutiert und weitergesponnen, widerlegt und anerkannt, kurz: neben anderen in den Strom der Tradition eingespeist werden.

V

In Wielands Roman taucht bei der Auseinandersetzung mit Platon immer wieder ein Motiv auf, das in der Philosophie der Aufklärung von Locke bis Kant leitend gewesen war: daß erstens dem menschlichen Wissen Grenzen der Erfahrung gesetzt sind, deren Überschreitung in Richtung auf das Göttliche nur zu haltlosen Behauptungen führt; daß das aber zweitens kein Schaden ist, da alles, was der Mensch für sein Handeln in dieser Welt wissen muß, ihm auch bekannt sein kann. Der Generation der um 1770 Geborenen erscheint solche weise Selbstbeschränkung eher als unzulässige Halbierung des ganzen menschlichen Daseins, als ein Fall von »harmonischer Plattheit«, in Friedrich Schlegels Worten. Daß Platon dichterisch und philosophisch spricht, daß er sich sowohl der Dialektik als auch der Mythen bedient, ist nun keine zu tadelnde Vermengung verschiedener Sphären mehr, sondern eine Art Zielvorgabe für das eigene poetisch-philosophische Tun. Das hat einerseits einen Rückhalt in der empfindsamen Platon-Rezeption, führt aber andererseits deutlich darüber hinaus.

Bei Hölderlin etwa sind die empfindsamen Kommunikationsformen der Platonverehrung noch durchaus präsent. So imaginiert er sich in dem bekannten Brief an Neuffer vom Juli 1793 in die Schülerschaft Platons hinein, als einer, der unter »begeisterten Jünglingen« den Reden lauscht, die der »heiligen Liebe« huldigen.[66] Doch geht es Hölderlin nicht nur um Offenbarung von

---

[66] Friedrich HÖLDERLIN: StA, VI, 86. Zur Deutung der ganzen Briefstelle, die neben dem ›Symposion‹ auch auf den ›Phaidros‹ und den ›Timaios‹ anspielt, vgl. Michael FRANZ: »Platons frommer Garten«. Hölderlins Platonlektüre von Tübingen bis Jena. In: Hölderlin-Jahrbuch 1992/93, S. 111-127; Stephan LAMPENSCHERF: »Heiliger Plato, vergieb...«. Hölderlins ›Hyperion‹ oder Die neue Platonische Mythologie. In: Hölderlin-Jahrbuch 1992/93, S. 128-151.

Wahrheit, der man lauscht. Die Vorrede zur vorletzten Fassung des ›Hyperion‹ schließt mit den Worten: »Ich glaube, wir werden am Ende alle sagen: heiliger Plato, vergieb! man hat schwer an dir gesündigt.«[67] Die Stelle folgt unmittelbar auf eine berühmte Passage, in der von Hölderlin die »unendliche Vereinigung« zugleich als schon vorhanden und als wartend behauptet wird. »Wir hätten auch keine Ahndung von jenem unendlichen Frieden, von jenem Seyn, im einzigen Sinne des Worts, wir strebten gar nicht, die Natur mit uns zu vereinigen, wir dächten und wir handelten nicht, es wäre überhaupt gar nichts, (für uns) wir wären selbst nichts, (für uns) wenn nicht dennoch jene unendliche Vereinigung, jenes Seyn, im einzigen Sinne des Worts vorhanden wäre. Es ist vorhanden - als Schönheit; es wartet, um mit Hyperion zu reden, ein neues Reich auf uns, wo die Schönheit Königin ist. -«[68] Von der Motivik dieses Abschnitts her kommt Platon hier natürlich ins Spiel, weil er die Identität von absoluter Schönheit und absolutem Sein vorgedacht hat.[69] Darüber hinaus ist die zitierte Passage jedoch auch eindeutig zukunftsgerichtet; die »unendliche Vereinigung« ist ein Spannungsausgleich, in dem das verlorengegangene »friedliche En kai Παn der Welt« wiederhergestellt ist. Platon *präfiguriert* also eine Erfüllung, zu der das eigene dichterische Werk Hölderlins (und natürlich auch der Prozeß von Natur und Geschichte überhaupt) unterwegs ist; als Philosoph hat er das gleiche Ziel der Erfahrung der Einheit des Seins angepeilt. Auf dieser Verwandtschaft von Weg und Ziel beruht dann für Hölderlin die Möglichkeit, bei der Strukturierung des ›Hyperion‹ platonische Mythen zu verwenden.[70]

Ist hier schon vom Standpunkt dichterischer Praxis aus Platon als Künstler, nämlich als Mythenbildner, in den Mittelpunkt gerückt, so wird von der Frühromantik die künstlerische Seite Platons auch aus theoretischen Gründen betont. Für das Denken Friedrich Schlegels ist die Forderung eines durchgängigen Bezugs auf das Weltganze, auf die »unbegreifliche Unendlichkeit« des Universums kennzeichnend: »Sinn für das Höchste« ist in jedem einzelnen Lebensvollzug verlangt. Die wesentlichen Formen des menschlichen Geistes (immer wieder: Poesie, Philosophie, Religion) leisten einerseits diese Beziehung auf das Ganze in je eigener Weise, z. B. indem sie es in Werken vorwegnehmen;

---

67 Friedrich HÖLDERLIN: StA, III, 237.
68 Ebd., 236 f.
69 Vgl. etwa Symposion 210e.
70 Generell für die Figurenkonstellation des Romans und dann speziell für den Weltzyklenmythos des ›Politikos‹ weist das Stephan LAMPENSCHERF (Anm. 66) nach. Vgl. auch sein Resümee: »Die prägenden Ereignisse seiner [Hyperions, B. A.] Lebensgeschichte, die Bildung durch Adamas, die Freundschaft mit Alabanda und schließlich seine Liebe zu Diotima verweisen auf die Welt der platonischen ›Mythen‹.« (ebd., S. 150).

da sie aber letzten Endes doch nur Eines meinen, durchdringen sie sich auch auf ihren höheren Stufen mehr und mehr und gehen ineinander über: Philosophie wird Poesie,[71] Poesie und Philosophie verbunden ergeben Religion[72] usw.: jede wesentliche Form des menschlichen Geistes steigert ihren Beziehungsreichtum zu den anderen Formen, ihre Reflexivität und ihre Reichweite. Ein dichterischer Philosoph wie Platon, der »die Philosophie für den kühnsten Dithyrambus und die einstimmigste Musik hielt«,[73] ist darum von Bedeutung, weil er durch seine Verbindung von Poesie und Philosophie einen höheren Zustand des menschlichen Geistes vorweggenommen hat. Wieder, wie bei Hölderlin, präfiguriert er: »Platos Philosophie [die ja selbst schon poetisch ist! B. A.] ist eine würdige Vorrede zur künftigen Religion.«[74]

Doch kommt noch ein darstellungstechnisches Moment zu solchen Überlegungen hinzu. Schlegels Überlegungen zum Weltganzen implizieren auch, daß das Ganze nirgends adäquat darstellbar ist und die einzige Chance, es als den geheimen Mittelpunkt aller Lebensvollzüge dennoch zu intendieren, in der Verwendung von Formen besteht, die diese Inadäquatheit mit reflektieren. Ironie, Paradox und Allegorie sind deshalb die bevorzugten rhetorischen Formen (und Reflexionsgegenstände) Friedrich Schlegels, weil sie auf das Absolute gerade dadurch indirekt verweisen können, daß sie entweder auf die eigene oder auf fremde Unangemessenheit aufmerksam machen. Diese Gedankengänge sind auch für Schlegels Platonbild von herausragender Bedeutung.

Das berühmte 42. Lyceums-Fragment unterscheidet zwei Typen von Ironie. Da ist zum einen »eine rhetorische Ironie, welche sparsam gebraucht vortreffliche Wirkung tut, besonders im Polemischen«; sie ist offenbar auf einzelne Sprechakte beschränkt (»ironische Stellen«). Von ihr abgehoben wird eine Ironie, die sich auf das Ganze eines Werks verteilt und damit als Selbstironie auch die produzierende Subjektivität erfassen kann: »Es gibt alte und moderne Gedichte, die durchgängig im Ganzen und überall den göttlichen Hauch der Ironie atmen. Es lebt in ihnen eine wirklich transzendentale Buffonerie. Im Innern, die Stimmung, welche alles übersieht, und sich über alles Bedingte unendlich erhebt, auch über eigne Kunst, Tugend, oder Genialität: im Äußern,

---

71 Friedrich SCHLEGEL: Gespräch über die Poesie, KA, II, 304: »*Amalia*. Wenn das so fortgeht, wird sich uns, ehe wirs uns versehen, eins nach dem andern in Poesie verwandeln. Ist denn alles Poesie? *Lothario*. Jede Kunst und jede Wissenschaft die durch die Rede wirkt, wenn sie als Kunst um ihrer selbst willen geübt wird, und wenn sie den höchsten Gipfel erreicht, erscheint als Poesie.«

72 Friedrich SCHLEGEL: Ideen 46, KA, II, 260 f.: »Poesie und Philosophie sind, je nachdem man es nimmt, verschiedne Sphären, verschiedne Formen, oder auch die Faktoren der Religion. Denn versucht es nur beide wirklich zu verbinden, und ihr werdet nichts anders erhalten als Religion.«

73 Friedrich SCHLEGEL: 450. Athenaeums-Fragment, KA, II, 255 (mit Anspielung auf Phaidon 61a).

74 Friedrich SCHLEGEL: Ideen 27, KA, II, 258.

in der Ausführung die mimische Manier eines gewöhnlichen guten italiänischen Buffo.«[75] Zwar macht Schlegel für diese letztere Ironie die »erhabne Urbanität der sokratischen Muse« verantwortlich - er hat also, was im 18. Jahrhundert ganz und gar nicht selbstverständlich ist, erfaßt, daß die Ironie für Sokrates kein mechanisches Verfahren der Redeführung, sondern der Ausdruck seines Wesens war. Der Hinweis auf die »alten und modernen Gedichte« zeigt jedoch schlagartig, daß das von Schlegel Gemeinte in sokratischer Ironie, also letztlich in Gesprächsführung nicht aufgehen kann. Es muß ein kompositorisches Arrangement eines schriftstellerischen Werks gemeint sein, das die Ironie im Ganzen trägt, also übertragen auf die griechischen Verhältnisse: platonische und nicht sokratische Ironie. Was könnte man sich denn unter einem »alten Gedicht«, »das durchgängig im Ganzen und überall den göttlichen Hauch der Ironie atmet«, besser vorstellen als z. B. das ›Symposion‹?[76]

Daß dies keine leere Mutmaßung ist, verrät der Schluß des ›Lessing-Aufsatzes‹, der den Kern von Schlegels Platon-Auffassung wohl am ungeschütztesten darbietet. Schlegel sagt dort, daß er Lessing - neben der »*großen Tendenz* seines philosophischen Geistes« - wegen der »*symbolischen Form* seiner Werke«[77] ehrt. Symbolische Form haben Lessings Werke, weil sie das Ganze bedeuten, obwohl sie es nicht selbst sind, oder anders gesagt: weil sie zwar nicht das Unendliche selbst, aber die Beziehung auf das Unendliche sinnfällig abbilden. Solche symbolische Form spricht Schlegel nun nicht nur poetischen, sondern auch philosophischen Werken zu, deren Bedeutung sich also, genau wie die der Poesie, nicht auf das, *was* sie sagen, beschränkt. Die symbolischen Formen, die philosophische Werke in der Geistesgeschichte bislang gefunden haben, sind nach Schlegel - angesichts der Arabeske und ähnlicher poetischer Formen offenbar ein Manko - allesamt »mathematischer Art«, und diejenige Lessings ist die »höchste in dieser Sphäre«: »Gibt es wohl ein schöneres Symbol für die Paradoxie des philosophischen Lebens, als jene krummen Linien, die mit sichtbarer Stetigkeit und Gesetzmäßigkeit forteilend immer nur im Bruchstück erscheinen können, weil ihr eines Zentrum in der Unendlichkeit liegt?« Diese Form, die in Lessings Schriften verwirklicht ist, ist auch »die des Plato; und ihr werdet keinen einzelnen Dialog und keine Reihe von Dialogen verständlich konstruieren

---

75 Friedrich SCHLEGEL: 42. Lyceums-Fragment, KA, II, 152.
76 In Worten, die wie ein Echo von Schlegels Fragment klingen, schreibt denn auch Tieck etwa dreißig Jahre später: »Ueber dem Ganzen eines platonischen Dialogs (nehmen wir nur das Gastmal,) schwebt doch wohl noch eine höhere geistigere Ironie, als sich etwa in Sokrates scheinbarer Unwissenheit verkündigt.« (Ludwig TIECK: Vorbericht zur zweiten Lieferung seiner Schriften. In: Ludwig Tieck's Schriften. Bd. 6. Berlin 1828, S. XXVIII)
77 Friedrich SCHLEGEL: Abschluß des Lessing-Aufsatzes, KA, II, 412.

können, als nach jenem Symbol«.[78] Platon vereinigt also in seinem Werk strenge Systematik (»sichtbare Stetigkeit und Gesetzmäßigkeit«) und jenes immer neue Abbrechen der zentralen Intention, das der Undarstellbarkeit des Absoluten einzig angemessen ist. Damit ist aber auch der Kunstcharakter der Werke Platons weit über das hinaus ausgedehnt, was Wieland allenfalls noch hätte zugestehen können. Nicht nur der einzelne Dialog hat schöne rednerische oder poetische Form; der Kunstcharakter hängt am Gesamtwerk, genauer: an dessen kontinuierlichem Bezug zur unaussprechlichen Mitte. Gerade von seinem Gesamtwerk her wird Platon zum Gewährsmann der Überlegenheit des mit Indirektheit und Undarstellbarkeit operierenden Fragments. Er ist der Denker, der »kein System, sondern nur eine Philosophie«[79] hatte, und der in immer wieder neuen Anläufen versuchte, dieser Philosophie einen angemessenen Ausdruck zu geben, ohne daß er hierbei jemals die vollendete Abrundung eines Systems erreichte. Sein Gesamtwerk hat darum den Status einer Abbildung seiner inneren, intellektuellen Biographie.[80]

Diese Auffassungen sollten wohl auch in die Platon-Übersetzung eingehen, die Schlegel im ›Intelligenzblatt der Jenaischen Allgemeinen Literatur-Zeitung‹

---

78 Ebd., 415. Möglicherweise phänomenologisch noch erhellender ist die Fassung des gleichen Gedankens in ›Lessings Gedanken und Meinungen‹ (1804): »Wie vortrefflich zum Beispiel sind mehrere Schriften der alten Philosophen, besonders die Platonischen recht eigentlich dazu eingerichtet, das Selbstdenken zu erregen. Ein Widerspruch gegen ein geltendes Vorurteil, oder was irgend sonst die angeborne Trägheit recht kräftig wecken kann, macht den Anfang; dann geht der Faden des Denkens in stetiger Verknüpfung unmerklich fort, bis der überraschte Zuschauer, nachdem jener Faden mit einem Male abreißt, oder sich in sich selbst auflöste, plötzlich vor einem Ziele sich findet, das er gar nicht erwartet hatte; vor sich eine grenzenlose weite Aussicht, und sieht er zurück auf die zurückgelegte Bahn, auf die deutlich vor ihm liegende Windung des Gesprächs, so wird er inne, daß es nur ein Bruchstück war aus einer unendlichen Laufbahn.« (KA, III, 50)

79 KA, XI, 118.

80 Vgl. auch die in eine ähnliche Richtung weisenden Bemerkungen zu Platon in den Pariser Vorlesungen vor den Brüdern Boisserée (1803/04): »Man kann die große Einheit in Platos Werken nur suchen in dem bestimmten Gange seiner Ideen, nicht in einem fertigen Satze und Resultate, das sich am Ende finde. Plato geht in seinen Gesprächen nie von einem bestimmten Lehrsatze aus, meistens fängt er mit einer indirekten Behauptung, oder mit dem Widerspruch gegen einen angenommenen Satz an, den er zu heben sucht, und nun geht es fort von Kette zu Kette, von Glied zu Glied bis zur unbestimmten Hindeutung auf das, was seiner Meinung nach das Höchste ist. Dieser Gang seiner philosophischen Unternehmungen ist ganz dem Geiste der Philosophie gemäß. Sie gehen bis an die Pforte des Höchsten und begnügen sich, hier das Unendliche, Göttliche, was sich philosophisch nicht bezeichnen und erklären läßt, unbestimmt anzudeuten.« (KA, XI, 118 f.) »Die ganze Form seiner [Platons, B. A.] Werke beruht auf dem Prinzip der relativen Undarstellbarkeit des Höchsten.« (ebd., 124) Zur Darstellung dieses Konzepts (Gesamtwerk als Abbildung der intellektuellen Biographie), das Schlegel von Schleiermacher trennt, in Schlegels verschiedenen philosophischen Vorlesungszyklen nach 1800 und zu seinem Einfluß auf die Platondeutung des 19. und 20. Jahrhunderts vgl. Hans KRÄMER: Fichte, Schlegel und der Infinitismus in der Platondeutung. In: Deutsche Vierteljahrsschrift für Literaturwissenschaft und Geistesgeschichte 62 (1988), S. 583-621, insbesondere S. 600-617.

vom 29. März 1800 ankündigte.[81] Schlegel unterzeichnete die Anzeige nur mit seinem eigenen Namen. Doch hatte er bei diesem Projekt von Anfang an - seitdem er es als »großes litterarisches sum«[82] geheimnisvoll andeutend erstmals erwähnte - mit der Mitarbeit seines Freundes Schleiermacher gerechnet. Angesichts des zu erwartenden Arbeitsaufwandes reagierte Schleiermacher zunächst mit einer Mischung aus Zaghaftigkeit und Enthusiasmus.[83] Der Enthusiasmus war jedoch letztlich stärker; als Friedrich Schlegels Hinhaltepolitik zum Bruch mit dem Verleger Frommann geführt hatte, führte Schleiermacher für Reimer das Projekt in der Zurückgezogenheit in Stolpe mit einer Gründlichkeit aus, zu der es in der Zusammenarbeit mit Schlegel möglicherweise nie gediehen wäre.[84]

In der Tat kann Schleiermachers Platon-Übersetzung mit den brillanten, außerhalb der Altphilologie viel zu wenig bekannten Einleitungen in die Dialoge als der Versuch gelten, die romantischen Theoreme wirklich in Philologie zu transformieren; sie stellt Schlegels »mystische Terminologie« mit ihrem nie recht unterdrückten Hang zu bloßer geistreicher Kombinatorik auf den philologischen Prüfstand. Neu ist dabei das Ausmaß, in dem die philologische Kritik, die Echtheitsfragen der Platon zugeschriebenen Dialoge entscheidet und die historische Abfolge der Dialoge konstruiert, von einem voraussetzungsreichen

---

81 Text am leichtesten zugänglich in: KA, III, 334. Von Schlegels Vorarbeiten zur Platon-Übersetzung, über deren Umfang man nur spekulieren kann, kennen wir ein Papier zur Chronologie der Dialoge sowie Einleitungen zum ›Parmenides‹ und zum ›Phaidon‹. Die Originale sind inzwischen verschollen. Text in: KA, XVIII, 526-537. Ebenfalls verschollen ist Schlegels Jenaer Habilitationsschrift ›De Platone‹ von 1801. Von der ›Kritik des Platon‹, die Schlegel noch 1803 in der ›Europa‹ ankündigte, weiß man nicht, ob sie jemals existiert hat. Eine Übersetzung des ›Phaidon‹ (von Schlegel?) wurde im von Dorothea Schlegel erstellten Nachlaßkatalog aufgeführt und muß als verloren gelten. Die Übersetzung des ›Euthyphron‹, die in Band 34 der KA veröffentlicht werden sollte, stammt nicht von Friedrich Schlegel, sondern von Friedrich Ast, wie Hermann PATSCH (Friedrich Asts ›Euthyphron‹-Übersetzung im Nachlaß Friedrich Schlegels. Ein Beitrag zur Platon-Rezeption in der Frühromantik. In: Jahrbuch des Freien Deutschen Hochstifts 1988, S. 112-127) nachgewiesen hat.
82 Brief an Schleiermacher, wohl zwischen Ende März und Mitte April 1799. SCHLEIERMACHER: KGA, V, 3, 92.
83 »Schlegel schrieb mir kurz vor seinem letzten Berlin von einem großen Coup den er noch vorhätte mit mir und das ist denn nichts geringeres als den Plato übersetzen. Ach! es ist eine göttliche Idee, und ich glaube wol daß es wenige so gut können werden als wir, aber eher als in einigen Jahren wage ich doch nicht es zu unternehmen, und dann muß es so frei von jeder äußern Abhängigkeit unternommen werden als je ein Werk ward und Jahre die darüber hingehen müssen nichts geachtet werden.« (Brief an Henriette Herz vom 29. April 1799, SCHLEIERMACHER: KGA, V, 3, 101) »Es [das Platon-Projekt, B. A.] begeistert mich: denn ich bin von Verehrung des Platon seit ich ihn kenne unaussprechlich tief durchdrungen - aber ich habe auch eine heilige Scheu davor, und fürchte fast über die Grenze meiner Kräfte hinausgegangen zu sein. Der Himmel möge uns helfen« (Brief an C. G. v. Brinckmann, 19. bis 22. April 1800; SCHLEIERMACHER: KGA, V, 3, 486).
84 Die bislang beste Darstellung der Geschichte des gemeinsamen Übersetzungsprojekts findet sich in Günter MECKENSTOCKS Einleitung zu KGA, I, 3, S. XCVI-CVI.

Verständnis der platonischen Philosophie abhängig gemacht wird, in das zentrale frühromantische Theoreme eingehen.[85]

Schleiermacher teilt die platonischen Dialoge in drei Gruppen ein: die elementarischen, die indirekten und die konstruktiven. Während die ersteren überhaupt nur versuchen, den echt philosophischen Trieb von allen sophistischen und rhetorischen Verkehrungen freizuhalten und die philosophische Methode darzustellen, widmen sich die indirekten den Objekten der Philosophie und suchen das Gute von dem Angenehmen und der Lust sowie die Erkenntnis von der Wahrnehmung und der richtigen Vorstellung abzusondern. Ihnen fällt es auch zu, »die ursprüngliche Einerleiheit des Denkens und Seins«[86] zu finden, die die Einheit der theoretischen und praktischen Philosophie verbürgt; denn erst in der Auflösung dieser »höchsten philosophischen Aufgabe«[87] kann der philosophische Trieb wirkliche Beruhigung finden. Von hier aus heben dann die konstruktiven Dialoge an, die beiden philosophischen Wissenschaften Physik und Ethik positiv darzustellen und damit der Bewegung des Denkens einen befriedigenden Abschluß zu geben.[88] Gegenüber Schlegels Auffassung hat Platons Philosophie hier deutlich an Systematik zurückgewonnen; das, was in den konstruktiven Dialogen positiv dargestellt wird, ist in den Andeutungen der elementarischen und indirekten Dialoge auch schon enthalten. Gelegentlich meint man sogar, Schleiermacher fasse Platon als ein quasigöttliches Subjekt auf, das die Anlage seines Gesamtwerks in einem Augenblick perfekt vorauswußt, bis ins einzelne geplant und nach didaktischen und

---

85   Bei der folgenden Darstellung von Schleiermachers Platonbild zitiere ich nur aus seinen Einleitungen in die Platon-Übersetzung. Gegenüber diesen Einleitungen hat das Notizenkonvolut ›Zum Platon‹ von 1801-1803 (veröffentlicht in KGA, I, 3, 341-375) vorläufigen Status. Zu Schleiermachers Platoninterpretation und ihren Auswirkungen auf seine Philosophie vgl. Hans-Georg GADAMER: Schleiermacher als Platoniker. In: H.-G. G.: Kleine Schriften. Bd. 3. Tübingen 1972, S. 141-149; Hans KRÄMER: Platone e i fondamenti della metafisica. Milano 1982; Gunter SCHOLTZ: Schleiermacher und die platonische Ideenlehre. In: Kurt-Victor SELGE (Hg.): Internationaler Schleiermacher-Kongreß Berlin 1984. Berlin/New York 1985, S. 849-871.

86   Friedrich SCHLEIERMACHER: Einleitung in den ›Parmenides‹. In: Platons Werke. Übers. u. hg. v. Friedrich SCHLEIERMACHER. Ersten Theiles Zweiter Band. Berlin 1805, S. 92.

87   Ebd.

88   Für diese Dialoge finden wir bei Schleiermacher das Bild vom Schlußstein eines Gebäudes wieder, das Stolberg für den Tod des Sokrates gebraucht hatte: »Sondern der Staat, als offenbar das früheste unter den eigentlich darstellenden Werken, sezt schon alle, die nicht in diese Klasse gehören, voraus, und dies prächtige Gebäude enthält in seinem Fussboden und seinen Wänden die Schlusssteine gleichsam aller jener auch herrlichen Gewölbe eingemauert, auf denen es ruht, und die man vor dem Eintritt in jenes, wenn man sie nur für sich betrachtet und sich in ihnen selbst umschaut, ohne Ahndung ihrer Bestimmung zweklos und unvollendet nennen möchte.« (Friedrich SCHLEIERMACHER: Einleitung. In: Platons Werke. Übers. u. hg. v. Friedrich SCHLEIERMACHER. Ersten Theiles Erster Band. Berlin 1804, S. 46 f.) Unvollendet ist also - anders als bei Friedrich Schlegel - nur der einzelne elementarische bzw. indirekte Dialog; das Gesamtwerk ist vollendete Architektur.

protreptischen Gesichtspunkten organisiert hat; doch liegt der strengen Systematik des Gesamtwerks in der Auffassung Schleiermachers natürlich nicht ein solches Subjekt, sondern ein »Keimentschluß« Platons, der sich in den Dialogen sukzessive entfaltet, zugrunde.

Für diese entwicklungslogische Konzeption des platonischen Denkens zeichnet das romantische Ganzheitstheorem in doppelter Hinsicht verantwortlich. Denn einmal ist jeder einzelne platonische Dialog auf jene geheime Mitte hin zu untersuchen, von der aus die jeweils angesprochenen Themen und insbesondere auch die Abschweifungen Platons ihre innere Zusammengehörigkeit zu erkennen geben. In dieser Hinsicht ist es ein wiederkehrender Einwurf Schleiermachers gegen traditionelle Platondeutungen, daß immer nur der Gang des philosophischen Denkens, niemals aber die von späteren Abschreibern und Kompilatoren hinzugefügten thematischen Titel (»Phaidros oder vom Schönen«, »Symposion oder von der Liebe«), die für Stolberg noch so wichtig waren, die Einheit eines Dialogs verbürgen können. So bilden denn z. B. im ›Phaidros‹ weder die Liebesreden noch das Schöne noch etwa die Auseinandersetzung mit der Rhetorik den wahren Mittelpunkt des Dialogs, sondern alles dieses ist, da es nicht integrierende Kraft für den ganzen Dialog beweist, nur ein Äußeres, von dem aus der Leser immer weiter getrieben wird »bis zur innersten Seele des ganzen Werkes, welche nichts andres ist, als der Inbegriff jener höheren Geseze, nemlich die Kunst des freien Denkens und des bildenden Mittheilens oder die Dialektik«.[89]

Über dieses strenge Ganzheitspostulat für den einzelnen Dialog hinaus geht Schleiermacher aber auch davon aus, daß sich im platonischen Gesamtwerk eine ganz ähnliche Ganzheit ausprägt. Schleiermachers Gedanke ist hier, daß die philosophische Problematik von der Auffindung des echt philosophischen Triebs bis zu dessen Befriedigung konsequent weiterentwickelt wird und die innere Konsequenz des Denkens - und nicht die innere Biographie des Denkers, wie bei Schlegel - den Leitfaden für die Rekonstruktion der historischen Abfolge der Dialoge darbietet. Aus diesem Gedanken heraus entwickelt Schleiermacher seine wichtigsten hermeneutischen Kanones. So macht es keinen Sinn, daß ein philosophisches Problem, nachdem es dialektisch seiner Lösung nähergebracht worden ist oder sie gar schon gefunden hat, noch einmal aporetisch behandelt wird; wie überhaupt einem Dialog in der Regel dadurch seine genaue Stelle zugewiesen wird, daß seine Ergebnisse auf früher angefangene Untersuchungen zurück- und seine neuen Aufgaben, die er stellt, auf die Problemlösungen der

---

89 Friedrich SCHLEIERMACHER: Einleitung in den ›Phaidros‹. Ebd., S. 65.

folgenden Gespräche vorausweisen. Dementsprechend geht auch die mythische Darstellung der dialektischen immer voraus; tendenziell harrt jeder platonische Mythos, der Dynamik des philosophischen Triebes gehorchend, seiner dialektischen Auflösung.

Wird das platonische Gesamtwerk in solcher Stringenz konstruiert, dann muß auch jeder Versuch fragwürdig erscheinen, das Werk in vom philosophischen Lehrgehalt her deutlich unterschiedene Phasen einzuteilen. So kann nach Schleiermacher nicht auf ein mehr sokratisches Frühwerk ein mehr auf die Eleaten hin orientierter reifer Platon folgen. Im Gegenteil muß die intensive Auseinandersetzung Platons mit der eleatischen Philosophie bereits im Frühwerk ihre Stelle haben (darum wird der ›Parmenides‹ noch den elementarischen Dialogen zugeordnet); ja Sokrates selbst wird - in deutlicher Wendung gegen das aufklärerische Sokratesbild - ein »Eifer für die Dialektik«[90] und ihre theoretischen Subtilitäten attestiert. Am Beginn der Reihe der platonischen Werke kann dann auch kein bloß sokratisierender früher Dialog stehen; es muß der Kern der platonischen Philosophie bereits im ersten Dialog enthalten sein. So kommt an die Spitze der Reihe der ›Phaidros‹ zu stehen, dessen zentraler Mythos von Schleiermacher auch für den »Grundmythos« Platons gehalten wird, aus dem sich alle weiteren platonischen Mythen entfalten. Traditionelle Mittel der philologischen Kritik, wie etwa stilkritische Erwägungen, treten gegenüber dem Kriterium des stringenten Gangs des philosophischen Gedankens zurück. Daß im ›Symposion‹ und im ›Phaidon‹ das »Mimische«, also die Kraft der dramatischen Personendarstellung, so stark hervortritt wie sonst eigentlich nur in den früheren Dialogen Platons, kann Schleiermacher nicht daran hindern, diesen beiden Dialogen ihren Platz nach dem ›Sophistes‹ und dem ›Politikos‹ anzuweisen - weil sie nach Schleiermacher jene Darstellung des Philosophen enthalten, die nach der Darstellung des Sophisten und des Staatsmannes in der versprochenen Trias noch fehlt. Ein bloßes historisches Aktenstück wie die platonische Apologie des Sokrates kann schließlich, trotz seiner von Schleiermacher nicht bestrittenen Echtheit, gar nicht in die Reihe der Dialoge eingeordnet werden, sondern muß in den Anhang verwiesen werden, weil es ihm an jenem philosophischen Gehalt mangelt, der die genaue Zuordnung an eine Stelle im Gang des philosophischen Gedankens erst ermöglichte.

---

90 SCHLEIERMACHER: (Anm. 86), S. 89. Dort spricht Schleiermacher auch von Platons »Tadel gegen jene nur der Ethik obliegenden Sokratiker, die sich eben desfalls für ächtere Schüler des Weisen hielten« - und das Sokratesbild dieser Sokratiker war eben auch das des popularphilosophischen *mainstreams* des 18. Jahrhunderts.

Alle die genannten Konstruktionsprinzipien des platonischen Gesamtwerks sind kaum denkbar ohne die romantische Theorie des Kunstwerks als
eines organischen Ganzen. Jedoch ist die Poesie (wie der Mythos) in Schleiermachers Platonbild eigentümlich entwertet. Der frühromantische Gedanke,
daß quer durch die verschiedenen Formen des menschlichen Geistes (Poesie,
Philosophie, Religion usw.) dieselben Konstruktionsprinzipien leitend sein
sollen, hat bei Schleiermacher dazu geführt, daß ein ursprünglich für Kunstwerke entwickeltes Ganzheitspostulat ganz auf die speziellen Stringenzbe-
dingungen philosophischer Werke übertragen wurde. Der für Schlegel so
entscheidende Gedanke einer Vereinigung von Poesie und Philosophie kann
darum für Schleiermacher keine Rolle mehr spielen. Auch Schlegels These von
der Undarstellbarkeit des Absoluten bleibt zwar im Kern bewahrt, wird aber
deutlich abgeschwächt. Die organisierende Mitte des Gesamtwerks Platons
bestimmt Schleiermacher als »Anschauung von dem Leben des Seienden und
von dem nothwendigen Eins und Ineinandersein des Seins und des Erken-
nens«.[91] Sie ist identisch mit dem in jedem unmittelbaren Selbstbewußtsein
Mitgesetzten, das die Reden ›Über die Religion‹ »Sinn und Geschmack fürs
Unendliche« genannt hatten und das in der späteren Dogmatik dann »Gefühl
der schlechthinnigen Abhängigkeit« heißt. Was in Anschauung, Sinn oder
Gefühl aber unmittelbar zugänglich ist, kann, ja muß auch als Grenzbegriff
aufgefaßt werden, auf den das konsequente Denken zuläuft und den es als
seine letzte Voraussetzung erkennt. Der Ort im platonischen Werk, an dem
das Denken so weit kommt, kann sogar ganz genau angegeben werden. »Ohne
etwas mythisches zu Hülfe zu nehmen, oder sonst den Gang der reinsten
Dialektik zu verlassen«, wird nämlich im ›Sophistes‹, dem »innersten Kern
aller indirecten Darstellungen des Platon«,[92] »das innerste Heiligthum der
Philosophie rein philosophisch«[93] aufgeschlossen. Auch die Begriffsarbeit läßt
also an die Pforte der »ursprünglichen Einerleiheit des Denkens und Seins«
klopfen, sie führt in den »edelsten und köstlichsten Kern des Ganzen«.[94] Wer
Schleiermachers ›Dialektik‹ kennt, weiß, daß er in erster Linie dieses Zentrum
der platonischen Philosophie als Auftrag an sich selbst verstanden hat, seine
eigene Version der Harmonie von Vernunft und Offenbarung zu entwickeln.[95]

---

91 Friedrich SCHLEIERMACHER: Einleitung in den ›Sophistes‹. In: Platons Werke. Übers. u. hg. v. Fried-
     rich SCHLEIERMACHER. Zweiten Theiles Zweiter Band. Berlin 1807, S. 130.
92 Ebd., S. 132.
93 Ebd., S. 130.
94 Ebd.
95 Zur zentralen Stellung des ›Sophistes‹ bei Schleiermacher und der Bedeutung dieses Dialogs für Schlei-
     ermachers Dialektik vgl. SCHOLTZ (Anm. 85).

VI

Hat man einmal das Klischee vom alten, etwas verknöcherten Aufklärer Wieland, der die Jenaer Frühromantik nicht mehr versteht und von ihr verspottet wird, *ad acta* gelegt, so kann es erneut zu einer offenen Frage werden, worin denn - abgesehen von konkreten literaturpolitischen Machtkämpfen - die innige, sich bis zu geistigen Annihilationswünschen auswachsende Feindschaft der Romantiker gegen Wieland eigentlich begründet liegt. Oberflächlich betrachtet liegen die Geselligkeits- und Individualitätsideale Wielands und der Romantiker zu nahe beieinander, als daß eine schroffe Konfrontation nicht eher unwahrscheinlich erscheinen sollte; und auch die Theorie des Kunstwerks als eines organischen Ganzen, die zwar erst von den Romantikern differenziert ausgearbeitet wurde, ist Wieland doch von seinen Grundintentionen her ganz und gar nicht fremd. Die unterschiedlichen Platonbilder Wielands und der Romantiker legen nun einen Gedanken nahe, der auch solche Ähnlichkeiten aus einer fundamentalen Differenz entstehen läßt. Es ist die Differenz zwischen dem skeptischen Kenner der Empirie, der in Deutschland traditionell als »flach«, und dem Liebhaber der Letztbegründungen, der als »tief« gilt.[96]

Für Wieland ist das entscheidende Kriterium bei der Beurteilung von Philosophien deren Lebensbedeutsamkeit, und d. h. deren Bedeutsamkeit für den geselligen Umgang und die »moralische Welt«; diese Lebensbedeutsamkeit ist eine aus empirischer Lebenserfahrung eingesehene und einer weiteren Begründung weder fähig noch bedürftig. Für die Romantiker hingegen sind alle Theoreme der Geselligkeit abgeleitet von einem fundamentaleren Zentrum, von dem aus allererst zu beurteilen ist, was legitimerweise Lebensbedeutsamkeit heißen kann. Philosophie ist nicht nur ein Name für die jeweils eigentümliche Ausdrucks- und Geisteswelt von Individuen, sondern die allen Philosophierenden eigene Bemühung, auf jenes fundamentale Zentrum zuzuhalten. Dementsprechend finden bei Schleiermacher sowohl Individualität als auch Geselligkeit eine transempirische Begründung aus jenem Zentrum heraus. Individualität ist Organ und Symbol der Gottheit und spiegelt deren unendliche innere Mannig-

---

96 Daß die semantische Opposition zwischen »flach« und »tief« die negativen Werturteile der Brüder Schlegel über Wieland leitet, ergibt sich auch aus der bislang gründlichsten Darstellung des Verhältnisses zwischen Wieland und den Schlegels: Ernst BEHLER: Das Wieland-Bild der Brüder Schlegel. In: Hansjörg SCHELLE (Hg.): Christoph Martin Wieland. Nordamerikanische Forschungsbeiträge zur 250. Wiederkehr seines Geburtstages 1983. Tübingen 1984, S. 349-392, insbesondere S. 370-382 (zur Athenaeums-Phase, in die die härtesten Urteile über Wieland fallen).

faltigkeit. Wahre Geselligkeit resultiert aus der »Idee eines wahrhaft gemeinsamen Lebens«,[97] das nur aus einer Einigkeit in Prinzipien erwachsen kann,
letztlich wieder aus dem Begreifen der »ursprünglichen Einerleiheit des Denkens
und Seins«. Der Staat ist demzufolge kein »unentbehrliches Maschinenwerk«,
sondern das »schönste Kunstwerk des Menschen«.[98] Und wenn Platon in der
›Politeia‹ Fehlgriffe getan hat (die Weibergemeinschaft und der durchgehende
Parallelismus zwischen Staat und Einzelseele bieten hier wieder die nahe-
liegenden Beispiele), so können diese mit der Differenz zwischen Antike und
Moderne bzw. Heidentum und Christentum als Nebensachen entschärft werden,[99] geben aber nicht wie bei Wieland zu einer Kritik an der Konstruktion
einer vollkommenen Ordnung Anlaß. Hier treffen nun natürlich Gegensätze
aufeinander, die argumentativ gar nicht mehr vermittelbar sind. Ob man die
»Idee eines wahrhaft gemeinsamen Lebens« aus Prinzipien enthusiastisch für
wünschenswert oder skeptisch für eine Alptraumvorstellung hält, kann nicht
mehr in vernünftiger Rede und Gegenrede geklärt werden. Auf das Ansinnen,
der ursprünglichen Einerleiheit des Denkens und Seins inne zu werden, hätte
Wieland wahrscheinlich nur geantwortet: »Ursprüngliche Einerleiheit des Denkens und Seins? Mais il faut cultiver nôtre jardin.«

---

97 Friedrich SCHLEIERMACHER: Einleitung in den ›Philebos‹. In: Platons Werke. Übers. u. hg. v. Friedrich
SCHLEIERMACHER. Zweiten Theiles Dritter Band. Berlin 1809, S. 134 f.
98 Friedrich SCHLEIERMACHER: Monologen (1800), KGA, I, 3, 33.
99 Ähnlich wie Wieland sagt auch Schleiermacher, daß die Vernunftherrschaft als Prinzip der Gerechtigkeit für die Einzelseele sinnvoll, als Herrschaft der wenigen Vernünftigen im Staat (ein »fast unerträg-
licher Aristokratismus«) aber abzulehnen sei: »Da Platon aber die Gerechtigkeit als die in der That
alle anderen in sich schliessende Tugend aufstellt: so haben nun alle wesentlichen Elemente des Staates
gleichmässigen Antheil an der Sittlichkeit desselben. Von dieser Seite also muß die getroffene Wahl
lobenswerth erscheinen. In Bezug auf die einzelne Seele aber würden wir nach unserer Denkungsart
das Gegentheil unbedenklich vorziehen, und die Weisheit als einzige Tugend aufstellen, und wenn die
sinnlichen Begierden noch so unmässig emporwüchsen, die Schuld davon lieber in der Schwachheit
des vernünftigen Theiles suchen, als dass wir jenem untergeordneten Vermögen [dem »Eiferartigen«
der Seele, B. A.] einen eigentümlichen Antheil an der Sittlichkeit beilegten.« (Friedrich SCHLEIER-
MACHER: Einleitung in die ›Politeia‹. In: Platons Werke. Übers. u. hg. v. Friedrich SCHLEIERMACHER.
Dritten Theiles Erster Band. Berlin 1828, S. 27 f.). Zur Weibergemeinschaft und Schleiermachers
christlicher Kritik an Platons »heidnischen« Vorstellungen vgl. ebd., S. 32-37.

Dieter Martin

DER »GROSSE KENNER DER DEUTSCHEN OTTAVE RIME«. WIELANDS AUTORITÄT BEI TASSO-ÜBERSETZERN UM 1800

Christoph Martin Wielands literarisches Ansehen hat unter den Attacken der Brüder Schlegel nachhaltig gelitten. Das in den Jahren vor 1800 planmäßig durchgeführte »Autodafé über Wieland« erschütterte seine Position auf dem deutschen Parnaß.[1] Allerdings sollte die »Wielandische Hinrichtung« in ihrer literarhistorischen Wirkung nicht überschätzt werden. Denn Wielands Wort zählt bei seinen romantischen Zeitgenossen mehr, als es die abschätzigen Urteile im ›Athenaeum‹ vermuten lassen.

Dies zeigen wenig bekannte Quellen aus einem Gebiet, in dem Wielands Interesse mit dem der romantischen Generation zusammentrifft. Denn wie seine Shakespeare-Übersetzung den Übertragungen der Romantiker vorangeht, so antizipiert und beeinflußt Wieland auch die romantische Aneignung der großen italienischen Epen. Weniger durch eigene übersetzerische Leistungen als infolge seiner Stanzenepen und seiner Kommentare zu fremden Übersetzungen wird Wieland für einige Zeit zur wichtigsten Autorität auf dem Gebiet der deutschen *Ottave rime*. Während neuere Studien zur deutschen Ariost-Rezeption Wielands Bedeutung für die Übersetzungsgeschichte des ›Orlando furioso‹ würdigen, fehlen entsprechende Arbeiten zur Übertragung von Torquato Tassos Kreuzzugsepos.[2] Daher wurde bislang nicht gebührend

---

1 Vgl. die detaillierte Darstellung der Kontroverse durch Ernst BEHLER: Das Wieland-Bild der Brüder Schlegel. In: Christoph Martin Wieland. Nordamerikanische Forschungsbeiträge zur 250. Wiederkehr seines Geburtstages 1983. Hg. von Hansjörg SCHELLE. Tübingen 1984, S. 349-392, hier 365 f.

2 Zu Ariost vgl. insb. Horst RÜDIGER: Ariost in der deutschen Literatur. In: Horst RÜDIGER und Willi HIRDT: Studien über Petrarca, Boccaccio und Ariost in der deutschen Literatur. Heidelberg 1976 (Beihefte zum Euphorion. 8), S. 56-84, und Gabriele KROES: Zur Geschichte der deutschen Übersetzungen von Ariosts ›Orlando furioso‹. In: Italienische Literatur in deutscher Sprache. Bilanz und Perspektiven. Hg. von Reinhard KLESCZEWSKI und Bernhard KÖNIG. Tübingen 1990 (=Transfer 2), S. 11-26. - Der im gleichen Sammelband enthaltene Aufsatz von Ulrich SCHULZ-BUSCHHAUS: Schwierigkeiten mit der Versepik (vor allem Torquato Tassos), S. 27-40, gilt vor allem Johann Diederich Gries' und Emil Staigers Übersetzungen der ›Gerusalemme liberata‹ und kommt auf Wieland nur am Rande zu sprechen. Verstreute Hinweise auf Wieland enthält Friedrich HOFFMANN: J. D. Gries als Übersetzer. Diss. masch. Frankfurt am Main 1920 (S. 60-100: Gries' Tasso-Übersetzung; s. Register s. u. »Wie-

beachtet, daß Wieland auch auf die Übersetzer der ihm ferner stehenden ›Gerusalemme liberata‹ entscheidenden Einfluß ausübte.

Ausgehend von einer zentralen Programmschrift romantischer Übersetzungskunst, die vor allem Ariosts ›Orlando furioso‹ gilt, können zunächst Thesen zu Wielands Bedeutung für deutsche Stanzenübertragungen entwickelt werden. Zugleich sind die unterschiedlichen formalen Ansprüche zu bestimmen, die für die Übersetzung Ariosts auf der einen und Tassos auf der anderen Seite erhoben werden. In chronologischer Folge ist sodann Wielands jeweiliger Einfluß auf die Tasso-Übersetzungen seiner Zeit darzustellen und zu untersuchen, ob Wieland auch nach den epochalen Leistungen der Romantiker noch zu den Autoritäten in der Frage einer deutschen Stanze zählt. Vorliegende Studie soll damit eine Phase der deutschsprachigen Stanzendichtung näher bestimmen und einen Beitrag zur ungeschriebenen Geschichte der deutschen Stanze leisten.[3]

* * *

In den ›Heidelbergischen Jahrbüchern der Literatur‹ von 1810 veröffentlicht August Wilhelm Schlegel eine ausführliche und insgesamt lobende Rezension zur Übersetzung von Ariosts ›Orlando furioso‹ (1804-1808) durch Johann Diederich Gries (1775-1842).[4] Schlegel verfolgt mit seiner Besprechung Ziele,

---

land«). Auf Wielands eigene Stanzenepen konzentriert sich Hans TRIBOLET: Wielands Verhältnis zu Ariost und Tasso. Diss. Bern 1919, bietet aber auch einen gedrängten Überblick zu den im ›Teutschen Merkur‹ enthaltenen Ariost- und Tasso-Übersetzungen (S. 25-31). Gerhard DÜNNHAUPT: Die Metamorphose der Zauberin. Zur Tasso-Rezeption Wielands. In: Arcadia 14 (1979), S. 177-184, handelt ebenso von Tasso-Reminiszenzen im ›Agathon‹ wie die Replik von Albert R. SCHMITT: »... weil Lessing mich beim Ohr zupft ...«. Überlegungen zu Gerhard Dünnhaupts Miszelle über Wielands Tasso-Rezeption. In: Arcadia 15 (1980), S. 164-169. Vgl. die Korrekturnote am Ende des vorliegenden Beitrags. - Einen raschen Zugang zu den Übertragungen der ›Gerusalemme liberata‹ in Wielands Zeit ermöglicht jetzt die Arbeit von Achim AURNHAMMER: Torquato Tasso im deutschen Barock. Tübingen 1994 (=Frühe Neuzeit 13), deren Appendix eine bis in die Gegenwart reichende Bibliographie zu Tasso-Ausgaben und Übersetzungen im deutschsprachigen Raum enthält.

3   Eine neuere Monographie zur deutschen Stanze fehlt. Unter den älteren Arbeiten (Heinrich VIEHOFF: Die achtzeilige Stanze im Italiänischen und im Deutschen. In: Archiv für das Studium der neueren Sprachen und Literaturen 14, Bd. 25 [1859], S. 241-258; Emil HÜGLI: Die romanischen Strophen in der Dichtung deutscher Romantiker. Diss. Bern. Zürich 1900; Gerhard BÜNTE: Zur Verskunst der deutschen Stanze. Halle 1928 [=Bausteine zur Geschichte der deutschen Literatur 22]) steht die ungedruckte Dissertation von Marie GLUTH: Die Entwicklung der deutschen Stanze vom 17. Jahrhundert bis zum Beginn des 19. Jahrhunderts. München 1922, auf der breitesten Materialbasis. Lediglich einen Teilbereich untersucht Wolfgang DIETRICH: Die erotische Novelle in Stanzen. Ihre Entwicklung in Italien (1340-1789) und Deutschland (1773-1810). Frankfurt am Main u. a. 1985 (=Europäische Hochschulschriften 812).

4   Die Rezension wird zitiert nach Oscar FAMBACH: Der romantische Rückfall in der Kritik der Zeit. Die wesentlichen und die umstrittenen Rezensionen aus der periodischen Literatur von 1806 bis 1815,

die über eine Würdigung der rezensierten Übersetzung hinausgehen und die Problematik eines deutschen Tasso um 1800 verdeutlichen können. Denn er legt am Beispiel von Gries' Werk sein Ideal einer poetischen Übersetzung dar:

> Der Grundsatz ist jetzt anerkannt, daß jedes Gedicht in seiner eigenen metrischen Form, oder wenigstens einer ihm so nahe verwandten, als die Natur der Sprache es nur irgend erlaubt, übertragen werden muß. Allein über den Grad der Annäherung im Sylbenmaß, welcher ohne Gewaltthätigkeit gegen die Sprache möglich ist, finden verschiedene Meinungen statt. Wir gestehen es, wir sind überall, sowohl bey Nachbildungen aus den alten als neueren Sprachen, für die strenge Observanz. (541)

Um die historische Bedeutung der eigenen Position zu unterstreichen, geht Schlegel »auf das Geschichtliche« zurück. In zwei Sequenzen bringt der Rezensent zunächst die »bisherigen deutschen Uebersetzungen des Ariost in Erinnerung«, um dann allgemeiner »die Einführung der italienischen Octave im Deutschen« Revue passieren zu lassen (541). Obwohl Schlegel kenntnisreich und detailliert auf Zeugnisse aus dem 17. Jahrhundert Bezug nimmt (Diederich von dem Werder, Georg Philipp Harsdörffer und andere Barockautoren), beginnt sein historischer Rückblick jeweils mit Wieland. Wie Schlegel ganz zu Beginn seiner Rezension auf Wielands Kommentar zu der Ariost-Übersetzung von Friedrich August Clemens Werthes rekurriert,[5] so hebt seine Geschichte der deutschen Stanze mit Wielands ›Idris‹ und ›Oberon‹ an.

Statt eine kontinuierliche Entwicklung deutscher Stanzendichtung vom Barock bis zur Romantik zu zeichnen, akzentuiert Schlegel vielmehr Wielands Rolle. Mit ihm beginnen in der Sicht des Romantikers die neueren Bemühungen um eine übersetzerische und produktive Aneignung der italienischen Stanze. Allerdings geht Schlegels Darstellung keineswegs in dem Bestreben auf, dem alten Wieland ein Jahrzehnt nach den heftigsten Angriffen nunmehr historische Gerechtigkeit widerfahren zu lassen.[6] Von der Polemik im

---

begleitet von den Stimmen der Umwelt. In Einzeldarstellungen. Berlin 1963 (=Ein Jahrhundert deutscher Literaturkritik 5), S. 540-567, Anmerkungen und weitere Zeugnisse ebd., S. 567-584. Im folgenden wird durch Nennung der Seitenzahl im laufenden Text auf diese Ausgabe verwiesen. Am ausführlichsten geht RÜDIGER (Anm. 2), S. 66-69 und 77-80, auf die Bedeutung dieser Rezension ein. Der Bezug auf Wieland kommt dabei relativ knapp, Schlegels Differenzierung zwischen Ariost und Tasso gar nicht zur Sprache.

5 Versuch einer Uebersetzung des Orlando Furioso. In: TM 1774, Juni, S. 288-320 (288-292: Vorbericht des Herausgebers; 293-320: Der rasende Roland. Erster Gesang).

6 Eine Tendenz zur Aussöhnung mit Wieland ist bei den Brüdern Schlegel in den Jahren um 1810 durchaus festzustellen. Vgl. BEHLER (Anm. 1), S. 385-392, der für August Wilhelm Schlegel die Rolle der Frau von Staël betont. Die Rezension der Ariost-Übersetzung zieht Behler für seine sonst auf Vollständigkeit angelegte Darstellung jedoch nicht heran.

›Athenaeum‹ entfernt, ist Wieland nicht mehr Zielscheibe unerbittlichen Spotts, wird aber noch jetzt als negatives Vorbild instrumentalisiert. In der Frage der deutschen Oktave bezieht sich Schlegel auf Wielands mehrfach vorgetragene und in seinen eigenen Epen poetisch umgesetzte Überzeugung, die strenge Form der Stanze mit durchgehend weiblich kadenzierenden elfsilbigen Jamben und verbindlichem Reimschema (ababababcc) sei im Deutschen für längere Dichtungen nicht tauglich. Ausdrücklich nennt Schlegel entsprechende Passagen in Wielands Vorreden zu Werthes' Übersetzungsprobe und zur Erstausgabe des ›Idris‹.[7] Gegen Wielands auch im ›Oberon‹ praktizierte Empfehlung, freie Stanzen aus wechselnd reimenden Jamben mit unterschiedlicher Hebungszahl und eingestreuten Anapästen zu bilden, erklärt sich Schlegel »für die strenge Observanz«.

August Wilhelm Schlegel nutzt die Rezension des ihm nahestehenden Übersetzers zur Diskussion verstechnischer Fragen, zur Darlegung seines Konzeptes einer angemessenen Übersetzung und - eng damit verbunden - zum Lob romantischer Leistungen für die deutsche Literatur. »Es ist eben so erstaunenswürdig als erfreulich, zu sehen, wie sehr unsere Sprache in einem kurzen Zeitraume durch vielseitige Bearbeitung an Gewandtheit für die Kunst des Versbaues überhaupt, und insbesondere für die Kunst der poetischen Uebersetzungen gewonnen hat« (540), hebt seine Besprechung in selbstbewußtem Tone an. Den Fortschritt, den die poetischen Ausdrucksmöglichkeiten in der Romantik genommen haben, bemißt Schlegel aber an Jahrzehnte zurückliegenden Äußerungen Christoph Martin Wielands. Dessen »Hinrichtung« in den Jahren um 1800 hat also den Fall Wieland für die Romantiker keineswegs erledigt. Daß seine Position für Schlegel noch als Maßstab taugt, bezeugt vielmehr Wielands Autorität in der Frage einer deutschen Stanze.

---

7   TM 1774, Juni, S. 288: »Eine Übersetzung von Ariosts Orlando Furioso, in achtzeiligen Stanzen, worinn die Vers- und Reimart der italienischen Ottave rime vollkommen beybehalten« werde, erklärt Wieland »in Ansehung der Armuth unsrer Sprache an Reimen, und des großen Vorzugs, den die Italienische überdies an Geschmeidigkeit vor der unsrigen habe, »für unmöglich«. Er empfiehlt stattdessen »die Versart des Neuen Amadis zu einer Uebersetzung Ariosts« (ebd., S. 291). - Vgl. die Vorrede zu ›Idris und Zenide‹ (C[lr], Bd. 17, S. 3-5). - Schlegel bezieht sich weiterhin auf die Ariost-Übersetzung von Samuel Christoph Abraham Lütkemüller (Zürich 1797-1798). Wieland selbst hatte diese Übersetzung angeregt, zu einer freien formalen Gestaltung geraten und dabei seine Überzeugung wiederholt, es sei »unmöglich«, den Ariost »in eben so viel Zeilen und Stanzen mit Reimen getreu zu übersetzen« (vgl. Wielands Anmerkung zur ersten von drei Proben; NTM 1794, Mai, S. 43-72, hier 43-45; die weiteren Proben 1794, Juli, S. 231-258, und 1795, März, S. 289-314). Wenn Schlegel in einer Rezension von 1799 Lütkemüllers Ariost den Charakter einer »poetischen« Übersetzung abspricht, dann trifft er damit freilich gleichermaßen den Ratgeber Wieland (wieder in: August Wilhelm SCHLEGEL: Sämmtliche Werke. Hg. von Eduard BÖCKING. Bd. 11. Leipzig 1847, S. 382-387); vgl. KROES (Anm. 2), S. 16 f.

Die These von der Fortschrittlichkeit romantischer Poesie belegt Schlegel mit Gries' übersetzerischer Leistung, die »alle seine Vorgänger ohne Widerspruch unermeßlich weit hinter sich gelassen« habe (541). Bei allem Lob und bei aller Vereinnahmung für sein Konzept stimmt Schlegel in einer wichtigen formalen Frage nicht mit Gries überein.[8] Dieser verwendet in beiden Übersetzungen der großen italienischen Stanzenepen (Tassos ›Befreites Jerusalem‹ legte er bereits 1800-1803 vor) die gleiche, auf Wilhelm Heinse zurückgehende Kadenzfolge: Die ersten sechs, kreuzgereimten Verse weisen - bei stets weiblichem Beginn - alternierend weibliche und männliche Versschlüsse auf, die abschließenden, paarig gereimten Verse enden stets weiblich. In fester Folge stehen also fünf weiblich kadenzierenden Versen (a- und c-Reime) drei männliche (b-Reime) gegenüber. Diese Abweichung vom italienischen Endecasillabo gesteht Schlegel nur einem deutschen Ariost zu und empfiehlt - in nicht eingestandener Annäherung an Wieland - noch weitergehend, »die Wahl der männlichen und weiblichen Reime frey zu lassen« (546). Die »größere Freyheit« der Kadenzfolge könne nämlich bei einer Ariost-Übersetzung dazu dienen, dessen mannigfach wechselnden Ton nachzuahmen. Für eine Übertragung Tassos hingegen, der sich »in Absicht auf Sprache und Versbau in einem weit enger begränzten Kreise bewegt« habe, rät Schlegel »zum ausschließenden Gebrauch der weiblichen Reime [...], welche der Octave mehr Würde und Fülle« geben könnten (546).

Die genaue Nachahmung der italienischen Oktave ist für Schlegel, der hier und früher mit dem unterschiedlichen Charakter der Epen Ariosts und Tassos argumentiert,[9] vor allem Aufgabe der Tasso-Übersetzer. Gerade diese mußten also, wenn sie den romantischen Ansprüchen an formale Treue Genüge leisten wollten, in Spannung mit Wielands freieren Ansichten geraten. Wenn nun selbst Schlegel noch 1810 Wielands frühe Vorgaben nicht etwa stillschweigend übergeht, sondern als »negative Autorität« geradezu exponiert, dann liegt die

---

8 Zu dieser Differenz vgl. RÜDIGER (Anm. 2), S. 66 f. Ferner kritisiert Schlegel einzelne Wendungen und macht Verbesserungsvorschläge, die der Übersetzer in einer neuen Auflage vielfach genutzt hat. Vgl. die instruktiven Vergleiche bei FAMBACH (Anm. 4), S. 569-572, der Gries' überarbeitete Version jeweils Schlegels Einwänden und Vorschlägen gegenüberstellt.

9 Bereits in seiner eigenen Probe einer Ariost-Übersetzung von 1799 hat sich Schlegel entsprechende Freiheiten erlaubt und in der ›Nachschrift des Uebersetzers an Ludwig Tieck‹ begründet; Athenaeum. Eine Zeitschrift von August Wilhelm SCHLEGEL und Friedrich SCHLEGEL. Bd. 1-3. Berlin 1798-1800 (Darmstadt ¹1973), hier 2 (1799), S. 247-276 (Der rasende Roland. Eilfter Gesang) und 277-284 (Nachschrift), insb. 278 f. - Seine Unterscheidung trägt Schlegel am 17. September 1803 Gries schriftlich vor: »Das Gesetz des regelmäßigen Wechsels der männlichen und weiblichen Reime - wo steht es geschrieben? [...] Ich rieth Ihnen beym Ariost, sich völlige Freyheit zu lassen, weil das abschweifende in seinem Charakter liegt«; »zu dem ausschließenden Gebrauch der weiblichen Reime« rate er hingegen »beym Tasso« (zitiert nach FAMBACH [Anm. 4], S. 573).

Frage nahe, ob und wie Tasso-Übersetzer der Zeit auf Wielands Äußerungen zur deutschen Stanze reagiert haben.

* * *

Tassos Kreuzzugsepos in seiner originalen Form zu übersetzen, ist - nach den barocken Alexandrinerstanzen Diederich von dem Werders (1626) - ein Anliegen, dem gegen Ende des 18. Jahrhunderts zunehmende Aufmerksamkeit gewidmet wird. Verwendete der Gottschedianer Johann Friedrich Kopp 1744 paarweise gereimte Alexandriner und legte Wilhelm Heinse 1781 eine Prosaübersetzung vor,[10] so entstehen noch vor Gries zwei Versuche einer Stanzenübertragung der ›Gerusalemme liberata‹. Beide Unternehmen gelangen nicht zum Abschluß: Karl Kramer veröffentlicht in der ›Deutschen Monatsschrift‹ von 1790 unter der Überschrift ›Rinaldo und Armida‹ lediglich den 16. Gesang, und Johann Caspar Friedrich Manso kommt mit seiner 1791 erschienenen Übersetzung nicht über den sechsten Gesang hinaus.[11] Sowohl Manso als auch Kramer bilden die *Ottave rime* im Deutschen nach, erlauben sich aber in Reimstellung und Versmaß Abweichungen, die Wielands Einfluß verraten. Während für Kramer - bei Lizenzen in Silbenzahl und sonstiger Reimfolge - der abschließende Paarreim obligatorisch ist, übernimmt Manso alle Freiheiten der ›Oberon‹-Stanze.

Obschon Manso sich zu der gewählten Stanzenform nicht äußert, werden seine Strophen an Wieland und seinen Nachfolgern gemessen. Der insgesamt lobende Rezensent der ›Allgemeinen Literatur-Zeitung‹ hält es mit Wieland

---

10 Für genauere Nachweise vgl. AURNHAMMER (Anm. 2), Appendix, 2.3.3.-2.3.5. sowie 2.4.2. und 2.4.4. (Vorabdrucke). - Mit seinen streng geformten ›Laidion‹-Stanzen (1774) opponiert bekanntlich bereits Heinse gegen Wielands Behauptung, die Schwierigkeiten der *Ottave rime* seien im Deutschen unüberwindlich; vgl. insb. Heinses provozierenden Brief an Wieland vom 10. oder 11. Dezember 1773, der eine kleine Abhandlung zum »Bau der Stanze« enthält, in der sich Heinse, wie später Schlegel, mit der ›Idris‹-Vorrede auseinandersetzt (WBr 5, Nr. 225). Dazu Max L. BAEUMER, »Mehr als Wieland seyn!«. Wilhelm Heinses Rezeption und Kritik des Wielandschen Werkes. In: SCHELLE (Anm. 1), S. 115-148, hier 131-135. - Indem Heinse für seine von Wieland öffentlich geförderte Tasso-Übersetzung (vgl. TM 1776, Februar, S. 197 f.) jedoch zur Prosa greift, bestätigt er mittelbar Wielands Bedenken gegen die strenge Stanze in deutschen Dichtungen epischer Dimension.

11 Rinaldo und Armide. Eine Episode aus Tasso's befreytem Jerusalem. [Übersetzt von Karl KRAMER]. In: Deutsche Monatsschrift 1790, Bd. 1, S. 205-234. - Das befreyte Jerusalem. [Übersetzt von Johann Caspar Friedrich MANSO]. Tl. 1. Leipzig 1791 (Gesang I-V). - Der sechste Gesang von Mansos Übersetzung folgt einige Jahre später in: Erholungen. Hg. von W. G. BECKER. Leipzig 1798, Bd. 1, S. 78-118. - Daneben sind 1790 und 1791 zwei vollständige Prosaübersetzungen der ›Gerusalemme liberata‹ erschienen. Zunächst legt Johann Baptist Schaul seine Version vor und übt harsche Kritik an seinem Vorgänger Heinse (Tasso's befreites Jerusalem. Aus dem Italiänischen übersezt von J. B. SCHAUL. 2 Bde. Stuttgart 1790, hier Bd. 1, S. VII-X). Nur ein Jahr später erscheint von einem anonymen Übersetzer: Gottfried von Boullion erobertes Jerusalem. 2 Bde. Frankfurt am Main und Leipzig 1791.

»beynahe für unmöglich, den ganzen Tasso in die wahre Ottava Rima zu übersetzen, ohne daß Diction oder Treue merklich verlöre«. Entsprechend begrüßt er des Übersetzers Entscheidung für »die freyere Stanze« und zieht Vergleiche mit Wielands ›Oberon‹ und Alxingers ›Doolin von Maynz‹ (1787).[12] Wie Schlegel zwei Jahrzehnte später blickt schon Mansos Rezensent auf frühere Übersetzer zurück. Nach Werder, Kopp und Heinse geht er auch mit Kramers Probe ins Gericht. Mit scharfer Ironie zeigt er metrische Verstöße und »baaren Unsinn« auf, der Kramer in Satzfügung und Wortbildung unterlaufe. Lediglich als abschreckendes Beispiel sei diese Übersetzung dienlich:

> Zur Belehrung angehender Dichter wollen wir die 25 St. [...] ausheben, wo Tasso den Homer copiert, und vom Gürtel der Armida redet: [...]

> > Verliebtes Zürnen, sanfte, stille Weigerungen
> > Und süße Thränentropfen, holde Zärtlichkeit
> > Und Lächeln, Wörtchen, frohe *Aussöhnungen*
> > Gebrochne Seufzer und der Küsse Süßigkeit;
> > Dieß alles schmelzte sie zu *Einigungen!*
> > Bey schwacher Fackelglut gab sie ihm Härtigkeit,
> > Und bildete daraus den Gürtel wunderbar,
> > Von dem ihr schöner Leib auch jetzt umschlungen war.[13]

Weshalb aber dem Rezensenten aus dem vollständig vorliegenden 16. Gesang gerade diese Stanze zu pädagogischen Zwecken besonders geeignet erscheint, bleibt zunächst unklar. Denn Kramers mangelnde Sprachbeherrschung, hier unter anderem kenntlich in unmotivierten Pluralformen und Reimen auf Ableitungssilben, läßt sich keineswegs nur an dieser einen Stelle verdeutlichen.

---

12 Allgemeine Literatur-Zeitung 1791, Bd. 4, Sp. 49-55, hier 51. Im folgenden werden einige Übersetzungsfehler aufgezeigt, die zugleich Mansos Abhängigkeit von Heinse beweisen. Mansos aufgeklärte Kritik an Tassos Gebrauch des Wunderbaren und an seinen panegyrischen Zielen veranlaßt ihn zu inhaltlichen und stilistischen Eingriffen. Während der Rezensent der ›Allgemeinen Literatur-Zeitung‹ Tasso aus historischer Sicht in Schutz nimmt, begrüßen andere Kritiker Mansos Vorgehen (Allgemeine deutsche Bibliothek 108 [1792], S. 440-456; Oberdeutsche allgemeine Litteraturzeitung 5 [1792], Bd. 1, Sp. 273-275; Neue Bibliothek der schönen Wissenschaften und der freyen Künste 45 [1792], Bd. 1, S. 114-140, hier 124: Manso habe »glückliche Veränderungen [...] mit seinem Originale vorgenommen [...]. Er hat nicht nur die barocke Vermischung christlicher und heidnischer Mythologie vermieden, sondern auch dadurch, daß er einige Stanzen beynahe ganz weggelassen, hat er seinen Dichter auf eine wesentliche Art verschönert.«).

13 ALZ (Anm. 12), Sp. 50 f. Hervorhebungen vom Rezensenten. Bis auf Details der Interpunktion stimmt der Abdruck in der ›Deutschen Monatsschrift‹ überein (Anm. 11, hier S. 218). - Tassos Vorbild ist Homers ›Ilias‹ XIV 214-217.

Erst ein Blick in Wielands ›Briefe an einen jungen Dichter‹ (1782 und 1784) begründet die Auswahl. Im zweiten dieser fiktiven Lehrbriefe, in den Passagen aus der nicht eigens mitgeteilten Antwort des Adressaten integriert sind, heißt es:

> ich stimme Ihnen gänzlich bey, wenn Sie mir schreiben: »ich wünschte der Erbe des neulich ohne Erben zu Charles-Town verstorbnen Juden Abraham della Palpa zu seyn, um seine 300,000 Pfund Sterling zum Preis für den Deutschen Dichter auszusetzen, der diese einzige Stanze des göttlichen Tasso in gleich schöne Verse zu übersetzen vermöchte:

> Teneri sdegni e placide e tranquille
> Repulse, cari vezzi e liete paci,
> Sorrisi, parolette, e dolci stille
> Di pianto, e sospir' tronchi, e molli baci,
> Fuse tai cose tutte, e poscia unille,
> Ed al foco temprò di lente faci,
> E ne formò quel si mirabil cinto
> Di ch' ella aveva il bel fianco succinto.«[14]

Anhand dieses Beispiels, eben der 25. Stanze aus dem 16. Gesang der ›Gerusalemme liberata‹, erläutert der Lehrer seinem Schüler die melodischen Vorzüge der »Italiänische[n] Dichtersprache«, aus denen die »Schwierigkeit, oder vielmehr die Unmöglichkeit« hervorgehe, den »Preis zu gewinnen«.[15]

Mit der impliziten, aber dem Leser der Zeit sicher verständlichen Anspielung auf die ›Briefe an einen jungen Dichter‹ wird Kramer ironisch auf Wie-

---

14 AA I, 14, S. 396 (Zweiter Brief). In der modernen Blankversübertragung Emil Staigers lautet die Stanze:
    Schmiegsamen Unmut, sanftes, stilles Weigern,
    Willkommenes Liebkosen, heitern Frieden,
    Mit Lächeln Hingesagtes, holde Tropfen
    Der Klage, Seufzertrümmer, feuchte Küsse:
    Dergleichen Dinge schmelzte sie zusammen
    Und stählte sie in mäß'gen Fackelgluten
    Und schuf daraus den wunderbaren Gürtel,
    Den sie um ihre schönen Hüften legte.
    (Torquato TASSO: Werke und Briefe. Übersetzt und eingeleitet von Emil STAIGER. München 1978, S. 540).
    Wielands ›Briefe‹ und der etwa gleichzeitig im ›Merkur‹ gedruckte ›Auszug aus einem Schreiben des Herrn Johann Baptista Manso [...] einen Geist betreffend, mit welchem der berühmte Dichter Torquato Tasso Umgang zu haben glaubte‹ belegen zugleich das Interesse an Tassos Lebensschicksal (AA I, 14, S. 331-335 und 376). Vgl. auch TRIBOLET (Anm. 2), S. 65-68.
15 AA I, 14, S. 396 f.

lands Autorität verwiesen. Dies mochte insofern naheliegen, als Kramer selbst in einer programmatischen Einleitung jenen Maßstab für seine Übersetzung beansprucht. Er bezeichnet seine Probe nämlich als »Frucht eines freundschaftlichen Streits über die Frage: Ob dieß Meisterstück der Italiänischen Dichtkunst in Deutsche *Ottave rime* übersetzbar sey?«, und zitiert ausführlich Wielands Vorrede zu Werthes' Übersetzungsprobe von 1775, die später noch Schlegel als Maßstab dient.[16] Im Gegensatz zu dem seinerzeit gemeinten Ariost-Übersetzer glaubt Kramer aber vor Wieland, dem »große[n] Kenner der Deutschen Ottave Rime«, mehr Gnade erwarten zu dürfen. Denn er habe sich, um dem Vorwurf der »Untreue« zu entgehen, »das Gesetz gemacht, jede Stanze Vers für Vers zu übersetzen, und dem Deutschen Leser keinen Gedanken und kein Bild des Originals zu rauben«.[17]

Wielands Meinung von Kramers verunglückter Probe ist nicht bekannt. Wohl aber ist bezeugt, daß dieser nicht nur in der Vorrede Wielands Autorität beansprucht, sondern auch auf persönlichem Wege dessen Urteil gesucht hat. Auch scheint die Rede von einem »freundschaftlichen Streit« keine Fiktion zu sein. Denn kurz nach ihrer Veröffentlichung schickt Franz Alexander von Kleist die Übersetzung Kramers zusammen mit einem eigenen, ebenfalls gerade erst gedruckten epischen Fragment an Wieland und bittet um »gütige[...] Aufnahme«.[18] Wie die Übersetzung programmatisch als metrische Studie bezeichnet wird, so will auch Kleist das Urteil Wielands auf die Qualität seiner Stanzen beschränkt wissen: Er hoffe, Wieland werde das Werk »ganz als bloßen Versuch in der Versarth, ohne Rücksicht auf Gang der Erzählung, der Mahlerey, und der Geschichte« nehmen. »Denn nur in der Absicht Deutschlands Geschmack zu proben, ob man auch im Deutschen gern Epopeen im Taßoschen Geschmack lese? ob sich zum ernsthaften Heldengedicht die Versarth der ottave rime in unsrer Muttersprache gut ausnehme?«, habe er es gedichtet.[19]

---

16 KRAMER (Anm. 11), S. 205 f.
17 Ebd., S. 206 f.
18 WBr 10.1, S. 332 f. (12. März 1790). Bei dem epischen Fragment handelt es sich um den ersten Gesang der ›Befreyung von Malta‹. Dieses stilistisch an Tasso orientierte Werk war einen Monat vor Kramers Übersetzung ebenfalls in der ›Deutschen Monatsschrift‹ (1790, Bd. 1, S. 165-203) veröffentlicht worden. - Der vor kurzem erschienene Kommentarband zu ›Wielands Briefwechsel‹ beruht an dieser Stelle auf völliger Unkenntnis. Denn sowohl zu Kramers Übersetzung wie zu Kleists Dichtung heißt es so lapidar wie unrichtig: »Kein Druck nachweisbar.« (WBr 10.2, S. 332)
19 WBr 10.1, S. 333. Auch in der Vorrede eines an ›Musarion‹ orientierten Lehrgedichts beruft sich KLEIST für die Stanzenform ausdrücklich auf Wieland (Zamori oder die Philosophie der Liebe in zehn Gesängen. Berlin 1793, S. XII-XIV). Im Gedicht selbst werden Tasso und Wieland als Dichter gewürdigt und Gestalten aus der ›Gerusalemme liberata‹ als Exempel herangezogen (ebd., S. 14, 71, 95-97, 180 und 250). - Kleists Versuch, ernsthafte Epen in Stanzen zu dichten, stimmt zusammen mit Schil-

* * *

Wer sich in den Jahren vor 1800 produktiv oder übersetzerisch mit der Stanzenform befaßt, kommt an Wielands Autorität offenbar kaum vorbei. Dies trifft für Kramers ausdrückliche Berufung auf Wieland ebenso zu wie für die Übertragung Mansos, die von ihrem Rezensenten in die von Wieland geprägte Geschichte der Stanzendichtungen eingeordnet wird. Noch verstärkt gilt dies - nimmt man den Erscheinungsort erster Proben zum Maßstab - für zwei folgende deutsche Versionen der ›Gerusalemme liberata‹. Sowohl Johann Diederich Gries, der 1798 wiederum mit dem 16. Gesang an die Öffentlichkeit tritt, als auch August Wilhelm Hauswald, der 1801 seiner vollständigen Übersetzung einen Auszug aus dem 4. Gesang vorausschickt, finden nämlich im ›Neuen Teutschen Merkur‹ das Forum für ihre Versuche.[20] In beiden Fällen wird die Übersetzung von einem wertenden Kommentar begleitet.

Johann Diederich Gries zunächst, den Schlegel später als Muster romantischer Übersetzungskunst anpreisen sollte, rückt merklich von den Freiheiten der ›Oberon‹-Stanze ab. Wie beim nachfolgend übersetzten Ariost hält er das strenge italienische Reimschema ein und alterniert in den ersten sechs Versen stets weibliche mit männlichen Kadenzen. Obwohl diese Übersetzung seiner bisherigen Position schon formal widersprochen hat, druckt sie Wieland nicht nur im ›Merkur‹, sondern fügt ihr eine in hohen Tönen lobende ›Nachschrift‹ bei.[21] Zwar spricht er - wie in allen seinen Äußerungen von der ›Idris‹-Vorrede bis hin zu den ›Briefen an einen jungen Dichter‹ - auch hier von den »Schwierigkeiten [...], die sich demjenigen entgegenthürmen«, der »nicht bloß den Stoff, sondern auch die Form« des ›Befreiten Jerusalems‹ in einer Übersetzung wiedergeben wolle. Statt aber mit Hilfe der vorliegenden Probe die Unmöglichkeit des Unternehmens zu demonstrieren, hält er »jene Schwierigkeiten« für »meisterhaft überwunden« und sagt Gries' Übersetzung (ganz zu recht) den ersten Rang unter den deutschen Tasso-Versionen voraus.[22] Die

---

lers gleichzeitiger Überlegung, seine geplante ›Fridericiade‹ in *Ottave rime* auszuführen, und mit seiner Vergil-Übersetzung im gleichen Strophenmaß. Vgl. sein Vorwort zur ›Zerstörung von Troja‹, in dem Schiller ausdrücklich auf Wielands Stanzenepen rekurriert (Friedrich SCHILLER: Werke. Nationalausgabe. Bd. 15, Teil I: Übersetzungen aus dem Griechischen und Lateinischen. Hg. von Heinz Gerd INGENKAMP. Weimar 1993, S. 116).

20 Johann Diederich GRIES: Probe einer neuen Uebersetzung des Tasso. In: NTM 1798, Oktober, S. 117-151. August Wilhelm HAUSWALD: Proben einer metrischen Uebersetzung von Tasso's befreitem Jerusalem. In: NTM 1801, August, S. 247-255.

21 NTM 1798, Oktober, S. 152 f. (unterzeichnet »W.«).

22 Ebd.

Einleitung seiner Lobrede aber verdient besonderes Interesse, weil sie Schlegels spätere Argumentation in einigen Punkten vorwegnimmt:

> Es ist der Fortschritte, welche die Musenkunst seit 50 Jahren in Teutschland gemacht hat, würdig, daß wir Werke unternehmen und *gelingen* sehen, deren glückliche Ausführung noch kurz vor der Hälfte dieses Zeitraums Niemand zu erleben hoffen durfte.[23]

Daß sich hinter dem anonymen »Niemand« Wielands eigene Position in der Frage einer deutschen Stanze verbirgt, ist offenkundig. Lange bevor Schlegel Gries zum Kronzeugen der romantischen Progression und der Überwindung Wielandscher Standpunkte macht, erhebt Wieland selbst Gries zum Muster fortschrittlicher Poesie und scheint angesichts seiner Probe die bisherige Skepsis gegenüber einer formstrengen Stanzenübersetzung zu widerrufen. Im Unterschied zu Schlegel, der den Anteil der romantischen Generation ungleich stärker betont, erklärt Wieland die unerwarteten »Fortschritte« zwar als Ergebnis jener Entwicklung deutscher Poesie, die er selbst miterlebt und mitgestaltet hat. Dennoch bleibt Wielands öffentliches Lob, das einem Widerruf seiner Überzeugungen gleichkommt, erstaunlich und erklärungsbedürftig. Hat Wieland sich tatsächlich von Gries' Leistung überzeugen lassen, oder stellt sein Lob ein Zugeständnis an die Romantiker dar, die sich gegen ihn formieren und mit denen Wieland nicht in Konflikt geraten möchte? Sucht er mit einem öffentlichen Rückzugsgefecht der jungen, selbstbewußt auftretenden Generation, die Wieland zur Institution überholter Dichtung stilisiert, den Wind aus den Segeln zu nehmen?

Für eine solche »literaturpolitische« Lesart von Wielands ›Nachschrift‹ spricht vor allem sein Brief vom August 1800, mit dem er Gries für den nunmehr fertiggestellten ersten Band seines ›Befreiten Jerusalems‹ dankt. Als nämlich die ersten Gesänge von Gries' deutschem Tasso vor ihm liegen, kehrt Wieland trotz beifälliger Worte unversehens zu den alten Anschauungen zurück. Durch den »Zwang« - heißt es in Wielands privatem Schreiben an Gries -, den dieser sich »durch die Ottave rime auferlegt« habe, sei er »in die völligste Unmöglichkeit« geraten, »uns den Tasso wie er *ist* [...] zu geben«.[24]

23 Ebd., 152 (Hervorhebung im Original). Vgl. auch Wielands Lob für Gries in der ›Nachschrift‹ zu dessen Petrarca-Übersetzung: NTM 1798, März, S. 311-317, hier 315-317.
24 Wieland an Gries, 29./30. August 1800 (Datierung nach Starnes III, S. 33); zitiert nach: Aus dem Leben von Johann Diederich Gries. Nach seinen eigenen und den Briefen seiner Zeitgenossen. [Leipzig] 1855, S. 68-71, hier 69. Diesen Brief kennt offenbar weder Wielands erster Biograph noch die jüngste Untersuchung zu deutschen Ariost-Übersetzungen von Gabriele KROES (Anm. 2). Beide interpretieren nämlich Wielands ›Nachschrift‹ von 1798 als Ausdruck eines vollständigen Sinneswandels in

Nach wie vor garantiert formale Strenge für Wieland gerade nicht übersetzerische Treue zum Charakter des Originals, sondern verhindert sie. In diesem Sinne erinnert Wieland an das, was er in seinen ›Briefen an einen jungen Dichter‹ von jener »einzigen Stanze« gesagt hat, empfiehlt eine formal »freie Uebersetzung« und bezeichnet Gries' Bemühen wenig schmeichelhaft »als eine Art von gymnastischer Uebung«.[25]

Wenn Wieland selbst sich mit öffentlichen Stellungnahmen zu Gries' deutschem Tasso zurückgehalten hat, dann bedeutet das noch nicht, daß seine Autorität in Übersetzungsfragen schlagartig geschwunden wäre und daß man die einstige Vorrangstellung kampflos den Romantikern überlassen hätte. Dagegen spricht schon die Tatsache, daß sich durchaus kritische Stimmen gegen Gries erheben. Im Vorgriff auf die erwartete parteiische Vereinnahmung der in Jena gedruckten Übersetzung[26] durch »die gewaltigen Herren vom Athenäum und Konsorten« meint etwa Garlieb Merkel, daß bei Gries über dem »Zwang« einer genauen Nachahmung der »Versart des Originals« Tassos »Grazie und Schönheit verloren« gegangen seien.[27] Wie nun »der rauhe Singsang des Hrn. Gries«[28] die Frage des deutschen Tasso in der Kritik keineswegs schon einstimmig entschieden hat, so verhindert seine Übersetzung auch nicht, daß Konkurrenten auf den Plan treten.

Als Indiz eines um 1800 noch nicht entschiedenen Richtungskampfes zwischen Vertretern der »strengen Observanz« und Anwälten formaler Freizügigkeit kann die wenig bekannte Tasso-Übersetzung von August Wilhelm

---

der Frage einer deutschen Stanze: Johann Gottfried GRUBER: C. M. Wielands Leben. Neu bearbeitet. 4 Tle. Leipzig 1827-1828. Hamburg ˁ1984, Tl. 4, S. 253. KROES (Anm. 2), S. 18. - Der von Gries übersandte Band war nicht Bestandteil der 1814 versteigerten Bibliothek Wielands.

25   Wieland an Gries (Anm. 24), S. 70.

26   Höchstes Lob spendet Christian Gottfried SCHÜTZ in seiner ›Allgemeinen Literatur-Zeitung‹, der seit 1799 zwar in persönlichem Konflikt mit den Brüdern Schlegel steht, in übersetzungskritischen Fragen hier aber deutlich romantische Positionen vertritt (Allgemeine Literatur-Zeitung 1801, Bd. 3, Sp. 265-280: Rezension des ersten Bandes; Fortsetzungen ebd. 1802, Bd. 1, Sp. 585-587 und Bd. 4, Sp. 81-84). Er feiert Gries' Werk als »eins der schönsten Producte«, »die jemals aus den ausländischen Gebieten der Dichtkunst auf den deutschen Boden verpflanzet wurden«, und bezieht sich zu Beginn seiner Rezension wiederum deutlich auf Wieland: »Tasso's unsterbliches Gedicht in reine Ottave Rime zu übersetzen, ist eine so schwere Aufgabe der poetischen Übersetzungskunst, daß manche ihre Ausführung durch das Ganze geradehin für beynahe unmöglich erklärt haben.« (1801, Bd. 3, Sp. 265) Im ersten Teil der Besprechung wird Gries vor allem über Manso gestellt, nach Erscheinen der Übersetzung von Hauswald auch diesem weit vorgezogen. - Auch Gries' Verleger, Friedrich FROMMANN aus Jena, wirbt in der gleichen Zeitschrift mehrfach mit der bislang für unmöglich erachteten Überwindung verstechnischer Schwierigkeiten (1802, Intelligenzblatt, Sp. 181-183, und 1803, Intelligenzblatt, Sp. 671 f.).

27   Garlieb MERKEL: Briefe an ein Frauenzimmer über die wichtigsten Produkte der schönen Literatur. Bd. 1. Berlin 1800, S. 105-112, hier 108.

28   Ebd., S. 111 f.

Hauswald (1749-1804) dienen. Sie ist im Jahre 1802 vollständig und damit noch vor Abschluß von Gries' Version erschienen. Hauswald und sein Verleger suchen und finden, wie aus zum Teil ungedruckten Quellen hervorgeht, für ihr Vorhaben die Protektion Wielands und seiner Umgebung. Schon dies bestätigt, daß Wielands Wort über neuere Übersetzungen auch in romantischer Zeit noch Gewicht hat. Die einzige Äußerung Wielands ist nur als Insert in einem Brief Hauswalds vom 14. Februar 1801 an einen unbekannten Dritten überliefert. Demnach scheint Wieland mit den Worten »ich weiss gewiss, Sie können sagen anche io son Pittore« dem Übersetzer einen »Probegesang« abgefordert zu haben.[29] Persönlich hat sich Wieland, der die ›Merkur‹-Redaktion seinerzeit abgegeben hatte, offenbar nicht weiter für Hauswalds Übertragung eingesetzt. Dennoch wird sein Bestreben deutlich, mit Correggios geflügeltem Wort eine Konkurrenz zwischen Hauswald und Gries zu stiften.

In seinem Wettbewerb mit Gries erhält Hauswald dann »logistische« Unterstützung aus Wielands engster Umgebung. Zunächst konnte sich Christian Gotthelf Anton, Hauswalds Verleger aus Görlitz, bei Böttiger für die »freundschaftliche[...] Bereitwilligkeit« bedanken, »einen Probe Gesang des befreiten Jerusalems nach der Uebersetzung des Herrn Geheim Sekretair Hauswalds« in den ›Neuen Teutschen Merkur‹ aufgenommen zu haben.[30] Der

---

29 Zitiert nach Prol IX 4424 und der freundlichen Auskunft von Siegfried SCHEIBE, Berlin. Hauswalds Brief an Unbekannt ist demnach nur aufgrund eines Antiquariatskatalogs von 1934 bekannt. Nach der dort gegebenen Paraphrase scheint Hauswald zwischenzeitlich über Wielands nicht weitergehendes Interesse »ungehalten« gewesen zu sein. - Den anekdotisch überlieferten Ausspruch des Antonio da Correggio wendet Wieland auf vergleichbare Konstellationen an (z. B. Anfang 1789 auf das Verhältnis Alxingers zu sich selbst [WBr 10.1, S. 152]) und erläutert ihn am 24. Dezember 1796 so: »Anch'io son pittore des Correggio erklärte Wieland nicht als Ausruf des stolzen zuversichtlichen, sondern des bescheiden sich verwundernden Correggio, der, seiner eigenen Größe sich nicht bewußt, beim Anblick der Raphaelischen Gemälde zum ersten Mal fühlte, daß er doch nicht in einem so weiten Abstande von dem Gotte der Maler stünde.« (Karl August BÖTTIGER: Literarische Zustände und Zeitgenossen. Hg. von Karl Wilhelm BÖTTIGER. 2 Bde. Leipzig 1838. Bd. 1, S. 198) Vgl. auch den Beginn der Studie von Klaus MANGER: Wieland und Raffael. In: Jahrbuch des Freien Deutschen Hochstifts 1984, S. 34-56.

30 Christian Gotthelf Anton an Carl August Böttiger [Görlitz, wohl 1802]. Mscr. Dresd. h 37 4°, Bd. 1, Nr. 88. Den Hinweis auf diesen Brief enthält TMRep, Gedichte 266/3. Für den Nachweis weiterer einschlägiger Briefe und die Anfertigung von Reproduktionen danke ich Herrn Perk LOESCH von der Sächsischen Landesbibliothek Dresden. - August Wilhelm HAUSWALD: Proben einer metrischen Uebersetzung von Tasso's befreitem Jerusalem. In: NTM 1801, August, S. 247-255. Eine weitere, bislang nicht nachgewiesene Probe placierte Hauswalds Verleger in: Neue Lausizische Monatsschrift 1801, September, S. 161-214 (Das befreite Jerusalem, nach dem Italienischen des Tasso, von A. W. Hauswald; 213 f. ein kurzes Nachwort von Anton). Vgl. dazu Hauswalds Brief vom 25. November 1801 an Georg Joachim Göschen (Mscr. Dresd. App. 70, Nr. 56ᵉ). - Einige Jahre zuvor hatte Hauswald offenbar bereits versucht, Schiller zum Abdruck einer Übersetzungsprobe zu bewegen. Dieser aber schreibt am 18. Juni 1797 an Körner: »Hauswalds Reimerey will ich suchen lassen. Ich kann sie nicht brauchen, denn gegen ihn ist Manso, der daßelbe übersetzt hat, noch ein Phöbus Apollo.« (Friedrich SCHILLER:

Übersetzer selbst dankt im Juni 1801 hingegen Wielands Verleger Georg Joachim Göschen für dessen Entgegenkommen, sich »für die Einrückung meines Probegesanges in den deutschen Merkur so gütig zu verwenden«.[31] Hieraus entwickelte sich vom Sommer 1801 bis zum Erscheinen der Übersetzung im März 1802 ein reger Briefwechsel zwischen Hauswald und Göschen.[32] Neben Aufschlüssen zu technischen Details der Buchherstellung - Göschen hat den Druck übernommen und die Herstellung der Kupfer vermittelt - berät Hauswald mit Göschen auch über eine wirksame Werbung für seine Übersetzung. Zentral ist hierbei der Aspekt, Gries' noch unvollständiges Werk durch das eigene gleichsam zu »überholen«. Dies lenkt Hauswald zu einem qualitativen Urteil über Gries. In Gries' zweitem Band nämlich findet Hauswald mit einiger Genugtuung »Unglaubliche Härten« und führt sie darauf zurück, daß sich Gries beim Versuch, »wo möglich zur gleichen Zeit fertig zu werden« wie er, »übereilt habe«.[33] In Anbetracht solcher Mängel sollte man seinen Tasso jedoch nicht an Gries allein messen, sondern auch Mansos ebenfalls noch fragmentarische Übersetzung mit in den Vergleich einbeziehen. Denn es sei »unbillig gegen Hrn. Manso [...], ihn als einen nonvaleur zu übergehen und nur jenen [Gries] zu nennen, da es doch beÿ unpartheÿischen - freylich nicht Jenaischen - Kunstrichtern noch sehr zweifelhaft seÿn möchte, welcher von beÿden glücklicher und fließender [?] übersetzt habe«.[34]

Werke. Nationalausgabe. Bd. 29: Briefwechsel. Schillers Briefe 1.11.1796-31.10.1798. Hg. von Norbert OELLERS und Frithjof STOCK. Weimar 1977, S. 85.)

31 August Wilhelm Hauswald an Georg Joachim Göschen, 17. Juni 1801. Mscr. Dresd. App. 70, Nr. 56.

32 In der Sächsischen Landesbibliothek werden elf Schreiben und zwei wohl zugehörige Notizen Hauswalds an Göschen aufbewahrt: Mscr. Dresd. App. 70, Nr. 56-56^m. Die Antworten Göschens wurden nicht ausfindig gemacht.

33 August Wilhelm Hauswald an Georg Joachim Göschen, Anfang Januar 1802. Mscr. Dresd. App. 70, Nr. 56^l. - Diese Vermutung Hauswalds bestätigt sich durch Gries' Schreiben an Johann Friedrich Herbart vom 1. Oktober 1802: »Was die Ursache meines langen Stillschweigens betrifft, so hast Du sie [...] bloß in meinem unmäßigen Fleiße zu suchen. Verschiedene Umstände - hauptsächlich ein sehr ungebetener Rival, der mir den ganzen Tasso auf einmal fix und fertig vor die Thür setzte - trieben mich an, meine Übersetzung bald möglichst zu Ende zu bringen.« (Briefe von und an J. F. HERBART. Urkunden und Regesten zu seinem Leben und seinen Werken. Bd. 4. Hg. von Theodor FRITZSCH. Langensalza 1912 [Sämtliche Werke. 19], S. 135; vgl. HOFFMANN [Anm. 2], S. 67.)

34 Hauswald an Göschen (Anm. 33). Hiermit spielt Hauswald auf die in Anm. 26 zitierte Rezension der ›Allgemeinen Literatur-Zeitung‹ an, die er offenbar noch als »Zentralorgan« der Romantiker angesehen hat. - In einer am 13. März 1802 veröffentlichten Ankündigung stellt der Verleger ANTON dann Hauswalds Übersetzung, die »ganz und ungetrennt zu einer Zeit« erscheine, ohne differenzierende Wertungen den noch fragmentarischen Übertragungen von Manso und Gries gegenüber; Allgemeine Literatur-Zeitung 1802, Intelligenzblatt, Sp. 295 f. Vgl. ebd., Bd. 4, Sp. 73-80, auch die insgesamt freundliche Kritik zu Hauswald, dessen ›Befreites Jerusalem‹ jedoch schon aufgrund seiner formalen Lizenzen »unmöglich Ansprüche machen [könne], der Griesischen Uebersetzung im Range gleich gesetzt, geschweige denn ihr vorgezogen zu werden« (Sp. 73).

Seine Selbsteinschätzung als ebenbürtiger Mitbewerber von Gries (und Manso) konnte Hauswald nicht nur aus Wielands fragmentarisch überliefertem Correggio-Vergleich gewinnen, sondern auch aus Böttigers gedruckter Anmerkung zu seiner Probe im ›Merkur‹ von 1801. Als bereits fertiggestelltes »Konkurrenzstück« zu Gries' nur zögerlich erscheinender Übersetzung werden seine Stanzen dort vor die Öffentlichkeit gestellt.[35] Aber nicht auf die raschere und vollständige Publikation legt Böttiger besonderen Wert. Vielmehr betont er Hauswalds Entscheidung gegen die strenge Stanze: Die intime Kenntnis des Italienischen habe ihn bewogen, sich »eine gewisse Entfesselung von den allzustrengen ottave rime zu erlauben, weil er gerade diese allzuängstliche Treue für Untreue« gehalten habe.[36] Ohne die unmittelbare Konfrontation mit den Romantikern zu suchen, aber doch deutlich genug gegen Gries gewendet, greift Böttiger auf Wielands Ansichten zurück. Hauswalds Suche nach Protektion für sein ›Befreytes Jerusalem‹ bietet Böttiger die willkommene Gelegenheit, Wielands Autorität in der Frage einer deutschen Stanze gegen die Romantiker zu verteidigen.

Im ›Neuen Teutschen Merkur‹, der sich als liberales Forum für verschiedenartige Richtungen bewährt, prallen somit um 1800 zwei Konzepte poetischen Übersetzens aufeinander: Das Plädoyer »für die strenge Observanz« romantischer Prägung konkurriert mit dem Ideal einer formal freien Nachbildung. Wieland, dessen Urteil und Unterstützung die Tasso-Übersetzer nach wie vor suchen, erklärt sich - vermutlich nicht ohne taktische Erwägungen - kurzzeitig für Gries und scheint romantische Vorstellungen von übersetzerischer Treue zu übernehmen. Bald aber rückt der ›Merkur‹ von dieser »allzuängstliche[n] Treue« auch öffentlich wieder ab und stellt Hauswalds Stanzen vor, die Wielands eigenem, wohl niemals wirklich aufgegebenen Ideal näher kommen.

* * *

Durch den überragenden Rang, den Gries' ›Befreites Jerusalem‹ im 19. Jahrhundert gegen alle vorangegangenen und nachfolgenden Übersetzungen

---

35   NTM 1801, August, S. 247 f. (Anm., unterzeichnet »B.«).
36   Ebd. - Als die Übersetzung dann 1802 erscheint, stellt Hauswald ihr eine poetische und zweisprachige Vorrede voran. Im Gegensatz zu seiner Übersetzung erbringt Hauswald hier den Beweis, daß er die strenge Form der *Ottave rime* sowohl im Deutschen wie im Italienischen beherrscht. Er spielt knapp auf seine beiden Vorgänger Manso und Gries an und bittet um Verständnis für die Wahl des freieren Versmaßes. Seine Widmung an Erzherzog Karl Ludwig von Österreich aktualisiert Tassos Epos, indem sie den Widmungsträger - in Parallele zu Tassos Gottfried - als »Germaniens Befreyer« bezeichnet (Torquato Tasso's Befreytes Jerusalem. Übersetzt von A. W. HAUSWALD. 2 Bde. Görlitz 1802, hier Band 1, ohne Paginierung).

behauptet hat,[37] steht Wieland wirkungsgeschichtlich im Abseits. Ob aber diese Perspektive, die von einem modernen Standpunkt aus gewonnen ist, zugleich Wielands Autoritätsverlust bei seinen Zeitgenossen widerspiegelt, bleibt fraglich. Immerhin mißt noch Schlegel, indem er ihn als rückständig bezeichnet, an Wieland die eigene Progressivität. Gewiß nimmt Wielands Einfluß auf die Tasso-Übersetzer nach 1800 ab. In der übersetzerischen Praxis wird Gries' Leistung, an der er von Auflage zu Auflage feilt, rasch als deutscher Tasso etabliert. »Ein deutsches befreites Jerusalem nach Gries?«, fragt im Jahre 1821 das ›Literarische Conversations-Blatt‹, das dem Publikum zuvor Proben der neuen Übertragung von Karl Streckfuß vorgelegt hatte.[38] Wer neben und nach Gries die ›Gerusalemme liberata‹ übersetzt, sucht sich zunächst von dessen Vorbild abzugrenzen. In formaler Hinsicht können hierbei zwei Tendenzen unterschieden werden. Die erste Richtung, die Streckfuß und seine Verteidiger vertreten, tendiert auch für Tasso zu größerer Freiheit vor allem bei der Kadenzfolge. Eine zweite Gruppe, die zunächst nur Versuche zustandebringt, geht von August Wilhelm Schlegel aus, der für Tasso völlig reine und durchgehend weibliche Reime fordert. Aber auch Wielands Wort spielt in dieser Phase deutscher Tasso-Übersetzungen, die im Jahrzehnt nach seinem Tode datiert, noch eine Rolle.

Die redaktionelle Rechtfertigung für Streckfuß' »befreites Jerusalem nach Gries« begrüßt vor allen Dingen die »Freiheit«, mit der dieser »in Bezug auf die Stellung der männlichen und weiblichen Reime von der strengeren Observanz abgewichen« sei.[39] Damit wird einem Aufsatz vorgearbeitet, in dem sich Streckfuß selbst wenig später in der gleichen Zeitschrift ›Ueber die Behandlung des Reims und der Stanze in der deutschen Poesie‹ äußert.[40] Streckfuß nimmt in beiden Fragen eine liberale Position ein und stützt sich mehr auf

---

37 Erlebt etwa Hauswalds Übersetzung immerhin 1824 noch eine »Neue wohlfeile Ausgabe«, so sind von Gries' ›Befreitem Jerusalem‹ vierzehn gezählte Auflagen sowie weitere Nachdrucke und Bearbeitungen ermittelt worden (AURNHAMMER [Anm. 2], S. 371-375).

38 Literarisches Conversations-Blatt 1821, Bd. 1, S. 345-347. Dort wird ein Rezensent von Gries' dritter Auflage von 1819 mit den Worten zitiert: »wir haben nun einen deutschen Tasso« (das Urteil stammt aus den Heidelberger Jahrbüchern der Litteratur 13 [1820], 241-259, hier 259). Die Proben aus Streckfuß' Übersetzung finden sich im ›Literarischen Conversations-Blatt‹ von 1821, Bd. 1, S. 177-184. Weitere Auszüge sind gleichzeitig in der ›Zeitung für die elegante Welt‹ und dem ›Berlinischen Taschen-Kalender‹ erschienen (vgl. AURNHAMMER [Anm. 2], Appendix, Nr. 2.4.19. und 21.), der vollständige Text lag erstmals 1822 vor.

39 Literarisches Conversations-Blatt 1821, Bd. 1, S. 346. Auch Wilhelm MÜLLER kommt in zwei ausführlichen Vergleichen auf solche verstechnischen Fragen zu sprechen: Ariost's rasender Roland, und dessen deutsche Uebersetzungen von Gries und von Streckfuß. In: Hermes 1822, 2. Stück, S. 49-86, insb. 66-69; Gries und Streckfuß Uebersetzungen von Tasso's befreitem Jerusalem. In: Hermes 1823, 2. Stück, S. 261-300, insb. 287-289.

40 Literarisches Conversations-Blatt 1821, Bd. 1, S. 409-411 und 423 f.

Autoritäten der vergangenen Epoche (»Göthe, Schiller, Wieland, Herder und Andere«[41]) denn auf die für ihn unbegründete Regelstrenge der jüngeren Generation. Das Streben »nach völliger Reinheit der Reime«, das Gries' neueste Auflage auszeichne, nötige dem Dichter und Übersetzer ebenso große »Opfer« ab wie der regelmäßige Wechsel männlicher und weiblicher Kadenzen.[42] Aus dieser Sicht kann Gries freilich nicht als Vorbild gelten: »Denn unnöthige Schwierigkeiten aufsuchen, ohne einen andern Zweck, als den Ruhm, sie halb oder ganz überwunden zu haben, dürfte wenigstens nicht nachahmungswerth seyn.«[43]

Wie schon Wieland lehnt Streckfuß verstechnische Strenge um ihrer selbst willen ab. Diese Übereinstimmung dürfte kaum zufällig sein. Vielmehr berichtet Streckfuß, daß er im Jahre 1806 Wieland eine damals noch ungedruckte Stanzendichtung - ›Altimor und Zomira. Mährchen in 4 Gesängen‹ (1808) - zur Prüfung vorgelegt habe. Daß der »verewigte Wieland« diesen »unvollkommenen Jugendversuch eines ausführlichen strengen, aber mir ewig werthen Briefes würdigte« und ihm geraten habe, »das in Stanzen verfaßte Gedicht in freiere Verse um[zu]dichten«, prägte Streckfuß offenbar nachhaltig.[44] So zeigt das in einer Anmerkung ausführlich zitierte Schreiben Wielands vom 17. August 1806 nicht nur, daß dieser trotz Gries' strenger Stanzen bei seinen früheren Ansichten geblieben ist: Die »mühseligen und undankbaren Fesseln« der Form behinderten allenthalben den poetischen Ausdruck und zwängen zu Bildern, die Streckfuß »gewiß nicht gewählt« hätte, wenn er »von dem so höchst beschwerlichen Joche der einmal gewählten Vers- und Reimart frei gewesen« wäre.[45] Daß Streckfuß noch 1821 an seine Beratung als junger Dichter erinnert, belegt, daß Wielands Autorität nicht nur romantisches Hegemonialstreben in übersetzungs- und verstechnischen Fragen, sondern auch seinen Tod überdauert hat.

Wie sich aber Streckfuß auf Wieland als positives Vorbild stützt, so nutzt die Gruppe der formstrengsten Tasso-Übersetzer Wieland nochmals als negative Autorität. Bei August Graf von Platen[46] und bei dem Burschenschaftler

---

41 Ebd., S. 409.
42 Ebd., S. 411.
43 Ebd., S. 423.
44 Ebd.
45 Ebd.
46 Anläßlich einer Übersetzungsprobe in Konkurrenz zu Gries merkt Platen im Jahre 1816 an: »Vor einem halben Jahrhundert würde eine solche Übersetzung des Tasso für eine Unmöglichkeit in ganz Deutschland gegolten haben; bei der jetzigen Biegsamkeit und Ausbildung unserer Sprache, die sich bei dergleichen Übersetzungen am ersten erkennen läßt, ist sie nichts Außerordentliches und sehr

Adolf Ludewig Follen, der mit seiner Fragment gebliebenen, im deutschnationalen Sinne stilisierten Übersetzung nicht nur Gries, sondern auch »das Original übertreffen« möchte, sind nur vereinzelte Anspielungen auszumachen.[47] Ganz auf Wieland bezogen ist hingegen ein literarischer Wettbewerb im Kreise der Dresdener Romantik um Ludwig Tieck, von dem Ernst Otto von der Malsburg 1824 berichtet.[48] Unter dem Titel ›Armidens Gürtel‹ und nach dem italienischen Originaltext der Stanze heißt es:

> In einer Gesellschaft von Poesiefreunden wurde es zur Aufgabe gemacht, diese von Wieland irgendwo als ein Muster alles Wohlklanges und aller Lieblichkeit gepriesene Stanze in's Deutsche zu übersetzen. Man kam darin überein, daß weder Gries noch Streckfuß derselben die gehörige Aufmerksamkeit gewidmet hatten, daß ferner die Durchführung des weiblichen Reimes nöthig sei, um den weichen Wellenschlag des kleinen Meisterwerkes nachzutönen, und wollte nun sehen, ob die Vorschritte [!] der neueren Uebersetzungskunst noch immer unmöglich bleiben ließen, was Wieland für unmöglich halten mußte.[49]

In vertrauter Argumentation dienen Gries und Streckfuß als die praktischen Muster, die es zu überbieten gilt, während die eigene Bedeutung noch immer an der Distanz zu Wieland bemessen wird. Ist es Schlegel jedoch ganz ernst mit seiner literarhistorischen Konstruktion, so verleugnet Malsburg nicht den

---

Schwieriges mehr.« August Graf von PLATEN: Übersetzungen. Zweifelhaftes und Unechtes. Hg. von Erich PETZET. Leipzig [1909] (Sämtliche Werke. 7), S. 113-117, hier 114.

47 Follens Übersetzung ist in mehreren Teildrucken zwischen 1817 und 1828 erschienen; vgl. AURN-HAMMER (Anm. 2), Appendix, 2.4.16., 18. und 23. - Die zitierte Passage stammt aus einer Anmerkung im ›Morgenblatt für gebildete Stände‹ 1828, S. 325 f., wo Follen zugesteht, daß seine Übersetzung wegen der selbstgewählten Ansprüche nicht fertiggestellt werden könne. - Ein ›Bruchstück aus Tasso‹ kommentiert Friedrich Gottlieb WELCKER und charakterisiert die nationale Vereinnahmung Tassos durch Follen, der Archaismen verwende und »selbst die heidnischen Figuren« der ›Gerusalemme‹ »verdeutschen« wolle. Wohl im Hinblick auf Wieland (und Gries) schreibt Welcker: »Nichts zeigt mehr die Gewandtheit des Uebersetzers als die Kunst, womit durchgängig die weiblichen Reime beibehalten sind, was man für unausführbar gehalten zu haben scheint.« (Wünschelruthe. Ein Zeitblatt 1818, S. 143 f.)

48 [Ernst Otto VON DER MALSBURG:] Armidens Gürtel. In: Literarisches Conversations-Blatt 1824, Bd. 1, S. 147 f. Als Verfasser des nur mit einer Nummernsigle gezeichneten Aufsatzes ist Ernst Friedrich Georg Otto Freiherr von der Malsburg (1786-1824) durch einen Nachruf seines Freundes Friedrich Graf VON KALCKREUTH ausgewiesen (Literarisches Conversations-Blatt 1826, Bd. 1, S. 189-195, hier 195). Die in der Miszelle enthaltene Stanze ist wieder abgedruckt in Ernst Friedrich Georg Otto VON DER MALSBURG: Poetischer Nachlaß und Umrisse aus seinem innern Leben. Hg. von P[hilippine Sophie VON] C[ALENBERG]. Kassel 1825, S. 279. Vgl. ferner Paul HEIDELBACH: Deutsche Dichter und Künstler in Escheburg und Beziehungen der Familie von der Malsburg-Escheburg zu den Familien Tieck und Geibel. Marburg 1913, und Hermann A. KRÜGER: Pseudoromantik. Friedrich Kind und der Dresdener Liederkreis. Ein Beitrag zur Geschichte der Romantik. Leipzig 1904.

49 [MALSBURG] (Anm. 48), S. 147.

»geistreichen, Allen gleiche Befriedigung gewährenden Scherz«, in den sich »Wettkampf« und »Preisvertheilung« aufgelöst hätten.[50]

Auch die »philologischen Reflexionen über jenes Exercitium«, die einer der »Kämpfer« - Malsburg selbst - mitteilt, tendieren ins Komödiantische.[51] Wielands ›Briefe an einen jungen Dichter‹, in denen neben dem Schreiber auch der Adressat zu Wort kommt, bieten weniger dogmatische Sätze als ein facettenreiches Gespräch über wechselnde Gegenstände. So wird etwa die Vorstellung, die »Italiänische Dichtersprache« sei der Deutschen überlegen, zunächst in vielen Einzelheiten untermauert, dann aber mit Beispielen von Brockes und Klopstock entkräftet.[52] »Es ist nichts leichters, als zu sagen, die Sprache Ariosts, Tasso's und Metastasio's sey ungleich sanfter und melodiöser als die Deutsche. Aber ist sie darum auch mannigfaltiger, abwechslender, nachdrücklicher, kräftiger?«,[53] lautet das Fazit des Vergleichs, der Wielands ausgeprägte Vorliebe für eine relativierende Darstellung belegt. Dieses stets abwägende Vorgehen, in dem »Eines das Andere aufhebt«,[54] will Malsburg mit seinen streckenweise nur als Persiflage lesbaren Ausführungen treffen. Zugestandenermaßen »paradox« wird seine Argumentation, wenn er darlegt, daß die »gerühmte 25ste Stanze des 16ten Gesangs der Gerusalemme gar so wohllautend nicht sei«:

Gehe ich vom Gesichtspunkte des Deutschen aus, und anders kann es der Deutsche nicht, so habe ich in den Versen

Teneri sdegni, e placide e tranquille
Repulse, cari vezzi e liete paci

gleich, wenn auch leise modificirt, die wenig gefälligen Töne *Platsch, Thran, Puls, Fezze* und *Patsche*. Ist denn in *paci, baci, faci,* und noch mehr in *cinto* und vollends *succinto* nicht selbst das *Tsch*, das durch den zusätzlichen Mitlaut vor dem *sch* gewiß nichts voraus hat? Ist denn aber auch dieses *sch* nicht in dem *poscia* zu finden, das den Franzosen wieder eben so an *poche* erinnern kann, wie *tronchi* an Tondertentronk?[55]

---

50 Ebd.
51 Ebd., S. 147 f.
52 AA I, 14, S. 396-401. Nicht zufällig wählt Wieland die zentralen Beispiele aus der höchsten, der epischen Gattung: neben der Stanze aus Tassos ›Gerusalemme liberata‹ steht gleichwertig eine Passage aus dem ›Messias‹.
53 Ebd., S. 401.
54 [MALSBURG] (Anm. 48), S. 147.
55 Ebd., S. 147 f.

Malsburgs launiger Vortrag, der zuletzt Voltaires Hieb auf den Konsonanten-reichtum der deutschen Sprache einbezieht,[56] zielt wohl nicht nur auf Wieland, dessen ›Briefe‹ »ein ewiges Zischen und Hauchen, Knarren und Klirren in unserm mit H, Ch, S, Sch, Pf und R, überladenen Hochdeutschen« konstatieren,[57] sondern ebenso auf die Methode der lautschriftlichen Umsetzung, wie sie etwa Voß in einem seiner antiromantischen Pamphlete gegen die italienische Sprache einsetzt.[58]

Nach einer wiederum ernster gehaltenen Auseinandersetzung mit Gries und Streckfuß teilt Malsburg schließlich seine Version mit, in der er »mehr den Klang als das Wort gesucht« habe.[59] Durchgehend weibliche Reime sind für eine solche Nähe zum Original nur eine vergleichsweise leicht zu erfüllende Voraussetzung. Auf weitergehende klangliche Feinheiten weist der Übersetzer selbst hin. Hierzu zählt das »als große Terz« bezeichnete Verhältnis der Reimvokale (»i« und »ü«) ebenso wie der Versuch, »die Reime *ille* des Originals nachzusuchen und den Schlußkonsonanten *n* ganz zu meiden«:

> Zärtlicher Hohn, lind lieblicher Unwille,
> Holdsel'ger Krieg und heitre Friedeschlüsse,
> Gekose, Lächeln, Thränen süß und stille,
> Gebrochne Seufzer und gedämpfte Küsse,
> Euch goß sie all', daß Eins in's Andre quille,
> Und stählt' an linder Fackelbrust die Güsse,
> Und formte so des Gürtels Wunderbinde
> Daß sie damit den schönen Leib umwinde.[60]

* * *

Christoph Martin Wieland hat die deutschen Tasso-Übersetzer über ein halbes Jahrhundert hinweg beeinflußt. Obwohl er selbst keine Übersetzung der ›Gerusalemme liberata‹ vorgelegt hat und in seinen Stanzenepen mehr auf Ariosts als auf Tassos Spuren wandelt, macht sich seine Autorität bei all jenen Übersetzern geltend, die das italienische Original auch formal nachahmen

---

56 Bekanntlich wächst Candide auf dem Schloß des Freiherrn von Thunder ten Tronckh auf.
57 AA I, 14, S. 397.
58 In der als Rezension zu Bürgers Sonetten getarnten Abrechnung mit der romantischen Sonettdichtung belegt Johann Heinrich Voss seine Behauptung, daß »die italienische Sprache [...] rauhe Wörter« enthalte, mit dieser Beispielkette: »*chiacchiera (kjakkjera), Cicerone (Tschitscherone), dargli (darlji), squarcio (squartscho)*« (Jenaische allgemeine Literatur-Zeitung 1808, Bd. 1, S. 409-440, hier 420 f.).
59 [MALSBURG] (Anm. 48), S. 148.
60 Ebd.

möchten. Wielands Skepsis in der Frage einer strengen deutschen Stanze weckt schon den Ehrgeiz Wilhelm Heinses, dessen Prosaversion des ›Befreiten Jerusalems‹ jedoch dem Agon mit Wieland ausweicht. Nach den Fragmenten Kramers und Mansos, die in unterschiedlichem Maße die Freiheiten der ›Oberon‹-Stanze nutzen, genügt erst Gries den formalen und übersetzerischen Ansprüchen der Romantiker. Setzt sein deutscher Tasso zweifellos den praktischen Maßstab für alle nachfolgenden Übersetzungsversuche, so behält Wielands Autorität nicht nur für Gries selbst, sondern erst recht für seine Konkurrenten Hauswald und Streckfuß einiges Gewicht. Nicht mehr als positives Vorbild neuerer Formkunst, sondern als wichtige Größe, an der man den Fortschritt der eigenen Generation bemessen kann, dient Wieland in der literarhistorischen Konstruktion August Wilhelm Schlegels. Argumentativ in dessen Bahnen, wendet der Kreis der Dresdener Romantiker nach 1820 die Auseinandersetzung mit Wieland in einen spielerisch-geistreichen Wettkampf. Indem er Wielands Autorität nun nicht mehr recht ernst nimmt, überwindet er sie zugleich.

Für die weitere Geschichte der Tasso-Übersetzungen spielt Wieland dann keine entscheidende Rolle mehr. Übersetzer wie Friedrich Martin Duttenhofer (zuerst 1840) und Friedrich Christian Jochem (1862), die sich neben der immer wieder aufgelegten Übersetzung von Gries durch formale und reimtechnische Besonderheiten zu behaupten suchen, haben zu Wieland offenbar keine positive oder negative Beziehung mehr. So ist aus späterer Zeit nur noch ein leiser Nachhall der ›Briefe an einen jungen Dichter‹ zu verzeichnen: Aus Herbert Eulenbergs Skizze ›Torquato Tasso‹, die eine Reihe kleinerer Übersetzungen enthält, schreibt Hugo von Hofmannsthal einzig die von Wieland exponierte Stanze ab und versieht sie mit dem nicht vorgegebenen Titel ›Armidas' Gürtel‹.[61]

Korrekturnote:

Die Monographie von Peter KOFLER: Ariost und Tasso in Wielands ›Merkur‹. Übersetzungsprobe als Textsorte. Innsbruck 1994 (=Essay & Poesie 1) wurde mir erst nach Abschluß des Manuskripts bekannt. In Koflers Studie, die »allgemein literarhistorische, im besonderen sprach- und gattungsgeschichtliche

---

61 Hugo VON HOFMANNSTHAL: Sämtliche Werke. Kritische Ausgabe. Bd. 1: Gedichte 1. Hg. von Eugene WEBER. Frankfurt am Main 1984, S. 339. Die Stanze findet sich auf einem Blatt, das verstreute Notizen - unter anderem zu dem Gedicht ›Botschaft‹ - enthält und auf 1912 datiert wird. Den wohl in diese Zeit fallenden Erstdruck von Eulenbergs Essay kann ich nicht nachweisen. Der Text wurde übernommen in Herbert EULENBERG: Letzte Bilder. Berlin 1915, S. 15-31, die betreffende Stanze hier S. 26.

Aspekte ebenso wie die Bereiche der Literatursoziologie, der Komparatistik, der Rezeptionsgeschichte und Rezeptionsästhetik« berührt, stehen »die Geschichte literarischen Übersetzens in Theorie und Praxis, die kontrastive Pragmatik, Semantik, Stilistik und Prosodik sowie die Textlinguistik« im Mittelpunkt (7). Kofler widmet sich nach einleitenden Kapiteln zunächst »rezeptionsgeschichtlichen Erhebungen« (33-77) und bietet dann einen »kritischen Vergleich« der im ›Merkur‹ abgedruckten Übersetzungsproben (79-107), die er in einem Anhang vollständig wiedergibt (109-234). Den quantitativen Verhältnissen entsprechend (sechs Proben zum ›Orlando furioso‹ stehen nur die beiden Vorabdrucke von Gries' und Hauswalds Tasso-Übersetzung gegenüber), bleibt Tasso im historischen wie im analytischen Teil von Koflers Arbeit im Hintergrund. Außerhalb des ›Merkur‹ erschienene Tasso-Übersetzungen kommen nur am Rande zur Sprache (14), die fortdauernde Geltung von Wielands Wort behandelt Kofler nicht. So spricht er für die Zeit nach 1800 von einer »weitgehend verlorenen Autorität« des ›Neuen Teutschen Merkur‹ (75). Da Kofler Fragen der deutschen Stanze an verstreuten Stellen behandelt (25 f., 35 f., 79 ff.), Wielands ›Briefe an einen jungen Dichter‹ gar nicht heranzieht und auch in anderen Details ergänzt werden kann (er muß etwa konstatieren, daß »die Sekundärliteratur bis heute keinen näheren Aufschluß« über »die Beziehungen« Hauswalds »zu Wieland und seinem Journal« gewährt [75]), ergeben sich nur kleine Überschneidungen mit der vorliegenden Studie.

Martin H. Schmidt

»ER WAR DER ERSTE DEUTSCHE GELEHRTE FÜR MICH, DER ETWAS DICHTERISCHES AUCH IN SEINEM AEUSSERN HATTE.«[1]

Die Wieland-Büsten Johann Gottfried Schadows

Johann Gottfried Schadow, Berliner Hofbildhauer seit 1788, schuf drei Porträtbüsten des von ihm hochverehrten Dichters Christoph Martin Wieland in einem bemerkenswert kurzen Zeitraum von nur zwölf Jahren. Dieses Zeugnis intensiver Auseinandersetzung Schadows mit dem Gelehrten, Dichter und Übersetzer antiker Autoren gibt den Anlaß für die vorliegende Untersuchung.[2]

Bereits auf einer der ersten Seiten seiner ›Kunstwerke‹- und Kunstansichten‹ betitelten Autobiographie lobt der sonst eher zurückhaltende und oft offen kritisierende Schadow den Dichter in höchsten Tönen: »Für Deutschlands Ruhm erschien Wielands Oberon. Die Anmut der Dichtung setzte alle in Entzücken; der Reim hatte einen bis dahin unbekannten Zauber.«[3] Sich rückbesinnend schreibt hier der nahezu 70jährige Schadow über seine Empfindungen als Zwanzigjähriger aus dem Jahr 1781. Doch lange mußte der junge Verehrer warten, bis er Wieland persönlich gegenübertreten durfte. Dies war erst im Jahre 1802 möglich, eingeleitet durch den gemeinsam Freund Carl August Böttiger. Die Bewunderung Schadows Wieland gegenüber hatte in den

---

1 Gottfried SCHADOW: Aufsätze und Briefe nebst einem Verzeichnis seiner Werke. Hg. v. Julius FRIEDLÄNDER und Heinrich WITTICH, Stuttgart 1864 (²1890), hier S. 72.

2 Die vorliegende Darstellung stellt eine Zusammenfassung meiner Forschungsergebnisse zu J. G. Schadow in seiner Auseinandersetzung mit J. W. v. Goethe dar, die ich in meiner Dissertation (FU Berlin 1994) »Ich machte mir: eine Büste von Goethe« - Schadows Widerstreit mit Goethe. Frankfurt u. a. 1995, zusammentrug. Ergänzt werden diese Ergebnisse durch Briefe aus dem Manuskript des 16. Bandes der Ausgabe von ›Wielands Briefwechsel‹ der Berlin-Brandenburgischen Akademie der Wissenschaften, die mir Prof. Dr. Siegfried Scheibe freundlicherweise im Februar 1995 zur Kenntnis gab und die somit hier zum ersten Mal im Zusammenhang mit Schadow Erwähnung finden: Wieland - Anna Amalia von Sachsen-Weimar und Eisenach, 20. August 1802; Wieland - Böttiger, 8. Oktober 1802, Wieland - Böttiger, 12.12.1802.

3 Johann Gottfried SCHADOW: Kunstwerke und Kunstansichten. Ein Quellenwerk zur Berliner Kunst- und Kulturgeschichte zwischen 1780 und 1845. Kommentierte Neuausgabe der Veröffentlichung von 1849. Hg. v. Götz ECKARDT. Berlin 1987, Bd. 1 , S. 13.

zwanzig zurückliegenden Jahren nichts an Intensität verloren; mit folgenden Worten beschrieb er die erste Begegnung mit Wieland: »Er war der erste deutsche Gelehrte für mich, der etwas Dichterisches auch in seinem Aeussern hatte. Seine kurzen grauen Locken, seine schwarze Prälaten-Kappe und breiter rother Gurt gaben ihm ein malerisches Aussehn.«[4] Für den Bildhauer war Wieland »eine Dichtergestalt, wie solche mir bis dahin nicht erschienen«[5] war; nur eine Woche zuvor hatte Schadow Johann Wolfgang v. Goethe in Weimar besucht, wo er mit dem Dichter in einen heftigen Streit geriet. Auf eine Darstellung der Auseinandersetzung Schadows mit Goethe wird an dieser Stelle verzichtet,[6] da kein direkter Einfluß auf die Geschehnisse um die Wieland-Büsten nachzuweisen ist.

Von den wie erwähnt insgesamt drei Wieland-Büsten Schadows entstand die erste Büste im Auftrag des Bankhauses Pearson in Riga (1795). Da Schadow Wieland zu diesem Zeitpunkt noch nicht persönlich gesehen hatte, mußte er sich an bereits vorhandenen Bildnissen orientieren, so an weitverbreiteten graphischen Blättern und der bis dato einzigen Porträtbüste Wielands, der des Weimarer Hofbildhauers Gottlieb Martin Klauer von 1781, an welche sich Schadow zwangsläufig anlehnte. Die erwähnte Reise nach Weimar von 1802 gab Schadow die Möglichkeit, seine erste Wieland-Büste von 1795 in einer neuen Gestaltung aus eigener Anschauung des zu Porträtierenden entscheidend eigenständiger auszuformen. Die dritte Büste gelangte schließlich als Auftragsarbeit des Wittelsbacher Kronprinzen Ludwig von Bayern im Jahre 1807 in die Ehrenhalle »Walhalla« bei Regensburg.

Die Klauersche Wieland-Büste von 1781

Als früheste Bildnisbüste von Wieland läßt sich die Klauersche Büste von 1781 nachweisen.[7] Der Auftrag an den Weimarer Hofbildhauer Martin Gottlieb Klauer[8] dürfte von der Herzogin Anna Amalia ergangen sein. Gemeinsam mit den Bildnissen, die Klauer von Johann Gottfried Herder und Johann Wolfgang v. Goethe im selben Jahr fertigte, fanden die Büsten der drei Dich-

---

4   FRIEDLÄNDER (Anm. 1), S. 72.
5   SCHADOW (Anm. 3), Bd. 1, S. 63.
6   Eine detaillierte Darstellung ist bei SCHMIDT (Anm. 2) zu finden.
7   »... da sonst von einer plastischen Darstellung Wielands aus früherer Zeit nichts bekannt ist«. Paul WEIZSÄCKER: Die Bildnisse Wielands. In: Württembergische Vierteljahreshefte für Landesgeschichte. N.F. 2, Stuttgart 1893, S. 1-52, hier S. 18.
8   Zu Klauer vgl. Walter GEESE: Martin Gottlieb Klauer, der Bildhauer Goethes. Leipzig (1935).

ter 1782 Aufstellung in dem sogenannten »Lobhölzchen« im Tiefurter Park.[9]
Die Klauersche Büste gibt den Dichter in Lebensgröße wieder. Der Kopf ist
annähernd gerade nach vorne ausgerichtet, eine leicht vorwärts gerichtete
Neigung und eine Wendung nach links läßt die mächtige Stirn stark hervor-
treten und gibt der Darstellung einen eleganten Schwung. Die Haare sind
leicht gelockt und in den Nacken gekämmt. »Die Züge Wielands sind unverkennbar wiedergegeben, nur die Nase scheint zu breit und dick.«[10] Das Gipsmodell entstand 1781, wie das Inserat des Bildhauers Juli 1781 in der von
Wieland herausgegebenen Zeitschrift ›Teutscher Merkur‹ erläutert: »Bey dem
Fürstl. Hofbildhauer, Hr. Klauer, in Weimar, sind Gipsabgüsse der Abbil-
dungen zu haben, welche derselbe von Herder, Göthe, und Wieland, sowol als
en Buste als en Medaillon vor kurzem nach dem Leben verfertigt hat.«[11] Der
Vertrieb von Klauers Arbeiten erfolgte über dessen eigene Werkstatt in Wei-
mar, durch die Rostische Kunsthandlung in Leipzig, die Braunschweiger
Kunsthandlung Daveson und durch die Fürstenberger Porzellanmanufaktur,
die mit maßstabsreduzierten Biskuitbüsten nach Klauers Modellen, u. a. von
Wieland, handelte,[12] woraus sich ein hoher Bekanntheitsgrad ableiten läßt.
Weit bekannter aber war wohl der Kupferstich des Leipziger Kupferstechers
Johann Friedrich Bause. Bause stach 1797 das Porträtbildnis Wielands nach
einem Gemälde des Schweizer Bildnismalers Anton Graff, das zwischen 1794
und 1796 entstanden war. Das Bausesche Porträt ist eine der verbreitetsten
Wielanddarstellungen jener Zeit, es wurde 1797 als Titelkupfer zu dem 30.
Band der in Leipzig bei Georg Joachim Göschen erschienen Prachtausgabe
von Wielands Werken verwendet. Wieland schreibt am 7. Februar 1797 an
seinen Verleger: »Was die Probe von dem Bauseschen Machwerk betrifft, was
soll und kann ich Ihnen darüber sagen - als daß ich darüber erschrocken bin.
Ich sollte denken, ich wäre so, wie ich bin, schon häßlich genug, und Hr.
Bause hätte nicht nötig gehabt, eine solche *Carricatur* aus mir zu machen. Wer
es hier sieht, kreuzigt und segnet sich. Welche Schafsaugen! welche Nase!
Welch ein satyrmäßig verzognes Maul!«[13]

Exzerpiert man die zeitgenössischen Berichte zum Aussehen des Rokoko-
dichters, so ergeben sich, unabhängig von den altersbedingten Veränderungen
der Physiognomie, typische und konstante Parameter, die auch Schadow nicht

---

9   WEIZSÄCKER (Anm. 7), S. 14 ff.
10 Ebd., S. 14.
11 TM, 3. Vj., Juli 1781, S. 95; nach: STARNES I, S. 700. Datierung der Büste auf 1781 nach Klauers
    Rechnungsbuch, vgl. GEESE (Anm. 8), S. 214.
12 GEESE (Anm. 8), S. 186, 190 f.
13 Zit. nach WEIZSÄCKER (Anm. 7), S. 24.

leugnete und in seine Modellierungen einfließen ließ: Die breite, hochge-
wölbte Stirn, der Mund mit schwellenden Lippen und emporgezogenen Win-
keln, »die der angrenzenden Wangenpartie einen ganz eigentümlichen Zug
verleihen...«,[14] sowie die von zwei starken, senkrechten Furchen durchzogenen
Wangen, die große Nase, die kleinen Augen, darüber die hochgezogenen
Augenbrauen und das kräftige, etwas vorstehende Kinn, das fast als ein Doppelkinn zu bezeichnen ist. Schadow selbst schreibt über Wielands Kopfform
und dessen Äußeres: »Für diejenigen, denen die äußere Gestalt des Schädels
bedeutend ist, muß Wielands Kopf Interesse haben. Wenn das große Volumen
des Stirnbeins und die örtlichen Protuberanzen desselben auf intellektuelle
Fähigkeiten schließen lassen, so entspricht dieser der Idee des großen Geistes.
Dicht über den Wangenbeinen wird die Stirn sehr breit; die Lippen liegen in
der Lage des leichten spöttelnden Lächelns, und seine Gestalt, wie ich ihn in
Aßmannstädt[15] sah, hat recht etwas Mahlerisches.«[16]

Die Wieland-Büste für Pearson in Riga von 1795[17]

Nach eigenen Angaben erhielt Schadow den ersten Auftrag zu einer Wieland-
Büste im Jahr 1795 aus dem britischen Bankhaus Pearson mit Sitz in Riga[18]
der Hauptstadt des damaligen russischen Gouvernements Lettland. Seit den
Tagen Peters des Großen gehörte Riga zum russischen Reich, die alte Hanse-
stadt an den Ufern der Düna hatte aber ihren eigenständigen Charakter in
vielem bewahren können, die Hälfte der 30.000 Einwohner war deutscher
Herkunft. Doch ist nicht nur der deutschstämmigen Bevölkerung Rußlands
ein Interesse an der deutschen Kultur zuzuschreiben, auch Russen interessierten sich für diese und deren Vertreter. So gibt Weizsäcker mit dem Petersburger Grafen v. Golovkin einen russischen Besteller der Klauerschen Wieland-
büste an.[19] Und Wieland teilt dem Darmstädter Schriftsteller und Kritiker
Johann Heinrich Merck am 1. Oktober 1781 mit: »Auch sind Russen und

---

14 Ebd., S. 48.
15 Schadow meint Oßmannstedt.
16 ›Der Freimüthige‹, Nr. 87, 2. Juni 1803.
17 Die Büste wurde 1929 für die Alte Nationalgalerie Berlin aus dem Besitz Dr. Brockmann, Hannover,
    erworben. Normalerweise Depotbestand, wurde sie zuletzt 1994 ausgestellt: Johann Gottfried Schadow
    und seine Zeit. Ausstellungskatalog SMBPK. Berlin 1994, Katalognummer 49, S. 221.
18 SCHADOW (Anm. 3), S. 61. Daß Schadow in der Angabe des Bestellers der Wieland-Büste von 1802
    irrt, stellte Eckardt fest; vgl. ECKARDT, in: SCHADOW (Anm. 3), Bd. 2, S. 448. Die Informationslücke
    zu dem Bankhaus oder dem Kaufmann Pearson, die in jeder Abhandlung über die Wieland-Büste be-
    steht, konnte nicht geschlossen werden.
19 WEIZSÄCKER (Anm. 7), S. 16.

Russinnen bey uns gewesen, und haben unsern Klauer für drey Büsten v. G.[oethe, d. V.] H.[erder, d. V.] und W.[ieland, d. V.] aus Etterschem Stein[20] zu machen, 300 kleine Thlr. angewiesen.«[21]

Informationen zu Schadows erster Wieland-Büste sind sehr spärlich und zeichnen sich, besonders in Schadows Autographen, durch Fehldatierungen, beruhend auf Gedächtnisfehlern, aus. Nur eine von Mackowsky erstmals veröffentlichte Notiz gibt einen sicheren Hinweis auf die Entstehungszeit der Büste: »Einen Anhalt zur Datierung bietet eine Notiz im Skizzenbuch A, die unter den Ausgaben am 12. Oktober 1795 Accise und Zoll bei Absendung einer Wielandbüste vermerkt.«[22] Eine zuverlässige Auskunft über den Auftraggeber gibt Schadow in einem für den Kronprinzen Ludwig von Bayern bestimmten Bericht vom 28. April 1812: »Diese habe ich das erstemal verfertigt, für das Haus Pearson in Riga.«[23] Schadow gibt in seinem in Weimar geführten ›Tagebuch einer Reise nach Weimar, 1802‹ die weitere Auskunft, daß er Wielands »Büste einst nach einem schlechten Gips-Model hätte müssen in Marmor ausführen«.[24] In dem bereits erwähnten Bericht an den bayerischen Kronprinzen Ludwig expliziert Schadow, um welches Modell es sich dabei handelte: »nach einem Modelle von Klauer in Weimar.«[25] Dabei hatte Schadow vor 1802 keinen persönlichen Kontakt zu Wieland, was sich aus dem weiteren Textverlauf des Tagebuchs ergibt: »wenn es mir irgend möglich gewesen wäre, [wäre Schadow, d. V.] damals [1795, d. V.] schon hergereist ...«.[26]

Die Schadowsche Wieland-Büste von 1795 ist in Marmor ausgeführt, die Höhe beträgt mit Sockel 470 mm, sie ist nicht signiert. Auf einem Schild unterhalb des Brustabschnittes und zurückversetzt befindet sich in Majuskeln der Name des Dargestellten: »WIELAND.« Über dem unbekleideten Brustansatz erhebt sich der leicht nach vorne geneigte Kopf des Dichters. Die an die sehr hohe, breit vorgebaute Stirn angrenzenden Haare sind in Sichelwellen zurückgekämmt. Augensterne sind nicht angegeben. Da Schadow der Klauerschen Büste folgt - Klauer stellte den Dichter im achtundvierzigsten Lebensjahr dar - und keine Veränderungen, d. i. sichtbare Spuren der Alterung, in seine Büste einbrachte, gibt Schadows Büste den achtundvierzig Jahre alten

20 Eigentlich »Oetterscher Kalkstein«, in der Nähe von Weimar gefundener Kalkstein, in Härte und Struktur dem Marmor vergleichbar, von grauer Farbe. Goethe veranlaßte seinerzeit die Suche nach einem wohlfeilen Marmorersatz, vgl. GEESE (Anm. 8), S. 23 f.
21 STARNES I, S. 704.
22 Hans MACKOWSKY: Die Bildwerke Gottfried Schadows. Berlin 1951, S. 93.
23 Schadow - Ludwig (I.), 28. April 1812, Geheimes Hausarchiv München.
24 FRIEDLÄNDER (Anm. 1), S. 72.
25 Schadow - Ludwig (I.), 28. April 1812 (Anm. 23).
26 FRIEDLÄNDER (Anm. 1), S. 72.

Wieland wieder, der zur Zeit der Büstenentstehung, 1795, bereits im zwei-
undsechzigsten Lebensjahr stand. Klauers Biograph Walter Geese bespricht die
Büste sehr positiv: »Im schönen weißen Marmor faßt der Berliner Bildhauer
glatter und runder, ja eleganter die Formen zusammen, in vielem wichtige
Einzelheiten negierend, in manchem mit persönlichen Zutaten.«[27]

Die auftragsfreie Wieland-Büste von 1802

Um 1800 hatte sich »eine kleine, aber künstlerisch gewichtige Kolonie
[Berliner Künstler, d.V.] in Weimar zusammengefunden«[28], die sich aus folgenden Berliner Künstlern zusammensetzte: Dem Berliner Baumeister Heinrich Gentz war die Aufgabe erteilt worden, den immer wieder ins Stocken
geratenen Neubau des 1774 abgebrannten Weimarer Schlosses zu Ende zu
führen. Gentz erhielt eigens für diese Bauaufgabe eine Beurlaubung von
König Friedrich Wilhelm III. Der Architekt und Architekturschriftsteller
Martin Friedrich Rabe führte in der Zeit, da Gentz nicht in Weimar weilte,
als Bauführer die Aufsicht über das Projekt. Zwei weitere Künstler waren aus
Berlin für den Schloßbau nach Weimar berufen worden: die Architekten
Crahmer und Louis Friedrich Catel. Auch lebte der Bildhauer Friedrich Tieck
in Weimar, er war mit dekorativen Arbeiten für das Schloß betraut; von
Wilhelm v. Humboldt war er im September 1801 in die Gesellschaft Goethes
eingeführt worden.

Louis Catel unterbrach seine Anwesenheit in Weimar in unbestimmten
Abständen, um für kurze Zeitspannen in Berlin zu arbeiten; so auch im September 1802. Kurz vor seiner Rückkreise nach Weimar konnte Catel seinen
Bruder Franz Ludwig Catel und Schadow dazu überreden, gemeinsam mit
ihm zu reisen.[29] Zwar läßt sich der Anlaß für Schadows Aufenthalt in Weimar
vom 17. September bis 10. Oktober 1802[30] nicht eindeutig eruieren, doch
kann mit Eckardt vermutet werden, daß Schadow die Reise gezielt unternahm,
um Wieland zu begegnen und um ihn nach dem Leben zu modellieren.[31] Die
Reise nach Weimar wurde zu einer Bildungs- und Besichtigungstour ausgedehnt. Von Berlin ausgehend, über Brück, Dessau, Halle und Lauchstädt

---

27 GEESE (Anm. 8), S. 91.
28 Hans MACKOWSKY: Goethe und Schadow. In: Zeitschrift des deutschen Vereins für Kunstwissenschaft,
    3. Bd. Berlin 1949, S. 42.
29 Schadow schreibt, daß er gemeinsam mit Franz Catel dessen Bruder Louis in Weimar besuchen wollte,
    vgl. SCHADOW (Anm. 3), Bd. 1, S. 61.
30 Ebd.
31 ECKARDT, in: SCHADOW (Anm. 3), Bd. 2, S. 448.

führte der Weg nach Naumburg, dann auf die Rudelsburg, nach Camburg, Dornburg und schließlich über Jena nach Weimar. Über den genauen Verlauf der Reise gibt Schadow in seinem Reisetagebuch Auskunft.[32] Der Bericht, der nicht zur Veröffentlichung bestimmt war und erstmals durch Friedländer der Öffentlichkeit bekannt gemacht wurde, bricht mit dem 5. Oktober 1802 ab.

Am 21. September 1802, nach Halt bei August von Kotzebue in Jena, in Weimar angelangt, suchte die Reisegesellschaft zunächst Gentz auf. Tieck hatte sich zwischenzeitlich beigesellt, und schließlich erweiterte noch Heinrich Meyer den Kreis der Kunstfreunde. Am folgenden Tag, dem 22. September, galten die Aufwartungen dem Verlagsbuchhändler Friedrich Justin Bertuch und Wilhelm v. Humboldt. Anschließend begab sich Schadow mit den beiden Catels zu Goethe.

Dieser Besuch endete mit einem heftigen Eklat. Schadow hatte den *á propos* verpaßt und Goethe unvermittelt gebeten, dessen Kopfmaße für seine wissenschaftliche Sammlung von Physiognomien abnehmen zu dürfen, was dem Geheimrat überhaupt nicht zusagte. Nach dieser unerfreulichen Aufnahme bei Goethe verließ Schadow für die kommenden zwei Tage Weimar, um Kotzebue in Jena zu besuchen und die Umgebung, u. a. Rudolstadt, zu besichtigen. Am 25. September traf Schadow wieder in Weimar ein. Während eines Spazierganges am 27. September mit Tieck und Franz Catel im Weimarischen Park äußerte Schadow sein Vorhaben, »des alten Wieland Büste zu machen«.[33] Tieck warf daraufhin ein: »unter mehreren Büsten sollte er diese auch machen«.[34] Der Förderer dieser Auftragsvergabe an Tieck war Goethe. Böttiger erkannte schnell das Explosive der Situation, die er selbst, vermutlich willentlich, herbeigeredet hatte. So notierte Schadow in seinem Reisetagebuch: »Hrn. v. Goethe, meinte er [Böttiger, d. V.] würde diese Geschichte nicht recht sein. Dass ihm mein Herkommen nicht behage, merke er aus Manchem, sei es nun weil ich einst an seiner Göttlichkeit gezweifelt habe, oder weil seine Ausstellung so armselig ist, oder weil er selbst die Wieland'sche Büste habe besorgen sollen und dazu bis jetzt nichts gethan habe. Und überhaupt im Kunstfache dürfe ohne sein Wissen Nichts geschehen, weil dies zu seinem Departement gehört.«[35]

---

32 FRIEDLÄNDER (Anm. 1), S. 65-78. Informationen zu dieser Reise und den Geschehnissen in Weimar sind nur von Schadow überliefert. Weder in Goethes noch in Wielands Nachlaß sind weiterführende Aufzeichnungen nachgewiesen.
33 FRIEDLÄNDER (Anm. 1), S. 71.
34 Ebd.
35 Ebd., S. 73.

Mit Carl August Böttiger, dem Mitherausgeber von Wielands Zeitung ›Neuer Teutscher Merkur‹, wurde verabredet, Wieland am 28. September 1802 bei der Herzogin Anna Amalia in Tiefurt aufzusuchen. Die hochgespannten Erwartungen wurden jedoch enttäuscht. Wieland hatte sich bereits aus Gesundheitsgründen auf sein Gut Oßmannstedt, sein »Osmantinum«,[36] zurückgezogen.[37] Schadow machte der Herzogin seine Aufwartung und unterrichtete sie von seinem Vorhaben betreffs der Wieland-Büste. Anna Amalia unterstützte dies: Schadow täte gut daran, Wieland jetzt zu modellieren, »nun Er alt sein, indem Er früher nie so gut ausgesehen habe.«[38]

Goethe jedoch fühlte sich in seinem »Departement« gestört. Unverzüglich suchte er die Herzogin Anna Amalia auf, von der er ein Dekret zur Unterbindung des Schadowschen Vorhabens forderte. Laut Schadows Reisetagebuch nannte Goethe Schadow »einen geizigen neidischen tracassièren Mann«,[39] den Wortlaut hatte Schadow von Böttiger erhalten. Das erlösende Wort brachte Herzog Carl August, der zufälligerweise seine Mutter besuchte. Er schien sich über die Szene zu wundern und äußerte, daß es »[...] lediglich vom alten Wieland abhinge, dem es freistände, zu sitzen, wem es ihm beliebe, und eben so wäre ja Schadow auch der Mann, der jede Büste machen könne, welche ihm einfiele«.[40]

Mit einem Einführungsbillet von Böttiger begab sich der Bildhauer am folgenden Tag, Mittwoch, 29. September, nach Oßmannstedt. Schadow traf Wieland im Garten an und wurde bald darauf in dessen Haus geführt. Schadows oben bereits zitierte Beschreibung des Dichters fällt mehr als anerkennend aus: »Er war der erste deutsche Gelehrte für mich, der etwas Dichterisches auch in seinem Aeussern hatte. Seine kurzen grauen Locken, seine schwarze Prälaten-Kappe und breiter rother Gurt gaben ihm ein malerisches Aussehn.«[41]

Auf Schadows Anfrage, ob er eine Büste des Dichters nach dem Leben modellieren dürfe, reagierte Wieland zunächst mit Bedenken. Ihm sei alle Lust zu sitzen vergangen, da er bisher immer, besonders auf graphischen Blättern,[42] schlecht abgebildet sei. Auch gäbe der Wunsch des Herzogs eher

---

36 Eine Analogiebildung zum Sabinum des Horaz, vgl. Johann Gottfried GRUBER: Wielands Leben, mit Einschluß vieler noch ungedruckter Briefe. 4 Teile. Leipzig 1827/28. Hier: 7. Buch, S. 183.
37 SCHADOW (Anm. 3), Bd. 1, S. 62.
38 Schadow - Ludwig I., 20. April 1837 (Anm. 23).
39 FRIEDLÄNDER (Anm. 1), S. 74.
40 Ebd., S. 75.
41 Ebd., S. 72.
42 Wieland denkt hierbei wohl an den Stich Johann Friedrich Bauses.

Grund, Schadows Bitte abzuschlagen, denn der Herzog sei vor einiger Zeit an
Wieland mit dem Wunsch herangetreten, seine Büste von Friedrich Tiecks
Hand angefertigt zu wissen. Daraufhin habe Wieland geäußert: »wenn Seine
Durchlaucht befehlen, so lege er seinen alten Kopf zu Füßen, da dieser
überdem nicht mehr tauge.« Der Herzog schien diese Redensart nicht
verstehen zu wollen. Doch spiegelte diese nichts anderes wider als Wielands
Verdruß über die Bildnisse, die von seiner Person bisher gefertigt wurden,
aber auch seine Abneigung dem sechsundzwanzigjährigen Friedrich Tieck
gegenüber. Da Tiecks Bruder »zu einer Clique gehöre, die es sich seit einiger
Zeit zum angenehmen Geschäft mache, ihn mit Recht oder Unrecht anzu-
greifen und zu beleidigen«, und Wieland in einem Alter stehe, »wo einem ein
Dieser oder Jener nicht gleich behage«, wollte er diese Arbeit nicht zulassen.
Mit einer Spitze gegen Goethe, soweit zumindest in der Überlieferung durch
Schadow, schloß Wieland das Thema ab: Er traue Tieck durchaus zu, eine
»gute und getreue Abbildung« fertigen zu können, »zumal wenn man ihm,
unter der Hand, nicht sowas von einem Jupiter oder Apollo zu verstehen
gäbe«.[43]

Der achtunddreißigjährige Schadow konnte schließlich doch den neun-
undsechzigjährigen Wieland überreden, ihm für eine Büste Modell zu sitzen.[44]
Hierfür mußte aber die Verabredung getroffen werden, daß sich Wieland drei
Tage in Weimar aufhielt. Da Wieland Weimar nicht mehr besuchte und seine
angegriffene Gesundheit den Dichter wenige Tage zuvor veranlaßt hatte, den
Hof der Herzogin zu verlassen, stellte dieses Angebot ein sehr großes Entgegenkommen Schadow gegenüber dar. Zurückgekehrt nach Weimar mußte
Schadow, der an einem »Uebereinkommen sehr gezweifelt hatte«,[45] einige Vor-
bereitungen treffen, u. a. mußte er Modellton beschaffen. Diesen erhielt er,
wieder durch Böttigers Vermittlung, aus der Werkstatt Ludwig Klauers, der
nach dem Tod seines Vaters den Betrieb übernommen hatte. Am vereinbarten
Tag, Samstag, 2. Oktober, traf Wieland gegen halb elf Uhr vormittags in
Schadows Hotel »Zum Elefanten« in Weimar ein. Schadow bat Wieland in
sein Hotel zu kommen, da er dort gutes Licht hatte. Über diese erste Sitzung
schreibt Schadow: »Ich spannte meine Aufmerksamkeit um sowohl gut als
prompt zu arbeiten, und die erste Anlage fiel zu meiner eigenen Zufriedenheit

---

43 SCHADOW (Anm. 3), Bd.1, S. 63. Wieland bezieht sich hier auf die Goethe-Büste Tiecks von 1801 und
   wohl auf Heinrich Burys Goethe-Porträt von 1800.
44 Wieland - Anna Amalia, 20. August 1802, Goethe-Museum Düsseldorf (Anm. 2).
45 FRIEDLÄNDER (Anm. 1), S. 73.

aus.«[46] In zwei weiteren Sitzungen an den folgenden Tagen legte Schadow die Büste soweit an, daß sie am 5. Oktober »schon besucht und besehen«[47] werden konnte. Der Herzog kam persönlich, »ihm gefiel die Büste ungemein«.[48]

Da ein feuchtes Tonmodell nicht transportfähig ist, mußte Schadow einen Gipsabguß in Auftrag geben. Wieder übernahm die Klauersche Werkstatt diesen Auftrag. Über die Ausführung desselben berichtete Schadow in Kotzebues Zeitschrift ›Der Freimütige‹: »[...] ich mußte sie in nassem Thon dort zurücklassen, überließ das Formen Andern [der Werkstatt Klauer,[49] d. V.] daselbst, und erschrak vor dem Ausguß in Gips, den man mir davon hieher schickte, weil es bewies, daß man so schlecht, als es nur möglich ist, die Büste geformt hatte.«[50]

Auf handwerkliches Unvermögen ist dieser schlechte Abguß nicht zurückzuführen, auch wenn der Sohn des ehemaligen Hofbildhauers Klauer nicht die Qualität der Arbeiten seines Vaters erreichte.[51] Sehr wahrscheinlich ist es, daß Goethe über Meyer auch hier seine Instruktionen gegeben hatte. Kotzebue kommentierte die Szene auf folgende - durch Schadow überlieferte - Weise: »[...] der Mensch [Goethe] wird durch sein Zuweitgreifen lächerlich, am Ende, wenn wir ihn machen ließen, müßten wir eine Erlaubnis haben von ihm zu jedem Vorhaben [...] Er hat kabalirt, heute verwende ich den ganzen Tag am Hofe, um gegen ihn zu kabaliren.«[52]

Goethe hatte nichts unversucht gelassen, um die Büste zu verhindern. Als er schließlich sah, daß seine Bemühungen fruchtlos im Sande verliefen, zog er sich zurück: »Abends in der Komödie sass Goethe 2 Bänke vor mir [Schadow, d. V.], er sah mich und musste mich sehen, vertiefte sich aber in ein Gespräch mit Loder, that freundlich mit W., und sah Alles nur mich nicht; ich verließ meinen Platz und ging in die Loge.«[53]

Für Schadow hatte die ganze Situation den Boden realer Geschäftigkeit verlassen: »Ich hatte meine Verwunderung über diese Wichtigkeit.«[54] Im Reisetagebuch schreibt er: »Ich begriff dies Alles nicht so ganz, und es machte mir

---

46   Ebd., S. 74.
47   SCHADOW (Anm. 3), Bd.1, S. 63.
48   FRIEDLÄNDER (Anm. 1), S. 76. S. a. Wieland - Böttiger, 8. 0ktober 1802, Sächsische Landes-bibliothek Dresden (Anm. 2).
49   MACKOWSKY (Anm. 28), S. 45.
50   ›Der Freimüthige‹, Nr. 87, 2. Juni 1803.
51   Geese spricht von: »der geringen Begabung dieser Folger«, die u. a. »am Erlöschen der Werkstatt« Schuld trugen, GEESE (Anm. 8), S. 192.
52   FRIEDLÄNDER (Anm. 1), S. 75 f.
53   Ebd.
54   SCHADOW (Anm. 3), Bd. 1, S. 63.

gar keinen Kummer.«[55] Und weiter: »Ich antwortete ihm hierauf, dass ich gleichsam aus den Wolken fiele, dass die Wichtigkeit, die man auf diese Geschichte legte, mich beinahe schwindlicht machen könnte.«[56]

Die Fertigstellung der Gipsbüste ist auf den Frühling 1803 zu datieren.[57] Darauffolgend modellierte Schadow ein Postament für die Büste. Es handelt sich dabei um ein reichverziertes Kästchen auf vier Löwentatzen. Die Vorderseite trägt ein Relief, das den von Psyche an eine Säule gefesselten Amor zeigt; rechts hinter Psyche schlägt ein Putto die Leier, links vor Amor bläst ein Panisk die Syrinx. Weinlaub umrankt die Darstellung - »eine artige Hindeutung auf die Schriften des Dichters«.[58] Um das Ausstattungsprogramm zu erhalten, wandte sich Schadow brieflich an Wieland und Böttiger mit der Bitte um einen Hinweis für ein Motto. In seinem Brief an Böttiger vom 8. Oktober 1802 schreibt Wieland: »Ich weiß, mehercule! nichts als - curarum dulce leminen unter eine lyra - oder dulce ante omnia Musa ...«.[59] Die bildfindende Idee für das Relief gab schließlich Böttiger, und zwar in Anlehnung an die Abbildung eines geschnittenen Steins aus dem ›Katalog der Gemmen und geschnittenen Steine des Museum Florentinum‹, herausgegeben von Antonio Francesco Gori.[60] Am 26. Juni 1804 schrieb Schadow an Böttiger: »Die kleine Basis zu Wielands buste sollen sie erhalten, u. dem guten Vater Wieland will ich auch meine Schuld abtragen.«[61] Wenig später erhielt Böttiger die Büste mit Basis, beide bronziert.[62] Doch Schadow äußerte selbst Kritik an seinem Postament: »um eine Büste zu tragen, paßt die Form nicht; und dann ist es auch so reich dekoriert, daß es das Auge besonders an sich zieht.«[63] Das Kästchen hat sich nicht erhalten.[64]

---

55 FRIEDLÄNDER (Anm. 1), S. 73.
56 Ebd., S. 75.
57 Ebd. In den folgenden Jahren fertigte Schadow mehrere Gipswiederholungen der Büste an, ein Exemplar davon besitzt die Deutsche Staatsbibliothek zu Berlin; die Gipsbüste gehört zur Porträtsammlung der Deutschen Staatsbibliothek, 1961 wurde sie von Erich Biehan wiederentdeckt (ECKARDT, in: SCHADOW [Anm. 3], Bd. 2, S. 452). Diese Gipsbüste weist einige Unter-schiede zum Original auf, so ist der Schriftzug »WIELAND« auf dem zurückgesetzten Sockelfuß nicht vorhanden, und die verlängerte Manteldrapierung leitet in den Bereich des Sockelfusses über. Ein anderes Exemplar ging am 29. Juli 1803 an den Grafen Joseph von Hohenzollern in Danzig (ebd., S. 452).
58 MACKOWSKY (Anm. 28), S. 47.
59 Wieland - Böttiger, 12. Dezember 1802 (Anm. 2).
60 Antonio Francesco GORI (Hg.): Gemmae [...] Museum Florentinum. Florenz 1731, Tafel LXXIX, Nr. IV; vgl. MACKOWSKY (Anm. 22), S. 168.
61 Schadow - Böttiger, 26. Juni 1804, Sächsische Landesbibliothek Dresden. ECKARDT, in: SCHADOW (Anm. 3), Bd. 2, S. 452.
62 Ebd.
63 MACKOWSKY (Anm. 28), S. 47.
64 MACKOWSKY (Anm. 22), S. 168.

Der Auftrag zur Ausführung der Wieland-Büste in Marmor muß im Herbst 1804 erfolgt sein; laut Skizzenbuch hatte sich Schadows Schüler Carl Friedrich Scheibler im November dieses Jahres zur Marmorbüste »preparirt«.[65] Lionel Colman, ein britischer Verehrer des Dichters, hatte Wieland während seiner Göttinger Studentenjahre in Weimar gesehen und beauftragte Schadow mit der Marmorausführung dieser Büste: »[...] nach diesem Modelle führte ich den ersten Marmor aus für H. Lionell Colmore in London der in Göttingen studirt hatte, u in Weimar den Wieland gesehen hatte.«[66]

Die Höhe der Marmorbüste beträgt 59 cm, an der unteren Sockelstufe ist sie mit: »WIELAND« bezeichnet; rückseitig »G: Schadow fecit 1805«. Schadow gibt den neunundsechzigjährigen Wieland in einer leicht vorgeneigten, etwas abwärtsblickenden, fast gebückten Haltung, die den Dichter noch älter erscheinen läßt. Die Folgen des Alters verschleiert Schadow nicht, er gibt sie getreu wieder. Die fleischigen Teile der Wangen sind geschrumpft und in der Mundpartie erschlafft, das Doppelkinn ist angedeutet. Die Nase mit den eng anliegenden Flügeln tritt energisch aus dem Gesicht hervor. Das mächtige Rund von Stirn und Schädeldecke wird von der mit dem alten »Vater Wieland« untrennbar verbundenen »Prälatenkappe« bedeckt. Die unterschiedlichen Stofflichkeiten von Kappe und Haut arbeitet Schadow besonders einfühlsam heraus; seitlich und in den Nacken reichend ringeln sich darunter tief angebohrte Haarlocken hervor. Die großen, aber wohlgeformten Ohren sind freigelassen. Schadow unterläßt es, den Blick der Augen durch Einbohrungen in die Pupille zu fixieren, wodurch er Wielands Kurzsichtigkeit, dessen wässrigen Blick, als charakterisierende Erweiterung in das Bildnis miteinbringt. Der sehr tief reichende Büstenabschnitt, man könnte fast von einem Schulterbild sprechen, ist mit einem hochgeschlossenen zeitgenössischen Gewand mit Umlegekragen bekleidet. Das Gewand wiederum ist von einer mantelartig umgeworfenen Draperie überdeckt und gibt nur die Kragenpartie frei. Der an eine antike Toga erinnernde Faltenwurf verleiht der Büste eine feierliche Haltung und trägt zur Charakterisierung des Dargestellten bei. So fügt sich ein solches zeitloses Gewand nahtlos in die Vorstellung eines Übersetzers griechischer und lateinischer Klassiker. An diese Vorstellung anschließend, gibt Schadow der Büste einen antikisierenden Hermenabschluß. Die Seiten sind ungeglättet und mit den auf antike Vorbilder verweisenden rechteckigen Einsatzlöchern versehen. Auch in dem ruhigen, streng frontal ausge-

---

65 Götz ECKARDT: Johann Gottfried Schadow. Der Bildhauer. Leipzig 1990, S. 270.
66 Schadow - Ludwig I., 28. April 1812 (Anm. 23).

richteten Aufbau der Büste orientiert sich Schadow an antiken Vorbildern. Schadow selbst schreibt: »Die Büste selbst machte ich mit all' der Liebe, die enthusiastische Verehrung und persönliche Zuneigung hervorbringen.«[67] Nicht nur für Mackowsky ist diese Büste Schadows »ein Werk höchster Meisterschaft«.[68]

Im Oktober 1802 versetzte ein anonymer Aufsatz über die laufende Weimarische Kunstausstellung und Preisverteilung, der in der weitverbreiteten Leipziger ›Zeitung für die elegante Welt‹, erschien, die Gemüter in Weimar und Jena in heftigste Erregung.[69] Dieser Aufsatz war eine bissige Persiflage, die Goethes und Meyers Manier der Aufgabenstellung und Besprechung imitierte und ins Lächerliche zog. Auch Schadow wurde als Verfasser vermutet. Auf die Darstellung der Schuldzuweisungen und Verdächtigungen und der Kreise, die dieser Artikel zog, kann hier verzichtet werden, zumal Scheidig feststellen konnte: »Heute kann gesagt werden, daß alle Verdächtigungen [bezogen auf Schadow, d. V.] unzutreffend waren. Der Angriff war aus nächster Nähe gekommen.«[70] Carl August Böttiger wurde als Verfasser vermutet; es ist mehr als wahrscheinlich, daß er für diesen Artikel Informationen aus seinen Gesprächen mit Schadow, Tieck, Gentz und anderen Berlinern verwandte. Daß der Titel des Manuskripts von Johann Gottfried Herders Frau Caroline geschrieben wurde, läßt auch Herders Mitwirkung vermuten.

Eine letzte Abrechnung, wenn man sie denn so bezeichnen möchte, behielt sich Schadow aber doch gegen Goethe vor. Er bediente sich des ›Freimüthigen‹, Kotzebues Zeitung, um in einem längeren Aufsatz über die Weimarer Geschehnisse die Weigerung Goethes, sich mit Zirkel und Maßstab die Maße des Kopfes nehmen zu lassen, ins Lächerliche zu ziehen: »Mehrere Versuche haben mich glauben gemacht, daß Menschen von größeren Geistesgaben Stirnbeine von größerem Umfange haben; und meine Erfahrungen zu vervielfältigen, hatte ich mir vorgenommen, während meines Aufenthaltes in Weimar, mit Zirkel und dem Faden Beobachtungen zu machen. Was mir hier zu Lande Vornehme und Geringe, Türken, Juden und alle Nationen ohne Beden-

---

67 ›Der Freimüthige‹, Nr. 87, 2. Juni 1803.
68 MACKOWSKY (Anm. 28), S. 46. Zuletzt wurde diese Büste in der Ausstellung: Goethe und die Kunst. Frankfurt/Weimar 1994, Katalognummer 140, S. 191 gezeigt.
69 ›Zeitung für die elegante Welt‹, erschien dreimal wöchentlich, hg. v. J. G. K. SPAZIER. Dieser auf den 30. September datierte Aufsatz erschien in fünf aufeinanderfolgenden Nummern: 7., 9., 12., 14. und 16. Oktober.
70 Walter SCHEIDIG: Goethes Preisaufgaben für bildende Künstler 1799-1805. Schriften der Goethe-Gesellschaft, 57. Bd. Weimar 1958, S. 315.

ken gestatteten, wurde dort mit großem Bedenken nicht gestattet; es war aber vielleicht meine eigene Schuld, indem ich den à propos verfehlte.«[71]

Die Wende brachte die Weimarer Kunstausstellung des Jahres 1803. Durch die Einbeziehung von Bildnisbüsten wurde das Programm erweitert und gab damit Platz für sechs Arbeiten Friedrich Tiecks, aber auch für die Wieland-Büste Schadows. Ein mit: »1802 G. Schadow« bezeichnetes Exemplar dieser Büste in gebranntem Ton, ehemals im Schloßmuseum Weimar, fand in der Weimarischen Kunstausstellung von 1803 unter der Nummer 30 Aufstellung.[72] Es scheint sich dabei um das verlorene Originalmodell der Schadow-schen Wieland-Büste zu handeln.[73] Goethe gibt in der Ausstellung dieses Bozzettos seine Anerkennung Schadow gegenüber deutlich zu erkennen. Er lenkt ein, wenn auch stillschweigend und spät: »Wenn Goethe das Werk trotzdem in die Ausstellung aufnahm und sich mit ihm befaßte, indem er den Platz in den Räumen anwies, dann ist es typisch für sein stillschweigendes Einlenken nach Differenzen, bei denen er am Ende dem Partner nicht Unrecht geben wollte.«[74]

Die Marmorausführung wurde 1818 in London auf einer Versteigerung von dem Wieland-Verehrer Henry Crabb Robinson erworben. Robinsons Besuche und Aufenthalte in Weimar bzw. bei Wieland sind u. a. für den 20. November 1801 belegt: »Friday the 20th was one of the most inter[esting days, d. V.] of my Life - As soon as we had breakfast we waited on the old & venerable Wieland«.[75] Der britische Bildhauer John Flaxman empfahl Robinson den Kauf der Schadowschen Büste und rühmte sie als »a perfect work«.[76] Auch nach Robinsons Zeugnis gibt die Büste Wielands Aussehen auf das genaueste wieder. Während seines Weimaraufenthaltes im Jahre 1829 drängte Goethe darauf, Robinson möge die Büste testamentarisch dem Großherzog von Weimar vermachen. Robinson folgte dem Drängen Goethes; nach seinem Tod, 1867, wurde die Wieland-Büste an den Großherzog Carl Alexander übersandt, der sie 1868 der Bibliothek in Weimar übergab.[77]

---

71 ›Der Freimüthige‹, 2. Juni 1803.
72 SCHEIDIG (Anm. 70), S. 386.
73 MACKOWSKY (Anm. 28), S. 46.
74 SCHEIDIG (Anm 70), S. 383.
75 STARNES III, S. 81.
76 MACKOWSKY (Anm. 22), S. 166.
77 Ebd.

Die Wieland-Büste für die Walhalla (1807)

Den dritten Auftrag zu der Ausführung einer Wieland-Büste erhielt Schadow 1807 durch den Kronprinzen Ludwig (I.) von Bayern. Dieser hatte in den Tagen, da Napoleon in Berlin einmarschierte, den Plan zu einem großen deutschen Ruhmesdenkmal gefaßt, der in der vierzehn Jahre später errichteten »Walhalla« (1830-42) oberhalb Donaustaufs bei Regensburg durch den Architekten Leo v. Klenze seine Verwirklichung erfuhr.[78]

Bereits am 10. Januar 1807 wurde im Beisein des Kronprinzen und seines Begleiters, des Inspektors der Münchener Gemäldegalerie Johann Georg v. Dillis, ein Vertrag unterschrieben, in welchem der Kronprinz sechzehn von Schadow auszuführende Büsten bestellte: »Die Brustbilder von König Friedrich mit dem Lorbeerkrantz. von Wieland. Copernikus. Kant. Johannes Müller. Herzog Ferdinand von Braunschweig. Klopstock. Leipnitz. Iffland. Kotzebue u. Friedrich Leopold Graf v. Stollberg.«[79] Am 9. August wurden noch weitere Büsten in den Vertrag aufgenommen: »Prinz Heinrich. Friedrich II. Otto v. Guerike. Haller. Graf von der Lippe Schaumburg. Heinrich der Finkler.«[80] Daß Schadow eigene Vorschläge einbrachte, beweist die Aufnahme des Prinzen Heinrich, Bruder Friedrichs II., und vor allem seines Freundes Kotzebue, auch wenn beide wieder aus dem Programm der Walhalla gestrichen wurden. Auch in der Reihenfolge der Fertigung beanspruchte Schadow das Vorrecht der eigenen Entscheidung. Er begann mit den Büsten, für die er Modelle in seiner Werkstatt hatte. Von Friedrich II. besaß er die Totenmaske in Wachs mit geschlossenen Augen, die Eckstein abgenommen hatte, von Wieland die Gesichtsmaske, die er 1802 in Weimar nach dem lebenden Modell gefertigt hatte.

Größe, Form, Material und Ausführung waren im Vertrag genau festgelegt worden: »In Carrar Marmor prima sorte aus zu führen 22 zoll Rheinländisch hoch u 11 zoll an der Standfläche breit in Form antiker filosophen Busten um solche auf Hermen zu setzen [...] Noch ist zu merken, daß auf jeder Buste vorne der Name des Dargestellten, u auf der Hinterseite der des Verfertigers eingegraben werden. Alle diese Busten im antiken Stile, mit Weglassung alles neuen Costums u Haarputzes.«[81]

---

78 Vgl. den Briefwechsel zwischen LUDWIG I. VON BAYERN und Georg VON DILLIS 1807-1841. Hg. u. bearb. v. Richard MESSERER. München 1966, S. XVIII, 10 f. Anm. (h).
79 Vertrag Kronprinz Ludwig (I.) v. Bayern - Schadow, 10. Januar 1807, Nationalgalerie SMBPK Berlin.
80 Ebd.
81 Ebd.

Als Vorlage für die Wieland-Büste verwendete Schadow seine 1802 nach dem lebenden Modell geschaffene Büste, sie ist also nicht als eine neue künstlerische Auseinandersetzung mit dem Dichter anzusehen. Die von dem Kronprinzen geforderten Maße stimmten nicht mit der vorhandenen Büste überein, entsprechend konnte nicht nach diesem Gipsmodell von 1802 gearbeitet werden. Es mußte eine neue, um 10 cm vergrößerte Büste modelliert werden, zunächst in Ton. In einem Schreiben an Böttiger vom 19. Mai 1807 erwähnte Schadow: »Grade mit Wielands Büste hab' ich jetzt zu schaffen, ich habe solche ein wenig größer als Natur gemacht, ohne drapperie, nach der Art der Termen Büsten, und die geringe Vergrößerung giebt mir viel zu thun.«[82] Die »Art der Termen Büsten« forderte, zumindest in der Interpretation Schadows, quaderförmige Aussparungen an den Seitenflächen der Büsten in der Art antiker Hermenbüsten. Dieses antikisierende Merkmal ist in der Walhalla ausschließlich an den von Schadow gefertigten Büsten, nicht an denen anderer Bildhauer zu finden.

Die Eintragungen im Schreibkalender geben einen guten Einblick in die Entstehung dieser Büste. Schadow bezeichnet sie in seinem Schreibkalender: »Wieland agrandi«. Laut Schreibkalender begann Schadow am 7. Februar 1807 mit den Arbeiten zu der Büste: »Wieland agrandi angefangen«; das heißt, er fertigte ein vergrößertes Tonmodell an, das eine Woche später, am 13. Februar vollendet war: »Wieland agrandi fertig modellirt.« Am folgenden Tag erstellte der Former der Akademie der Künste, Beyer, von dem Tonmodell eine Gipsform: »Beyer verlohrene Form von Wieland gemacht.« Am 9. März schließlich begann sein Schüler Louis Wichmann mit den Arbeiten am Marmorblock: »Louis W.[ichmann, d. V.] hatte in Marmor die Büste Wieland angefangen.«[83] Bereits hier zeigten sich Schwierigkeiten mit den eigens für die Büsten aus Carrara bestellten Marmorblöcken. Durch eine unglückliche Verwechslung erhielt Schadow anstelle der achtunddreißig Marmorblöcke in »prima sorte« Marmorblöcke in einer schlechteren Qualität: »Dieser Vorfall gab eine trübe Perspektive und viele bittere Stunden. Seconda Sorte hat keinen reinen Grund, arbeitet sich daher schwer, insbesondere in Haarpartien, und ist grade zu Büsten am wenigsten geeignet.«[84] »[...] ein Stück Marmor mußte wegen einem Stich weggesetzt werden.«[85] Knapp zwei Monate später war die Büste so weit bossiert, daß am 5. Mai: »Vor u. Nachm[ittags, d. V.] an der colosalen

---

82 Schadow - Böttiger, 19. Mai 1807, Sächsische Landesbibliothek Dresden.
83 Schreibkalender, 9. März 1807, Nationalgalerie SMBPK Berlin.
84 ECKARDT (Anm. 65), S. 274; SCHADOW (Anm. 3), Bd. 1, S. 79.
85 Schreibkalender, 9. März 1807 (Anm. 83); MACKOWSKY (Anm. 22), S. 186.

Marmorbüste Wielands retouchirt«[86] werden konnte. Die folgenden Tage bestimmte die Wielandbüste die Arbeit in der Werkstatt: »fleißig gearbeitet an Wieland Colossal Marmorblock«[87], so daß am 1. Juni die Arbeiten an der Büste abgeschlossen werden konnten: »Wieland colossal Büste fertig.«[88]

Kronprinz Ludwig sah die Büsten Friedrichs II. und Wielands am 1. September 1807 in Schadows Atelier. Zur Qualität äußerte er sich Dillis gegenüber: »Mein erster Ausflug [...] war zu Schadow, wo ich die Büste Friedrich II. und Wielands schon vollendet [...] fand. Die Höhe griechischer Kunst erreichen sie nicht, sind aber schöne Werke, sie gewähren, Friedrich vorzüglich, einen herrlichen Anblick.«[89] Die zuerst fertiggestellten Büsten (weitgehend von Schülerhand ausgeführt): Friedrich II., Wieland, Copernikus gingen am 6. Oktober 1807 nach München ab.[90] Nach Eintreffen der Sendung ergingen schon kritischere Töne aus München: »Sie erhalten meinen warmen Beifall all derer, welche sie sahen, nur ein wenig mehr ausgearbeitet noch der einzige Wunsch.«[91] Die Reaktionen aus München auf die zugesandten Büsten waren zwiespältig. Neben der Kritik, die Maße seien nicht genau eingehalten worden, bemängelte man auch die Qualität des Marmors, was aber durch die Fehllieferung aus Carrara zu erklären war. Möglicherweise gab auch dieser Marmor »seconda sorte« die Ursache für den schwerwiegenden Vorwurf, Schadow habe seine Arbeiten nicht genügend ausgearbeitet. Schadow zumindest schien diesen Vorwurf auf sich zu beziehen und als gerechtfertigt anzusehen, zumal der Großteil der Büsten von seinen Werkstattgehilfen angefertigt wurde, er selbst nur letzte Hand anlegte. Anläßlich der Sendung vom 3. Oktober 1809 unterläßt es Schadow nicht, darauf hinzuweisen, daß »er solche diesmal selbst gemacht, u. keine Sorgfalt u. Mühe gespart habe«.[92]

Schadow gelingt es mit seiner - ohne Auftrag entstandenen - Büste von 1802, seine tiefe Verehrung für Wieland mit einer höchst sensiblen Wiedergabe des Dichters und Gelehrten zu verbinden, die uns auch heute noch diese Büste als schlichtweg unübertroffene Porträtdarstellung Wielands ansehen läßt. Dabei ist Schadows frühe Schöpfung von 1795 als Vorarbeit, dem Zopfstil seines Lehrmeisters Antoine Tassaert verhaftet, einzuschätzen. Die Ausführung von

86 Schreibkalender, 5. Mai 1807 (Anm. 83).
87 Schreibkalender, 18. Mai 1807 (Anm. 83).
88 Schreibkalender, 1. Juni 1807 (Anm. 83).
89 Ludwig (I.) - Dillis, 1. August 1807 (Anm. 79).
90 Schadow - Ludwig (I.), 6. Oktober 1807 (Anm. 23).
91 Ludwig (I.) - Schadow, 8. November 1807, in: ECKARDT (Anm. 65), S. 144.
92 ECKARDT (Anm. 65), S. 145.

1807 dagegen besitzt keine eigenständigen Qualitäten, sie muß ausschließlich als Wiederholung - vielleicht sogar als Werkstattwiederholung - gesehen werden, deren einzige Veränderung im Sinne einer Weiterführung und Vertiefung des Kunstschaffens in der deutlichern Anlehnung an antike Hermenbüsten zu sehen ist.

Jürgen Kiefer

CHRISTOPH MARTIN WIELAND ALS MITGLIED DES LEHRKÖRPERS DER ERFURTER UNIVERSITÄT UND SEIN LEHRPROGRAMM

Als eine der bemerkenswertesten Reformen der 1392 als fünftälteste Universität in Mitteleuropa aus dem Willen der Stadt heraus gegründeten Hohen Schule in Erfurt gilt es, die der Jahre 1768-1772 festzuhalten.[1] Nach der Reformankündigung »Die neue Einrichtung der Universität Erfurt« von 1768, in der u. a. betont wurde, daß »in dieser Stadt das freie Exercitium utriusque Religionis ungestört getrieben werden könne«,[2] verwirklichte die kurmainzische Regierung zügig ihren Plan, den drohenden Verfall der akademischen Schule abzuwenden, und gewann mehrere junge Vertreter der mitteldeutschen Aufklärungsschule, die sich um die Universitäten Halle, Leipzig und Jena gebildet hatte. Noch im gleichen Jahr wurden für die Philosophische Fakultät mit Friedrich Justus Riedel ein junger Ästhetiker aus Jena[3] und kurz darauf

---

1   Für E. Kleineidam strebte die Reform von 1768 eine »umfassende Erneuerung der Universität« im Sinne der Aufklärung an (vgl. Erich KLEINEIDAM: Universitas Studii Erfordensis. Überblick über die Geschichte der Universität Erfurt. Teil IV: Die Barock- und Aufklärungszeit von 1633 bis zum Untergang 1816. Zweite, erweiterte Auflage, Leipzig 1988 [= Erfurter Theologische Studien 47], S. 130; hier auch die umfassendste Darstellung dieser Periode, S. 154-203). G. Mühlpfordt bezeichnet die Reform von 1766-1772 als die gelungenste aller Erfurter Universitätsreformen im Zeitalter der Aufklärung und weist auf die günstigen Voraussetzungen in der Stadt hin, die noch immer größer als z. B. Berlin, Dresden, Halle und Leipzig war. Durch die Berufung Christian Heinrich Vogels (gest. 1771) wurde 1766 die Reform eingeleitet (vgl. Günther MÜHLPFORDT: Die letzte Blüte der alten Universität Erfurt. Zur Reform der Hierana im Geist von Aufklärung und Toleranz 1766-1772. In: Zur Geschichte der Universität Erfurt. Hg. von H. R. ABE u. J. KIEFER. Erfurt-Vieselbach 1993 [= Sonderschriften der Akademie gemeinnütziger Wissenschaften zu Erfurt 21], S. 73 ff.). H. R. Abe weist darauf hin, daß die nach Prag (1348), Wien (1365), Heidelberg (1386) und Köln (1388) gegründete Hierana »von Anfang an eine mit allen Rechten schon bestehender Generalstudien ausgestattete Volluniversität« war (vgl. Horst Rudolf ABE: Die Medizinische Akademie Erfurt als Traditionsträgerin der Erfurter Universität im Spiegel ihres hochschul- und wissenschaftsgeschichtlichen Erbes. In: Festschrift der Medizinischen Akademie Erfurt aus Anlaß der Erfurter Universitätsgründung 1392. Erfurt 1992, S. 13).

2   Die neue Einrichtung der Universität Erfurt, in: Wilhelm STIEDA: Erfurter Universitätsreformpläne im 18. Jahrhundert. Erfurt 1934 (= Sonderschriften der Akademie gemeinnütziger Wissenschaften zu Erfurt 5), S. 79.

3   Friedrich Justus Riedel (1742-1785) hatte ursprünglich in Halle und Leipzig studiert und wechselte 1772 an die kaiserliche Kunstakademie in Wien (vgl. Allgemeine Deutsche Biographie [ADB]. 55

die beiden Leipziger Universitätsangehörigen, der Philologe Johann Jacob Sinnhold sowie der radikale Aufklärer Karl Friedrich Bahrdt,[4] der ebenso wie Riedel die hier vorgefundene »Mischung von Protestanten und Katholiken« durchaus begrüßte,[5] nach Erfurt berufen. Wie die schon genannten kamen weiterhin der Philologe Johann Friedrich Herel[6] und der Historiker Johann Georg Meusel aus Halle[7] auf Empfehlung des Hallenser Aufklärers Christian Adolph Klotz an die Hierana.[8] Ihnen folgten der Jenaer Philosoph Johann Christian Lossius[9] und schließlich der damalige Kanzleivorsteher aus Biberach, Christoph Martin Wieland,[10] der zuletzt durch seine ›Geschichte des Agathon‹ (1766/67) weithin bekannt geworden war.

Wieland hatte sich 1768 selbst für eine mögliche Berufung nach Erfurt empfohlen.[11] Die Verbindung zur Erfurter Universität war für ihn nicht neu, hatte er doch hier als Fünfzehnjähriger sein Studium begonnen. Aus Klosterbergen bei Magdeburg kommend, wurde Wieland als »J. Christopherus Martinus Wieland Biberaco-Suevus«[12] am 19. Mai 1749 vom damaligen Universitäts-

Bände. Leipzig 1875-1910; hier: Bd. 28, S. 521; Johannes BIEREYE: Erfurt in seinen berühmten Persönlichkeiten. Erfurt 1937 [= Sonderschriften der Akademie gemeinnütziger Wissenschaften 11], S. 89 f.).

4   Karl Friedrich Bahrdt (1741-1792) folgte schon 1771 einem Ruf aus Gießen (vgl. ADB [Anm. 3], Bd. 1, S. 772; Günther MÜHLPFORDT: Karl Friedrich Bahrdt und die radikale Aufklärung. In: Jahrbücher des Instituts für Deutsche Geschichte V (1976), S. 49-100; Biereye [Anm. 3], S. 4).

5   Vgl. Dr. Carl Friedrich Bahrdts Geschichte seines Lebens, seiner Meinungen und Schicksale. Von ihm selbst geschrieben (4 Teile 1790-1791), zitiert nach MÜHLPFORDT: Die letzte Blüte (Anm. 1), S. 76.

6   Johann Friedrich Herel (1745-1800) gab 1772 seine Professur auf (vgl. KLEINEIDAM [Anm. 1], S. 137 f.).

7   Johann Georg Meusel (1743-1820) ging nach abgelehnten Rufen aus Jena und Gießen schließlich 1779 nach Erlangen (vgl. ADB [Anm. 3], Bd. 21, S. 544; BIEREYE [Anm. 3], S. 73).

8   Vgl. zur Mitwirkung von Ch. A. Klotz (1738-1771) KLEINEIDAM (Anm. 1), S. 165-170; MÜHLPFORDT: Die letzte Blüte (Anm. 1), S. 85.

9   Johann Christian Lossius (1743-1813) wurde 1770 Professor und blieb bis zu seinem Lebensende Angehöriger der Erfurter Universität.

10   Christoph Martin Wieland (1733-1813). Vgl. für die Erfurter Professorenjahre u. a. Robert BOXBERGER: Wielands Beziehungen zu Erfurt. In: Jahrbücher der Königlichen Akademie gemeinnütziger Wissenschaften zu Erfurt. Bd. 6, Erfurt 1870, S. 18-170; J. G. GRUBER: Wielands Leben, neu bearbeitet von J. G. Gruber. Leipzig 1827. Vgl. C. M. WIELANDS sämmtliche Werke. Hg. von J. G. GRUBER. Leipzig 1818/28, Bd. 50-53; Friedrich SCHULZE-MAIZIER: Wieland in Erfurt (1769-1772). Beiträge zur Wielandforschung. In: Jahrbücher der Akademie gemeinnütziger Wissenschaften zu Erfurt. Bd. 44/45, Erfurt 1919, S. 1-108.

11   Kleineidam führt als Beweis dafür das Schreiben Wielands an Riedel vom 2. Juni 1768 an: »Wissen Sie auch, mein Liebster, daß ich Sie in Ihrer angenehmen und ruhigen Situation zu Erfurt beneide?«. Riedel war als Berater maßgeblich an der Auswahl der neuen Professoren mitbeteiligt (vgl. KLEINEIDAM [Anm. 1], S. 139). Schulze-Maizier erwähnt das Schreiben vom 29. Juni 1768, in dem Wieland Riedel befragt, ob in Erfurt nicht eine Professur frei wäre. »... kann ich denn im Nothfall nicht auch einen Professor machen, und gibt es keinen Platz in Ihrer alma et antiqua etc., der mich für die Kanzley einer kleinen Reichstadt schadlos halten kann?« (vgl. SCHULZE-MAIZIER [Anm. 10], S. 12).

12   Matricula universitatis studii generalis Erffurdensis Maguntine diocesios. Lageort: Stadtarchiv Erfurt 1-1/X B XIII-46, Bd. IV (1684-1783), S. 494; vgl. auch KLEINEIDAM (Anm. 1), S. 127.

rektor und Abt des Petersklosters Günther Jann OSB[13] immatrikuliert und wohnte bei seinem Verwandten, dem Medizin- und Philosophieprofessor Johann Wilhelm Baumer,[14] bevor er 1750 seine Studien in Tübingen fortsetzte. Die Berufung zum Professor primarius philosophiae und Regierungsrat nach Erfurt erhielt der Dichter schließlich am 2. Januar 1769, worauf er Ende Mai in die Universitätsstadt übersiedelte[15] und am 3. Juli 1769 mit seinen Vorlesungen begann.[16] Seine Ernennung zum »Assessor extraordinarius des dortigen Consilij Academici Cum Sessione et Voto« durch Kurfürst Emmerich Joseph erfolgte am 20. September 1769, die Legitimation durch die Statthalterei zu Erfurt am 16. November 1769.[17] Doch bereits am 17. Februar 1770 gesteht Wieland, »daß man leichter einen Mohren weiß waschen, als die Erfurter Universität empor bringen könnte«.[18]

In dem von Riedel 1769 unter dem Namen ›Erfurtische Gelehrte Zeitung‹ neu aufgelegten, ehemals als Referateorgan unter der Aufsicht der hiesigen Akademie der Wissenschaften stehenden Wochenblatt[19] sind unter den Vorlesungsankündigungen der Philosophischen Fakultät der Erfurter Universität folgende Eintragungen zu Wielands Lehre enthalten:

---

13 Der Abt Günther Jann OSB (1702-1773) war Professor der Theologie (vgl. KLEINEIDAM [Anm. 1], S. 308).

14 Über Johann Wilhelm Baumer (1719-1788), der im Jahre 1754 erster Sekretär der hauptsächlich auf seine Initiative hin gegründeten »Churfürstlich Mayntzischen Academie nützlicher Wissenschafften« zu Erfurt wurde und der 1765 an die Universität Gießen wechselte, schrieb Wieland später dankbar, daß dieser ihn mit seinen Erklärungen des ›Don Quijote‹ von Cervantes »zuerst Menschen- und Weltkenntnis gelehrt habe«. Auch habe er »von seiner Philosophie [Baumer lehrte u. a. nach Christian Wolff] eine so abscheuliche Menge von Seelenblähungen bekommen«, daß er ohne »Amors Beystand [...] nimmermehr davon zurechte gekommen seyn würde«. (WIELANDS Briefwechsel, zitiert nach KLEINEIDAM [Anm. 1], S. 127; vgl. auch BOXBERGER [Anm. 10], S. 88 ff.; vgl. zu Baumer ADB [Anm. 3], Bd. 2, S. 157).

15 Vgl. Siegfried SCHEIBE: Wielands Ankunft in Erfurt. In: Wieland-Studien 2 (1994), S. 127-129.

16 Der Mainzer Kurfürst Emmerich Joseph Freiherr von Breidbach zu Bürresheim (1707-1774) hatte Wieland als Professor primarius berufen, obwohl dieser nicht promoviert war. Neben Korn, Gerste und Holz erhielt Wieland »500 Reichsthaler an geldt« (vgl. KLEINEIDAM [Anm. 1], S. 166, 170; ADB [Anm. 3], Bd. 42, S. 400-419). Nach Boxberger konnte Wieland am 3. Juli (8.00 Uhr morgens) auf etwa 300 Hörer blicken (vgl. BOXBERGER [Anm. 10], S. 111).

17 WBr 4, 21 und 40.

18 WBr 4, 83.

19 Die ›Erfurtische Gelehrte Zeitung‹ war Nachfolgerin der von 1754 bis 1762 herausgegebenen ›Erfurtische Gelehrte Nachrichten‹ und erfuhr 1797 eine Umbenennung in ›Erfurtische Nachrichten von gelehrten Sachen‹ (bis 1803). Seit 1781 stand das Wochenblatt wieder unter der Aufsicht der Akademie nützlicher Wissenschaften (vgl. Jürgen KIEFER: Zur Geschichte der Akademie nützlicher (gemeinnütziger) Wissenschaften zu Erfurt in den Jahren 1754-1991. In: Erfurt 742-1992. Stadtgeschichte, Universitätsgeschichte. Hg. von Ulman WEISS. Weimar 1992, S. 445 f., 448). Riedel hatte sehr überschwenglich unter dem 3. März 1769 die Berufung Wielands in der Gelehrtenzeitung angezeigt (vgl. BOXBERGER [Anm. 10], S. 94).

1769 Sommersemester (Ostern - Michael 1769)

Der Herr Regierungsrat und »Professor primarius Wieland wird öffentlich Vorlesungen über die Philosophie der Geschichte, oder über Iselins Geschichte der Menschheit halten«.[20]

1769 Wintersemester (Michael 1769 - Ostern 1770)

»Hr. R. R.«[21] Wieland: »setzt öffentlich die Erklärung von ISELINS Geschichte der Menschheit fort, und gleichfalls öffentlich wird er seinen Zuhörern eine kritische Kenntnis von den besten griechischen, lateinischen, italienischen, englischen und französischen Schriftstellern beybringen. PRIUATIM erläutert er den Esprit des Loix des Herrn von MONTESQUIEU, und erbietet sich, auch andere Theile der Philosophie zu lehren.«[22]

1770 Sommersemester (Ostern - Michael 1770)

»Hr. R. R. Wieland wird öffentlich um 9 Uhr die Geschichte der Menschheit fortsetzen und um 11 Uhr diejenige Periode der Gelehrten Geschichte erzählen, in welcher die griechischen Dichter, Redner und Geschichtsschreiber begriffen sind«. An »privaten«, fakultativen Veranstaltungen kündigte Wieland außerdem an, »die Encyclopädie der schönen Künste, auf psychologische Gründe gebaut« zu lehren.[23]

1770 Wintersemester (Michael 1770 - Ostern 1771)

Abweichend von der bisherigen Praxis, in den Vorlesungsverzeichnissen die Inhaber der einzelnen Professuren aufzuzählen und dort auch gleichzeitig deren gesamte Lehrangebote zu vermerken, teilte die Philosophische Fakultät im Wintersemester 1770/1771 alle Veranstaltungen ihren drei Schwerpunkten in der Lehre zu. Unter »Philosophie, Mathematik und Physik« finden sich als erste Eintragungen die Hinweise auf die Vorlesungen Wielands »über des BACO de Verulamio herrliches Buch de dignitate et augmentis scientiarum« sowie über die »Encyclopädie der philosophischen Wissenschaften nach einem eigenen Grundrisse« und, an anderer Stelle, jener über die Erläuterung des Werkes »des Hr. v. MONTESQUIEU über den

---

20 Erfurtische Gelehrte Zeitung (EGZ) Jg. 1769, Vorlesungsankündigung.
21 Die ›Erfurtische Gelehrte Zeitung‹ kürzte so »Herr Regierungsrat« ab.
22 EGZ (Anm. 20), Jg. 1769, Vorlesungsankündigung. Wieland wurde hier an zweiter Stelle, hinter dem Dekan der Philosophischen Fakultät, Johann Paul Baumer (1725-1771), dem Bruder von J. W. Baumer, genannt.
23 Vgl. EGZ (Anm. 20), Jg. 1770, Vorlesungsankündigung.

Geist der Gesetze«.[24] Unter »Geschichtskunde« zeigte Wieland öffentliche Vorlesungen über die Geschichte von Karl dem Großen bis zum West-fälischen Frieden an[25] und erbot sich unter »Philologie und schöne Wissen-schaften« schließlich, zum »Unterricht in den Schönen Wissenschaften über-haupt, besonders zu einer Anstalt, wodurch junge Leute in der deutschen Sprache geübt werden« können.[26]

1771 Wintersemester (Michael 1771 - Ostern 1772)[27]

»Hr. R. R. Wieland trägt öffentlich die allgemeine Geschichte der Philoso-phie nach dem FORMEY, wöchentlich dreymal um 9 Uhr vor. Zweymal erklärt er zu eben dieser Stunde HORAZENS Dichtkunst, und giebt eine allgemeine Theorie der schönen Künste, nebst einer kurzen Geschichte der-selben. PRIUATIM ist er zu Vorlesungen über jeden Theil der practischen Weltweisheit erbötig.«[28]

1772 Sommersemester (Ostern - Michael 1772)

»Hr. Reg.R. Wieland erklärt CICERO'S Bücher von den Pflichten; die Lehre von der Natur, den Kräften, Bewegungen, Tugenden, Lastern und Krank-heiten der menschlichen Seele und von Heilung der letztern; HORAZENS poetische Briefe sowohl in Rücksicht auf die darinn enthaltenen Maximen, als auch auf die Bildung des Geschmacks.«[29]

Eine genauere Betrachtung der Vorlesungsangebote Christoph Martin Wie-lands macht dessen thematische Vielfalt in der Lehre deutlich. Während er im

---

24 »Hierher rechnen wir zuförderst die Vorlesungen, welche der *Hr. Reg.R. Wieland* über des BACO de Verulamio herrliches Buch de dignitate et augmentis scientiarum halten wird. Eben derselbe verspricht auch eine Encyclopädie der philosophischen Wissenschaften nach einem eigenen Grundrisse.« »Das Werk des Hr. v. MONTESQUIEU über den Geist der Gesetze wird der *Hr. Reg. R. Wieland* erläutern.« (EGZ [Anm. 20], Jg. 1770, Vorlesungsankündigung).

25 »Für einen Theil derselben [die Universalhistorie], nämlich für die Periode von Carl dem Großen bis zum westphälischen Frieden, hat *Hr. Reg. R. Wieland* seine öffentlichen Vorlesungen bestimmt.« (EGZ [Anm. 20], Jg. 1770, Vorlesungsankündigung).

26 Da in den Vorlesungsverzeichnissen zwischen Vorlesungen, Übungen, Disputierübungen, Collegien und ähnlichen Veranstaltungen unterschieden wurde, dürfte bei dem Anspruch, die Studenten im Um-gang mit der deutschen Sprache zu befähigen, mit dem hier gebrauchten Begriff »Anstalt« wohl eine Mischung aus Vorlesungen und Seminaren gefordert sein (EGZ [Anm. 18], Jg. 1770, Vorlesungsan-kündigung).

27 Sowohl in der ›Erfurtischen Gelehrten Zeitung‹ als auch im ›Catalogus Praelectionum‹, Bd. I und Bd. II (Lageort: Wissenschaftliche Allgemeinbibliothek Erfurt, Sign. Ei 250) wurde das Sommer-semester 1771 inhaltlich angekündigt.

28 EGZ (Anm. 20), Jg. 1771, 41.St., S. 326.

29 Hinter dem die Moral lehrenden Dekan der Philosophischen Fakultät, Erhard Grant OSB (1703-1774), kündigte Wieland im Sommersemester 1772 letztmalig unter den »Ordentlichen Professoren« seine Vorlesungen an (vgl. EGZ [Anm. 20], Jg. 1772, S. 262).

ersten Halbjahr (1769) nur Vorlesungen über »die Philosophie der Geschichte, oder über ISELINS Geschichte der Menschheit« angekündigt hatte - ersteres scheint möglicherweise von den Studenten nicht angenommen worden zu sein, da er im sich anschließenden Wintersemester nur die Erklärung des Werkes von Iselin »fortsetzte«[30] -, gehörten zu seinen folgenden Lehrangeboten u. a. auch ethische und ästhetische Vorlesungen, mit denen er sich dann schließlich 1772 von seinen Hörern in Erfurt verabschiedete.[31]

Inhaltliche Schlußfolgerungen auf das mit Vorlesungen und Übungen recht modern gestaltete Lehrprogramm Wielands lassen sich nur partiell ziehen. So liegen bisher keine Untersuchungen über mögliche Vorlesungsmanuskripte vor, die er selbst oder in der damals auch üblichen Abschrift einer seiner Studenten hinterlassen hat. Einige Aussagen können jedoch zu den angekündigten Vorlesungen gemacht werden. So stützte er sich in seiner mehrsemestrigen Geschichtsvorlesung auf die 1764 erschienene ›Geschichte der Menschheit‹ des Baseler Historikers Isaak Iselin, in der jene als eine fortschreitende Entwicklung dargestellt wurde.[32] Seit Herbst 1769 erläuterte Wieland das staats- und kulturphilosophische Hauptwerk von Montesquieu ›De l'Esprit des lois‹ (1748), das seit 1751 in der deutschen Übersetzung (›Vom Geist der Gesetze‹) vorlag, und in der die soziologisch-historische Gesetzgebungslehre auf die drei Staatsformen der Republik (Demokratie), Monarchie und Despotie angewendet wurde.[33] Werkbesprechungen der römischen Dichter Cicero, Horaz - hier vor allem der ›Ars poetica‹ - und Vergil gehörten ebenso zu seinem Lehrprogramm wie die Wissenschaftsklassifikation ›De dignitate et augmentis scientiarum‹ (1623) des englischen Philosophen und Staatsmannes Francis Bacon. Für seine umfangreichen Vorlesungen zur Geschichte der Philosophie griff Wieland 1771 auf die Arbeiten des Historiographen Johann Heinrich Samuel Formey zurück, der mit seiner Schrift ›Abrégé de l'histoire de la philosophie‹ (1760) in der Tradition von Leibniz und Wolff stand.[34] Inwieweit Wieland sich bei seinem Unterricht der schönen Künste

---

30 Vgl. die Ankündigungen der beiden Semester in EGZ (Anm. 20), Jg. 1769.

31 In den Vorlesungsankündigungen für das Wintersemester 1772/1773 wurde am Schluß des Lehrkörpers der Philosophischen Fakultät darauf hingewiesen, daß in Kürze »die erledigte Professur der Beredsamkeit und Poesie wieder besetzt werden« würde (vgl. EGZ [Anm. 18], Jg. 1772, S. 672).

32 Der Stadtschreiber Isaak Iselin (1728-1782) war auch von der Aufklärung Voltaires beeinflußt (vgl. ADB [Anm. 3], Bd. 10, S. 188 f.).

33 Die Frage, ob Wieland 1769 das französische Original von Charles-Louis de SÉCONDAT, Baron de LA BRÈDE ET DE MONTESQUIEU (1689-1755) und 1770 die deutsche Übersetzung verwendete, ist nicht zu beantworten.

34 Johann Heinrich Samuel Formey (1711-1797) war seit 1748 »beständiger Secretair« der Berliner Akademie (vgl. ADB [Anm. 3], Bd. 7, S. 156 f.).

(1770/71) auf die 1767 erschienene ›Theorie der schönen Künste und Wissenschaften‹ seines Kollegen Riedel stützte, muß späteren Untersuchungen vorbehalten bleiben; ebenso ungeklärt ist die Frage nach den Inhalten seiner Geschichtsvorlesungen und der 1772 angekündigten Lehren, die die Natur, die Krankheiten und die Heilung der menschlichen Seele reflektieren sollten. Erschwert wird dadurch, ebenso aufgrund des Fehlens seiner 1770 vorgetragenen »Encyclopädie der philosophischen Wissenschaften nach einem eigenen Grundrisse«, eine endgültige wissenschaftliche Einschätzung des Wielandschen Lehrprogrammes; allerdings offenbart es ein umfangreiches Œuvre.

Obwohl Wieland nach dem damals geltenden Fakultätsrecht nur zu vier Stunden Lehre verpflichtet war, kündigte er im »Ein und vierzigsten Stück« der ›Erfurtischen gelehrten Zeitung‹ von 1771 an fünf Tagen in der Woche Vorlesungen und Übungen an. Zusätzlich hatte er sich noch mit Universitätsbelangen auseinanderzusetzen; so schlug er nach seiner Ernennung zum Mitglied des Akademischen Rates den Leipziger Theologen und Orientalisten Just Friedrich Froriep vor und empfahl 1771 für die von ihm initiierte Professur des deutschen Staatsrechts, der Finanz- und Kameralwissenschaften Johann Christoph Erich von Springer.[35]

Zu den ordentlichen Professoren und damit unmittelbaren Kollegen Wielands in der Philosophischen Fakultät[36] zählten im Herbst 1769 der Dekan (WS 1769/1770, SS 1770) Johann Paul Baumer (Physik, Metaphysik, Latein);[37] Bonifacius Leslie OSB (Metaphysik);[38] Erhard Grant OSB (Philosophie);[39] der Rektor der Universität, Rat Wilhelm Gottlieb Hesse (reine und angewandte Mathematik, Physik);[40] Andreas Nunn (Politik, Logik);[41] Sigis-

---

35 Wieland war am 22. November 1769 durch kurfürstliches Dekret in den Akademischen Rat verpflichtet worden. Just Friedrich Froriep (1745-1800) ging 1781 nach Bückeburg, dagegen verblieb Johann Christoph Erich Freiherr von Springer (1727-1796) in Erfurt (vgl. KLEINEIDAM [Anm. 1], S. 203, 209, 211, 334).

36 Von den 21 Professoren, die zwischen 1766 und 1772 neu berufen wurden, gehörten neun der Philosophischen Fakultät an (vgl. MÜHLPFORDT: Die letzte Blüte [Anm. 1], S. 83).

37 Baumer, gleichzeitig Professor an der Medizinischen Fakultät, las 1770 auch Moral, des weiteren 1770/71 Politik.

38 Der Schotte Bonifacius Leslie OSB (1701-1779) war gleichzeitig auch Professor an der Theologischen Fakultät. Wieland urteilte 1778 über Leslie etwas hart: »Herr P. Bonifacius Leslie; ein alter, abgelebter Mann, der [...] den Wissenschaften und der Universität wenig Vortheil geschafft hat, kann noch weniger jetzt [...] in Berücksichtigung kommen, vielmehr ist ihm für seine übrige, wahrscheinlich nur noch kurze Lebenszeit, ein ehrenvoller Ruhestand zu wünschen und zu gönnen.« (vgl. STIEDA [Anm. 2], S. 235).

39 Der schottische Benediktiner E. Grant las 1770 Moral.

40 Wilhelm Gottlieb Hesse (1720-1784) war von Haus aus Arzt. In seinem Universitätsgutachten (1778) lobte Wieland Hesse sowie Hadelich, Lossius und Meusel (vgl. STIEDA [Anm. 2], S. 235).

41 Andreas Nunn (1721-1796) war außerdem Professor der Medizin an der Medizinischen Fakultät.

mund Leberecht Hadelich (Statistik, Latein);[42] Friedrich Justus Riedel (allgemeine Topik, praktische Philosophie);[43] Johann Georg Meusel (Geschichte des 18. Jahrhunderts, über den neuesten politischen Zustand der Reiche und Republiken, Universalhistorie, Archäologie, Geschichte der griech. Literatur, gelehrte Geschichte);[44] Karl Friedrich Bahrdt (Logik, syrische und deutsche Sprache);[45] Johann Friedrich Herel (griechische Schriftsteller, Geschichte der alten Tragödie)[46]. Zu den außerordentlichen Professoren zählten Bernhard Grant OSB (reine und angewandte Mathematik, Geographie, Experimentalphysik);[47] Johann Melchior Luther (Logik, Philosophie);[48] Christian Heinrich Vogel (»bibl. Bücher des alten Testaments«, Logik);[49] Johann Jacob Friedrich Sinnhold (reine Mathematik, hebräische und französische Sprache, Naturrecht, Dichtkunst);[50] der Privatdozent Johann Christian Lossius (Philosophiegeschichte, reine Mathematik, Logik, Metaphysik).[51]

Naturgemäß veränderte sich der Lehrkörper der Philosophischen Fakultät während der sieben Semester, in denen Wieland die Erfurter Professur innehatte.[52] Ein Zuwachs war zu verzeichnen durch die außerordentlichen Profes-

---

42 Siegmund Leberecht Hadelich (1694-1783) lehrte 1770 auch über Politik, griechische und hebräische Schriftsteller (insbes. Herodot und Homer); des weiteren 1770/71 Philosophie und allg. Philologie, später auch Kameralistik.

43 Riedel lehrte 1770 auch Moral, Staatswissenschaften, »philosophische, juristische und philologische Materien«, schöne Künste und Wissenschaften.

44 Meusel zeigte 1770 gesondert an: alte Geschichte, Literaturgeschichte, »römische und griechische Antiquitäten«.

45 Bahrdt war auch Angehöriger der Theologischen Fakultät und lehrte 1770 Oratorie und Philosophie; des weiteren 1770/71 Moral.

46 Johann Friedrich Herel las 1770 auch über »die Rede des Demosthenes pro Corona«, griechische Altertümer, Poetik, Rhetorik; des weiteren 1770/71 Latein, Archäologie.

47 Der Schotte Bernhard Grant OSB (1725-1796) las 1770/71 auch die Algebra.

48 Johann Melchior Luther, gleichzeitig Professor an der Medizinischen Fakultät, las 1770 auch Physik und gab Disputierübungen (vgl. EGZ [Anm. 20], Jg. 1769-1772). Wieland urteilte sehr kritisch über die Fähigkeiten Luthers und empfahl dessen Entfernung aus den beiden Fakultäten: »Wer diesem Mann in die philosophische Fakultät geholfen hat, mag es verantworten. [...] bisher [hat er] so gut wie nichts geleistet.« (vgl. STIEDA [Anm. 2], S. 236).

49 Vogel las 1770 auch über die »kleinern Propheten« und gab Anweisungen in griechischer, lateinischer und orientalischer Literatur; des weiteren 1770/71 orientalische Sprachen.

50 Sinnhold las 1770 auch über das alte Testament, die Theorie der französischen und italienischen Sprache sowie Unterricht in orientalischen Sprachen; des weiteren 1770/71 Philosophie.

51 Johann Christian Lossius (1743-1813) wurde 1771 o. Professor und vertrat seit 1772 auch einen theologischen Lehrstuhl. 1770 las er über Theologie; des weiteren 1770/71 Metaphysik, Natur- und Völkerrecht (vgl. zu Lossius ADB [Anm. 3], Bd. 19, S. 218; EGZ [Anm. 20], Jg. 1769-1772, Vorlesungsankündigungen).

52 Im Herbst 1770 hatte man sich für ein Semester Hochschullehrer anderer Fakultäten ausgeborgt: die Theologen Isidorus Kepler und Christoph Schellenberger (hebräische Grammatik); den Mediziner Wilhelm Bernhard Trommsdorff, der an der Medizinischen Fakultät u. a. auch Botanik und Chemie las, für Vorlesungen über Metallurgie und Mineralogie, und schließlich die vier Juristen Adam Ignatz

soren Friedrich Ludwig Döring (Naturrecht und Logik)[53] und Adam Friedrich Christian Reinhard (Mathematik, Physik),[54] beide im Frühjahr 1770, sowie Franz Philipp Frank (Gelehrte Geschichte, Logik, Metaphysik)[55] und den Nachfolger Bahrdts (1771), Just Friedrich Froriep aus Leipzig.[56]

Im Gegensatz zu der Philosophischen Fakultät, an der mit Wieland, Bahrdt, Meusel, Riedel, aber auch mit Lossius und dem Physiker Grant in ganz Deutschland bekannte Gelehrte wirkten, die es mehrheitlich verstanden, mit fundiertem Wissen ihre Hörer zu fesseln, waren die anderen drei Fakultäten zu diesem Zeitpunkt nur mit recht mittelmäßigen Professoren besetzt, wovon vielleicht noch Trommsdorff und Nonne auszunehmen sind.[57] Dieser die Philosophische Fakultät auszeichnende Zustand währte jedoch nicht sehr lange, da schon bald, 1771, mit Bahrdt der erste der jungen Professoren Erfurt wieder verließ; es folgten 1772 Riedel und Herel. Die durch Streitigkeiten zwischen den »alten« und den »jungen« Universitätsangehörigen vergiftete Atmosphäre zeigte ihre Wirkung.[58] Nur Meusel blieb bis 1779 und Lossius bis an sein Lebensende (1813). Damit fiel auch die Philosophische Fakultät in

---

Turin (Reichsgeschichte), Herrmann Ernst Rumpel (Diplomatik), Johann Justin Weismantel (Heraldik und Numismatik) sowie den Doktoranden Schröter.

53 Döring war seit 1770/71 auch Privatdozent an der Juristischen Fakultät, las im gleichen Semester an der Philosophischen Fakultät über Moral und wurde hier 1772 ordentlicher Professor. Wieland urteilte 1778: »Er ist, wie ich mich vollkommen überzeugt habe, ein ganz unwissenschaftlicher Mann. [...] seine magern Disputationen [...] sind wahre Schülerarbeiten.« (vgl. STIEDA [Anm. 2], S. 236 f.).

54 Adam Friedrich Christian Reinhard (1748-1808) las 1772, damals noch als außerordentlicher Professor, auch Algebra und praktische Feldmeßkunst.

55 Der Kanonikus Franz Philipp Frank (1749-1810) war auch Professor an der Juristischen Fakultät (ADB [Anm. 3], Bd. 7, S. 249).

56 Just Friedrich Froriep (1745-1800) entstammte gleichfalls der oben genannten Aufklärerschule (vgl. MÜHLPFORDT: Die letzte Blüte [Anm. 1], S. 88).

57 Der Medizinischen Fakultät gehörten die Professoren Johann Philipp Nonne, Nunn, Johann Paul Baumer, Johann Melchior Luther, Christoph Wilhelm Emanuel Reichardt, Ludwig Friedrich Eusebius Rumpel, PD Christian Löber und PD Wilhelm Bernhard Trommsdorff an. Zur Juristischen Fakultät zählten die Professoren Hieronymus Friedrich Schorch, Rudolph Christoph Henne, Johann Joachim Hunold, Adam Ignatz Turin, Christian Friedrich Immanuel Schorch, Benjamin Gottfried Hommel, Herrmann Ernst Rumpel, Prof. Hebestreit, Christian Heinrich Schmid, Johann Justin Weismantel. Der Theologischen Fakultät waren die katholischen Professoren und Dozenten Bonifacius Leslie, Johann Christoph Hunold, Placidus Jordans, Isidorus Kepler, Jordan Simon, Johann Heinrich Kuchenbuch sowie Günther Basting zugehörig, und für die »augsburgische Confession« müssen Johann Balthasar Schmidt, Christian Heinrich Vogel, Christoph Schellenberger und Karl Friedrich Bahrdt genannt werden (vgl. hierzu insbesondere KLEINEIDAM [Anm. 1], S. 154-203).

58 Zum Streit zwischen den, wie Kleineidam schreibt, »neuen protegierten« und den »alten privilegierten« Professoren vgl. KLEINEIDAM (Anm. 1), S. 200. Einigen der jungen, aufgeklärten Professoren waren staatsfeindliche Äußerungen angelastet worden, und so ging letztlich der Kurfürst mit dem sog. Steinheimer Dekret gegen die Professoren vor. Auch Wieland und Riedel sowie einige ihrer Studenten, darunter der spätere Schriftsteller Wilhelm Heinse, waren in die Auseinandersetzungen um Bahrdt gezogen worden (vgl. zum Niedergang der Fakultät KLEINEIDAM [Anm. 1], S. 196-207; vgl. auch SCHULZE-MAIZIER [Anm. 10], S. 20-30).

einen Zustand der Mittelmäßigkeit zurück, so daß nur einige Jahre später (1778) auch Wieland in seinem Universitätsgutachten feststellen mußte: »Diese Fackultät hat die meisten und gründlichsten Reformen nöthig«, da sie eine veraltete Verfassung besitze und ebenso eine unvorteilhafte Vorlesungsauswahl, die dazu führe, daß manches mehrfach angeboten und gelesen würde.[59] Wieland selbst hatte Erfurt im September 1772 den Rücken gekehrt und in Weimar die Stelle des Prinzenerziehers übernommen. Damit verlor die Universität den wohl bedeutendsten Hochschullehrer jener Jahre.[60] Mit Blick auf die Erfurter Verhältnisse ist damit, wie es scheint, die Universitätsreform um 1773 endgültig als gescheitert anzusehen.

Einige Jahre später, 1778, wandte sich der kurmainzische Statthalter in Erfurt, Karl Theodor von Dalberg, an den in Weimar lebenden Wieland mit der Bitte, an der Universität das Amt eines immerwährenden Direktors zu übernehmen, um sich bei dem Versuch, die Hohe Schule zu reformieren, tatkräftig unterstützen lassen zu können. Wieland lehnte ab, fertigte aber ein ausführliches Gutachten über die Universität an, das zu den Gründen des Niedergangs der Hierana ebenso Stellung nimmt wie zu den Möglichkeiten, einen weiteren Verfall zu verhindern. Letztlich blieb es aber ohne Einfluß, da der Kurfürst sein politisches Interesse unversehens auf den Bayerischen Erbfolgekrieg gerichtet hatte.[61] Gleichwohl blieben Wielands Kritik und seine Vorschläge für die Besetzungen der Professuren nicht völlig ungehört, denn Dalberg hat in späteren Jahren einige Vorschläge aufgegriffen.[62]

---

59 Wielands Universitätsgutachten, in: STIEDA (Anm. 2), S. 220. Seine Erfurter Erlebnisse verarbeitete Wieland später im fünften Buch der ›Abderiten‹ (vgl. SCHULZE-MAIZIER [Anm. 10], S. 73-102).

60 Bahrdt äußerte in seiner Lebensgeschichte: »Herr Wieland war ohnstreitig die wichtigste Akquisition für Erfurt, wenn man auf die eigentliche Größe des Mannes Rücksicht nimmt [...] Wenn man danach mißt, wieviel der Mann auf dem Kathedder leisten konnte, so stand der erste Mann der Nation am unrechten Orte, und diente der Universität nur zum Staate« (zitiert nach KLEINEIDAM [Anm. 10], S. 141).

61 Wielands Universitätsgutachten in: STIEDA (Anm. 2), S. 119-243. Ausführlicher zum Gutachten bei KLEINEIDAM (Anm. 1), S. 226-231.

62 Kleineidam nennt als Belege dafür die Berufung (1779) von Franz Moritz Bachmann an die Juristische Fakultät und eine Reihe positiver Beurteilungen (vgl. KLEINEIDAM [Anm. 1], S. 229, 244).

Renate Moering

ACHIM VON ARNIMS WEIMAR-STANZEN

Mit einem Gedicht auf Christoph Martin Wieland

1. Der Text

<u>H</u>[1]

Erinnerung an Freudentage in Weimar.
Ankunft in Weimar den 25 August.
Geliebtes Thal, ich seh dich grünend wieder,
Das ich beschneit, wie einen Greis verließ,
Doch sang dein kalter Hauch mir Hoffnungslieder,
Es ist erfüllt, was mir dein Mund verhieß,
5   Gesellig sinkt die holde Nacht jezt nieder,
Die damals mich zur Einsamkeit verwieß,
Und wie die Ilm versteckt, die dich O Thal geboren
So bilden Thränen auch, die sich in Lust verloren.

Mich lehrten sie, erwarten, vorbereiten,
10   Die Klugheit ehren neben gutem Sinn,
Und jene Allgewalt von höhern Zeiten
Die überm Zeitgeist ewig im Gewinn,
Und daß sich vieles selber muß bestreiten
Eh es in seiner Leerheit sinkt dahin,
15   Woher der Träume Qual und falscher Glauben stammet,
Bis sich die weite Welt in reinem Tag entflammet.

In Liebe kann ich diese Zeit erwarten,
In guter Hoffnung naht ein Zeitvertreib,
Und füllt der May mit Blumenglanz den Garten,
20   Ihn sieht mein Kind vom vielgeliebten Weib:
O möcht es ganz in unsrer Liebe arten
Im festen Gleichgewicht von Geist und Leib,

244

Es ist der Küsse Leib, den wir im Maye erndten,
Ihr Geist schweb über ihm und schütze den Entfernten.

25 Nun weist du Thal, was mir das Glück gegeben,
Das Glück verschloß mich nicht der weiten Welt,
Noch ehrt mein Herz ein jedes hohe Leben,
Und allem Leben sich noch gern gesellt,
Was mich erweckt zu eigenem Bestreben
30 Und wo ich in die Sonne mich gestellt,
Da ruf ich froh erwärmt auch Freunde an die Stelle,
Ich trat mit Zagen einst, jezt froh auf Göthe's Schwelle.

Göthe's Geburtstag den 28 August.
Ich grüß euch hohe Pappeln, schlanke Weiden,
Die eine Wunderkraft der Erd' entwand,
Die hohen Kronen an dem Licht zu weiden
Zu unsrer Kühlung in dem Sonnenbrand,
5 Wohl mocht ich euer Schicksal oft beneiden
Eh ich mein eignes freudig selbst erkannt,
Euch zog ein hoher Geist in seines Frühlings Flammen,
Und einzeln seyd ihr groß und alle schön beysammen.

Wie rauschet ihr zu seinem Lob zusammen.
10 Ihr hohen Wipfel und ihr Quellen klein,
Die tanzend sie umwinden, sich entflammen
Mit süssem Trunk und hellem Spiegelschein,
Sie wissen's, daß sie alle Ihm entstammen
Und möchten Ihn an seinem Fest erfreun,
15 In ewgem Wechsel rauscht hier Melodie den Ohren
Am hohen Feyertag, der Göthe hat geboren.

Er regt die Melodie in allen Kehlen
Und jede will, daß sie die rechte sey,
Wünscht jede stolz er möchte sie erwählen
20 Und schmeichelt ihm in lauter Freyerey
So kann es ihm an Liebe nimmer fehlen,
Nie sinkt sein Lied im todten Einerley

Die Erde reitzt im Streit von allen Jahreszeiten,
So reitzt sein Lied, um das sich Melodieen streiten.

25 Der Schwan zieht horchend niegesehne Kreise,
Als hätte ihn die frohe Ilm berauscht,
Er schmücket sich zu einer schönen Weise
Und taucht den Kopf ins Wasser ein und lauscht
Er möchte singen heut zu Göthe's Preise
30 Er lauschet, ob sein Fußtrit nirgend rauscht,
Nur einmal singt der Schwan und dann muß er verscheiden
Von Ihm gehört zu seyn, ist dennoch zu beneiden

Auch schwebt ein Adler dort auf einer Seule
Und klammert sich mit seinen Klauen fest,
35 Die Brust voll Kugeln, die in rascher Eile
Ihn tödten wollten auf dem kühnen Nest,
Doch lebt er noch und ruft zu Göthe's Heile
Und fiele gern zu dessen hohem Fest,
Er möcht durch Göthe's Hand als Opfer freudig fallen
40 Da sollt sein letzter Ruf dem Dichterkönig schallen.

Der Dichter diesen Tag den Seinen weihet
Voll heiterm Ernst im kunstbequemen Haus,
Der Jugend Angedenken ihn ummayet
In jedem freundlich dargebrachten Straus,
45 Und wüste jeder, den der Tag erfreuet,
Er schlüge nicht der Blumen Gabe aus,
Es käm das deutsche Volk zur Wallfahrt hergezogen
Ein Frühling zög heran in weiten Blumenwogen.

Unübersetzlicher, der Sprache Meister,
50 Die an drey Meeren zu dem Schiffer spricht,
Du bindest des zerstreuten Volkes Geister,
Daß Du ihr Haupt, das ahndest du noch nicht,
Doch wo sich Trauben spiegeln, wo beeister
Die Ströme ziehn, bewegt sie dein Gedicht.
55 Sie möchten Dir vertraun, wie sie sich alle nennen,
Daß sie bey deinem Lied im Meere sich erkennen.

Das fühlt die Welt, ich rühme es mit allen,
Doch Deine Güte, die mich Dir genaht,
Die mich ermuntert, als noch das Mißfallen
60   Der thörigten Kritick ihr falscher Rath
Auf mich gewirkt, eh mir gefallen
Die Ketten, die der Schlechten bester Staat
Das preis ich still, es ist der alten Götter Gabe
Die all in Dir vereint entstiegen dem Kunstgrabe

Des Herzogs Geburtstag den 3 Sept
O Zeit wie fliehst du sonst in Glücksgebeten
Hier weilst du gute Zeit in Fröhligkeit,
Hier erndten noch die Völker, was sie säten
Und von der Arbeit liegt die Lust nicht weit
5   Ein frohes Leben auf dem Land, in Städten,
Und Tag an Tag mit neuem Fest gereiht,
Am Morgen tönt das Horn zu einem kühnen Jagen,
Am Abend klingt der Tanz bey frohen Lustgelagen.

Heut schwieg die Jagd, des Volkes Jubel weckte
10   Mich früher auf, ich ging im Morgenschein
Zu einem Tempel, wo das Volk besteckte
Mit Blumenwinden edle Seulenreihn,
Und auch die Fenster mit den Blumen deckte
Daß buntes Licht recht fröhlig strahlte ein,
15   Der Herzog schlief darin, es sollte ihn empfangen,
Heut ist der Tag, der einst sein Leben angefangen.

Wie viel hat rings sein Lebenskreis erschaffen,
Er sammelte die Besten seiner Zeit,
Den Ruhm kann die Zerstörung nicht entraffen,
20   Die manches feste Denkmahl rasch zerstreut,
Die manchen Bau mit ihren Feuerwaffen
In wildem Streite sich zum Tempel weiht,
Bekämpft hat sie sein Geist und schlug sie dann in Banden,
Und was der Krieg zerstört ist schöner auferstanden.

25 Ich zieh mich still zurück zu jenen Hainen,
    Ich bin ein Fremdling nur in diesem Land
    Ich bin gerührt und wünsch ich könnte weinen,
    Wie hängt voll Thau der Blumen bunter Rand;
    Jezt grüssen ihn die lieben treuen Seinen,
30 Er hat in Glück und Unglück sie erkannt,
    Er bot sein Leben dar sein deutsches Volk zu schirmen,
    Er ruht bey ihm nun aus nach wilden Krieges Stürmen.

    Zu seinem Hof hat mich die Gunst geladen,
    Die er den Fremden gnädig stets gehegt,
35 Da darf sich nicht die frohe Brust entladen,
    Ein ernster Kreis von Freunden ihn bewegt,
    Doch nimmt der abgerißnen Rede Faden
    Ein braver Mann und ihn zur Thurmspitz trägt,
    Der Schieferdecker sagt, als er den Knopf geschlossen,
40 Ihm jeden guten Wunsch, der still in mir entsprossen.

    Des Schlosses Bau, vom Herzog früh begonnen,
    Der manche Kunst in diese Stadt geführt,
    Er schliesset sich so fröhlig und besonnen
    Mit diesem Knopf, der heut den Thurm geziert,
45 Und was die Zeit verloren und gewonnen
    Der Nachwelt einst zu wissen auch gebührt.
    Es ist im goldnen Knopf des Schloßthurms eingesenket,
    In dessen reichen Glanz des Tages jeder denket.

    Am Schießplatz ist dann Jung und Alt vereinet,
50 Der Abend weckt der Jugend Feuerlust,
    Ein Feuerwerk mit buntem Licht erscheinet,
    Dem kleinsten Kinde wird der Tag bewust
    Es sieht den Hirsch, den es in Flammen meinet,
    Der in dem Feuer steht mit freyer Brust
55 Er wird ein Vorbild ihm von frohem Schicksalsmuthe,
    Uns schwebt der Herzog vor, - der Treue, Sichre, Gute.

    Ihm gönne Nacht die Wahl in deinen Freuden
    Umthau mit Duft was alltäglich und leer,

Der Mondschein zieh den Vorhang schimmernd seiden,
60   Und zeige ihm ein stilles Lebensmeer,
Von dessen Himmel alle Wolken scheiden,
So kann er übersehn das Sternenheer,
Da führt sich selbst das Schiff der Steuermann darf schlafen,
In einem selgen Schlaf ist uns das Meer ein Hafen.

Wielands Geburtstag den 5 Sept
Der würdge Greis, der einst die Jugendzeiten
Des Herzogs mit der Wissenschaft geschmückt,
Der Vater Wieland sah das Fest von weiten,
Und ist in seinem Herzen hoch beglückt,
5   Wie bald ein Fest die Freunde ihm bereiten,
In Tieffurth wo Erinnrung ihn entzückt,
Und sein Geburtstag schliest so schön den Kranz von Tagen,
Der alle eint zum Glück; er kann ihn heiter tragen.

Wer ahndete in diesen heitern Stunden,
10   Das Unglück das des Tages Lob erstickt,
O welchen Schmerzen ist der Leib gebunden,
Eh ihn die Erde an ihr Herz gedrückt,
Und auch der Geist erlieget solchen Wunden
Ward unsern Lieben solch ein Leid geschickt
15   Gilt nicht das Alter frey von allen raschen Schrecken,
Sind nicht der Schmerzen viel, die langsam niederstrecken

Wer ahndete in jenen heitern Stunden
Daß dieser Weg, der ihm den Geist erregt,
Nachdem der Pferde Wildheit los gebunden
20   Der Wagen wenig Tage dreist zerschlägt,
Ihn und ein liebes Kind bedeckt mit Wunden
Recht wie ein Schlachtfeld blutig stille trägt,
Zerschmettert kehrt der Greis zu seinem frohen Heerde,
O helft der Tochter nur, sein Muth erträgt Beschwerde.

25   Der Tochter helft, des Alters Lust und Stütze,
Die freundlich jeden Morgen ihn geweckt,
Ihm kühlen Trank gemischet in der Hitze,

249

Und in der Kälte sorglich ihn gedeckt,
Die mit der Liebe eingebornem Witze
30 Ihm kleine Altersfreuden froh entdeckt,
Sie ist das Leben selbst, das oft des Greises Sinne
Trotz Altersschwäch und Last sich rechnet zum Gewinne.

O seht den Greis, er lächelt uns entgegen,
Die sich bekümmert seinem Stuhle nahn,
35 Und jeder seiner Blicke ist ein Segen
Das Unglück brach zu ihm mir eine Bahn,
Ich darf des Greises Hand in meine legen
Und schaue stundenlang ihn kindlich an,
Er danket freundlich mir, wenn ich ihm vorgelesen,
40 O wärs nur nicht sein Schmerz, mir wärs ein Glück gewesen.

Es will die Erde ihre Schmerzen haben
Und jede Zeit verlangt ihr störend Leid,
Wir würden sonst in ruhger Lust begraben
Das thätge Streben nach der Ewigkeit,
45 Die ewge Wahrheit soll den Menschen laben,
Das deutet unbefriedigt jede Zeit,
In Opfern prüft uns Gott, ob wir es wohl verdienen,
Daß uns ein künftges Heil, daß uns sein Licht erschienen.

Kometen machen Propheten
Nach Norden schaut, wo uns des Bären Zeichen
Am Sternenhimmel glänzend still umkreist,
Daß scheu vor ihm die andern Sterne weichen,
Und er allein dem Schiffer Wege weist,
5 Da seht ihr einen Glanz der sondergleichen
Und einen Stern, der eignen Weg gereist,
Was deutet uns der Stern, den wir noch nie gesehen,
Der mich in Lust entrückt zu wunderbaren Höhen.

Ich schau: Wie eine Raiherfeder schimmert
10 Des Sternes Schweif auf eines Kindes Haupt,
Wer gut und treu und hoffnungslos bekümmert
Der folgt ihm mit dem Helm der Grün belaubt,

Der Böse ist verjaget und zertrümmert,
Wie eine Schlang, die ihres Gifts beraubt,
Sie windet sich in Wuth, doch dient sie nun zum Spiele,
15   Der ewig gute Geist, er kommt zu seinem Ziele.

O diese Zeit, wer möcht sie nicht erleben,
Wer möcht sich nicht bereiten zu dem Ziel
Es weckt in jedem eigenes Bestreben
Es weckt in mir ein sehnendes Gefühl
20   Mich höher in dem Glanze zu erheben
Zu schauen, wo dies Loos auf Erden fiel
Wo ist das Heldenkind, zu dem die Völker wallen,
Da hör ich Jubelruf dir Weimars Los erschallen.

Was zögernd naht, dient neuem Weltgeschicke
25   Wie einer neuen Sonne erster Strahl,
Zum Himmel hebt die ersten Freudenblicke
Geboren wird ein Kind in diesem Thal,
Das lang erwartet fehlte eurem Glücke
Vorüber geht der hohen Mutter Qual,
30   Geboren wird ein Fürst, er wird mit Glanz regieren
Der Stern bahnt neuen Weg und wird die Bahn ihn führen

Was groß beginnt, war lange vorbereitet
Und ward erkämpft in manchem Mißgeschick
Die böse Zeit ward nach dem Kampf gedeutet,
35   Und nur Gedult giebt einen tiefen Blick,
Ihr Hohen habt geduldet; heimgeleitet
Hat euch, was euch zusammenführte, Glück
Und dieses Kindes Glück, das euch der Stern verkündet
Es ist der Zukunft Pfand, die sich nun treu verbündet

40   Schon fliesset ander Luft um diese Zone
Früh reift der Wein in milder Witterung
Und sitzt das Kind erst auf der Väter Throne
Da wird die Welt in goldnen Zeiten jung
Dann schliest schon ewger Schlaf mit süssem Mohne
45   Den frohen Mund mir in Begeisterung,

Doch bleibet diese Schrift, der ich das Wort vertrauet,
Es bleibt das hohe Glück, das ich im Geist geschauet

H²

*Meine Rückkehr nach Weimar den 25 August nachdem
ich im Winter vor drey Jahren davon Abschied
genommen hatte.*

Geliebtes Thal, ich seh dich grünend wieder
Das ich beschneit, wie einen Greis verließ,
Doch sang dein kalter Hauch mir Hoffnungslieder
Es ist erfüllt, was mir dein Mund verhieß,
5   Gesellig sinkt die holde Nacht mir nieder,
Die damals mich zur Einsamkeit verwieß,
Und wie die I l m versteckt, die dich O Thal geboren
So bilden Thränen auch, die sich in Lust verloren.

* * *

(10)Hier lasse ich allerley Strophen aus, weil sie nur mich angehen und erfreu-
en und schliesse mit der folgenden:

* * *

Nun weist du Thal, was mir das Glück gegeben,
Das Glück verschloß mich nicht der weiten Welt,
Noch ehrt mein Herz ein jedes hohe Leben
15   Und allem Leben sich noch gern gesellt,
Was mich erweckt zu eigenem Bestreben
Und wo ich in die Sonne mich gestellt,
Da ruf ich froh erwärmt auch Freunde an die Stelle,
Ich trat mit Zagen einst, jezt froh auf Göthe's Schwelle.

Göthe's Geburtstag den 28 August

(1) (Hier muß voraus bemerkt werden, daß Göthe den Weimarer Park als ein
schönes Denkmahl seiner jugendlichen Fußtapfen allen Verehrern seiner
Jugend zur Freude angelegt hat, nicht blos die wunderbar herrlichen Bäu-
me erinnern an manche Stelle seiner Werke, manches schöne Wort von

252

ihm hat darin seine Stelle und spricht zu uns aus Inschriften, in tieferer
Bedeutung, als der blosse Leser seiner gedruckten Werke darin ahndete.)

<blockquote>

Ich grüß euch hohe Pappeln, schlanke Weiden
Die eine Wunderkraft der Erd entwand,
10   Die hohen Kronen an dem Licht zu weiden
Zu unsrer Kühlung in dem Sonnenbrand,
Wohl mocht ich euer Schicksal oft beneiden
Eh ich mein eignes freudig selbst erkannt,
Euch zog ein hoher Geist in seines Frühlings Flammen,
15   Und einzeln seyd ihr groß und alle schön beysammen.

* * *

Wie rauschet ihr zu seinem Lob zusammen
Ihr hohen Wipfel und ihr Quellen klein,
Die tanzend sie umwinden, sich entflammen
Mit süssem Trunk und hellem Spiegelschein,
20   Sie wissen's, daß sie alle Ihm entstammen,
Und möchten Ihn an seinem Fest erfreun,
In ewgem Wechsel rauscht hier Melodie den Ohren
Am hohen Feyertag, der Göthe hat geboren.

* * *

Er regt die Melodie in allen Kehlen
25   Und jede will, daß sie die rechte sey,
Wünscht jede stolz er möchte sie erwählen
und schmeichelt ihm in lauter Freyerey,
So kann es ihm an Liebe nimmer fehlen,
Nie sinkt sein Lied im todten Einerley,
30   Die Erde reitzt im Streit von allen Jahreszeiten,
So reitzt sein Lied, um das sich Melodieen streiten.

* * *

Der Schwan zieht horchend niegesehne Kreise
Als hätte ihn die frohe Ilm berauscht,
Er schmücket sich zu einer schönen Weise
35   Und taucht den Kopf in's Wasser ein und lauscht,
Er möchte singen heut zu Göthe's Preise,
Er lauschet, ob Sein Fußtrit nirgend rauscht,

</blockquote>

Nur einmal singt der Schwan und dann muß er verscheiden
Von Ihm gehört zu seyn ist dennoch zu beneiden.
40 Auch schwebt ein Adler dort auf einer Seule[X]
Und klammert sich mit seinen Klauen fest,
Die Brust voll Kugeln, die in rascher Eile,
Ihn tödten wollten auf dem kühnen Nest,
Doch lebt er noch und ruft zu Göthe's Heile,
45 Und fiele gern zu dessen hohem Fest,
Er möcht durch Göthe's Hand als Opfer freudig fallen,
Da sollt sein letzter Ruf dem Dichterkönig schallen.

* * *

Der Hohe diesen Tag den Seinen weihet
Voll heiterm Ernst im kunstbequemen Haus
50 Der Jugend Angedenken ihn ummayet,
In jedem freundlich dargebrachten Straus,
Und wüste jeder, den der Tag erfreuet,
Er schlüge nicht der Blumen Gabe aus,
Es käm das deutsche Volk zur Wallfahrt hergezogen,
55 Ein Frühling zög heran in weiten Blumenwogen.

* * *

Unübersetzlicher! Der Sprache Meister,
Die an drey Meeren zu dem Schiffer spricht,
Du bindest des zerstreuten Volkes Geister,
Daß du ihr Haupt, das ahndest du noch nicht,
60 Doch wo sich Trauben spiegeln, wo beeister
Die Ströme ziehn, bewegt sie dein Gedicht,
Sie möchten dir vertraun, wie sie sich alle nennen,
Daß sie bey deinem Lied im Meere sich erkennen.

* * *

Das fühlt die Welt, ich rühme es mit allen,
65 Doch deine Güte, die mich dir genaht,
Die mich ermuntert, als noch das Mißfallen
Der thörigten Kritick, ihr falscher Rath
Auf mich gewirkt, eh mir gefallen
Die Ketten, die der Schlechten bester Staat,

X   Es war Vogelschiessen.

254

70   Das preis ich still, es ist der alten Götter Gabe,
      Die all in dir vereint entstiegen dem Kunstgrabe.

(1) Doch meine Herren, ich ermüde mich mit dem Abschreiben und sie
erfahren dabey vielleicht kein neues Wort, ich übergehe daher meine Verse
auf den Geburtstag des Herzogs am Tag, der nach dem Ende der Tafel
durch eine Rede vom Schieferdecker gefeiert wurde, der dem Schloß-
thurme den Knopf aufsetzte und damit den ganzen Bau des Schlosses
endete, der so manche Künstler nach Weimar gezogen, unter denen auch
ein geehrtes Mitglied unsrer Gesellschaft, Herr Baurath Genz, den leider
ein frühzeitiger Tod in eine höhere Abtheilung der grossen deutschen
Gesellschaft erhoben hat, unter uns werden ihn seine Werke überleben. -
So reihen sich heitre und traurige Erinnerungen. - Auch Wielands Geburtstag, der von seinen Freunden so heiter in Tieffurt gefeiert wurde, löschte
ein schreckliches Ereigniß wenige Tage später unter den freudigen Erinnerungen aus, sein Wagen warf dicht vor Tieffurt um, seine Tochter brach
die Hüfte, er selbst das Schlüsselbein, wunderbar war dabey sein heitrer
Muth, seiner Krankheit danke ich die nähere Bekanntschaft seines reinen
herrlichen Gemüthes, meine Verse, die diese Ereignisse erzählen, schliessen
mit den Worten:

      O seht den Greis, er lächelt uns entgegen,
      Die sich bekümmert seinem Stuhle nahn,
20   Und jeder seiner Blicke ist ein Segen,
      Das Unglück brach zu ihm mir eine Bahn,
      Ich darf des Greises Hand in meine legen,
      Und schaue stundenlang ihm kindlich an,
      Er danket freundlich mir, wenn ich ihm vorgelesen
25   O wärs nur nicht sein Schmerz, mir wärs ein Glück gewesen.

(1) Den Kreis dieser Gedichte schliest endlich eine Deutung des Kometen, von
der ich nur den Schluß aushebe.

      Schon fliesset andre Luft um diese Zone
      Früh reift der Wein in milder Witterung,
5   Und sitzt das Kind erst auf der Väter Throne
      Da wird die Welt in goldnen Zeiten jung,
      Dann schliest schon rascher Schlaf mit süssem Mohne
      Den frohen Mund mir in Begeisterung

Doch bleibet diese Schrift, der ich das Wort vertrauet,
10   Es bleibt das hohe Glück, das ich im Geist geschauet.

2. Varianten

244, Titel	*Auf Deckblatt*
245,15	Wechsel *aus* F
246,23	reitzt [...] Jahreszeiten *aus* bleibt und reitzt im Streit der Jahreszeiten
246,24	reitzt *aus* bleibt
246,25	Der Schwan zieht horchend *aus* Die Schwäne ziehen
246,26	ihn *aus* sie
246,27	Er schmücket *aus* Sie schmücken
246,28	Und taucht den Kopf *aus* Es taucht ihr Kopf
246,29	Göthe's *aus* sei
246,38	Und *aus* Er
246,54	Gedicht *aus* Gesang
248,35	sich *aus* ich; frohe *aus* volle
248,36	ernster *aus* nächsten; von Freunden *von Arnim unvollständig korrigiert zu* sich Jammer
248,40	guten *eingefügt*
248,43	*(1)* Er schliesset sich nun in der hellen Sonnen
	(2) Die neue Werke hat mit *über der Zeile, wieder gestrichen*
	(3) Text
248,44	diesem *aus* goldnem; heut den *aus* diesen
248,48	In [...] denket *aus* In dessen Glanz ein jeder dieses Tages denket
248,51	buntem Licht *aus* Räderspiel
249,60	zeige *aus* gebe
249,5	Wie bald ein *gestrichen, darüber ohne Korrektur der folgenden Verdoppelung* Auch ihm ein; Freunde *aus* Kin
249,13	der *aus* den
249,14	Ward *aus* Wenn
249,15	Gilt *aus* Bleibt *darüber* Ja auch langsa; frey *darüber* will; allen *aus* solchen

249,16	*Unter gestrichener Zeile mit mehreren Korrekturen*
	(1) Wo zögernd *(a)* manches Leid
	(b) Krankheit
	(c) x
	(2) will zögernd
	(3) Text: Sind *aus* W; niederstrecken] *(a)* x *(b) üdZ* x Ziel schon stecken *(c) Text*
249,18	dieser *darüber, wieder verworfen* auf diesem
249,20	wenig Tage dreist zerschlägt *aus* rasch zerschmettert ueberschlägt
249,22	trägt *aus* f
249,23	frohen *aus* stillen
250,33-40	*Strophe später an den unteren Rand des Blattes geschrieben und mit Ein weisungszeichen vor die folgende letzte Strophe gestellt. Das Zeichen später mit Bleistift gestrichen; von wem, ist nicht auszumachen.*
250,37	des *aus* die
250,38	kindlich *aus* freundlich
250,43	ruhger *aus* tiefer
250,44	thätge *aus* eigne
250,48	künftges *aus* ewges
250,Titel	*(1)* Der Komet *(2) Text*
250,2	still *aus* oft
250,7	*(1)* Ich bin von Lust entrückt, wie ist mir so geschehen, *(2)Text*
250,12	Der [...] Grün *aus* Der hat den Huth mit einem Grün
251,20	Glanze zu erheben *aus* Glanz des Sterns
251,21	wo *aus* wem
251,23	dir *aus* durch
251,24	neuem *aus* grossem
251,34	*(1)* O wohl euch wenn voraus es *(a)* wird
	(b) sich gedeutet
	(2) Es wird kein Muth
	(3) ward *aus* ist
	(4) Text
251,35	Und *aus* Doch
251,36	Hohen *aus* hohen Aeltern; heimgeleitet *aus* erstreitet
251,38	euch *aus* ich

251,39   der Zukunft *aus (1)* des Friedens
                    (2) des Glückes;
            die sich *aus* das euch

251,44   mit *aus* in

252,47   das hohe Glück [...] geschauet *aus* der gute Grus der sich daran
            erbauet.

H^2

252,10   mich angehen *aus* mich und die B

252,1   daß *aus* das; Park *aus* Parkt
            seiner Jugend zur Freude *aus* seines Geistes zurückgelassen

253,20   Ihm *aus* ihm

253,30   reitzt *aus* bleibt und reitzt

255,2   Wort *aus* Worte

255,3   am Tag *eingefügt*

255,6   endete *eingefügt*; so *aus* das; nach *aus* ‚so

255,14   dabey *eingefügt*

255,15   danke *aus* dankt

255,16   meine Verse *(1)* mein Lied
                  (2) mein Verse

255,6   goldnen *aus* goldenen

Eingriffe Varnhagens in H^1
*Varnhagen bereitete die Handschrift für die Aufnahme in Arnims ›Sämmtliche Werke‹
vor, wo sie dann aber nicht erschien. Eine kontaminierende Abschrift von seiner
Hand bleibt hier unberücksichtigt.*

244,Titel   Titel nach dem Deckblatt über den Beginn notiert.
               Weimar, den 25.

245,Titel   Goethe's Geburtstag, den

246,33   Säule *Dazu Anmerkung entsprechend H^2*

246,39   Goethe's

247,Titel   Herzogs Karl August Geburtstag, den 3. September.

3. Überlieferung

Handschrift GSA 03/4, 4 Dbl. Vgl. die Handschriftenbeschreibung bei Ulfert
Ricklefs: Arnims lyrisches Werk. Register der Handschriften und Drucke.
Tübingen 1980 (=Freies Deutsches Hochstift, Reihe der Schriften 23), Nr. 669.

Wz.: gerippt, Krone über Wappen mit Fackel und Querbalken, darunter:
J G H
Auf Bogen 1-3 steht H^1, auf Bogen 4 steht H^2. Der erste Bogen dient gleichzeitig als Umschlag für H^1: Auf der ersten Seite steht nur der Titel ›Erinnerung an Freudentage in Weimar‹. Die zweite Seite ist frei; die dritte Seite enthält die drei letzten Strophen von H^1 (»Was zögernd naht [...] im Geist geschauet«). Der Zyklus beginnt auf dem zweiten Bogen (»Ankunft [...] wilden Krieges Stürmen«); der dritte Bogen enthält: »Zu seinem Hof [...] Los erschallen«.

4. Der biographische Hintergrund

Der Besuch des jungen Ehepaares Achim und Bettine von Arnim im Spätsommer 1811 in Weimar ist vor allem durch den schrillen Streit zwischen Christiane und Bettine und den folgenden Abbruch der Beziehungen Goethes zu dem Ehepaar im allgemeinen Bewußtsein geblieben. Ein gänzlich anderes Licht auf die Weimarer Wochen wirft Arnims Gedichtzyklus ›Erinnerung an Freudentage in Weimar‹.[1] Zum besseren Verständnis sei hier zunächst der biographische Hintergrund referiert.

1811 reisten Arnim und Bettine von Berlin zu ihren Frankfurter Verwandten; Bettine war damals schwanger mit dem am 5. Mai 1812 geborenen Erstling (Freimund). Noch aus Berlin hatte Arnim F. W. Riemer am 14. August um ein Quartier gebeten:[2]

Ich wünsche nämlich auf etwa vierzehn Tage ein Quartier in Weimar, wo ich nach dem 20ten anzukommen denke und Ihre gütige Antwort im Elephanten in Empfang nehmen kann. Meine Anforderungen an dieses Quar-

---

1 Die Handschrift befindet sich im Goethe- und Schiller-Archiv in Weimar (neue Sign. 03/4). Für die freundliche Druckgenehmigung danke ich Herrn Dr. habil. Jochen Golz herzlich. Vgl. Ulfert RICKLEFS: Arnims lyrisches Werk. Register der Handschriften und Drucke. Niemeyer 1980 (=Freies Deutsches Hochstift. Reihe der Schriften 23), Nr. 669. Heinz Härtl hat die Handschrift zuerst veröffentlicht, wobei er sich dafür entschied, aus den beiden Fassungen im Textteil eine gekürzte Kontamination herzustellen und im Apparat die übrigen Texte zu zitieren (Heinz HÄRTL: Arnim und Goethe. Zum Goethe-Verhältnis der Romantik im ersten Jahrzehnt des 19. Jahrhunderts. Diss. masch. Halle 1971, S. 313-319; 492-495). Hier werden beide Fassungen nacheinander abgedruckt; auf abweichende Lesungen Härtls gehe ich nicht ein. Vgl. auch Abdruck des Kometengedichts (nach Härtl) und Interpretation bei: Thomas STERNBERG: Die Lyrik Achim von Arnims. Bilder der Wirklichkeit - Wirklichkeit der Bilder. Bonn 1983 (=Abhandlungen zur Kunst-, Musik- und Literaturwissenschaft 342), S. 209-211; Abdruck und Kommentar des Eingangsgedichts bei: Achim VON ARNIM: Werke 5: Gedichte. Hg. v. Ulfert RICKLEFS. Frankfurt/M. 1994, S. 771 f.
2 Goethe und die Romantik. Briefe mit Erläuterungen. 2.T. Hg. v. Carl SCHÜDDEKOPF und Oskar WALZEL. Weimar 1899 (= Schriften der Goethe-Gesellschaft 14), S. 275 f.

tier sind nun zwar mannigfaltig, fehlen aber einige der Bedingungen, so schadet es nicht.

1) ich wünsche drey Zimmer mit drey Betten, zwey für mich und meine Frau, eines für die Kammerjungfer. Wenn ich von Betten rede meine ich Madratzen. Wenn ich eine Küche wünsche, so ist das nur Nebensache wegen Frühstückens, Erwärmung der Speisen. Wenn ich gern in einem kleinen Hause wohnte, wo keine Masse verschiedenartiger Menschen wohnt so werden Sie das natürlich finden und wenn ich die Annehmlichkeit eines Gartens wünsche, so ist das nur Nebensache, wogegen mir die Nähe des Goethe'schen Hauses wichtig wäre. Sie kennen nun meine Bedürfnisse, diesen füge ich die Bitte bey, unserm verehrten Goethe nichts davon zu sagen, meine Frau wünschte ihn mit ihrer Gegenwart zu seinem Geburtstage zu überraschen, Sie ersparen ihm durch dieses Verschweigen allerley Zweifel, denn da er ihr sein Haus bey einem Besuche in Weimar mehrmals angeboten, so würde seine Güte jetzt vielleicht in Versuchung kommen, diesen Vorschlag auch auf mich auszudehnen, was seinem Hause in jedem Falle lästig wäre, auch wir werden dagegen verschweigen, daß Sie die Güte gehabt haben, uns ein Unterkommen in Weimar zu verschaffen, wo die Theuerung der Wirthshäuser jeden längeren Aufenthalt verleidet. Wir werden thun, als wenn sich Alles bey unserer Ankunft von selbst gefunden hätte. - Ich freue mich ungemein auf Weimar und hoffe auf gutes Wetter [...].

Das Ehepaar Arnim traf am 25. August in Weimar ein. Riemer hatte Arnims Bitte erfüllt, denn dieser berichtete seinem Schwager Friedrich Carl von Savigny am 30. August:[3]

Für unser Unterkommen hier hatte D. Riemer sehr treflich gesorgt. Göthe und dessen Frau waren doch heimlich in das Vertrauen gezogen, wir fanden eine schöne ganz fertig eingerichtete Wohnung am Park neben Göthes Garten, wo wir die Woche für alles 6 rth zahlen, das Quartier wird bey jährlicher Miethe auf 150 rth angeschlagen und ist so angenehm, daß ich Jahre darin verleben möchte.

Für die anfangs täglichen Besuche bei Goethe durchquerten die Arnims den Park, der seit 1778 auf Anregung von Goethe und weitere Initiative dès Her-

---

3   ARNIMS Briefe an Savigny 1803-1831. Hg. v. Heinz HÄRTL. Weimar 1982, S.50 f.

zogs Carl August[4] nach und nach gestaltet worden war. Arnim fährt in seinem Bericht fort:

> Göthe war unendlich gütig gegen uns, sein Geburtstag traf ihn so jugendlich, daß er sich erstaunte zum dreyundsechzigstenmale ihn zu begrüssen, wir sind fast alle Tage in seinem Hause und mit den Seinen gewesen, gestern abend unter andern in einer sehr angenehmen Gesellschaft auf dem Schießhause, das jezt durch ein dreywöchentliches Vogelschiessen belebt wird, wo Katzenkomödie, Schattenspiel und Volkssängerinnen in angenehmer Abwechselung mit Lotteriespielern und Würfelspielern den schönen Baumgang nach dem Schießhause beleben. Auf Göthes Wunsch habe ich den Hof besucht, die Großfürstin ist wegen ihrer nahen Niederkunft unsichtbar [...].

Goethe verzeichnete die Begegnungen in seinem Tagebuch:[5]

25.8.   [...]: Kamen Arnims.

26.8.   [...]: Kamen Arnims. Unterhaltung mit diesen. [...] Mittags Arnims. Gegen Abend im Schießhause. Zum Abendessen Arnims.
(Über das Schießhaus hatte er schon am 22. notiert: »Abends im Schießhaus. Die Herzogin spielte, der Herzog schoß mit Pistolen nach einer Scheibe. Späterhin Feuerwerk.«) Er notierte weiter:

27.8.   Mittags bey Hofe. Arnim speiste daselbst. Abends im Schießhause.

28.8.   Geburtstagsbesuche und Angebinde. Mittags Arnims und Hofrat Meyer. [...] Abends kam man wieder zusammen.

29.8.   [...] Gegen Abend die Damen von Stein, Schiller, Wolzogen und Egloffstein und Arnims.

30.8.   Mittags Arnims. Abends Schießhaus.

Anfang September setzten sich die intensiven Treffen fort:

1.9.   [...]: Abends mit Arnims im römischen Hause.

2.9.   [...]: Bettine blieb und erzählte nach ihrer Weise.

4.9.   [...]: Mittags Herr von Arnim. [...] Nach Tische mit Herrn von Arnim verschiedenes abgehandelt. Kam Frau von Arnim.

5.9.   [...]: Nach Tische zu Arnims.

6.9.   [...]: Abends Frau von Arnim. Erzählungen von meiner Mutter.

Bettine wiederholte vor Goethe Erzählungen, die sie von seiner Mutter über seine Kindheit gehört hatte.[6]

---

4   Carl August von Sachsen-Weimar-Eisenach (1757-1828).
5   WA, III. Abt., 4. Bd., Weimar 1891, S. 229 f.
6   Bettine hatte schon Ende 1810 Goethe brieflich Erzählungen seiner Mutter mitgeteilt, die dieser teilweise für ›Dichtung und Wahrheit‹ heranzog, teilweise für eine spätere Veröffentlichung unter dem

7.9.   [...]: Mittags Herr von Arnim. [...] Abends Frau von Arnim, ihre Geschichten mit Tieck. Der klarste Sternhimmel und große Deutlichkeit des Kometen.

8.9.   [...]: Nach Tische Frau von Arnim.

Nach diesem Tag scheinen die Arnims Goethe nicht mehr besucht zu haben. Wahrscheinlich waren Bettines Schwangerschaftsbeschwerden, die auch eine Verlängerung des Aufenthalts notwendig machten, der Grund für ein zurückgezogeneres Leben, das dann durch den Streit mit Christiane am 13. September auf einer Kunstausstellung eine abrupte Unterbrechung erfuhr. Wegen ihres Zustands konnte Arnim nicht, wie geplant, nach Böhmen reisen, um auf Gut Bukowan nach dem Rechten zu sehen. Er erläuterte das Clemens Brentano am 14. September:[7]

Schon in Halle machten mir allerley erschreckliche Zeichen viel Freude, hier entschied es sich mit entsetzlichen Uebelkeiten, daß sie [Bettine] gesegneten Leibes, das ist nun herrlich, aber es muß mit mancher Sorge errungen werden, sie hatte sich vielleicht hier mit Laufen und Reden, vielleicht auch bey kleinen Schrecknissen, daß ein Hund sie anbellte zu heftig angegriffen, es war ein vorzeitiger Abgang besorglich und sie muste sich einhalten, in ihrem Zustande waren ihr beynahe alle Menschen fatal kurz sie wäre in der elendesten Einsamkeit hier geblieben, wenn ich nach Böhmen gereist wäre.

Gegenüber Savigny, der selbst gerade Vater geworden war, erläutert Arnim ebenfalls, warum der Aufenthalt über die geplanten 14 Tage hinaus ausgedehnt werden mußte:[8]

Titel ›Aristeia der Mutter‹ vorgesehen hatte; vgl. Bettina VON ARNIM: Werke, Bd. 1: Goethes Briefwechsel mit einem Kinde. Hg. v. Heinz HÄRTL. Berlin und Weimar 1986, S. 645 f.; Bettine VON ARNIM: Werke und Briefe, Bd. 2: Goethe's Briefwechsel mit einem Kinde. Hg. v. Walter SCHMITZ und Sibylle VON STEINSDORFF. Frankfurt/M. 1992, S. 832. - In beiden Ausgaben wird auch ausführlich über den Streit der beiden Ehefrauen berichtet.

7   Der von Steig nur gekürzt abgedruckte Brief (Reinhold STEIG und Herman GRIMM: Achim von Arnim und die ihm nahe standen, Bd.1: Reinhold STEIG: Achim von Arnim und Clemens Brentano. Stuttgart 1894 [=STEIG 1], S. 288 f.) wurde erstmals von Härtl vollständig nach der Handschrift im Goethe- und Schiller-Archiv ediert: Heinz HÄRTL: Deutsche Romantiker und ein böhmisches Gut. Briefe Christian Brentanos, Friedrich Carl von Savignys, Achim von Arnims und Clemens Brentanos von und nach Bukowan 1811. In: Brünner Beiträge 1980, S.158-161, Zitat S. 158.

8   Brief aus Weimar vom 5. September 1811 (HÄRTL [Anm. 3], S. 51). Über den Arzt meint Härtl: »Carl Wilhelm Stark war seit 1807 Hofmedicus des Großherzogs Carl August.« (ebd., S. 249). Im Brief vom 30. August hatte Arnim noch gemeint: »Wie lange wir nun hier bleiben, ob über die Zeit der vorbestimmten 14 Tage soll unser Vergnügen entscheiden, offenbar wird es Zeit, daß uns die Kälte nicht den Rhein verderbe, mit Böhmen scheint es wohl jezt zu spät zu seyn, möge kein Stoß unsren Erstling aus dem wunderlichen Winkel heraustreibe, wo er schon jezt mit dem Magen ausserordentliche Kämpfe auszufechten hat.« (ebd.).

[...] ich [...] wäre in diesen Tagen schon weiter gereiset nach Frankfurt, wenn
nicht meine Frau, weil sie vom Fahren in der Gegend hier zwey mal sehr
unbedeutend aber doch etwas Regeln bekam, und bis jezt ungemein an
steter Uebelkeit und Widerwillen gegen Speisen leidet, nach der Verordnung
des Hofrath Stark wenigstens noch ein vierzehn Tage bis der zweyte Monat
vorüber sich hier stille halten sollte. [...] ohne Grausamkeit kann ich Betti-
nen nicht allein lassen, selbst wenn sie es zugebe. Ihr sind in ihrem jezigen
Zustande fast alle Menschen widerwärtig, unsre Kammerjungfer ist verliebt
und überhaupt wenig geschickt zur Krankenpflege, wozu sich auch weder
Göthe noch dessen Frau schicken, kurz, ich kann nicht fort.

Im Brief vom 14. September an Brentano berichtete Arnim weiter über den
Weimarer Aufenthalt:[9]

Hier fand ich alles in Festen, Riemer hatte uns eine allerliebste Wohnung
am Park gemiethet, Göthe's, des Herzogs, Wielands Geburtstag folgten aufeinander, es war Vogelschiessen, ich ließ mich bey Hofe vorstellen, Bettine
wollte nicht.

Arnim kannte den Herzog Carl August von Sachsen-Weimar-Eisenach schon
aus dem Jahr 1805, wo er auf dem Rückweg von Heidelberg nach Berlin über
Weimar und Jena fuhr, um dort Goethe zu treffen (den er für die Rezension
des ›Wunderhorn‹ gewinnen konnte). In Weimar befand sich damals auch
Prinz Louis Ferdinand von Preußen, dem Arnim für den Kriegsfall seine
Dienste anbot.[10] Carl August schrieb an Goethe nach Jena am 15. Dezember
1805:[11]

Behalte Arnim mit zum Soupée, wenn er bey dir ist; es ist ein alter Bekannter von uns allen.

Im Dezember 1808 traf Arnim in Weimar in Gesellschaft Mitglieder des
Hofes.[12] - 1811 besuchte Arnim den Hof zuerst zusammen mit Goethe am 27.
August, wo er wohl erstmals der Herzogin vorgestellt wurde. Vier Tage später

---

9   HÄRTL (Anm. 7), S. 160 f.
10 Vgl. Arnim an Brentano, Jena, 16. Dezember 1805. In: STEIG 1 (Anm. 7), S. 153.
11 Carl August. Darstellungen und Briefe zur Geschichte des Weimarischen Fürstenhauses und Landes.
    Hg. v. Erich MARCKS, IV. Abt.: Briefwechsel des Herzogs-Großherzogs Carl August mit Goethe. Hg. v.
    Hans WAHL. 1. Bd., 1775-1806. Berlin 1915, S. 340.
12 Ein Jahr vorher, im November 1807, hatten sich die Romantiker Arnim, Clemens, Bettine und Meline
    Brentano, Friedrich Carl und Gunda von Savigny sowie Arnims väterlicher Freund, der Komponist
    Johann Friedrich Reichardt, in Weimar getroffen: Arnim war in den Tagen vom 8. bis 10. November
    1807 bei Goethe.

sah er Carl August im römischen Haus im Park, seinem Sommersitz, denn Goethes Tagebucheintrag vom 1. September 1811 verzeichnet einen Besuch mit Arnim dort. Am 3. September 1811, dem Geburtstag des Herzogs, notierte sich Goethe:

> Früh bey Durchlaucht dem Herzog im römischen Hause, zu gratulieren. [...] Mittag bey Hofe. Nach Tafel wurde der Thurmknopf und die Fahne aufgesteckt.

Arnim dürfte, wie aus den Angaben seines dritten Gedichts zu erschließen ist, den Tag ähnlich verbracht haben.

Das Schloß war nach dem Brand von 1774 allmählich wieder aufgebaut worden. Zwischen 1801 und 1803 leitete Johann Heinrich Gentz[13] den Bau. Arnim nennt ihn (in der Abschrift H²) als verstorbenes Mitglied der Christlich-deutschen Tischgesellschaft.

Das letzte Gedicht handelt von dem jüngeren Fürstenpaar, dem Prinzen Carl Friedrich[14] und seiner Gattin, Maria Pawlowna,[15] einer Zarentochter. Die fürstliche Familie hoffte damals auf einen Thronerben; 1805 hatte die Großfürstin einen Sohn geboren, der aber im nächsten Jahr starb, 1808 kam ein Mädchen zur Welt. Maria Pawlowna zog ein Leben außerhalb Weimars, vor allem in Petersburg, vor; Arnim spielt auf die allgemein bekannten ehelichen Spannungen an. Die Fürstin gebar dann am 30. September 1811 ein Mädchen, Auguste, später die Gattin Kaiser Wilhelms I. Erst 1818 kam der ersehnte männliche Erbe zur Welt, Carl Alexander.[16]

Arnims viertes Gedicht ist Christoph Martin Wieland gewidmet. Die Überschrift, die es formal mit den Geburtstagsgedichten verbindet, läßt vermuten, daß in ähnlich allegorischer Weise wie in den Gedichten auf Goethe und den Herzog über diesen Festtag, den 5. September, berichtet wird. Doch nach der ersten Strophe wendet sich Arnim dem Unfall vom 11. September zu. Bei beiden Ereignissen war er nicht anwesend; er hörte nur davon, auch von Wieland selbst, den er nach dem Unfall besuchte. Er berichtete Brentano in seinem Brief vom 14. September:[17]

---

13 Heinrich Gentz (1766 - 3. Oktober 1811) hatte auch das Schießhaus entworfen.
14 1783-1853.
15 1786-1859, Enkelin Katharinas der Großen, Tochter des Zaren Paul, Schwester der Zaren Alexander und Nikolaus.
16 Effi BIEDRZYNSKI: Goethes Weimar. Das Lexikon der Personen und Schauplätze. Zürich 1992, S. 358.
17 HÄRTL (Anm. 7), S. 161. - Das Datum von Arnims Besuch bei Wieland ist also gegenüber Starnes' Vermutung »Später Sept. (?)« auf 12. bis 14. September zu korrigieren. Starnes erschließt den Besuch aus Arnims Gedicht, von dem er nach der Handschrift die Strophe »O seht den Greis [...] Glück gewesen« zitiert (STARNES III, S. 416 f.).

Der arme Wieland ist kurz nach seinem Geburtstage mit seiner Familie den Berg bey Tiefurt herabgestürzt und hat sich das Schlüsselbein [,] die Tochter Luise, die sehr gut und artig ist, das Becken gebrochen, er erholt sich, sie ist in Gefahr, er hat viel Muth und Heiterkeit in seinem Leiden und ich spreche ihn sehr gern.

Arnim war Wieland persönlich wohl zuerst im Dezember 1808 in einer Gesellschaft von Johanna Schopenhauer begegnet.[18] Wieland waren ›Des Knaben Wunderhorn‹ und die ›Zeitung für Einsiedler‹ durch Lektüre bekannt. Hingegen wird Wielands Werk bei Arnim kaum, und dann nur kritisch genannt. So schrieb er an Bettine am 16. April 1808 nach einem Besuch des Mädchenpensionates der Caroline Rudolphi, wo er Brentanos Stieftochter Hulda Mereau besucht hatte: »Ich fand die Rudolphi, wie sie den Kindern die Messiade vorlas; mir war es wunderlich, daß den Leuten meist das aus zweiter Hand lieber ist denn aus erster, die Messiade lieber als die Bibel, Wielands Oberon lieber als ein altes Rittergedicht.«[19] An Brentano hatte Arnim am 30. Juli 1806 berichtet, daß er »Heinses Briefwechsel« gelesen hatte: »Der Brief an Wieland gehört als Dedikation zu Götter Helden und Wieland

---

Starnes bietet ausführliche Quellen zu Wielands Geburtstag, dessen Höhepunkt eine Fahrt mit der Familie und Freunden von Weimar nach Schloß Tiefurt war (S. 410), sowie zu dem Unfall, bei dem Wieland das Schlüsselbein brach und seine jüngste Tochter Luise lebensgefährlich verletzt wurde, weil die Pferde eines Mietwagens durchgegangen waren (S. 412-417). Über die Ärzte schreibt Carl Bertuch an Böttiger am 26. September 1811: »Der trefliche Chirurg, Hofrath Stark von Jena (welcher wegen der noch nicht erfolgten Entbindung der Großfürstin seit dem 15. August hier ist) übernahm von dem LeibChirurgus Kämpfer die Cur.« (ebd., S. 413 f.) - Stark hatte auch Bettine wegen ihrer Schwangerschaft untersucht. - Luise Wieland (1789-1815) erholte sich wieder und heiratete 1814 Gustav Emminghaus. Auch Arnim erfuhr von der Genesung durch Charlotte von Schiller, die ihm am 25. Dezember 1811 schrieb: »Wieland leidet dann u. wann diesen Winter, doch hat er die Freude seine geliebte Tochter frisch u. stark wieder zu sehen u. sie hat keine ueblen Folgen weiter zu befürchten. Sie geht ganz frisch wie sonst beynah.« (Unbekannte Briefe von und an Achim von Arnim aus der Sammlung Varnhagen und anderen Beständen. Hg. v. Hermann F. WEISS. Berlin 1986 [=Schriften zur Literaturwissenschaft 4], S. 233). Goethe erinnert sich 1813 in seinem Nachruf auf Wieland: »Am bewunderungswürdigsten jedoch erschien er, körperlich und geistig betrachtet, nach dem harten Unfall, der ihn in so hohen Jahren betraf, als er durch den Sturz des Wagens zugleich mit einer geliebten Tochter höchlich verletzt ward. Die schmerzlichen Folgen des Falles, die Langeweile der Genesung ertrug er mit dem größten Gleichmuth, und tröstete mehr seine Freunde als sich selbst durch die Äußerung: es sei ihm niemals ein dergleichen Unglück begegnet, und es möge den Göttern wohl billig geschienen haben, daß er auch auf diese Weise die Schuld der Menschheit abtrage. Nun genas er auch bald, indem sich seine Natur wie die eines Jünglings schnell wieder herstellte, und ward uns dadurch zum Zeugniß, wie der Zartheit und Reinheit auch eine hohe physische Kraft verliehen sei.« (›Zu brüderlichem Andenken Wielands‹. In: WA I. Abt., 36. Bd., S. 342)

18 STARNES III, S. 317.
19 Achim von Arnim und die ihm nahe standen, Bd. 2 Achim von Arnim und Bettina Brentano. Stuttgart und Berlin 1913 (= STEIG 2), S. 131.

[...]«.[20] - Erwähnt wird »Vater Wieland« auch 1826 in der ersten Erzählung des ›Landhausleben‹: ›Metamorphosen der Gesellschaft‹[21]. Arnim kannte außer Goethes ›Götter, Helden und Wieland‹ auch die vernichtende Kritik der Frühromantiker im ›Athenaeum‹[22], nahm jedoch seinerseits öffentlich nicht gegen Wieland Stellung. Er schätzte ihn als Menschen.

Wieland war der Brentano-Familie eng verbunden: Er war in seiner Jugend mit der Großmutter von Clemens und Bettine Brentano, Sophie Gutermann, spätere La Roche, verlobt.[23] Da Bettine als Mädchen mehrere Jahre bei ihrer Großmutter gelebt hatte, dürfte sie viel von Wieland gehört haben. 1807 ließ sie sich durch ein Billet Wielands bei Goethe einführen. Ihre ältere Schwester Sophie war mit Wieland befreundet, nachdem sie mehrere Enttäuschungen

---

20 STEIG 1 (Anm. 7), S. 189. Es handelt sich um: Briefe zwischen Gleim, Wilhelm Heinse und Johann von Müller. Aus GLEIMS litterarischem Nachlasse. Hg. v. Wilhelm KÖRTE. 2 Bde. Zürich: Heinrich Geßner 1806 (=Briefe deutscher Gelehrten. Aus GLEIMS litterarischem Nachlasse hg. v. Wilhelm KÖRTE, 2. Bd.); Brentano hatte ihm die Lektüre dieser Sammlung empfohlen. Heinse (1746-1803) schrieb Wieland am 2. Januar 1774 und verteidigte seine Stanzen aus ›Laidion‹, die er Wieland vorher im Manuskript zugesandt hatte (S. 136-148). Der ganze Vorgang ist dem inzwischen publizierten Wieland-Briefwechsel deutlicher zu entnehmen (doch konnte Arnim aus Heinses Brief den Streit schon erschließen): Heinse schickte Wieland am 10. oder 11. Dezember 1773 42 Stanzen mit der Bitte um Beurteilung oder sogar Aufnahme in den ›Teutschen Merkur‹. Über diese erotisch sehr freizügige Dichtung war Wieland empört. Er schrieb darüber am 22. Dezember 1773 an Gleim und überließ es diesem, ob er Heinse seinen Brief lesen lassen wolle. Gleim machte einen Auszug und besprach ihn mit Heinse. Gleim antwortete Wieland am 2. Januar 1774 und verteidigte besonders Heinse als Mensch. Aus Heinses Brief, ebenfalls vom 2. Januar, spricht Betroffenheit über Wielands Kritik, doch auch Selbstbewußtsein in der Beurteilung seiner eigenen Leistung. Wieland lenkte nicht ein, verdeutlichte hingegen gegenüber Gleim seinen Abscheu in einem Schreiben vom 9. Januar 1774 (alle Briefe in: WBr 5; Heinses Briefe vorher schon: Wilhelm HEINSE: Sämmtliche Werke. Hg. v. Carl SCHÜDDEKOPF. Bd. 9: Briefe, 1. Bd.: Bis zur italiänischen Reise, Leipzig 1904). Heinse publizierte die Stanzen als Anhang zu seinem Roman ›Laidion oder die Eleusinischen Geheimnisse‹, der in Lemgo zur Ostermesse 1774 erschien. Die freizügigen Stellen waren gestrichen. - Wieland war aus zwei Gründen so erbittert: Einmal wies er jede Ähnlichkeit dieser erotischen Dichtung mit seiner eigenen weit von sich (»Wenn Heinse, um solche Unflätereyen zu rechtfertigen sich auf meine komischen Erzählungen beruft, so muß er gar kein Discernement haben; und so ist es auch«; WBr 5, S. 211 f.); sodann fühlte er sich von Heinse kritisiert, was die Form der Stanze betraf (s. u.). - ›Götter, Helden und Wieland‹ ist Goethes Satire auf Wielands 1773 veröffentlichtes und uraufgeführtes Singspiel ›Alceste‹ (1774 gedruckt in Kehl mit dem fingierten Druckort Leipzig).

21 Achim VON ARNIM: Werke. Bd. 4: Erzählungen 1818-1830. Hg. v. Renate MOERING. Frankfurt/M. 1992, S. 490. Angespielt wird auf ›Musarion oder Die Philosophie der Grazien‹ (1768).

22 Vgl. Heinz HÄRTL: ›Athenaeum‹-Polemiken. In: Nationale Forschungs- und Gedenkstätten der klassischen deutschen Literatur in Weimar, Institut für klassische deutsche Literatur in Weimar: Debatten und Kontroversen. Literarische Auseinandersetzungen in Deutschland am Ende des 18. Jahrhunderts. Hg. v. Hans-Dietrich DAHNKE und Bernd LEISTNER. Bd. 2. Berlin und Weimar 1989, S. 246-357; Klaus MANGER: Klassizismus und Aufklärung. Das Beispiel des späten Wieland. Frankfurt/M. 1991 (=Das Abendland, N.F. 18), bes. S. 31 f.; ders., Artikel ›Wieland‹. In: Literatur Lexikon. Hg. v. Walther KILLY. Bd. 12 (1992), S. 313.

23 Sie waren sogar »Vetter und Base zweiten Grades«.Vgl. Hansjörg SCHELLE: Neue Quellen und Untersuchungen zum Kreise Sophie von La Roches und C. M. Wielands. 1.T. In: Lessing Yearbook, 1988, S. 205.

erlebt hatte. Sie starb am 19. September 1800 in Oßmannstedt, wo Wieland sie in seinem Garten begraben ließ.[24] Im Gegensatz zu den jüngeren, der Romantik anhängenden Geschwistern lebte sie noch ganz mit Wielands Dichtung und nahm am Entstehen seines letzten Romans ›Aristipp‹ lebhaften Anteil.[25] Clemens Brentano verdankte Wieland die Verbindung zu dem Verleger Wilmans, der seinen Roman ›Godwi‹ druckte, überwarf sich dann aber mit ihm.[26] Sophie distanzierte sich damals von ihrem Bruder.

Arnim ist nun durch seine Heirat der Brentano-Familie verschwägert und - gegenüber Wieland - in den Kreis der verwandtschaftlich-befreundeten Familie eingetreten. Er schaut ihn bei seinem Besuch »kindlich« an, wie er hier sehr bewußt schreibt (er korrigierte das Wort aus dem unverbindlichen »freundlich«). Wieland erscheint in seinem Gedicht als früherer Prinzenerzieher[27] und liebevoller Vater, ein philosophisch weiser Greis.[28] Zuhörend nimmt er Literatur auf; über seine eigenen Dichtungen wird hingegen nichts gesagt.

5. Die Entstehung der Weimar-Stanzen

Beide Handschriften sind auf dem gleichen für Arnim ungewöhnlichen Papier notiert, was auf eine Niederschrift in zeitlicher Nähe hindeutet.

Die Handschrift des Zyklus (H¹) ist unterschiedlich ausgearbeitet und wechselt im Duktus ab: Der zweite Bogen (Beginn bis Anfang des Carl August-Gedichts) weist kaum Korrekturen auf und ist offenbar fortlaufend als Reinschrift notiert. Der dritte Bogen (Schluß des Carl-August-Gedichts bis

---

24 Vgl. »Meine Seele ist bey euch geblieben«. Briefe Sophie BRENTANOS an Henriette von Arnstein. Hg. v. Karen SCHENCK ZU SCHWEINSBERG. Weinheim 1985, S. 119 f.; Helga DÖHN: Sophie Brentano. 1776-1800. Ein Lebensbild nach Briefen im Nachlaß Savigny und anderen Quellen. In: Studien zum Buch- und Bibliothekswesen. Hg. v. Friedhilde KRAUSE und Hans-Erich TEITGE. Bd. 4, 1986, S. 46-70; Christoph Martin WIELAND: Sophie Brentano, Briefe und Begegnungen. Hg. v. Otto DRUDE. Weinheim 1989, S. 130 f.; Christoph PERELS: ›Empfindsam‹ oder ›romantisch‹? Zu Sophie Brentanos Lebensspuren. In: Die Brentanos. Eine europäische Familie. Hg. v. Konrad FEILCHENFELDT und Luciano ZAGARI. Tübingen 1992 (=Reihe der Villa Vigoni 6), S. 172-182.

25 Vgl. Christoph Martin WIELAND: Aristipp und einige seiner Zeitgenossen. Hg. v. Klaus MANGER. Frankfurt/M. 1988, S. 1102-1107; MANGER (Anm. 22), S. 27 f.

26 Clemens BRENTANO: Sämtliche Werke und Briefe. Hg. v. Jürgen BEHRENS, Wolfgang FRÜHWALD und Detlev LÜDERS. Bd. 16. Hg. v. Werner BELLMANN: Godwi, Stuttgart u. a. 1987, S. 584-589.

27 Er war von 1772 bis 1775 Erzieher des Erbprinzen Carl August und erhielt danach eine lebenslängliche Pension; der Herzoginmutter Anna Amalia war er freundschaftlich verbunden.

28 Der Typus des weisen Greises erinnert entfernt an das Gedicht aus ›Des Knaben Wunderhorn‹ ›Hans Sachsens Tod‹ von Adam Puschmann. Gerade Wieland war es, der das Gedicht im ›Teutschen Merkur‹ 1776 wiederentdeckte und einige Verse abdruckte (vgl. Clemens BRENTANO: Sämtliche Werke und Briefe [Anm. 26], Des Knaben Wunderhorn. Hg. v. Heinz RÖLLEKE. Stuttgart: Bd. 8 [1977], S. 229-234; Bd. 9, 3 [1978], S. 402).

Anfang des Kometen-Gedichts) ist stark korrigiert. Der Schriftduktus bleibt derselbe bis zur ersten Strophe des Wieland-Gedichts, die von seinem Geburtstag handelt. Dann erfolgt ein neuer Ansatz; Arnim notierte die folgenden Strophen bis zur Schlußstrophe dieses Gedichts offenbar hintereinander. Die vorletzte Strophe (»O seht den Greis [...] gewesen.«) ist in engerer Schrift darunter geschrieben und durch Zeichen vor die darüberstehende Strophe eingewiesen (»Es will die Erde [...] Licht erschienen.«), die damit Schlußstrophe bleibt. Die erste Strophe des Kometengedichts entspricht im Duktus dieser letzten des Wieland-Gedichts; die folgenden Strophen sind wieder in einem Zug geschrieben. Auf den Bogen 3 und 1 weist die Handschrift unabhängig von der deutlich erkennbaren Abfolge der Niederschrift zahlreiche Korrekturen auf, die sich nicht genau datieren lassen.

Die Abschrift (H^2) ist eine offenbar in einem Zug angefertigte Reinschrift.

Die verschiedenen Schreibansätze lassen vermuten, daß der Zyklus - trotz seiner geschlossenen Form - nacheinander entstand, daß also die Gedichte 4 und 5 improvisierend die ersten bereits ausgeformten ergänzten. Arnim konnte allerdings schon kurz nach seiner Ankunft in Weimar planen, die drei Geburtstage in einer Folge von Gedichten zu besingen; auch wußte er schon bald, daß nicht nur seine Frau, sondern auch die Großfürstin ein Kind erwartete. Die Schwangerschaft seiner Frau wird im Zusammenhang mit dem Naturgedicht über das Ilmtal thematisiert; die der Fürstin wird von dem Kometen des Jahres 1811 überstrahlt; Arnim nutzt diese Naturerscheinung zu einer Postfiguration auf die Geburt Jesu. Die Strophen, in denen Arnim auf aktuelles Geschehen eingeht (im Carl August- und im Wieland-Gedicht) weisen die größten Varianten in der Handschrift auf.

Aus den historischen Daten läßt sich die Entstehung des Gedichtzyklus recht genau erschließen: Am 25. August traf Arnim in Weimar ein. Am 28. feierte er Goethes Geburtstag mit. Beide Gedichte setzen voraus, daß der junge Dichter von Goethe freundlich aufgenommen wurde. So ist eine gemeinsame Entstehung kurz nach Goethes Geburtstag wahrscheinlich. Der 3. September war der Geburtstag des Herzogs. Arnim gibt neben der Erwähnung allgemeiner Vorlieben des Herzogs, wie der Jagd, sowie der Anspielung auf den Krieg von 1806 eine ziemlich genaue Schilderung dieses Festtags mit der Begrüßung am Römischen Haus, der Feier im Schloß, der Fertigstellung des Schloßturms und dem Vergnügen am Schießplatz. Im Wieland-Gedicht setzt die erste Strophe seine Geburtstagsfeier in Tiefurt am 5. September voraus, die folgenden den Unfall am 11. September. Arnim dürfte bald danach diese Strophen verfaßt haben, wobei er die vorletzte vermutlich noch etwas später einfügte, als er Wieland besucht hatte (vor dem 14. September).

Für das Kometengedicht gibt es einen *Terminus ante quem*: Da Arnim mit Weimar auf die Geburt eines männlichen Thronfolgers hoffte, am 30. September aber ein Mädchen geboren wurde, muß es mit Sicherheit vor diesem Datum geschrieben worden sein, wahrscheinlich auch noch in Weimar vor der Abreise am 21. September 1811.

Bei der gekürzten Abschrift (H²) ließ er die Strophen des Kometen-Gedichts fort, die sich auf den erhofften männlichen Erben des Hauses Sachsen-Weimar-Eisenach bezogen, da er inzwischen wohl von der Geburt des Mädchens erfahren hatte. Diese Wendung könnte auch ein Grund dafür sein, daß der Zyklus weder von ihm noch von Bettine und Varnhagen (in Arnims ›Sämmtlichen Werken‹) veröffentlicht wurde. Für diese Abschrift, die Arnim herstellte, um sie der Christlich-deutschen Tischgesellschaft zuzuschicken oder ihr vorzulesen, gibt es einen *Terminus post quem* durch den darin erwähnten Tod von Heinrich Gentz. Er starb am 3. Oktober 1811 in Berlin; Arnim erfuhr davon durch Savignys Brief vom 15. Oktober 1811.[29] Die Abschrift kann also frühestens Ende Oktober 1811 in Frankfurt entstanden sein. Bemerkenswert ist, daß Arnim als einziges Gedicht vollständig das Lobgedicht auf Goethe aufnimmt - trotz des Streits in Weimar. Das entspricht seiner Äußerung: »[...] meine Hochachtung gegen ihn als Schriftsteller bleibt unwandelbar [...]« im Brief an Savigny vom 28. September aus Frankfurt, wo er sonst über den Vorfall bittere Worte findet.[30] Arnim hoffte damals auch noch auf eine Aussöhnung bei der Rückreise, die Goethe aber verweigerte. Möglicherweise deshalb wurde die Abschrift dann in der Tischgesellschaft nicht vorgetragen.[31] Niemals wieder hat er sich derart positiv über Goethe geäußert; seine Rezension der ›Campagne in Frankreich‹ (1822), vor allem aber die satirischen Partien der Erzählungen ›Die zerbrochene Postkutsche‹ (1818) und ›Wunder über Wunder‹ (1826) spiegeln seine Distanzierung.

---

29 HÄRTL (Anm. 3), S. 186. Er beantwortete ihn am 25. Oktober, als er von einer Rheinreise zurückkehrte (ebd., S. 55-57).
30 Ebd., S. 55.
31 Arnim sandte allerdings am 4. Dezember 1811 an Savigny etwas »Einliegend für die deutsche Gesellschaft«. Härtl vermutet, daß sich darunter auch diese Abschrift befand (ebd., S. 59 und 254). Doch liegen beide Manuskripte im Arnim-Nachlaß beisammen. Die Abschrift wäre sonst wohl im Savigny-Nachlaß oder in den Akten der Tischgesellschaft. Zu Arnims Texten für die Tischgesellschaft aus dieser Zeit vgl. Stefan NIENHAUS: Das kulturelle Leben in der christlich-deutschen Tischgesellschaft. Mit zwei unveröffentlichten Reden Achim von Arnims. In: JbFDH 1994, S.118-140.

6. Der Zyklus als Kunstwerk

Der Zyklus ist in Stanzen abgefaßt. Die Strophenform stammt aus dem Italienischen, wo sie aus acht Endecasillabi besteht, also aus Versen mit elf Silben, meist mit einer Zäsur nach der vierten Silbe. Die Reimfolge ist abababcc. Die deutschen Dichter verwendeten meist Jamben, und zwar im Zeitalter des Barock den Alexandriner mit 6 Hebungen, im späten 18. Jahrhundert den fünfhebigen Vers mit je weiblichem und männlichem Ausgang. Wieland praktizierte - u. a. im ›Oberon‹ - eine freie Versform, in der er auch Anapäste zuließ, um dem Werk die Eintönigkeit zu nehmen. In der Vorrede zu ›Idris und Zenide‹ (1768) hatte er seine Entscheidung damit begründet, daß die strengen *Ottave rime* im Deutschen eine zu große Monotonie hervorriefen. Heinse hingegen nahm sich für seine Stanzen die italienische Form als Vorbild; seine Strophen bestehen aus acht fünfhebigen Versen, möglichst mit der Zäsur nach der vierten Silbe, mit der Reimfolge abababcc (a und c weiblich, b männlich)[32]. Goethe bewunderte Heinses dichterische Leistung und gebrauchte die Stanze in ihrer strengen Form, z. B. in der meisterhaften ›Zueignung‹, dem Eingangsgedicht zur Ausgabe seiner ›Schriften‹ von 1787.

Arnim verwendet die Stanze gern, meist in der von Heinse eingeführten Form. Hier führt er jedoch ein barockes Element ein: Er schließt die Strophe nach sechs fünfhebigen Versen (mit stets der gleichen Reimfolge a weiblich - b männlich) mit einem Paar Alexandrinern (mit weiblichem Ausgang in dem Reimpaar cc). Dadurch wird die Strophe fließend eröffnet und rational abgeschlossen. Die sechs fünfhebigen Verse haben meist die Zäsur nach der vierten Silbe, also der zweiten Hebung, was einen schwingenden Rhythmus ergibt. Das Alexandrinerpaar mit seiner Zäsur nach der dritten Hebung - in der Mitte des Verses - eignet sich hingegen zum Ausdruck antithetischer Gedanken. In Arnims Stanzen wird die beschriebene Beobachtung im Schlußpaar oft begrifflich zusammengefaßt.

Der Zyklus ist symmetrisch aufgebaut: Im ersten Gedicht redet der Dichter das Tal beim Wiedersehen an (vier Strophen). Hierauf folgt ein achtstrophiges Gedicht auf Goethe, wobei in den ersten beiden Strophen, ebenfalls in der Anrede Arnims, das Lob des Tales auf Goethe ausgebracht wird. Das mittlere achtstrophige Gedicht rühmt den Herrscher, darauf folgen das sechsstrophige auf Wieland und als Abschluß das ebenfalls sechsstrophige Kometen-Gedicht.

---

32 Arnim kannte auch Heinses ›Laidion‹ (vgl. Brief an Brentano vom Mai 1807; STEIG 1 [Anm. 7], S. 212).

Das erste und das letzte Gedicht verbinden mit der Naturbeschreibung die Freude über eine kommende Geburt; es sind damit auch Gedichte auf Frauen,[33] wie die mittleren auf Männer. Auch das Goethe-Gedicht enthält einen Ausblick: Der Dichter wird durch seine Sprachkunst das Volk einen. Der Herzog lebt durch sein politisches Wirken am meisten in der Zeit, doch deutet Arnim an, daß sein Ruhm in den Baudenkmälern überdauern wird. Das Gedicht auf Wieland verknüpft durch die Rolle des Schriftstellers als Fürstenerzieher und als Vater diese Verse mit den Gedichten auf die kommenden Kinder und auch mit dem Gedicht auf Carl August. Darin klingen andererseits durch das Thema des Unfalls sowie auch durch das Bild des segnenden Greises Todesgedanken an. Die letzte Strophe des Kometen-Gedichts prophezeit ein neues goldenes Zeitalter, das der Dichter selbst nicht mehr erleben wird. Doch hofft auch er - wie Goethe und der Herzog -, in der Kunst zu überleben. Die Freude über die Gegenwart läßt Hoffnung auf das Kommende aufkommen, aber auch Gedanken an die Vergänglichkeit des Lebens. Der Zyklus hat zum Thema das erfüllte und tätige Leben, durch das auch nach dem Tod eine Spur zurückbleibt. Daß dies Gottes Gnade voraussetzt, spricht am deutlichsten die letzte Strophe des Wieland-Gedichtes aus.

Trotz der Präzision in den Anspielungen auf die Geschehnisse des Spätsommers 1811 in Weimar nennt Arnim nur zwei Namen: Goethe und Wieland, die beiden Bürgerlichen, die sich einen Namen gemacht haben. Der Name des Herzogs wird durch die Hauptüberschrift klar. Nicht genannt werden: Arnims Frau Bettine (selbst in der Zusammenfassung wird ihr Name noch im Schreibansatz wieder getilgt), Goethes Frau und Sohn (die Familie wird - unter Einbeziehung der Freunde - nur ganz unpersönlich als »die Seinen« bezeichnet), die Tochter Wielands (die immerhin als Persönlichkeit Kontur gewinnt), die Familie des Herzogs (einen Hinweis auf die russische Abkunft der Großfürstin gibt das Sternbild, »des Bären Zeichen«, in dessen

---

33 Dies erinnert an ein weiteres Kometengedicht Arnims, das er in seiner Novellensammlung von 1812 zwischen die erste und zweite Erzählung plaziert (zwischen ›Isabella von Ägypten‹ und ›Melück Maria Blainville‹) und das beginnt:

> Wo große Zeichen hin zur Zukunft deuten,
> Da wollen wir nicht stets nach Männern schauen,
> Es ändern sich auch einmal wohl die Zeiten:
> Vielleicht beginnt nun bald die Zeit der Frauen!
> Von ihnen lasset euer Herz bereiten,
> Es kann ein Kuß das ganze Herz erbauen:
> Zwei Frauen rühm ich heut geneigten Ohren,
> Hat der Komet noch größere geboren?

(Achim VON ARNIM: Werke 3: Erzählungen 1802-1817. Hg. v. Renate MOERING. Frankfurt/M. 1990, S. 773 f.)

Nachbarschaft sich der Komet zeigt). Eine ungefähre Orientierung geben nur die Überschriften (in der Zusammenfassung auch die Zwischentexte).

Die Erlebnisse werden im Zyklus selbst meist in Bilder gefaßt. Häufig leiten die Schlußverse einer Strophe schon auf die nächste Strophe über, so daß die Bilder und Themen wie in einen Kranz verflochten werden. Die Eingangsstrophe, die so genau auf die biographische Situation des Abschieds im Dezember 1808 und die Rückkehr im August 1811 anspielt, gestaltet dabei die romantische Verknüpfung von Jahreszeiten und Lebensaltern. Überraschend jedoch verjüngt sich die greisenhafte Natur. Die Schlußstrophe nimmt die Vorstellung dieses Kreislaufs wieder auf. Doch verbindet Arnim nun damit die lineare Lebenslinie des Menschen, der vergeht. Sein Werk hingegen bleibt und kann im Verstehen jederzeit wieder lebendig werden.

Jürgen Jacobs

FEHLREZEPTION UND NEUINTERPRETATION VON WIELANDS ›AGATHON‹

Anmerkungen zu einem neuen Deutungsvorschlag

Das umfangreiche, 1991 erschienene Buch Walter Erharts zu Wielands ›Agathon‹[1] besticht durch eine enorme, in die Argumentation integrierte Belesenheit, durch Scharfsinn und durch einen originellen Interpretationsansatz. Die drei Fassungen von Wielands Roman versteht Erhart als jeweils selbständige Phasen eines über dreißig Jahre hinweg verfolgten Projekts, dessen bewegendes Moment in der »Gegenüberstellung von naturalistisch-empiristischer Philosophie und platonisch-leibnizschem Idealismus« liege (104). Dieses moralphilosophische Problem, das in dem großen Dialog zwischen Agathon und Hippias exponiert ist, mache sich Wieland in den verschiedenen Fassungen des Romans in jeweils neuen Anläufen zum Thema. Vor allem durch einen Vergleich der Romanschlüsse, insbesondere in der ersten und der letzten Version, soll ein grundsätzlicher Wandel des lang verfolgten »Projekts« sichtbar gemacht werden.

So gedankenreich Erhart seine Thesen auch entwickelt, so sehr provozieren sie doch in mancher Hinsicht zu Einsprüchen. Eine genauere Prüfung kann zeigen, daß zentrale Thesen dieser neuen ›Agathon‹-Interpretation sich vor den textlichen Befunden nur schwer halten lassen.

1. Bekanntlich verläuft die Erprobung von Agathons Moral durch Konfrontation mit der Welt in der ersten Fassung des Romans desillusionierend: Der Held der Geschichte ist am Ende seiner politischen Abenteuer in Syrakus enttäuscht, und er glaubt, daß seine Erfahrungen die Lehren des Hippias bestäti-

---

1 Walter ERHART: Entzweiung und Selbstaufklärung. Christoph Martin Wielands ›Agathon‹-Projekt. Max Niemeyer Verlag, Tübingen 1991. XI und 460 S.

273

gen (Ag 366 ff.).[2] Der Erzähler kommt über dieses Scheitern seines Protagonisten nur hinweg, indem er unter ironischer Berufung auf den fiktiven griechischen Autor, dem er die Geschichte verdankt, eine eingestandenermaßen gewaltsame Rettungsaktion veranstaltet: Er versetzt Agathon nach Tarent, um dort in besseren, aber durchaus unwahrscheinlichen Umständen seinen Tugendglauben vor völliger Auflösung zu retten (Ag 379 f.).

Erhart vertritt nun die Meinung, es gehe Wieland in dieser ersten Phase des ›Agathon‹-Projekts gar nicht um eine Lösung des moralphilosophischen Problems, er wolle vielmehr gerade dessen Unlösbarkeit vorführen. Die harmonische Verbindung von »Tugend« und »Weisheit«, von der im Text des Romans wiederholt die Rede ist (vgl. z. B. Ag 5), sei »ein der Epoche eingeschriebenes Ideal, dessen Dekonstruktion die erste ›Agathon‹-Fassung betreibt« (162 f.). Ziel dieses dekonstruierenden Verfahrens sei es, den »verständigen« Leser zu irritieren und ihm Problembewußtsein zu vermitteln (145). Mit anderen Worten: die Offenheit des Romanschlusses resultiere nicht (wie meist angenommen) daraus, daß eine problemlösende Synthese verfehlt werde, sondern daraus, daß eine philosophische Aporie dargestellt werden sollte (109 f.).

Dieser Deutungsansatz will jedoch nicht recht plausibel werden. Denn man muß schon kräftig gegen den Text anlesen, um zu behaupten, der Autor habe den offenen Schluß intendiert. Nicht nur in der Vorrede, sondern auch im Fortgang der Geschichte ist immer wieder von der angestrebten Versöhnung zwischen moralischen Prinzipien und erfahrener Lebenswirklichkeit (vgl. Ag 380) oder von der Auflösung des Konflikts zwischen »Kopf« und »Herz« die Rede (vgl. Ag 253, 373). Daß dies nur die Beschwörung einer bei den Zeitgenossen verbreiteten Vorstellung sei, die als illusorisch entlarvt werden soll, will angesichts des Fehlens aller Ironiesignale an den fraglichen Textstellen nicht einleuchten. Der Leser wird vielmehr den Eindruck gewinnen, daß er es für bare Münze nehmen muß, wenn es im Text heißt, es sei »die Absicht des Autors [...], aus seinem Helden einen tugendhaften Weisen zu machen, und zwar solchergestalt, daß man ganz deutlich möchte begreiffen können, wie ein solcher Mann [...] ein so weiser und tugendhafter Mann habe seyn können« (Ag 380). Mit anderen Worten: Wielands Roman stellt das Existenzproblem Agathons mit einem Ernst dar, dem es um Resultate zu tun ist. Wenn nun die angestrebte Demonstration nicht gelang, so deshalb, weil Wieland wegen der Radikalität, mit der er die zentrale moralphilosophische

---

2 WIELANDS Werke sind nach der Hempelschen Ausgabe (Berlin [ca. 1879-1880]) unter der Sigle H zitiert. Die erste Fassung des ›Agathon‹ ist nach dem von Klaus SCHAEFER besorgten Neudruck (Berlin 1961) unter der Sigle Ag angeführt.

Frage aufwarf, in Begründungsnöte geriet, vor denen er ironisch »in das Land der schönen Seelen, und der utopischen Republiken« auswich (Ag 377).

Bei dieser Lage ist gut verständlich, daß Wieland mit der 1766/67 publizierten Fassung seines Romans nicht zufrieden sein konnte. Bald schon kündigte er in seinen Briefen an, er werde das Buch mit Dialogen zwischen Agathon und Archytas fortsetzen.[3] Ohne diese Ergänzung, so erklärte er, sei das Werk »wirklich kein Ganzes« und könne nicht abschließend beurteilt werden.[4]

2. Auch für die dritte ›Agathon‹-Fassung macht Erhart einen neuen Deutungsvorschlag. Er versteht den Schlußteil des Buches, der die Bekenntnisse der Danae, der Psyche und des Archytas enthält, und in denen davon die Rede ist, daß Agathon selbst eine »Beichte« verfaßt (vgl. H 3, 192 f.), als »tarentinischen Gesprächsroman«, der formal und inhaltlich von der vorher erzählten Geschichte des Agathon deutlich abgesetzt ist (264 u. ö.). Die Funktion dieses Romanteils sieht Erhart darin, daß die Figuren in einer Art Gesprächstherapie Distanz zu ihren problematischen Vorgeschichten gewinnen und dadurch psychische Irritationen überwinden (vgl. 258 f., 271). Die Schlußkapitel des Romans sollen daher im Zeichen einer »Therapeutik beschädigter Identität« und der »Praxis einer individuellen ›ars vivendi‹« stehen (350). Das aber heißt für Erhart, daß die moralphilosophische Aporie, die sich nach seiner Deutung am Ende der ersten ›Agathon‹-Fassung zeigte, jetzt überschritten ist, und zwar durch den Bezug auf eine undogmatische »Lebensphilosophie« im Geist der Antike (274).

Vor diesem Hintergrund nimmt Erhart die von Jan-Dirk Müller schon 1971 vorgetragene These auf,[5] man dürfe die von Archytas entwickelten philosophischen Anschauungen nicht als eine Lehre verstehen, die Allgemeingültigkeit für sich beansprucht; vielmehr sei sie nur aus den jeweiligen Besonderheiten der individuellen Lebensentwicklung abzuleiten und habe daher nur Plausibilität für den einzelnen und nicht auch für Menschen mit anderen Erfahrungen (382, 384).

Dieser Deutungsansatz, der für Wielands Altersromane ›Peregrinus Proteus‹ und ›Aristipp‹ durchaus einleuchtet, tut allerdings dem Text des ›Agathon‹ Gewalt an. Denn Archytas ist in der dritten Fassung des Werks eindeutig als Idealfigur dargestellt, und seinen Lehren wird ohne Vorbehalt

---

3 Vgl. den Brief an Zimmermann vom 2. Juni 1768, WBr 3, S. 518.
4 Vgl. den Brief an Riedel vom 29. Januar 1769, WBr 3, S. 575.
5 Vgl. Jan-Dirk MÜLLER: Wielands späte Romane. Untersuchungen zur Erzählweise und zur erzählten Wirklichkeit. München 1971, S. 91.

allgemeine Geltung zugesprochen. Der tarentinische Weise wird - worüber der Text keinen Zweifel zuläßt - zu Agathons Mentor, der ihn zum sicheren Port unbezweifelbarer Gewißheiten leitet und seine Lebensproblematik löst: Archytas macht es zu seiner Aufgabe, »durch unerschütterliche Gründung seines [Agathons] Gedankensystems über das, was die wesentlichste Angelegenheit des moralischen Menschen ausmacht, seinen Kopf mit seinem Herzen auf ewig in Einverständnis zu setzen« (H 3, 194; vgl. 192). Dies geschieht denn auch durch die ausführliche »Darstellung der Lebensweisheit des Archytas«.[6] Umständliche Beweise für diese Lehren sind *expressis verbis* für überflüssig erklärt: Sie werden schon durch »bloße Darstellung« plausibel (H 3, 215). Als Archytas seinen Lehrvortrag beendet, leuchtet ihm daher aus den Augen Agathons »die reine Beistimmung seiner ganzen Seele lebendiger und stärker entgegen [...], als er sie durch die beredtesten Worte auszudrücken vermögend gewesen wäre«. Der Erzähler kommentiert diesen Vorgang philosophischer Belehrung folgendermaßen: »Agathon war um diese Zeit in jeder Ansicht völlig dazu vorbereitet, durch eine solche Darstellung von der Orphisch-Pythagorischen Glaubenslehre und Lebensphilosophie überzeugt zu werden; und wofern auch noch einer oder ein anderer Zweifelsknoten zurückgeblieben wäre, so wurde er in den Unterredungen, welche sie in der Folge öfters über diesen Gegenstand und einige besondere Punkte des Pythagorischen Systems mit einander pflogen, zu einer so völligen Befriedigung seiner Vernunft, als in Dingen dieser Art verlangt werden kann, aufgelöst« (H 3, 219 f.). Angesichts dieser Textpassagen muß man wohl davon sprechen, daß die Weisheit des Archytas mit allgemeinem Anspruch auftritt, und daß sie keineswegs bloß individuelle Geltung haben soll. Wie könnte sie sonst von Agathon mit »reiner Beistimmung« übernommen werden?

Gegen die Thesen Jan-Dirk Müllers und Walter Erharts ist daher festzuhalten, daß Wieland in der Tat glaubte, die moralphilosophische Problematik seines ›Agathon‹ mit der Philosophie des Archytas lösen zu können. Nur so ist auch die Bemerkung in der Vorrede der dritten Fassung zu verstehen, der Dialog zwischen Agathon und Archytas solle »dem moralischen Plane des Werkes [...] die Krone auf[...]setzen und vermittelst Alles dieses das Ganze in die möglichste Übereinstimmung mit der ersten Idee desselben [...] bringen« (H 1, 56). Die brieflichen Äußerungen des Autors, in denen er die besondere

---

6 So die Überschrift des Kapitels 3 in Buch XVI (H 3, 204).

Wichtigkeit und Schwierigkeit der neu zu schreibenden Schlußteile betont, deuten in die gleiche Richtung.[7]

Daß Wieland während der Arbeit an der dritten ›Agathon‹-Fassung keineswegs den Glauben an eine allgemein überzeugende, die Lebenspraxis segensreich bestimmende Philosophie verloren hatte, zeigt sich in einem Brief, den er Ende 1794 an Karl Leonhard Reinhold richtete, seinen Schwiegersohn, der gerade in Kiel einen philosophischen Lehrstuhl übernommen hatte. Dieser hatte Wieland mitgeteilt, er halte eine Vorlesung über Moral und Naturrecht, wobei er sich bemühe, »*durchgehends popular* zu seyn, alle *Filosofeme* auf bloße *Aussprüche* des *gemeinen gesunden Verstandes* zurückzuführen, und schlechterdings kein spekulatives System dabey vorauszusetzen«.[8] Wielands Reaktion auf dieses Unternehmen ist enthusiastisch, weil er sich von ihm allgemeingültige und praktikable Lehren verspricht: »Dank sey dem Himmel, daß ich einen meiner sehnlichsten Wünsche nun mit einer Art von Gewißheit erfüllt zu sehen hoffen kann, oder vielmehr, dem Anfang nach, wirklich schon erfüllt sehe! Denn ganz gewiß sind *Sie* dazu auserwählt, der Welt das, was sie am Meisten bedarf, eine Filosofie für Verstand und Herz zu geben, die auf Prinzipien ruhe, die Allen Verständigen und fühlenden Menschen von Jeher einleuchtend und zur praktischen Überzeugung hinlänglich gewesen sind - eine hinlänglich vollständige Theorie alles dessen, was kein Mensch ohne Schaden ignorieren kann [...].«[9] Angesichts solcher Sätze wird man nicht sagen können, der Autor der dritten ›Agathon‹-Fassung habe den Glauben an eine überindividuell und überzeitlich gültige Moralphilosophie aufgegeben, auch wenn seine Skepsis gegenüber spekulativem und systematischem Denken deutlich zu spüren ist.

Auf einem anderen Blatt steht, daß auch der mit hoher Ambition geschriebene, als »Krone« des Werks gedachte neue Romanschluß den Riß zwischen dem moralischen Ideal und der desolaten Wirklichkeit nicht auf überzeugende Weise schließen konnte: Tarent und der Rest der Welt stehen sich schroff, ohne alle Vermittlung gegenüber, und die Lebensweisheit des Archytas bleibt in krassem Gegensatz zu dem Verhalten der Menschen, wie es sich allenthalben außerhalb Tarents beobachten läßt. Im Romantext ist diese Diskrepanz ausdrücklich festgestellt, aber sie soll nichts gegen die Verbindlichkeit der moralischen Postulate besagen (H 3, 221 f.). Dadurch aber be-

7 Vgl. die Briefe an G. J. Göschen vom 17. Februar, 7. April und 17. April 1794, WBr 12.1., S. 152, 177, 184 f.

8 Brief Reinholds an Wieland vom 7. Dezember 1794, WBr 12.1, S. 372.

9 Brief vom 25./26. Dezember 1794, WBr 12.1, S. 379.

kommt Tarent, wo der Roman das Ideal als verwirklicht ausgibt, den Charakter einer utopischen Konstruktion (vgl. H 3, 107). Wieland konnte nicht lange verborgen bleiben, daß dieses Resultat nicht befriedigend war, da der Roman doch gerade die Bewährung der »Tugend« angesichts einer widerständigen desillusionierenden Wirklichkeit demonstrieren sollte. Schon wenige Jahre nach Erscheinen der dritten ›Agathon‹-Fassung gestand er, daß er nicht an die Lehren des Archytas glauben könne, und er fügte hinzu: »Ich sage *leider!* weil ich in der That, um meines inneren Vergnügens und Gewinns an Zufriedenheit u. Seelenruhe willen, wünschen möchte, wie Archytas zu glauben.«[10]

3. Von seinen Prämissen her muß Erhart alle jene Deutungen des ›Agathon‹ ablehnen, die das Werk in die Tradition des Bildungsromans stellen. Blanckenburgs Romantheorie, mit der ein solches Verständnis einsetzt, verfällt daher scharfer Kritik (217, 246). Erhart spricht von einer folgenreichen »eklatanten Fehlrezeption« und rechnet es ihr als entscheidenden Mangel vor, daß sie dem Roman die Tendenz zu einem harmonischen, die Problematik lösenden Schluß imputiert habe (410). Erhart kann dem nicht folgen, weil er bei Wieland die Absicht zur »Dekonstruktion« gängiger moralischer Vorstellungen und literarischer Konventionen annimmt (vgl. 157, 162 f.). Daher will er den in Tarent spielenden Schlußteil der dritten Fassung auch nicht als »Ziel« der Entwicklungsgeschichte Agathons anerkennen, sondern postuliert einen »Bruch« zwischen den Teilen des Romans (262). Agathon und die anderen Figuren der Schlußkapitel finden nicht in sinnvermittelnde und stabilisierende soziale Beziehungen hinein, sie erscheinen der auf »Dekonstruktion« hin orientierten Lektüre vielmehr als »Vereinzelte«: »Der ›Traum‹ einer idealen Sozietät hat sich ebenso aufgelöst wie die institutionelle Ordnung der bürgerlichen Familie« (261).

Auch diese Thesen bereiten angesichts von Wielands Romantext Schwierigkeiten. Man liest dort nämlich über die Familienverhältnisse in Tarent: »Archytas hatte zwei Söhne, deren wetteifernde Tugend die seltene und verdiente Glückseligkeit seines Alters vollkommen machte. Diese liebenswürdige Familie lebte in einer Harmonie beisammen, deren Anblick unsern Helden in die selige Einfalt und Unschuld des goldnen Alters versetzte« (H 3, 107). Aga-

---

10 Brief an Reinhold vom 26. November 1796, zit. nach R. KEIL: Wieland und Reinhold. Leipzig und Berlin 1885, S. 226. Zum Abrücken Wielands von den im ›Agathon‹ sichtbaren ideellen Positionen vgl. Herbert W. REICHERT: The philosophy of Archytas in Wieland's ›Agathon‹. The Germanic Review 24 (1949), S. 8 ff. Jan-Dirk MÜLLER interpretiert die angeführte Briefstelle als Distanzierung von einer individuell berechtigten, aber für Wieland selbst nicht annehmbaren Position (Anm. 5, S. 91).

thon ist den Mitteilungen des Textes zufolge alles andere als vereinzelt: In Archytas hat er einen »zweiten Vater« gefunden, und er darf sich bald als Kind des Hauses fühlen (H 3, 107; 221). Auch der »Traum einer idealen Sozietät« ist weit davon entfernt, sich aufgelöst zu haben, vielmehr hat er sich in Tarent ganz offensichtlich realisiert: »Diese Republik war damals gerade in dem Zustande, worin jeder patriotische Republikaner die seinige zu sehen wünschen muß [...] Archytas hatte sie [...] an die weisen Gesetze, die er ihnen gegeben, so gut angewöhnt, daß sie mehr durch die Macht der Sitten als durch das Ansehen der Gesetze regiert zu werden schienen« (H 3, 102). Archytas gilt als »Vater des Vaterlandes«, und es heißt von seiner humanen Herrschaft: »Niemals hat ein Despot unumschränkter über die Leiber seiner Sklaven geherrscht als dieser ehrwürdige Greis über die Herzen eines freien Volkes; niemals ist der beste Vater von seinen Kindern zärtlicher geliebt worden« (H 3, 107). Am Ende bekommt Agathon das Bürgerrecht in Tarent und übernimmt gemeinsam mit einem der Söhne des Archytas eine führende politische Rolle (H 3, 224). Das ist zwar, wie Erhart feststellt, »nicht mehr Thema des Romans« (391), aber es ist doch wohl die Perspektive, in die er seine Geschichte stellt. Wenn es auf der letzten Seite des Buches von Agathon heißt: »er verdiente das Glück, im Schooße der Freiheit und des Friedens unter gutartigen Menschen zu leben, und sie waren eines solchen Mitbürgers würdig«, dann wird man den Helden der Geschichte nicht als »Vereinzelten« bezeichnen dürfen, und man wird auch nicht leugnen können, daß der Roman ein demonstrativ harmonisches Ende anstrebt. Ob dieses Ende glaubwürdig ist, ob es in der Tat das in der ›Geschichte des Agathon‹ verhandelte Problem auf überzeugende Weise beantwortet, ob es sich künstlerisch gegenüber den früheren Partien des Romans behauptet, das ist natürlich eine andere Frage.

Daß Agathon einen Entwicklungsprozeß durchläuft, ist zwar gelegentlich bestritten worden,[11] läßt sich aber im Ernst nicht bezweifeln, da der Roman selbst an vielen Stellen von den Wandlungen und Entwicklungen seines Helden spricht (vgl. Ag 301, 320 f., 365 f.). In der Vorrede zur dritten Fassung benutzt Wieland denn auch die bezeichnende Formulierung, er habe sich bei der Überarbeitung bemüht, »die Lücken, die den reinen Zusammenhang der Seelengeschichte Agathon's bisher noch unterbrochen hatten, zu ergänzen« (H 1, 56). Zwar herrscht hier nicht der Goethesche Bildungsbegriff, aber es ist doch eine Entwicklungsgeschichte erzählt, deren Hauptinteresse in ihren

---

11 Vgl. Wolfgang PAULSEN: Christoph Martin Wieland. Der Mensch und sein Werk in psychologischen Perspektiven. Bonn und München 1975, S. 27, 78, 158; Gerd HEMMERICH: Christoph Martin Wielands ›Geschichte des Agathon‹. Eine kritische Werkinterpretation. München 1979, S. 4, 11.

psychologisch-moralischen Implikationen liegt und die auf eine Versöhnung ihres problematischen Helden mit der Welt hinstrebt. Das sollte bei einer liberalen Handhabung des Gattungsbegriffs ermöglichen, Wielands ›Agathon‹ in Bezug zur Tradition des Bildungsromans zu bringen.

4. Erhart erklärt die mehr als 200 Jahre andauernde »Fehlrezeption« des ›Agathon‹ aus den Voreingenommenheiten der Interpreten, denen die »dekonstruierenden« Absichten Wielands entgangen seien: »So wie die entfunktionalisierten Signale des Textes wieder an die ästhetischen und normativen Kontexte der Rezipienten angeschlossen wurden, bildete sich dementsprechend auch eine Vielzahl der vom Leser entworfenen Projektionen über die vom Autor intendierte Sinngebung« (183).

Diese These läßt sich nun offenbar auf Erharts eigenen Versuch einer ›Agathon‹-Interpretation zurückwenden. Ob er, wie er doch beansprucht, der »vom Autor intendierten Sinngebung« gerecht wird, muß schon angesichts der Widersprüche zum Romantext und zu den Selbstkommentaren Wielands zweifelhaft bleiben. Darüber hinaus ist unübersehbar, daß sich Erharts eigene Deutungsansätze an ganz bestimmte, aus der geisteswissenschaftlichen Diskussion unserer Tage bezogene »ästhetische und normative Kontexte« anschließen. Das gilt beispielsweise für die Rede von der »Dekonstruktion«, die hier allerdings nicht mit den radikalen Konsequenzen Derridas angewendet ist (vgl. 139, Anm. 85). Für die Deutung der »therapeutischen« Gespräche im Tarent-Teil des Romans liefert offenbar eine Freudianische Psychologie den Hintergrund. Von Agathon heißt es beispielsweise, es würden bei ihm »die latent narzißtischen Illusionen einer Erziehung zum Realitätsprinzip unterworfen« (339). Und schließlich erklärt sich die Grundtendenz von Erharts Untersuchung, den Wielandschen Roman jenseits aller Hoffnungen auf allgemeingültige Antworten auf das moralphilosophische Problem zu sehen, aus der Erfahrung der postmodernen Epoche, die allenfalls noch einer »okkasionell und individuell verpflichtenden ›Gelegenheitsvernunft‹« (412) vertrauen will.

Es ist eine hermeneutische Binsenweisheit, daß der Interpret sich nicht aus seiner Deutungsbemühung herausreflektieren kann und daß ihm der historische Gegenstand nur im Horizont seines eigenen Standorts sichtbar wird. Aber es gilt ebenso, daß die Historizität der betrachteten Gegenstände respektiert werden muß, und daß der Text die unhintergehbare Gegebenheit ist, an der die Interpretation sich als plausibel erweisen muß. Es mag etwas schulmei-

sterlich wirken, wenn man gegenüber geistvollen Kombinationen wie denen
Erharts insistierend auf den Text deutet und leise zweifelnd den Kopf schüt-
telt. Aber es ist dies wohl um der Sachlichkeit des hermeneutischen Geschäfts
willen nötig. Und man wird noch weitere Argumente erwarten, bevor man
Wieland als Dekonstruktivisten *avant la lettre*, als Anwalt einer psychoanaly-
tisch orientierten Gesprächstherapie und als Vertreter postmoderner System-
feindlichkeit anerkennt.

Annerose Schneider

ZUR DATIERUNG EINES BRIEFS
AUS DER KORRESPONDENZ WIELANDS

Unter dem Titel »Neues zur Korrespondenz Wielands« hat Thomas C. Starnes in den ›Wieland-Studien‹ Bd. 1, S. 144-45, einen undatiert überlieferten Brief von Prinz August von Sachsen-Gotha und Altenburg in das Jahr 1785, »vermutlich kurz nach Anfang März 1785«, gesetzt.[1] In den ›Prolegomena zu einer Wieland-Ausgabe‹, Bd. 9, 1941, Nr. 3552, hatte Bernhard Seuffert diesen Brief mit Vorbehalt unter dem 15.7.1795 verzeichnet. Trotz Starnes' Neuansatz wird man den Brief in ›Wielands Briefwechsel‹, Bd. 8 (Juli 1782-Juni 1785) vermissen.

Starnes begründet die Umdatierung mit einem Hinweis auf Wielands Brief an Johann Heinrich Merck vom 13. März 1785 (›Wielands Briefwechsel‹, Bd. 8, Nr. 451), in dem Wieland vom kürzlich erfolgten Besuch des Malers Johann Friedrich August Tischbein in Weimar berichtet. Im Brief des Prinzen August empfiehlt der Prinz Wieland eben diesen Maler; Starnes bezieht die Empfehlung auf den Besuch von 1785 und datiert den Brief des Prinzen danach. Tischbein ist aber nachweislich auch zehn Jahre später, 1795, in Weimar und bei Wieland gewesen. Daß im Brief des gothaischen Prinzen der erste Aufenthalt Tischbeins gemeint sei, begründet Starnes mit dem folgenden Zitat aus diesem Brief: »Ein Künstler vom ersten Verdienste, Hr. Rath Tischbein, wünschet Ihnen empfohlen zu seyn, und Sie näher zu kennen [so Starnes; im Brief: »näher kennen zu lernen«], oder vielmehr, sich Ihnen näher bekanntzumachen.« Das Zitat beweist indessen nicht, daß hier eine *erste* Begegnung vorbereitet wird, im Gegenteil läßt das doppelte »näher« darauf schließen, daß der Prinz von einer früheren Begegnung Wielands mit Tischbein weiß.

Auch der folgende Text des Briefs von August von Sachsen-Gotha und Altenburg paßt nicht recht in das Jahr 1785. Als »Gepäck« des Malers nennt der Prinz zwei Bilder, als erstes ein »Familien-Gemählde von sich und den Seinen in Öhl«. Die Seinen sind offenbar Tischbeins eigene Familie, die 1783

---

1   Den Hinweis darauf verdanke ich Herrn Klaus GERLACH.

begründet wurde, 1787 erst ist dann das zweite Kind geboren. Ein datiertes Familienbild ist von 1795 erhalten. Das zweite Bild, das Tischbein bei sich habe, sei ein Pastellbild, Satyr und Nymphe darstellend, dessen Ausführung an Wielands Gestaltung von Musarion und Danae erinnere. Das wird von Wieland 1785 gegenüber Merck nicht erwähnt, obwohl er eine Verbindung zu eigenen Werken zieht: Tischbein habe ihm »von Sujets aus dem Agathon und Oberon gesprochen«. Dagegen äußert sich Wieland näher zu einem »großen tableau«, das Tischbein bei sich gehabt habe (Ewald von Kleist, nach der Schlacht von Kunersdorf von Kosaken geplündert), das nun aber Prinz August nicht erwähnt: Er schreibt ausdrücklich nur von zwei Gemälden, dem Familienbild und dem Pastellbild, die der Maler mit sich geführt habe. Es ist also nicht gut denkbar, daß in beiden Briefen der gleiche Besuch gemeint ist.

Schließlich weist ein weiteres Zitat deutlich auf 1795. Der Prinz erwähnt, er habe sich von Tischbein malen lassen, und er spricht - etwas verschlüsselt, aber noch eindeutig genug - den Wunsch aus, daß sich auch Wieland malen lassen möge. Das trifft auf 1795 zu: Während dieses Besuchs hat Tischbein Wieland zweimal gemalt, übrigens auch Herzog Carl August und Herzogin Luise.[2] Überdies ist ein sicher auf 1795 datierter Brief des Prinzen an Goethe[3] erhalten, der etwa das gleiche enthält wie der Brief an Wieland: Prinz August kündigt Tischbeins Besuch in Weimar an, er sagt, daß Tischbein Goethe malen wolle, und berichtet, daß er selbst sich von Tischbein habe malen lassen.

Der Brief gehört demnach, wie von Seuffert (›Prolegomena‹, Bd. 9, Nr. 3552) angenommen, ins Jahr 1795 und wird deshalb nicht im Band 8, sondern im Band 13 von ›Wielands Briefwechsel‹ gedruckt.

---

2 Vgl. Adolf STOLL: Der Maler Johann Friedrich August Tischbein und seine Familie. 1923; Werkverzeichnis.

3 Vgl. Briefe an Goethe, Gesamtausgabe in Regestform. Bd. 1. 1980, Nr. 1328.

Uta Motschmann

BERICHT ÜBER ›WIELANDS BRIEFWECHSEL‹

HG. VON DER BERLIN-BRANDENBURGISCHEN AKADEMIE DER WISSENSCHAFTEN
BD. 9: JULI 1785 - MÄRZ 1788

Der Band 9 von ›Wielands-Briefwechsel‹ umfaßt den Zeitraum von Juli 1785 bis März 1788 und enthält ca. 530 Briefnummern in chronologischer Reihenfolge. Davon sind ca. 215 Briefe von Wieland verfaßt und 314 an Wieland gerichtet; hinzu kommt noch der ›Merkur‹-Vertrag zwischen Wieland, Bertuch und Göschen vom Oktober 1785. Von den ca. 530 Briefen sind ca. 156 nur bezeugt, d. h. von ihnen sind weder Texte noch Zitate überliefert. Ihre Existenz, mitunter auch Teile des Inhalts, lassen sich durch andere Briefe des Briefwechsels bzw. durch Briefe zweiter Personen an Dritte erschließen. Ca. 327 Briefe werden nach der Handschrift abgedruckt, bei etwa 42 mußte auf ältere Drucke bzw. auf zeitgenössische Abschriften zurückgegriffen werden, so u. a. bei den Briefen Sophie von La Roches. Alle im Band wiedergegebenen Briefe wurden textkritisch untersucht; etwa 211 Briefe werden erstmalig gedruckt.

Die sich in den Briefen widerspiegelnden Jahre waren für Wieland eine eher ruhige Zeit ohne schwere Erkrankungen oder äußere Unruhen. Er konnte sich ganz der Herausgabe des ›Teutschen Merkur‹ und seiner Übersetzertätigkeit widmen. Seit 13 Jahren ist Wieland nun in Weimar etabliert. Er hat die 50 überschritten und fühlt sich als Patriarch einer großen Familie. Von den 13 Kindern, die ihm seine Frau Anna Dorothea geboren hat, leben Anfang 1788 noch 10. Die im Sommer 1786 geborene Tochter Auguste Friederike stirbt Anfang 1787, was Wieland nach Aussagen von Zeitgenossen großen Schmerz bereitete. - Seine älteste Tochter Sophie Katharina Susanna hat im Mai 1785 den Wiener Exjesuiten und -barnabiten Karl Leonhard Reinhold geheiratet. Im Oktober 1786 kommt Wielands erste Enkeltochter Karoline Reinhold zur Welt. Viele Briefe Wielands und Reinholds haben familiäre Freuden und Leiden zum Inhalt und lassen die tiefe Verbundenheit Wielands mit seinem Schwiegersohn, die Besorgtheit um das Wohl der kleinen Familie Reinhold - besonders, als diese nach Jena umzieht - und die Achtung für Reinholds berufliche Anstrengungen spüren. Im Herbst 1787 erhält Reinhold eine Professur für Philosophie an der Jenenser Universität, bei der ihn Wieland tatkräftig unterstützt und anteilnehmend und stolz dessen berufliche Karriere verfolgt.

Neben Reinhold ist der wichtigste Briefpartner in dieser Zeit Wielands alter Freund und Verleger Philipp Erasmus Reich. Dessen korrektes, von Großzügigkeit und freundschaftlicher Verbundenheit geprägtes Geschäftsgebaren sichert der Beziehung langjährigen Bestand. Reichs plötzlicher Tod am 3. Dezember 1787 bedeutet einen großen Verlust für Wieland. Nur zögernd findet er Zugang zur neuen Direktion der nunmehrigen Weidmannischen Buchhandlung und deren Geschäftsführer Johann Christian Benjamin Reim.

Wielands größte literarische Unternehmungen dieser Zeit sind mit Reichs Namen verbunden: Die Übersetzungen der ›Horazischen Satyren‹ erscheinen 1786 in Leipzig. Die ›Satyren‹ sind dem Wiener Staatsmann Wenzel Anton Dominik von Kaunitz-Rietberg gewidmet, der sich zwar geehrt fühlt und Wieland »auf das verbindlichste für die [...] bezeigte Aufmerksamkeit« dankt (8. Juni 1786), jedoch zum großen Verdruß Wielands und seiner Wiener Freunde nur eine Tabaksdose mit dem Porträt des Fürsten als Gegengeschenk schickt. - Bei dem großen, langfristigen Unternehmen einer Übersetzung von Lucians Werken hat er Reichs volle Unterstützung. Wieland arbeitet unermüdlich an dem Werk, das aufgrund seiner Erläuterungen und Zusätze umfangreicher und arbeitsintensiver wird, als ursprünglich geplant. Zur Ostermesse 1788 können die ersten beiden Bände erscheinen. Mindestens drei waren geplant, doch die Saumseligkeit des Druckers Johann Michael Maucke verzögert das Unterfangen. Der Ärger mit Maucke, der immer mehr verspricht, als er halten kann, nimmt hier seinen Anfang und setzt sich im folgenden Band 10 fort. Die Briefe lassen Wielands korrektes, detailgenaues Arbeiten am Lucian verfolgen; häufig bittet er Gelehrte wie Christian Gottfried Schütz, Johann Jakob Griesbach und Christian Gottlob Heyne bei schwierigen Stellen um Hilfe. Die Arbeit am Lucian muß Wieland ein Herzensbedürfnis gewesen sein. An Gleim, der ihm von der Übersetzertätigkeit abzuraten versuchte, weil Wieland sich mehr auf eigene Originalwerke konzentrieren solle, antwortet er: »Lucien, an dem ich con amore arbeite, macht jetzt einen grossen Theil des Glücks meines Lebens aus; also, wenn Sie mich lieben, kein Wörtchen dagegen.« - Mit Reich plant er auch eine neue Ausgabe der 1782 erstmals bei der Dessauer Verlagskasse erschienenen Übersetzung der Horazischen Briefe. Mit dem Jahr 1787 endigte Wielands Vertrag mit der Verlagskasse, an der er als Aktionär beteiligt war und von der er sich um den Gewinn seiner Arbeit gebracht sah. Der Streit wurde von beiden Seiten mit Emotionen geführt; den Briefwechsel vermittelte Reich. Enttäuscht verzichtet Wieland schließlich auf Entschädigung für nichterhaltenes Honorar. Reich klagt er nach dem Bankrott des Unternehmens am 8. Januar 1787: »Die VerlagsCasse hat mich um meine Horazischen Episteln, die unstreitig eines meiner besten Werke sind, und um 100 Louisdor aus meinem Beutel, also in summa 200 Louisd'or gebracht.« »Die VerlagsCasse hat mir für meine Horazischen Briefe [...] zwar 500 *reichsthaler* Honorarium accordiert; allein ich habe hievon keinen Heller baares Geld, sondern die ganze Summe bloß in Actien, d.i. in Papier, wofür mir schon lange niemand nur 10 pro Cent zu geben Lust hat, empfangen. [...] Hingegen hat die Verlags Casse 1300 Exemplare von diesem Werke wirklich abgesetzt [...].« Eine Titelauflage der ›Briefe‹ erscheint 1787 bei Reich in Leipzig, eine neue verbesserte Auflage 1790 in der Weidmannischen Buchhandlung. - Auch die von Reinhold herausgegebene Übersetzung der ›Allgemeinen Damenbibliothek‹ erscheint bei Reich. Wieland fördert das Unternehmen und steuert von Band 1 bis 3 seinen Namen bei.

Noch einem weiteren Verleger fühlt sich Wieland in den 80er Jahren verbunden: Johann Heinrich Steiner in Winterthur. Bei ihm erscheint ab 1786 die ursprünglich auf 8 bis 10 Bände geplante, wegen mangelnder Publikumsresonanz dann jedoch mit dem dritten Band beendete Sammlung ›Dschinnistan, oder auserlesene Feen- und Geister-Mährchen‹, an der neben Wieland auch dessen späterer Schwiegersohn Johann August Liebeskind und Friedrich Hildebrand von Einsiedel mitarbeiten.

Zahlreiche Briefe kreisen um den ›Teutschen Merkur‹. Die Monatsschrift hatte sich seit ihrem ersten Erscheinen 1773 zu einem führenden Journal im deutschsprachigen Raum entwickelt, das nicht nur literarische, philosophische, kunstgeschichtliche, sondern auch politische, medizinische und archäologische Arbeiten veröffentlichte. Sein Herausgeber galt als Autorität, als eine Art Aristarch, besonders bei der jüngeren Generation. Unzählige Beiträge wurden ihm mit Bitte um kritische Prüfung und Veröffentlichung zugeschickt. Wieland hat viele davon überarbeitet oder mit kritischen Hinweisen zurückgeschickt, einige aber auch »verlegt« und nach Anmahnung nicht mehr auffinden können. Im ›Teutschen Merkur‹ dieser Jahre erscheinen neben eigenen Werken Wielands (wie ›Eine Lustreise in die Unterwelt‹ und ›Gedanken von der Freyheit über Gegenstände des Glaubens zu philosophiren‹) u. a. philosophische Beiträge Karl Leonhard Reinholds und Immanuel Kants sowie historische Aufsätze Schillers. Die Beiträge im ›Teutschen Merkur‹ wie auch der Briefwechsel reflektieren die philosophischen und politisch-sozialen Themen der Zeit, so die Debatte über Wunder und Wunderglauben, Freimaurerei, über Magnetismus und dessen Auswirkungen, über Nachdrucke und die Stellung der Schriftsteller in der Gesellschaft, über Friedrich II. von Preußen und dessen Nachfolger Friedrich Wilhelm II. oder über die Reformen Josephs II. - Ab Januar 1786 übernimmt Göschen den Kommissionsverlag des ›Teutschen Merkur‹; im Juli 1786 scheidet Bertuch als bisheriger Teilhaber aus, da Wieland in K. L. Reinhold einen neuen Helfer gefunden hat, der weitestgehend für den ›Anzeiger‹ zuständig ist. Göschen verpflichtet sich per Vertrag, »300 reichstaler in der Oster Meße 1786 / Ein Viertel der Summe des Abgesetzten zu Johannis / Ein Viertel desgleichen zu Michaelis, und den Saldo zur Oster Meße 1787 / baar und exackt [zu] zahle[n]« (Vertrag vom 24. und 26. Oktober 1785). Über Verbreitung und Verkauf des ›Teutschen Merkur‹ geben punktuell die Abrechnungen des Kollekteurs Gregor Leonhard Reiner in München und des Hamburger Adress- und Zeitungscomptoirs Einblick.

Wieland ließ nicht nur jungen Poeten seine literarische Erfahrung und fachliche Unterstützung zuteil werden, sondern auch namhaften »Kollegen« wie dem Historiker Johann Wilhelm von Archenholtz, der gerade durch sein Buch über ›England und Italien‹ in eine literarische Fehde mit dem Weimarer Bibliothekar Christian Joseph Jagemann verwickelt war; oder wie Johann Heinrich Voß, der zu dieser Zeit mit der Übersetzung der ›Ilias‹ und einer Neubearbeitung seiner ›Odyssee‹ beschäftigt war. Die zwei Briefe von und an Voß in diesem Band zeigen das gemeinsame Bemühen um eine adäquate Übersetzung, das angemessene Versmaß und einen geschmeidigen Stil. »Wenn die Ilias so ins Teutsche übersezt werden soll, daß so wenig als möglich vom Original verlohren gehe«, äußert Wieland am 14. März 1788 über einige Gesänge der Ilias, »[...] so muß sie *so* übersezt werden wie Sie, mein *lieber* Voß, mir *durch die That* bewiesen haben daß es möglich ist; [...] nun [...] glaube ich demonstriren zu können, daß *alle* oder doch *beynahe* alle *Freyheiten*, die sie sich mit unsrer *Sprache* erlaubt haben, *nothwendige Bedingungen* sind, die Ihnen zugestanden werden müssen, wenn eine der Vollkomenheit des Originals in allen Stücken möglichst sich annähernde Dollmetschung in derselben *möglich* seyn soll«. Er gesteht Voß abschließend zu, »aus unsrer teutschen Sprache eine *homerische Sprache* selbst erschaffen [zu] dürfen, die dem teutschen Homer eigen bleibe«. - Am 21. Juli 1787 trifft Schiller, aus Dresden kommend, in Weimar ein; zwei Tage später besucht er Wieland, der ihm bei dieser Gelegenheit gesagt haben soll: »Wir wollen langsam anfangen [...], wir wollen uns Zeit nehmen, einander etwas zu werden« (Schiller an Körner, 23. [-24.] Juli 1787). Der Jüngere verehrt den Älteren, nicht ohne ihn kritisch, mitunter auch spöttisch zu sehen; der Ältere schätzt und anerkennt das Talent des Jüngeren, nicht ohne dessen hitzige Dramen zu kritisieren - den ›Dom Karlos‹ rezensiert er im ›Teutschen Merkur‹ als Kampf seines Schöpfers mit seinem Sujet. Wieland öffnet Schiller den ›Teutschen Merkur‹ für eigene Beiträge, und beide finden ein warmherziges, kollegiales Verhältnis zueinander: »Wielands Hauß besuche ich jezt am fleißigsten und ich glaube es wird so bleiben«, schreibt Schiller am 8. Dezember 1787 an Körner, als etwas Unruhe aufgekommen ist wegen einer etwaigen Verbindung Schillers mit Wielands zweitältester Tochter Maria Karolina Friederika, die dann im Herbst 1788 den Diakon Johann Salomo Gottlieb Schorcht heiratet.

Weitere wichtige Briefpartner der Zeit sind für Wieland seine Jugendliebe, die mittlerweile anerkannte Schriftstellerin Sophie von La Roche; seine Wiener Freunde und Verehrer Ignaz von Born, Johann Baptist von Alxinger und Johannes Aloys Blumauer; der ihm freundschaftlich verbundene und selbst schriftstellerisch dilettierende Prinz August von Sachsen-Gotha und Altenburg; sein alter Freund Johann Wilhelm Ludwig Gleim in Halberstadt sowie sein Vetter und Biberacher Vermögensverwalter Justin Heinrich von Hillern, der auch die Verbindung zu Wielands Heimatstadt wachhält.

Wieland verläßt Weimar zu dieser Zeit kaum; kurze Reisen führen ihn lediglich nach Gotha, Eisenach und Jena. Er verbringt viel Zeit bei Hofe und in den Sommermonaten bei der Herzoginmutter Anna Amalia in Tiefurt, besucht Weimarer Klubs und die Komödie und empfängt zahlreiche Besucher, die auf Reisen bei ihm Station machen. Trotz allem lebt er verhältnismäßig isoliert nur seiner Arbeit und seiner Familie. Einen Einblick in Wielands Charakter vermitteln neben dem Briefwechsel mit Reinhold die Briefe an von Hillern, in denen sich Wieland bemüht, für seine langjährige Hausangestellte und Kinderfrau der Familie, Katharina Floriane Wieland, eine angemessene Altersversorgung zu finden.

Neben der allgemeinen Hochschätzung durch Gelehrte und Künstler wird Wieland auch eine offizielle Ehrung zuteil: Am 7. Dezember 1786 wird Wieland zum Auswärtigen Mitglied der Königlich-Preußischen Akademie der Wissenschaften und Schönen Künste berufen (am gleichen Tag übrigens wie Immanuel Kant und Johann Georg Adam Forster). Wieland ist ein bedeutender Mann in der Gelehrten- und Schriftstellerwelt, man übersetzt ihn in andere Sprachen (wenngleich nicht zu seiner Zufriedenheit), man wirbt um sein Urteil und seine Freundschaft, und man beschäftigt sich mit seinem biographischen Werdegang. Im längsten Brief des Bandes gibt er Leonhard Meister in der Schweiz etwas widerwillig einen Abriß seines Lebens für dessen ›Charakteristik deutscher Dichter‹. Eigentlich wollte er selbst sukzessive autobiographische Beiträge im ›Teutschen Merkur‹ veröffentlichen, doch dieser Plan wurde nie realisiert, wohl auch, weil seine Zeit »theurer ist, als Ostindisches Rosenöhl« (28. Dezember 1787).

Probleme bei der Kommentierung der Briefe ergaben sich durch die zahlreichen Zitate und Anspielungen, wobei die deutschen teilweise schwieriger als die lateinischen einem Verfasser zuzuordnen sind. Ein Teil der in Band 9 abgedruckten Briefe war nicht oder unvollständig datiert. Wenn in solchen Fällen keine Handschrift vorliegt, sondern auf einen - meist noch unzuverlässigen - Druck oder einen Nachweis in einem älteren Autographenkatalog zurückgegriffen werden muß, ergeben sich zusätzliche Schwierigkeiten. Hinzu kommt, daß alte Autographenkataloge aus dem 19. Jahrhundert teilweise sehr schwierig zu beschaffen sind, so z. B. Charavay, Paris 1847. Ein ähnliches Problem stellt sich bei einigen für die Kommentierung nötigen Zeitungen und Zeitschriften. Nicht zu vernachlässigen ist auch ein finanzieller Aspekt, der sich bei Kommentierungsarbeiten ergibt: Geben staatliche und städtische Archive in der Regel sehr großzügig und sachkundig Auskünfte und legen unentgeltliche Kopien bei, verlangen kirchliche Ämter zunehmend höhere Gebühren, z. B. für Auskünfte aus den Geburten-, Sterbe- und Taufregistern.

Zu den Kommentierungsfragen des Wieland-Briefwechsels sei hier - wie bei allen übrigen Bänden - auf die Ausführungen von Waltraud Hagen zu Band 7 der Ausgabe (in: ›Wieland-Studien‹ 1, 1991, S. 166 ff) verwiesen. In Band 9 werden gegenüber den ›Prolegomena zu einer Wieland-Ausgabe‹ von Bernhard Seuffert (und den ›Berichtigungen und Ergänzungen‹ durch Hans Werner Seiffert) zwölf Briefe nicht aufgenommen. Sie wurden neu datiert und gehören demnach in andere Bände des Briefwechsels bzw. sind anderen Empfängern zuzuordnen. Der als Prolegomena-Nummer 2113 verzeichnete Brief an Unbekannt vom 26. Dezember 1785 ist identisch mit dem Brief an Reich des gleichen Datums (Prol.-Nr. 2114). - Bei dem Brief Wielands an Philipp Erasmus Reich vom 26. Dezember 1786 (Prol.-Nr. 2211) handelt es sich mit großer Sicherheit um einen Brief Reichs an die Verlagskasse, der in Abschrift Wieland zur Kenntnis gebracht wurde, da es sich um die Streitigkeiten wegen einer Neuausgabe der Horazischen Briefe handelte. - Ein Billet an die Barone von Budberg, die Wieland besuchen möchten, ist bisher nur durch eine handschriftliche Notiz Hans Werner Seifferts bekannt. Er hatte 1964 in Leningrad eine Abschrift von einem in dem dortigen Exemplar von Grubers Wieland-

Biographie eingehefteten Zettel angefertigt. Der Zettel befindet sich heute nicht mehr in dem Buch. Vielleicht kann er noch in der Petersburger Handschriftenabteilung gefunden werden.

Die beiden Teilbände 9.1 und 9.2 des ›Wieland-Briefwechsels‹ sollen voraussichtlich 1996 erscheinen. Band 9.2 enthält neben den Anmerkungen ein kommentiertes Personen-Werk-Register, ein Register der Werke und schriftstellerischen Pläne Wielands und ein Register der Periodika und Anonyma, weiterhin eine Liste der Umdatierungen gegenüber früheren Drucken, ein Verzeichnis der gegenüber Seuffert und Seiffert nicht in diesem Band aufgenommenen Briefe, drei Faksimiles sowie Stammbucheintragungen Wielands im Anhang des Bandes.

Viia Ottenbacher

WIELAND-MUSEUM BIBERACH AN DER RISS

Tätigkeitsbericht 1993-1994

Der folgende Bericht informiert über die Aktivitäten des Wieland-Museums mit seinen Unterabteilungen Wieland-Archiv, Wieland-Schauraum und Wieland-Gartenhaus für den Zeitraum von 1993-1994.[1]

Der Dienst- und Fachaufsicht des Kulturdezernats der Stadt Biberach a. d. Riß unterstellt, wird das Wieland-Museum von der Stadt finanziell getragen. Für den Erwerb von Handschriften und Büchern hat das Museum jährlich einen Zuschuß vom Land Baden-Württemberg erhalten.

Seit 1983 stehen Dr. Heinrich Bock und Dr. Hans Radspieler dem Museum als wissenschaftliche Beiräte unterstützend und engagiert zur Verfügung.

1. Wieland-Archiv
Aktivitäten/Veröffentlichungen

Im Jahr 1993 wurde des 180. Todestages (20. Januar 1813) und des 260. Geburtstags (5. September 1733) des Dichters Christoph Martin Wieland gedacht. Diese Jubiläen wurden vom Wieland-Museum mit verschiedenen Veranstaltungen gefeiert:

- Im Januar wurde in der Reihe der Biberacher Volkshochschule eine Rezitation mit musikalischer Begleitung unter dem Titel »»Eines Predigers Sohn aus Biberach, ohnweit dem Federsee«« von Heinrich Bock zusammengestellt und von Mitgliedern des Biberacher Dramatischen Vereins dargeboten.
- An Wielands Geburtstag fand eine Matinee mit Michael Grosse, Intendant des Deutsch-Sorbischen Volkstheaters in Bautzen, statt. Vor einem zahlreichen, begeisterten Publikum rezitierte M. Grosse Wielands Verserzählung ›Pervonte oder Die Wünsche‹.

---

1 Frühere Berichte siehe Wieland-Studien 1 (1991), S. 176-184, und 2 (1994), S. 276-284.

- Im Wieland-Gartenhaus trug Edeltraud Garlin in der Veranstaltungsreihe »Literarische Nachmittage der Stadtbücherei« aus ›Dschinnistan oder auserlesene Feen- und Geistermärchen‹ vor.
- Ende Oktober las Dr. Jan Philipp Reemtsma, Hamburg, aus Wielands ›Aristipp und einige seiner Zeitgenossen‹ sowie aus seinem eigenen 1993 erschienenen Werk ›Das Buch vom Ich‹.

Mitte November wurde der Jahreskalender 1994 der Energie-Versorgung-Schwaben AG durch eine Veranstaltung und Ausstellung öffentlich präsentiert. Auf den Kalender 1993, der Heinrich Heine gewidmet war, folgte der neue Kalender mit Texten von C. M. Wieland, ausgesucht von Marina Saslawskaja, zu Photographien von Hans Siwik. Zu der Ausstellung der Kalender-Blätter im Foyer des Biberacher Rathauses stellte das Wieland-Archiv eine Ausstellung aus seinen Beständen, insbesondere aus der umfangreichen Taschenbuch- und Almanach-Sammlung zusammen und beteiligte sich an der Organisation der Präsentation. Der Erlös aus dem Verkauf der Kalender, ergänzt durch eine weitere Spende der EVS, kam dem Druck des zweiten Bandes der ›Wieland-Studien‹ zugute.

Im Sommer 1993 traf der wissenschaftliche Beirat der ›Wieland-Studien‹, Prof. Dr. Siegfried Scheibe, Prof. Dr. Hansjörg Schelle und Prof. Dr. Thomas C. Starnes, mit dem Herausgeber Prof. Dr. Klaus Manger und der Leiterin des Wieland-Museums, Dipl.-Bibl. Viia Ottenbacher, zusammen, um ein gemeinsames Gespräch über den Fortgang und die Entwicklung dieser Veröffentlichung zu führen. Aufgrund des positiven Echos auf den ersten Band sahen sich der Beirat und die Herausgeber in der Weiterführung dieses Forums für die Wieland-Forschung bestätigt und ermutigt, insbesondere auch als ein Angebot an jüngere Literaturwissenschaftler, ihre Forschungsergebnisse und Gedanken zu veröffentlichen.

Es wurde zudem folgender Beschluß vom Beirat formuliert, der nachträglich auch die schriftliche Zustimmung des verhinderten Mitgliedes, Dr. Jan Philipp Reemtsma, erhielt: Es soll eine internationale Wieland-Gesellschaft mit Sitz in Biberach gegründet werden, die es sich zum Ziel setzt, das Andenken an Christoph Martin Wieland wach zu halten und im besonderen der Erforschung seines Werkes zu dienen und den weiteren Ausbau von Schausammlung und Archiv des Wieland-Museums zu fördern. Die Wieland-Gesellschaft soll in nächster Zukunft realisiert werden.

Im Rahmen ihrer Jahreskonferenz 1993 im Deutschen Literaturarchiv Marbach besuchten 23 Mitglieder des »International Council of Literature Museums« (ICLM) u. a. auch die Biberacher Wielandstätten. Die ICLM wurde

1977 als eine Einrichtung der Unesco ins Leben gerufen, und von den über 300 Mitgliedern, LeiterInnen von Literaturmuseen, kamen Vertreter aus Rußland, Finnland, Schweden, Norwegen, Dänemark, Frankreich, Polen und Deutschland nach Biberach. Sie zollten dem Wieland-Museum Anerkennung für die vorhandene aktive Wieland Gemeinde sowie für die originelle Ausstellung im Schauraum und für die Erhaltung des vor 1750 erbauten und vom Dichter in den Jahren 1766-1769 bewohnten Wieland-Gartenhauses.

Im Berichtsjahr 1994 wurde die Vorbereitung der Jahrestagung der Gesellschaft der Arno-Schmidt-Leser e. V. in Biberach unterstützt und zum Anlaß genommen, einen Vortrag zur Einführung in das Werk des Schriftstellers Arno Schmidt durch den Vorstand der Gesellschaft anzubieten. Am letzten Öffnungstag des Wieland-Gartenhauses für 1994 haben Aktive des Biberacher Dramatischen Vereins, Nachfolger der von Wieland 1761 vorgestandenen Evangelischen Komödiantengesellschaft, aus Werken des Dichters vorgetragen und gelesen.

Der zweite Band der ›Wieland-Studien‹, herausgegeben von Klaus Manger und dem Wieland-Archiv, erschien im Oktober 1994. Gedruckt werden konnte der Band mit der Unterstützung der Großen Kreisstadt Biberach an der Riß und der Energie-Versorgung-Schwaben AG sowie des Regierungspräsidiums Tübingen. Wie in Band 1 sind die verschiedenen Beiträge erneut dem Werk, Leben, Umwelt und Wirkungsgeschichte des Dichters C. M. Wieland gewidmet.[2] In den beiden Berichterstattungsjahren besuchten jeweils rund 120 Besucher das Wieland-Archiv. Neben einigen Literaturwissenschaftlern, die über einen längeren Zeitraum die Bestände im Archiv benutzten, befanden sich darunter außerdem interessierte Einzelpersonen sowie einige der Gruppen, die den Wieland-Schauraum und das Gartenhaus besuchten.

Neben der Vorbereitung der Veröffentlichungen, Betreuung von Aktivitäten sowie Führungen und Beratungen von Besuchern durch die Leiterin des Wieland-Museums wurde eine Vielzahl schriftlicher Anfragen bearbeitet. Seit Jahren werden die Bestände des Archivs regelmässig für Forschungsunternehmungen und Veröffentlichungen einzelner Literaturwissenschaftler über Leben und Werk des Dichters Wieland benutzt.

Größere Veröffentlichungen, die in den Jahren 1993 und 1994 durch Mithilfe, Beratung und Bereitstellung von Büchern, Fotokopien und Fotovorlagen unterstützt wurden, waren:

---

2 Zum Inhalt dieses Bandes vgl. »Wieland-Bibliographie 1993-1995«, Nr. 41.

- Wielands Briefwechsel. Hg. von der Berlin-Brandenburgischen Akademie der Wissenschaften durch Siegfried SCHEIBE.
- Wieland: Aristipp. Hg. von J. P. REEMTSMA, H. und J. RADSPIELER. Zürich, Haffmans Verlag 1993. (C. M. Wieland: Werke in Einzelausgaben)
- Wieland, (Übers.): William Shakespeare. Theatralische Werke. Hg. v. H. und J. RADSPIELER. Bd. 1-10. Zürich, Haffmans Verlag 1993.
- BAUCH, Klaus-P./SCHRÖDER, Maria-B.: Alphabetisches Verzeichnis der Wieland-Bibliothek. Bearbeitet nach dem ›Verzeichniß der Bibliothek des verewigten Herrn Hofraths Wieland. 1814‹. Hannover, Internationalismus Verlag 1993.
- GÜNZEL, Klaus: Die Brentanos. Zürich, Artemis Verlag 1993.
- HÜBEL, Marlene: Mein Schreibetisch. Schriftstellerinnen aus drei Jahrhunderten. Spurensuche in Mainz. Mainz, Edition Erasmus 1993.
- STARNES, Thomas C.: Der Teutsche Merkur. Ein Repertorium. Sigmaringen, Thorbecke Verlag 1994.
- STRÄSSNER, Matthias: Tanzmeister und Dichter. Literatur-Geschichte(n) im Umkreis von Jean Georges Noverre. Lessing, Wieland, Goethe, Schiller. Berlin, Henschel 1994.

Folgende Forschungs-, Magister- oder Dissertationsvorhaben wurden unterstützt oder sind dem Archiv bekannt (z. T. Arbeitstitel):
- Die Aufklärung über Aufklärung. Zu C. M. Wielands ›Der goldne Spiegel‹
- Wielands ›Comische Erzählungen‹ und die Gattungsgeschichte der europäischen Verserzählung im 17. u. 18. Jahrhundert
- Wielands Shakespeare-Übersetzung
- Promotionsarbeit über die »mittleren Romane« - ›Abderiten‹, ›Diogenes‹ u. a.
- Wielands dramatische Tätigkeit im ›Teutschen Merkur‹
- Wielands Lukian-Übersetzung
- Wieland und Tasso
- Verhältnis Wielands zur italienischen Literatur
- Über die Beziehung der Märchen zu Wielands philosophisch-kulturgeschichtlichen Äußerungen über das Wunderbare
- Repertorium zum Briefwechsel von G. J. Göschen
- Verlagskorrespondenz des Verlegers G. J. Göschen
- Dissertation über den Trivialromancier A. J. J. Lafontaine
- Sophie von La Roche und ihre Reisebeschreibungen

- Sophie von La Roche in einer Studie über Frauen als Herausgeber von Zeitschriften im 18. Jh.
- ›Geschichte des Fräuleins von Sternheim‹ unter Berücksichtigung von Sprach- und Stillehren des 17. und 18. Jahrhunderts

Im Rahmen der Förderung der Wieland-Forschung wurde 1993 und teilweise auch 1994 die Fertigstellung eines Text- und Kommentarbandes von ›Wielands Briefwechsel‹, herausgegeben von der Berlin-Brandenburgischen Akademie der Wissenschaften, unterstützt. Die von Angela Goldack vorbereiteten Bände 14.1 und 14.2 enthalten Wielands Briefe von Juli 1797 bis Juni 1799 und werden voraussichtlich 1996 erscheinen.

Ferner hat das Archiv eine Anzahl Exemplare von ›Wieland. Epoche-Werk-Wirkung‹ von Sven-Aage Jørgensen, Herbert Jaumann, John McCarthy, Horst Thomé, München 1994, angekauft und an die Schulen der Stadt Biberach verteilt. Den Lehrkräften wurde somit eine Neuerscheinung mit aktuellsten Informationen und Analysen sowie bibliographischen Hilfen zu Leben und Werk des Dichters zugänglich gemacht. Vorausgegangen war eine Einladung an die Lehrer der Biberacherer Schulen, an einer Sonderführung im Wieland-Archiv und -Schauraum teilzunehmen, wo Möglichkeiten aufgezeigt wurden, wie man mit Schulklassen in den Wielandstätten arbeiten kann und welche Hilfsmittel angeboten werden. Von insgesamt acht eingeladenen Schulen beteiligten sich fünf mit je einem Vertreter.

Bestand am 31. Dezember 1994:

a)Briefe und Autographen

360	Eigenhändige Briefe Wielands
118	Handschriften Wielands
52	Dekrete und Urkunden Wieland betreffend
140	Briefe von Zeitgenossen
412	Briefe von Vorfahren und Nachkommen Wielands
19	Handschriften von Justinus Heinrich Knecht und Theatergeschichte betreffend
1.101	Briefe und Autographen

b)   Bücher, Sonderdrucke und Zeitschriften

2.774   C. M. Wielands Werke
   62   Bücher aus Wielands eigener Bibliothek
  108   Sophie von La Roche-Sammlung
  161   J. H. Knecht-Sammlung
  156   Stadtgeschichte und Theater-Sammlung
   53   Theologie und Recht (Peucer-Sammlung)
5.052   Zeitgenössische Literatur
4.130   Wissenschaftliche Literatur
1.393   Zeitschriften (nicht inventarisiert)

13.889 Bücher, Sonderdrucke und Zeitschriften

Neuerwerbungen

Das Sammelgebiet Wieland-Werke konnte durch folgende ältere Gesamt- bzw. Einzel-Werke ergänzt werden: Wielands Werke in 7 Bänden, Upsala, Bruzelius, 1813-1819; die englische Übersetzung von Wielands Märchensammlung ›Dschinnistan‹, ›Select Fairy Tales from the German of Wieland by the trans. of the Sorcerer and the Black Valley of Weber‹ [i. e. J. Powell], Vol. 1-2, London, Johnson, 1796; sowie die englische Übersetzung von ›Agathon‹, ›History of Agathon, translated from the German original‹ [by John Richardson], Vol. 1-4, London, Cadell, 1773 (ohne Titelkupfer in Bd. 1).[3]
Für die Rekonstruktion der Wieland Bibliothek,[4] die sich an den Angaben im ›Verzeichniß der Bibliothek des verewigten Herrn Hofrath Wieland‹ (1814) orientiert, konnten weitere, teilweise seltene Werke antiquarisch angekauft werden: DANTE ALIGHIERI, ›La Divina Commedia‹, hg. von C. L. FERNOW, 3 Bde., 1807; Samuel ENGEL, ›Geographische und kritische Nachrichten und Anmerkungen über [...] Asien und Amerika‹, 1772; Christoph GIRTANNER, ›Historische Nachrichten und politische Betrachtungen über die französische Revolution‹, 13 Bde., 1791-1803; Johann RICHTER (Hg.), ›Russische Miszel-

---

3   Vgl. WBibl Nr. 1507 und 1536. Eine Kupfertafel in ›Agathon‹ ist nachgewiesen im Eighteenth Century Short Title Catalogue, lt. Auskunft vom Antiq. James BURMESTER, London.
4   Ein Bestandskatalog der bis 1993 erfolgten Rekonstruktion der Wieland-Bibliothek im Wieland-Archiv befindet sich in Klaus-P. BAUCH/Maria-B. SCHRÖDER: Alphabetisches Verzeichnis der Wieland-Bibliothek. Hannover 1993. Die Aktualisierung des Bestandverzeichnisses erfolgt jeweils innerhalb der Tätigkeitsberichte des Wieland-Museums in den ›Wieland-Studien‹.

len‹, 3 Bde., 1803/1804; Justine Gräfin von ROSENBERG-ORSINI, (geb. Wynne), ›Die Morlaken‹, 2 Bde., 1790; Jean-Francois Marquis de SAINT LAMBERT, ›Les Saisons‹, nouv. éd., 1782; [Gottfried Jakob SCHALLER], ›Die Stuziade, oder der Perükenkrieg‹, nur Bd. 2, 1804. Eine weitere Erwerbung zeitgenössischer Literatur stammt von Wielands Sohn: Ludwig WIELAND, ›Bemerkungen gegen die Schrift des Geheimenrath Schmalz zu Berlin über politische Vereine‹, 1815.

Für die Handschriften-Sammlung konnten folgende Briefe bzw. Handschriften erworben werden: C. M. Wieland an Friedrich Matthisson, Weimar, 26. Juni 1775; Quittung Wielands für Friedrich Justin Bertuch über 200 Gulden vom 1. September 1797;[5] ein Schriftstück der Kurfürstlich Sächsischen Ober-Post-Amts-Expedition, Leipzig, 28. September 1796 (Zustellung eines Briefes an C. M. Wieland von G. J. Göschen);[6] K. L. Reinhold an Unbekannt [d. i. Johann Georg Karl Batsch][7] vom 5. August 1788; Quittung mit Unterschrift von Susanne Bandemer, 24. Dezember 1792, über Erhalt von Zahlung des Dichters Wieland für 10 Exemplare ihrer ›Poetische und prosaische Versuche‹.[8]

2. Wieland-Schauraum

Die Ausstellung zu Leben und Werk des Dichters Wieland in seiner Biberacher Zeit im Wieland-Schauraum wurde in den Berichtsjahren jährlich jeweils von ca. 750 Personen besucht. Darunter befanden sich auch viele Gruppen, u. a. Leistungs- und Grundkurse im Fach Deutsch der Biberacher Gymnasien, des Gymnasiums Riedlingen, des Wilhelmgymnasiums München, Seminare der PH Weingarten, der Literaturkreis Weilimdorf, die Reisehochschule Zürich, der Felder-Verein Feldkirch, die »LiteraTour« der Landeszentrale für Politische Bildung, der Uhland-Kreis und die Teilnehmer der Jahrestagung 1994 der Gesellschaft der Arno-Schmidt-Leser e. V.

Die Öffnungszeiten sind von Oktober bis Mitte April: Mittwoch, Samstag und Sonntag von 10-12 und 14-17 Uhr; von Mitte April bis Ende September: Mittwoch, Samstag und Sonntag 10-12 Uhr.

In unregelmäßigen Abständen wurden vom Wieland-Archiv kleinere Vitrinenausstellungen für den Schauraum zu folgenden Themen zusammengestellt:

---

5 Vgl. STARNES II, S. 532.
6 Vgl. STARNES II, S. 597.
7 August Johann Georg Karl Batsch (29. Oktober 1761-29. September 1802), Mediziner, Naturgeschichtler und Direktor des Botanischen Gartens in Jena (frdl. Auskunft von Dr. Kurt Hiller, München).
8 Die erste Auflage von Susanne VON BANDEMERS ›Poetische und prosaische Versuche‹ erschien 1787.

Medaillen, Münzen und Schmuckstücke zu C. M. Wieland; Wieland als »Kanzleyverwalter« in Biberach; Wielands Familie.

3. Wieland-Gartenhaus

Die Ausstellung »Gärten in Wielands Welt« im Wieland-Gartenhaus und im Nebengebäude ist von April bis Anfang Oktober jeden Mittwoch, Samstag und Sonntag nachmittag von 14-17 Uhr und nach Vereinbarung geöffnet und wurde in den Jahren 1993 und 1994 jährlich von ca. 500 Personen, darunter auch den o. g. Gruppen, besucht. Nicht selten wird der Garten mit seinen Bänken und einladender Stille auch außerhalb der Öffnungszeiten zu einer Rast aufgesucht.

Die Ausstellungen im Schauraum und Gartenhaus werden seit vielen Jahren von Elsa Breunig, Elisabeth Röthig und Regina Vogel mit großem Engagement betreut.

Anschrift des Wieland-Museums:

> Marktplatz 17
> 88400 Biberach an der Riß
> Tel.: 07351-51458 oder über Kulturamt 51277
> Fax: 07351-51525

Leitung: Viia Ottenbacher, M.A.

Schauraum: Marktplatz 17.

Gartenhaus: Saudengasse 10/1.

Viia Ottenbacher/Heidi Zeilinger

WIELAND-BIBLIOGRAPHIE 1993-1995

(Mit Nachträgen zu früheren Jahren)

Diese Bibliographie weist die wesentliche Wieland-Literatur nach. Sie schließt an die Bibliographie in Band 1 (1991) und 2 (1994) der ›Wieland-Studien‹ an und folgt in der Anlage im wesentlichen der Gliederung der ›Wieland-Bibliographie‹ von G. Günther/H. Zeilinger, Weimar 1983. Es wird kein Anspruch auf Vollständigkeit erhoben. Ausgeschlossen werden wiederum allgemeine Gesamtdarstellungen zur deutschen Literatur und zum achtzehnten Jahrhundert, in denen Wieland nur *passim* erscheint, sowie Zeitschriften- und Zeitungsartikel, die weder wissenschaftlich noch rezeptionsgeschichtlich relevant sind.

Der Bibliographie liegt der Wieland-Teil der entsprechenden Folgen der ›Internationalen Bibliographie zur deutschen Klassik 1750-1850‹, Weimar, zugrunde. Die ›Nachträge und Ergänzungen zur Wieland-Bibliographie‹ (Nr. 37) von Prof. Dr. Hansjörg Schelle wurden dankbar zu Rate gezogen.

Wie bisher ist die Zusammenstellung innerhalb der Abschnitte chronologisch nach Erscheinungsdatum geordnet; die Einzelschriften der Primärliteratur und die Veröffentlichungen über einzelne Werke und Schriften wurden jedoch zuerst alphabetisch nach dem Titel des jeweils behandelten Werkes geordnet. In den Abschnitten »Briefe an einzelne Empfänger« und »Persönliche und literarische Beziehungen zu Zeitgenossen« wird alphabetisch nach dem Empfänger bzw. der betreffenden Person geordnet. Das Register enthält die Namen von Autoren, Herausgebern, Übersetzern und Illustratoren.

Angefügt ist wiederum ein Abschnitt Sophie von La Roche-Literatur 1993-1995, unterteilt in Primär- und Sekundärliteratur.

Folgender Sammelband ist als Ganzes unter 1.2 (Nr. 41) der Sekundärliteratur bibliographisch erfaßt, die einzelnen Beiträge sind darüber hinaus noch getrennt verzeichnet und der Sammelband wie folgt abgekürzt:

Wieland-Studien 2 = Wieland-Studien: Aufsätze, Texte und Dokumente, Berichte, Bibliographie. Hrsg. v. Klaus Manger und vom Wieland-Archiv Biberach. Sigmaringen: Thorbecke 1994. 344 S.

Redaktionsschluß: 30. Juni 1995.

INHALT

Teil I - Primärliteratur

1. Gesammelte Werke 304
    1.1.   Gesamtausgaben und umfangreiche Auswahlausgaben
    1.2.   Teilsammlungen (Stofflich oder gattungsmäßig begrenzte Sammlungen, Auswahlausgaben geringeren Umfangs von zwei Einzelwerken an)
    1.3.   Sammlungen von Werkauszügen

2. Briefe. Briefwechsel 305
    2.1.   Größere Sammlungen
    2.2.   Teilsammlungen (An mehrere Empfänger)
    2.3.   Briefe an einzelne Empfänger. Briefe an Wieland

3. Einzelschriften (nach Titel) 306
    3.1.   Wieland als Verfasser
    3.2.   Wieland als Herausgeber und Mitarbeiter
    3.3.   Wieland als Übersetzer

4. Übersetzungen 309

Teil II - Sekundärliteratur

1. Allgemeine Grundlagen und Hilfsmittel 310
    1.1.   Bibliographien. Literatur- und Forschungsberichte
    1.2.   Allgemeine Sammlungen und Grundlagenwerke der Wieland-Forschung. Gesammelte Beiträge einzelner und mehrerer Verfasser. Zeitschriftensonderhefte

2. Leben und Werk im allgemeinen 311
    2.1.   Gesamtdarstellungen zu Leben und Werk
    2.2.   Einführungen in Leben und Werk
    2.3.   Kurze Würdigungen. Gelegenheits- und Gedenkreden. Gelegenheits- und Gedenkschriften

3. Biographische Einzelheiten..312
    3.1.   Vorfahren, Familie, Nachkommen
    3.2.   Wielands Persönlichkeit (Wesenszüge und Gewohnheiten, Anekdoten über Wieland)
    3.3.   Einzelne Lebensabschnitte
    3.4.   Persönliche und literarische Beziehungen zu Zeitgenossen. Erinnerungen an Wieland
          3.4.1. Sammlungen und Darstellungen, die mehrere Personen betreffen
          3.4.2. Einzelne Personen

4. Beziehungen zur gesellschaftlichen Wirklichkeit..316
    4.1.   Weltanschauung. Wielands Verhältnis zur Philosophie, Religion und Theologie
    4.2.   Verhältnis zur Geschichte und zum Zeitgeschehen
    4.3.   Verhältnis zur Antike
    4.4.   Verhältnis zur Literatur, Sprache und Kunst
    4.5.   Verhältnis zu anderen Wissenschaften und geistigen Bewegungen

5. Zum literarischen Werk insgesamt...318
    5.1.   Allgemeine Darstellungen
    5.2.   Einzelfragen
          5.2.1. Quellen und Beziehungen
          5.2.2. Gestaltungs- und Formprobleme. Sprache und Stil
          5.2.3. Wieland als Versdichter und Dramatiker
          5.2.4. Wieland als Prosadichter
          5.2.5. Wieland als Herausgeber, Mitarbeiter und Übersetzer

6. Veröffentlichungen über einzelne Werke und Schriften 324

7. Wirkungs- und Forschungsgeschichte. Wielands Gegenwartsbedeutung.................334
    7.1.   Wirkung, Pflege und Erforschung von Wielands Werk
    7.2.   Verlags- und Druckgeschichte der Werke Wielands. Editionsprobleme
    7.3.   Museen und Gedenkstätten. Ausstellungen. Jubiläen und Feiern
    7.4.   Literarische und künstlerische Behandlung von Wielands Persönlichkeit und Werk
          7.4.1. Wieland-Dichtungen und -Vertonungen. Persiflagen und Parodien
          7.4.2. Werke der bildenden Kunst

Rezensionen - Nachträge zur Wieland-Bibliographie 1988-1992 338

SOPHIE VON LA ROCHE - LITERATUR

Teil I - Primärliteratur 341

Teil II - Sekundärliteratur 343

Rezensionen - Nachträge zur Sophie von La Roche-Literatur 1988-1992.....................346

Register der Autoren, Herausgeber, Übersetzer und Illustratoren 347

Teil I - Primärliteratur

1. Gesammelte Werke

1.3. *Sammlungen von Werkauszügen*

1. Klassische deutsche Erzähler. Hrsg. v. Christian Strich und Fritz Eicken. Bd. 1. Von Christoph Martin Wieland bis Heinrich von Kleist. Zürich 1992. (Diogenes-Taschenbuch 22519) [S. 9-27: ›Die Novelle ohne Titel‹]

2. Köstliche Kurzgeschichten. Perlen deutscher Erzählkunst. Zsgest. von Hartfrid Voss. 5. Aufl. Hameln 1992. (Richarz Geschenkbibliothek, Bücher in großer Schrift) [S. 9-14: ›Vom Schachspiel‹. Ausz. aus ›Über die ältesten Zeitkürzungsspiele‹. (Aus: C. M. Wieland. Sämmtliche Werke. Bd. 24. Leipzig 1796)]

3. Mozart, Wolfgang Amadeus: Die Zauberflöte. Eine deutsche Oper in zwei Aufzügen. Text von Emanuel Schikaneder. Programmheft 3. Nationaltheater Mannheim, 214. Spielzeit 1992/93. Red.: Ralf Eisinger, Ulrike Wendt. Mannheim 1992. [S. 7-9: Jakob August Liebeskind/Christoph Martin Wieland. ›Lulu oder Die Zauberflöte‹ (Ausz.); S. 10-13: Christoph Martin Wieland. ›Die klugen Knaben‹. (Ausz.) (Eigentl. v. F. H. v. Einsiedel) Aus: ›Dschinnistan oder auserlesene Feen- und Geistermärchen‹]

4. Die schöne Seele. Die Entdeckung der Weiblichkeit um 1800. Erzähltexte von Johann Wolfgang Goethe ... Ausgew. u. mit e. Nachw., Anm. u. bibliogr. Hinweisen vers. von Elisabeth Bronfen. München 1992. (Goldmann 7677: Goldmann-Klassiker mit Erl.) [S. 100-119: ›Die Novelle ohne Titel‹]

5. Littératures allemandes. Anthologie et méthodes d'approche du textes. Par Hélène Belletto. Paris [u. a.] 1992. (Langue et civilisation germaniques)[S. 158-159: ›Über teutschen Patriotismus. Betrachtungen, Fragen und Zweifel‹]

6. Dunkle Reflexe. Schwarzafrikaner und Afro-Amerikaner in der deutschen Erzählkunst des 18. und 19. Jh. Fünf exemplarische Texte. Hrsg. v. Reinhold Grimm und Amadou B. Sadji. Bern [u. a.] 1992. (New York University Ottendorfer series. N. F. 41) [S. 1-21: ›Reise des Priesters Abulfauaris ins innere Afrika‹; ›Die Bekenntnisse des Abulfauaris gewesenen Priesters der Isis in ihrem Tempel in Nieder-Ägypten‹ (Ausz.). Darin außerdem: Wielands wichtigste Lebensdaten, S. 23; Zu Wielands Text, S. 23-26] *Rez.* von Ray Fleming in: German Quarterly. Vol. 66. 1993. No. 3, S. 389-390.

7. Einmal Eldorado und zurück. Interkulturelle Texte spanischsprach. Amerika - deutschsprach. Europa. Hrsg. v. Michael Barth. München 1992. [S. 243-244: ›Koxkox und Kikequetzel‹ (Ausz.). Aus: ›Beiträge zur geheimen Geschichte der Menschheit‹]

8. Das große deutsche Märchenbuch. V. Helmut Brackert. München; Zürich 1994. [S. 345-352: ›Himmelblau und Lupine‹ Aus: ›Dschinnistan oder auserlesene Feen- und Geistermärchen‹]

9. Die allerschönsten Liebesdesaster. 77 heitere Geschichten. Hrsg. v. Johannes Thiele. Hamburg 1994. [S. 537-552: ›Die Liebe ohne Leidenschaft‹]

10. Kanalpost. Magazin des nordkolleg rendsburg. Nr. 14. Rendsburg, Juli 1994. [S. 6: ›Über teutschen Patriotismus. Betrachtungen, Fragen und Zweifel‹ (Ausz.)]

2. Briefe. Briefwechsel

2.1. *Größere Sammlungen*

11. Wielands Briefwechsel. Hrsg. von der Akad. der Wissenschaften Berlin [seit 1993] Berlin-Brandenburgischen Akad. der Wissenschaften durch Siegfried Schei- be. Berlin: Akademie-Verlag.

    Bd. 8. (Juli 1782-Juni 1785). Teil 1. Text. Bearb. v. Annerose Schneider. 1992. 471 S.

    Rez. von Jürgen Jacobs in: Germanistik. Jg. 34. Tübingen 1993. H. 1, S. 263; von Claude Miquet in: Études germaniques. Année 50. Paris 1995. No. 1, S. 111-112.

    Bd. 8. (Juli 1782-Juni 1785). Teil 2. Anmerkungen. Bearb. v. Annerose Schneider. 1994. 460 S.

    Bd. 10. (April 1788-Dezember 1790). Teil 2. Anmerkungen. Bearb. v. Uta Motschmann. 1993. 515 S.

    Rez. [v. Bd. 8, T. 2 u. Bd. 10, T. 2] von Jürgen Jacobs in: Germanistik. Jg. 36. Tübingen 1995. H. 1, S. 215-216.

    Bd. 12. (Juli 1793-Juni 1795). Teil 1. Text. Bearb. v. Klaus Gerlach. 1993. 506 S.

    Bd. 12. (Juli 1793-Juni 1795). Teil 2. Anmerkungen. Bearb. v. Klaus Gerlach. 1995. 440 S. - Zugl.: Osnabrück, Univ., Diss., 1994.

    Rez. von Wolfgang Albrecht in: Michigan Germanic Studies. Vol. 19. Ann Arbor/MI 1993. Nr. 1, S. 62-74 [Rez. v. Bd. 7., T. 1; Bd. 8, T. 1. u. 2; Bd. 10, T. 1 u. 2; Bd. 12, T. 1]

2.3. *Briefe an einzelne Empfänger. Briefe an Wieland*

s. auch Nr. 51, 60, 74, 80, 82

12. Engel, Johann Jakob: Briefwechsel aus den Jahren 1765 bis 1802. Hrsg. u. komm. von Alexander Košenina. Würzburg 1992. [S. 86, 245: Von Christoph

Martin Wieland, 24. November 1782; S. 87-89, 246: An Christoph Martin Wieland, 3. Dezember 1782]

13. Dülmen, Andrea van (Hrsg.): Frauen. Ein historisches Lesebuch. München 1990. 3. Aufl. (1. Aufl. 1988) [S. 89-91: »Die ideale Gattin«, Wielands Brief an Sophie La Roche, 12. November 1765. (Nach Michael Maurer (Hrsg.), »»Ich bin mehr Herz als Kopf« ... ‹, München 1983, S. 78-81)]

3. Einzelschriften (nach Titel)

3.1. Wieland als Verfasser

14. Aristipp und einige seiner Zeitgenossen. Zürich: Haffmans 1993. 942 S. (C. M. Wieland. Werke in Einzelausgaben. Hrsg. v. J. P. Reemtsma, Hans und Johanna Radspieler)

15. Geschichte des Agathon. Erste Fassung. Unter Mitwirkung von Reinhard Döhl hrsg. v. Fritz Martini. [Nachdr.] Stuttgart: Reclam 1993. 687 S. (Universal-Bibliothek 9933)

16. Menander und Glycerion. Zürich: Haffmans 1994. 103 S. (C. M. Wieland. Werke in Einzelausgaben)

17. Musarion oder die Philosophie der Grazien. Ein Gedicht in drei Büchern. Mit Erl. u. e. Nachw. hrsg. von Alfred Anger. Durchges. und bibliogr. erg. Ausg. [Nachdr.] Stuttgart: Reclam 1992. 79 S. (Universal-Bibliothek 95)

18. Dass. - 1993.

19. Nadine. [4 Holzstiche u. 3 Holzstichvignetten von] Karl-Georg Hirsch. Bayreuth: Bear Press Wolfram Benda 1992. [4] Bl. (Einblattdruck ... der Bear Press Wolfram Benda 27)

20. Oberon [Oberon, dt. u. ital.]. Poema eroico romantico in dodici canti. Introd. di Italo Alighiero Chiusano. Trad. di Elena Croce. Milano: Rizzoli 1993. 543 S. (Classici Rizzoli)

21. Ein Wintermährchen. Mit 30 Holzstichen und Holzstichvignetten von Karl-Georg Hirsch. (Nachwort von Kurt Wölfel.) Bayreuth: Bear Press Wolfram Benda 1994. 67 S. (Druck der Bear Press Wolfram Benda 17) In Schuber. (Aus: TM, 1775, Januar, S. 49-70 u. 1775, Februar, S. 99-122). Dass.: Vorzugsausg. m. zusätzl. handkol. Holzstich; - Luxusausg. zudem mit einer Originalzeichnung des Künstlers.

3.2. Wieland als Herausgeber und Mitarbeiter

s. auch Nr. 222, 280-282

22. La Roche, Sophie von: Melusinens Sommer-Abende. Hrsg. von Christoph Martin Wieland. Nachdr. der Ausg. Halle, Societäts-Buch- u. Kunsthandlung 1806. Eschborn: Klotz 1992. LVI, 342 S. 1 Portr. (ReprintLit 3) - Dass. als Abt. 2. D. Autobiographische Schriften. Bd. 1. Ohne Reihentitel. In: La Roche, Sophie von: Jenseits der ›Sternheim‹. Die unbekannteren Werke der Sophie von La Roche. Nachdr. Hrsg. von Heike Menges. Eschborn: Klotz 1992.

23. Der Deutsche (Teutsche) Merkur. Hrsg. von Christoph Martin Wieland. [Mikrofiche-Ausg.] Erlangen: Fischer 1993. 201 Mikrofiches in Kassette. Bd. 1, Stück 1 (1773)-1810. Mikroreprod. der Ausg. Weimar, Verl. der Gesellschaft, später im Verlag Hoffmann, Weimar, danach im Verl. Landes-Industrie-Comptoir, Weimar 1773-1789 u. d. T.: Der teutsche Merkur. 1790-1810 u. d. T.: Der neue teutsche Merkur. Enth.: Anzeiger, 1783-1787 u.: Intelligenzblatt, 1800-1808 u.: Monatsberichte ..., 1805-1808.

24. Theophrast: Der Knicker. Übertragen von J. J. Hottinger. [Holzstich u. holzgest. Titel von] Andreas Brylka. Bayreuth: Bear Press Wolfram Benda 1992. [4] Bl. (Einblattdruck ... der Bear Press Wolfram Benda 28) [Aus: Neues Attisches Museum. Hrsg. v. C. M. Wieland, J. J. Hottinger u. F. Jacobs. Bd. 1. H. 3, S. 17-31]

3.3. Wieland als Übersetzer

25. Goethe, Johann Wolfgang: Der Zauberlehrling. Aus dem Dialog ›Der Lügenfreund‹. Lukian. In der Übers. von Christoph Martin Wieland. Mit e. Holzstich von Otto Rohse. Hamburg: Otto-Rohse-Presse 1988. [19] S. Ill. (Druck der Otto-Rohse-Presse 25) - Zugl.: Bd. 2 der Schriftenreihe: Kleine Drucke der Otto-Rohse-Presse, Erste Serie.

26. Lucianus: Zwölftes Totengespräch in deutscher Sprache (1495). Johannes Reuchlin. Mit e. Übertr. aus dem Griech. von Christoph Martin Wieland (1788). Hrsg.: Wolfgang Knellessen. Böblingen-Hulb: Treichel u. Moser 1995. 31 S. (Texte von der Hulb 2) [Teilausg. von ›Dialogi mortuorum‹]

27. Shakespeare, William: Theatralische Werke in 21 Einzelbänden. Übersetzt von Christoph Martin Wieland. Nach der ersten Zürcher Ausg. v. 1762-1766 neu hrsg. von Hans und Johanna Radspieler. Zürich: Haffmans.

Bd. 1. Ein St. Johannis Nachts-Traum. 1993. 163 S.

Bd. 2. Das Leben und der Tod des Königs Lear. 1993. 204 S.

Bd. 3. Wie es euch gefällt, oder, Die Freundinnen. Ein Lustspiel. 1993. 145 S.

Bd. 4. Maaß für Maaß, oder, Wie einer mißt, so wird ihm wieder gemessen. Ein Lustspiel. 1993. 166 S.

Bd. 5. Der Sturm, oder, Die bezauberte Insel. 1993. 132 S.

Bd. 6. Der Kauffmann von Venedig. 1993. 154 S.

Bd. 7. Timon von Athen. 1993. 157 S.

Bd. 8. Leben und Tod des Königs Johann. 1993. 146 S.

Bd. 9. Julius Cäsar. Ein Trauerspiel. 1993. 157 S.

Bd. 10. Antonius und Cleopatra. Ein Trauerspiel. 1993. 206 S.

Bd. 11. Die Irrungen, oder die doppelten Zwillinge. Ein Lustspiel. 1995. 110 S.

Bd. 12. Leben und Tod Königs Richard des zweyten. Ein Trauerspiel. 1995. 149 S.

Bd. 13. König Heinrich der vierte. (T. 1 u. 2). 1995. 255 S.

Bd. 14. Viel Lermens um Nichts. Ein Lustspiel. 1995. 162 S.

Bd. 15. Das Trauerspiel, vom Macbeth. 1995. 137 S.

Bd. 16. Die zween edle Veroneser. Ein Lustspiel. 1995. 125 S.

Bd. 17. Romeo und Juliette. Ein Trauerspiel. 1995. 166 S.

Bd. 18. Othello, der Mohr von Venedig. Ein Trauerspiel. 1995. 209 S.

Bd. 19. Was ihr wollt. Ein Lustspiel. 1995. 87 S.

Bd. 20. Hamlet, Prinz von Dännemark. Ein Trauerspiel. 1995. 230 S.

Bd. 21. Das Winter-Mährchen. Ein Lustspiel. 1995. 139 S.

Rez. von Heinrich Bock in: Schwäbische Zeitung v. 6.5.1995; von Werner von Koppenfels u. d. T. »Ein litterarisches Abentheuer«. Zur zweiten Zürcher Ausgabe von Wielands ›Shakespeare‹ in: Neue Zürcher Zeitung. Literatur und Kunst. Fernausg. Nr. 109 v. 12./13.5.1994, S. 41; von Rolf Vollmann u. d. T. »Wielands Shakespeare. Warum es die Ausgabe nun doch gibt« in: Frankfurter Allgemeine Zeitung. Literatur, v. 7.12.1993.

4. Übersetzungen

s. auch Nr. 20

28. Eighteenth century German criticism. Ed. by Timothy J. Chamberlain. New York: Continuum 1992. XXVI, 283 S. (The German Library 11) [Darin u. a. von Wieland: S. 229-233: The eagerness to give our poetry a national character (Der Eifer, unsrer Dichtkunst einen National-Charakter zu geben) Aus: TM, 1773, Bd. 2, St. 3, Mai, S. 174-183. Transl. by Timothy J. Chamberlain; S. 234-243: Letters to a young poet. Letter three (Briefe an einen jungen Dichter. 3. Brief) Aus: TM, 1784, März, S. 228-253. Transl. by Timothy J. Chamberlain]

29. History of the Abderites [Geschichte der Abderiten, engl.] Transl. with an introd. and annotations by Max Dufner. Bethlehem/PA [u. a.]: Lehigh Univ. Press [u. a.] 1993. 327 S. 1 Portr.

    Rez. von J. K. Fugate in: Choice. Middletown/CT. October 1993. S. 237-238; von Alan Menhennet in: The Modern Language Review. Vol. 90. Leeds 1995. Pt. 1, S. 237-239; von Hansjörg Schelle in: Michigan Germanic Studies. Vol. 18. Ann Arbor/MI 1992. Nr. 2, S. 187-190.

30. The case of the ass's shadow [Geschichte der Abderiten, Ausz., engl.] Transl. by Ellis Shookman. In: Eighteenth century German prose. Ed. by Ellis Shookman. Foreword by Dennis F. Mahoney. New York 1992. S. 61-126. (The German Library 10) [Dazu: Glossary, S. 126-132]

31. Hahn, Gregory: Anti-copyright. 18th- and 20th-century arguments against copyright. 1993. 208 Bl. - Bloomington, Indiana Univ., Diss. (Phil.D.), 1993. - Dass. [Zsfassung.] In: Dissertation abstracts international. Vol. 54. Ann Arbor/MI 1993/94. Nr. 4, S.1350-A-1351-A. [Im Anh. die erste annotierte engl. Übers. von ›Schreiben eines Nachdruckers an den Herausgeber des Teutschen Merkurs‹ (›Letters from a reprinter to the editor of the German Mercury‹)]

32. [Geschichte der Abderiten, japan.] [Übers.] Takao Yoshinori. [Tôkyô] 1993. 396 S. ([Deutschland-Reihe])

33. Abderiternas historia [Geschichte der Abderiten, schwed.]. Utgiven på svenska och försedd med en inledande jämförelse mellan Grönköping och Abdera av A. von der Post [i. e. Anders Örne]. Stockholm: Fabel-Bokförl. 1991. 282 S. (Fabel pocket 12)

34. Abderalilar [Geschichte der Abderiten, türk.] Ceviren: Vural Ülkü. Ankara: Kültür Bakanliĝi 1992. VII, 364 S. (Kültür Bakanliĝi yayinlari 532 : Dünya edebiyati dizisi 1)

Teil II - Sekundärliteratur

1. Allgemeine Grundlagen und Hilfsmittel

1.1. Bibliographien. Literatur- und Forschungsberichte

s. auch Nr. 11/Rez.

35. Paulsen, Wolfgang: Literatur der Spätaufklärung. Review article. In: Monatshefte. Vol. 84. Madison/WI 1992. Nr. 4, S. 491-501. [Darin u. a. über Irmtraut Sahmland: Christoph Martin Wieland und die deutsche Nation. Tübingen 1990]

36. Wilpert, Gero von/Gühring, Adolf: Erstausgaben deutscher Dichtung. Eine Bibliographie zur deutschen Literatur 1600-1990. 2., vollst. überarb. Aufl. Wiss. Beratung Harro Kieser. Red. Beate Mnich. Stuttgart: Kröner 1992. XIX, 1724 S. [Darin: Wieland, Christoph Martin, S. 1625-1629]

37. Schelle, Hansjörg: Nachträge und Ergänzungen zur Wieland-Bibliographie. [T.] 9, [T.] 10 und [T.] 11. In: Lessing Yearbook. Vol. 24, 1992; Vol. 25, 1993 und Vol. 26, 1994. Detroit/MI 1993-1994. S. 135-146 bzw. 185-191 bzw. 113-124.

38. Schelle, Hansjörg: Wielands Briefwechsel. Ein Forschungsbericht. In: Zeitschrift für deutsche Philologie. Bd. 113. Berlin [u. a.] 1994. H. 2, S. 199-224.

39. Ottenbacher, Viia/Zeilinger, Heidi: Wieland-Bibliographie 1988-1992. (Mit Nachtr. zu früheren Jahren). In: Wieland-Studien 2. S. 285-332. [Darin: Sophie von La Roche-Literatur 1988-1992, S. 322-327]

1.2. Allgemeine Sammlungen und Grundlagenwerke der Wieland-Forschung. Gesammelte Beiträge einzelner und mehrerer Verfasser. Zeitschriftensonderhefte

40. Christoph Martin Wieland. Epoche - Werk - Wirkung. Von Sven-Aage Jørgensen; Herbert Jaumann; John A. McCarthy; Horst Thomé. München: Beck 1994. 234 S. (Arbeitsbücher zur Literaturgeschichte) [Mit bibliogr. Angaben zu den einzelnen Kap. u. e. Gesamtbibliogr. S. 208-220]

41. Wieland-Studien. Aufsätze, Texte und Dokumente, Berichte, Bibliographie. Hrsg. von Klaus Manger und vom Wieland-Archiv Biberach. Red.: Klaus Manger; Viia Ottenbacher. Mitarb. in der Red.: Heinrich Bock. Sigmaringen: Thorbecke 1994. 344 S. (Wieland-Studien 2)

Die einzelnen Beitr. s. Nr. 39, 66, 69, 82, 105, 167, 194, 210, 214, 231, 232, 240, 246, 255, 308.

2. Leben und Werk im allgemeinen

2.1. Gesamtdarstellungen zu Leben und Werk

42. Rickes, Joachim: Wieland - ein langweiliger Dichter? Gedanken zu einer neueren Monographie. In: Wirkendes Wort. Jg. 42. Bonn 1992. H. 3, S. 507-513. [Darin über Irmela Brender, Christoph Martin Wieland mit Selbstzeugnissen und Bilddokumenten, Reinbek bei Hamburg 1990 (Rowohlts Monographien 475)]

43. Nolting, Klaus: Die Kunst zu leben oder Die Natur weiß nichts von Idealen. Eine Unters. zur Grundhaltung der Mäßigung in Werk u. Leben Christoph Martin Wielands. Frankfurt a. M. [u. a.]: Lang 1995. 363 S. (Europäische Hochschulschriften. Reihe 1. Dt. Sprache u. Literatur 1507) - Zugl.: Münster, Univ., Diss., 1992.

2.2. Einführungen in Leben und Werk

44. Steiner, Rudolf: Christoph Martin Wieland (1905). In: R. Steiner, Biographien und biographische Skizzen, 1894-1905: Schopenhauer, Jean Paul, Uhland, Wieland. Literatur und geistiges Leben im 19. Jh. Die Hrsg. besorgten Edwin Fröböse und Werner Teichert. 2. Aufl. Dornach 1992. S. 347-385. (Bibliographie 33) (Rudolf-Steiner-Gesamtausg. Schriften, Gesammelte Aufsätze)

45. Brommer, Ulrike: »... und Wasser trink ich oft dazu«. Das private Leben der großen schwäbischen Dichter. Gerlingen: Bleicher 1993. 368 S. Ill. [Darin u. a.: Christoph Martin Wieland. Der Poet aus Oberschwaben, S. 15-41. Ill. Zeittafel zu Wielands Leben, S. 42-43]

46. Hinderer, Walter: Christoph Martin Wieland. In: Deutsche Dichter. Leben und Werk deutschsprachiger Autoren vom Mittelalter bis zur Gegenwart. Hrsg. v. Gunter E. Grimm und Frank Rainer Max. Durchges. u. aktualisierte Auswahlausg. des achtbd. Werkes. Stuttgart 1993. S. 180-189. 1 Portr.

Dass.: Darmstadt: Wissenschaftl. Buchges. 1993. [Lizenz des Reclam-Verl., Stuttgart. Nur für Mitgl.]

47. Wieland, Christoph Martin. In: Lexikothek II. Bd. 15. (Nachauflage). Gütersloh; München: Bertelsmann Lexikon Verlag 1994. S. 254. 1 Portr.

2.3. Kurze Würdigungen. Gelegenheits- und Gedenkreden. Gelegenheits- und Gedenkschriften

48. Dichter-Porträts. Bilder und Daten. Zusammengest. von Gunter Grimm ... Jub.-Ed. Stuttgart: Reclam 1992. 399 S. Ill. (Universal-Bibliothek 8835) [Darin: Christoph Martin Wieland, S. 77-79. 1 Portr.]

49. Rölz, Alfred/Abenstein, Reiner: Wieland - Ein Gespräch zur Eröffnung der Ausstellung »Wieland zum 180. Todestag« vom 20. Januar bis 2. April 1993 am

Wilhelmsgymnasium München. München 1993. 59 Bl. [Maschinenschr.]

50. »Poetischer Landjunker«. Feier in Oßmannstedt zum 260. Geburtstag von Chr. M. Wieland/tlz. In: Thüringische Landeszeitung v. 3. September 1993.

3. Biographische Einzelheiten

3.1. Vorfahren. Familie. Nachkommen

51. Frauenleben im 18. Jahrhundert. Hrsg. v. Andrea van Dülmen. München: Beck [u. a.] 1992. 435 S. (Bibliothek des 18. Jahrhunderts) [S. 377-378: »Beschwerden in den Wechseljahren (1759)«, Brief Wielands an J. G. Zimmermann über seine Mutter]

3.2. Wielands Persönlichkeit (Wesenszüge und Gewohnheiten, Anekdoten über Wieland)

52. »Auch frisset er entsetzlich«. Dichter über Dichter. [Hrsg.] Winfried Hönes. Essen: Phaidon [1991]. 382 S. [Darin Bemerkungen von Nietzsche und Schubart über Wieland, S. 331]

53. Dichter beschimpfen Dichter. Bd. 2: Ein zweites Alphabet harter Urteile. Zusammengesucht von Jörg Drews. Zürich: Haffmans 1992. 136 S. (Haffmans' Helfende Hand-Bibliothek) [Darin: E. T. J. Brückner u. T. Körner über Wieland, S. 126]

54. Bauch, Klaus-P.: Der papierne Spiegel. Einblicke in Wielands Bibliothek. In: Bücher-Markt. Jg. 1. Hannover 1992. Nr. 4, S. 32-35.

55. Bauch, Klaus-P./Schröder, Maria-B.: Alphabetisches Verzeichnis der Wieland-Bibliothek. Bearb. nach dem ›Verzeichniß der Bibliothek des verewigten Herrn Hofraths Wieland. 1814‹. Hannover: Internationalismus-Verl. 1993. [248] S. (Schriftenreihe des Antiquariats Klaus-P. Bauch 1) Darin u. a.: Wieland-Museum Biberach an der Riß. Kurzer Überblick zu Geschichte und Bestand. Von Viia Ottenbacher. Anhang: Bücher aus Wielands Besitz im Wieland-Museum; Zur Geschichte von Wielands Bibliothek. Anhang: Heinrich Meyer, Wielands Nachlaß; Bibliographie; Rekonstruktion der Wieland-Bibliothek. Register der im Wieland-Museum vorh. Bände. Rez. von Peter Heßelmann u. d. T. »Die Bibliothek Christoph Martin Wielands« in: Börsenblatt für den deutschen Buchhandel. Jg. 161. Frankfurt a. M.; Leipzig 1994. Nr. 104.- Beil.: Aus dem Antiquariat. Nr. 12/1994, S. A488-A490; von Jürgen Jacobs in: Germanistik. Jg. 34. Tübingen 1993. H. 4, S. 1170-1171; in: Bücher-Markt. Jg. 2. Hannover 1993. Nr. 11, S. 17.

56. Kumpf, Johann Heinrich: Weimar, seine Klassiker und die Steuern. Leipzig: Interessengemeinschaft Geschichte der Handelshochschule Leipzig e.V. 1994. 32 S. Ill. (Veröffentlichung der Interessengemeinschaft Geschichte der Handels-

hochschule Leipzig e.V. 10) [Darin u. a.: Das ideale Finanzwesen bei Wieland, S. 11-12]

57. Selbmann, Rolf: Dichterberuf. Zum Selbstverständnis des Schriftstellers von der Aufklärung bis zur Gegenwart. Darmstadt: Wissenschaftl. Buchges. 1994. VI, 306 S. [Darin über Wieland im Kap. »Der Dichter als Warner. ›Gold und Zuckermandeln‹ oder ›Kartoffeln und Brunnenwasser‹?«, S. 37-42]

3.3. *Einzelne Lebensabschnitte*

58. Saueressig, Heinz: Literarische Spurensuche in Oberschwaben. Friedrichshafen: Gessler 1993. 75 S. Ill. [Darin u. a.: Aus Christoph Martin Wielands Jugend, S. 18-30, 1 Portr. - Das Lebensgefühl in Wielands Epoche, S. 31-39]

59. Frauenleben im 18. Jahrhundert. Hrsg. v. Andrea van Dülmen. München: Beck [u. a.] 1992. 435 S. (Bibliothek des 18. Jahrhunderts) [Darin Brief der Mutter Wielands, Regina Katharina Wieland, an J. J. Bodmer u. d. T.: »Angst vor einer Mißheirat des Sohnes (1753)«, S. 55-56]

60. »In Zürich möchte ich wohl leben«. Texte aus 5 Jahrhunderten. Ges. von Konrad Kahl. Vorw.: Conrad Ulrich. Zürich: Pendo-Verl. 1991. 196 S. Ill. [Darin u. a.: Christoph Martin Wieland. 1752/55 (Ausz. aus den Briefen an J. J. Bodmer v. 6. September 1752 und an J. H. Schinz v. 22. Januar 1755 aus WBr 1,117-120 u. 1,224-226), S. 37-38]

61. Mielsch, Hans-Ulrich: Die Schweizer Jahre deutscher Dichter. Christoph Martin Wieland, August Wilhelm von Schlegel, Johann Wolfgang von Goethe, Friedrich Hölderlin, Heinrich von Kleist. Zürich: Verl. Neue Zürcher Zeitung 1994. 279 S., XXIV S. Taf. [Darin: Christoph Martin Wieland in Zürich und Bern, S. 10-47]

62. Blaha, Walter/Metze, Josef: Kleine illustrierte Geschichte der Universität Erfurt. 1392-1816. Erfurt: Verl.-Haus Thüringen 1992. 96 S. Ill. (Erfurter Chronik 4) [Darin u. a.: Metze, Josef: Kurmainzische Landesuniversität und ihre Schließung (1644 bis 1816). (U. a. über Wieland), S. 30-43]

63. Overmann, Alfred: Erfurt in zwölf Jahrhunderten. Eine Stadtgeschichte in Bildern. Reprint der Ausg. Erfurt, Gebr. Richters Verlagsanst. 1929. Erfurt: Verlagshaus Thüringen 1992. 438 S. Ill. [Darin u. a.: Christoph Martin Wieland in Erfurt, 1769-1772, S. 314-315, Ill.]

64. Jaumann, Herbert: Wieland in Erfurt. In: Öffentliche Vorträge. Gehalten auf Einladung der Gesellschaft zur Förderung der Europ. Univ. Erfurt e. V. Hrsg. von Roswitha Jacobsen im Auftrag der Ges. zur Förderung der Europ. Univ. Erfurt e.V. Erfurt [1993], S. 101-117. (Erfurter Universitätslesungen, Jg. 1992)

65. Mühlpfordt, Günter: Die letzte Blüte der alten Universität Erfurt. Zur Reform der Hierana im Geist von Aufklärung u. Toleranz 1766-1772. In: Zur Geschichte

der Universität Erfurt. (Hrsg.) Horst Rudolf Abe u. Jürgen Kiefer. Erfurt 1993. S. 73-95. (Sonderschriften der Akademie gemeinnütziger Wissenschaften zu Erfurt 21) [Darin u. a. über Wieland, Bahrdt u. Meusel]

66. Scheibe, Siegfried: Wielands Ankunft in Erfurt. In: Wieland-Studien 2. S. 127-129.

67. Deetjen, Werner: Auf Höhen Ettersburgs. Fotomechan. Nachdr. der 1924 in der Verl.-Buchh. J. J. Weber in Leipzig erschienenen Ausg. Hrsg. vom Kuratorium Schloß Ettersburg e.V. Weimar: Kuratorium Schloß Ettersburg e. V. 1993. 127 S. Ill. (Ettersburger Hefte 1) [Darin wiederholt über Wielands Aufenthalte in Ettersburg]

3.4. Persönliche und literarische Beziehungen zu Zeitgenossen. Erinnerungen an Wieland

s. auch Nr. 105

3.4.2. Einzelne Personen

68. Hata, Setsuo: Hochdeutschstreit in der zweiten Hälfte des achtzehnten Jahrhunderts: Adelung vs. Wieland. [Dt.Zsfassg.] In: Gengo bunka kenkyu. Studies in Language and Culture. Vol. 16. Osaka 1990. S. 111-132. [Text in jap. Sprache, S. 111-129; dt. Zsfassg., S. 130-132]

69. Martin, Dieter: »Der Held aus Persis«. Wielands ›Cyrus‹ in Bodmers Sicht. In: Wieland-Studien 2. S. 11-32. [Mit Abdruck des Bodmer-Textes, S. 14-19]

70. Baum, Angelica/Schnegg, Brigitte: Julie Bondeli, eine Citoyenne der République des Lettres. In: Und schrieb und schrieb wie ein Tiger aus dem Busch. Über Schriftstellerinnen in der deutschsprachigen Schweiz. Hrsg. von Elisabeth Ryter. Zürich 1994. S. 30-51, Ill.

71. Günzel, Klaus: Die Brentanos. Eine deutsche Familiengeschichte. Zürich: Artemis & Winkler 1993. 192 S. Ill. [Darin u. a. über Wieland in den Kap. »Alles aus Liebe, sonst geht die Welt unter« - die La Roches, S. 32-53, Ill. und - Rätsel eines Menschenlebens - Sophie Brentano, S. 92-101, Ill.]

72. Negri, Nicoletta: Goethe und das Publikum. Venezia 1991-1992. 221 Bl. - Venezia, Univ., Fac. di Lingue e Letterature Straniere, Diss., 1991/92. [Darin u. a.: Wieland-Episode, Bl. 69-77]

73. Goethe, Johann Wolfgang von: Abschied und Übergang. Goethes Gedanken über Tod und Unsterblichkeit. Auswahl von Peter Meuer. Erl. u. Nachw. von Werner Keller. Zürich 1993. 160 S. Ill. [Darin u. a.: Aus dem Gespräch mit Johannes Daniel Falk. Januar 1813 (nach Wielands Begräbnis), S. 52-64]

74. »daß aus seinem Munde die deutsche Jugend zuerst von griechischer Liebe gehört«. Wilhelm Heinse in einer Briefanthologie der dreißiger Jahre. Mit e. Einl. von Wolfgang von Wangenheim. In: Forum Homosexualität und Literatur.

H. 15. Siegen 1992. S. 89-104. [Die Auszüge aus Briefen sind der Publikation »Briefe der Freunde. Das Zeitalter Goethes im Spiegel der Freundschaft«, 2. Aufl. 1949, entnommen. Darin u. a. zum Verhältnis Wielands zu Heinse mit Abdr. von 2 Briefen Wielands an Gleim (18.11.1770 u. 22.12.1773) und von e. Brief Gleims an Wieland (2.1.1774)]

75. Behme, Hermann: Über das Verhältnis Heinrich von Kleists zu C. M. Wieland. Mikrofiche-Ausg. Egelsbach [u.a.]: Hänsel-Hohenhausen 1995. 1 Mikrofiche. (Deutsche Hochschulschriften. Alte Reihe 3110) - Mikroreprod. der Diss., Kiel, 1914, 62 S.

76. Madland, Helga Stipa: Image and text. J. M. R. Lenz. Amsterdam; Atlanta: Rodopi 1994. 166 S. (Amsterdamer Publikationen zur Sprache und Literatur 111) [Darin u. a.: Lenz and Wieland: friends or enemies?, S. 51-62]

77. Schmalhaus, Stefan: Literarische Anspielungen als Darstellungsprinzip. Studien zur Schreibmethodik von Jakob Michael Reinhold Lenz. Münster; Hamburg: Lit 1994. III, 221 S., Ill. (Germanistik 8) - Zugl.: Münster, Univ., Diss., 1994. [Darin u. a.: »Geist Capriccio«. Literarische Anspielungen bei Wieland, S. 24-30. - Feindbild Wieland. Lenzens Gedichte ›Menalk und Mopsus‹, ›Eloge de feu Monsieur **nd‹ u. ›Epistel eines Einsiedlers an Wieland‹, S. 114-141]

78. Albrecht, Wolfgang: Zwiespältigkeiten Lessingscher Streitkultur. Über die Auseinandersetzungen mit Wieland in den ›Briefen, die neueste Literatur betreffend‹. In: Streitkultur. Strategien des Überzeugens im Werk Lessings. Referate der Internat. Lessing-Tagung der Albert-Ludwigs-Univ. Freiburg u. der Lessing Society an der Univ. of Cincinnati, Ohio/USA, vom 22. bis 24. Mai 1991 in Freiburg i. Br. Hrsg. von Wolfram Mauser u. Günter Saße. Tübingen 1993. S. 103-112.

79. Ruf, Wolfgang: Begegnung in Mannheim. Mozart und Wieland. In: Mozart und Mannheim. Kongreßbericht Mannheim 1991. Hrsg. v. Ludwig Finscher. Frankfurt a. M. [u. a.] 1994. S. 157-166. (Quellen und Studien zur Geschichte der Mannheimer Hofkapelle 2)

80. Reiske, Ernestine Christine: Ausgewählte Briefe. Hrsg. u. erl. von Anke Bennholdt-Thomsen u. Alfredo Guzzoni. St. Ingbert: Röhrig 1992. 91 S. Ill. (Kleines Archiv des 18. Jh. 16) [S. 39: Ein bisher unveröff. Brief an C. M. Wieland vom 25. Sept. 1782, in dem es um e. Rez. über e. Schrift der E.C. Reiske im TM geht, die aber nicht erschien]

81. Hentschel, Uwe: Erotisches Dichten und bürgerliches Wohlverhalten am Beispiel von Johann George Scheffner. In: Wirkendes Wort. Jg. 43. Bonn 1993. H. 1, S. 25-35. [Darin auch über Wielands Kritik an Scheffners ›Gedichte im Geschmacke des Grécourt‹, 1771 anonym erschienen]

82. Hagen, Waltraud: Ein unbekannter Brief Wielands an Johann Christian Schmohl vom 18. November 1780. In: Wieland-Studien 2. S. 249-253.

4. Beziehungen zur gesellschaftlichen Wirklichkeit

4.1. Weltanschauung. Wielands Verhältnis zur Philosophie, Religion und Theologie

83. Heinze, Hartmut: Wieland als politischer Philosoph (1983). In: H. Heinze, Goethes letzter Wandrer. Studien zur dt. Literatur von Gottfried bis Kafka. Berlin 1992. S. 42-44.

84. Schmuck, Thomas: Aufklärung und Religionskritik in Wielands späten Romanen. 1992. 172 Bl. - Wien, Univ., Dipl.-Arb., 1992.

85. Manger, Klaus: Wielands Kosmopolitismus. Vorgetragen auf der Sitzung vom 2.10.1992 (Kurzfassung). In: Mitteilungen der Akademie gemeinnütziger Wissenschaften zu Erfurt. H. 6. Erfurt 1993. S. 49-50.

86. Mielke, Andreas: Laokoon und die Hottentotten oder Über die Grenzen von Reisebeschreibung und Satire. Baden-Baden: Koerner 1993. 404 S. Ill. (Saecula spiritalia 27) [Darin u. a.: Menschenwürde des Hottentotten bei Wieland (1770), S. 206-209]

87. Jordan, Lothar: Shaftesbury und die deutsche Literatur und Ästhetik des 18. Jahrhunderts. Ein Prolegomenon zur Linie Gottsched-Wieland. In: Germanischromanische Monatsschrift. N.F. Bd. 44. Heidelberg 1994. H. 4, S. 410-424.

88. Erhart, Walter: »Was nützen schielende Wahrheiten?« Rousseau, Wieland u. die Hermeneutik des Fremden. In: Rousseau in Deutschland. Neue Beitr. zur Erforschung seiner Rezeption. Hrsg. von Herbert Jaumann. Berlin [u. a.] 1995. S. 47-78.

4.2. Verhältnis zur Geschichte und zum Zeitgeschehen

89. Mueller, Thomas: »Handlungen, deren Cannibalen sich schämen würden«. Das Phänomen der Masse in der dt. Literatur um 1800. In: Carleton Germanic papers. Vol. 19. Ottawa 1991. S. 37-50. [Darin u. a. über Wielands Erörterung des Phänomens der Masse im Gefolge seiner Beschäftigung mit der Franz. Revolution]

90. Würzner, M. H[ans]: The effect of the French revolution in Germany. Christoph Martin Wieland and Georg Forster. In: Tropes of Revolution. Writers' reactions to real and imagined revolutions 1789-1989. Ed. by C. C. Barfoot and Theo D'haen. Amsterdam [u. a.] 1991. S. 231-245. (DQR studies in literature 9)

91. Baum, Wilhelm: Der Josefinismus im Spiegel der Kritik Lessings, Wielands und Herders. In: Verdrängter Humanismus - verzögerte Aufklärung. Österr. Philosophie zur Zeit der Revolution u. Restauration (1750-1820). (Hrsg.) Michael Benedikt. Wien 1992. S. 615-654.

92. Beiser, Frederick C.: Enlightenment, revolution, and romanticism. The genesis of modern German political thought, 1790-1800. Cambridge/MA [u. a.]: Harvard UP 1992. IX, 434 S. [The political philosophy of C. M. Wieland, S. 335-362]

93. LaBoétie, Etienne de: Von dei freiwilligen Knechtschaft. Unter Mitwirkung von Neithard Bulst übers., hrsg. u. mit e. Nachw. von Horst Günther. Hamburg: Europ. Verlagsanst. 1992. 248 S. Ill. (Europäische Bibliothek 2) [Darin außer der Übers. noch Meinungen zu LaBoétie, u. zwar u. a. von Moritz, Erhard u. Wieland, S. 190-191, 193-194, 194-195]

94. Reemtsma, Jan Philipp: »Nichts mehr von neuen Konstituzionen!«. Christoph Martin Wielands Lektüre des Ereignisses 1789 (1990). In: J. P. Reemtsma: u. a. Falun. Reden u. Aufsätze. Berlin 1992. S. 83-101.

95. Wilson, W. Daniel: Internalizing the counter-revolution. Wieland and the Illuminati scare. In: The internalized revolution. German reactions to the French Revolution, 1789-1989. Eds. Ehrhard Bahr; Thomas P. Saine. New York [u. a.] 1992. S. 33-59. (Garland reference library of the humanities 1661)

96. Wucherpfennig, Paul: »Kollaborateure der Vernunft«. Literar. u. publizist. Wegbereiter u. Begleiter Napoleons in Deutschland. Ein verdrängtes Kapitel dt.Literaturgeschichtsschreibung. 1992. 266 S. - Darmstadt, Techn. Hochsch., Diss., 1991. [Darin u. a.: Christoph Martin Wieland - Prophet und Inaugurator deutscher Napoleonbewunderung - oder: Der »Götterbote« kündigt den »Halbgott« an, S. 16-29]

97. Sahmland, Irmtraut: Ein Weltbürger und seine Nation. Christoph Martin Wieland. In: Dichter und ihre Nation. Hrsg. v. Helmut Scheuer. Frankfurt a. M. 1993. S. 88-102. (Suhrkamp-Taschenbuch Materialien 2117)

4.4. Verhältnis zur Literatur, Sprache und Kunst

98. Chytry, Josef: The aesthetic state. A quest in modern German thought. Berkeley [u. a.]: Univ. of California Press 1989. LXXIV, 513 S. [Wieland, Herder, Goethe. Weimar aesthetic humanism, S. 38-69]

99. Čigareva, E[vgenija] I.: »Volšebnaja flejta« Mocarta v kontekste epochi Gete. In: Getevskie čtenija. God izd. 1993. Moskva 1994. S. 197-208. [Mozarts »Zauberflöte« im Kontext der Goethezeit.- (Darin u. a. zu Mozart-Spuren im Werk Wielands)]

100. Sträßner, Matthias: Tanzmeister und Dichter. Literatur-Geschichte(n) im Umkreis von Jean Georges Noverre. Lessing, Wieland, Goethe, Schiller. Berlin: Henschel 1994. 307 S. [Darin: Lukian ist nichts, lukianisch alles. Wieland u. Lukians Traktat über den Tanz, S. 96-108. - Grazie und Grazien. Christoph Martin Wieland und die Pantomime, S. 109-164]

Rez. von Claudia Albert in: Germanistik. Jg. 35. Tübingen 1994. H. 3/4, S. 878-879.

4.5. *Verhältnis zu anderen Wissenschaften und geistigen Bewegungen*

101. Reichert, Martin Friedrich: Bildung and its discontents. The deployment of self and society in eighteenth-century narrative. 1992. 304 Bl. - New York, New York Univ., Phil. Diss., 1992. - Dass. [Zsfassung.] In: Dissertation abstracts international. Vol. 54. Ann Arbor/MI 1993/94. Nr. 2, S. 511-A-512-A. [In der komparatist. Arbeit u. a. über den Bildungsbegriff bei Wieland (›Agathon‹), Schiller, Jean Paul u. F. Schlegel]

102. Paulsen, Wolfgang: Die emanzipierte Frau in Wielands Weltbild (1979). In: W. Paulsen, Der Dichter und sein Werk. Von Wieland bis Christa Wolf. Ausgew. Aufsätze zur dt. Literatur. Hrsg. von Elke Nicolai. Frankfurt a. M. [u. a.] 1993. S. 13-34. (Forschungen zur Literatur- u. Kulturgeschichte 34)

103. Ritter, Heidi: Der Diskurs über die Tugendhaftigkeit des Weibes. Frauenbilder u. Weiblichkeitsmuster in der 2. Hälfte des 18. Jh. in Aufklärung u. Spätaufklärung. In: Aufklärung nach Lessing. Beitr. zur gemeinsamen Tagung der Lessing Society u. des Lessing-Museums Kamenz aus Anlaß seines 60jähr. Bestehens. Hrsg. v. Wolfgang Albrecht. Kamenz 1992. S. 57-68. (Erbepflege in Kamenz. Schriftenreihe des Lessing-Museums Kamenz 12/13) [Ausgehend von der ›Allgemeinen Damenbibliothek‹ über Wielands, Herders, S. von La Roches u. a. Stellung zu dieser Frage]

104. Saltzwedel, Johannes: Das Gesicht der Welt. Physiognom. Denken in der Goethezeit. München: Fink 1993. 376 S. [Darin u. a.: Wieland und Claudius (innerhalb des Kap. »Lavater«), S. 119-125]

105. Starnes, Thomas C.: Wieland und die Frauenfrage - Frauen und die Wielandfrage. In: Wieland-Studien 2. S. 221-248.

5. Zum literarischen Werk insgesamt

5.1. *Allgemeine Darstellungen*

s. auch Nr. 43

106. Weisgerber, Jean: Les masques fragiles. Esthétique et formes de la littérature rococo. Lausanne: L'Âge d'Homme 1991. 268 S. [Darin auch zu dt. Autoren, insbes. zu Wieland (vgl. Register)]

107. McCarthy, John A.: Klassisch lesen. Weimarer Klassik, Wirkungsästhetik und Wieland. In: Jahrbuch der Deutschen Schillergesellschaft. Bd. 36. Stuttgart 1992. S. 414-432. [Literaturverz. S. 429-432]

108. Minder, Robert: Betrachtungen zu Wieland und der deutschen Klassik (1967). Aus dem Franz. von Ulla Biesenkamp. In: R. Minder, Die Entdeckung deutscher Mentalität. Essays. Hrsg. u. mit e. Nachw. von Manfred Beyer. Leipzig 1992. S. 301-312. (Reclam-Bibliothek 1438)

109. Yoshinori, Takao: Gedanken über Wieland. In: Jahresberichte des Germanistischen Instituts der Kwanseigakuin-Universität. H. 34. Uegahara 1993. S. 9-33. [In japan. Sprache]

110. Jaumann, Herbert: Die verweigerte Alterität oder über den Horizont der Frage, wie Wieland zur »Weimarer Klassik« steht. In: Aufklärung als Problem und Aufgabe. Festschr. für Sven-Aage Jørgensen zum 65. Geburtstag. Hrsg. v. Klaus Bohnen und Per Øhrgaard. München; Kopenhagen 1994. S. 99-121. (Text & Kontext. Sonderreihe 33)

111. Jørgensen, Sven-Aage: Der fromme Wieland. In: Zwischen den Wissenschaften. Beiträge zur dt. Literaturgeschichte. Bernhard Gajek zum 65. Geburtstag. Hrsg. von Gerhard Hahn u. Ernst Weber. Regensburg 1994. S. 265-272. [Über Wielands Jugendwerk]

5.2. Einzelfragen

5.2.1. Quellen und Beziehungen

s. auch Nr. 211

112. Kroes, Gabriele: Zur Geschichte der deutschen Übersetzungen von Ariosts ›Orlando furioso‹. In: Italienische Literatur in deutscher Sprache. Bilanz u. Perspektiven. Hrsg. v. Reinhard Klesczewski u. Bernhard König. Tübingen 1990. S. 11-26. (Transfer 2) [Darin u. a. über Wielands Beschäftigung mit dem ›Orlando furioso‹ u. zu Übersetzungen von Werthes, Lütkemüller u. Heinse im TM]

113. Simon-Schuhmacher, Lioba: Influencias Inglesas y Espanolas en la obra de Christoph Martin Wieland (1733-1813). - Oviedo, Univ., Diss. 1990. 2 Microfiches.

114. Rupp-Eisenreich, Britta: Wieland, l'histoire du genre humain et l'Egypte. In: D'un Orient l'autre. Les métamorphoses successives des perceptions et connaissances. Centre d'Études et de Documentation Économique Juridique et Sociale Le Caire. Vol. 1. Configurations. Paris 1991. S. 107-132.

115. Kreuz, Bernhard: »Naturae species ratioque«. Zur Lukrez-Rezeption bei Wieland, Knebel und Goethe. 1993. 66 Bl. - Wien, Univ., Dipl.-Arb., 1993. [Maschinenschr.]

116. Czapla, Ralf Georg: Die Metamorphose der Metamorphose. Ovid-Transformationen bei Christoph Martin Wieland und Arno Schmidt. In: Zettelkasten. Auf-

sätze u. Arbeiten zum Werk Arno Schmidts. Jg. 13. Frankfurt/M.; Wiesenbach 1994. S. 59-81.

117. Kurth-Voigt, Lieselotte E.: Tessin und Wieland. Zur Topographie der Prinzen-erziehung. In: Modern language notes. Vol. 109. Baltimore/MD 1994. No. 3, S. 507-518. [Carl Gustaf Tessin (1695-1770), schwed. Staatsmann. Seine ›Briefe an einen jungen Prinzen von einem alten Manne‹ (Leipzig, 1754 u. 1756) waren Wieland in der ital. Übers. von 1759 bekannt u. befanden sich in seiner Biblio-thek. Tessins ›Briefe‹ beeinflußten Wielands ›Geschichte des Agathon‹ u. ›Goldner Spiegel‹]

118. Weisgerber, Jean: Voltaire et la poésie rococo. In: Europe. Revue littéraire mensuelle. Année 72. Paris 1994. No. 781, S. 115-133. [Darin u. a. über Voltaires Wirkung auf Wieland]

5.2.2. Gestaltungs- und Formprobleme. Sprache und Stil

119. Derks, Paul: Die Schande der heiligen Päderastie. Homosexualität u. Öffentlich-keit in der dt. Literatur. 1750-1850. Berlin: Verl. Rosa Winkel 1990. 723 S. (Homosexualität u. Literatur 3) - Zugl.: Essen, Univ., Habil.-Schr., 1981. [Darin u. a.: Spiel mit jungen Knaben oder ekelhafte Leidenschaft. Zu Wielands Dich-tungen, S. 232-246]

120. Paulus, Jörg: Traumwirklichkeiten: Zur vorstellbaren Realität in den philosophi-schen Märchendichtungen von Christoph Martin Wieland und Novalis. 1990. XII, 171, [6] Bl. - Berlin, Techn. Univ., Magisterarbeit, 1990. [Maschinenschr.]

121. Auteri, Laura: Was ist »Literatursprache«? Wieland e la lingua letteraria. In: Università degli studi di Palermo. Istituto di lingue e letterature straniere. Qua-derni di lingue e letterature straniere 13. Anno 1991. Palermo. S. 9-32.

122. Katoh, Kenji: Wielands Perspektive. Leserfiguren in seinen Romanen. In: Keio Gijuku Daigaku Dokubungaku Kenkyushitsu kenkyu nenpo 9. 1992. S. 20-33. [Text in dt. Sprache]

123. Stang, Harald: Einleitung, Fußnote, Kommentar. Fingierte Formen wissen-schaftl. Darst. als Gestaltungselemente moderner Erzählkunst. Bielefeld: Aisthe-sis Verl. 1992. 407 S. - Zugl.: Bonn, Univ., Diss., 1991. [Darin u. a.: Die Heraus-geberfiktion bei Wieland, S. 59-71]

124. Baudach, Frank: Planeten der Unschuld - Kinder der Natur. Die Naturstands-utopie in der dt. u. westeurop. Literatur des 17. u. 18. Jh. Tübingen: Niemeyer 1993. XI, 632 S. (Hermaea. N. F. 66) - Zugl.: Kiel, Univ., Diss., 1990. [Im Mittel-punkt der Unters. stehen Utopien Wielands: Die frühen Planetenutopien Chri-stoph Martin Wielands, S. 251-414. - Die Naturvölkerutopien Christoph Martin Wielands, S. 496-606]

Rez. von J.-D. Krebs in: Études germaniques. Année 50. Paris 1995. No. 1, S. 106.

125. Mandelartz, Michael: Der Textanfang als kosmologischer Entwurf. Die Motive des Musenanrufs u. des Waldes. In: Euphorion. Bd. 87. Heidelberg 1993. H. 4, S. 420-437. [Darin u. a.: Der Wald bei Wieland. Reminiszenz u. halbierter Ursprung (Zum Eingangsmotiv des ›Agathon‹), S. 424-426]

126. Papiór, Jan: Die Ironie im Spätwerk Wielands. In: »... einen Stein für den großen Bau behauen«. Studien zur dt. Literatur. Gerard Koziełek zum 65. Geburtstag. Red. Eugeniusz Klin; Marian Szyrocki. Wrocław 1993. S. 71-80. (Acta Universitatis Wratislaviensis 1436) (Germanica Wratislaviensia 99)

127. Voß, Jens: »... das Bißchen Gärtnerey«. Unters. zur Garten- u. Naturmotivik bei Christoph Martin Wieland. Frankfurt a. M. [u. a.]: Lang 1993. 268 S. (Europäische Hochschulschriften. Reihe 1, Dt. Sprache u. Literatur 1407) - Zugl.: Bonn, Univ., Diss.

   Rez. von Hans-Peter Ecker in: Germanistik. Jg. 36. Tübingen 1995. H. 1, S. 216-217.

128. Auteri, Laura: Sul concetto di Stille in Christoph Martin Wieland. In: Università degli Studi di Palermo. Facoltà di Lettere e Filosofia. Istituto di lingue e letterature straniere. Quaderno. N. S. Nr. 5. Germanistica. Palermo 1994. S. 8-22.

129. Beutin, Wolfgang: »Der Junker ... schwenkt/nicht faul/sich auf des Fräuleins Maul«. Alte Wortbedeutungen im Werk Wielands. Eine Forschungsaufgabe (1985). In: W. Beutin, Vom Mittelalter zur Moderne. 2. Von der Aufklärung bis zum 19. Jahrhundert. Hamburg 1994. S. 41-46.

130. Blum, Marie-Odile: Aspasie, l'hétaïre devenue mythe dans l' œuvre de Wieland. In: Cahiers d'études germaniques. No. 26. Aix-en-Provence 1994. S. 31-38.

131. Daemmrich, Horst S./Daemmrich, Ingrid G.: Spirals and circles. A key to thematic patterns in classicism and realism. New York [u. a.]: Lang 1994. Vol. 1. XII, 353 S. (Studies on themes and motifs in literature 7) [Darin u. a.: The wanderer at the crossroads. Diverging paths in the works of Wieland, Klinger, Goethe, and Schiller, S. 94-117. - The theatrical landscape: Wieland, S. 141-144]

132. Rau, Peter: Speculum amoris. Zur Liebeskonzeption des dt. Romans im 17. u. 18. Jh. München: Fink 1994. 764 S. [Darin: Reformulierung der romanhaften Liebespathographie bei Wieland und im späteren 18. Jahrhundert, S. 679-720]

133. Riedel, Volker: Herakles-Bilder in der deutschen Literatur des 17. und 20. Jahrhunderts. In: Deutschunterricht. Jg. 47. Berlin 1994. H. 6, S. 299-310. Ill. [Darin zum Herakles-Sujet in Wielands ›Alceste‹ u. ›Die Wahl des Herkules‹ im Abschn. »Winckelmann, Wieland, Sturm und Drang«, S. 301-303]

134. Beutin, Heidi: Frauenemanzipation und Erotik in den drei spätesten Romanen Wielands. In: H. Beutin, »Als eine Frau lesen lernte, trat die Frauenfrage in die Welt«. Beitr. zum Verhältnis von Feminismus u. Literatur anhand von Schriften Maries von Ebner-Eschenbach, Lily Brauns, Gertrud Bäumers, Gerhard Anton

von Halems, Christoph Martin Wielands u. Jutta Heckers. 2., erw. Aufl. Hamburg 1995. S. 95-130.

5.2.3. Wieland als Versdichter und Dramatiker

135. Simmler, Franz: Zum Verhältnis von Satz und Text in lyrischen Gedichten. In: »Der Buchstab tödt - der Geist macht lebendig«. Festschrift zum 60. Geburtstag von Hans-Gert Roloff von Freunden, Schülern u. Kollegen. Hrsg. von James Hardin u. Jörg Jungmayr. Bd. 1. Bern [u. a.] 1992. S. 55-105. [Darin u. a. über Wielands »Zum dritten Mal die Dame spricht ...« aus ›Ein Wintermärchen‹]

136. Martin, Dieter: Das deutsche Versepos im 18. Jahrhundert. Studien u. kommentierte Gattungsbibliographie. Berlin [u. a.]: de Gruyter 1993. XI, 450 S. (Quellen und Forschungen zur Sprach- u. Kulturgeschichte der germanischen Völker. N. F. 103=227) - Zugl.: Heidelberg, Univ., Diss., 1992. [Darin: Die Jahre 1751-1760 als Wielands episches Jahrzehnt betrachtet,S. 141-202]

5.2.4. Wieland als Prosadichter

137. Karthaus, Ulrich: Novelle. Bamberg: Buchner 1990. 246 S. (Themen, Texte, Interpretationen 5) [Darin u. a. im Kap. »Theorie und Geschichte der deutschen Novelle bis heute« über Wielands Definition der Novelle, S. 8-10]

138. Kaji, Tetsuro: Soziale und historische Distanz zur Volksüberlieferung im deutschen Kunstmärchen. Von der Aufklärung bis zum poetischen Realismus. In: Gête-nenkan. Goethe-Jahrbuch. Bd. 33. Tôkyô 1991. S. 185-202. [In japan. Sprache mit dt. Zsfassung. Darin u. a. über Wielands Einstellung zu den Volksmärchen]

139. Kröker, Veronika: Basile und die Kinder. Zur Rezeptionsgeschichte des ›Pentameron‹ u. seiner Bearbeitungen für Kinder. In: Il confronto letterario. Anno 8. Pavia 1991. Nr. 15, S. 3-33. [Darin u. a. über Wieland u. die dt. Märchenliteratur des 18. Jh.]

140. Baldwin, Claire Miller: Novel poetics. Reading and narrative strategies in novels by C. M. Wieland, S. von La Roche and M. A. Sagar, 1764-1774. 1992. 397 Bl. - New Haven, Yale Univ., Diss. (Phil. D.), 1992. Dass. [Zsfassung.] In: Dissertation abstracts international. Vol. 54. Ann Arbor/MI 1993-1994. Nr. 1, S. 192-A. [Darin über S. von La Roches ›Die Geschichte des Fräuleins von Sternheim‹, M.A. Sagars ›Karolinens Tagebuch ohne außerordentliche Handlungen‹ u. Wielands ›Don Sylvio‹ sowie ›Agathon‹]

141. Hermes, Eberhard: Abiturwissen erzählende Prosa. 5. Aufl. Stuttgart [u. a.]: Klett, Verl. für Wissen u. Bildung 1992. 120 S. [Darin u. a.: Der Aufklärungsroman (Wieland), S. 102-103]

142. Kunz, Josef: Die deutsche Novelle zwischen Klassik und Romantik. Bibliogr. erg. von Rainer Schönhaar. 3., bibliogr. erg. Aufl. Berlin: E. Schmidt 1992.

189 S. (Grundlagen der Germanistik 2) [Darin u. a.: Die Novellendichtung Wielands, Literaturhinweise u. Anmerkungen, S. 59-60]

143. Dedert, Hartmut: Vor einer Theorie der Novelle. Die Erzählung im Spiegel der aufklärer. Gattungsdiskussion. In: Zeitschrift für deutsche Philologie. Bd. 112. Berlin [u. a.] 1993. H. 4, S. 481-508. [Darin u. a. über Wielands Hinweise auf das Prosamodell der Novelle]

144. Frankenstein, Lydia: Ausgewählte Werke der deutschsprachigen fantastischen Jugendliteratur. Genretaxonom. Versuche aus historischer Sicht. Stockholm: Almqvist & Wiksell Internat. 1993. XXXI, 319 S. [Christoph Martin Wieland, S. 3]

145. Hillebrand, Bruno: Theorie des Romans. Erzählstrategien der Neuzeit. 3., erw. Aufl. Stuttgart; Weimar: Metzler 1993. 551 S. [Darin u. a.: »Wieland und Blanckenburg« im Kap. »Das 18. Jahrhundert. Aufklärung u. Rokoko«, S. 83-124]

146. Stüssel, Kerstin: Poetische Ausbildung und dichterisches Handeln. Poetik u. autobiogr. Schreiben im 18. u. beginnenden 19. Jh. Tübingen: Niemeyer 1993. IX, 358 S. (Communicatio 6) [Darin u. a.: Wieland, Rousseau, Goethe. Auto-biogr. zwischen Textverantwortung, Schriftemphase u. Dichterbildung (Bei Wieland anhand der ersten von zwei ›Unterredungen mit dem Pfarrer von ***‹), S. 166-172]

147. Nübel, Birgit: Autobiographische Kommunikationsmedien um 1800. Studien zu Rousseau, Wieland, Herder u. Moritz. Tübingen: Niemeyer 1994. VII, 293 S. (Studien zur deutschen Literatur 136) - Zugl.: Bochum, Univ., Diss., 1992.

5.2.5. *Wieland als Herausgeber, Mitarbeiter und Übersetzer*

148. Granger, Christine: A student of standard German two hundred years ago. Sophie von La Roche and Wieland's edition of her last work. 1992. 303 Bl. - Stony Brook, State Univ. of New York, Diss. (D.A.), 1992. Dass. [Zsfassung.] In: Dissertation abstracts international. Vol. 54. Ann Arbor/MI 1993-1994. Nr. 2, S. 539-A. [Es handelt sich um ›Melusinens Sommer-Abende‹ (1806)]

149. Fuhrmann, Manfred: Übersetzungen antiker Autoren. In: Die Antike in der europäischen Gegenwart. Referate gehalten auf dem Symposium der Joachim Jungius-Gesellschaft der Wissenschaften am 23. u. 24. Oktober 1992 in Hamburg. Hrsg. v. Walther Ludwig. Göttingen 1993. S. 19-30. [Darin u. a. Wielands Übersetzung vom Anfang einer Horaz-Satire (1, 5, 1-6)]

150. Geisen, Herbert: Shakespeare-Übersetzen - für wen und wie? In: Literatur in Wissenschaft und Unterricht. LWU. Bd. 26. Würzburg 1993. H. 4, S. 299-313. [Darin u. a. zur Übers. von ›The Winter's Tale‹ durch Wieland und Dorothea Tieck]

151. Greiner, Norbert: The comic matrix of early German Shakespeare translation. In: European Shakespeares. Translating Shakespeare in the romantic age. Ed. by Dirk Delabastita and Lieven D'Hulst. Amsterdam; Philadelphia 1993. S. 203-217. [Darin: Wieland's Shakespeare translation 1762-1766, S. 207-209]

152. Kob, Sabine: Wielands Shakespeare-Übersetzung. Ihre Charakteristika und Besonderheiten, erläutert anhand ausgewählter Beispiele. Bamberg [1993]. - Bamberg, Univ., Magisterarbeit, [1993]. 122 Bl. [Maschinenschr.]

153. Miyashita, Keizo: Shakespeare in der Aufklärungszeit der Schweiz. Hintergrund u. Geschichte der Shakespeare-Rezeption von Bodmer bis Bräker. In: Doitsubungaku. H. 90. Tôkyô 1993. S. 13-21. [In japan. Sprache mit dt. Zsfassung, S. 22-23. Darin u. a. über Shakespeare-Übers. Bodmers, Wielands, Eschenburgs u. Bräkers]

154. Jirku, Brigitte E.: »Wollen Sie mit Nichts ... ihre Zeit versplittern?«. Ich-Erzählerin u. Erzählstruktur in von Frauen verfaßten Romanen des 18. Jh. Frankfurt a. M. [u. a.]: Lang 1994. 292 S. (Forschungen zur Literatur- und Kulturgeschichte 39) - Zugl.: Madison/WI, Univ., Diss., 1990. [Darin über Wielands Herausgabe von S. von La Roches Roman ›Geschichte des Fräuleins von Sternheim‹ im Kap. »Herausgeber und Vorreden«, S. 139-168, u. über den Roman im Kap. »Freiraum als Schrift - Schrift als Freiraum«, S. 169-212]

155. Kofler, Peter: Ariost und Tasso in Wielands ›Merkur‹. Übersetzungsprobe als Textsorte. Bozen: Ed. Sturzflüge; Innsbruck: Österr. Studien-Verl. 1994. 242 S. 1 Ill. (Essay & Poesie 1) [Darin u. a. zu den Übers. von Werthes, Heinse, Lütkemüller, Broxtermann, Gries, Hauswald u. Bürde. Anhang: Abdr. der Übersetzungsproben, S. 109-234]

156. Manger, Klaus: Wielands kulturelle Programmatik als Zeitschriftenherausgeber. In: Evolution des Geistes: Jena um 1800. Natur u. Kunst, Philosophie u. Wissenschaft im Spannungsfeld der Geschichte. Hrsg. von Friedrich Strack. Stuttgart 1994. S. 294-305. (Deutscher Idealismus 17)

6. Veröffentlichungen über einzelne Werke und Schriften

Die Abenteuer des Don Sylvio von Rosalva, s. Der Sieg der Natur über die Schwärmerey ...
Agathodämon

157. Albrecht, Wolfgang: Geschäft, Genuß, Gemeinnutz. Korrelationen u. Traditionen der ästhetisierten Lebens-Ordnung in Stifters ›Nachsommer‹. In: Michigan Germanic Studies. Vol. 18. Ann Arbor/MI 1992. Nr. 1, S. 1-18. [Darin auch über Wielands Werk ›Agathodämon‹, »das mit Stifters Werk ideell verwandt ist« (Risach - Stifters Agathodämon?, S. 12-15)]

Alceste

s. auch Nr. 133

158. Corneilson, Paul Edward: Opera at Mannheim, 1770-1778. 1992. 454 Bl. - Chapel Hill, The Univ. of North Carolina, Diss. (Phil.D.), 1992. Dass. [Zsfassung.] In: Dissertation abstracts international. Vol. 54. Ann Arbor/MI 1993-94. Nr. 1, S. 18-A-19-A. [Darin u. a. über Wielands u. Schweitzers ›Alceste‹, 1775 aufgeführt]

159. Staehelin, Martin: Joseph Martin Kraus in Göttingen. In: Göttinger Jahrbuch. Bd. 40. Göttingen 1992. S. 199-230, Ill. [Darin u. a. über die Verbindung von J. M. Kraus (1756-1792, Komponist) zum Hainbund u. seine Kritik an Wielands ›Alceste‹ in der Vertonung von Anton Schweitzer]

160. Busch-Salmen, Gabriele: Schweitzer/Wielands ›Alkeste‹. Texte zum Text. In: Musik als Text. 11. Internationaler Kongreß der Gesellschaft für Musikforschung. Freiburg i. Br., 27. September-1. Oktober 1993. Abstracts. Freiburg 1993. S. 86-87.

161. Lühning, Helga: Das Theater Carl Theodors und die Idee der Nationaloper. In: Mozart und Mannheim. Kongreßbericht Mannheim 1991. Hrsg. v. Ludwig Finscher. Frankfurt a. M. [u. a.] 1994. S. 89-99. (Quellen u. Studien zur Geschichte der Mannheimer Hofkapelle 2) [Darin u. a. über Wielands u. Schweitzers ›Alceste‹]

162. Vogel, Martin: Musiktheater. Bonn: Verl. für Systemat. Musikwiss. (Orpheus-Schriftenreihe zu Grundfragen der Musik ...) 10. Alceste, Wielands erste deutsche Oper. 1995. 463 S. Ill. Noten. (Orpheus-Schriftenreihe zu Grundfragen der Musik 77)

Aristipp und einige seiner Zeitgenossen

163. Reemtsma, Jan Philipp: »Geh nicht hinein!« (Erstdr.) In: J. P. Reemtsma: u. a. Falun. Reden u. Aufsätze. Berlin 1992. S. 353-396. [Darin u. a. über ›Aristipp‹, S. 362-364]

164. Paulsen, Wolfgang: Wielands ›Aristipp‹. Versuch einer neuen Würdigung (1973). In: W. Paulsen, Der Dichter und sein Werk. Von Wieland bis Christa Wolf. Ausgew. Aufsätze zur dt. Literatur. Hrsg. von Elke Nicolai. Frankfurt a. M. [u. a.] 1993. S. 35-54. (Forschungen zur Literatur- u. Kulturgeschichte 34)

165. Reemtsma, Jan Philipp: Das Buch vom Ich. Christoph Martin Wielands ›Aristipp und einige seiner Zeitgenossen‹. Zürich: Haffmans 1993. 343 S. - Zugl.: Hamburg, Univ., Diss., 1992.

   Rez. von Jürgen Jacobs in: Germanistik. Jg. 35. Tübingen 1994. H. 1, S. 207-208.

166. Manger, Klaus: Zum Bild der Frau um 1800 - in Klassizismus und Romantik. In: Propter fructus gratior. Festgabe aus Anlaß des 65. Geburtstages von Werner Köhler. Hrsg.: Akad. gemeinnütziger Wiss. zu Erfurt e.V. Red. Ltg.: Horst Hei-

necke. Erfurt 1994. S. 41-51. (Sonderschriften der Akademie gemeinnütziger Wissenschaften zu Erfurt 22) [Darin u. a. über Lais in ›Aristipp‹, S. 47-49]

167. Manger, Klaus: Die Quelle zum Bad der Lais. Zu Wielands ›Aristipp‹ I, 3. In: Wieland-Studien 2. S. 120-126.

Clelia und Sinibald

168. Rowland, Herbert: Autotextuality in Wieland. The presence of ›Oberon‹ in ›Klelia und Sinibald‹. In: Goethe Yearbook. Vol. 7. Columbia/SC 1994.S. 133-145.

Clementina von Porretta

169. Mönch, Cornelia: Abschrecken oder Mitleiden. Das dt. bürgerl. Trauerspiel im 18. Jh. Versuch e. Typologie. Tübingen: Niemeyer 1993. XII, 409 S. (Studia Augustana 5) [Darin u. a.: Textbeispiel 2: Christoph Martin Wieland, Clementina von Poretta (1760), S. 188-197]

Combabus

170. Reemtsma, Jan Philipp: Kombabus (1988). In: J. P. Reemtsma: u. a. Falun. Reden u. Aufsätze. Berlin 1992. S. 397-422.

Comische Erzählungen

171. Schmidl, Harald: Christoph Martin Wielands ›Comische Erzählungen‹. 1993. 148 Bl. - Innsbruck, Univ., Dipl.-Arb., 1993.

172. Lautwein, Thomas: Christoph Martin Wielands ›Comische Erzählungen‹ und die Gattungsgeschichte der europäischen Verserzählung im 17. und 18. Jahrhundert. Freiburg i. Br. 1994. 270 Bl. - Freiburg i. Br., Univ., Diss. [Maschinenschr.]

Cyrus

173. Martin, Dieter: »Der Held aus Persis«. Wielands ›Cyrus‹ in Bodmers Sicht. In: Wieland-Studien 2. S. 11-32. [Mit Abdruck des Bodmer-Textes, S. 14-19]

Dschinnistan oder auserlesene Feen- und Geistermärchen

174. Hagenbüchle, Walter/Tarot, Rolf: Christoph Martin Wieland, Timander und Melissa. In: Kunstmärchen. Erzählmöglichkeiten von Wieland bis Döblin. Hrsg. von Rolf Tarot. Bern [u. a.] 1993. S. 65-83. (Narratio 7)

175. Reiber, Joachim: Wandernd erkennen. Das literar. Umfeld der ›Zauberflöte‹. In: Wege zu Mozart. Bd. 2. W. A. Mozart in Wien und Prag. Die großen Opern. Unter Mitarb. von Claudia Kreutel hrsg. v. Herbert Zeman. Wien 1993. S. 193-205. [Darin u. a. über Wielands ›Dschinnistan‹]

Euthanasia

176. Viefhues, Herbert: Das Motiv der »Euthanasie« in der fiktionalen Literatur. Zugl. ein Beitrag zu e. metaphor. Verstehensweise der Ethik. Neuaufl. Bochum: Zentrum für Medizin. Ethik 1992. 64 S. (Medizinethische Materialien 68) [Darin im Abschn. »Euthanasie als literarisches Thema des 18. Jahrhunderts« über Wielands ›Euthanasia, drei Gespräche über das Leben nach dem Tode‹, S. 12-16]

Gedanken über die Ideale der Alten

177. Ingenkamp, Heinz Gerd: Schopenhauers Ästhetik bei Wieland. In: Schopen-hauer-Jahrbuch. Bd. 76. Würzburg 1995. S. 203-209. [Darin zu »Über die Ideale der griechischen Künstler«, AA I, 14, 123]

Die geheime Geschichte des Philosophen Peregrinus Proteus

s. auch Nr. 212, 214

178. Braunsperger, Gerhard: Aufklärung aus der Antike. Wielands Lukianrezeption in seinem Roman ›Die geheime Geschichte des Philosophen Peregrinus Proteus‹. Frankfurt a. M. [u. a.]: Lang 1993. 267 S. (Europäische Hochschulschriften. Reihe 1, Dt. Sprache und Literatur 1373) - Zugl.: München, Univ., Diss., 1991.

> *Rez.* von Anke Tanzer in: Germanistik. Jg. 34. Tübingen 1993. H. 4, S. 1171-1172.

179. Auteri, Laura: Il borghese imperfettibile pessimismo pedagogico nella letteratura tedesca fra Lutero e la rivoluzione francese. Udine: Campanotto Germanistica 1993. 106 S. (Le Carte Tedesche 5) [Darin im Kap.3 »Le aporìe della pedagogia illuminista« (S. 71-101): L'innocenza dell'uomo imperfettibile: ›Die Geheime Geschichte des Philosophen Peregrinus Proteus‹ (1788-1791) di Christoph Martin Wieland, S. 77-101]

180. Auteri, Laura: Die letzte Verwandlung des Peregrinus Proteus; Oder, der rettende Tod. In: Zeitschrift für Germanistik. N.F. Jg. 4. Bern [u. a.] 1994. H. 2, S. 298-308.

Der geprüfte Abraham

181. Stephens, Anthony: Der Opfergedanke bei Heinrich von Kleist. In: Heinrich von Kleist. Kriegsfall, Rechtsfall, Sündenfall. (Hrsg.) Gerhard Neumann. Freiburg i. Br. 1994. S. 193-248. (Rombach Wissenschaft. Reihe Litterae 20) [Darin u. a.: Wielands ›Die Prüfung Abrahams‹, S. 205-212]

Geschichte der Abderiten

182. Rotermund, Erwin: Massenwahn und ästhetische Therapeutik in der Satire der späten Aufklärung. Christoph Martin Wielands ›Geschichte der Abderiten‹ (1978). In: E. Rotermund, Artistik und Engagement. Aufsätze zur dt. Literatur. Hrsg. von Bernhard Spies. Würzburg 1994. S. 43-72.

Geschichte des Agathon

s.auch Nr. 101, 125, 140

183. Osawa, Mineo: Biranto no ›Agaton‹ monogatari-shinriteki kyoyoshosetsu. (Wielands ›Geschichte des Agathon‹ - ein psychologischer Bildungsroman). In: M. Osawa, Jiga to sekai-Doitsubungaku ronshu (Das Ich und die Welt: Essays zur deutschen Literatur). Tôkyô 1989. S. 104-115. [In japan. Sprache]

184. Aytaç, Gürsel: Die »Glückseligkeit« in Wielands ›Geschichte des Agathon‹. 2., unveränd. Aufl. Ankara: Ankara Üniv. 1988. 138 S. (Ankara Üniversitesi Dil ve Tarih-Cografya Fakültesi yayinlaii 359) - Zugl.: Ankara, Univ., Habil.-Schr.

185. Minden, Michael: The place of inheritance in the Bildungsroman: ›Agathon‹, ›Wilhelm Meisters Lehrjahre‹, and ›Der Nachsommer‹. In: Reflection and action. Essays on the Bildungsroman. Ed. by James Hardin. Columbia/SC 1991. S. 254-292. [Überarb. Fassung des Aufsatzes in Deutsche Vierteljahrsschrift f. Literaturwiss. u. Geistesgesch. Jg. 57. 1983. S. 33-63]

186. VonMücke, Dorothea E.: Virtue and the veil of illusion. Generic innovation and the pedagogical project in eighteenth-century literature. Stanford/CA: Stanford UP 1991. XIII, 331 S. Ill. [Darin u. a. im Kap. »Classical tragedy and Bildungsroman« über ›Agathon‹, S. 229-273]

187. Gillespie, Gerald: Imagined and witnessed pagan frolics. Examples of narrative sophistication in the 17th and 18th centuries. In: »Der Buchstab tödt - der Geist macht lebendig«. Festschrift zum 60. Geburtstag von Hans-Gert Roloff von

Freunden, Schülern u. Kollegen. Hrsg. v. James Hardin u. Jörg Jungmayr. Bd. 2. Bern [u. a.] 1992. S. 951-965. [Darin über Wielands ›Agathon‹, S. 958-960]

188. Mayer, Gerhart: Der deutsche Bildungsroman. Von der Aufklärung bis zur Gegenwart. Stuttgart: Metzler 1992. 510 S. [Darin u. a.: Christoph M. Wieland: Geschichte des Agathon. Die Erstausgabe. Die letzte Fassung, S. 31-42]

189. Weisgerber, Jean: Open and closed structures in Rococo art and literature. In: Comparative literary history as discourse. In honor of Anna Balakian. Ed. by Mario J. Valdés. Bern [u. a.] 1992. S. 333-344. [Darin u. a. über Wielands ›Agathon‹]

190. Engel, Manfred: Der Roman der Goethezeit. Stuttgart; Weimar: Metzler. - Bd 1. Anfänge in Klassik und Frühromantik. Transzendentale Geschichten. 1993. XIV, 547 S. (Germanistische Abhandlungen 71) - Zugl.: Erlangen, Nürnberg, Univ., Habil.-Schr. [Darin vor allem über ›Agathon‹, S. 140-144]

191. Erhart, Walter: »In guten Zeiten giebt es selten Schwärmer«. Wielands ›Agathon‹ u. Hölderlins ›Hyperion‹. In: Hölderlin-Jahrbuch. Bd. 28. 1992/93. Stuttgart [u. a.] 1993. S. 173-191.

192. Kontje, Todd: The German Bildungsroman. History of a national genre. Columbia/SC: Camden House 1993. XI, 139 S. (Studies in German literature, linguistics, and culture. Literary criticism in perspective) [Darin wiederholt über ›Agathon‹ (vgl. Reg.)]

193. Tarot, Rolf: Erzählmöglichkeiten im 18. Jahrhundert in Praxis und Theorie. In: Kunstmärchen. Erzählmöglichkeiten von Wieland bis Döblin. Hrsg. von Rolf Tarot. Bern [u. a.] 1993. S. 11-35. (Narratio 7) [Darin u. a. über ›Agathon‹]

194. Kurth-Voigt, Lieselotte E.: Wielands ›Geschichte des Agathon‹. Zur journalisti-schen Rezeption des Romans in England. In: Wieland-Studien 2. S. 54-96.

195. Meuthen, Erich: Selbstüberredung. Rhetorik und Roman im 18. Jh. Freiburg i. Br.: Rombach 1994. 283 S. (Rombach Wissenschaft. Reihe Litterae 23) - Zugl.: München, Univ., Habil.-Schr., 1992/93. [Darin u. a.: »Selbstüberredung« in Wielands ›Geschichte des Agathon‹, S. 35-78]

196. Selmeci, Andreas: Bildung zur Freiheit? Über Pädagogik, Roman u. Spiel im 18. Jh. Würzburg: Königshausen & Neumann 1994. 379 S. Ill. (Unipress. Reihe Pädagogik 6) - Zugl.: Basel, Univ., Diss., 1991. [Darin u. a. im Kap. »Kann aus Intrigen ein Vertrag entstehen?« über S. von La Roches ›Fräulein von Sternheim‹, S. 83-108, u. im Kap. »Doch die Natur kennt kein Zurück« u. a. über Wielands ›Geschichte des Agathon‹, S. 109-130]

Geschichte des Prinzen Biribinker

197. Tarot, Rolf: Christoph Martin Wieland, Geschichte des Prinzen Biribinker. In: Kunstmärchen. Erzählmöglichkeiten von Wieland bis Döblin. Hrsg. von Rolf Tarot. Bern [u. a.] 1993, S. 37-63. (Narratio 7)

Der goldne Spiegel oder die Könige von Scheschian

198. Zhu, Yanbing [Chu, Yen-ping]: Die konfuzianischen staatsphilosophischen Ideen in den Staatsromanen von Albrecht von Haller und Christoph Martin Wieland. In: Symposium »Deutsche Literatur und Sprache aus ostasiatischer Perspektive«, 26.-30.8.1991/JDZB, Japan.-Dt. Zentrum Berlin. Berlin 1992. S. 382-386. (Veröffentlichungen des Japanisch-Deutschen Zentrums Berlin 12)

199. Spies, Bernhard: Politische Kritik, psychologische Hermeneutik, ästhetischer Blick. Die Entwicklung bürgerl. Subjektivität im Roman des 18. Jh. Stuttgart: Metzler 1992. VII, 410 S. (Germanistische Abhandlungen 73) [Darin u. a.: C. M. Wielands ›Goldner Spiegel‹. Von der politischen Aufklärung zur ästhetischen Freiheit des politisierten Bürgers, S. 94-120]

200. Biesterfeld, Wolfgang: Aufgeklärter Absolutismus im orientalischen Gewand. Beobachtungen zum fiktionalen Fürstenspiegel bei Haller, Wieland, Bahrdt u. Knigge. In: Zeszyty Naukowe Wyzszej Szkoly Pedagogicznej im. Powstancow Slanskich w Opolu. Filologia Germanska. Zesz. 1. [Wissenschaftliche Hefte der Pädagogischen Hochschule Opole] Opole [Oppeln] 1993. S. 7-11. [Darin über Wielands ›Der goldne Spiegel‹]

Das Hexameron von Rosenhain

201. Metwally, Nadia: ›Das Hexameron von Rosenhain‹. Ein Erzählzyklus aus dem Spätschaffen Christoph Martin Wielands. In: Kairoer germanistische Studien. Bd. 3. Kairo 1988. S. 62-89.

202. Degering, Thomas: Kurze Geschichte der Novelle. Von Boccaccio bis zur Gegenwart. Dichter, Texte, Analysen, Daten. München: Fink 1994. 144 S. (UTB für Wissenschaft. Uni-Taschenbücher 1798) [Darin: Beginn der Novellen-Geschichte in Deutschland: Goethe und Wieland. Christoph Martin Wieland: ›Das Hexameron von Rosenhain‹ (1805), S. 27-32]

Koxkox und Kikequetzel

203. Fischer, Petra: Die Rehabilitierung der Sinnlichkeit. Philosophische Implikationen der Figurenkonstellation der ›Zauberflöte‹. In: Archiv für Musikwissenschaft. Jg. 50. Stuttgart 1993. H. 1, S. 1-25. [Darin auch zur Verwendung von

Textquellen aus Wielands Werk durch Schikaneder, insbes. von ›Koxkox und Kikequetzel‹, S. 19-23]

Musarion

204. Erhart, Walter: Beziehungsexperimente. Goethes ›Werther‹ und Wielands ›Musarion‹ (1992). In: Goethes ›Werther‹. Kritik und Forschung. Hrsg. von Hans Peter Herrmann. Darmstadt 1994. S. 403-428. (Wege der Forschung 607)

Der neue Amadis

205. Joost, Ulrich: Lichtenberg als Literaturvermittler. Über Friedrich Just Riedel, Wielands ›Der Neue Amadis‹ und Ansteys ›The New Bathguide‹. In: Lichtenberg-Jahrbuch. Jg. 1992. Saarbrücken 1993. S. 110-117.

Neue Göttergespräche

206. Kofler, Peter: Übersetzungskritik und Interdisziplinarität. Zu Auguste Du Vaus französischer Übertragung der ›Göttergespräche‹ von Christoph Martin Wieland. In: Università degli studi di Verona. Facoltà di lingue e letterature straniere. Quaderni di lingue e letterature 17. 1992. S. 101-116.

Novelle ohne Titel

207. Lehnert, Gertrud: Maskeraden und Metamorphosen. Als Männer verkleidete Frauen in der Literatur. Würzburg: Königshausen & Neumann 1994. 386 S. - Zugl.: Frankfurt/M., Univ., Habil.-Schr., 1993. [Darin im Kap. »Mädchen als Knaben« über Wielands ›Novelle ohne Titel‹, S. 173-185]

Oberon

s. auch Nr. 168

208. Albertsen, Leif Ludwig: Die Metrik in Wielands ›Oberon‹. In: Aufklärung als Problem und Aufgabe. Festschrift für Sven-Aage Jørgensen zum 65. Geburtstag. Hrsg. von Klaus Bohnen u. Per Øhrgaard. München; Kopenhagen 1994. S. 89-98. (Text & Kontext. Sonderreihe 33)

Der Prozeß um des Esels Schatten

209. Zingre-Hubler, B.: Der Prozäss um e Schatte vom Esel. Stück in 3 Akten. Nach Wieland. Übers. u. Bearb.: B. Zingre-Hubler. Belp: Volksverl. Elgg 1993. 27 S.

Die Prüfung des Abraham s. Der geprüfte Abraham

Rosamund (Rosemunde)

210. Scheibe, Siegfried: Zur Entstehungsgeschichte von Wielands Singspiel ›Rosamund‹. In: Wieland-Studien 2. S. 97-119.

Der Sieg der Natur über die Schwärmerei oder Die Abenteuer des Don Sylvio von Rosalva
s. auch Nr. 140

211. Jacobs, Jürgen: Don Quijote in der Aufklärung. Bielefeld: Aisthesis Verl. 1992. 90 S. Ill. (Aisthesis Essay 1) [Darin u. a.: Ehrliche Schwärmer. Wieland u. der ›Don Quijote‹, S. 37-43. - Der Sieg der Natur über die Schwärmerei. Wielands ›Don Sylvio‹, S. 44-50]

212. Tigges, Dagmar: Das Problem des Schwärmertums am Beispiel von Wielands Romanen ›Don Sylvio‹ und ›Peregrinus Proteus‹. 1993. 72 Bl. - Wuppertal, Univ.-Gesamthochschule, Magisterarbeit, 1993. [Maschinenschr.]

213. Zeller, Rosmarie: Das Kunstmärchen des 17. und 18. Jahrhunderts zwischen Wirklichkeit und Wunderbarem. In: Zeitschrift für Literaturwissenschaft und Linguistik. Jg. 23. Göttingen 1993. H. 92, S. 56-74. [Darin insbes. über Wielands ›Don Sylvio von Rosalva‹]

214. Heinz, Jutta: Von der Schwärmerkur zur Gesprächstherapie. Symptomatik u. Darstellung des Schwärmers in Wielands ›Don Sylvio‹ und ›Peregrinus Proteus‹. In: Wieland-Studien 2. S. 33-53.

215. Marx, Friedhelm: Erlesene Helden. Don Sylvio, Werther, Wilhelm Meister u. die Literatur. Heidelberg: Winter 1995. 285 S. (Beiträge zur neueren Literaturgeschichte. Folge 3. Bd. 139) - Zugl.: Bonn, Univ., Diss., 1994. [Darin über ›Don Sylvio von Rosalva‹, S. 53-110]

Der Teutsche Merkur

s. auch Nr. 155

216. Greisler, Beate: Charlotte Corday - die Mörderin des Jean-Paul Marat. Ein literar. Diskurs über die Furcht. Bielefeld: Aisthesis-Verl. 1992. 118 S. Ill. [Darin u. a.: Die Ermordung Marats in den deutschsprachigen Zeitschriften des Jahres 1793. - Der Neue Teutsche Merkur, S. 21-24]

217. Merck, Johann Heinrich: An den Herausgeber des ›Teutschen Merkurs‹. In: Sturm und Drang. Ein Lesebuch für unsere Zeit. Hrsg. von Peter Müller. Berlin

1992. S. 236-243. (Aufbau-Taschenbücher 48) [Aus: TM, 1779, April, S. 25-36. - Vgl. WBibl Nr. 3822]

218. Miquet, Claude: Le »Mercure Allemand« et la naissance des États-Unis. In: La révolution américaine vue par les périodiques de langue allemande 1773-1783. Actes du colloque tenu à Metz (oct. 1991). Publ. sous la dir. de Roland Krebs et de Jean Moes et avec la coll. de Pierre Grappin. Paris 1992. S. 15-21.

219. Wolff, Gabriele: Zwischen Tradition und Neubeginn. Zur Geschichte der Denkmalpflege in der 1. Hälfte des 19. Jh. Geistesgeschichtl. Grundlagen in den deutschsprachigen Gebieten. Teil I u. Teil II. Frankfurt/M.: Kunstgeschichtl. Inst. 1992. 326 S. Ill. (Frankfurter Fundamente der Kunstgeschichte 9) - Zugl.: Frankfurt/M., Univ., Diss., 1992. [Darin u. a.: Der Neue Teutsche Merkur 1795, S. 31-34. - Karl August Böttiger, Zustand der Künste und Wissenschaften in Frankreich unter Robespierres Regierung (in: Der Neue Teutsche Merkur, 1795, Stück 1, April, S. 77-102 u. Stück 2, Februar, S. 168-192), S. 164-192]

220. Daunicht, Richard: J. M. R. Lenz im Herbst 1777. Zu e. anonymen Gedicht in Wielands ›Teutschem Merkur‹. In: »Unaufhörlich Lenz gelesen ...«. Studien zu Leben u. Werk von J. M. R. Lenz. Hrsg. v. Inge Stephan und Hans-Gerd Winter. Stuttgart; Weimar 1994. S. 109-117. [An **. Im November. In: TM, 1777, Dezember, S. 195-200]

221. Fuchs, Gerhard W.: Karl Leonhard Reinhold - Illuminat und Philosoph. Eine Studie über den Zusammenhang seines Engagements als Freimaurer und Illuminat mit seinem Leben u. philos. Wirken. Frankfurt a. M. [u. a.]: Lang 1994. 187 S. (Schriftenreihe der Internat. Forschungsstelle »Demokratische Bewegungen in Mitteleuropa 1770-1850« 16) - Zugl.: Jena, Univ., Diss., 1991. [Darin u. a.: Die Beiträge im ›Teutschen Merkur‹, S. 41-46. - Die »Briefe« im ›Teutschen Merkur‹ 1786/87, S. 70-90]

222. Starnes, Thomas C.: Der Teutsche Merkur. Ein Repertorium. Sigmaringen: Thorbecke 1994. 694 S. [Verzeichnisse des Inhalts der Zeitschrift und Autoren- u. Künstler-Verzeichnis sowie Personen-, Orts- u. Sach-Register zum Inhalt der sämtl. Jahrgänge]

Rez. von HB in: Ibykus. Zeitschrift für Poesie, Wissenschaft und Staatskunst. Nr. 49. 1994. S. 19; von Alexander Košenina in: Referatedienst zur Literaturwissenschaft. Jg. 26. Berlin 1994. H. 4, S. 549-550; von Siegfried Scheibe in: Informationsmittel für Bibliotheken (IFB). Besprechungsdienst und Berichte. Jg. 3. Berlin 1995. H. 1, S. 44-46.

223. Starnes, Thomas C.: Der teutsche Merkur in den österreichischen Ländern. Wien: Turia & Kant 1994. 158 S. 1 Portr.

224. McCarthy, John A.: Reviewing nation. The book review and the concept of nation. In: The eighteenth century German book review. Ed. by Herbert Rowland, Karl J. Fink. Heidelberg 1995. S. 151-167. (Beiträge zur neueren Litera-

turgeschichte. Folge 3. Bd. 135) [Darin vor allem über Wielands ›Teutscher Merkur‹]

Das Urteil des Paris

225. Stauder, Thomas: Die literarische Travestie. Terminolog. Systematik und paradigmat. Analyse (Deutschland, England, Frankreich, Italien). Frankfurt a. M. [u. a.]: Lang 1993. XVI, 550 S. Ill. (Europäische Hochschulschriften. Reihe 18, Vergl. Literaturwiss. 72) - Zugl.: Nürnberg, Erlangen, Univ., Diss., 1992. [Darin u. a.: Christoph Martin Wieland, ›Das Urtheil des Paris‹ (1764), S. 268-271]

7. Wirkungs- und Forschungsgeschichte. Wielands Gegenwartsbedeutung

7.1. Wirkung, Pflege und Erforschung von Wielands Werk

226. Knobloch, Heinz: Journal, auch von Tiefurt. In: Mein Thüringen. Impressionen u. Erinnerungen. Hrsg. von Klaus Steinhaußen. Rudolstadt 1992. S. 169-178.

227. Reemtsma, Jan Philipp: Echos (1985). - »... und grün des Lebens ...« Ein Gespräch in einer Bibliothek (Erstdr.) In: J. P. Reemtsma: u.a. Falun. Reden u. Aufsätze. Berlin 1992. S. 11-15 u. 17-26. [Der 1. Beitr. zuerst veröff. u. d. T. »An einen Leser« in: Der Rabe. 9/1985. - Der 2. Beitr. ist e. fiktives Gespräch, darin auch zu Goethe]

228. Hell/Dunkel. [Jahreskalender] 1994. (Hrsg.) Energie-Versorgung Schwaben AG Stuttgart. Fotograf: Hans Siwik. Texte: Christoph Martin Wieland. Textauswahl u. Begleittext: Marina Saslawskaja. Stuttgart [1993]. 15 Bl. (Dialoge)

229. Hugel, Nicola: Die Kunst der Übersetzung. [8.] Wieland-Preis verliehen. In: Südkurier. Nr. 193 v. 23.8.93.

230. Winterling, Peter: Freiburg: Wieland-Übersetzerpreis an Birgitta Kicherer. Schwieriger Transfer. In: Badische Zeitung v. 23.8.93. [Zsfassung. der Preisträger: 1. 1979. Fritz Vogelsang; 2. 1981. Heinz Riedt; 3. 1983. Klaus Reichert; 4. 1985. Karl Dedecius; 5. 1987. Gerd Henniger; 6. 1989. Renate Orth-Guttmann; 7. 1991. Holger Fliessbach]

231. Drude, Otto: Thomas Mann und Christoph Martin Wieland. In: Wieland-Studien 2. S. 156-193.

232. Manger, Klaus: Universitätsprofessor Dr. phil. habil. Fritz Martini. 5. Sept. 1909-5. Juli 1991. In: Wieland-Studien 2. S. 275.

233. Schelle, Klaus: Die Schelle. Wege und Schicksale einer Biberacher Familie. In: BC - Heimatkundliche Blätter für den Kreis Biberach. Jg. 17. Biberach 1994. H.

1, S. 36-42. [Darin u. a. über die »Wieland-Linie«: Reinhold Schelle, Gründer des Wieland-Museums Biberach a. d. Riß sowie Eugen und Hansjörg Schelle]

234. Wieland und seine Zeit. In: Energiewirtschaftliche Tagesfragen. Januar / Februar. Gräfelfing 1994. S. 11. [Zum Wieland gewidmeten Jahreskalender 1994 der Energie-Versorgung-Schwaben AG, s. Nr. 228]

235. Hackethal, Julius: Der Wahn, der mich beglückt. Karriere und Ketzerei eines Arztes. Bergisch Gladbach: Lübbe 1995. 880 S. [Titel Wielands ›Idris und Zenide‹ (1768) entnommen, Widmung u. a. an Wieland und S. 100-108: Chr. M. Wieland als mein Mitverführer zum Schwarmgeist-Gymnasiasten]

7.2. Verlags- und Druckgeschichte der Werke Wielands. Editionsprobleme

s. auch Nr. 38, 11/Rez.

236. Dittberner, Hugo: Über Wielands Auferstehung (1985). In: H. Dittberner, Über Wohltäter. Essays u. Rezensionen. Zürich 1992. S. 7-22. (Haffmans-Taschenbuch 184) [Geschrieben anläßl. des Erscheinens der Hamburger Reprint-Ausg. 1984 nach Wielands Ausg. letzter Hand (Leipzig, Göschen 1794-1811) u. verschiedener Wieland-Ausg. des Greno-Verl. in den achtziger Jahren]

237. Scheibe, Siegfried: Probleme »erschlossener Briefe«. In: Der Brief in Klassik und Romantik. Aktuelle Probleme der Briefedition. Hrsg. von Lothar Bluhm u. Andreas Meier. Würzburg 1993. S. 13-26. [Am Beisp. der Briefe Wielands]

238. Unruh, Ilse: Georg Joachim Göschen. Dokumente zur Verlagsgeschichte aus den Beständen des Dt. Buch- u. Schriftmuseums Leipzig. In: Börsenblatt für den deutschen Buchhandel. Jg. 160. Frankfurt a. M.; Leipzig 1993. Nr. 8. Beil.: Aus dem Antiquariat 1/93, S. A19-A22. Ill. [Darin u. a. über Wielands ›Sämmtliche Werke‹, 1794-1811, in 4 Ausgaben]

239. Jørgensen, Sven-Aage: Wieland im europäischen Kontext oder Was müßte nicht alles in einem Kommentar seinen Platz finden! In: Geschichtlichkeit und Gegenwart. Festschr. für Hans Dietrich Irmscher zum 65. Geburtstag. Hrsg. von Hans Esselborn u. Werner Keller. Köln [u. a.] 1994. S. 35-43. (Kölner germanistische Studien 34) [Darin über die moderne Kommentierung der Schriften Wielands]

240. Zur Edition von Wielands Briefwechsel. In: Wieland-Studien 2. S. 254-274. [Darin: 1. Scheibe, Siegfried: Bericht über ›Wielands Briefwechsel‹, hg. von der Berlin-Brandenburgischen Akademie der Wissenschaften, Bd. 6: Nachträge zu Band 1-5. Überlieferung, Varianten, Erläuterungen und Register zu Band 3-5, S. 254-262. 2. Schneider, Annerose: Bericht über ›Wielands Briefwechsel‹, ... Bd. 8: Juli 1782-Juni 1785, S. 263-268. 3. Gerlach, Klaus: Bericht über ›Wielands Briefwechsel‹,... Bd. 12: Juli 1793-Juni 1795, S. 269-274]

7.3. Museen und Gedenkstätten. Ausstellungen. Jubiläen und Feiern

s. auch Nr. 55

241. Schäfer, Ernst: Parkwanderungen in Thüringen. 2., veränd. Aufl. Erfurt: Verlagshaus Thüringen 1992. 190 S. Ill. [Darin: Wielandpark Oßmannstedt, S. 108-109. Ill. - Wielands Grab u. Wieland-Gedenkstätte]

242. Biberach a. d. Riß. Wirkungsstätte Christoph Martin Wielands. In: Deutsche Literaturlandschaften. Ausgewählte Reisevorschläge zu interessanten Stätten aus der Welt der Literatur. Für Wochenende, Kurzurlaub und Ferien. Mit literarisch-kulturellem Veranstaltungsverzeichnis März 1993 bis März 1994. Nordhorn (1993). S. 22.

   Dass. für März 1994 bis März 1995. (1994). S. 20; und März 1995 bis März 1996. (1995). S. 17.

243. Klassikerstraße. Bilder aus Deutschlands Mitte. Fotos von Sebastian Kaps. Text von Volker Ebersbach. Halle: Mitteldeutscher Verl. 1993. 131 S. Ill. [Darin u. a.: Musenhof Weimar. Anna Amalia, Wieland, Herder, S. 33-35. - Zufluchtsorte 3. Wieland in Oßmannstedt, S. 66-67]

244. Sulzer, Dieter/Volke, Werner: Wieland, Schubart. Ständige Ausstellung des Schiller-Nationalmuseums u. des Dt. Literaturarchivs Marbach am Neckar. In Zsarb. mit Heidi Westhoff. 3. Aufl. Marbach a. N.: Dt. Schillerges. 1993. 114 S. Ill. (Marbacher Kataloge 31)

245. Ottenbacher, Viia: Biberach (Riß). Bibliothek des Wieland-Archivs. In: Handbuch der historischen Buchbestände in Deutschland. Hrsg. v. Bernhard Fabian. Bd. 7: Baden-Württemberg und Saarland. A-M. Hildesheim 1994. S. 66-69.

246. Ottenbacher, Viia: Wieland-Museum Biberach an der Riß. Tätigkeitsbericht 1989-1992. In: Wieland-Studien 2. S. 276-284.

247. Reemtsma, Jan Philipp: Auf den Spuren von Wieland nach Oßmannstedt. In: Merian. Das Monatsheft der Städte u. Landschaften. Jg. 47. Hamburg 1994. H. 4 (April). ›Weimar‹. S. 132-133. Ill.

248. Schneider, Angelika/Freitag, Egon: Wielandgut Oßmannstedt. Fotos: Toma Babovic. Weimar: Stiftung Weimarer Klassik 1995. [6] S. Ill.

7.4. Literarische und künstlerische Behandlung von Wielands Persönlichkeit und Werk

s. auch Nr. 77

7.4.1. Wieland-Dichtungen und -Vertonungen. Persiflagen und Parodien

249. Schmidt, Arno: Massenbach. Siebzehn sind zuviel. Nichts ist mir zu klein. Anachronismus als Vollendung. Samuel Christian Pape ... Red.: Wolfgang Schlüter. Zürich: Arno-Schmidt-Stiftung im Haffmans-Verl. 1990. 438 S. 2 Faks. (Bargfelder Ausgabe, Werkgruppe II, Dialoge. A. Schmidt 1) [Darin u. a.: Wieland oder die Prosaformen, S. 275-304]

250. Altenhein, Hans: Die Wolken, oder wir arbeiten alle vergeblich. In: Lichtenberg-Jahrbuch. Jg. 1991. Saarbrücken 1992. S. 85-90. [Darin zu »Vertheidigung des Herrn W(ieland) gegen die Wolken von dem Verfasser der Wolken« (J. M. R. Lenz)]

251. Eichrodt, Ludwig: Wieland [Distichon]. In: L. Eichrodt, Der wirkliche Herr Biedermeier. Gedichte in allerlei Humoren. [Hrsg. u. mit e. Einf. von] Christel Seidensticker-Schauenburg. Lahr (Schwarzwald) 1992. S. 118.

252. Goethe, Johann Wolfgang: Götter, Helden und Wieland. Eine Farce. In: Sturm und Drang. Ein Lesebuch für unsere Zeit. Hrsg. von Peter Müller. Berlin 1992. S. 178-190. (Aufbau-Taschenbücher 48)

253. Lenz, Jakob Michael Reinhold: Epistel eines Einsiedlers an Wieland (1776) [Gedicht]. Pandämonium Germanicum. Eine Skizze (1775) [Eine dramat. Scenenfolge, in der Wieland verspottet wird]. In: Sturm und Drang. Ein Lesebuch für unsere Zeit. Hrsg. von Peter Müller. Berlin 1992, S. 289-292 u. 297-322. (Aufbau-Taschenbücher 48)

254. Weber, Carl Maria von: Oberon. Romantische Oper. Libretto von James Robinson Planché (1796-1880) nach Christoph Martin Wieland (1733-1813). Ins Dt. übertr. von Gustav Brecher. Bühnenfassung der Inszenierung von Jaroslav Chundela. St. Gallen: Stadttheater 1993. [100] S. Ill. (Programmheft. Stadttheater St. Gallen 17. Spielzeit 1992/93) (Theater Bibliothek 17)

255. Albrecht, Wolfgang: Angenähert, anempfohlen, anverwandelt. Wieland in Arno Schmidts Frühwerk (bis ›Schwarze Spiegel‹). In: Wieland-Studien 2. S. 194-220.

256. Löffel, Hartmut: Ein Biberacher Märchen. In: H. Löffel, Ein Biberacher Märchen und andere zauberhafte Geschichten. Biberach 1994. S. 9-24. [Wieland und J. J. Brechter im heutigen Biberach]

257. Winter, Michael: Wieland und die Badewanne. Nach Dokumenten aus Grubers Nachlaß. In: Aufklärung als Problem und Aufgabe. Festschrift für Sven-Aage Jørgensen zum 65. Geburtstag. Hrsg. v. Klaus Bohnen und Per Øhrgaard. München, Kopenhagen 1994. S. 122-126. (Text & Kontext. Sonderreihe 33)

258. Beutin, Heidi: »Als eine Frau lesen lernte, trat die Frauenfrage in die Welt«. Beitr. zum Verhältnis von Feminismus u. Literatur anhand von Schriften Maries von Ebner-Eschenbach, Lily Brauns, Gertrud Bäumers, Gerhard Anton von Halems, Christoph Martin Wielands u. Jutta Heckers. 2., erw. Aufl. Hamburg: von Bockel 1995. 144 S. [Darin: Jutta Heckers Wieland. Zur Problematik des »Dichter-Helden«, S. 131-135]

7.4.2. Werke der bildenden Kunst

259. Schmidt, Martin H.: J. G. Schadows Auseinandersetzungen mit J. W. v. Goethe (1800-1823). Egelsbach: Hänsel-Hohenhausen, Verl. d. Deutschen Hochschulschriften (DHS) 1995. 92 S. 2 Mikrofiches. (DHS 2055) Zugleich.: Berlin, Univ., Diss., 1994. [Darin u. a. über die Wieland-Büsten Schadows]

Rezensionen

Nachträge zur Wieland-Bibliographie 1988-1992

260. Wieland, Christoph Martin: Werke. In 12 Bd. Bd. 4. Aristipp und einige seiner Zeitgenossen. Hrsg. von Klaus Manger. Frankfurt a. M. 1988.

Rez. von C[laude] Miquet in: Études germaniques. Année 49. Paris 1994. No. 3, S. 341-342.

261. Wieland, Christoph Martin: Wielands Briefwechsel. Hrsg. ... durch Siegfried Scheibe. Berlin: Akademie Verlag.

Bd. 7. (Januar 1778-Juni 1782). Teil 1. Text. Bearb. v. Waltraud Hagen. Berlin 1992.

Rez. von Jürgen Jacobs in: Germanistik. Jg. 33. Tübingen 1992. H. 3/4, S. 953-954. [Darin auch Rez. von Bd. 10. T. 1. s. u.]; von Claude Miquet in: Études germaniques. Année 50. Paris 1995. No. 1, S. 111-112.

Bd. 10. (April 1788-Dezember 1790). Teil 1. Text. Bearb. v. Uta Motschmann. Berlin 1992.

Rez. von C[laude] Miquet in: Études germaniques. Année 49. Paris 1994. No. 3, S. 342.

262. Wieland, Christoph Martin: Musarion and other Rococo tales. Transl. and with an introd. by Thomas C. Starnes. Columbia/SC 1991.

Rez. von Charlotte M. Craig in: Germanic Notes and Reviews. Vol. 24. Lexington/KY 1993. Nr. 2, S. 100-101; von Joe Fugate in: Choice. Middletown/CT. April 1992. S. 1231; von Kathryn Hanson in: Seminar. Vol. 29. Toronto 1993. Nr. 2, S. 186-190; von Florian Krobb in: British Journal for Eighteenth-Century Studies. Vol. 16. Leeds 1993. Nr. 2, S. 272-273; von Ellis Shookman in: Lessing Yearbook. Vol. 25. 1993. Detroit/MI 1994. S. 247-250; von James M. VanDerLaan in: Colloquia Germanica. Bd. 26. Tübingen; Basel 1993. H. 1, S. 77-78.

263. Blasig, Uwe: Die religiöse Entwicklung des frühen Christoph Martin Wieland. Frankfurt a.M. [u. a.] 1990.

Rez. von Herbert Jaumann in: Germanistik. Jg. 33. Tübingen 1992. H. 3/4, S. 954-955; von Thomas C. Starnes in: Arbitrium. Jg. 11. Tübingen 1993. H. 1, S. 57-58.

264. Erhart, Walter: Entzweiung und Selbstaufklärung. Christoph Martin Wielands ›Agathon‹-Projekt. Tübingen 1991.

Rez. von Wolfgang Albrecht in: Michigan Germanic Studies. Vol. 18. Ann Arbor/MI 1992. Nr. 1, S. 76-80; von Arnd Bohm in: Seminar. Vol. 39. Toronto 1994. Nr. 3, S. 324-326; von Gabriele Dürbeck in: Das achtzehnte Jahrhundert. Jg. 17. Marburg 1993. H. 1, S. 110-112; von Margit Hacker in: Archiv für das Studium der neueren Sprachen und Literaturen. Jg. 144=Bd. 229. Berlin 1992. Hjbd. 2, S. 475-476; von Herbert Jaumann in: Internationales Archiv für Sozialgeschichte der deutschen Literatur. Bd. 18. Tübingen 1993. H. 2, S. 205-211; von Wulf Koepke in: Journal of English and Germanic Philology. Vol. 93. Champaign/IL 1994. Nr. 1, S. 95-97; von Lieselotte E. Kurth-Voigt in: Lessing Yearbook. Vol. 25. 1993. Detroit/MI 1994. S. 250-253; von Claude Miquet in: Études germaniques. Année 47. Paris 1992. No. 3, S. 383-384; von Armin Sinnwell in: Colloquia Germanica. Bd. 27. Basel; Tübingen 1994. H. 1, S. 75-77; von Horst Thomé in: Arbitrium. Jg. 11. Tübingen 1993. H. 3, S. 320-322; von Walter Tschacher in: Monatshefte. Vol. 87. Madison/WI 1995. Nr. 1, S. 96-97.

265. Fertig, Ludwig: Christoph Martin Wieland als Weisheitslehrer. Darmstadt 1991.

Rez. von C[laude] Miquet in: Études germaniques. Année 49. Paris 1994. No. 1, S. 93.

266. Manger, Klaus: Klassizismus und Aufklärung. Das Beispiel des späten Wieland. Frankfurt a. M. 1991.

Rez. von Walter Erhart in: Arbitrium. Jg. 11. Tübingen 1993. H. 3, S. 322-326; von C[laude] Miquet in: Études germaniques. Année 47. Paris 1992. No. 3, S. 383.

267. Miquet, Claude: C. M. Wieland, directeur de ›Mercure allemand‹ (1773-1789). Un dessein ambitieux, une réussite intellectuelle et commerciale. Bern [u. a.] 1990.

Rez. von J[ean] Moes in: Études germaniques. Année 47. Paris 1992. No. 4, S. 525-527; von Ellis Shookman in: Lessing Yearbook. Vol. 24. 1992. Detroit/MI 1993. S. 200-203.

268. Neuß, Raimund: Tugend und Toleranz. Die Krise der Gattung Märtyrerdrama im 18. Jh. Bonn 1989.

Rez. von Wilhelm Große in: Aufklärung. Jg. 6. Hamburg 1992. H. 2, S. 106-108.

269. Rickes, Joachim: Führerin und Geführter. Zur Ausgestaltung eines literarischen Motivs in Christoph Martin Wielands ›Musarion oder die Philosophie der Grazien‹. Frankfurt a. M. [u. a.] 1989.

Rez. von Ellis Shookman in: Lessing Yearbook. Vol. 23. 1991. Detroit/MI 1992. S. 239-241.

270. Sahmland, Irmtraut: Christoph Martin Wieland und die deutsche Nation. Zwischen Patriotismus, Kosmopolitismus u. Griechentum. Tübingen 1990.

Rez. von Laura Auteri in: Zeitschrift für Germanistik. N.F. Jg. 4. Bern [u. a.] 1994. H. 2, S. 397-398; von Arnd Bohm in: Seminar. Vol. 29. Toronto 1993. Nr. 1, S. 69-70; von Herbert Jaumann in: Internationales Archiv für Sozialgeschichte der deutschen Literatur. Bd. 18. Tübingen 1993. H. 2, S. 205-211; von John A. McCarthy in: Lessing Yearbook. Vol. 25. 1993. Detroit/MI 1994. S. 253-256; von Armin Sinnwell in: Colloquia Germanica. Bd. 25. Tübingen; Basel 1992. H. 2, S. 161-163.

s. auch Nr. 35

271. Starnes, Thomas C.: Christoph Martin Wieland. Leben und Werk. Aus zeitgenössischen Quellen chronologisch dargestellt. 3 Bde. Sigmaringen 1987.

Rez. in: Walthari. Zeitschrift für Literatur-Texte, Medien, Märkte, Porträts. 2. Jubiläumsheft. Lachen und Weinen. Jg. 10. Münchweiler/Rod. 1993. H. 20, S. 93-94.

272. Tschapke, Reinhard: Anmutige Vernunft. Christoph Martin Wieland und die Rhetorik. Stuttgart 1990.

Rez. von Walter Erhart in: Germanistik. Jg. 33. Tübingen 1992. H. 3/4,S. 955-956.

273. Wieland-Studien. Aufsätze, Texte u. Dokumente, Berichte, Bibliographie. Red.: Viia Ottenbacher; Hans Radspieler. Sigmaringen 1991. (Wieland-Studien 1)

Rez. von Claudia Albert in: Referatedienst zur Literaturwissenschaft. Jg. 27. Berlin 1995. H. 1, S. 41-42; von Dominique Bourel in: Dix-Huitieme Siècle. No. 24. Paris 1992; von Wulf Koepke in: Eighteenth-century Studies.Vol. 27. Logan/UT 1993-94. Nr. 1, S. 141-144; von C[laude] Miquet in: Études germaniques. Année 47. Paris 1992. No. 3, S. 382-383; von Martin Swales in: The Modern Language Review. Vol. 88. Leeds 1993. Pt. 1, S. 258; von Christoph Weiß in: Lenz-Jahrbuch. Bd. 2. St. Ingbert 1992. S. 254-255.

SOPHIE VON LA ROCHE-LITERATUR 1993-1995

(Mit Nachträgen zu früheren Jahren)

Teil I - Primärliteratur

s. auch Nr.22

274. Frauenliteratur. Hrsg. von Lydia Schieth. Bamberg: Buchner 1991. 275 S. Ill.
(Themen, Texte, Interpretationen 15) [S. 70-71: »An meine Leserinnen«. -S. 71-73:
»Ueber das Lesen«. (Beides aus: ›Pomona für Teutschlands Töchter‹. Jg. 1, H. 1
bzw. 9, 1783)]

275. »In Zürich möchte ich wohl leben«. Texte aus 5 Jh. Ges. von Konrad Kahl.
Vorw.: Conrad Ulrich. Zürich: Pendo-Verl. 1991. 196 S. Ill. [S. 62-63: Sophie von
La Roche. 1784 (Ausz. aus ›Tagebuch einer Reise durch die Schweitz‹)]

276. Frauenleben im 18. Jahrhundert. Hrsg. von Andrea van Dülmen. München:
Beck [u. a.] 1992. 435 S. Ill. (Bibliothek des 18. Jh.) [S. 138-139: Hinführung zu
einem würdigen Frauenleben (1783) (Aus: ›Pomona für Teutschlands Töchter‹) -
S. 231: Der Kränzchen-Nachmittag (1776) (Aus: ›Freundschaftliche Frauenzim-
mer-Briefe‹, in: Iris, Bd. 2-8)]

277. O Britannien, von deiner Freiheit einen Hut voll. Deutsche Reiseberichte des 18.
Jh. Hrsg. von Michael Maurer. München: Beck; Leipzig [u. a.]: Kiepenheuer
1992. 576 S. Ill. (Bibliothek des 18. Jh.) [Darin von Sophie von La Roche: S. 421-
447, Ill.: Ankunft in London. Kleidung der Frauen. Modetorheiten. St. James's
Park. Das Schicksal der Schwarzen. Sadler's Wells. Cagliostro und George Gor-
don. Oxford Street. Schaufenster. Bank of England. Bedlam. Foundling Hospi-
tal. Nationalcharakter (Aus: ›Tagebuch einer Reise durch Holland und England‹,
1788)]

278. Ob die Weiber Menschen sind. Geschlechterdebatten um 1800. Hrsg. u. mit e.
Nachw. von Sigrid Lange. Leipzig 1992. (Reclam-Bibliothek 1443) [S. 6-13: ›Über
meine Bücher‹. (Aus: ›Pomona für Teutschlands Töchter‹, Jg. 1783. H. 2)]

279. Mylord Derby an seinen Freund (›Geschichte des Fräuleins von Sternheim‹,
Ausz.)] In: MannsBilder. Von Frauen. Hrsg. von Ulrike Buergel-Goodwin. Orig.-
Ausg. München 1993. S. 129-140. (dtv 11720)

280. Geschichte des Fräuleins von Sternheim. Hrsg. von Barbara Becker-Cantarino.
[Nachdr.] Stuttgart: Reclam 1994. 415 S. (Universal-Bibliothek 7934)

281. The History of Lady Sophia Sternheim. [Geschichte des Fräuleins von Sternheim, engl.] Ed. by James Lynn. London: Pickering & Chatto 1991. XXXIV,

216 S. (Pickering Women's Classics) [Text der Übers. von James Collier (1776), S. 11-205]

Dass. - New York: New York Univ. Press 1992. (NYU Press Women's Classics)

Rez von Brean S. Hammond and Nicholas Saul in: British Journal for Eighteenth-century Studies. Vol. 17. Leeds 1994. Nr. 2, S. 209-210.

282. The History of Miss von Sternheim [Geschichte des Fräuleins von Sternheim, Ausz., engl.] Drawn from original documents and other reliable sources by one of her friends. Transl. by Ellis Shookman. In: Eighteenth century German prose. Ed. by Ellis Shookman. Foreword by Dennis F. Mahoney. New York 1992. S. 1-15. (The German Library 10) [Dazu: Glossary, S. 15-16]

283. Jenseits der ›Sternheim‹. Die unbekannteren Werke der Sophie von La Roche. Nachdr. Hrsg. von Heike Menges. Eschborn: Klotz.

Abt. I. Vorarbeiten.

Bd. 1: Der Eigensinn der Liebe und Freundschaft. Eine engl. Erzählung nebst e. kleinen dt. Liebesgeschichte. Aus dem Franz. übers. Nachdr. der Ausg. Zürich 1772. 1992. 26, 140 S. [Vorwort, Anm., Literaturverz., Inhaltsverz. v. Hrsg., S. 1-26]

Dass. - Ohne S. 1-26, in der Reihe ReprintLit 13.

Abt. II. B. Erzählungen.

Bd. 4. Geschichte von Miss Lony und der schöne Bund. Nachdr. der Ausg. [Gotha] 1789. 1992. 3, 282 S. Ill.

Abt. II. C. Reisebeschreibungen.

Bd. 4. Schattenrisse abgeschiedener Stunden in Offenbach, Weimar und Schönebeck im Jahr 1799. Nachdr. der Ausg. [Leipzig] 1800. [2. Titelbl. von ›Reise von Offenbach nach Weimar und Schönebeck im Jahr 1799‹.] 1992. (1993). [4], 451 S.

Ergänzungsbände. E. II. A. Romane. Erg.-Bd. 5.

Bd. 1. Erscheinungen am See Oneida. Bd. 1. Nachdr. der Ausg. [Leipzig, Graeff], 1798. 1995. 232 S. Ill.

Bd. 1. Erscheinungen am See Oneida. Bd. 2. Nachdr. der Ausg. [Leipzig, Graeff], 1798. 1995. 236 S. Ill.

Bd. 1. Erscheinungen am See Oneida. Bd. 3. Nachdr. der Ausg. [Leipzig, Graeff], 1798. 1995. 295 S. Ill.

Teil II - Sekundärliteratur

s. auch Nr. 59, 103, 140, 148, 154, 196

284. Blackwell, Jeannine: Sophie von La Roche. In: Dictionary of Literary Biography. Vol. 94. The Age of Goethe. Ed. James Hardin; Christoph E. Schweitzer. Detroit [u. a.] 1990. S. 154-161.

285. Manger, Klaus: La Roche, (Maria) Sophie. In: Literatur Lexikon. Autoren und Werke deutscher Sprache. Hrsg. v. Walther Killy unter Mitarbeit von Hans Fromm u. a. Bd. 7. Gütersloh 1990. S. 153-155.

286. Maurer, Michael: Der Anspruch auf Bildung und Weltkenntnis. Reisende Frauen. In: Lichtenberg-Jahrbuch. Jg. 1990. Saarbrücken 1990. S. 122-158. [Darin u. a.: Die Reisen der Sophie von La Roche, S. 138-139]

287. Sophie von La Roche; Geschichte des Fräuleins von Sternheim. In: Kindlers Neues Literatur Lexikon. Hrsg. v. Walter Jens. Bd. 10. München 1990. S. 19-21.

288. Espagne, Michel: Bordeaux-Baltique. La présence culturelle allemande à Bordeaux aux XVIIIe et XIXe siècles. Paris: Éd. du CNRS 1991. 245 S. [Darin u. a.: Le regard de Sophie La Roche, S. 51-68]

289. Ritter, Heidi: Eine Frau entwirft das Bild einer Frau. Sophie La Roche u. ihr Roman ›Geschichte des Fräuleins von Sternheim‹. In: »Wen kümmert's, wer spricht«. Zur Literatur u. Kulturgeschichte von Frauen aus Ost u. West. (Hrsg.) Inge Stephan. Köln [u. a.] 1991. S. 167-175.

290. Albrecht, Wolfgang: Sophie von La Roches Beitrag zur spätaufklärerischen Reiseliteratur der achtziger Jahre des 18. Jh. In: Außenseiter der Aufklärung. Internationales Kolloquium, Halle a. d. Saale, 26.-28. Juni 1992. Günter Hartung (Hrsg.). Bern [u. a.] 1995. S. 23-32. (Bremer Beiträge zur Literatur- u. Ideengeschichte 14)

Dass. - [Abstract]. In: Wissenschaftliche Zeitschrift. Martin-Luther-Universität Halle-Wittenberg. Geisteswissenschaftl. Reihe. Jg. 41. Halle (Saale) 1992. H. 6, S. 79-81.

291. Dyer, Colin: The Europeans as experienced by travellers in 1792. In: Journal of European Studies. Vol. 22. Chalfont St. Giles 1992. Pt. 1, S. 39-70. [Darin u. a. über S. von La Roche]

292. Metz-Becker, Marita: Marburg um 1800. Eine kleine Kulturgeschichte zu Fuß. Marburg: Elwert 1992. 62 S. Ill. [Darin u. a.: Markt 15. Friederica Baldinger, Ernst Gottfried Baldinger, Amalie von Gehren, Sophie La Roche,S. 9-14]

293. Tiggesbäumker, Günter: Sophie von La Roche als Erzieherin der Elise von Hohenlohe. Auswirkungen auf die Reisetagebücher der Landgräfin u. die Reiseliteratur in Corvey. In: Die Fürstliche Bibliothek Corvey. Ihre Bedeutung für

eine neue Sicht der Literatur des frühen 19. Jh. Beitr. des 1. Internat. Corvey-Symposions, 25.-27. Okt. 1990 in Paderborn. Hrsg. von Rainer Schöwerling und Hartmut Steinecke. München 1992. S. 372-378. (Corvey-Studien 1)

294. Becker-Cantarino, Barbara: Sophie von La Roche (1730-1807). Kommentiertes Werkverzeichnis. In: Das achtzehnte Jahrhundert. Jg. 17. Marburg 1993. H. 1, S. 28-49.

295. Bovenschen, Silvia: Die imaginierte Weiblichkeit. Exemplarische Unters. zu kulturgeschichtlichen und literarischen Präsentationsformen des Weiblichen. Erstausg., 7. Aufl. Frankfurt a. M.: Suhrkamp 1993. 279 S. (Edition Suhrkamp 921) [Darin u. a.: Fräulein von Sternheim contra Mme. de La Roche, S. 190-200]

296. Gallas, Helga/Runge, Anita: Romane und Erzählungen deutscher Schriftstellerinnen um 1800. Eine Bibliographie mit Standortnachweisen. Unter Mitarb. von Reinhild Hannemann ... Stuttgart; Weimar: Metzler 1993. 223 S. [S. 88-101: La Roche, Marie Sophie von]

297. Günzel, Klaus: Die Brentanos. Eine deutsche Familiengeschichte. Zürich: Artemis & Winkler 1993. 192 S. Ill. [Darin u. a.: »Alles aus Liebe, sonst geht die Welt unter« - die La Roches, S. 32-53. Ill.]

298. Pelz, Annegret: Reisen durch die eigene Fremde. Reiseliteratur von Frauen als autogeographische Schriften. Köln [u. a.]: Böhlau 1993. 274 S. Ill. (Literatur, Kultur, Geschlecht; 2. Kleine Reihe) - Zugl.: Hamburg, Univ., Diss. [Darin über S. von La Roches ›Mein Schreibetisch‹ im Kap. »Reisen im eigenen Interieur«, S. 46-67]

299 Schultz, Hartwig: Sophie von La Roche (1731-1807). Ein Lehrbuch für Frauen u. Töchter des bürgerlichen Standes. In: Frauen im deutschen Südwesten. Hrsg. von Birgit Knorr und Rosemarie Wehling. Stuttgart [u. a.] 1993. S. 42-49. (Schriften zur politischen Landeskunde Baden-Württembergs 20)

300. Warneken, Bernd Jürgen: Fußschellen der Unmündigkeit. Weibliche Gehkultur in der späten Aufklärung. In: Diskussion Deutsch. Jg. 24. Frankfurt a. M. 1993. H. 131, S. 247-253. Ill. [Darin u. a. über S. von La Roches ›Rosaliens Briefe an ihre Freundin Marianne von St**‹]

301. Adam, Wolfgang: Die Schweizer Reisen der Sophie von La Roche. In: Helvetien und Deutschland. Kulturelle Beziehungen zwischen der Schweiz u. Deutschland in der Zeit von 1770-1830. Hrsg. von Hellmut Thomke. Amsterdam; Atlanta/GA 1994. S. 33-55. 1 Ill. (Amsterdamer Publikationen zur Sprache u. Literatur 109)

302. Ehrich-Haefeli, Verena: Individualität als narrative Leistung? Zum Wandel der Personendarstellung in Romanen um 1770. Sophie von La Roche, Goethe, Lenz. In: Physiognomie und Pathognomie. Zur literarischen Darstellung von Individualität. Festschrift für Karl Pestalozzi zum 65. Geburtstag. Hrsg. von Wolfram Groddeck; Ulrich Stadler. Berlin; New York 1994. S. 49-75.

303. Espagne, Michel: La colonie allemande de Bordeaux à la fin du XVIIIe siècle. In: Interférences franco-allemandes et Révolution française. Textes recueillis par Jean Mondot et Alain Ruiz. Talence Cedex 1994. S. 13-42. [Darin u. a.: Le regard de Sophie La Roche, S. 20-23]

304. Hübel, Marlene: Mein Schreibetisch. Schriftstellerinnen aus drei Jahrhunderten. Spurensuche in Mainz. Mainz: Edition Erasmus 1994. 128 S. Ill. [Darin ein Kap. zu Sophie von La Roche, S. 7-23]

305. Hübel, Marlene: Das Treppenhaus war bereits ein Prachtraum. In: Mainz - Vierteljahreshefte für Kultur. Mainz 1994. H. 3, S. 81-87. [Über den Stadioner Hof des Reichsgrafen Friedrich von Stadion in Mainz und den dortigen Aufenthalt von Sophie von La Roche]

306. »Ich wünschte so gar gelehrt zu werden«. Drei Autobiographien von Frauen des 18. Jh. Texte und Erl. Hrsg. v. Magdalene Heuser. Göttingen: Wallstein-Verl. 1994. 287 S. Ill. [Die Texte sind von Dorothea Friderika Baldinger (1739-1786), Charlotte von Einem (1756-1833) u. Angelika Rosa (1734-1790). Die Lebensbeschreibung D. F. Baldingers wurde 1791 von S. von La Roche herausgegeben u. mit e. Vorrede begleitet]

307. Kurzke, Hermann: Die unaufklärbare Leidenschaft. Liebesgeschichten im 18. Jahrhundert. Mainz 1994. 17 Bl. [Vortrag gehalten zur Wiedereröffnung des Stadioner Hofes (heute Dresdner Bank) in Mainz, April 1994. Darin u. a. zu Sophie von La Roche in Mainz am Stadioner Hof] [Maschinenschr.]

308. Maurer, Michael: Sophie von La Roche und die Französische Revolution. In: Wieland-Studien 2. S. 130-155.

309. Ottenbacher, Viia/Zeilinger, Heidi: Sophie von La Roche-Literatur 1988-1992. In: Wieland-Studien 2. S. 322-327.

310. Rau, Peter: Speculum amoris. Zur Liebeskonzeption des dt. Romans im 17. u. 18. Jh. München: Fink 1994. 764 S. [Darin über ›Die Geschichte des Fräuleins von Sternheim‹ im Kap.: »Liebe als Fremde und Irritation. Zur Pathographie der erot. Gefühle im aufklärer.-empfindsamen Frauenroman«, S. 606-678]

311. Watt, Helga Schutte: Woman's progress. Sophie La Roche's travelogues 1787-1788. In: The Germanic Review. Vol. 69. Washington/DC 1994. Nr. 2, S. 50-60.

312. Langner, Margrit: Sophie von La Roche - die empfindsame Realistin. Heidelberg: Winter 1995. XIV, 361 S. (Reihe Siegen 126. Germanist. Abt.) - Zugl. Berlin, Techn. Univ., Diss., 1991.

313. Loster-Schneider, Gudrun: Sophie von La Roche. Paradoxien weiblichen Schreibens im 19. Jahrhundert. Tübingen: Narr 1995. 502 S. (Mannheimer Beiträge zur Sprach- u. Literaturwissenschaft 26) - Zugl.: Mannheim, Univ., Habil.-Schr.

314. Pelz, Annegret: Karten als Lesefiguren literarischer Räume. In: German Studies Review. Vol. 18. Tempe/AZ 1995. Nr. 1, S. 115-129. Ill. [Darin u. a. über ›Mein Schreibetisch‹]

315. Vorderstemann, Jürgen: Sophie von La Roche (1730-1807). Eine Bibliographie. Mainz: v. Hase & Koehler 1995. 60 S. (Bibliographische Hefte 2)

Rezensionen:

Nachträge zur Sophie von La Roche-Literatur 1988-1992

316. La Roche, Sophie von: The History of Lady Sophia Sternheim. Transl. and with a critical introd. by Christa Baguss Britt. Albany 1991.

    Rez. von Susanne Kord in: Lessing Yearbook. Vol. 25. 1993. Detroit/MI 1994. S. 228-230.

317. Lehmann, Christine: Das Modell Clarissa. Liebe, Verführung, Sexualität u. Tod der Romanheldinnen des 18. u. 19. Jh. Stuttgart 1991.

    Rez. von Wynfrid Kriegleder in: Jahrbuch des Wiener Goethe-Vereins. Bd. 96. Wien 1992. S. 237-238; von Bettina Plett in: Fontane-Blätter. Potsdam 1992. H. 54, S. 145-147.

Register der Autoren,
Herausgeber, Übersetzer und Illustratoren

Die Ziffern beziehen sich auf die jeweilige Nummer der Bibliographie.

Abe, Horst Rudolf 65
Abenstein, Reiner 49
Adam, Wolfgang 301
Albert, Claudia 100, 273
Albertsen, Leif Ludwig 208
Albrecht, Wolfgang 11, 78, 103, 157, 255, 264, 290
Altenhein, Hans 250
Anger, Alfred 17
Auteri, Laura 121, 128, 179, 180, 270
Aytaç, Gürsel 184

Babovic, Toma 248
Bahr, Ehrhard 95
Balakian, Anna 189
Baldwin, Claire Miller 140
Barfoot, C.C. 90
Barth, Michael 7
Bauch, Klaus-P. 54, 55
Baudach, Frank 124
Baum, Angelica 70
Baum, Wilhelm 91
Becker-Cantarino, Barbara 280, 294
Behme, Hermann 75
Beiser, Frederick C. 92
Belletto, Hélène 5
Benedikt, Michael 91
Bennholdt-Thomsen, Anke 80
Beutin, Heidi 134, 258
Beutin, Wolfgang 129
Beyer, Manfred 108
Biesenkamp, Ulla 108
Biesterfeld, Wolfgang 200
Blackwell, Jeannine 284
Blaha, Walter 62

Bluhm, Lothar 237
Blum, Marie-Odile 130
Bock, Heinrich 27, 41
Bohm, Arnd 264, 270
Bohnen, Klaus 110, 208, 257
Bourel, Dominique 273
Bovenschen, Silvia 295
Brackert, Helmut 8
Braunsperger, Gerhard 178
Brecher, Gustav 254
Brommer, Ulrike 45
Bronfen, Elisabeth 4
Brylka, Andreas 24
Buergel-Goodwin, Ulrike 279
Bulst, Neithard 93
Busch-Salmen, Gabriele 160

Chamberlain, Timothy J. 28
Chiusano, Alighiero 20
Chu, Yen-ping 198
Chundela, Jaroslav 254
Chytry, Josef 98
Čigareva, Evgenija I. 99
Collier, James 281
Corneilson, Paul Edward 158
Craig, Charlotte M. 262
Croce, Elena 20
Czapla, Ralf Georg 116

Daemmrich, Horst S. 131
Daemmrich, Ingrid G. 131
Daunicht, Richard 220
Dedert, Hartmut 143
Deetjen, Werner 67
Degering, Thomas 202

Delabastita, Dirk 151
Derks, Paul 119
D'haen, Theo 90
D'Hulst, Lieven 151
Dittberner, Hugo 236
Döhl, Reinhard 15
Drews, Jörg 53
Drude, Otto 231
Dülmen, Andrea van 13, 51, 59, 276
Dürbeck, Gabriele 264
Dufner, Max 29
Dyer, Colin 291

Ebersbach, Volker 243
Ecker, Hans-Peter 127
Ehrich-Haefeli, Verena 302
Eichrodt, Ludwig 251
Eicken, Fritz 1
Eisinger, Ralf 3
Engel, Johann Jakob 12
Engel, Manfred 190
Erhart, Walter 88, 191, 204, 264, 266, 272
Espagne, Michel 288, 303
Esselborn, Hans 239

Fabian, Bernhard 245
Fink, Karl J. 224
Finscher, Ludwig 79, 161
Fischer, Petra 203
Fleming, Ray 6
Frankenstein, Lydia 144
Freitag, Egon 248
Froböse, Edwin 44
Fromm, Hans 285
Fuchs, Gerhard W. 221
Fugate, Joe K. 29, 262
Fuhrmann, Manfred 149

Gajek, Bernhard 111
Gallas, Helga 296

Geisen, Herbert 150
Gerlach, Klaus 11, 240
Gillespie, Gerald 187
Goethe, Johann Wolfgang von 25, 73, 252
Granger, Christine 148
Grappin, Pierre 218
Greiner, Norbert 151
Greisler, Beate 216
Grimm, Gunter E. 46, 48
Grimm, Reinhold 6
Groddeck, Wolfram 302
Große, Wilhelm 268
Gühring, Adolf 36
Günther, Horst 93
Günzel, Klaus 71, 297
Guzzoni, Alfredo 80

Hacker, Margit 264
Hackethal, Julius 235
Hagen, Waltraud 82
Hagenbüchle, Walter 174
Hahn, Gerhard 111
Hahn, Gregory 31
Hammond, Brean S. 281
Hannemann, Reinhild 296
Hanson, Kathryn 262
Hardin, James 135, 185, 187, 284
Hartung, Günter 290
Hata, Setsuo 68
Heinecke, Horst 166
Heinz, Jutta 214
Heinze, Hartmut 83
Hentschel, Uwe 81
Hermes, Eberhard 141
Herrmann, Hans Peter 204
Hesselmann, Peter 55
Heuser, Magdalene 306
Hillebrand, Bruno 145
Hinderer, Walter 46
Hirsch, Karl-Georg 19, 21

Hönes, Winfried 52
Hottinger, Johann Jakob 24
Hübel, Marlene 304, 305
Hugel, Nicola 229

Ingenkamp, Heinz Gerd 177
Irmscher, Hans Dietrich 239

Jacobs, Jürgen 11, 55, 165, 211, 261
Jacobsen, Roswitha 64
Jaumann, Herbert 40, 64, 88, 110, 263, 264, 270
Jens, Walter 287
Jirku, Brigitte E. 154
Jørgensen, Sven-Aage 40, 110, 111, 208, 239, 257
Joost, Ulrich 205
Jungmayr, Jörg 135, 187

Kahl, Konrad 60, 275
Kaji, Tetsuro 138
Kaps, Sebastian 243
Karthaus, Ulrich 137
Katoh, Kenji 122
Keller, Werner 73, 239
Kiefer, Jürgen 65
Kieser, Harro 36
Killy, Walther 285
Klesczewski, Reinhard 112
Klin, Eugeniusz 126
Knellessen, Wolfgang 26
Knobloch, Heinz 226
Knorr, Birgit 299
Kob, Sabine 152
Köhler, Werner 166
König, Bernhard 112
Koepke, Wulf 264, 273
Kofler, Peter 155, 206
Kontje, Todd 192
Koppenfels, Werner von 27
Kord, Susanne 316

Košenina, Alexander 12, 222
Kozielek, Gerard 126
Krebs, J.-D. 124
Krebs, Roland 218
Kreutel, Claudia 175
Kreuz, Bernhard 115
Kriegleder, Wynfrid 317
Krobb, Florian 262
Kröker, Veronika 139
Kroes, Gabriele 112
Kumpf, Johann Heinrich 56
Kunz, Josef 142
Kurth-Voigt, Lieselotte E. 117, 194, 264
Kurzke, Hermann 307

LaBoétie, Etienne de 93
Lange, Sigrid 278
Langner, Margit 312
Lautwein, Thomas 172
Lehnert, Gertrud 207
Lenz, Jakob Michael Reinhold 253
Löffel, Hartmut 256
Loster-Schneider, Gudrun 313
Ludwig, Walther 149
Lühning, Helga 161
Lukian von Samosata 25, 26
Lynn, James 281

McCarthy, John A. 40, 107, 224, 270
Madland, Helga Stipa 76
Mahoney, Dennis F. 30, 282
Mandelartz, Michael 125
Manger, Klaus 41, 85, 156, 166, 167, 232, 285
Martin, Dieter 69, 136, 173
Martini, Fritz 15
Marx, Friedhelm 215
Maurer, Michael 277, 308
Mauser, Wolfram 78
Max, Frank Rainer 46

Mayer, Gerhart 188
Meier, Andreas 237
Menges, Heike 22, 283
Menhennet, Alan 29
Merck, Johann Heinrich 217
Metwally, Nadia 201
Metz-Becker, Marita 292
Metze, Josef 62
Meuer, Peter 73
Meuthen, Erich 195
Meyer, Heinrich 55
Mielke, Andreas 86
Mielsch, Hans-Ulrich 61
Minden, Michael 185
Minder, Robert 108
Miquet, Claude 11, 218, 260, 261, 264, 265, 266, 273
Miyashita, Keizo 153
Mnich, Beate 36
Mönch, Cornelia 169
Moes, Jean 218, 267
Mondot, Jean 303
Motschmann, Uta 11
Mozart, Wolfgang Amadeus 3
Mühlpfordt, Günter 65
Müller, Peter 217, 252, 253
Mueller, Thomas 89

Negri, Nicoletta 72
Neumann, Gerhard 181
Nicolai, Elke 102, 164
Nolting, Klaus 43
Nübel, Birgit 147

Øhrgaard, Per 110, 208, 257
Örne, Anders 33
Osawa, Mineo 183
Ottenbacher, Viia 39, 41, 55 245, 246, 309
Overmann, Alfred 63

Papiór, Jan 126
Paulsen, Wolfgang 35, 102, 164
Paulus, Jörg 120
Pelz, Annegret 298, 314
Pestalozzi, Karl 302
Planché, James Robinson 254
Plett, Bettina 318

Radspieler, Hans 14, 27
Radspieler, Johanna 14, 27
Rau, Peter 132, 310
Reemtsma, Jan Philipp 14, 94, 163, 165, 170, 227, 247
Reiber, Joachim 175
Reichert, Martin Friedrich 101
Reiske, Ernestine Christine 80
Rickes, Joachim 42
Riedel, Volker 133
Ritter, Heidi 103, 289
Rölz, Alfred 49
Rohse, Otto 25
Roloff, Hans-Gert 187
Rotermund, Erwin 182
Rowland, Herbert 168, 224
Ruf, Wolfgang 79
Ruiz, Alain 303
Runge, Anita 296
Rupp-Eisenreich, Britta 114
Ryter, Elisabeth 70

Sadji, Amadou B. 6
Sahmland, Irmtraut 97
Saine, Thomas P. 95
Saltzwedel, Johannes 104
Saslawskaja, Marina 228
Saße, Günter 78
Saueressig, Heinz 58
Saul, Nicholas 281
Schäfer, Ernst 241
Scheibe, Siegfried 11, 66, 210, 222, 237, 240

Scheuer, Helmut 97
Schelle, Hansjörg 29, 37, 38
Schelle, Klaus 233
Schikaneder, Emanuel 3
Schieth, Lydia 274
Schlüter, Wolfgang 249
Schmalhaus, Stefan 77
Schmidl, Harald 171
Schmidt, Arno 249
Schmidt, Martin H. 259
Schmuck, Thomas 84
Schnegg, Brigitte 70
Schneider, Angelika 248
Schneider, Annerose 11, 240
Schönhaar, Rainer 142
Schöwerling, Rainer 293
Schröder, Maria B. 55
Schultz, Hartwig 299
Schweitzer, Christoph 284
Seidensticker-Schauenburg, Christel 251
Selbmann, Rolf 57
Selmeci, Andreas 196
Shakespeare, William 27
Shookman, Ellis 30, 262, 267, 269, 282
Simmler, Franz 135
Simon-Schuhmacher, Lioba 113
Sinnwell, Armin 264, 270
Siwik, Hans 228
Spies, Bernhard 182, 199
Stadler, Ulrich 302
Staehelin, Martin 159
Stang, Harald 123
Starnes, Thomas C. 105, 222, 223, 263
Stauder, Thomas 225
Steinecke, Hartmut 293
Steiner, Rudolf 44
Steinhaußen, Klaus 226
Stephan, Inge 220, 289

Stephens, Anthony 181
Strack, Friedrich 156
Sträßner, Matthias 100
Strich, Christian 1
Stüssel, Kerstin 146
Sulzer, Dieter 244
Swales, Martin 273
Szyrocki, Marian 126

Tanzer, Anke 178
Tarot, Rolf 174, 193, 197
Teichert, Werner 44
Theophrast 24
Thiele, Johannes 9
Thomé, Horst 40, 264
Thomke, Hellmut 301
Tigges, Dagmar 212
Tiggesbäumker, Günter 293
Tschacher, Walter 264

Ülkü, Vural 34
Ulrich, Conrad 60, 275
Unruh, Ilse 238

Valdés, Mario J. 189
VanDerLaan, James M. 262
Viefhues, Herbert 176
Vogel, Martin 162
Volke, Werner 244
Vollmann, Rolf 27
VonMücke, Dorothea E. 186
Vorderstemann, Jürgen 315
Voss, Hartfrid 2
Voß, Jens 127

Wangenheim, Wolfgang von 74
Warneken, Bernd Jürgen 300
Watt, Helga Schutte 311
Weber, Carl Maria von 254
Weber, Ernst 111
Wehling, Rosemarie 299

Weisgerber, Jean 106, 118, 189
Weiß, Christoph 273
Wendt, Ulrike 3
Westhoff, Heidi 244
Wilpert, Gero von 36
Wilson, W. Daniel 95
Winter, Hans-Gerd 220
Winter, Michael 257
Winterling, Peter 230
Wölfel, Kurt 21
Wolff, Gabriele 219

Wucherpfennig, Paul 96
Würzner, M. Hans 90

Yoshinori, Takao 32, 109

Zeilinger, Heidi 39, 309
Zeller, Rosmarie 213
Zeman, Herbert 175
Zingre-Hubler, B. 209

REGISTER

I.

Register der Personen

Die in der Wieland-Bibliographie aufgeführten Autoren sind in vorstehendem Register separat erfaßt.

Abe, Horst Rudolf 234
Ablancourt, Pierrot d' 90
Adams, Willi Paul 159
Adorno, Theodor W. 10, 56 f.
Alexander, Robert J. 17
Allen, D. C. 48
Alxinger, Johann Baptist von 200, 288
Anna Amalia, Herzogin von Sachsen-Weimar-Eisenach 152, 216 f., 223 f., 267, 288
Antiochos I. Soter, 129
Antisthenes 175
Anton, Christian Gotthelf 206
Apel, Friedmar 143
Apuleius 141
Archenholtz, Johann Wilhelm von 287
Archytas 51
Argens, Jean Baptiste de Boyer, Marquis d' 103
Ariost 106, 194-196, 198, 202 f., 212-214
Aristippos von Kyrene 58 f., 63, 66, 70, 147, 172-174, 176
Aristoteles 30, 98, 146, 164 f., 173
Arnaud, François Thomas Marie de Baculard d' 78
Arnim, Achim von 244, 256, 258-271

Arnim, Bettina von s. Brentano
Arnim, Freimund von 259, 262
Arnstein, Henriette von 267
Arntzen, Helmut 17
Ast, Friedrich 187
Auerochs, Bernd 161
August, Prinz von Sachsen-Gotha und Altenburg 282 f., 288
Auguste, Prinzessin von Sachsen-Weimar-Eisenach, Kaiserin 264
Aulnoy, Marie-Catherine Le Jumel de Barneville, Baronin d' 86, 96
Aurnhammer, Achim 195, 199, 209, 211
Auteri, Laura 107

Bach, Matthew G. 108
Bachmann, Franz Moritz 243
Bachmann-Medick, Doris 62 f.
Bachtin, Michail M. 124
Baco de Verntamio 237 f.
Bacon, Francis 173, 239
Bahrdt, Karl Friedrich 235, 241-243
Bantel, Otto 57
Basting, Günther 242
Baudrillard, J. 10
Bauer, Roger 77
Baum, R. 31
Baumer, Johann Paul 237, 240, 242
Baumer, Johann Wilhelm 236 f.

Bayle, Pierre 39, 131 f., 136
Beausobre, Louis de 77
Behler, Ernst 162, 192, 194, 196
Bertuch, Carl 265
Bertuch, Friedrich Justin 222, 284, 287, 297
Beyer, Former der Akademie der Künste 231
Beyle, Marie Henry s. Stendhal
Biedrzynski, Effi 264
Biehan, Erich 226
Bielfeld, Jacob Friedrich Freiherr von 78
Biereye, Johannes 235
Birk, Heinz 112
Blanckenburg, Christian Friedrich von 278
Blumauer, Johannes Aloys 288
Boccaccio, Giovanni 86, 134, 193
Bodmer, Johann Jakob 36, 49
Böhm, Benno 162
Böhm, Hans 151
Böttiger, Karl August 163, 206, 208, 216, 222-224, 226, 228, 231, 265
Bohnen, Klaus 126
Boie, Heinrich Christian 127, 163
Boileau-Despréaux, Nicolas 80, 98
Boisserée, Melchior und Sulpitz 186
Bonnet, Charles 168
Born, Ignaz von 288
Boswell, James 31, 40
Bougainville, Louis Antoine de 98
Boullion, Gottfried von 199
Boxberger, Robert 235 f.
Bracciolini (Poggio), Gian Francesco 48
Breitinger, Johann Jakob 36, 84
Brentano, Christian 262
Brentano, Clemens 262-267, 270

Brentano, Elisabeth (Bettina) Catharina Ludovica Magdalena 259-263, 265 f., 268 f., 271
Brentano, Meline 263
Brentano, Sophie 267
Brinckmann, C. G. von 187
Brockes, Barthold Hinrich 212
Brückner, E. T. J. 75, 111
Bruford, Walter H. 152
Brunkhorst, Martin 98
Bubner, Rüdiger 178
Büchner, Georg 17
Buddha 145
Bünte, Gerhard 195
Bürger, Gottfried August 213
Burke, Edmund 14
Bury, Heinrich 224

Carl Alexander, Großherzog von Sachsen-Weimar-Eisenach 229, 264
Carl August, Herzog von Sachsen-Weimar-Eisenach 152, 216, 223-225, 247-249, 255, 258, 260-264, 267 f., 271, 283
Carl Friedrich, Großherzog von Sachsen-Weimar-Eisenach 264
Cassirer, Ernst 10
Catel, Louis Friedrich 221 f.
Catel, Franz Ludwig 221 f.
Cato, Marcus Porcius, der Jüngere 17
Catull, Gaius Valerius 129, 139
Cervantes Saavedra, Miguel de 106, 236
Cicero, Marcus Tullius 17, 91, 145, 165, 238 f.
Colman, Lionell 227
Condorcet, Marie Jean Antoine Nicolas, Marquis de 31
Constant, Benjamin 106
Conz, Karl Philipp 163

Copernicus, Nicolaus 230, 232
Corneille, Thomas 131
Correggio, Antonio da 206, 208
Crahmer, Berliner Architekt 221
Crébillon, Claude Prosper Jolyot de
103, 135, 142
Cronegk, Johann Friedrich, Freiherr
von 78

Dalberg, Karl Theodor von 243
Dawson, Ruth 108
Deleuze, Gilles 10
Demetrios Poliorketes 129
Demokrit 55
Derrida, Jaques 10, 280
Descartes, René 27 f., 39, 43, 45, 95
Diderot, Denis 64, 78, 85, 92, 98,
100-102, 106, 172 f.
Dietrich, Wolfgang 195
Dillis, Johann Georg von 230, 232
Dippel, Horst 156-159
Döhn, Helga 267
Döring, Friedrich Ludwig 242
Dolet, Estienne 91
Dorat, Claude-Joseph 78, 86, 92, 98-
100, 127, 133-137, 142
Du Bellay, Joachim 84, 90
Dünnhaupt, Gerhard 195
Du Mans, Peletier 91
Dureau de la Malle, Jean-Baptiste-
Joseph-René 91
Duttenhofer, Friedrich Martin 214
Draper, John W. 92

Eberhard, Johann August 170
Eckardt, Götz 219, 221, 226 f. 231 f.
Eckstein, Johannes 230
Egloffstein, Caroline von 261
Einsiedel, Friedrich Hildebrand 286
Elias, Norbert 42
Emmel, Hildegard 67

Emmerich Joseph, Kurfürst von
Mainz 236, 242 f.
Emminghaus, Gustav 265
Engler, Winfried 93
Epikur 47-62, 64-69, 71-73, 88
Erasmus von Rotterdam 48
Erhart, Walter 51, 55, 64, 115, 273-
281
Eschenburg, J. J. 126
Esselborn, Hans 124
Euklides von Megara 172
Eulenberg, Herbert 214

Fambach, Oscar 195, 198
Ferdinand, Herzog von Braunschweig
230
Feuerbach, Ludwig 52
Fichte, Johann Gottlieb 186
Ficino, Marsilio 48
Fielding, Henry 88
Flaxman, John 229
Follen, Adolf Ludewig 211
Forster, Johann Georg Adam 288
Formey, Johann Heinrich Samuel
238 f.
Foucault, Michel 10, 49, 54, 60, 62
Frank, Franz Philipp 242
Franklin, Benjamin 157
Franz, Michael 182
Frénais, J. P. 87
Fréron, Elie-Cathérine 77 f., 85
Freud, Sigmund 10, 42, 280
Frick, Werner 60
Friedrich II., König von Preußen
28 f., 40, 154, 230, 232, 287
Friedrich, Cäcilia 108, 112
Friedrich Wilhelm II., König von
Preußen 287
Friedrich, Wilhelm III., König von
Preußen 221
Friedländer, Julius 222

Frommann, Friedrich   187, 205
Froriep, Just Friedrich   240, 242
Frühwald, Wolfgang   167
Fuchs, Albert   51, 64
Fuhrmann, Manfred   57, 105

Gadamer, Hans-Georg   188
Garber, Klaus   140
Garin, Eugenio   48
Geese, Walter   217 f., 220 f., 225
Geibel, Emanuel   211
Gellert, Christian Fürchtegott   77 f.,
   118, 127, 144
Genette, Gérard   123-125, 137, 149
Gentz, Johann Heinrich   221 f., 228,
   255, 264, 269
Georg III., König von Großbritannien,
   Kurfürst von Hannover   159 f.
Gerlach, Klaus   282
Gerstenberg, Heinrich Wilhelm von
   47, 126
Gervinus, Georg Gottfried   126
Geßner, Heinrich   266
Geßner, Salomon   76, 79, 83
Gleim, Johann Ludwig Wilhelm   266,
   285, 288
Gleissner, Roman   62
Gluth, Marie   195
Göschen, Georg Joachim   86, 206 f.,
   218, 277, 284, 287
Goethe, August Walther von   271
Goethe, Catharina Elisabeth   261
Goethe, Christiane von   259 f., 262 f.,
   271
Goethe, Johann Wolfgang von   25,
   33, 36, 39 f., 67, 75 f., 105, 125, 131,
   133 167 f., 216 f., 220-225, 228 f.,
   258-266, 268-271, 279, 283
Golovkin, Graf von   219
Golz, Jochen   259
Gori, Antonio Francesco   226

Gottsched, Johann Christoph   17,
   35 f., 84, 132, 199
Goyard-Fabre   64
Grant, Bernhard   241 f.
Grant, Erhard   238, 240
Graff, Anton   218
Gray, Thomas   164
Grécourt, Jean-Baptiste-Joseph Willart
   de   134
Gries, Johann Diederich   194-196,
   198 f., 203-211, 213-215
Griesbach, Johann Jakob   285
Grimm, Friedrich Melchior   78
Grimm, Herman   262
Grimm, Jacob Ludwig Karl   80
Grimminger, Rolf   15, 36 f., 39
Gruber, Johann Gottfried   147, 205,
   223, 235, 289
Gryphius, Andreas   17
Guarini, Giovanni Battista   140
Guerike, Otto von   230

Habermas, Jürgen   57
Hacker, Margit   49, 108
Hadelich, Sigismund Leberecht
   240 f.
Härtl, Heinz   259, 262-264, 266., 269
Hagedorn, Friedrich von   144
Hagen, Waltraud   289
Hahn, Johann Friedrich   75
Haller, Albrecht von   14, 82, 230
Hallmann, Johann Christian   131
Hamann, Johann Georg   169
Hamilton, Antoine   142
Handke, Uwe   150
Harsdörffer, Georg Philipp   196
Hauswald, August Wilhelm   203, 205-
   209, 214 f.
Hebestreit, Professor, Jurist
   242
Hederich, Benjamin   129

Hegel, Georg Wilhelm Friedrich 42, 45
Heidegger, Martin 10, 21, 42, 44
Heidelbach, Paul 211
Heinrich, Prinz von Preußen 230
Heinrich der Finkler 230
Heinse, Johann Jakob Wilhelm 108, 173, 198-200, 214, 242, 265 f., 270
Heiss, Hans 79, 85 f.
Helvétius, Claude Adrien 64 f., 96, 106
Hemmerich, Gerd 51, 53, 60, 279
Henne, Rudolph Christoph 242
Herbart, Johann Friedrich 207
Herder, Caroline 228
Herder, Johann Gottfried 75, 104, 124, 165, 210, 217 f., 220 f., 228
Herel, Johann Friedrich 235, 241 f.
Herodot 241
Hesse, Wilhelm Gottlieb 240
Heyne, Christian Gottlob 285
Herz, Henriette 187
Hillern, Justin Heinrich von 288
Hippel, Theodor Gottlieb von 110
Hitler, Adolf 43
Hobbes, Thomas 54, 60, 179 f.
Hocks, Paul 151-153
Hölderlin, Friedrich 163, 182-184
Hofe, Harold von 155, 157
Hoffmann, Friedrich 194, 207
Hoffmann von Hoffmanswaldau, Christian 141
Hofmannsthal, Hugo von 214
Hohenzollern, Joseph Graf von 226
Holbach, Paul Heinrich Dietrich Baron von 65
Homer 123, 138, 146, 182, 200, 241, 287
Hommel, Benjamin Gottfried 242
Hoof, Henri van 87
Horaz 47, 57-59, 66, 70 f., 106, 173,

178 f., 223, 238 f., 285 f., 289
Horkheimer, Max 10, 56 f.
Hornig, G. 31
Hossenfelder, Malte 47
Huber, Michael 78-80, 82-85, 87
Hügli, Emil 195
Huet, Pierre Daniel 91
Humblot, Pariser Verleger 82
Humboldt, Wilhelm von 221 f.
Hume, David 14, 16, 22
Hunold, Johann Joachim 242

Iffland, August Wilhelm 230
Iselin, Isaak 237, 239

Jacobi, Friedrich Heinrich 102, 153-155, 157 f., 168-170, 178
Jacobs, Jürgen 12, 126 f., 273
Jagemann, Christian Joseph 287
Jann, Günther 236
Jahn, Wolfgang 96, 110
Jakob 166
Jaspert, Irmgard 80, 94, 104
Jauß, Hans Robert 102 f.
Jesus 165, 268
Jochem, Friedrich Christian 214
Johannes 165
Jørgensen, Sven-Aage 126
Johnson, Samuel 98
Jones, Howard 48
Jordans, Placidus 242
Joret, Charles 77
Joseph II., König von Österreich, Ungarn und Böhmen, Kaiser 287
Junker, Georg Adam 78 f., 86, 100 f.

Kämpfer, Johann Gottfried 265
Kahrmann, Cordula 124
Kalckreuth, Friedrich Graf von 211
Kant, Immanuel 19, 21 f., 43, 45, 178, 182, 230, 286, 288

Karl der Große 238
Karl Ludwig, Erzherzog von
  Österreich 208
Katharina von Georgien 17
Kaunitz-Rietberg, Wenzel Anton
  Dominik von 285
Keil, Robert 278
Kepler, Isidorus 241 f.
Kiefer, Jürgen 234, 236
Kimmich, Dorothee 47
Kind, Friedrich 211
Klauer, Ludwig 224 f.
Klauer, Martin Gottlieb 217-221,
  224 f.
Kleineidam, Erich 234-236, 240,
  242 f.
Kleist, Ewald von 283
Kleist, Franz Alexander von 202
Klenze, Leo von 230
Klopstock, Friedrich Gottlieb 35, 75,
  163, 165, 212, 230
Klotz, Christian Adolph 235
Kluckhohn, Paul 35, 106-109, 111,
  115
Knabe, Peter-Eckhard 92
Knautz, Isabel 55
Knebel, Karl Ludwig von 127
Köhler, Erich 140
Körner, Christian Gottfried 76, 106,
  288
Kofler, Peter 214
Kondylis, Panajotis 14, 26, 38 f., 65
Kopp, Johann Friedrich 199 f.
Korff, Hermann August 105
Koselleck, Reinhart 11
Kotzebue, August von 222, 225, 228,
  230
Krämer, Hans 48, 186, 188
Kramer, Karl 199-203, 214
Kraus, Karl 45
Krauss, Werner 31, 103 f.

Krejci, Michael 161
Kroes, Gabriele 194, 197, 204 f.
Krüger, Hermann A. 211
Kuchenbuch, Johann Heinrich 242

Lachmann, Reiner 123
Laclos, Pierre Ambroise François
  Choderlos de 174
La Fontaine, Jean de 127, 134
La Mettrie, Julian Offray de 64 f.
Lampenscherf, Stephan 182 f.
Landino, Cristoforo 48
Langen, August 122
La Roche, Marie Sophie von 100,
  266, 284, 288
Lautwein, Thomas 123
Leibniz, Gottfried Wilhelm Freiherr
  von · 27 f., 45, 109, 230, 239, 273
Leslie, Bonifatius 240, 242
Lessing, Gotthold Ephraim 10, 12-23,
  26 f., 29-32, 36, 57, 75 f., 108, 185 f.,
  195, 266
Liebeskind, Johann August 286
Littré, Maximilien Paul Émile 135
Lochmann, Hans Konrad 79
Locke, John 28, 39, 44, 180, 182
Löber, Christian 242
Loesch, Perk 206
Loder, Justus Christian 225
Lohenstein, Daniel Caspar 17, 41
Lossius, Johann Christian 235, 240-
  242
Ludwig, Kronprinz von Bayern
  217, 220, 230, 232
Ludwig Ferdinand, Prinz von
  Preußen 263
Lüthje, Reinhart J. 126 f., 134, 136
Lütkemüller, Samuel Christoph
  Abraham 197
Luise, Herzogin von Sachsen-Weimar-
  Eisenach 261, 263, 283

Lukas 165
Lukian 55, 90, 106, 127-132, 136-138,
  146, 285 f.,
Lukrez 29, 49, 52
Luther, Johann Melchior 241 f.

Machiavelli, Niccolo 28, 41, 153
Mackowsky, Hans 220 f., 228 f.,
  225 f., 231
Malsburg, Ernst Otto von der 211-
  213
Manger, Klaus 120, 162, 173, 175,
  181, 206, 266 f.
Manso, Johann Caspar Friedrich 199,
  201, 203, 205-208
Maria Pawlowna, Großherzogin von
  Sachsen-Weimar-Eisenach 261,
  264 f., 268, 271
Marino, Giambattista 141
Marinoni, Cetti 112
Marmontel, Jean-François 86
Martin, Dieter 194
Martini, Fritz 106, 152
Maucke, Johann Michael 285
Mauser, Wolfram 72, 139
Mauvillon, Eléazarde de 41, 77
Mayer, Gerhart 55
McCarthy, John A. 70, 154
Meckenstock, Günther 187
Meiners, Christoph 171 f., 174
Meister, Jacob Heinrich 61-64, 78 f.
Meister, Leonhard 289
Ménage, Gilles 90
Mendelssohn, Moses 17, 31, 163
Menhennet, Alan 100
Mensching, Günther 65
Mercier, Louis-Sébastian 92 f.
Merck, Johann Heinrich 219, 282 f.
Mereau, Hulda 265
Merkel, Garlieb 205
Metastasio 212

Metelmann, Ernst 111
Meurer Adams, Angela 159
Meyer, Heinrich 133, 222, 225, 228
Meyer, Johann Friedrich von 164,
  170
Meyer, Johann Heinrich 261
Moering, Renate 244
Montaigne, Michel de 48
Montesquieu, Charles de 19, 22 f.,
  26, 106, 237-239
Morgenstern, Karl 173, 181
Mortier, Roland 102
Motschmann, Uta 284
Mühlpfordt, Günter 234 f., 240,
  242
Müller, Jan-Dirk 162, 275 f., 278
Müller, Johann von 266
Müller, Johannes 230
Müller, Wilhelm 209
Müller-Solger, Hermann 70

Napoleon 79, 230
Neuffer, Christian Ludwig 182
Neumeister, S. 31
Newton, Sir Isaak 27 f.
Nicolai, Christoph Friedrich 17
Nienhaus, Stefan 269
Niethammer, Immanuel 172, 177
Nietzsche, Friedrich 10, 44
Nolan, Erika 131
Nonne, Johann Philipp 242
Nunn, Andreas 240, 242

Oebel, Katrin 75
Oelmüller, Willi 11
Øhrgaard, Per 126
Opitz, Martin 84
Ortega y Gasset, José 121
Ottenbacher, Viia 291
Ovid 139

Pagnoni, M. R.   48
Panofsky, Erwin   23
Pasquier, Estienne   91
Paulsen, Wolfgang   108 f., 279
Pauly, August Friedrich   129 f.
Pearson, Bankhaus in Riga   217, 219 f.
Perels, Christoph   267
Peter I., Zar von Rußland   219
Petrarca, Francesco   194, 204
Petronius Arbiter   111
Pfister, Manfred   124
Pigler, Andor   131
Pindar   181
Platen Hallermund, August Graf von
   210 f.
Platon   49-53, 60, 69 f., 79, 86, 90,
   108, 111-113, 120, 122, 147, 161-193,
   273
Polheim, Karl   126 f., 135, 142
Poltermann, Alexander   84
Pope, Alexander   15 f., 18, 22, 24, 28-
   30, 38
Popkin, Richard H.   48
Popper, Karl R.   181
Porte, Abbé de la   77
Porter, Roy   18, 27
Preisendanz, Wolfgang   124
Prévost d' Exiles, Antoine-François
   78
Prodikos von Kos   146 f.
Pröhle, Heinrich   108
Pütz, Peter   40, 106
Puschmann, Adam   267
Pyrrhon   145
Pythagoras   23, 28, 55, 49, 276

Quérard, J.-M.   90, 96
Quinault, Philippe   131

Raabe, Wilhelm   55
Rabe, Martin Friedrich   221

Rabelais, François   48, 51
Rabener, Gottlieb Wilhelm   78
Raphael   206
Rasch, Wolfdietrich   35
Raynal, Guillaume Thomas Abbé   72
Reemtsma, Jan Philipp   127, 144, 148
Rehm, Walther   107
Reich, Philipp Erasmus   285, 289
Reichert, Herbert W.   278
Reichardt, Christoph Wilhelm
   Emanuel   242
Reichardt, Johann Friedrich   263
Reim, Johann Christian Benjamin
   285
Reimer, Georg   187
Reiner, Gregor Leonhard   287
Reinhard, Friedrich Christian   242
Reinhold, Karl Leonhard   277 f., 284-
   288
Reinhold, Karoline   284
Reiß, Gunter   124
Renner, Rolf Günther   10-12
Richelieu, Armand-Jean du Plessis,
   Herzog von   91
Ricklefs, Ulfert   258 f.
Riedel, Friedrich Justus   150 f., 234-
   236, 240-242, 275
Riemer, Friedrich Wilhelm   259 f.,
   263
Ring, Friedrich Dominicus   151
Rivery, Boulanger de   77
Robert, Raymonde   143
Robinson, Henry Crabb   229
Rochester, John Wilmot, Earl of
   24 f.
Romilli, Jean Edme   30
Rougemont, Denis de   107, 119
Rousseau, Jean-Jacques   18 f., 22,
   31 f., 87 f., 92, 98, 100, 106, 114 f.,
   119, 181
Rüdiger, Horst   194, 196, 198

Rudolphi, Caroline 265
Rumpel, Herrmann Ernst 242
Rumpel, Ludwig Friedrich Eusebius 242

Sachs, Hans 267
Sagmo, Igor 114
Sauder, Gerhard 35
Savigny, Friedrich Carl von 260, 262 f., 267, 269, 284
Savigny, Gunda von 263
Schadow, Johann Gottfried 216-232
Schaul, Johann Baptist 211
Schaumburg-Lippe, Wilhelm, Graf von 230
Scheibe, Siegfried 206, 216, 236
Scheibler, Carl Friedrich 227
Scheidig, Walter 228 f.
Schelle, Hansjörg 164, 266
Schellenberger, Christoph 241 f.
Scherpe, Klaus R. 127
Schier, Alfred 108 f., 115
Schiller, Charlotte von 261, 265
Schiller, Friedrich von 25, 33, 49, 75 f., 164, 167, 202 f., 206 f., 210, 259, 261 f., 287 f., 273, 302 f.
Schings, Hans-Jürgen 17, 55, 110, 119
Schinz, Johann Heinrich 170
Schlegel, August Wilhelm von 76, 105, 124, 192, 194-200, 202-205, 209, 211, 214
Schlegel, Dorothea 187
Schlegel, Friedrich 22, 47, 75, 105, 117, 120, 124, 161-168, 173 f., 182-189, 191 f., 194, 196, 198, 205
Schlegel, Johann Elias 78
Schleiermacher, Friedrich 161-163, 165, 170, 186-193
Schlosser, Friedrich Christoph 108, 133

Schlosser, Johann Georg 168 f., 163, 178
Schluchter, Manfred 124
Schmid, Christian Heinrich 242
Schmidt, Arno 58, 66
Schmidt, Johann Balthasar 242
Schmidt, Martin H. 216 f.
Schmidt, Peter 151-153
Schmitt, Albert R. 195
Schneider, Annerose 282
Scholtz, Gunter 188, 191
Schopenhauer, Johanna 265
Schorch, Christian Friedrich Immanuel 242
Schorch, Hieronymus Friedrich 242
Schorcht, Johann Salomo Gottlieb 288
Schrader, Hans-Jürgen 75
Schröter, "Doktorand" 242
Schütz, Christian Gottfried 205, 285
Schultheß, Johann Georg 61
Schulz-Buschhaus, Ulrich 194
Schulze, Volker 152
Schulze-Maizier, Friedrich 235, 242 f.
Scudéry, Madellaine de 132
Seiffert, Hans Werner 96, 289 f.
Seuffert, Bernhard 282 f., 289 f.
Seleukos Nikator 129
Seneca, Lucius Annaeus 17, 145 f.
Sengle, Friedrich 58, 72, 126, 150 f., 179
Shaftesbury, Anthony Ashley-Cooper, 3. Earl of 24, 40, 86, 96, 106, 110, 122, 180
Shakespeare, William 76, 194
Siegrist, Christoph 50
Siepmann, Thomas 36
Simon, Jordan 242
Sinnhold, Johann Jacob 235, 241
Smith, Adam 40

Sokrates   18, 43, 47, 50, 56, 59, 68, 71,
    105, 162, 164-168, 170-172, 178-180,
    185, 188, 190
Spazier, Johann Gottlieb Karl   228
Spinoza, Benedictus de   17, 38, 45
Springer, Johann Christoph Erich
    Freiherr von   240
Stackelberg, Jürgen von   77, 90, 92, 95
Stadion, Anton Heinrich Friedrich
    Reichsgraf von   134
Staël-Holstein, Anne Louise
    Germaine de   76, 105, 196
Staiger, Emil   53, 206, 213
Stalin, Josef W.   43
Stark, Carl Wilhelm   262, 265
Starnes, Thomas C.   61, 108, 126 f.,
    133, 204, 218, 220, 229, 264 f., 282
Steig, Reinhold   262 f., 265 f., 270
Stein, Charlotte von   261
Steinberger, Julius   79
Steiner, Johann Heinrich   286
Stendhal (Beyle, Marie Henry)   121
Stephan, Inge   36
Sternberg, Thomas   259
Sterne, Laurence   96, 106, 147
Stieda, Wilhelm   234, 240-243
Stolberg, Christian Graf zu   167
Stolberg, Friedrich Leopold Graf zu
    161, 163, 165-170, 178, 188 f., 230
Stoll, Adolf   283
Stoll, Karin   151
Stratonike   129
Streckfuß, Karl   209-221, 213 f.

Tassaert, Antoine   232
Tasso   140, 194-196, 198-215
Thales von Milet   172
Thomasius, Christian   43, 48
Thomé, Horst   49, 51, 64
Tieck, Friedrich   221 f., 224, 228 f.,
    262

Tieck, Ludwig   185, 198, 211, 224
Tiedemann, Dietrich   171 f.
Tischbein, Johann Friedrich August
    283
Tribolet, Hans   195, 201
Trommsdorff, Wilhelm Bernhard
    241 f.
Tscharner, Vincent Bernhard von
    78-80
Turgot, Anne-Robert-Jacques   78, 85,
    92
Turin, Adam Ignatz   242

Überweg, Friedrich   145
Urfé, Honoré d'   132, 140 f.
Ussieux, Louis de   94f., 100
Uz, Johann Peter   126

Valla, Laurentius   48
Varnhagen von Ense, Karl August
    258, 265, 269
Vergil   203, 239
Viehoff, Heinrich   195
Vilmar, A. F. C.   126
Virilio, P.   10
Vogel, Christian Heinrich   234,
    241 f.
Voltaire, François Marie Aronet de
    24-29, 32, 40, 46, 75, 89, 98, 104-106
    213, 239
Volz, Johann Christian   170
Voß, Johann Heinrich   75, 111, 213,
    287
Vossius, Gerhard Johannes   30

Wahl, Hans   151
Weber, Max   21
Weismantel, Johann Justin   242
Weizsäcker, Paul   217-219
Weiße, Christian Felix   126
Welcker, Friedrich Gottlieb   211

Wellek, René 105
Wellmer, A. 57
Welsch, Wolfgang 10-12
Werder, Diederich von dem 196,
  199 f.
Werthes, Friedrich August Clemens
  196 f., 202
West, Constanze B. 85
Wezel, Johann Carl 55
Wichmann, Lous 231
Wilhelm I., König von Preußen und
  deutscher Kaiser 264
Wieland, Anna Dorothea 284
Wieland, Auguste Friederike 284
Wieland, Karolina Friederika 288
Wieland, Katharina Floriane 288
Wieland, Luise 249, 255, 265, 271
Wieland, Sophie Katharina Susanna
  284
Wilcken, Ulrich 129
Willems, Gottfried 10, 20, 25, 39
Wilmans, Friedrich 269
Wilpert, Gero von 22

Wilson, W. Daniel 154
Wilson, A. W. 64
Winckelmann, Johann Joachim 57,
  105, 107
Winckler, Carl 14
Windelband, Wilhelm 14
Wirth, Jean 48
Wissowa, Georg 129f.
Wolff, Christian 239, 236
Wolzogen, Friederike Sofie Caroline,
  Freifrau von 261
Würzner, Hans 154

Xacca (Xekia) 145
Xenophon 147, 165 f., 172, 181

Young, Edward 164

Zarathustra 145
Zedler, Johann Heinrich 145
Zimmermann, Johann Georg 79,
  104, 152, 275

II

Register der Werke Wielands

Die Abderiten s. Geschichte der Abderiten
Agathodämon   112, 174
Agathon s. Geschichte des Agathon
Alceste   266
Araspes und Panthea   83 f., 111, 114, 118
Aristipp und einige seiner Zeitgenossen   57-60, 63, 65-72, 109, 113 f., 116 f., 119-121,
   161 f., 172-182, 267, 275
Aurora und Cephalus   138 f.
Les Avantures merveillenses de Don Sylvio de Rosalva par l' Autor d' Histoire d'
   Agathon   93-97

Balsora   81
Balsore   80
Briefe an einen jungen Dichter   201, 212, 214 f., 203, 205

Clelia und Sinibald oder Die Bevölkerung von Lampeduse   109, 116
Comische Erzählungen   126, 134 f., 137, 139
Cyrus   79

Danischmend s. Geschichte des weisen Danischmend
Diana und Äktäon   139
Diana und Endymion   139
Diogenes von Sinope s. Sokrates mainomenos etc.
Don Sylvio von Rosalva s. Der Sieg der Natur etc.
Dschinnistan oder auserlesene Feen- und Geister-Mährchen   286

Enthusiasmus und Schwärmerei s. Zusatz des Herausgebers zu den Auszügen etc.
Erzählungen, Imprimés à Heilbronn   79
Euthanasia   68

Filosofie als Kunst zu leben und Heilkunst der Seele betrachtet   16, 29 f.

Gandalin   109, 114, 116
Gedanken von der Freyheit über Gegenstände des Glaubens zu philosophiren   286
Die geheime Geschichte des Philosophen Peregrinus Proteus   61, 66, 69, 73, 111, 174,
   275

Das Geheimis des Kosmopolitenordens 156
Geschichte der Abderiten 72, 97 f., 243
Geschichte des Agathon 47, 51-60, 64-67, 69, 73, 76, 88-90, 92 f., 96-98, 104 f., 111 f.,
    114-117, 119-121, 126 f., 195, 235, 273-280, 283
Geschichte des weisen Danischmend und der drey Kalender 116
Der goldne Spiegel 97
Les Graces & Psyché entre les Graces 100 f.
Die Grazien 113, 121 f., 133

Das Hexameron von Rosenhain 110, 118
Histoire d' Agathon, ou tableau philosophique des mœrs de la Grèce 87-90, 92 f.,
    96, 98, 104
[Horazische Briefe] 286, 289
Horaz-Kommentare 59, 66, 70 f.
[Horaz-Übersetzungen] 57-59, 70, 178, 285 f.
Hymne auf Gott 82
Hymne sur Dieu 82

Idris und Zenide 109, 114-116, 126, 196 f., 199, 270

Kombabus oder was ist Tugend 123, 125-148
Krates und Hipparchia 110, 115, 117
Koxkox und Kikequetzel 109, 111, 113-115, 118

Lobgesang auf die Liebe 111
[Lukian-Übersetzung] 55, 128, 285
Eine Lustreise in die Unterwelt 286

Menander und Glycerion 109 f., 115, 117, 119
Le Mécontenent 80
Moralische Briefe 145
Moralische Erzählungen 85 f., 144
Musarion oder die Philosophie der Grazien 10, 23 f., 26, 29, 31-34, 36, 47, 49-51,
    100, 113 f., 116, 121 f., 127, 174, 202, 266, 283

Nachschrift zu: Gries: Probe einer neuen Uebersetzung des Tasso. In: NTM 1798 204
Die Natur der Dinge oder die vollkommenste Welt 47, 49, 108, 145
Der neue Amadis 109, 111, 114-116, 124, 145, 147, 197

Oberon 108 f., 112 f., 116 f., 196 f., 199 f., 203, 214, 216, 265, 270, 283

Pandora. Ein Lustspiel mit Gesang   109, 115
Peregrinus Proteus s. Die geheime Geschichte etc.

Sammlung einiger prosaischen Schriften   83
Sämmtliche Werke   82, 235
Sélim et Sélima   98 f., 133
Selim und Selima   78, 99 f., 133
[Shakespeare-Übersetzung]   195
Der Sieg der Natur über die Schwärmerey oder Die Abentheuer des Don Sylvio von
    Rosalva   93, 95 f., 98, 109, 111, 114, 126, 143
Sokrates mainomenos oder die Dialogen des Diogenes von Sinope   96, 126

Teutscher Merkur und Neuer Teutscher Merkur   98, 108, 111, 150-152, 154-156,
    158 f., 163 f., 169-171, 181, 195-197, 199, 203 f., 206, 208, 215, 218, 223, 266 f., 284,
    286-289
Theages oder Unterredungen von Schönheit und Liebe   120, 149
Unterredungen mit dem Pfarrer von ***   133, 143, 276
Der Unzufriedne   80
Der verklagte Amor   135
La vertue malheureuse   80 f.
Vorreden zu Werthes' Ariost-Übersetzung im TM   197, 202
Vorwort zu Meisters „Von der Natürlichen Moral"   62-64

Was ist Wahrheit?   14, 24, 29 f.

Zemin et Gulhindy   80
Zemin und Gulhindy   81

REDAKTIONELLE RICHTLINIEN FÜR DIE BEITRÄGER

Die Beiträger werden gebeten, bei der äußeren Einrichtung ihrer Typoskripte folgende Grundsätze zu beachten:

1. Als Typoskript sind einseitig beschriebene Blätter einzureichen, die links einen etwa 5 cm breiten Rand haben. Der Abstand der Zeilen sollte nicht weniger als 1 Schreibmaschinenzeile betragen. Die Abgabe von Disketten (möglichst Word, sonst Word Perfect unter DOS oder Windows) ist erwünscht.

2. Sämtliche Hervorhebungen sollen kursiv erscheinen, in mit Schreibmaschine geschriebenen Texten mit einfacher Unterstreichung. Gelehrtennamen in den Anmerkungen sind in Kapitälchen zu schreiben, in maschinengeschriebenen Texten mit Schlängellinie zu unterstreichen. Von Auszeichnungen sollte möglichst sparsam Gebrauch gemacht werden.

3. Auf Anmerkungen wird durch hochgestellte Zahlen ohne Klammern verwiesen. Anmerkungen sollen als Fußnoten in durchgehender Zählung den laufenden Text begleiten. In maschinengeschriebenen Texten sind die Anmerkungen als Endnoten dem Textteil nachzutragen.

4. Quellenzitate werden im Text in doppelten An- und Abführungen (»...«), Werktitel in einfachen (›...‹) wiedergegeben.

5. Literaturangaben erfolgen immer vollständig, es sei denn, der Titel wurde bereits angeführt. Dann wird unter Nennung des Autors und der Fußnotennummer auf die vollständige Literaturangabe verwiesen, z. B.: Jan-Dirk MÜLLER (Anm. 4). Zu verwenden sind die in der Wieland-Philologie gebräuchlichen Abkürzungen (s. Abkürzungsverzeichnis zu Beginn des vorliegenden Bandes) sowie die bekanntesten Zeitschriften-Siglen.

6. Zitiert wird wie folgt: *Aus selbständigen Veröffentlichungen*: Vor- und Zuname: Titel. Erscheinungsort und -jahr, Seite(-n). *Aus Sammelwerken*: Vor- und Zuname: (Beitrags-)Titel. In: (Sammelwerks-)Titel. Hg. v. Vor- und Zuname. Erscheinungsort und -jahr, Seite(n). *Aus Zeitschriften*: Vor- und Zuname. (Aufsatz-)Titel. In: Zeitschrift Jahrgang (Jahr), Seite(n).

7. Es wird darum gebeten, die redaktionellen Richtlinien bei der Abfassung des Typoskripts genau zu beachten, da sonst das Typoskript mit der Bitte um Umarbeitung zurückgesandt werden muß. Alle nicht vom Setzer verschuldeten Korrekturen müssen dem Autor berechnet werden.

Um entsprechende Sorgfalt bitten Herausgeber und Verlag der WIELAND-STUDIEN.

MITARBEITER

Dr. Bernd Auerochs, Friedrich Schiller Universität Jena, Institut für Germanistische Literaturwissenschaft, 07740 Jena

Dr. Laura Auteri, Via Dante 165, I-90141 Palermo

Uwe Handke, M.A., Adlerweg 4, 34128 Kassel

Prof. Dr. Jürgen Jacobs, Bergische Universität - Gesamthochschule Wuppertal, Fachbereich 4: Sprach- und Literaturwissenschaften, Gauß-Straße 20, 42097 Wuppertal

Dr. Jürgen Kiefer, Friedrich Schiller Universität Jena, Institut für Geschichte der Medizin, Naturwissenschaft und Technik, Ernst-Haeckel-Haus, Berggasse 7, 07740 Jena

Dr. Dorothee Kimmich, Albert-Ludwigs-Universität Freiburg, Deutsches Seminar II, Werthmannplatz, 79098 Freiburg

Dr. Thomas Lautwein, Feldbergstraße 64, 68163 Mannheim

Dr. Dieter Martin, Albert-Ludwigs-Universität Freiburg, Deutsches Seminar II, Werthmannplatz, 79098 Freiburg

Dr. Renate Moering, Freies Deutsches Hochstift, Frankfurter Goethe-Museum, Großer Hirschgraben 23-25, 60311 Frankfurt am Main

Dr. Uta Motschmann, Berlin-Brandenburgische Akademie der Wissenschaften, Unter den Linden 8, 10117 Berlin

Katrin Oebel, M.A., 35, rue Barbès, F-93100 Montreuil

Viia Ottenbacher, M.A., Wieland-Museum, Marktplatz 17, 88400 Biberach

Dr. Martin H. Schmidt, Lucasweg 15, 64287 Darmstadt

Dr. Annerose Schneider, Ilsestraße 4a, 10318 Berlin

Prof. Dr. Gottfried Willems, Friedrich Schiller Universität Jena, Institut für Germanistische Literaturwissenschaft, 07740 Jena

Heidi Zeilinger, Stiftung Weimarer Klassik, Herzogin Anna Amalia Bibliothek, Am Burgplatz 4, 99423 Weimar